脱贫攻坚

的中国经验

China's Experience
in Poverty Alleviation

汪三贵◎著　Wang Sangui

中国言实出版社

图书在版编目（CIP）数据

脱贫攻坚的中国经验 / 汪三贵著 . -- 北京：中国
言实出版社，2021.6
ISBN 978-7-5171-2397-2

Ⅰ . ①脱… Ⅱ . ①汪… Ⅲ . ①扶贫—经验—中国
Ⅳ . ① F126

中国版本图书馆 CIP 数据核字（2021）第 117391 号

出 版 人　王昕朋
责任编辑　曹庆臻
责任校对　崔文婷

出版发行　中国言实出版社
　　　　　地　　址：北京市朝阳区北苑路 180 号加利大厦 5 号楼 105 室
　　　　　邮　　编：100101
　　　　　编辑部：北京市海淀区花园路 6 号院 B 座 6 层
　　　　　邮　　编：100088
　　　　　电　　话：64924853（总编室）　　64924716（发行部）
　　　　　网　　址：www.zgyscbs.cn
　　　　　E-mail：zgyscbs@263.net
经　　销　新华书店
印　　刷　北京中科印刷有限公司
版　　次　2021 年 6 月第 1 版　　2021 年 6 月第 1 次印刷
规　　格　710 毫米 ×1000 毫米　1/16　43.75 印张
字　　数　760 千字
定　　价　198.00 元　ISBN 978-7-5171-2397-2

序　言

　　党的十八大以来，习近平总书记提出精准扶贫精准脱贫基本方略，成为新时代中国扶贫开发事业的根本遵循。2021 年 2 月，习近平总书记庄严宣告，我国脱贫攻坚战取得了全面胜利，现行标准下 9899 万农村贫困人口全部脱贫，832 个贫困县全部摘帽，12.8 万个贫困县出列，区域性整体贫困得到有效解决，完成了消除绝对贫困的艰巨任务，创造了彪炳史册的人间奇迹！中国人民大学中国扶贫研究院积极响应党和国家的号召，始终致力于创新扶贫理论，服务国家脱贫攻坚实践，形成了一系列相关理论和实践研究成果，收录于本专著之中。

　　本专著共分为三篇，分别是政策研究篇、实践分析篇、理论探索篇。第一章介绍中国扶贫开发历程，以期让读者了解中国扶贫开发事业的发展进程；第二章介绍中国的贫困状况，让读者了解中国脱贫任务的重点和难点。第三章介绍新时代精准扶贫精准脱贫基本方略，让读者了解在当时的背景下为什么要将精准扶贫精准脱贫基本方略作为扶贫开发行动的根本遵循，以及基本方略的内涵。

　　实践分析篇主要分析了贫困人口脱贫的主要措施、扶贫成效和经验解释。产业扶贫作为"五个一批"的首要工程，第四章介绍产业扶贫的相关研究成果，包括生态保护与贫困地区特色产业发展；产业扶贫的多维贫困瞄准研究；资产收益扶贫的实践与机制创新；产业劳动密集度、产业发展与减贫效应等。第五章介绍易地扶贫搬迁的相关研究成果，包括易地扶贫搬迁与社会融入、易地扶贫搬迁与贫困脆弱性、易地扶贫搬迁情况相关分析与思考、易地扶贫搬迁户的识别等问题。第六章介绍金融扶贫的相关研究成果，包括扶贫互助资金如何解决融资难、产业扶贫基金的运行机制、贫困村互助资金与农户正规金融和非正规金融之间的关系等问题。第七章介绍多种措施的减贫效应和对农业农村发展的影响，主要包括电商扶贫、健康扶贫、社会保障、扶贫公益项目等。第八章聚焦于基层治理，主要包括村级社会资本与项目"抓包"、精准扶贫与基层理性治理、政治关联与扶贫项目瞄准、扶贫项目到户、精英俘获等问题。第九章介绍中国的扶贫成效与经验解释，中国 40 年来大规模减贫主要依靠中国共产党的领导和中国特色社会主义制度，此外还详细研究了扶贫政策、收入分配与中国农村减贫等。

理论探索篇主要涵盖了脱贫攻坚与乡村振兴、中国特殊区域减贫和中国特殊群体减贫等话题。第十章从理论上探讨了脱贫攻坚与乡村振兴衔接的若干问题，包括两者之间的逻辑关系、内涵与重点内容；产业扶贫与产业兴旺的逻辑关系、面临困境和实现路径；绝对贫困与相对贫困的理论关系、战略转变与政策重点等。第十一章介绍了中国的特殊区域减贫，中国的贫困地区集中在"老少边穷"地区，本章介绍了民族地区的"志智双扶"、灾害对"老少边"地区贫困的影响等问题。第十二章介绍了中国的特殊群体减贫，主要包括相对贫困视域下老年贫困治理、农民工与城镇化、子女性别对农村妇女家庭决策权的影响等问题。

脱贫攻坚和精准扶贫涉及面广，理论和实践丰富多彩，由于作者水平有限，难免挂一漏万，不足之处，恳请读者批评指正，以便我们在今后的研究中不断改进提高。

汪三贵

2021 年 3 月

目　录

第二篇　实践分析篇

第三篇　理论探索篇

第一篇

政策研究篇

第一章　中国扶贫开发历程

从生存到发展：新中国七十年反贫困的实践

一、引言

人类与贫困的斗争是亘古未变的话题，也是当今世界面临的重大挑战之一。作为社会主义国家，"解放生产力，发展生产力，消灭剥削，消除两极分化，最终达到共同富裕"的本质要求我们不断进行反贫困斗争。马克思主义经典作家始终强调，人们首先必须吃、喝、住、穿，然后才能从事政治、经济、宗教和哲学等，即"要能发展，首先必须生存"。新中国成立以来，伴随国家宏观战略的调整，中国的反贫困实践经历了从保障生存到促进发展的转变。新中国成立初期，为了调动农业剩余支持工业化发展的计划，原本处于低水平的农业生产就只能以维持农民的最低需求为己任（周彬彬，1992）。改革开放以后，随着优先发展重工业战略的瓦解，农村经济体制改革释放了巨大的生产力，农村经济取得了强劲增长，1984年中国政府正式宣布基本解决温饱问题。1986年，随着经济增长放缓和特殊地区贫困问题凸显，国家正式成立专门的反贫困机构——国务院贫困地区经济开发领导小组及其办公室，基本任务就是促进贫困地区的发展。自此，反贫困的主要任务也从民政系统转移到扶贫系统，贫困地区和贫困群众的生存和发展问题愈加受到重视。党的十九大做出中国特色社会主义进入新时代的论断，明确新时代中国社会的主要矛盾，对反贫困斗争提出更加迫切的要求，全面建成小康社会、实现第一个百年奋斗目标，最艰巨的任务是脱贫攻坚，这是一个最大的短板，也是一个标志性指标。站在实现第一个百年奋斗目标的关口，回顾新中国成立70年来反贫困的实践历程，总结经验，展望未来，对于下一个百年目标反贫困斗争具有重要的意义。

二、反贫困实践的历程

经过70年艰苦卓绝的奋斗，中国从积贫积弱逐步走向繁荣富强，中国人民从极端贫困状况走向了全面小康，以"两不愁三保障"为标准的绝对贫困将历史性地得到解决。中国的反贫困实践也随着国家经济社会的发展经历了多个不同的阶段，从新中国成立后恢复生产、保障生存到改革开放后的体制改革和解决温饱，再到新世纪的巩固温饱和全面小康（见表1）。每个阶段都有不同的反贫困目标和阶段性特征，并实施了有针对性的社会、经济和扶贫政策。

表 1　反贫困主要历程

反贫困阶段	反贫困目标	反贫困特征
恢复生产阶段（1949—1957）	保生存	生产资料私有，开展互助合作
保障生存阶段（1958—1978）	保生存	生产资料公有，实行公平分配
体制改革阶段（1979—1985）	保生存，促发展	家庭联产承包，农村改革推动减贫
解决温饱阶段（1986—2000）	解决温饱问题	区域扶贫开发，促进贫困地区发展
巩固温饱阶段（2001—2010）	惠民生，促发展	综合开发政策，注重人力资本投资
全面小康阶段（2011—2020）	解决绝对贫困问题	精准扶贫，全面小康

（一）恢复生产阶段（1949—1957）

自1840年鸦片战争爆发至1949年新中国成立，帝国主义、封建主义、官僚资本主义三座大山沉重地压在中国人民的头上，底层的劳苦大众连基本的生存问题都难以保障：城市经济凋敝，大量底层劳动者失业；农村生产资料匮乏，部分农民依靠借贷维持基本生活，大量无地或失地农民更是遑论生存。1949年新中国成立时，经历了半个多世纪的动乱，国家普遍处于极端贫困状况，1950年中国的人均国民收入只有31美元，相当于美国人均国民收入的1.8%（张磊等，2007）。

为了尽快改变贫穷落后的社会状况，中国共产党明确了过渡时期总路线，即"从中华人民共和国成立，到社会主义改造基本完成，这是一个过渡时期。党在过渡时期的总路线和总任务，是要在一个相当长的时期内，逐步实现国家的社会主义工业化，并逐步实现国家对农业、对手工业和对资本主义工商业的社会主义改造"。过渡时期总路线的确立奠定了此阶段反贫困的政策基础[①]，即通过社会主义改造实现生产资料的公平分配，以期迅速恢复社会生产，试图切断产生贫富差距或两极分化的经济根源。此阶段反贫困的主要措施为：

一是通过土地改革赋予农民基本生产资料。马克思曾指出，"土地是一切生产和一切存在的源泉"。新中国成立之前，土地分配严重失衡，导致"富者田连阡陌，贫者无立锥之地"，广大底层农民失去了生存的"源泉"。新中国成立之

---

① 毛泽东指出，"党在过渡时期的总路线的实质就是使生产资料的社会主义所有制成为我国和社会的唯一的经济基础"。

后，中国共产党领导下的土地改革废除了封建土地所有制，重新分配了大约占全国耕地面积43%的土地（周彬彬，1992），实现了孙中山先生提出的"耕者有其田"的理想。由表2可知，土地改革前，占农村人口4.75%的地主拥有38.26%的耕地，而占农村人口52.37%的贫雇农只有14.28%的耕地。土地改革后，地主的耕地减少了36.06%，贫雇农增加了32.82%，达到了"均地分力"的效果。除了土地之外，按照《土地改革法》的相关条例，政府同时没收了地主阶级的耕畜、农具、多余的粮食及多余的房屋，"统一地、公平合理地分配给无地少地及缺乏其他生产资料的贫苦农民所有"。农民得以自我生产，维持生计，因无地少地导致的极端贫困状况大幅度减缓。值得注意的是，此阶段生产资料仍然属于私人所有制。

表2 土地改革前后农村各阶层的耕地占有情况

阶级	土地改革前		土地改革后	
	人口比重（%）	占有耕地比重（%）	人口比重（%）	占有耕地比重（%）
贫雇农	52.37	14.28	52.22	47.1
中农	33.13	30.94	39.9	44.3
富农	4.66	13.66	5.3	6.4
地主	4.75	38.26	2.6	2.2
其他	5.09	2.86	—	—

资料来源：杜润生. 中国的土地改革. 当代中国出版社，1996：560。

二是通过互助合作提高农业生产效率。土地改革中，虽然公平分配了土地等生产资料，但是生产资料人均占有量少，农民生产能力欠缺，极大地限制了小农家庭的生产效率。为了提高农业生产效率，按照毛泽东关于"组织起来"的指示，新中国开展了农业互助合作运动。截至1952年底，全国40%的农户都参加了农业生产互助合作组织。农业互助合作有效解决了部分农民生产困难的问题，提高了生产效率。据国家统计局统计，当时农业互助组的产量一般要超过"单干户"10%—30%（杜润生，1996）。

由于土地改革和互助合作运动的开展，农业生产迅速恢复，农民的生活质量得以改善。根据相关研究，50年代中期若干年份人均食物消费达到了战前水平，农民每日热量摄入接近或达到2100卡路里（周彬彬，1992），基本满足最低营养需求[①]，极端贫困有较大的缓解，但农村的绝对贫困仍然是普遍的现象。由于生产

[①] 食物需求是满足人类生存的基本需求，食物贫困线的划定也是贫困线确定的基础。中国食物贫困线的基础是确定人类生存需求的基本热量标准。根据营养学家建议，中国采用每人每日2100大卡热量作为最低营养需求（王萍萍等，2007），这与联合国粮农组织提出的热量标准是一致的。

资料的私人所有制，部分经营不善的农户变卖、抵押资产的现象时有发生，个体层面的贫富差距以及新贫困问题又开始产生。

（二）保障生存阶段（1958—1978）

为了防止两极分化和建立以公有制为基础的社会主义制度，中国农村通过人民公社化运动在 1958 年迅速完成了以生产资料公有为特征的社会主义改造。社会主义改造基本完成以后，中共八大认为社会的主要矛盾已经转变为"人民对于建立先进的工业国的要求同落后的农业国的现实之间的矛盾"以及"人民对于经济文化迅速发展的需要同当前经济文化不能满足人民需要的状况之间的矛盾"。然而，八届三中全会重申社会主要矛盾仍然是无产阶级和资产阶级的矛盾，社会主义道路和资本主义道路的矛盾。重大战略判断的反复催生了激进的人民公社体制，罔顾生产力的发展实际，在体制上单方面追求生产关系的改进，在经济上片面追求重工业发展。此阶段以牺牲农业换取工业的发展，加上人民公社制度导致的激励缺失，从而使农业生产发展缓慢，在人口大幅度增长的情况下，人们的生活长期处于极低的水平，有些地区的生活质量甚至出现了下降。例如，黄淮海地区由于受人民公社体制和"以粮为纲"政策的影响，20 世纪 70 年代末期成为中国贫困人口最多的地区（汪三贵，1991）。这一阶段反贫困的主要目标是保生存，采取的主要措施与人民公社体制息息相关：

一是通过改革农村分配制度切断贫富分化根源。人民公社建立了"三级所有、队为基础"的体制，即包括土地在内的基本生产资料所有权和管理权归属人民公社、生产大队、生产小队三级单位，从而克服了上一阶段初期贫富分化的问题。同时，人民公社取代了小农家庭的生产和分配职能，国家通过统购统销不断吸收农业剩余支持工业化后，集体将为数不多的剩余资源按照"保基本口粮和按劳动工分分粮加照顾的办法"分配，保证了集体成员都能获得基本的生存资料。

二是通过建立社会保障制度减缓极端贫困状况。人民公社依靠集体积累资源创建了农村五保供养、储备粮救济等社会保障制度。五保供养制度对集体内缺乏劳动力、生活无依靠的鳏寡孤独农户和残废军人提供生产和生活上的照料，使得这些人得以维持基本生存。储备粮制度为遭遇天灾人祸的贫困户提供临时性救济粮，有效抑制了这些人贫困程度的加深。

三是通过发展农村公共事业提升人力资本水平。除了经济职能之外，人民公社还承担了教育、医疗、基础设施建设等综合职能。人民公社时期大力兴修农田水利、道路等基础设施，全国公路通车里程增加了 9 倍，灌溉面积增加了 125%，改善了农业生产生活条件；建立了农业技术推广网络，几乎覆盖了所有的乡镇，提高了农民农业生产技术；推广普及基础教育，全国农村基本构建了生产大队办小学、公社办中学、"区委会"办高中的教育体系，学龄儿童入学率从1962年的56.1%提高到1978年的95.5%；建立完善基本医疗服务，构建了以"赤脚医生"为服务主体，以公社卫生院、大队诊所为服务机构的农村基本医疗服务体系，农村死亡率大幅下降，人口平均预期寿命达到了68岁（国家统计局农村社会经济调查总队，2000）。人民公社综合职能的发挥，促进了农村公共事业的蓬勃发展，提高了农民人力资本水平和生活质量，不仅缓解了社会发展领域的多维贫困现象，也为改革开放后的发展奠定了良好的人力资源基础。

虽然人民公社体制有效减缓了此阶段的极端贫困问题，在人口快速增长和粮食供应普遍不足的情况下，通过平均分配有效地防止了大规模饥饿现象的产生，但是农民总体生活水平依然较低，每日热量摄入量仍然低于最低营养需求水平。按照当前的贫困标准衡量，1978年农村贫困人口高达7.7亿，贫困发生率97.5%（国家统计局，2019）。由于在公社内部实行平均分配，个体层面的差距在此阶段并不明显，但是严格的户籍制度阻断了区域间人口流动，禀赋差异引致的区域层面的差距开始显现。

（三）体制改革阶段（1979—1985）

十一届三中全会摒弃了以阶级斗争为纲，重新回到以经济建设为中心，实现了拨乱反正。十一届六中全会指出，"在社会主义初级阶段，我国社会的主要矛盾是人民日益增长的物质文化需要同落后的社会生产之间的矛盾"。根据中央的战略判断，推行了一系列的农村改革措施，农村经济体制发生了重大改革，促进农村经济和农民收入飞速增长，反贫困实践取得了巨大成效。

为了克服人民公社体制引致的生产积极性不高、生产效率低下的问题，此阶段主要通过土地制度、市场制度等体制改革来促进农村经济的发展，大幅度提高农村居民的收入水平和生活水平，从而达到缓解贫困的目标。一是实行家庭联产承包责任制，将生产和分配职能还给农民，集体将土地承包给农户自主经营、自负盈亏，产出采取"交够国家的，留足集体的，剩下都是自己的"新分配制度，大大激发了农民生产积极性，提高了农业生产效率。二是提高主要农副产品政府收购价格，改善了贸易条件，促进了农民的收入增长。因农产品收购价格的提高而增加的收入占农民实际增收总额的15.5%（张磊等，2007）。三是改革购销体制和农产品流通体制，打通了城乡贸易通道，允许农民从事工商业，增加了农民收入来源，有利于农民充分利用自己的比较优势来选择创收渠道。

由于农村经济体制改革，农业生产力得到巨大释放，粮食产量连续创造历史最高纪录，农民每日摄入热量迅速超过最低营养标准，新中国成立以来历史性地解决了大部分人的生存问题。但是，家庭联产承包责任制使得农民的家庭和个人资产对生产分配的影响愈加凸显，同时区域不平衡明显加重。针对区域性贫困问题，政府开始小规模实施了一些帮助贫困地区和贫困人口的政策措施，反贫困实践开始尝试从生存救助为主到生产发展为主的转变。

根据这一时期贫困人口的分布特征，国家确定了以部分地区为扶持对象，进行扶贫开发。如1980年，设立"支援经济不发达地区发展资金"，用于专门扶持包括革命老区和民族自治县在内的贫困地区；1983年，组织实施以"三西"地区农业建设为主要内容的区域性扶贫开发计划；1984年，《关于帮助贫困地区尽快改变面貌的通知》出台，提出要帮助山区、少数民族聚居地区和革命老根据地、边远地区的人民首先摆脱贫困；1984年还专门设立以工代赈资金，帮助贫困地区解决基础设施严重不足的问题。此阶段反贫困政策的实施不仅直接促进了部分极端贫困地区的经济发展和生产生活条件的改善，也为后来实施大规模的农村扶贫开发计划积累了经验。

农村经济改革和农业快速发展带来了巨大的减贫效应。无论按照当时的国家贫困标准还是世界银行的贫困标准衡量，绝对贫困人口在短短的7年时间内就减少了一半多，上亿的极端贫困人口摆脱了贫困，解决了基本的温饱问题（见表3）。

表3　1978年、1985年贫困状况变动

	1978 年			1985 年		
	贫困标准 （元／人年）	贫困人口 （亿）	贫困发生率 （%）	贫困标准 （元／人年）	贫困人口 （亿）	贫困发生率 （%）
世界银行标准	99	2.6	33.0	193	0.96	11.9
中国国家标准	100	2.5	30.7	206	1.25	14.8

资料来源：周彬彬，高鸿宾. 对贫困的研究和反贫困实践的总结. 经济开发论坛，1993（1）。

（四）解决温饱阶段（1986—2000）

随着市场化经济改革的推进和体制改革效应的下降，农村经济增长的"涓滴"效应放缓，农村不平等程度加大。农民纯收入的基尼系数从1978年的0.21增长到1985年的0.26，增加了24.53%（张磊等，2007）。贫困人口进一步向特殊地区集中，1985年1.25亿农村贫困人口主要集中分布在东、中、西部18个贫困地区，特别是革命老区、少数民族地区、边远地区和欠发达地区（国务院贫困地区经济开发领导小组办公室，1989）。因此，从80年代中期开始有组织有计划大规模的扶贫开发计划正式启动，旨在解决生存问题的基础上促进贫困地区发展。

一是建立了反贫困工作机制。首先，成立了专门的反贫困工作机构。1986年，国务院贫困地区经济开发领导小组及其办公室（1993年更名为国务院扶贫开发领导小组及其办公室）正式成立[①]。地方各级政府也成立了相应的扶贫开发机构，统筹本地区的扶贫开发工作。其次，完善了扶贫管理机制。实行了扶贫开发工作党政"一把手"负责制，明确资金、任务、权力、责任"四个到省"的扶贫工作责任制，建立农村贫困监测系统，及时反映全国扶贫工作的进程（汪三贵等，2018a）。

二是明确了贫困瞄准的方式。首先，国家将减少没有解决温饱问题的绝对贫困人口作为反贫困工作的主要目标，1994年制定了《国家八七扶贫攻坚计划》，提出力争到2000年底基本解决当时农村8000万贫困人口的温饱问题。其次，国家制定了国家级贫困县的标准，将符合标准的县作为反贫困工作基本瞄准单位，1986—1993年期间有331个县被确定为国家级贫困县，1994年重新调整了国家级贫困县标准，国家级贫困县数量增加到592个。

三是确立了开发式扶贫的方针。开发式扶贫是对过去传统的分散救济式扶贫的改革与调整，是中国农村扶贫政策的核心和基础。在扶贫开发的过程中，中国政府注重发展贫困地区的生产力，支持、鼓励贫困地区改善生产条件，引导贫困地区和贫困农户以市场为导向，调整经济结构，开发当地资源，发展商品生产，提高自我积累、自我发展能力，通过多种方式和途径，采取综合配套措施，帮助农村贫困人口脱贫。开发式扶贫方针的确立，标志着我国反贫困实践正式从生存救助为主向生产发展为主的转变。

四是增加了扶贫资源的投入。首先，政府安排专项扶贫资金（专项扶贫贷款、以工代赈资金和财政发展资金）支持国定贫困县的扶贫开发，每年的财政专项资金投入从1986年的19亿元增加到2000年的88.15亿元，增长趋势十分明显，累计投入的财政专项扶贫资金达到636.75亿元（《中国扶贫开发年鉴》编委会，2015）。其次，动员全社会参与扶贫开发，党政机关、民主党派和人民解放军纷纷参与定点扶贫，安排东部发达地区对口帮扶西部欠发达地区的发展，希望

[①] 1986年5月16日，《国务院办公厅关于成立国务院贫困地区经济开发领导小组的通知》（国办发〔1986〕39号）指出，"领导小组的基本任务是：组织调查研究；拟定贫困地区经济开发的方针、政策和规划；协调解决开发建设中的重要问题；督促、检查和总结交流经验"。

工程、光彩事业等民间扶贫力量也由此蓬勃发展，形成了"政府主导，全社会参与"的扶贫开发格局。

这一阶段的扶贫开发取得了明显成效。中国农村绝对贫困人口从1985年的1.25亿减少到2000年的3209万人，贫困发生率从14.8%下降到3.4%，基本解决了贫困人口的温饱问题。中国巨大的减贫成就为全球反贫困事业做出了突出贡献，率先完成了联合国千年发展目标之一，消除极端贫穷和饥饿。

（五）巩固温饱阶段（2001—2010）

随着农村贫困人口的减少，贫困人口的分布向中西部集中，呈现出大集中、小分散的特点。2000年东部地区贫困人口的比例下降到了9%（国家统计局农村社会经济调查总队，2001），且贫困人口分散于贫困村而非集中于贫困县（汪三贵，2007）。为了适应新的贫困状况的变化和巩固扶贫成果，2001年，中国政府制定和颁布了《中国农村扶贫开发纲要（2001—2010年）》，确定了"政府主导、社会参与、自力更生、开发扶贫、全面发展"的方针，反贫困实践进入解决温饱和巩固温饱并举的新阶段，此阶段反贫困的新探索主要有：

一是完善了贫困瞄准的方式和贫困标准。针对农村贫困人口分布的新特征，政府重新调整了国家扶贫开发工作重点县（即原"国家重点扶持贫困县"），592个国家级贫困县的总数没有改变，但是取消了东部地区的名额，全部集中在中西部的21个省（区、市）。同时为了更好地瞄准贫困人口，在全国范围确定了15万个重点村，作为扶贫工作的重点对象。2000年，制定了低收入贫困标准，将初步解决温饱问题的低收入群体纳入扶贫对象，2008年国家将贫困标准提高到每人每年1196元[①]，可基本实现"有吃、有穿"，基本满足温饱。

二是出台了强农惠农政策。按照"以工补农、以城补乡"的城乡统筹协调发展战略，2001年开始实施退耕还林计划，同年开始试点农村税费改革，2004年取消贫困县的农业税，2006年全国农村全面取消农业税；2003年开始试点新型农村合作医疗，至2008年全国基本普及；2004年开始对种粮农户进行粮食直补、粮种补贴、农机具补贴。中国的贫困人口集中在农村，惠农政策通过普惠的方式促进了农业的进一步发展和贫困人口的减少（汪三贵，2008）。

三是坚持综合开发、全面发展。《中国农村扶贫开发纲要（2001—2010年）》提出加强贫困地区水利、交通、电力、通信等基础设施建设，重视科技、教育、

---

① 即将低收入标准作为新的绝对贫困标准。

卫生、文化事业发展，在关注贫困人口收入增长的同时，更加注重贫困地区和贫困人口的发展问题。在贫困村实施整村推进项目，改善农户生产生活各方面的条件；开展劳动力技能培训，增强农民掌握实用技术的能力；实施产业化扶贫措施，扶持和培育龙头企业，提高农业生产附加值等，此阶段特别强调提升人力资本水平，达到"授人以渔"的目的。

四是建立最低生活保障制度。2007 年，农村最低生活保障制度全面实施，进入了扶贫开发政策与最低生活保障制度衔接的"两轮驱动"阶段（黄承伟，2016）。农村因各种原因丧失劳动能力难以维持基本生活需要的农民得以获得生活补贴，避免陷入极端贫困。

（六）全面小康阶段（2011 年至今）

党的第一个百年奋斗目标是到 2020 年全面建成小康社会，解决绝对贫困就是要消除全面小康社会建设的最大短板。党的十八大以来，以习近平同志为核心的党中央做出经济社会进入新常态的重大战略判断，指出了新常态的"三个特点四个机遇"[①]。党的十九大重新界定了中国社会的主要矛盾，即"人民日益增长的美好生活需要和不平衡不充分的发展之间的矛盾"。宏观经济环境和社会主要矛盾的变化也使反贫困出现新的变化：一是经济增长减贫效应下降。长期高速的经济增长，特别是农村经济增长是减少贫困最根本和最重要的力量源泉（汪三贵，2018），但是收入分配差距不断扩大，全国农村的基尼系数从 1978 年的 0.2124 提高到 2011 年的 0.3897，意味着处在收入分配底端的贫困人口越来越难以享受经济增长的好处，即经济增长的减贫效应降低（汪三贵，2015）。二是区域瞄准漏出贫困人口。1994 年，592 个国家级贫困县涵盖了全国 72.6% 的农村贫困人口；2001 年，592 个国家级贫困县覆盖的绝对贫困人口占全国的 61.9%，14.8 万个重点村覆盖了全国 76% 的贫困人口（国务院扶贫开发领导小组办公室，2003）。区域瞄准策略始终会将部分贫困人口排斥在反贫困政策之外。三是不平衡不充分的矛盾突出。特殊类型困难地区发展基础薄弱，特殊类型贫困人口致贫因素多样化，缺乏

[①] 2014 年 11 月 9 日，习近平出席 2014 年亚太经合组织（APEC）工商领导人峰会并作题为《谋求持久发展 共筑亚太梦想》的主旨演讲，提出了中国经济新常态的 3 个主要特点及给中国带来新的 4 个机遇。三个主要特点：一是从高速增长转为中高速增长。二是经济结构不断优化升级，第三产业消费需求逐步成为主体，城乡区域差距逐步缩小，居民收入占比上升，发展成果惠及更广大民众。三是从要素驱动、投资驱动转向创新驱动。四方面发展机遇：第一，新常态下，中国经济增速虽然放缓，实际增量依然可观。第二，新常态下，中国经济增长更趋平稳，增长动力更为多元。第三，新常态下，中国经济结构优化升级，发展前景更加稳定。第四，新常态下，中国政府大力简政放权，市场活力进一步释放。

抵御自然灾害、市场风险以及家庭变故风险的能力。贫困问题由收入贫困向以相对资产和福利剥夺为主的多维贫困转变（李小云等，2016）。为了彻底消除绝对贫困，确保全面建成小康社会，中央制定和实施了一系列新的战略和政策，将扶贫开发工作提高到前所未有的高度。

一是实施精准扶贫精准脱贫基本方略。2013 年，习近平总书记在湘西考察时首次提出"精准扶贫"理念，之后不断丰富和深化并提升为精准扶贫精准脱贫基本方略。强调健全工作机制，将精准识别、精准扶持、动态管理、精准考核等作为精准扶贫的主要内容；强调因户施策，提出按照贫困地区和贫困人口的具体情况，实施"五个一批"工程，即发展生产脱贫一批、易地搬迁脱贫一批、生态补偿脱贫一批、发展教育脱贫一批、社会保障兜底一批。相较于传统的区域扶贫开发，精准扶贫有以下三个特点：目标更加明确，措施更具针对性，管理更加精细（汪三贵等，2016）。

二是反贫困的目标从"保生存"向"促发展"转变。2011 年国家制定并印发了《中国农村扶贫开发纲要（2011—2020 年）》，2015 年出台了《中共中央国务院关于打赢脱贫攻坚战的决定》，提出到 2020 年，稳定实现农村贫困人口不愁吃、不愁穿，义务教育、基本医疗和住房安全有保障（简称"两不愁三保障"），确保现行标准下贫困人口全部脱贫。实现贫困地区农民人均可支配收入增长幅度高于全国平均水平，基本公共服务主要领域指标接近全国平均水平，贫困县全部摘帽，解决区域性整体贫困。反贫困目标着眼于贫困人口和贫困地区的可持续发展，紧扣全面建成小康社会的目标。

三是贫困瞄准从区域瞄准向区域瞄准和个体瞄准相结合转变。《中国农村扶贫开发纲要（2011—2020 年）》明确了 14 个集中连片特殊困难地区、832 个国家级贫困县、12.8 万个贫困村为反贫困的区域瞄准对象，同时调整了国家贫困线标准，结合贫困线和"两不愁三保障"等多维指标由基层通过民主评议和建档立卡来精准识别贫困人口，从而使扶贫措施能直接到户到人。中国的贫困瞄准第一次实现了从贫困地区到贫困人口的巨大转变，确保所有符合现行标准的贫困人口都能获得有针对性的扶持，从而保证他们到 2020 年之前达到收入稳定超过贫困线和"两不愁三保障"稳定解决的脱贫标准，实现脱贫。

四是反贫困的工作机制不断完善。按照"中央统筹、省负总责、市县抓落实"的工作机制，制定了驻村工作队、第一书记、帮扶责任人等因村因户帮扶措施，构建了责任清晰、各负其责、合力攻坚的责任体系，实现了省市县乡村五级书记一起抓扶贫、层层落实责任制的治理格局。同时层层签订脱贫攻坚责任书、立下军令状，确保坚决打赢脱贫攻坚战。

三、反贫困实践的经验

新中国成立70年以来，中国共产党领导中国人民紧扣国家发展战略需要和社会主要矛盾变化，矢志不渝地开展反贫困斗争，反贫困方式从救济式扶贫到开发式扶贫再到精准扶贫，反贫困的目标从"保生存"到"保生存，促发展"再到"惠民生，促发展"，从解决温饱问题到消除绝对贫困，探索出一条符合中国国情的反贫困道路，取得了举世瞩目的成就。一是农村贫困人口大幅减少。按照1978年贫困标准，农村贫困人口从1978年的2.5亿人减少到2007年的1479万人，农村贫困发生率从1978年的30.7%降低到2007年的1.6%；按照2011年的贫困标准，农村贫困人口从1978年的7.7亿人减少到2018年的1660万人，农村贫困发生率从1978年的97.5%下降到2018年的1.7%。二是区域性整体贫困缓解。从地理区域来看，2018年末，东部地区农村贫困人口147万人，贫困发生率0.4%，率先实现脱贫；中部地区农村贫困人口597万人，贫困发生率1.8%；西部地区农村贫困人口916万人，贫困发生率3.2%。从贫困县摘帽来看，2018年，全国832个贫困县中，累计已脱贫摘帽县数量达436个，摘帽比例达52.4%。三是贫困人口生存问题得到彻底解决。新中国成立前期，农民收入消费水平低下，基本生存难以保障。经过长期的反贫困斗争，2012年全国农村居民人均收入和消费水平分别比1978年实际增长了11.5倍和9.3倍，2018年贫困地区农村居民人均可支配[①]收入达到10371元，是2012年的1.99倍。四是贫困地区发展水平得到全面提高。新中国成立70年来，农村基础设施和公共服务事业不断发展，为贫困人口的发展创造了机会。截至2018年末，贫困地区82.6%的自然村村内主干道经过硬化处理，81.9%的自然村通宽带，54.7%的自然村通客运班车，87.1%的农户所在自然村上幼儿园便利，89.8%的农户所在自然村上小学便利，93.2%的农户所在自然村有卫生站（国家统计局，2019）。

新中国反贫困事业取得了巨大成就，也积累了诸多宝贵的经验和教训，能够为未来反贫困实践提供指导借鉴。

第一，坚持大扶贫格局。回顾新中国成立70年来反贫困的实践历程，可以发现，反贫困事业综合性较强，需要各方力量广泛参与。大扶贫格局能够取得显

---

① 2012年统计口径变革后，城乡居民收入指标统一采用人均可支配收入。

著成效，主要体现在三个层次：一是党和政府主导。中国共产党是中国特色社会主义事业的领导核心，中国共产党的根本宗旨是全心全意为人民服务，消除贫困、实现共同富裕是社会主义的本质要求，坚持党和政府主导能够发挥社会主义制度"集中力量办大事"的优势，保证反贫困政策落实到位。二是动员社会各方力量。反贫困事业涉及贫困地区的方方面面，仅靠政府力量和财政资源，无法解决贫困地区的全部问题。在产业发展、教育扶贫、健康扶贫等领域，企业、社会组织等力量能够发挥市场机制的效率，有力促进贫困经济社会地区的发展和贫困人口脱贫，提高扶贫效率。三是组织贫困人口参与。只有贫困群众深度参与到脱贫攻坚工作，保持较强的内生发展动力和发展意愿，才能实现贫困户发展积极性的内因与精准扶贫各项政策帮扶的外因相结合，彻底解决贫困群众可持续的脱贫问题。

第二，不断向贫困人口赋权。新中国成立初期，社会主义改造赋予了贫困人口生产资料的所有权，激发了贫困人口的生产积极性，农业生产得以迅速恢复。人民公社时期，重工业优先发展的战略和低价转移农业剩余，实质上剥夺了贫困人口的发展权利，虽然在低水平上实现了社会公平，但是农业农村发展止步不前。但这一时期采取了积极有效的社会政策，大幅度提高了贫困群众的人力资本。改革开放初期，家庭联产承包责任制赋予了贫困人口土地的经营和使用权，激发了贫困人口的生产积极性，解放了生产力，温饱问题迎刃而解。20世纪80年代，改革购销体制和农产品流通体制，打通了城乡贸易通道，赋予了贫困人口自由择业的权利，贫困人口收入快速增长。20世纪90年代和21世纪初，赋予了农民自由迁移的权利，鼓励贫困人口参与反贫困行动，进一步激发了贫困人口内生动力。精准扶贫的实施则全方位给贫困家庭和人口提供支持，既着眼短期的收入和生活状况，也注重教育、健康、文化等影响贫困人口发展的长期因素，特别强调"志智"双扶。中国的反贫困历程实际上也是贫困人口能力不断提升的过程。

第三，不断满足人民需求。按照心理学的相关研究，人的需求层次由低到高依次为生存需求、安全需求、交往需求、得到尊重的需求和自我实现的需求（后三种需求又可以称为发展需求）。新中国成立时，国家一穷二白，农民食不果腹，最大的需求就是生存需求；改革开放后，解放了社会生产力，物质生产极大丰富，生存需求逐渐得到满足；随着生存需求的实现，"三步走""两个一百年"等社会主义建设规划理念相继诞生，人们开始追求发展需求。改革开放以来，我国制定了三条不同生活水平的贫困标准："1978年标准"是按1978年价格每人每年

100 元，是保障每人每天 2100 卡路里热量的低水平生存标准；"2008 年标准"是按 2000 年价格每人每年 865 元，适当增加了非食物线，是较高水平的生存标准；"2010 年标准"是按 2010 年价格每人每年 2300 元，并且结合"两不愁三保障"的要求，是较低水平的发展标准（国家统计局住户调查办公室，2016）。贫困标准的调整是反贫困战略调整的缩影，以便不断满足人民群众的实际需求。

第四，不断创新反贫困机制。新中国成立以来，特别是专门的反贫困机构的成立，反贫困体制机制不断完善，保证了扶贫策略的实施和各项扶贫政策的真正落地，为反贫困提供了制度保障。1986 年适应反贫困实践的需要自上而下成立了专门的反贫困机构，并且以县为单位进行扶贫开发；1990 年代确立了责任、权利、资金、任务"四到省"的原则，创新定点扶贫、东西部协作机制；2000 年代创新扶贫到村的模式；2010 年代构建"中央统筹、省负总责、市县抓落实"的责任体系，五级书记一起抓扶贫，驻村帮扶、第一书记、帮扶责任人等基层帮扶制度，使得反贫困治理不断下沉和完善，提高了反贫困政策的效率。

四、未来展望

经济文化相对落后的国家要建设社会主义，首先必须摆脱贫穷落后状况。邓小平指出："现在虽说我们也在搞社会主义，但事实上不够格。只有到了下世纪中叶，达到了中等发达国家的水平，才能说真的搞了社会主义，才能理直气壮地说社会主义优于资本主义。现在我们正在向这个路上走（邓小平，1993）。"面向下一个百年奋斗目标，现行标准下绝对贫困的解决并不意味着贫困问题的消除，2020 年后反贫困工作将从消除绝对贫困转向缓解相对贫困问题。基于新中国 70年反贫困的实践历程和基本经验，并结合社会主义现代化强国的奋斗目标，对未来减缓相对贫困进行展望。

一是结合社会主要矛盾的变化，制定满足人民需求的相对贫困标准。首先，人民美好生活需要日益广泛，不仅对物质文化生活提出更高要求，而且在民主、法治、公平、正义、安全、环境等方面的要求日益增长，2020 年后新的贫困标准应当充分考虑贫困人口较高水平的发展需求，在"两不愁三保障"标准的基础上纳入生产和生活的多维指标，在绝对水平上要较大幅度超过我国"2010 的绝对贫困标准"。其次，发展不平衡不充分成为满足人民日益增长的美好生活需要的主要制约因素，而检讨一个国家社会政策的好坏主要是看是否减少了收入分配差距和社会不平等程度（岳希明等，2007），制定相对贫困标准就需要考虑城乡和区域差距的问题，使标准符合中国国情并有利于衡量相对差距。

二是紧扣国家重大发展战略，明确新时代缓解相对贫困的目标。按照党的十九大"两阶段"战略布局，未来的反贫困斗争重点应该在第一阶段（2021—2035年）基本实现现代化阶段目标下，针对"人民生活更为宽裕，中等收入群体比例明显提高，城乡区域发展差距和居民生活水平差距显著缩小，基本公共服务均等化基本实现，全体人民共同富裕迈出坚实步伐（习近平，2017）"的发展要求，明确提出此阶段缓解相对贫困的目标和任务。因此，缓解相对贫困的目标需要多元化，除了不断提高相对贫困群体收入水平外，还需要不断降低收入分配的不平等程度，提高相对贫困人口公共服务的可获得性和利用率。部分学者认为使用相对贫困标准，在收入分配不平等程度不能下降的情况下，贫困人口不会减少，体现不出扶贫成效（汪三贵等，2018b）。为了反映缓解相对贫困的成效，建议采用两种途径解决：第一，使用相对贫困群体人均可支配收入的增长反映扶贫成效，而不是看相对贫困人口的变化；第二，在一段时间内固定相对贫困线，每年只根据物价指数进行调整，然后比较年际间相对贫困人口的增减情况来反映扶贫成效。

三是推进脱贫攻坚与乡村振兴衔接，设计相对贫困治理的制度框架。乡村振兴的远景谋划第一阶段就是"到2035年，乡村振兴取得决定性进展，农业农村现代化基本实现。农业结构得到根本性改善，农民就业质量显著提高，相对贫困进一步缓解，共同富裕迈出坚实步伐；城乡基本公共服务均等化基本实现，城乡融合发展体制机制更加完善；乡风文明达到新高度，乡村治理体系更加完善；农村生态环境根本好转，生态宜居的美丽乡村基本实现（国务院，2018）"。缓解农村的相对贫困将在乡村振兴的整体框架中进行，相对贫困的治理制度框架应当是基于脱贫攻坚与乡村振兴的衔接。第一，建立实施乡村振兴战略领导责任制，明确党政一把手负责制，要求省、市、县、乡、村五级书记一起抓乡村振兴，并对缓解相对贫困负责。第二，沿用"中央统筹、省负总责、市县抓落实"的工作机制，要求省级党委和政府每年向中央汇报实施乡村振兴战略的进展和减缓相对贫困的情况，市县向省级汇报进展情况。第三，建立省级和市县党政班子和领导干部推进乡村振兴战略的实绩考核制度，将减缓相对贫困作为重要指标。

四是围绕人民美好生活需求，构建减缓相对贫困政策体系。人民美好生活需求因区域和个体差异而有所区别，新时代应当继续采取分类施策的原则，借鉴以往的反贫困政策，构建减缓相对贫困的政策体系。第一，采用区域瞄准策略重点解决深度贫困地区的发展问题。2017 年底全国共认定了 334 个深度贫困县和 3 万个深度贫困村（刘永富，2018），2020 年后深度贫困地区因自然条件差、经济基础弱、贫困程度深仍然处于相对贫困状态，也是未来减缓相对贫困的短板。针对深度贫困地区，加强基础设施建设和公共服务发展，增加农民公共资源的可获得性。第二，采用开发式扶贫方针，通过教育扶贫、健康扶贫政策等提升相对贫困人口的人力资本水平，不断提高相对贫困人口利用市场的能力；利用产业和就业扶贫、金融扶贫政策等扩展相对贫困人口自我增收途径，从而提升社会流动性，缩小收入分配差距。第三，鼓励更多的市场主体和民间专业机构参与扶贫，提高扶贫效率和可持续性。

参考文献

［1］邓小平. 邓小平文选. 人民出版社，1993.

［2］杜润生. 中国的土地改革. 当代中国出版社，1996.

［3］国家统计局. 扶贫开发持续强力推进，脱贫攻坚取得历史性重大成就——新中国成立 70 周年经济社会发展成就系列报告之十五. http：//www.xinhuanet.com/finance/2019-08/12/c_1210238499.htm.

［4］国家统计局农村社会经济调查总队. 中国农村贫困监测报告 2000. 中国统计出版社，2000.

［5］国家统计局农村社会经济调查总队. 中国农村贫困监测报告 2001. 中国统计出版社，2001.

［6］国家统计局住户调查办公室. 中国农村贫困监测报告 2016. 中国统计出版社，2016.

［7］国务院扶贫开发领导小组办公室. 中国农村扶贫开发概要. 中国财政经济出版社，2003.

［8］国务院贫困地区经济开发领导小组办公室. 中国贫困地区经济开发概要. 中国农业出版社，1989.

［9］黄承伟. 中国扶贫开发道路研究：评述与展望. 中国农业大学学报（社会科学版），2016，33（5）.

［10］李小云，于乐荣，唐丽霞. 新时期中国农村的贫困问题及其治理. 贵州民族大学学报（哲学社会科学版），2016（2）.

［11］汪三贵，曾小溪. 从区域扶贫开发到精准扶贫——改革开放 40 年中国扶贫政策的演进及脱贫攻坚的难点和对策. 农业经济问题，2018a（8）：40-50.

［12］汪三贵，曾小溪. 后 2020 贫困问题初探. 河海大学学报（哲学社会科学版），2018b（2）.

［13］汪三贵，郭子豪. 论中国的精准扶贫. 贵州社会科学，2015（5）.

［14］汪三贵，刘未. 以精准扶贫实现精准脱贫：中国农村反贫困的新思路. 华南师范大学学报（社会科学版），2016（5）.

［15］汪三贵. 在发展中战胜贫困——对中国 30 年大规模减贫经验的总结与评价. 管理世界，2008（11）.

［16］汪三贵. 中国 40 年大规模减贫：推动力量与制度基础. 中国人民大学学报, 2018, 32（6）：1-11.

［17］汪三贵. 中国的农村扶贫：回顾与展望. 农业展望, 2007, 3（1）：6-8.

［18］汪三贵. 中国农村的贫困问题. 农村经济与社会, 1991（6）.

［19］王萍萍, 方湖柳, 李兴平. 中国贫困标准与国际贫困标准的比较. 中国农村经济, 2007（1）：5-8.

［20］习近平：决胜全面建成小康社会　夺取新时代中国特色社会主义伟大胜利——在中国共产党第十九次全国代表大会上的报告. http：//www.xinhuanet.com/2017-10/27/c_1121867529.htm.

［21］刘永富：打赢打好精准脱贫攻坚战深度贫困地区非常关键. http：//www.xinhuanet.com/politics/2018lh/2018-03/07/c_129824820.htm.

［22］中共中央、国务院印发《乡村振兴战略规划（2018—2022 年）》. http：//www.xinhuanet.com/2018-09/26/c_1123487123.htm.

［23］岳希明等. 透视中国农村贫困. 经济科学出版社, 2007.

［24］曾小溪, 汪三贵. 中国大规模减贫的经验：基于扶贫战略和政策的历史考察. 西北师大学报（社会科学版）, 2017, 54（6）.

［25］张磊等. 中国扶贫开发历程（1949—2005 年）. 中国财政经济出版社, 2007.

［26］《中国扶贫开发年鉴》编委会. 中国扶贫开发年鉴. 团结出版社, 2015.

［27］周彬彬, 高鸿宾. 对贫困的研究和反贫困实践的总结. 经济开发论坛, 1993（1）.

［28］周彬彬. 人民公社时期的贫困问题. 经济研究参考, 1992（Z1）：39-55.

（本文与胡骏合著, 原载《农业经济问题》2020 年第 2 期）

中国扶贫开发的实践、挑战与政策展望

新中国成立以来, 农村贫困人口大幅减少, 特别是改革开放之后, 中国的扶贫开发基于自身的体制和制度优势, 以大规模的专项扶贫措施为主要手段, 减少农村贫困人口近 7 亿, 形成了烙有中国发展特色的减贫路径。本文试图系统回顾中国扶贫开发的历程, 总结专项扶贫开发的做法和经验, 并分析当前精准扶贫阶段所面临的形势和挑战, 为到 2020 年实现精准脱贫、全面小康的政策路径选择提供参考依据。

一、中国扶贫开发的历程

学术界对于中国扶贫开发的起点存在争议：一种是以新中国成立为始点，将社会发展进程视为中国扶贫历史进程的一部分；另一种是以1979年为开端，因为体制改革推动了农村快速发展，使贫困人口大幅减少。扶贫事业属于民生工程，与贫困人群福利相关的各项措施应当被视为扶贫历史进程的一部分。要理解中国的扶贫开发成就和问题，不可能完全撇开体制转型和发展的大背景。因此，本文对于中国农村扶贫进程的归纳论述以新中国成立为起始。

（一）收入分配和社会发展减贫（1949—1978）

1949年新中国成立后，政府通过行政手段对社会资源进行再分配，以包括土地改革、公社化运动的社会制度改革，切断了产生贫富差距或两极分化的经济根源，通过平均收入分配、改善基本教育和健康，有效地消除了极端贫困现象。其间，中国开展了大规模的基础设施建设，改善了农村交通条件和灌溉设施；开展了小规模的救济扶贫，初步建立了以社区为基础、以"五保"制度和农村特困人口救济为主的社会基本保障体系；在全国建立了农村信用合作体系，发展了农村基础教育和农村基本医疗卫生事业，使农村教育水平大幅提升，健康状况明显改善。这一时期，中国减贫行动的逻辑在于：通过综合性的制度变革调整社会生产关系，发展农业生产和农村经济，以平等的收入分配、普惠的基本公共服务和基本的社会保障缓解全社会的极端贫困问题。然而，由于经济体制的不合理导致了严重的激励问题，加上为了工业化牺牲人民的基本生活，使基本消费品生产严重不足，未能形成大规模减贫的物质条件，因而没有从根本上改变农村和农民的贫困状况。

（二）体制改革主导的农村扶贫（1979—1985）

自1979年中国开始对农村经济体制进行重大改革，改革开放与扶贫工作得以同步进行。首先，以家庭联产承包经营制度解放和发展农村生产力；其次，建立起以市场化为取向的农产品交易制度，提高农副产品的收购价格，改革农产品购销和流通体制，激发了农民的生产积极性，提高了土地产出率。除了借助体制改革推动脱贫外，中国还实施了一系列帮助贫困地区和贫困人口的政策措施。如1980年设立"支援经济不发达地区发展资金"，专门用来支持老少边穷地区的经济发展；1983年组织实施"三西"（定西、河西、西海固）地区扶贫开发计划；1984年《关于帮助贫困地区尽快改变面貌的通知》提出帮助山区、少数民族聚居地区和革命老区根据地、边远地区的人民首先摆脱贫困；1984 年专门设立以工代赈资金，帮助贫困地区加快基础设施建设。这一阶段，农村改革和扶贫政策的实施不仅直接促进了部分极端贫困地区的经济发展和生产生活条件的改善，也为后来实施大规模的农村扶贫开发计划积累了经验。农村贫困人口总数从 2.5 亿减少到 1.25 亿，由占农村总人口的 33% 下降到 14.8%。

（三）解决温饱的开发式扶贫（1986—2000）

中国从 1986 年开始实施有计划、有组织的农村扶贫开发，扶贫政策由传统的救济式扶贫转变为开发式扶贫，成立专门扶贫工作机构——国务院贫困地区经济开发领导小组（1993 年改称国务院扶贫开发领导小组）及其办公室，安排专项资金，实行以贫困县为主的区域瞄准方式。1987 年，中国发布《关于加强贫困地区经济开发工作的通知》，正式确定了以促进区域增长为主要目标的扶贫开发战略。1994 年，国务院发布《国家八七扶贫攻坚计划》，建立了工作责任机制与东西扶贫协作机制，推行了最低生活救助、劳动力转移、科技扶贫等多元化扶贫措施。到 2000 年底，农村贫困人口由 1985 年的 1.25 亿人减少到 3200 万人，农村贫困发生率从 14.8% 下降到 3% 左右。

（四）巩固温饱的全面扶贫（2001—2010）

进入新世纪以来，农村贫困问题发生了从区域性贫困到区域与阶层性贫困并重的转变，扶贫方式日趋制度化，农村扶贫工作进入解决绝对贫困与相对贫困并重、城乡统筹发展的"大扶贫"阶段。2001 年，《中国农村扶贫开发纲要（2001—2010 年）》提出以解决贫困人口温饱问题为阶段目标，归纳了大量扶贫开发措施。其一，实行整村推进开发扶贫，以贫困村为瞄准对象，改变了以贫困县为对象的扶贫模式，使扶贫资源投入能够覆盖到非贫困县中的贫困人口。其二，在全国实施以扶持龙头企业、建设产业化基地为主要抓手，以延长农业产业链和提高农业附加值为原则的产业化扶贫。其三，启动以农业实用技术培训、职业教育、创业培训为主要手段的贫困地区劳动力转移培训，提高贫困农民的综合素质和获得非农就业的能力。其四，推行易地扶贫搬迁，把那些生存条件恶劣地区的贫困人口迁移到其他条件更好的地区发展。在这一系列扶贫措施的作用下，新的贫困线下的中国农村贫困人口从 2000 年底的 9422 万人减少到 2010 年底的 2688 万人，贫困发生率下降到 2.8%。

（五）全面小康的精准扶贫（2011 年至今）

新时期，贫困人口分布呈现出分散化与碎片化特征，加之经济发展"涓滴效益"递减，以区域发展带动减贫的效果下降，减贫成本逐渐增加。《中国农村扶贫开发纲要（2011—2020年）》提出，到2020年，稳定实现扶贫对象不愁吃、不愁穿，保障其义务教育、基本医疗和住房（简称"两不愁三保障"），消除绝对贫困。在此背景下，中国通过实行区域精准和个体精准相结合的方式推进扶贫工作。区域瞄准对象是14个集中连片特困地区、832个贫困县和12.8万个贫困村；个体精准以2013年《关于创新机制扎实推进农村扶贫开发工作的意见》所提出的精准扶贫概念为基础，通过精准识别、精准管理、精准帮扶来达到精准脱贫。2015年，《中共中央国务院关于打赢脱贫攻坚战的决定》将精准扶贫、精准脱贫定为国家农村扶贫的基本方略。随后，中央提出精准扶贫的主要内容和基本要求，即"扶持对象要精准、项目安排要精准、资金使用要精准、措施到户要精准、因村派人要精准、脱贫成效要精准"；同时提出"五个一批"的实现途径，即"发展生产脱贫一批、易地扶贫搬迁脱贫一批、生态补偿脱贫一批、发展教育脱贫一批、社会保障兜底一批"。至此，精准扶贫成为指导中国农村扶贫的基本方针。这一阶段，新的标准下的农村贫困人口从2010年的1.66亿人减少到2016年底的4335万人。

总体而言，中国不同时期的扶贫开发战略的脉络较为清晰，每个阶段的扶贫措施并不是唯一的，减贫是多项措施的综合结果。政府主导的专项扶贫措施是中国特色扶贫开发战略与政策体系的重要组成部分，因此下文将梳理中国扶贫开发历程中主要的专项扶贫政策，以展现扶贫政策体系的措施构成。

二、中国扶贫开发的主要政策措施

（一）整村推进

整村推进源自于《国家八七扶贫攻坚计划》实施的后期，其特点是将扶贫项目管理与贫困人口赋权相结合，以村为单位体现"到村到户"的扶贫理念。2001年，中国在14.8万个贫困村开始实施整村推进，各级政府按照各村级扶贫开发规划统筹各类扶贫资源，分期分批集中投放于这些贫困村。整村推进着眼于村级的社会、经济、文化全面发展，能够整合扶贫资源、集中力量解决贫困村最突出的问题。以参与式扶贫方式推动贫困人口参与扶贫项目的选择、组织、实施和监督，从而提升了扶贫项目的针对性、可操作性和益贫效率，也提高了贫困人口的自我发展能力。并且通过项目管理改善贫困村的村级治理，推进贫困村社会、经济和文化等各方面的建设，使贫困村生产生活条件得到明显改善，贫困农民的收入显著提高。

（二）产业扶贫

产业扶贫是一种建立在区域产业发展基础上的能力建设扶贫模式，通过构建利益联结机制让贫困户进入由经营主体主导的产业链体系中，以解决贫困农户独立发展产业能力弱的问题，从而实现贫困户的持续稳定增收。《中国农村扶贫纲要（2001—2010年）》正式提出产业化扶贫的概念，随后产业扶贫的方式与内容也随着农业产业化发展而不断丰富与深化，在扶贫体系中的地位日益加强。精准扶贫战略提出之后，作为"五个一批"的重要部分，产业扶贫更加强调对贫困人口的目标瞄准性和特惠性，其政策措施主要集中于三个方面：一是发展特色产业，目标是到2020年，每个贫困县建设一批贫困人口参与度高的特色产业基地，初步形成特色产业体系，每个贫困乡镇、贫困村形成若干特色拳头产品；二是促进产业融合，通过一二三产业融合发展，将贫困农户引入农业全产业链，以价值链增值收益提高贫困户的收入；三是扶持新型经营主体，通过财税政策鼓励新型经营主体与贫困户建立稳定带动关系，向贫困户提供全产业链服务，提高产业增值能力和吸纳贫困劳动力就业能力。

（三）转移就业扶贫

转移就业扶贫主要是通过为贫困人口提供就业岗位，以劳务工资收入来提高贫困人口的收入。《国家八七扶贫攻坚计划》提出了转移就业扶贫的相关举措，组织贫困地区的贫困劳动力外出务工，改善了单一的贫困家庭收入结构，有效地促进了贫困人口收入的增长。现阶段的政策措施主要集中于以下三个方面：一是完善贫困劳动者技能培训制度。通过整合各部门各行业培训资源，以订单培训、定向培训等方式开展差异化技能培训。有针对性地开展贫困家庭子女、未升学初高中毕业生、农民工免费职业培训等专项行动，提高培训的针对性和有效性。二是构建贫困人口转移就业平台。通过建立地区间的劳务输出合作机制，将贫困地区的劳动力有组织地输送至发达地区，如广东和广西之间的东西劳动力转移合作。加强转移就业贫困人口的公共服务，保障转移就业贫困人口平等享受迁入城镇的基本公共服务。三是推进就地就近转移就业。伴随着经济进入新常态，贫困人口的就地就近转移就业得到进一步重视。政府通过财税金融政策培育经营主体，鼓励引导当地企业、合作社等经营主体向贫困人口提供就业岗位，将贫困人口转移就业与工业化、城镇化建设相结合，并鼓励贫困户自主创业。

（四）易地扶贫搬迁

易地扶贫搬迁是指将生活在自然条件恶劣、生态环境脆弱、不具备基本生产和发展条件、"一方水土养活不了一方人"的建档立卡贫困户人口搬迁到基础设施较为完善、生态环境较好的地方，从根本上改变贫困状况的一种扶贫方式。自1982年，中央在"三西"（宁夏西海固、甘肃定西和河西）对不适宜人类生存的地区实施了移民，此后在八七扶贫攻坚阶段也实施了大规模的易地扶贫搬迁，两个《中国农村扶贫开发纲要》均把易地扶贫搬迁摆在专项扶贫的突出位置加以强调。到了精准扶贫阶段，易地扶贫搬迁成为中央确定的"五个一批"的重要组成部分，并且是打赢脱贫攻坚战的"头号工程"。现阶段的易地扶贫搬迁方式基本与之前一致，以集中安置为主、分散安置为辅；不同之处在于现阶段着重突出贫困人口，并采取多种方式筹措资金，移民后续发展更具可持续性。具体措施如下：一是"搬迁谁"。通过建档立卡以及搬迁意愿摸底，掌握了981万需要搬迁的贫困人口底数。二是"怎么搬"。因地制宜选择搬迁安置方式，按照集中安置与分散安置相结合、以集中安置为主的原则选择安置方式和安置区，同步开展原宅基地复垦与生态修复工作。三是"搬得起"。据调查，平均每户搬迁需要资金20万。为此，中央加大财政支持力度，并以政策性银行融资、地方政府发债等方式筹集资金约6000亿元。城乡建设用地增减挂钩指标向易地扶贫搬迁省份倾斜，保障易地扶贫搬迁的土地供给。四是"稳得住"。推进搬迁农户的职业多元化，将安置区（点）产业发展纳入当地产业扶贫规划，发展安置区（点）优势产业，结合园区、景区和小城镇建设等，引导搬迁群众从事多种经营服务工作，促进搬迁群众稳定脱贫。

（五）教育扶贫

从中国教育扶贫政策的演变来看，教育扶贫已经从普及初等教育和扫除农村青壮年文盲，逐步扩展到涵盖基础教育、职业教育、高等教育、继续教育等多层次、多类型教育在内的政策体系，已成为国家精准扶贫战略的重要组成部分。现阶段的政策主要集中在以下四个方面：一是帮助贫困地区学校改善基本办学和生活条件，通过财政补助推动贫困地区公办幼儿园的全覆盖，多部门联合实施"全面改薄"工程，重点向贫困地区倾斜投入，以完善贫困地区的村小学和教学点，新建、改扩建一批普通高中学校，提高贫困地区普通高中阶段教育普及率。二是精准实施高等教育帮扶。一方面加大贫困地区高校招生倾斜力度，实施农村贫困地区定向招生专项计划、农村学生单独招生、地方重点高校招收农村学生专项计划，增加贫困地区学生高等教育入学机会；另一方面提高贫困地区高等教育质量，通过资金倾斜加强贫困地区高校开展优势特色学科专业及相关平台建设，促进贫困地区高校引进高层次人才的力度，帮助贫困地区提升人才培养和科技创新水平。三是推进贫困地区学生营养改善计划，提高学生的营养健康水平，免除建档立卡贫困户幼儿入园和普通高中的学杂费，并对家庭经济困难的学生提供生活补助。四是实施劳动力就业培训。对贫困地区中等职业学校符合条件的学生，按国家规定实行免学费和给予国家助学金补助；对从事农业生产、经营和服务的贫困劳动力，开展生产经营型、专业技能型和社会服务型等培训，使其逐渐转变为新型职业农民。

（六）社会保障扶贫

社会保障扶贫是指对因病残、年老体弱、丧失劳动能力以及生存条件恶劣等原因造成常年生活困难的农村居民实施重点救助。现阶段的主要措施如下：一是实现农村低保与精准扶贫在对象和识别标准上的衔接。对缺乏发展能力的贫困户采取社会保障"兜底"，加大省级财政统筹力度，逐年提高农村低保标准，按照量化调整机制科学调整，确保不低于根据物价指数等因素按年度动态调整后的国家扶贫标准。二是提高贫困地区基本养老保障水平，建立适应农村老龄化形势的养老服务模式，统筹推进城乡养老保障体系建设，在贫困地区全面建成城乡居民养老保险制度。三是实施留守和残疾人员关爱政策。具体措施包括重点关注留守儿童心理行为问题和精神疾病，保障留守儿童能够及时获得心理辅导和行为矫正；多部门建立合作机制，针对留守妇女的性骚扰、家庭暴力等加大预防、救助力度，加大对拐卖妇女犯罪行为的打击力度；建立残疾人关爱制度，在人员照顾和资金扶持方面加强对残疾人的帮扶力度。

（七）健康扶贫

健康扶贫的内容包括改善贫困地区医疗卫生条件、保障贫困人口获得优质的医疗资源、防止因病致贫。对 2013 年全国建档立卡贫困人口数据分析可知，有42% 的贫困人口是因病致贫，因此健康扶贫在精准扶贫战略中应被摆到更加重要的位置。《关于打赢脱贫攻坚战的决定》和《关于实施健康扶贫工程的指导意见》明确提出，要开展医疗保险和医疗救助脱贫，实施健康扶贫工程，努力防止因病致贫、因病返贫。健康扶贫的主要措施可归纳为以下四点：一是完善医保制度，让贫困人口看得上病。新型农村合作医疗和大病保险制度对农村贫困人口实现全覆盖，适度提高贫困地区的门诊报销比例，加大对贫困人口大病保险的支持力度，推动新农合制度与大病保险及医疗救助制度的衔接，精准扶持因病致贫的家庭。二是控制医疗费用，让贫困人口看得起病。分类救治大病和慢性病，实行住院先诊疗后付费制度，以复合型支付方式控制贫困人口的医疗费用。三是提高医疗水平，让贫困人口看得好病。实施县乡村三级医疗卫生机构的标准化建设，以提升贫困地区医疗机构的硬件水平。通过三级医院定点帮扶片区县和贫困县的县级医院，以人员技术支持提高贫困地区医院的服务能力。四是加强预防，让贫困人口少看病。加大对贫困地区传染病、地方病、慢性病的防控，加强妇幼健康工作力度，统筹治理贫困地区环境卫生问题，加强农村饮用水和环境卫生监测、调查与评估，改善贫困地区农村人居环境。

（八）生态扶贫

生态扶贫是将扶贫工作和生态环境保护有机结合起来，实现两者的良性互动，达到生态文明建设与扶贫开发协调发展。95%的贫困人口和大多数贫困地区分布在生态环境脆弱、敏感和重点保护的地区。14个集中连片特殊困难区与25个国家重点生态功能区高度重合。中央提出的"五个一批"工程中有生态补偿脱贫一批，其主要措施包括三个方面：一是生态补偿。在贫困地区建立生态补偿机制，提高补偿标准，结合碳汇交易、绿色产品标识等市场化补偿方式，增加贫困人口的生态资产收益。依托退耕还林、公益林补偿等重点生态工程，为当地贫困农民提供生态建设与保护就业岗位，提高农民收入水平。二是生态保护与修复。在贫困地区实施重点生态修复工程，完善耕地与永久基本农田保护补偿机制，保护与提升贫困地区耕地质量，加强江河源头和水源涵养区保护，推进重点流域水环境综合治理，在重点区域推进山水林田湖综合治理工程等。三是积极支持发展生态优势产业，其一培育特色农副产业，立足生态资源优势，培育特色农副产品加工业，形成规模化、标准化的农副产业，依托经营主体的带动和辐射，提高贫困人口的收入水平；其二发展生态旅游业，依托地方独特的人文及自然资源，将民族特色产业和地方手工业等文化产业融入生态旅游业，以多元化发展增加贫困人口收入。

三、中国扶贫开发的挑战

中国政府在扶贫方面取得了显著的成就，但也面临不少问题和挑战。当前所面临的问题可归为三类，即外部环境的制约、内部工作机制的缺陷和具体实践的困境。

（一）增长式减贫效应减弱与剩余贫困人口的脱贫难度加剧

外部环境的制约主要是指经济进入新常态以及长期减贫过程中的剩余贫困人口脱贫任务艰巨。中国在过去30多年里取得的减贫成就主要归因于持续快速的经济增长。但近年来全球经济增长出现低迷，中国经济增长速度放缓，同时劳动力成本逐年上升，劳动力密集型产业因逐渐失去优势而开始向其他国家和地区转移，产业结构开始向资本密集型和知识密集型产业转移。从当前中国农民的收入结构来看，外出务工的工资性收入是重要的收入来源，也是农民脱贫致富的重要途径。产业结构调整使贫困人口就业的门槛逐渐提高，贫困人群失业和陷入贫困的风险加大，就业市场上的弱势群体将陷入更大的脆弱程度，失业压力使未来贫困人口的脱贫难度加大。经济增长变缓使得财政专项扶贫资金的增量空间有限，加之前期经济刺激政策的消化还需要较长的时间，为贫困人群提供强支持力度新政策的效用变低。另外，经过多个阶段的扶贫开发，当前的剩余贫困人口呈现分散化与连片特殊贫困地区集中化并存的特点，致贫因素更加复杂，贫困深度更深，脱贫难度更大。这些对中国现阶段减贫工作而言将是一个很大的挑战。

（二）扶贫工作机制缺陷与基层治理能力不足

扶贫工作机制在扶贫模式、返贫预防、绩效考核和资金管理方面依然存在缺陷。一是扶贫因同质化浪费大量政府资源。贫困地区和贫困人群内部逐渐显露的分化使得扶贫工作机制需要更加精细化。一些基层政府将致贫原因同质化处理，推行一概而论的问题解决方式，没有根据贫困户和贫困人口的实际需要进行有针对性的项目帮扶，浪费了有限的扶贫资源。二是贫困干预和返贫预防机制不足。扶贫工作在本质上属于事后补救型扶贫，帮扶时间和效果显化均有滞后性，而后期追踪调查和返贫预防机制的缺失加剧了这种事后补救型扶贫的固有缺陷，部分地区在"数字脱贫"的刺激下没有继续帮扶脱贫基础不稳定的贫困农户，因风险冲击导致的暂时性贫困在外部环境恶化的情况下极易转变为长期贫困。三是绩效考核机制不足。现有的扶贫绩效考核机制没有形成强力的制度约束，责任不清晰导致科层组织的横向目标与精准扶贫的设计初衷不一致，基层贫困治理在科层干部的自利性诉求中偏离了精准扶贫的目标，导致扶贫工作不精准、大而化之，使得扶贫资源使用效率和使用质量低下。四是扶贫资金管理机制不足。扶贫资金分项投入、多头管理，使得资金管理成本增加、效果降低；同时因缺乏有效的协调机制和沟通机制，造成财政扶贫资金管理上的混乱。项目资金分配中，扶贫资金主要投向的行业、产业与贫困人口的实际需求不一致。使用中存在"低命中率"

和"高漏出量"现象,扶贫资金并没有精确地瞄准到贫困人口。

另外,基层治理能力不足不利于扶贫工作的开展。从目前的政策实践来看,乡村两级是很多到户项目实施的关键,承担着扶贫工作的落实责任,加之其他部门工作和应对突发情况,这就要求乡村两级工作人员具备较高的素质。然而现实中,乡镇人才流失与人员不足是常态。贫困村的集体经济基本上是空壳,几乎没有村干部可支配的资源,村内年轻精英流失严重。贫困村的村干部老龄化情况突出,虽然现在很多地方落实了"包村干部",但是包村干部只能提供短期的支持,一些包村干部本身还存在能力和动力不足的问题。乡村治理能力的总体不足给精准扶贫工作带来了严峻的挑战。

(三)精准识别不准与精准帮扶效果不彰

1. 精准识别不准

贫困人口精准识别的失误率较高,主要由以下三种途径所导致。其一,规模排斥。精准扶贫具有程序规范、多部门共同参与以及公示制度强化等特点,有助于提高贫困识别的准确性。但从各地实践来看,前几轮建档立卡时采用的"逐级分配指标"方式依然决定了县、村贫困人口数量的上限。虽然这一轮贫困识别工作在总量上给予了贫困村和贫困户10%的浮动空间,但是并没有解决贫困指标排挤的问题。由于不能准确估计市县贫困人口规模,各市县乡获得的贫困村和贫困户指标未必和实际贫困规模一致。其二,识别排斥。以民主评议为基础的福利测量旨在解决贫困识别信息不对称问题,由于测量方法和农户参与方法在收入和支出认知上存在差异,出现了不同贫困地区、不同县和不同村贫困标准不一致的问题,产生对部分贫困群体的过失排斥。其三,基层工作人员在识别中优亲厚友,人为控制贫困指标的分配,于是产生了对贫困群体的恶意排斥。据调查,2013年乌蒙山片区有40%的建档立卡贫困户的收入超过了贫困标准,武陵山片区则有49%的农户收入高于贫困线。云贵川60个贫困村建档立卡瞄准失误率为33%,其中精英俘获对瞄准失误的贡献率为74%。

2. 精准帮扶效果不彰

精准帮扶基本围绕"五个一批",实践中面临诸多困境,导致扶贫效果不明显。如产业扶贫方面,如何确保贫困农户增收仍然面临困难,实践中经常出现扶富不扶贫现象,扶贫产业不能直接惠及最贫困的群体,如何通过机制创新满足最贫困群体的发展需求是当前亟须解决的问题。贫困人口转移就业进展不顺,农民工公共服务体系有待完善,农民工作为特殊群体依然未与城市居民同等享受公共服务，在购房、就业、户口、福利、社会待遇等方面存在较大差距。一些地方忽视了易地扶贫搬迁的政策本意，重基础设施与房屋建设，轻后续扶持，把易地扶贫搬迁作为拉投资、保增长、促内需的手段，着力点主要放在安置房屋和配套设施的建设上，没有充分考虑贫困人口搬迁后的发展问题，以至于没有从根本上解决搬迁户的福利状况。易地扶贫搬迁虽然有政府财政资金补助，但是农户需要自筹一部分资金，这在一定程度上排斥了贫困程度较深的农户。即使农户获得金融贷款，增加的债务负担也降低了其对生计冲击的抵抗能力。农村的社会保障水平远不及城市，在资金投入、保障内容、覆盖范围上与城市有着明显的差距。农村贫困人口享有的社会保障还不足以保证其"衣食无忧"。大病救助的覆盖面有待提高，所包括的病种有待补充，各地方的医疗救助呈现碎片化特征，未形成完整的救助体系。在现有的帮扶力度下，因病致贫的农户尚不能彻底摆脱贫困。生态补偿资金供给不足，只能对生态保护区的扶贫工作起到辅助作用，不能成为脱贫的保障。生态产业的开发与产业扶贫所面临的困境基本一致，难以找准适应市场的特色产品。利益联结机制创新不足使生态产业对贫困人口的带动能力较弱，发展模式不清晰使产业开发失败多于成功。

四、中国扶贫开发的政策展望

扶贫开发是一项复杂的系统工程，在全面建成小康社会的目标约束下，未来的扶贫开发需要进一步创新工作机制以推进精准扶贫，而需要解决的核心问题是资金、执行主体和工作方式。

（一）完善并创新资金投入机制

一方面，稳定财政扶贫资金投入力度。加强中央财政对贫困地区的转移支付力度，并引导地方政府调整财政支出结构，保障扶贫资金的投入需求，推动贫困县以涉农资金的大整合试点为契机，以重点扶贫项目为平台，捆绑各类资金集中使用，提高资金使用效率。另一方面，创新扶贫模式与资金投入渠道。以市场机制和政策配套方式鼓励扶贫模式创新，鼓励和引导各类金融机构、有辐射能力和带动作用的产业与企业、其他社会资源进入扶贫开发事业，促进扶贫资金撬动社会资金投入，在产业发展中实现扶贫到户。

（二）增强基层组织治理能力

政府主导扶贫开发是实施精准扶贫的一个重要保障，精准扶贫的对象是贫困人口，这就决定了执行精准扶贫的直接主体是基层组织。扶贫资金项目管理权限下放到县、分配到村，基层政府和村级组织将获得更多的资源，拥有更多的权力，这就需要基层政府改善自身治理能力和水平，合理利用项目资源，以便改善贫困村庄的生产生活条件及贫困户的发展能力，提高减贫效益。另外，在有合作社的村庄，发挥合作社的组织特征，促进合作社在扶贫治理中的作用，也是基层治理的重要组成方面。

（三）完善贫困人口受益机制

第一，在产业发展方面，培育贫困地区的农业经营主体，依托经营主体对贫困人口的组织和带动作用，将贫困户纳入现代产业链中，强化与贫困户的利益联结机制，解决贫困农户经常面临的技术、资金、市场方面的困难。产业结构转型升级是经济新常态的重要内涵与主要指标，也为产业精准扶贫带来了新机遇。贫困地区的产业结构升级更需要依托产业创新，如不断改善的现代交通和互联网改变了各种资源的利用方式，抓住产业结构转型所带来的机遇、实现后发优势，是产业精准扶贫必须重视的内容。

第二，用制度保护生态环境已经成为新时期推进生态文明建设的重要出路。生态环境的恶化压力对保护生态环境形成了"倒逼机制"，精准扶贫应当结合生态产品的多样化、市场化与创新化机制，以自然资源资产化和生态补偿等制度的改革与创新，推进具有生态资源优势的贫困地区的发展。将农民集体所有的土地、山林地等固定资源资本化、股权化，盘活农村存量自然生态资源，为贫困户探索出一条新的增收渠道。

第三，易地扶贫搬迁涉及贫困户生产生活环境和条件的变化，涉及土地、住房等行业部门政策的支持，涉及新型城镇化、贫困户转移就业和后续发展等复杂问题的衔接。易地扶贫搬迁工作需要在保证精准识别的基础上实施精准搬迁，从经济、政治和社会空间等多元角度对移民迁入地进行重塑，实现搬得出、稳得住、有业可就和稳定脱贫。

第四，教育扶贫是阻断贫困代际传递的根本措施。虽然中国已经形成了较为系统的教育扶贫支持体系，但学前教育和高中教育依然是当前教育扶贫的短板，国家还需要加大相应的支持力度，适当考虑把高中阶段教育纳入义务教育政策支持范围。另外，针对贫困户就业和生产发展所需要的技术技能培训需更加精准，以增强动手能力和切实能见实效为导向，解决当前存在的学走形式、学而无获、学难见效问题。

第五，完善社会保障兜底。因病致贫类型所占比重大，因病返贫现象普遍，这需要更紧密地衔接基本医疗、大病保险和医疗救助政策，扩展补贴范围、加大特惠力度、减轻个人负担。对于农村地区丧失劳动能力和劳动能力较弱、依靠自身难以发展的贫困人口，必须实现低保"兜底"全覆盖。2020 年之后的扶贫工作有可能将以社会保障为主，越早形成精准扶贫与社会保障制度相衔接的工作机制，越有利于实现扶贫工作的转型。

参考文献

［1］范小建. 60 年：扶贫开发的攻坚战. 求是，2009（20）：35-37.

［2］朱小玲，陈俊. 建国以来我国农村扶贫开发的历史回顾与现实启示. 生产力研究，2012（05）：30-32.

［3］汪三贵. 在发展中战胜贫困——对中国 30 年大规模减贫经验的总结与评价. 管理世界，2008（11）：78-88.

［4］王朝明. 中国农村 30 年开发式扶贫：政策实践与理论反思. 贵州财经学院学报，2008（06）：78-84.

［5］向德平. 包容性增长视角下中国扶贫政策的变迁与走向. 华中师范大学学报（人文社会科学版），2011（04）：1-8.

［6］黄承伟. 中国扶贫开发道路研究：评述与展望. 中国农业大学学报（社会科学版），2016，33（5）：5-17.

［7］王丽华. 贫困人口分布、构成变化视阈下农村扶贫政策探析——以湘西八个贫困县及其下辖乡、村为例. 公共管理学报，2011，08（02）：72-78.

［8］新华网. 2016 年全国农村贫困人口减少 1240 万人. http://news.xinhuanet.com/politics/2017-02/28/c_1120543533.htm.

［9］杨林华. 农村扶贫模式创新研究. 华中师范大学，2014.

［10］殷浩栋. 产业扶贫：从"输血"到"造血". 农经，2016（10）：25-31.

［11］中华人民共和国国务院公报. 国务院关于印发"十三五"脱贫攻坚规划的通知，2016.

［12］中国人民大学中国扶贫研究院. 易地扶贫搬迁监测报告，2016.

［13］汪三贵，王瑜. 全国扶贫开发建档立卡数据分析研究报告. 中国人民大学中国扶贫研究院，2015.

［14］国家卫生计生委财务司. 关于实施健康扶贫工程的指导意见.http://www.nhfpc.gov.cn/caiwusi/s7785/201606/d16de85e75644074843142dbc207f65d.shtml.

［15］刘慧，叶尔肯·吾扎提. 中国西部地区生态扶贫策略研究. 中国人口.资源与环境，2013，23（10）：52-58.

［16］李晓辉，徐晓新，张秀兰，等. 应对经济新常态与发展型社会政策 2.0 版——以社会扶贫机制创新为例. 江苏社会科学，2015（2）：67-77.

［17］汪三贵，刘未. 以精准扶贫实现精准脱贫：中国农村反贫困的新思路. 华南师范大学学报
　　　（社会科学版），2016（05）：110-115.

［18］陈少强，朱晓龙. 扶贫要在精准上下功夫. 中国发展观察，2015（08）：27-28.

［19］李春根，王雯. 基于五大发展理念的新时期扶贫工作探讨. 财贸经济，2016（10）：16-21.

［20］李延. 精准扶贫绩效考核机制的现实难点与应对. 青海社会科学，2016（03）：132-137.

［21］祝慧，莫光辉，于泽堃. 农村精准扶贫的实践困境与路径创新探索. 农业经济，2017
　　　（01）：9-11.

［22］许汉泽. 扶贫瞄准困境与乡村治理转型. 农村经济，2015（9）：80-84.

［23］邢成举. 村庄视角的扶贫项目目标偏离与"内卷化"分析. 江汉学术，2015（05）：18-26.

［24］唐丽霞，罗江月，李小云. 精准扶贫机制实施的政策和实践困境. 贵州社会科学，2015
　　　（05）：151-156.

［25］万江红，苏运勋. 精准扶贫基层实践困境及其解释——村民自治的视角. 贵州社会科学，
　　　2016（08）：149-154.

［26］任超，袁明宝. 分类治理：精准扶贫政策的实践困境与重点方向——以湖北秭归县为例.
　　　北京社会科学，2017（01）：100-108.

［27］汪三贵，郭子豪. 论中国的精准扶贫. 贵州社会科学，2015（05）：147-150.

［28］胡联，汪三贵. 我国建档立卡面临精英俘获的挑战吗？. 管理世界，2017（1）：89-98.

［29］许汉泽，李小云. 精准扶贫背景下农村产业扶贫的实践困境——对华北李村产业扶贫项目
　　　的考察. 西北农林科技大学学报（社会科学版），2017（01）：9-16.

［30］吴业苗. 农业人口转移的新常态与市民化进路. 农业经济问题，2016（03）：43-50.

［31］邢成举. 搬迁扶贫与移民生计重塑：陕省证据. 改革，2016（11）：65-73.

［32］何得桂，党国英，张正芳. 精准扶贫与基层治理：移民搬迁中的非结构性制约. 西北人
　　　口，2016（06）：55-62.

［33］李泉然. 精准扶贫视阈下社会救助政策的发展. 中州学刊，2017（01）：65-71.

［34］刘解龙. 经济新常态中的精准扶贫理论与机制创新. 湖南社会科学，2015（04）：156-159.

［35］陈绪敖. 秦巴山区生态环境保护与产业精准扶贫互动发展研究. 甘肃社会科学，2016
　　　（06）：184-190.

［36］中央党校经济学部精准扶贫课题组，芦千文，石霞. 创新精准扶贫体制机制. 理论视野，
　　　2016（06）：28-31.

［37］戴旭宏. 精准扶贫：资产收益扶贫模式路径选择——基于四川实践探索. 农村经济，2016
　　　（11）：22-26.

（本文与殷浩栋、王瑜合著，原载《华南师范大学学报（社会科学版）》2017年第4期）

从区域扶贫开发到精准扶贫

——改革开放 40 年中国扶贫政策的演进及脱贫攻坚的难点和对策

改革开放 40 年来，中国的经济社会发展取得了举世瞩目的成就，而中国的大规模减贫更是获得了国际社会的普遍赞誉。本文主要对 40 年来中国的减贫历程进行回顾，分析扶贫政策的演进，总结扶贫开发的主要成就，结合现阶段脱贫攻坚中存在的问题提出未来的政策方向。

一、改革开放 40 年：波澜壮阔的扶贫开发历程

1978 年底中央工作会议和中共十一届三中全会揭开了改革开放的序幕，会议的一个重要成果是把党和国家工作的重点转移到经济建设上来。"让一部分人、一部分地区先富裕起来，最终达到共同富裕"。1978 年 12 月，邓小平指出，"在西北、西南和其他一些地区，那里的生产和群众生活还很困难，国家应当从各方面给以帮助，特别要从物质上给以有力的支持"。1979—1985 年，中国经济体制改革促进了经济的全面持续增长，以家庭联产承包责任制和农产品价格调整为重要内容的农村政策调整和体制改革，作为一种益贫式的增长方式，使农民收入普遍增加，农村贫困大规模减少。从收入增长效应上看，1978—1985 年，农村居民实际人均纯收入增长 169%，年均增长 15.1%；从收入分配上看，农村基尼系数从 1980 年的 0.241 降低到 0.227，农村内部收入差距缩小。按 1978 年的 100 元的贫困线估计，1978 年中国贫困发生率为 30.7%，贫困人口规模为 2.5 亿人，占世界贫困人口的比例约为四分之一。到 1985 年，中国解决了其中一半人口的温饱问题，农村贫困人口剩余 1.25 亿，贫困发生率为 15%，年均减贫 1786 万。但这一时期，对贫困地区的扶持主要是以"撒胡椒面"式的实物救济"输血"为主[1]，救济形式单一、分散、力度较低，很难集中解决一些制约区域发展的重要问题。

1980 年代中期开始的反贫困计划，尝试改变以往无偿救助为主的扶持政策，转而以生产帮助为主、无偿救济为辅。其主要内容是为贫困农户提供信贷资金，

---

[1] 比如，1980—1984 年，中央通过各种渠道下拨的扶贫资金为 300 多亿元，主要以单纯生活救济的扶持为主。

实行以工代赈，兴建基础设施，建设基本农田，推广农业实用技术，扩大就业机会等。1984年，中央颁发了《关于帮助贫困地区尽快改变面貌的通知》，基本目标是解决贫困地区的基本温饱问题，对策是经济开发。当时，对贫困地区的资金和物资扶持主要是用于发展生产，改变生产条件，增强地区经济活力，本质上是一种区域扶贫开发政策，注重经济开发、多种经营、商品经济等问题。1980年代初至1980年代末，为了帮助老少边穷地区尽快改变贫困落后面貌，国家先后设立了7笔扶贫专项资金：支援不发达地区发展资金、支持老少边穷地区贷款、支援不发达地区发展经济贷款、"三西"农业建设专项资金、国家扶贫专项贴息贷款、牧区扶贫专项贴息贷款、县办企业专项贷款，每年资金总额达到40亿元左右，其中四分之三左右属于低息或贴息的信贷资金。"七五"期间每年增加扶贫专项贴息贷款10亿元，通过实行以工代赈，发展贫困地区水利、公路、电力等基础设施，当时的以工代赈直接满足贫困地区群众的基本需求，提供了大量就业机会和消化了部分滞销产品。

"七五"扶贫开发的基本目标是解决温饱问题。"八五"扶贫开发工作是在这个基础上实现两个稳定：一是加强基本农田建设，当时的考虑是一人开发半亩到一亩的基本农田，提高粮食产量。主要做法是保水、保肥、保土，治山、治沟、种草、种树。主要目的是通过建设基本农田解决贫困地区粮食增产问题，进而解决吃饭和增收问题。二是发展多种经营，进行资源开发，建设区域性支柱产业。当时的经验是一户有几亩经济林或者几头牛、一群羊，就可以稳定地解决温饱问题；一个村抓住一两个优势项目，一两年就可以收到明显成效。这一时期开始，扶贫工作更加注重从单纯救济向经济开发转移，依靠科技进步和提高农民素质。扶贫政策逐渐考虑从按贫困人口平均分配资金向按项目、按效益转变，从资金单向输入向综合输入资金、技术、物资、培训、管理等转变。

这一系列政策措施取得了一定的效果，1992年，贫困人口从1985年的1.25亿减少到约8000万，1986—1992年7年时间，每年减少贫困人口624.8万，贫困人口占全国农村总人口的比重为8.8%。但这一时期贫困人口的下降速度明显低于改革开放初期的头七年。如果不采取特殊行动，中央既定的20世纪末解决农村温饱问题的任务可能完成不了[1]。1994年中国政府公布《国家八七扶贫攻坚计划》，标志着中国扶贫开发进入集中资源用7年时间解决8000万贫困人口温饱问题的

---

[1] 根据国家统计局数据，1993年、1994年两年贫困人口只减少1000万左右，其中东部、中部占80%，西部占20%。

决战时期。总的要求是："坚持开发式扶贫的方针，努力提高扶贫开发效益，积极创造稳定解决温饱问题的基础条件（陈俊生，1994）。"在扶持范围上，以调整后的 592 个国定贫困县为扶持的重点，中央财政、信贷、以工代赈等扶贫资金[①]主要集中投放在国定贫困县[②]；扶持资金投放上，以调整投向后的中西部省份为重点，重大项目向贫困地区倾斜；扶贫资金投入结构上，以中央投入为主，加大省市投入[③]；扶贫责任制上，强调统一领导，分级负责，以省为主。当时扶贫工作的目标是解决贫困户的温饱问题，实践证明，种植业、养殖业和以农产品为原料的加工业是当时最有效的扶贫产业，贷款回收率也相对较高。主要做法是，通过扶贫经济实体组织经济开发，将经济开发和扶持到户结合在一起，把解决温饱的工作指标量化到户[④]，提高资源开发的水平和效益。扶贫信贷资金统一由中国农业银行和中国农业发展银行来管理，将扶贫资金的分配使用与效益直接挂钩，把到期贷款回收比例作为衡量扶贫开发工作成效的一个重要标志，让扶贫经济实体承包扶贫项目，统贷统还，而非直接向农户分散贷款。1994—2000 年，中央政府每年再增加 10 亿元以工代赈资金、10 亿元扶贫专项贴息贷款[⑤]。实际上，中国政府的扶贫投入由 1994 年的 97.85 亿元增加到 2000 年的 248.15 亿元，累计投入中央扶贫资金 1127 亿元，相当于 1986—1993 年扶贫投入总量的 3 倍。经过数年的扶持，贫困人口的结构和分布状况发生了很大的变化，投入资源较多的重点县脱贫速度明显加快[⑥]。到 2000 年，全国没有解决温饱问题的贫困人口减少到了 3200 万人，占农村贫困人口的比重下降到 3% 左右，中央确定的扶贫攻坚目标基本实现（国务院新闻办，2001）。

---

① 当时，中央扶贫资金主要分为三部分：一是财政发展资金，主要用于产生社会公益效果的项目；二是扶贫贷款，主要用于有经营收益而又能够还款的项目；三是以工代赈资金，主要用于解决乡村公路、人畜饮水、基本农田建设等。

② 实际上，攻坚初期，也有超越投放范围的资金，如 1994 年国家扶贫贷款和以工代赈资金只有 70% 左右投放在国定县，支援不发达地区发展资金只有 60% 左右投放在国定县。

③ 根据 1992 年扶贫调查，扶贫资金投入中，中央占 83%，省市占 17%。

④ 比如，要求户均有一亩林果园或经济作物，户均输出一个劳动力，户均有一项养殖业或家庭副业，人均建成半亩到一亩稳产高产基本农田等。

⑤ 1997 年根据当时脱贫攻坚需要，预计 1997 年至 2000 年，这两项投入分别为 15 亿元和 30 亿元。到 1999 年中央发现，截至 1998 年底没有解决温饱问题的农村贫困人口还有 4200 万人，决定 1999 年在原有资金规模上，再增加 15 亿元财政扶贫资金（其中 10 亿元用于以工代赈），增加 50 亿元扶贫信贷资金并实行统一的优惠利率。

⑥ 根据 1999 年的一项统计，国定贫困县的贫困人口数量大幅减少，贫困发生率迅速下降，贫困人口总量从《国家八七扶贫攻坚计划》实施以前的 5800 万减少到 1997 年的 3000 万，贫困发生率从 30% 下降到 13%。但是分布在其他地区的 2200 万贫困人口只减少了 200 万（国务院扶贫开发领导小组，1999）。

　　到 21 世纪初，中国农村贫困人口温饱问题基本解决，大面积绝对贫困现象明显缓解，新阶段的扶贫开发是在社会主义市场经济体制初步建立、国民经济和社会发展进入新阶段的背景下进行的（中共中央办公厅，2001）。当时面临的情况主要是：从贫困人口分布状况来看，贫困人口数量减少、相对集中；从外部环境来看，市场经济条件下扶贫开发受到市场和资源的双重约束；从发展的机遇来看，有西部大开发的良好机遇。经济增长的减贫效应下降、贫富差距在不断拉大、一般性的扶持政策难以奏效也是当时面临的突出问题。解决温饱问题这一阶段性任务完成后，需要确定下一阶段扶贫开发的重点对象和范围。2001 年公布的《中国农村扶贫开发纲要（2001—2010 年）》确定的基本目标概括起来是："巩固温饱成果，为达到小康水平创造条件"。21 世纪头十年扶贫开发战略主要是"一体两翼"："一体"是用整村推进 ① 来改善 14.8 万个贫困村的生产生活生态条件，提高贫困村的发展能力；"两翼"是指贫困地区劳动力转移培训和龙头企业产业化扶贫，主要目的是促进贫困人口的市场参与。贫困地区劳动力转移培训政策提高了贫困人口的素质并使其获得稳定的就业，这是一种"非农产业"的脱贫路径。扶持各种类型的龙头企业的目的是带动贫困地区调整农业产业结构，促进产业化发展，直接和间接带动贫困人口脱贫。除"一体两翼"外，适当的公共转移政策和众多的惠农政策，加上全面实施农村最低生活保障制度，在一定程度上有助于贫困人口的收入增长和缓解贫困地区收入差距的扩大。

　　由于以往的贫困线标准过低，与中国的发展水平脱节。2011 年，中国政府大幅度提高了贫困标准，将农民人均纯收入 2300 元（2010 年不变价）作为新的国家扶贫标准 ②，各省（自治区、直辖市）也可以根据当地实际制定高于国家扶贫标准的地方扶贫标准。新阶段扶贫工作的总体目标是稳定实现贫困人口的"两不愁三保障" ③，同时要求贫困地区农民人均纯收入增长幅度高于全国平均水平，基本公共服务达到全国平均水平。其中，"两不愁"在于解决温饱和极端贫困问题，巩固前期脱贫成果；"三保障"侧重于解决人力资本和发展能力问题，是新时期需要重点解决的问题。强调贫困地区的收入增长和公共服务，主要是要进一步缩小

---

① 所谓"整村推进"，是指扶贫开发要到村，以县为基本单元，以贫困村为基础，广泛动员群众参与，制定规划，分年实施，分期投入，分期分批解决问题，即在贫困村实施"一次规划，分期实施"的综合发展项目。

② 在最终确定这一标准之前，也考虑过使用 2010 年农民人均纯收入 1500 元、2100 元等标准，并保持国家扶贫标准 5 年不变，5 年后根据农民生活消费状况和扶贫开发成效重予以认定等方案。

③ "两不愁"是指农村贫困人口不愁吃、不愁穿，"三保障"是指义务教育、基本医疗和住房安全有保障。

区域差距，解决区域性整体贫困问题。这一时期，除原有的以县、村为主要扶贫单元外，国家又确定了 14 个连片特困地区作为区域开发的单元之一，利用区域差异性政策解决长期存在的区域发展瓶颈问题。

党的十八大以来，中央将精准扶贫、精准脱贫作为扶贫开发的基本方略，扶贫工作的总体目标是"到 2020 年确保我国现行标准下农村贫困人口全部脱贫，贫困县全部摘帽，解决区域性整体贫困"。新阶段的中国扶贫工作更加注重精准度，要求扶贫资源与贫困户的需求准确对接。习近平总书记提出了"六个精准"的要求，实施了"五个一批"并重点解决"四个问题"[①]（国务院扶贫开发领导小组办公室，2017）。中央和地方政府均加大了对扶贫开发的投入力度。根据国务院扶贫办统计，2013—2017 年，中央财政专项扶贫资金投入年均增长 22.7%，省市县财政扶贫资金投入也大幅度增长，使得中国贫困规模大幅缩小。减贫速度明显加快，农村贫困人口由 2012 年的 9899 万人减少到 2017 年的 3046 万人，累计减贫 6853 万人，年均减贫 1370 万人，贫困发生率从 10.2% 下降到 3.1%，累计降低 7.1 个百分点（陈志刚，2018）。

回顾中国的扶贫开发历程可以发现，中国大规模减贫的主要推动力量是经济增长，特别是贫困地区的农业和农村经济的持续增长，而农业和农村的经济增长又是在一系列的改革开放措施、持续的人力和物质资本积累和不断的技术进步下取得的（汪三贵，2008）。有针对性地开发式扶贫，通过实施区域性的基础设施和公共服务建设，在帮助贫困地区经济社会发展方面起到了重要作用，有助于缓解日益扩大的收入分配差距和缩小贫困地区和一般地区的发展差距，使原本不利于穷人的经济增长过程在某些方面和一定程度上表现出益贫的性质。而精准扶贫则进一步将贫困人口作为扶贫开发的首要对象，大幅度提高了扶贫工作的效果。

二、40 年扶贫政策演进：从区域开发到精准扶贫

40 年来中国的农村扶贫走了一条从贫困地区区域开发为主转向以贫困家庭和人口为对象的精准扶贫之路。1980 年代开始的扶贫开发的主要策略就是促进贫困地区的区域发展，间接带动贫困人口脱贫。区域开发式扶贫本质上是一种促进贫困人口集中区域的优先发展来实现减贫的方法，有研究表明，中国的扶贫经

---

① "六个精准"：扶持对象精准、项目安排精准、资金使用精准、措施到户精准、因村派人精准、脱贫成效精准；"五个一批"：发展生产脱贫一批、易地搬迁脱贫一批、生态补偿脱贫一批、发展教育脱贫一批、社会保障兜底一批；"四个问题"：扶持谁、谁来扶、怎么扶、如何退。

验证明区域瞄准可能是扶贫资源到达穷人的一个非常有用的"利器"（Lipton 等，1995），对于贫困地区农户的收入增长也有较大的作用（Park 等，2002）。这主要是因为开发式扶贫为所有农户特别是那些有劳动能力和劳动意愿的农户提供了依靠自己主动响应来增加收入的机会（贺雪峰，2018）。

改革开放初期，针对贫困分布的区域性特征，中国政府以县为单元确定国家扶持的重点，这是按区域实施反贫困计划的基础，将县作为扶贫开发的优先单元的主要原因在于：一是中国贫困的区域分布较为清晰，限制区域发展的制约因素较多，其中县域经济的辐射和带动具有重要意义，优先解决影响县域经济发展的自然、资源、环境、交通、教育、人口等限制性区域发展的瓶颈性因素，能够为穷人提供更多的发展机会。二是在中国行政体制中，县是一个承上启下、无法跳过的重要层级，具有比较完整的行政区划和组织结构，县作为一个执行单元，传递扶贫政策、组织扶贫开发、调配扶贫资源、实施和监管扶贫项目成本相对比较低。三是不管以任何贫困标准来衡量，贫困县贫困人口数量众多、占总人口比例很高是改革开放初期面临的突出问题。当大规模贫困人口出现且分布相对集中时，不需要花费大量人力物力财力去瞄准，用县级瞄准的扶贫政策能覆盖绝大部分贫困地区，"撒网式"方法也能覆盖到大量贫困人口，从而可以节约大量的识别和组织成本。四是当财政能力一般、尚不具备大规模投入能力的时候，选择一些贫困程度较深的贫困县进行扶持、以县为单元进行资源分配和集中管理，符合财政资金投入利用最大化的要求。

《国家八七扶贫攻坚计划》实施期间，贫困县仍然是主要扶持对象。其原因在于：一是 592 个贫困县贫困人口数量众多，1994 年国定贫困县覆盖的贫困人口占全国 8000 万贫困人口的 71%。二是当时的财政和资金能力适宜集中力量解决贫困人口多、贫困程度深的贫困县的突出问题。三是贫困县政策涉及资源优惠分配，利益关系复杂，短时期无法立刻取消，只能通过适当的省际之间和省内名额"进退"来进行调整。这一时期，贫困县内扶贫攻坚主战场是贫困户较为集中的贫困乡和贫困村，中央扶贫资金全部用于国家重点扶持的贫困县后，由县把贫困程度更深的贫困乡、贫困村作为项目覆盖的目标，以便集中有限的资源帮助贫困程度较深的区域。根据 1995 年对 25 个省区的统计，1994 年以来已经确定扶贫攻坚重点乡 9399 个，占全国乡镇总数的 19.5%，确定的扶贫攻坚重点村 70333 个[①]，

---

① 比如，1994 年河北省就将 2748 个特困村确定为扶贫攻坚主战场。

占全国行政村总数的 8.8%（陈俊生，1995）。

21 世纪头十年的扶贫开发，国家扶持的重点从县转向县和村。除了 592 个国家扶贫开发重点县外，在全国范围内确定了 14.8 万个贫困村[①] 进行"整村推进"。国家扶持的区域范围从贫困县扩展到非贫困县的一些偏远贫困的村庄。将扶贫对象扩展到村的原因是，单纯以县进行瞄准和扶持会遗漏很多非贫困县的贫困人口[②]，导致贫困县和条件相似的非贫困县的差距扩大。当贫困人口越来越少时，贫困县内扶贫资源外溢到非贫困户的现象就会越来越严重，而非贫困县的贫困农户又被排斥在扶贫资源享受对象之外，从而降低扶贫效率。以贫困程度深的村为单位进行扶持在当时是一个比较好的选择。中国的村庄构成了一个比较完整的社区，是中国行政区划体系中最基层的一级，有相对完整的组织结构。在村级实施扶贫项目，特别是基础设施和公共服务项目，既有利于改善贫困村的生产生活条件，也有利于村民的直接参与。根据国家统计局的贫困监测调查，对贫困村的扶持效果明显。2001—2009 年间，贫困村农民人均纯收入的增长速度要高于贫困县，基础设施和公共服务的改善也快于贫困县（国家统计局农村社会经济调查司，2011）。

党的十八大以来，习近平总书记高度重视扶贫开发，根据宏观形势的变化和到 2020 年全面建成小康社会的需要，中央做出了坚决打赢脱贫攻坚战的决定。为了打赢脱贫攻坚战，中央调整了以往以区域开发为主的扶贫开发模式，将精准扶贫和精准脱贫作为基本方略。精准扶贫就是将贫困家庭和贫困人口作为主要扶持对象，而不能仅仅停留在扶持贫困县和贫困村的层面上。这种策略调整是基于中国现阶段贫困人口小集中、大分散的客观现实以及贫困人口没有从以往的区域扶贫开发中平等受益的实际状况做出的。在贫困人口分散分布的情况下，以县和村为单元进行扶贫开发必然不能覆盖到全部贫困人口，而有限的财力也同时决定了无法采用普惠式的收入转移（即全民社会保障）来实现大规模的综合兜底。因此，要确保所有贫困人口到 2020 年实现脱贫，就必须将全部贫困人口识别出来进行扶持，不论贫困人口是否在贫困县和贫困村。即使在贫困地区内部，由于贫困人口受多种因素的限制，也难以从区域发展中平等受益。在没有直接瞄准贫困户的情况下，像整村推进这类村级综合发展项目，也

---

① 根据国务院扶贫办统计，利用参与式贫困指数（PPT）确定了 14.8 万个贫困村，占全国行政村的 21.4%，贫困村贫困人口占总贫困人口的 83%。

② 根据国务院扶贫办统计，14.8 万个贫困村分布在 1861 个县中。

是富人受益更多、穷人受益有限，区域扶贫开发在缩小区域间差距的同时也加剧了贫困地区内部的收入不平等（李小云，2013）。从区域开发转向精准扶贫，瞄准贫困家庭和个体因户因人施策，是完成脱贫攻坚目标的必然选择。精准扶贫同时也是抵消因经济增长速度下降和收入分配不平等导致的减贫效应下降而必须采取的措施（汪三贵等，2015）。

三、中国 40 年大规模减贫成效

改革开放 40 年，中国取得了举世瞩目的减贫成就，不管以哪一条贫困标准衡量，中国大规模减贫的成绩都是毋庸置疑的。以 2010 年的贫困线标准估计，中国 40 年的扶贫工作累计使得 7 亿多人脱贫，贫困发生率下降了 93 个百分点以上，这一成就举世瞩目（见表 1）。

表 1　历年中国农村贫困人口和贫困发生率（单位：万人，%）

年份	1978 年标准		2008 年标准		2010 年标准	
	贫困人口	贫困发生率	贫困人口	贫困发生率	贫困人口	贫困发生率
1978	25000	30.7			77039	97.5
1980	22000	26.8			76542	96.2
1981	15200	18.5				
1982	14500	17.5				
1983	13500	16.2				
1984	12800	15.1				
1985	12500	14.8			66101	78.3
1986	13100	15.5				
1987	12200	14.3				
1988	9600	11.1				
1989	10200	11.6				
1990	8500	9.4			65849	73.5
1991	9400	10.4				
1992	8000	8.8				
1993	7500	8.2				
1994	7000	7.7				
1995	6540	7.1			55463	60.5
1996	5800	6.3				
1997	4962	5.4				
1998	4210	4.6				
1999	3412	3.7				
2000	3209	3.5	9422	10.2	46224	49.8

续表

年份	1978 年标准		2008 年标准		2010 年标准	
	贫困人口	贫困发生率	贫困人口	贫困发生率	贫困人口	贫困发生率
2001	2927	3.2	9029	9.8		
2002	2820	3	8645	9.2		
2003	2900	3.1	8517	9.1		
2004	2610	2.8	7587	8.1		
2005	2365	2.5	6432	6.8	28662	30.2
2006	2148	2.3	5698	6		
2007	1479	1.6	4320	4.6		
2008			4007	4.2		
2009			3597	3.8		
2010			2688	2.8	16567	17.2
2011					12238	12.7
2012					9899	10.2
2013					8249	8.5
2014					7017	7.2
2015					5575	5.7
2016					4335	4.5
2017					3046	3.1

注：（1）1978 年标准：1978—1999 年称为农村扶贫标准，2000—2007 年称为农村绝对贫困标准；（2）2008 年标准：2000—2007 年称为农村低收入标准，2008—2010 年称为农村贫困标准；（3）2010 年标准：是 2011 年最新确定的农村扶贫标准，即农民人均纯收入 2300 元（2010 年不变价）。

数据来源：历年《中国农村贫困监测报告》，国务院扶贫办数据。

中国的大规模减贫，不仅使得本国 7 亿人口摆脱贫困、逐步走向小康，也为全球减贫事业做出了巨大贡献。按照每人每天 1.9 美元标准计算，自 1981 年以来，全球范围内贫困人口由 19.97 亿下降到 2012 年的 8.97 亿，贫困人口减少了 11.01 亿；其中，中国的贫困人口从 8.78 亿下降到 0.87 亿，减少了 7.90 亿[①]，占全球同期减贫人口的 71.8%。这意味着，1981—2012 年的 32 年间，全球范围内的每 100 个脱贫人口中就有近 72 人来自于中国，中国对世界的减贫贡献率超过了70%。1981 年，全球贫困发生率为 44.3%，同期中国贫困发生率高达 88.3%，是世界水平的近两倍。随着中国经济的发展和开展大规模减贫工作，贫困发生率迅速下降，到 2012 年，中国的贫困发生率降到 6.5%，比 1981 年降低了 81.8 个百分点，同期，世界范围内的贫困发生率为 12.7%，约为中国的 2 倍（见表 2）。

---

① 四舍五入，尾数有出入。

表 2 全球和中国贫困情况（单位：万人，%）

年份	全球		中国	
	每人每天 1.9 美元		每人每天 1.9 美元	
	贫困人口	贫困发生率	贫困人口	贫困发生率
1981	199728	44.3	87780	88.3
1990	195857	37.1	75581	66.6
1999	175145	29.1	50786	40.5
2002	164960		40910	
2005	140640		24440	
2008	126040		19410	
2010	111975	16.3	14956	11.2
2011	98333	14.1	10644	7.9
2012	89670	12.7	8734	6.5

数据来源：世界银行. 中国农村贫困监测报告 2015。

中国的减贫速度在不同时期存在明显的差别，精准扶贫方略实施以来，贫困人口下降速度有不断加快的趋势。按照 2010 年不变价 2300 元的贫困线标准估计，1978 年中国农村贫困人口 7.7 亿，到 2012 年下降到 9899 万，34 年间减少了 6.7 亿，年均贫困人口减少速度为 5.9%。2012—2017 年，贫困人口下降了 6853 万，年均贫困人口减少速度为 21%，是 2012 年前减贫速度的 3.6 倍。贫困人口减少的速度有不断加快的趋势，2013 年贫困人口减少速度为 16.7%，2014 年为 14.9%，2015 年为 20.6%，2016 年为 22.2%，2017 年为 29.7%[1]。中国和世界各国的减贫经验都表明，由于条件好、能力强的贫困人口会率先脱贫，越到后期扶贫难度越大，减贫速度越慢。中国近年来减贫速度越来越快的事实说明，精准扶贫策略是成功的，扶贫方式是有效的，大大推动了贫困人口脱贫的进程（国家统计局住户调查办公室，2017）。

贫困地区农民收入增长速度快于全国农村平均水平，收入差距不断缩小。2013—2016 年，农村居民可支配收入从 9430 元增加到 12363 元，年均增长 9.4%；同期贫困地区农村居民可支配收入从 6079 元增加到 8452 元，年均增长 11.6%。贫困地区农村居民的收入增长比全国农村高 2.2 个百分点，贫困地区与全国农村的收入差距从 36% 减少到 32%（国家统计局住户调查办公室，2017）。

贫困地区农村居民的生活条件不断改善，生活质量差距缩小。2013—2016 年，贫困地区主要生活质量指标都在大幅度改善，贫困农民正在享受越来越高的

---

[1] 作者根据国家统计局历年统计公报和历年《中国农村贫困监测报告》提供的数据计算。

生活水平。居住竹草土坯房的农户比重从7%下降到4.5%，降低了2.5个百分点，下降速度比全国农村快1个百分点；管道供水的农户比重从53.6%上升到67.4%，提高了13.8个百分点，上升速度比全国农村高3.3个百分点；使用净化自来水的农户比重从30.6%提高到40.8%，提高了10.2个百分点，上升速度比全国农村高3.2个百分点；百户洗衣机拥有量从65.8台增加到80.7台，增加了14.9台，比全国农村多增加2.1台；百户电冰箱拥有量从52.6台增加到75.3台，增加了22.7台，比全国农村多增加6.1台；百户移动电话拥有量从172.9部增加到225.1部，增加了52.2部，比全国农村多增加11部（国家统计局住户调查办公室，2017）。

贫困地区农村基础设施和公共服务不断完善。2013—2016年，通电话的自然村比重从93.3%上升到98.1%；通有线电视的自然村比重从70.7%上升到81.3%；通宽带的自然村比重从41.5%提高到63.4%；有硬化路面主干道的自然村比重从59.9%提高到77.9%。同期，主要公共服务的可获得性和服务水平显著提高。通客运班车的自然村比重从38.8%上升到49.9%；上幼儿园便利的农户比重从67.6%上升到79.6%；上小学便利的农户比重从78%提高到84.8%；有文化活动室的行政村比重从75.6%提高到86.5%；有村级卫生室的农户比重从84.4%上升到91.1%；垃圾集中处理的农户比重从29.9%上升到50.8%（国家统计局住户调查办公室，2017）。

回顾40年中国的减贫成效，可以发现扶贫开发越来越精准，因而可以惠及更多真正的贫困人口。中国的扶贫事业不是一朝一夕的，每个阶段具体的扶贫目标和扶贫任务不同，中国政府在解决一批难啃的"硬骨头"、完成一个阶段既定的扶贫任务后，又通过合理确定贫困标准、规划重点扶持范围、制定分年度的具体任务和措施，开始新一轮的帮扶，整个扶贫工作呈现出长期性的特点，解决贫困问题在很大程度上与经济社会发展特别是农村经济社会发展相适应。从"大水漫灌"到"精准扶贫"、从"普惠式"平均分配到"特惠式"精准分配，中国的扶贫开发扶持政策组合多样、投入资源传递更加有效（曾小溪等，2017）。中国大规模减贫的重要基础和推动力量是经济的持续高速增长（中国发展研究基金会，2007），虽然40年来贫困发生率的下降每年并不完全相同，但通过经济发展所提供的坚实基础，中国农村扶贫政策的实施从生产能力、市场参与和缓解脆弱性等角度改善了贫困地区农民分享经济增长的机会和能力（张伟宾等，2013），扶贫资源的投入使得每一个阶段均能确保扶贫任务按时保质完成。党和政府高度重视扶贫工作，将十分重要、涉及面较广、跨部门、长期性的协调扶贫开发议事协调机构长期保留，并不断加强领导。中国的扶贫开发工作机构、开发式扶贫基本方针、专项扶贫资金的投入力度和投入结构始终保持了基本稳定，使得中国的许多扶贫政策得以延续下来，并逐渐制度化、常态化，很多政策沿用并不断迭代，演化成有始有终的扶贫治理行动。中国政府制定的扶贫政策越来越严谨，不断尝试修补实践中发现的问题，确保扶贫资源在分配时能够相对合理和规范，因而能够惠及大量的贫困人口。

四、中国脱贫攻坚面临的主要挑战

中国现阶段的脱贫攻坚在总体上进展顺利，取得了决定性的进展，能够如期实现脱贫攻坚既定目标。但一些深度贫困地区和一部分特殊类型、特殊困难的贫困人口要实现收入稳定超过贫困线，稳定解决义务教育、基本医疗和安全住房有保障问题还有相当难度。国家确定的深度贫困地区都是地理位置偏远、交通不便和发展程度低的民族地区，有些还是边境地区。致贫因素复杂，既有自然地理因素的影响，也受历史和文化因素的制约，很多致贫因素短期内很难彻底解决。一些深度贫困地区的贫困发生率到现在还超过 20%，未来不到 3 年时间需要降低到 3% 以下，是一个艰巨的任务，长期深度贫困容易让少数贫困人口失去脱贫主动性。极少数深度贫困地区虽然"不愁吃"已基本实现，但"不愁穿"尚有生活习惯障碍，短时间内难以解决。一项对四川省凉山州典型贫困村的调研表明，缺少换洗衣服、冬天衣物不足是普遍现象，主要原因是受长期贫困和生计方式所形成的生活习惯影响，并非没有购买衣服的经济能力，而是换洗衣服的主观需求弱，购置衣物的意愿低（中国人民大学中国扶贫研究院，2018）。在一些偏远的民族地区，由于教育质量和家长观念问题，让所有孩子上完初中都不是一件容易的事情，表现为受教育程度低，虽然教育面貌大有改观，但上学不便问题仍然突出，偏远山村儿童上学不便，是部分儿童辍学的主要原因，基础设施和师资配套滞后，严重影响教育质量。

一般贫困地区存在一些特殊类型和特殊困难的贫困人群，脱贫难度也很大。第一类人群就是丧失内生动力、缺乏脱贫主动性的所谓"懒汉"，这类人全国各地都有分布，是难啃的硬骨头。地方政府对这类人普遍没有有效的扶持方法，而且基层干部群众都反对扶持他们。如果没有上级的干预，村里在精准识别和建档立卡时都倾向于排除这类人。第二类人群是有子女但独居的老年人，这种情况在农村相当普遍。这些老人是村里生活状况最差的一部分人，相当一部分的"两不愁三保障"没有得到解决，特别是住房和医疗。由于有子女且子女的生活条件不差，村里在精准识别和建档立卡时也不愿意把这些独居老人评定为贫困户。但目前农村子女不养老并不是个别现象，导致独居老年人除了很低的养老保险和农业补贴外没有稳定的收入来源，通常居住在破旧的房子里，其中一部分是危房。由于不是贫困户，医疗保障水平比较低，看不起病的情况较普遍。第三类是残疾人和大病病人，罹患大病和因病致残等使得医疗费用支出剧增，沉重的自付医疗负担和主要劳动能力的丧失使家庭陷入深度贫困之中。

目前的困境是地方政府为了完成脱贫攻坚目标都愿意扶持这类群体，但普通村民对扶持前两类人群意见都很大。调高标准、吊高胃口、不切实际的扶贫措施也会产生逆向激励的问题。有的老人已经进城跟子女一起居住多年，但听说扶贫可以改造老年人的危房，特意从城里或镇上搬回村里的已经遗弃的危房里居住，要求危房改造或者易地扶贫搬迁。在医疗保障程度高的地方，出现了部分贫困户长期住在医院不愿出院的情况。而且，由于现有政策规定是危房改造"先建后补"，贫困户需要负担相当一部分危房改造的成本，即使有危房改造政策，有一部分有子女或亲属的老年人也不愿意投入过多的资金改造住房。这些问题处理不好，安全住房的问题就不能完全解决，并且在村里造成很多矛盾。对于第三类因病致贫的人口，如果陷入贫困户看病基本不花钱甚至还有住院补偿的陷阱，过度的资源投入、大包大揽的全部承担，不仅违背现阶段"保障基本医疗"的脱贫攻坚目标，也超出现阶段财政承受能力，会激化贫困户和非贫困户之间的矛盾。因此，本轮脱贫攻坚期要优先保障完成"脱贫"目标，首先解决"有"的问题，防止出现超标准保障住房升级、看病住院"免费"还拿多种补贴等超出脱贫攻坚目标的典型形象工程。

五、打赢脱贫攻坚战的重点和对策

中国政府在不同政策扶贫的选择以及对扶贫政策之间相互关系的理解逐渐深入、不断深化，对将扶贫、社会保障以及人类发展作为全面建成小康社会总体议程的组成部分的理解不断加深。中国未来三年脱贫攻坚战的重点是深度贫困地区和特殊类型的贫困人群。需要用超常规的手段和创新性的机制来保证这些地区和人群到 2020 年摆脱现有标准下的绝对贫困。同时，即使在本轮脱贫攻坚期结束后，2020 年后更高标准的贫困问题依然会存在。考虑到贫困问题的复杂性，减贫、缓贫的公共政策体系仍然值得高度关注，特殊困难人群依然需要格外关心、格外关注、格外关爱（汪三贵等，2018）。

针对深度贫困地区需要有长远的考虑，不能仅把着眼点放在贫困人口短期生存和收入问题的解决上，短期和长期措施要紧密结合，短期政策着重补齐"两不愁三保障"的短板，长期政策要抓牢人力资本关键，以突破贫困恶性循环为着眼点，深度发力改善贫困人口的健康和教育。首先要大幅度增加深度贫困片区和重点县基础设施特别是农村公路和农村通信网络的投资，通过全面实现乡乡通油路、基本实现村村通硬化路，因地制宜采用无线4G网络和有线宽带相结合的方式，加大通信基础设施扶贫力度，通过更加便利的交通和通信来缓解地理位置偏远对发展的不利影响。其次要大力改善基本公共服务，改善贫困人口的健康状况，提高儿童和成人的教育水平和素质，保证所有适龄儿童接受义务教育，基本医疗和大病救助全覆盖。特别应该关注儿童早期发展问题，从根本上阻断贫困的代际传递。针对偏远山村低年级儿童上学不便的突出困难，应重点改善偏远山村（如离乡镇10公里以上的山村）基础教育供给方式或就学交通条件。再次是进行文化建设，继承和发扬民族优秀文化，挖掘民族文化中有利于脱贫的要素，通过文化名镇名村和传统村落资源普查、建设民族传统手工艺产业提升基地、建立文化创意产业扶贫项目库、文化产业发展和文艺人才培养等改变不利于发展和脱贫的意识和观念。最后是短期和长期帮扶相结合，短期内重点解决贫困人口"两不愁三保障"问题，短期内提高贫困人口的生活水平，使其收入达到贫困线，中央和地方的转移性收入会占贫困人口收入结构中很高的比例，但长期则需要重点解决发展动力和能力不足的问题，逐步减少转移性收入的比重，更多地通过产业发展、稳定就业和定期资产收益等来解决收入问题（汪三贵等，2017）。

对于丧失内生发展动力的贫困人口，扶贫首先要"扶志"。扶志就是扶思想、扶观念、扶信心，提高贫困人口的生存、生产、发展能力。因此，需要改变目前过于强调"物质扶贫"、忽视"精神扶贫"的问题，通过开展文化扶贫，帮助这部分由于主观原因不愿意脱贫的贫困户树立"自力更生、勤劳致富"的正确观念。对一些生活条件很差的光棍、懒汉主要应该是各种形式的精神帮扶，如从要求他们改变生活习惯开始，把改变习惯和行为作为帮扶的前提条件，通过引导将贫困人口发展愿望转化为提高自身能力的渴望。让他们参与各种扶贫项目边干边学，从了解扶持政策中增强自信心，从学知识、学技能、强素质中增强自信心，从边干边获得收入中增强自信心。这就需要地方政府和帮扶责任人做更细致耐心的工作。如甘肃省榆中县组织贫困村对贫困人口免费发放积分卡，通过参加村里组织的公益活动、义务劳动等获得相应的爱心积分，积攒完成一定的积分后可到帮扶单位、慈善机构、爱心企业以及社会爱心人士共同捐赠的"爱心超市"兑换商品，较好地激活了贫困人口积极向上的愿望、勤劳致富的内生动力。

对于独居老年人，需要探索制度化的家庭和社会共同养老模式，构建养老、孝老、敬老政策体系和社会环境，通过德治、自治、法治多措并举，改变子女不养老也无人过问的局面。如山东省临沂市政府出面成立"孝善基金"，所有子女每年都需要为父母提供养老资金，地方政府提供一定比例的配套资金，子女签订赡养老人协议，政府的基金转给老年人。所有子女提供的资金都在村里公示、形成有效的监督，也化解了贫困老人赡养纠纷，从而使农村养老更加透明化和制度化，这一模式值得借鉴。又如山东省五莲县开展"互助养老扶贫"，以政府购买社会服务的方式，优先聘请有劳动能力的贫困妇女作为护理员，为贫困高龄或失能老人提供上门服务，同步解决"脱贫"和"养老"两个难题。对于没有能力和不愿意改造住房的老人，可以由政府通过配建安置、空闲房安置或租赁安置，委托村集体代为安排危房改造，通过采用公住房方式、多元化投资主体、清晰的产权界定解决安全住房问题，这样既解决了住房安全，也减少了资源浪费，还能缓解村民之间的矛盾。

残疾人和大病病人需要靠制度化的社会保障政策来兜底，包括最低生活保障、大病保险和救助、康复治疗和日常照料等，建立动态筛查管理机制、定期巡查服务机制，建立医疗服务"留痕化"管理监督模式，为无子女或子女无赡养能力、日常生活需要照料护理的老弱病残贫困人员提供基本公共服务，解决看病难、看病不方便问题。中央和地方政府需要制定有效和可持续的救助政策和筹资方式，探索实施有条件的现金转移支付，确定每个受益家庭的受益额度，通过有条件的补贴、限制性的使用管理，制定具有可操作性的有条件转移支付方案。在不盲目提高标准的前提下，把建档立卡贫困人口医疗费用个人自付部分控制在一定比例内，解决看病贵、看不上病问题。

尽管中国特色社会主义进入新时代，但新标准下的贫困人口仍然会存在，"弱有所扶"是一项长期的历史工作。即使本轮脱贫攻坚期结束、全面建成小康社会基本建成，中国仍然要分两步走完成社会主义现代化强国建设任务。从实现共同富裕的目标来看，扶贫开发工作必须长期坚持，而且应该做到越来越精准。

参考文献

［1］Lipton M，Ravallion M.Poverty and policy. Handbook of Development Economics，1995.

［2］Park A，Wang S，Wu G.Regional poverty targeting in China.Jour nal of Public Economics，2002，86（1）.

［3］陈俊生. 提高扶贫效益加快攻坚进度——国务委员陈俊生在全国扶贫开发工作会议上的讲话. 1995.

［4］陈俊生. 为完成"八七扶贫攻坚计划"而努力奋斗. 1994.

［5］陈志刚. 应对世界性难题中国始终倡导并践行全球减贫事业. http：//www.cpad.gov.cn/art/2018/5/24/art_61_84345.html.

［6］邓小平. 解放思想，实事求是，团结一致向前看. 1978.

［7］国家统计局农村社会经济调查司. 中国农村贫困监测报告 2010. 中国统计出版社，2011.

［8］国家统计局住户调查办公室. 中国农村贫困监测报告 2017. 中国统计出版社，2017.

［9］国务院扶贫开发领导小组. 国务院扶贫开发领导小组文件（国开发〔1999〕1 号）.

［10］国务院扶贫开发领导小组办公室. 国务院关于脱贫攻坚工作情况的报告. 2017.

［11］国务院新闻办. 中国的农村扶贫开发. 2001.

［12］贺雪峰. 中国农村反贫困战略中的扶贫政策与社会保障政策. 武汉大学学报（哲学社会科学版），2018，71（3）.

［13］李小云. 我国农村扶贫战略实施的治理问题. 贵州社会科学，2013（7）.

［14］汪三贵. 在发展中战胜贫困——对中国 30 年大规模减贫经验的总结与评价. 管理世界，2008（11）.

［15］汪三贵，郭子豪. 论中国的精准扶贫. 贵州社会科学，2015（5）.

［16］汪三贵，梁晓敏. 我国资产收益扶贫的实践与机制创新. 农业经济问题，2017，38（9）.

［17］汪三贵，曾小溪. 后 2020 贫困问题初探. 河海大学学报（哲学社会科学版），2018（2）.

［18］曾小溪，汪三贵. 中国大规模减贫的经验：基于扶贫战略和政策的历史考察. 西北师大学报（社会科学版），2017，54（6）.

［19］张伟宾，汪三贵. 扶贫政策、收入分配与中国农村减贫. 农业经济问题，2013，34（2）.

［20］中国发展研究基金会. 在发展中消除贫困. 中国发展出版社，2007.

［21］中国人民大学中国扶贫研究院. 四川凉山州典型贫困村调研报告. 2018.

［22］中共中央办公厅. 中办通报. 2001（13）.

（本文与曾小溪合著，原载《农业经济问题》2018 年第 8 期）

我国贫困瞄准政策的表达与实践

贫困瞄准是扶贫实践及贫困理论研究的重要议题。当前我国采取为贫困人口建档立卡的贫困瞄准政策。建档立卡政策对扶持对象的经济条件有明确的规定，但政策的实施往往会出现官方表达和运作实践的背离。本文研究主题是建档立卡政策表达与实践中瞄准方法背离以及背离的程度，并由此讨论福利指标认知角度下福利测量和农户参与的视角差异。在武陵山片区、乌蒙山片区农户调研和六县农村贫困监测数据基础上，对表达与实践的背离程度进行定量分析。在收入、消费支出的认知角度下，分析福利测量和农户参与视角下贫困瞄准的不同。

一、建档立卡政策中贫困瞄准方法的背离

在新的扶贫开发阶段，政府倡导精准扶贫和扶贫到户，力图将扶贫资源更加有效地用于贫困农户脱贫。为贫困户建档立卡成为我国当前农村扶贫的瞄准政策。建档立卡政策的表达主要包括贫困对象的界定、贫困人口规模的确定等。建档立卡的对象包括农村低保对象和农村扶贫对象。根据政策方案，农村低保对象的家庭年人均纯收入要低于当地最低生活保障标准，而扶贫对象的家庭年人均纯收入要低于农村扶贫标准。在贫困人口规模确定中主要采取两种方式：一是按照国家扶贫标准，以统计部门农村贫困监测数据为依据，确定省级贫困人口规模；二是综合考虑统计部门农村贫困监测数据、低保标准和自身财力，自定扶贫标准，确定省级贫困人口规模。确定省级贫困人口规模后，再将指标分解到县和村。由此可看出，人均纯收入、最低生活标准和农村扶贫标准是建档立卡的政策表达中最重要的指标，它们建立在对收入或消费准确测量基础上，是福利测量方法下的概念产物。因此，建档立卡政策的表达是建立在福利测量方法基础上的。

而建档立卡政策在农村基层实践中却采取了"民主评议"的方法。民主评议是指组建包括乡镇驻村干部、村干部、群众、残疾人和低保户代表等的村级民主评议小组，再进行贫困户的确定。民主评议方法的实质是采取农户参与的贫困瞄

准方法。农户参与的贫困瞄准是指让农户介入到贫困户的经济评估、排序和确定过程中，通过讨论和表决确定贫困户。

福利测量和农户参与是贫困瞄准中两种不同的方法，前者多用于贫困定量评估，而后者多用于贫困定性评估。卢彩珍使用包括福利测量和农户参与在内的多种贫困瞄准方法对云南某个村庄的农户进行贫困评估，发现不同方法瞄准的贫困户存在较大的不一致。建档立卡政策在表达与实践中分别采用了福利测量和农户参与的方法。在贫困划分标准以及贫困规模的确定中，建档立卡政策采取了福利测量方法，而在农村基层实践中，却采取了农户参与的方法。建档立卡政策表达和实践出现了方法上的背离。

二、建档立卡表达与实践的背离程度

建档立卡政策在表达与实践上出现了背离，本文利用三个关于建档立卡政策的农户调研数据，对表达与实践的背离程度进行分析。这三项数据均包含了调查农户是否是建档立卡贫困户的指标。选择出的建档立卡户作为政策的实践结果，是农户参与方法下的产物，而同时本文依据农村扶贫标准将农户划分为贫困户和非贫困户，作为建档立卡表达层面的分类结果，二者的不一致程度即为建档立卡政策表达与实践的背离程度。

（一）数据来源

本文使用了武陵山片区 1016 户、乌蒙山片区 1209 户和中国农村贫困监测调查 600 户三组数据来源。武陵山片区调研选取了湖北省利川市、湖南省芷江县、重庆市石柱县和贵州省印江县，每县 10 个调研村，每村选取 25 个样本户。调研农户全部为建档立卡户。通过问卷详细了解了 2011 年和 2012 年农户的家庭收入、教育和医疗消费支出等情况。乌蒙山片区调研选取了四川省喜德县和叙永县、贵州省桐梓县和大方县、云南省大关县和宣威市，每县 10 个调研村，每村选取 10 个建档立卡户和 10 个非建档立卡户。农户问卷调查内容与武陵山片区相似，但调查内容为 2012 年和 2013 年的状况。

中国农村贫困监测调查的对象是 592 个国家扶贫开发重点县中的农户。此调查由国家统计局农村社会经济调查总队负责，每年调查一次，此数据能够更好地反映贫困人口的生活条件和住户特征。调查中每县随机选取 6 至 15 个贫困村，每村随机选取 10 户。本文使用的是 2010 年农村贫困监测调查中的六县数据，六县分别为云南省贡山独龙族怒族自治县、河北省宽城满族自治县、灵寿县、围场满族蒙古族自治县、广西壮族自治区那坡县和黑龙江省饶河县。六县农户数据同时包含了建档立卡户和非建档立卡户。

（二）两种视角贫困分组的不一致程度

福利测量方法一般选取收入或消费作为福利指标。进行贫困分组时，通常采取三种划分方法：（1）使用人均纯收入作为指标。通过计算农户人均纯收入，将人均纯收入低于贫困线的人口视为贫困人口。（2）使用人均消费作为指标。世界银行通常使用人均消费作为福利指标，主要原因是各国大多只有住户消费支出调查；另一方面，经济学家认为农户消费有平滑行为，能更好地反映贫困状况。（3）同时使用人均纯收入和人均消费作为福利指标。国家统计局从1998年开始使用双指标确定贫困人口，贫困人口的划分标准为：（a）人均收入低于官方贫困线并且人均消费低于贫困线的1.2倍；（b）人均消费支出低于贫困线并且人均收入低于贫困线的1.2倍的人。2011年底，我国政府公布新的农村扶贫标准为2300元。根据这一标准和三种不同方法，可划分出福利测量视角下的贫困户和非贫困户，这是建档立卡表达层面应划定的贫困户。而建档立卡政策在实践中确定的建档立卡户是应用农户参与方法的结果。建档立卡表达与实践背离的群体主要包括两类：（a）是建档立卡户但福利测量视角下却是非贫困户；（b）是非建档立卡户但却是贫困户。两类群体占总样本的比例之和即为两种瞄准方法的不一致程度。

根据人均纯收入进行贫困分组，建档立卡户和贫困户的不一致程度在37%至50%之间。根据不同数据，将福利测量方法确定的贫困户与建档立卡划定的贫困户进行对比。武陵山片区数据表明，2011年和2012年总样本农户中分别有43.41%和49.02%的农户是建档立卡户，但却是福利测量下的非贫困户。乌蒙山片区数据表明，2012年样本户中有18.94%是建档立卡户但却是非贫困户，有29.69%是非建档立卡户但却是贫困户，2013年这两类农户的比例也很高。六县贫困监测数据表明，是建档立卡户而不是非贫困户、是非建档立卡户但却是贫困户的比例之和为37.16%（见表1）。由此可见，建档立卡户的划分和基于收入测量的贫困户划分存在较大的不一致性。

表 1　收入指标下贫困户分组和建档立卡户分组的对比[①]（单位：%）

数据来源	调查年份	贫困户分组	建档立卡户[②]	非建档立卡户
武陵山片区	2011	非贫困户	43.41	——
		贫困户	56.59	——
	2012	非贫困户	49.02	——
		贫困户	50.98	——
乌蒙山片区	2012	非贫困户	18.94	19.77
		贫困户	31.60	29.69
	2013	非贫困户	21.01	19.60
		贫困户	32.09	27.30
贫困监测数据	2010	非贫困户	3.83	58.67
		贫困户	4.17	33.33

根据消费指标、收入和消费双指标进行贫困分组，建档立卡户和贫困户的不一致程度在 37% 至 48% 之间。根据消费进行分组，2010 年六县贫困监测调查中有 3.67% 的农户是建档立卡户但却是非贫困户，44.33% 是非建档立卡户但却是贫困户。根据收入和消费双指标进行分组，是建档立卡户但却是非贫困户的比例为 4.17%，是非建档立卡户却是贫困户的比例为 33.50%（见表 2）。两种视角下贫困分组的不一致程度依然很大。

表 2　消费指标、双指标下贫困户分组的对比（单位：%）

数据来源	福利指标	调查年份	贫困户分组	建档立卡户	非建档立卡户
贫困监测数据	消费	2010	非贫困户	3.67	47.67
			贫困户	4.33	44.33
	收入和消费双指标	2010	非贫困户	4.17	58.50
			贫困户	3.83	33.50

三、福利测量和农户参与的贫困瞄准差异

建档立卡政策的表达与实践出现背离来源于福利测量和农户参与方法的差异，本文将从收入和消费支出的认知角度分析两种视角贫困瞄准的不同。

（一）收入指标认知下的贫困瞄准差异

农户收入可分解为种植业收入、养殖业收入、务工收入、私营收入、转移收入和其他收入。从具体收入认知分析中能详细探析两种视角的差异。

---

① 由于武陵山片区和乌蒙山片区农户调研仅收集了完整的收入数据，而未收集完整消费数据，因此这两个数据来源仅能用于分析收入指标下贫困户分组和建档立卡户分组的对比。
② 武陵山片区农户调研仅针对建档立卡户。

（1）种植业纯收入。在收入贫困测量中，种植业纯收入是用种植业总收入减去生产经营的费用而得。在种植业中，对处于相似农业生产方式下的农户来讲，农户认为某个家庭是否贫困的标准主要是家庭人均土地的数量、种植业生产方式是否"现代"。不能承担高投入农业生产方式的农户往往被视为贫困农户。但在收入贫困计算方式下，农户视角的富裕户并不一定拥有较高的种植业纯收入。这与以下几个因素相关：（a）粮食价格偏低影响农户的种植业收入。在农村贫困地区，粮食作物种植仍占重要地位。而粮食兼有商品的经济属性和影响国家安全的政治属性，为保证经济和国家的稳定，国家通过抛售粮食储备、增加农业补贴、减少甚至控制粮食出口等方式调控粮食价格，使粮食价格保持总体稳定。当粮价上涨，农户利益和城市消费者利益出现冲突时，政府往往会选择后者，导致农民利益难以受保障。粮价相对稳定导致农户种植业收入难以提高。（b）贫困地区农户种植业规模总体偏小，农业剩余很少，种植业生产以自给为主要目的，商业化程度偏低。在家庭联产承包责任制政策下，农户拥有的土地面积差异不大，拥有较多土地农户的种植业总收入并不比土地少的农户高很多。（c）当前种植业的生产方式以高投入—高产出的方式为主，农业生产需投入大量化肥、农药、种子等生产资料，机械化程度高的地区还有租用机械费用。基于小规模的种植业生产所获得的总收入并不高，但在"高投入—高产出"的生产方式之下，投入费用却很高。两个因素共同导致了种植业的比较效益低。（d）受自然灾害和市场风险影响，种植业收入波动较大。受这几个因素影响，土地规模大的农户的种植业纯收入并不一定高于土地规模小的农户。

（2）养殖业纯收入。养殖业收入是用养殖业与养殖业产品总收入减去经营投入而得。农户视角下的贫困评估中，牲畜数量多、畜牧产品多的农户往往被视为富裕户。但在养殖业纯收入计算中，却可能受到以下因素影响：（a）养殖往往和种植是一体的，农户不计算投入的成本。但在纯收入计算时，生产投入都将计算为货币化的成本，导致养殖业纯收入在计算后不高。（b）具有生产性资产性质的大牲畜不一定产生收入流。大牲畜用于种植业生产、运输等，往往不产生收入流，但这些大牲畜的养殖成本很高。在大牲畜不产生收入流的情况下还要减去其养殖成本，导致养殖业纯收入是负值。（c）疫病风险和市场价格波动导致养殖业收入年际波动大，养殖大户在某些年份的养殖业收入会很低。在养殖收入精确货币化计量情况下，农户视角中富裕户的养殖收入并不一定高于养殖牲畜少的农户。

（3）工资性纯收入。农户参与视角下的贫困评估，一般将外出务工人数较多的家庭视为富裕户。但收入测量视角下计算农户外出务工收入时，常遇到以下两个问题：（a）外出务工收入的严重低估。由于贫困地区留守农村的多是老年人或是妇女，他们不清楚在外务工劳动力的具体收入，或由于谨慎、不愿让别人知道等心理而不愿透露真实的数字。（b）在外务工者不一定能给家里带来汇款。多次实地调查都发现贫困地区很多年轻人外出务工并不能获得净工资，不能给家中汇款。相反，家中甚至还要给在外打工的年轻人寄送生活费。在外务工人员数量越多，并不意味着一定能够带来收入增加。

（4）私营纯收入。农户参与视角下的贫困评估一般将有私营活动的农户视为富裕户。但贫困地区农户从事的私营活动以个体商业、加工业、餐饮、运输业为主，私营活动规模较小，交易范围小。其次，在问卷收入调查中，私营收入也常会遇到收入低估问题。再次，由市场风险导致的经营失败、生意赔本等，也会造成有私营活动的农户成为暂时的收入贫困农户。

（5）转移性纯收入。转移收入是用各项转移总收入减去税费、馈赠亲友等而得。贫困户的转移性总收入包括养老金、农业补贴、退耕还林补贴或生态林补贴、亲友赠送、其他转移收入。农户参与视角与收入测量视角在转移收入的认知差异体现在：（a）农村养老保险日益成为贫困地区农户尤其是老年农户的重要收入来源。在农户参与视角下，老年家庭没有劳动力，仅拥有少量土地，且因年龄问题更容易受疾病冲击，因此老年农户更容易被认定为贫困户。但在农村养老保险日渐普及情况下，老年农户因获得养老保险金而导致其转移收入水平可能高于一般农户。（b）人情往来支出是馈赠亲友支出中的重要一项。在农户视角中，人情支出并不纳入贫困户考量范围，甚至人情往来支出多，一般被认为是社会关系网络较广、家庭富裕的农户。但计算转移性纯收入时，人情往来支出会被直接减去。在收入计算之下，一般户或富裕户往往获得的转移收入少于老年户，而人情往来支出却远远高于老年户，导致一般户或富裕户的转移性纯收入反而会低于老年户。

（6）其他纯收入。其他收入包括财产性收入、变卖资产收入等。农户的财产性收入在农户调查中往往难以获得，且因贫困地区农户的财产性收入十分少，因此在两种视角的贫困评估中都不产生重要影响。变卖资产往往是一项大额收入，有此收入的农户人均纯收入往往高于贫困线。但只有农户遭遇疾病或其他冲击而急需用钱且储蓄不足时，他们才会有变卖资产的行为。这些农户在农户视角的贫困评估中往往被视为贫困农户，与收入测量的结论恰好相反。

（二）消费支出认知角度的贫困瞄准差异

两种视角的贫困瞄准在消费支出指标上也存在差异，主要表现在以下几点：

（1）两种视角的贫困瞄准关注的指标不同。第一，农户参与视角关注的是整体性的"支出"概念，而福利测量关注的是"消费"。消费和支出的概念内涵并不相同。农户的支出可以分解为家庭经营费用支出、购置生产性固定资产支出、生活消费支出、税费支出、财产性支出和转移性支出。生活消费支出通常被称为"消费"，主要包括食品、衣着、居住、家庭设备、用品及服务、医疗保健、交通和通信、文化教育娱乐用品及服务、其他商品和服务等支出。第二，消费福利测量只关注"人均消费"这一指标。若人均消费水平低于贫困线，则农户被视为贫困户。此外，消费福利测量严格区分家庭经营费用支出、税费等支出与日常消费支出。而农户参与视角的贫困评估将各种支出均考虑其中，农户会将计算人均纯收入时须减去的家庭经营费用支出、税费支出、赠送亲友的支出和生活消费支出视为一体。若某个农户支出大于总收入，则在农户参与视角下被视为贫困户。

（2）两个视角在教育和医疗消费上产生贫困认知差异。教育、医疗消费拉高了农户的消费水平，若单纯以消费作为测量指标，则福利测量的贫困瞄准中，有孩子上学、有长期患病人员的家庭可能被划入非贫困户。但农户参与视角的贫困评估中，教育和医疗消费增加了农户的生活负担，有孩子上学和有病人的农户在农户参与视角下常被认定为贫困户。

（3）农户的消费平滑行为缩小了农户经济水平的差距。为预防生活中的风险，农户会进行储蓄，降低消费水平。在贫困地区农户收入水平不高的情况下，收入不同的农户可能会表现出相近的消费水平。在以消费为指标的福利测量中，较难区分收入不同但消费水平相近的农户。而农户参与视角下的贫困瞄准中，由于农户长期生活在一个社区，掌握了每户较为充分的信息，能够较为准确区分出消费水平相近农户的贫富差距。

（三）双指标下的贫困瞄准差异

从1998年开始，国家统计局采用收入和消费双指标确定贫困户。根据国家统计局的双指标分组方法，可将农户分为九类（见表3），其中A、B、D组的农户被视为贫困户，而其余六组农户均被视为非贫困户。但经过对收入和消费指标的分析，在农户参与视角的贫困瞄准下，处于 C、E、G 中的农户极可能被认定为贫困户，而 F、H 和 I 中的一部分农户也有可能被认定为贫困户。其原因是，当收入在 1.2 倍贫困线下时，由于农户的消费高而导致其不能被认定为贫困户。但农户的消费可能是被教育、医疗消费拉高，在农户参与视角下恰恰是成为贫困户的标准之一。当消费低于 1.2 倍贫困线时，可能因纯收入的计算方法、农业生产方式或各种风险导致某些农户的人均纯收入低于贫困线。但在农户视角中，这些农户可能并不是贫困农户。人均纯收入高于贫困线的农户可能是有养老保险收入而人情往来支出少的老年农户，或者是因变卖资产而暂时拥有高收入的农户，这些农户在农户参与视角中往往是贫困户。

表 3　国家统计局对贫困人口的分组方法

贫困群体分组		消费		
		贫困线以下	贫困线至 1.2 倍贫困线	1.2 倍贫困线以上
收入	贫困线以下	贫困（A）	贫困（B）	非贫困（C）
	贫困线至 1.2 倍贫困线	贫困（D）	非贫困（E）	非贫困（F）
	1.2 倍贫困线以上	非贫困（G）	非贫困（H）	非贫困（I）

四、结论

通过对建档立卡政策文本和实践运作的描述，利用三组数据对我国贫困瞄准政策的表达与实践进行分析。文章的主要结论是：第一，我国建档立卡政策出现了贫困瞄准方法上表达与实践的背离。建档立卡政策以福利测量的贫困瞄准为表达，却以农户参与方法为实践。第二，在建档立卡政策中，福利测量和农户参与方法下的贫困分组存在较大程度的不一致。根据人均纯收入指标进行贫困分组，建档立卡户和贫困户的不一致程度在 37% 和 50% 之间。根据消费指标、收入和消费双指标进行贫困分组，建档立卡户和贫困户的不一致程度在 37% 至 48% 之间。第三，福利测量和农户参与视角下的贫困瞄准在各项收入来源、消费支出的指标认知上存在差异，导致贫困瞄准结果的不同。

参考文献

［1］Lu C.Poverty and Development in China：Alternative Approaches to Poverty Assessment. The Hague：Institute of Social Studies，2008.

［2］汪三贵，王姮，王萍萍．中国农村贫困家庭的识别．农业技术经济，2007（01）．

［3］曹洪民．中国农村开发式扶贫模式研究．中国农业大学，2003.

［4］王萍萍，方湖柳，李兴平. 中国贫困标准与国际贫困标准的比较. 中国农村经济，2006
（12）.

［5］汪三贵，Park Albert. 中国农村贫困人口的估计与瞄准问题. 贵州社会科学，2010（02）.

［6］黄季焜，杨军，仇焕广等. 本轮粮食价格的大起大落：主要原因及未来走势. 管理世界，
2009（01）.

［7］国家统计局住户调查办公室. 中国农村贫困监测报告2011. 中国统计出版社.

（本文与杨龙、李萌合著，原载《农村经济》2015年第1期）

中国大规模减贫的经验：
基于扶贫战略和政策的历史考察

一、引言

伴随着中国经济的快速增长和减贫工作的持续推进，新中国成立以来，特别是改革开放以来，中国成功地实现7亿多农村贫困人口摆脱贫困，基本上解决了农村居民的基本生存和温饱问题。据有关部门统计，中国的减贫工作对全球减贫贡献率达到70%以上。中国扶贫开发取得的巨大成就，是人类历史上少有的伟大功绩，得到了国际社会的普遍赞誉。中国所取得的巨大减贫成就背后，符合中国经济社会发展各阶段特点的减贫战略和政策发挥了关键作用。梳理新中国成立以来的扶贫战略和政策，考察中国的贫困状况发生深刻变化的背后，种类繁多的减贫政策是如何随贫困状况的变化而进行不断调整的，显得尤为重要。

二、分类指导下扶贫政策制定的理论依据

根据政策的内容不同，宏观扶贫政策可以划分为救济性、预防性和开发性三大政策体系，扶贫政策变迁与贫困深度的演变规律密切相关。从贫困深度角度来看，贫困的种类可以划分为极端贫困、一般贫困和相对贫困。相对应的有不同的贫困表现，经历贫困的贫困人口至少可以被划分为某一种贫困类型。与此相对应，减贫目标大致可以分成三个层次，为实现这三个层次的减贫目标，可以制定相应的救济性、预防性和开发性政策，每一种扶贫政策都有其特点（表1）。

对应贫困的种类,可以制定更详细和具体的帮扶政策:对一部分丧失劳动能力的贫困人口给予持续较长时间的救济、救助,实现政策"托底",少部分遭受灾害和风险冲击的贫困人口,给予及时的短期救济,并为其灾后重建与发展提供帮助;对因病、因学等生活负担沉重的贫困家庭,在给予适当补助、保证其基本生存生活需要的同时,降低其风险和脆弱性,逐步培养其自我发展能力;对大部分具有劳动能力的贫困人口,通过多种形式的开发式扶贫措施,提高其自我发展能力。扶贫政策变迁与贫困深度的演变规律密切相关,分类指导解决贫困问题的相关理论为扶贫战略和政策制定奠定了基础。

表 1　分类指导下贫困类型和扶贫政策

贫困种类	贫困表现	减贫目标	扶贫政策	扶贫政策特点
极端贫困	不能满足基本生存需要,生活甚至不得温饱	解决基本生存和温饱问题	救济性为主,预防性为辅	给予物质和金钱援助
一般贫困	解决了温饱,但无力满足基本的非食品需要,缺乏自身发展能力,无力真正摆脱贫困	创造基本的生产、生活条件	预防性为主,开发性为辅	提前干预,防止贫困发生或降低贫困发生概率
相对贫困	收入能基本满足生活需要,但相对于高收入阶层又是贫困的	培养和增强贫困人口摆脱贫困、独立发展的能力	开发性为主,预防性为辅	消除脱贫障碍,增加自我积累和发展能力,拓展脱贫机会

三、新中国成立以来中国扶贫战略和政策演变

贫困作为一种经济社会现象,嵌入在经济社会发展的过程中,是中国社会经济发展进程中无法回避的重大问题。扶贫政策是针对不同的贫困群体,通过一系列的手段改变其发展环境和自身状况的有关政策总和。利用有关扶贫政策使得扶贫资源能够传递到贫困人口手中,贫困人口获得扶贫资源不断增强自身的发展能力,从而达到减少贫困的目标。

伴随着中国宏观经济体制和发展战略的变化,中国的扶贫开发经历了体制机制变革、政策延续基础上的改革和工作方式不断创新的历程,经过不断调整并逐渐形成了现阶段的扶贫战略和政策。中国政府当前实行的是政府主导,以缩小不同地区发展差距,提高贫困人口自我发展能力为手段,有规划、有目的地逐年减少贫困人口,进而实现"现行标准下农村贫困人口实现脱贫、贫困县全部摘帽、解决区域性整体贫困"的目标。中国政府根据发展阶段及贫困人口特征,确定不

同时期的减贫目标和任务，在宏观发展格局中确定扶贫开发的地位，以宏观发展制度的建立和完善来选择和确定扶贫制度完善和创新的方向，并适度借鉴世界反贫困的成功经验与时俱进调整扶贫政策。扶贫政策从最初的保障贫困人口的基本生存，逐渐扩展到不断降低可能导致贫困的各类风险，并着重扶持有一定劳动能力而暂时陷入贫困的弱势群体，通过一定的资金和项目扶持为贫困群体创造更多的发展机会，充分挖掘扶贫对象自身潜力来摆脱贫困。中国扶贫战略和政策演变可以大致划分为几个阶段。在各个阶段内，中国政府根据国民经济发展水平和国家财力状况确定国家贫困标准，并随贫困人口分布状况的变化确定及调整扶持的重点区域。在确定贫困标准及扶贫重点区域的前提下，制定相应的国家扶贫规划政策和具体实施措施，寻求实现扶贫资源利用效率最大化的扶贫工具，在国家财政及行政能力允许的条件下尝试瞄准真正的穷人，做到扶贫资源精准有效传递到最需要的穷人手中。

新中国成立以来的扶贫战略和政策具有明显的阶段性特征：

（一）保障生存阶段的扶贫战略和政策（1949—1978）

1949年新中国成立时，国民经济处于崩溃的边缘。中国政府根据当时国际和国内的政治经济环境，选择了通过行政管理手段对社会资源进行配置的计划经济体制和优先发展重工业的战略。农业生产、工业生产、交通运输业的迅速恢复和发展，使得新中国经济的恢复有了性质上的变化和质量上的提高，全国农村居民生活状况有了一定的改善。"政社合一"的人民公社体制的建立，形成以人民公社集体经济为依托的社会保障制度。基础设施和公共服务方面，在全国范围内开展大规模的农村基础设施建设，建立全国性农村信用合作社网络和农业技术推广网络，形成了全民办教育模式，建立合作医疗体制，形成农村医疗卫生网。特困户救济和救灾方面建立了储备粮制度。由于集体化制度起到相当的保障作用，虽然农民的生产生活资料短缺，存在大规模的贫困，但基本上消除了农村内部的贫富分化，社会总体的不平等程度较低。

这一阶段致贫原因主要归结于所有制，解决贫困问题的方法是所有制改造。从变革生产关系入手，废除生产资料私有制，建立农村集体经济，试图从制度变革角度来解决贫困问题。集体和群众通过努力发展生产自救，国家仅仅在少数区域出现大规模普遍困难时提供必要救济。政府通过组织一个集体主义体制提供福利保障，缓解贫困人口的生存危机，并利用遍布全国的民政救济系统资源，对某些年度和某些农村地区出现生活困难的群体开展实物和现金救济。扶贫政策的特点是临界生存推动的人道主义为主的救济式、实物性生活救济为主的扶贫政策，救济形式较为单一、救济规模较为分散、救济力度和水平较低。

以集体为单位的社会网络，在低水平上保证了农民的基本生存需要，集体生产组织内部的调剂功能部分地承担了减灾救灾的保障作用，国家仅在低水平上保障了最低的生存，使大多数人口免于饥馑，全国根本性的贫困问题得到了较大程度的缓解。在财政能力一般、居民整体收入和福利水平很低、收入差距较小且绝对贫困所占比例很高的情况下，这一扶贫战略是当时的最优选择。

（二）体制改革阶段的扶贫战略和政策（1979—1985）

由于前期计划经济体制的低效率、农业经营体制不适应生产力发展的需要，统购统销和压低农产品价格挫伤了农民生产积极性，农村居民的生活水平普遍低下，数亿人口仍生活在绝对贫困线以下。把1978年的贫困线设定在100元，可以估算出，1978年中国贫困发生率为30.7%，贫困人口规模为2.5亿人。

针对人民公社体制造成的农民生产积极性不高，土地产出率低的现象，这一时期缓解贫困的主要途径是制度变革，主要通过农村土地制度彻底变革、农副产品流通市场相对放开、农业人口就业制度相对放松等体制改革手段，发展生产、扩大就业和增加收入，使数量众多的、长期处于温饱线以下的贫困人口成功摆脱了贫困。建立了家庭联产承包经营责任制，大幅度提高粮棉等主要农副产品的收购价格，对购销体制和农产品流通体制进行了初步改革。并引导农民开展农业多种经营，中央政府及其有关部门实施了一系列帮助贫困地区和贫困人口的政策措施，扶贫政策由以生存救助为主的无偿救济开始转向生产帮助为主、兼有部分有偿救济，决定开始在部分地区实行"以县为单位"的扶贫开发瞄准机制，以扶贫开发工作重点县为基本单元，调动大量资源在区位偏远、自然环境较差、交通通信落后地区开展帮扶落后地区工作。如1980年，设立"支援经济不发达地区发展资金"。1983年，中央政府开始组织实施以"三西"地区农业建设为主要内容的区域性扶贫开发计划。1984年，设立革命老区、少数民族地区和边远地区贷款。为解决贫困地区基础设施严重不足的问题，1984年还专门设立以工代赈资金。这些政策的实施不仅直接促进了部分极端贫困地区的经济发展和生产生活条件的改善，也为后来实施大规模的农村扶贫开发计划积累了经验。

1979—1985年是农村贫困状况得到快速缓解的时期，也是农民收入增长最快的时期。这一时期大规模减贫的推动力，既有改革开放之前农业与农村发展积累，伴随着工业化、农业科技的不断进步，教育和卫生方面的改善，这种相对平等的社会结构为改革开放奠定了较好的基础条件，也有改革开放和农村经济的快速发展使得蕴藏在农村的生产潜力得到了超前性、大规模、集中释放等原因。家庭联产承包责任制的推行，使得土地占有变得相对较为平等，在经济社会发展过程中逐渐形成的平均主义使得收入分配相对平等，基尼系数相对较低，为快速经济增长产生有利于相对落后地区的"滴漏"效应创造了条件，也为广大农村创造了大规模减贫的宏观环境。贫困的治理和政治经济体制改革相重叠，经济的快速发展惠及到了广大农村地区，穷人也得到较快发展。总之，这一时期实行的家庭联产承包责任制为主的农村体制改革，放松了农副产品流通管制，促进了市场化进程，广大农民劳动积极性大为提高，压抑已久的农业生产力得到较大释放，农业资源利用率和土地产出率不断提高，农业和农村的快速发展使大量贫困人口得以迅速脱贫。

（三）解决温饱阶段的扶贫战略和政策（1986—2000）

家庭联产承包责任制的推行和农村经济体制改革，调动了农民生产积极性，使得农业基础设施得到改善，农村经济得到较快增长，农民生活水平不断提高。但农村少数地区部分低收入人口中有相当一大部分人的经济收入不能维持其生存的基本需要。1985年，中国仍然还有1.25亿农村贫困人口没有解决温饱问题，这些人口主要分布在东、中、西部18个贫困地区，尤其是革命老区、少数民族地区、边远地区和欠发达地区。随着改革的不断深入，农村改革的边际效益不断下降，农民收入的增长幅度低于城市居民，农村内部的收入差距以及农村居民与城市居民的收入差距迅速扩大，基尼系数不断提高。贫困问题从普遍性贫困向分层、分块演化，区域间发展不均衡问题加重。随着集体生产组织的解散，市场化过程中由自然风险和市场不确定性所造成的各种冲击也逐渐显现出来，部分地区贫困人口的脆弱性问题凸显。以往单纯通过整体性的制度变革和寄希望于仅仅依靠经济增长的"涓滴"效应对于缓解贫困的帮助作用并没有那么明显，需要有针对性的公共援助等帮扶措施来解决大量贫困人口的温饱问题。

中国政府在继续对农村和贫困地区实施有利于经济、社会发展政策措施的同时，将扶贫开发工作纳入了国民经济和社会发展的整体布局，新的变化表现在：

一是机构建设方面，从1986年起，中国政府通过了一系列重大决定，成立了组织机构完善、专门对口负责扶贫业务的贫困地区经济开发领导小组（扶贫开发领导小组）及其办公室。

二是贫困瞄准方面，彻底改变了传统依靠救济式扶贫的思路，重新明确实行开发式扶贫方针和以县为单位的扶贫开发瞄准单元。组织各方财力物力，通过划定国家级贫困县（国家扶贫开发工作县）、设置符合中国国情的贫困线，以瞄准贫困地区和贫困户范围。

三是资源传递方面，利用国家财政专项扶贫资金、以工代赈资金和扶贫贴息贷款对瞄准区域和农户进行优先投入，为贫困地区制定大量的优惠政策。

这一时期，中国贫困人口呈"大分散，大集中"特征，贫困问题从普遍性、区域性、绝对性的绝对贫困向呈现"点（14.8万个星星点点贫困村）、片（特殊困难贫困片区）、线（沿边境线贫困带）"结合的块状、网状分布和相对贫困演变。以区域发展为基础，"以经济建设为中心"的开发式扶贫战略，本质上是一种以促进贫困人口集中区域经济发展来实现稳定减缓贫困目标的区域优先扶贫战略。绝对贫困人口由集中分布向插花式零散分布的转变，促使中国政府逐渐改变贫困瞄准的方式，从区域瞄准变为县级瞄准、到村到户，集中有限的资源帮助最困难的绝对贫困人口。开发式扶贫作为国家整体性经济发展和工业化进程的重要组成部分，以县级区域为对象实施扶贫开发，将分布在绝对贫困人口周围的大量低收入人口排除在外，尽管这些低收入人口的生活水平依然很低，且面临着返贫的巨大风险。因财政承受能力与解决贫困问题的需求之间存在一定的矛盾，在扶贫资源比较有限的情况下，只能集中力量扶持贫困程度较深的绝对贫困人口，这种有选择性的瞄准方式是在财政专项扶贫资金较少但需要解决的贫困人口较多，两难之下反复平衡、酝酿做出的有效安排。这些约束条件决定了这一时期扶贫项目和投资以促进贫困地区的发展为主要目的，以解决农村大量尚未解决温饱贫困人口的温饱问题为出发点，集中有限资源重点解决贫困地区基础设施落后的状况，资金分配上一个显著的特点是通过短期大量投资解决急需解决的眼前困难，彻底性、根治性扶贫项目少。在资金量较少的情况下，不能完全依靠经济增长的"滴漏效应"让数量庞大的穷人受益，以区域作为政策和工作的单元决定了开发式扶贫不能覆盖到全部人口，有限的财力同时也决定了无法采用普惠式的收入转移形式（即全民社会保障）来实现大规模兜底。

总的来看，这一时期中国的扶贫开发工作经历了深刻的变化：

一是扶贫工作从社会救助事业中脱离出来，成为相对独立、有组织、有计划的社会工程。扶贫工作有了自己的机构、专门的工作经费和专项的政策保障，扶贫组织体系建立并不断完善，从中央到地方都建立了完善的扶贫开发领导小组办公室，且一直沿用至今。扶贫部门和涉及扶贫的有关行业部门主导了扶贫资源的分配和传递，成为扶贫资源管理、使用、监督的主体。

二是扶贫政策由人道主义扶贫向有计划、有组织的制度性、专项性扶贫转变，一改传统的救济性扶贫策略，重新确立了开发性扶贫、发展型援助方针，扶持重点由传统的扶持贫困地区（基本单元为贫困县）向扶持贫困村（一般为贫困发生率较高、集体经济收入较低的行政村）、贫困户（对象为收入低于贫困线的贫困人口）转变。通过确立开发性扶贫的方针，改变以往通过"输血式"的办法短期内解决贫困人口的生存或温饱问题的思路，变成提高贫困地区和贫困人群的自我发展能力的"造血式"扶贫。

三是扶贫资金的使用由分散平均向重点集中转变，扶贫资源的传递更加多元，由仅仅依靠财政资金下拨、资金无需偿还转变成以财政资金无偿使用为主、银行贷款和外资等有偿使用为辅相结合的多元化扶贫资金投放方式。这一时期财政扶贫资金增幅较大，资金的管理更加严格，更加强调有效的扶贫资金到户方式。

四是建立扶贫工作责任制并沿用至今。这一时期实行的是以省为主的扶贫工作责任制，要求扶贫资金、权利、任务和责任"四到省"，并实行扶贫工作党政"一把手"负责制，强化扶贫资金和扶贫项目管理，确保扶贫工作落到实处。

五是扶贫主体由单一政府支援向政府主导下多元化、开放式扶贫参与主体转变。除扶贫部门积极参与外，尝试动员更多的社会力量参与扶贫，对口帮扶、东西部扶贫协作、企业和个人参与扶贫氛围逐渐形成。积极引进国外扶贫资金和理念、方式和管理模式，逐步构建专项扶贫、行业扶贫、社会扶贫、国际合作共同支撑的"大扶贫"格局。

这些变化意味着对贫困治理认识水平的提升，即认识到需要逐渐降低临时性救济的比重，转向更加关注常规化的扶贫开发，强调社会参与。标志着依靠强有力的中央集权的行政管理的体制，逐步加大对扶贫开发的组织领导，扶贫开发约束和机理机制更加明晰，行政力量不断渗透到贫困治理中，扶贫工作进入组织化、计划化、分工协作化减贫阶段。

（四）巩固温饱阶段的扶贫战略和政策（2001—2010）

进入新世纪，中国的贫困状况有了一些新的特点：

一是从贫困人口分布上看，贫困人口数量大幅减少带来的是贫困人口分布"大分散、小集中"。贫困人口呈现出整体集中度下降和边缘化程度上升、从重点县向重点村转移的特征。2001年，国家扶贫开发重点县贫困人口所占比重下降到

61.9%。

二是从贫困深度来看，不平等程度增加使经济增长的减贫效应下降，大面积的普遍贫困已经解决，但随着贫富差距拉大，部分地区贫困程度不断加深。自 2003年以来，基尼系数一直处在全球平均水平 0.44 之上，2008 年达到最高点 0.491。

三是从致贫因素上来看，呈现出多样化的特征，共同性的致贫因素开始弱化，而农户个性因素日趋显著。存在少量经过多轮扶持还未解决温饱问题的、大量初步解决温饱问题但仍然在温饱线徘徊的、已经基本解决温饱问题但属于较低水平温饱的贫困人口。

四是从新出现的贫困问题来看，城市贫困人口逐渐受到关注。在城乡二元结构的限制体制下，持续的经济增长、快速的城市化和工业化及农村劳动力的流动使得农村贫困有向城市蔓延的态势，尚未解决的农村贫困问题有演变成城市贫困问题的可能。

"大分散、小集中"使扶贫瞄准难度加大，点状离散分布既增加了扶贫开发成本，也加大了扶贫的监督成本。传统的区域瞄准方式，虽然在贫困人口数量众多且分布集中时，瞄准相对准确、高效、节约成本，但其弊端逐渐显现。这一时期扶贫开发措施主要是整村推进开发扶贫、农业产业化开发扶贫、"雨露计划"为代表的贫困地区劳动力转移培训等。除关注收入性的单维贫困外，扶贫政策更多地转向注重贫困人口健康、教育和社会福利等方面需求，试图降低贫困人口支出成本，尝试解决多维贫困。日益凸显的流动人口贫困和城市贫困问题也逐渐受到关注。

扶贫战略从传统的发展主义向以经济增长为导向进行调整，其背后有着深刻的根源：中国由非均衡发展战略进入到均衡发展战略新阶段，中国政府更加关注以工促农、以城带乡，推进城乡要素平等交换和公共资源均衡配置。在坚持农业的国民经济基础地位不动摇的前提下推出一系列强农惠农政策，对农村的公共转移项目不断增加，转移性收入在贫困人口收入结构中所占的比重逐渐加大。扶贫战略从注重经济开发向立体综合的社会开发转型，扶贫政策强调用再分配手段来反贫困，社会保障计划向农村地区延伸成为间接减贫的重要推动力之一，在尝试解决直接导致贫困诱因的同时也更加注重剖析导致贫困背后的深层次制度和社会背景原因。

新的探索主要体现在：

一是更加注重利用市场来改善和减缓贫困。在推动使市场在资源配置中起基础性作用的经济增长的同时，为从快速经济增长中受益较少的穷人提供安全网。逐渐认识到城乡间人口有序流动是减缓贫困的一个重要途径，需要通过统筹城乡发展，发展竞争性的要素市场，更加重视通过提高穷人进入和利用市场的机会来摆脱贫困。

二是强农惠农政策基础上的反贫困。因为贫困人口主要集中在农村而且农业增长具有最大的减贫弹性，持续促进农业的发展仍然是重要的减贫手段，惠农政策促进了农业的进一步发展和贫困人口的大幅度减少。传统农业对贫困人口脱贫致富的作用在不断下降，非农产业逐步成为农民收入的重要来源，贫困的缓解更加依赖于非农产业的增长。

三是更加强调坚持综合开发、全面发展。既重视加强贫困地区基础设施建设和发展环境优化，也强调贫困地区教育、医疗卫生和文化事业的全面发展，促进贫困地区经济、社会协调发展和社会全面进步。

四是瞄准方式转向到村到户。将扶贫工作重点放在发展较为落后的中西部地区，瞄准对象从贫困县转向贫困村，扶贫到村到户，以村为单位实行整村推进，尝试解决存在多年的贫困县内扶贫资源外溢和非贫困县的贫困农户被排斥在政府扶贫资源享受对象之外的问题。

五是群众广泛参与。这一时期更加强调群众参与，用参与式、自下而上方法制定和实施村级扶贫开发规划，贫困群体自身利益的诉求获得更多的表达机会。

六是扶贫开发和社会保障"两条腿走路"。在开发性扶贫的基础上，引入了带有兜底性质的保障性扶贫，探索实行扶贫开发和农村最低生活保障制度的有效衔接，逐步建立和完善社会安全网。

中国政府开始更加注重以宏观政策的视角审视贫困问题，并在改进和创新的基础上保持扶贫政策的连续性、一贯性。国家扶贫战略从国家发展战略中剥离、单列出来，扶贫政策转向开发式扶贫与多项惠农政策并举，形成比较完备的反贫困政策体系，涵盖救灾救济、"五保"和"低保"等救济性扶贫，教育、卫生、科技、文化和生态等预防性扶贫，以及开发式扶贫等内容。

（五）全面小康阶段的扶贫战略和政策（2011—2020）

新阶段的减贫工作任务面临更复杂的环境和更严峻的挑战，精准扶贫、精准脱贫成为新阶段的扶贫战略。新阶段贫困问题主要表现在以下几个方面：

一是从分布上看，扶贫对象规模巨大，"宏观分散、微观集中"，具有分散化与碎片化的特点。贫困人口大多分布在生存条件恶劣、自然灾害多发、缺水少土、基础设施薄弱、教育和医疗发展滞后的广大中西部地区，特别是革命老区、少数民族聚居区、边境地区、大石山区、工程和水库移民区，这些集中连片特殊困难地区发展相对滞后，深度贫困问题依然严重。

二是从贫困深度上看，特殊类型贫困矛盾突出，相对贫困问题凸显，新标准下深度贫困地区的贫困人口是扶贫开发的"硬骨头"。贫困程度深，自我发展能力弱，脆弱性明显，扶贫开发成本高、难度大，减贫成就不稳定，返贫现象时有发生。贫困人口抵御自然灾害、市场风险以及家庭变故风险的能力弱，抗冲击、防风险、降低脆弱性的支撑体系尚未完善，处于贫困线边缘的高度脆弱的贫困人口极易返贫。

三是从致贫因素上看，致贫因素多样化，贫困人口内部结构多元化特点明显。贫困成因从结构性因素为主转变为少数贫困人口生计资本缺乏、脆弱程度高、社会资本不足等个体性因素。特殊困难群体进入市场和融入工业化、信息化、城镇化及农业现代化所需的技术、资金、社会资本等门槛不断提高，在市场经济发展过程中很难分享到更多的好处，逐渐被边缘化，发展不平衡也使得处在社会底端的贫困群体社会剥夺感日益增加。

这一时期，贫困问题已经由原来普遍的经济落后造成的贫困演化成了以相对的资产和福利剥夺为主要特点的贫困，由原来的长期性贫困为主向暂时性贫困为主转变，由原来的资源型贫困向能力型贫困转变，由外部性因素致贫为主向内生性致贫因素转变。从贫困治理来看，经济发展"边际效益"开始递减，减贫政策成本逐渐增加；贫困地区落后面貌总体改善，发展不平衡的问题突出；部分地区已经实现整体脱贫，特殊类型困难地区、特殊群体特别是深度贫困地区的贫困问题仍积重难返，集中连片特殊困难和个体贫困共存；贫困地区生态环境恶化趋势初步遏制，但生态环境保护区的农民生计问题还没有稳定解决。贫困所呈现的自然社会因素的再生性贫困特征十分明显，贫困人口发展成本迅速增加，仅依靠对传统农业低强度、分散式、小规模开发，很难解决长期都没有解决的深度贫困问题。这一时期，年均超过1000万的扶贫对象大规模退出是在超常规的扶贫资源投入和扶贫举措中实现的，某一年度收入超过贫困线只能解决眼前短期生存问题。利用市场和发展产业来逐步培养扶贫对象的内生发展能力，建立对贫困人口的社会保护机制以降低其风险和不确定性，从根本上解决贫困人口的长远发展问题才是减贫的治本之策。

这一时期，将农民人均纯收入2300元（2010年不变价）作为新的国家扶贫标准。出台了《中国农村扶贫开发纲要（2011—2020年）》《关于打赢脱贫攻坚战的决定》和《"十三五"脱贫攻坚规划》，确定了新阶段的扶贫任务，扶贫目标更加多元和多维，重视贫困人口的发展需求。对贫困人口的识别以其实际生活状况和"两不愁三保障"为依据，逐步淡化较难测算的人均纯收入标准。从过去以解决温饱问题为核心向给予贫困人口更有尊严的生活转变。既要从超越贫困片区、贫困县、贫困村、贫困户四个多级并存的组织结构层次来解决一些整体性的特殊困难，解决区域发展差距日益扩大的问题，也要从具体的贫困农户脱贫问题入手，通过扶贫资金和项目到户的精准施策来巩固和提高贫困个体的生存保障和发展能力，实现贫困地区的全面小康和全民小康。

这一时期，将"在扶贫标准以下具备劳动能力的农村人口"作为扶贫工作主要对象，标志着扶贫对象瞄准到那些能够利用开发式扶贫政策对其进行一定的扶持使其有能力摆脱贫困、成为具有一定的自我发展能力的群体。把精准扶贫、精准脱贫作为基本方略，目的是为了抵消经济减贫效应的下降，这体现了扶贫战略目标的精准、手段的精准和标准的精准。精准扶贫要求做到"六个精准"的要求和实施"五个一批"的帮扶措施，是分类精准施策、因人因地施策的工作思路和脱贫攻坚决战的实现途径。通过扶贫开发第三方评估来提高精准扶贫的科学性和可靠性，也表明扶贫开发的社会参与度更具有广泛性。

这一时期，贫困治理不仅具有经济功能，更有社会功能和政治功能，在精准扶贫的背景下，从扶贫对象和目标瞄准、扶贫资源的动员和分配、贫困监测和评估等各个层面，贫困治理结构不断得到完善。中国政府的减贫目标是一个多元化、多层次、综合的目标体系，国家减贫政策走向制度化，扶贫不再仅仅局限于脱贫领域，而是要实现在脱贫基础上的全体人民的同步小康。扶贫治理手段呈现依托市场机制的经济发展、国家主导的扶贫开发与多部门参与的转移性支付的混合运行的特点，使得扶贫工作能够超越政府预算约束而取得更大的成就。扶贫政策安排上既注重各单项扶贫政策之间的区别与联系，同时也强调作为一个整体的扶贫政策同其他涉农政策之间的衔接，扶贫政策体现出一些新的变化：

一是扶贫政策目标由以往的单纯"保生存"向"保生态、促发展、惠民生"转变。扶贫政策由过去的"保基本"逐步走向"促发展"，重视经济开发与社会公平、传统文化和环境保护等方面的关系，将生态环境改善作为扶贫开发的总体要求之一，更加注重经济、社会、文化、生态效益的协调统一，试图解决与贫困伴生的环境污染、生态恶化问题。

二是更加关注区域与贫困人口生计可持续发展能力。将发展能力的提高作为扶贫的重要目标，更加注重对人的关怀，突出机会平等和权利保障，减少社会排斥，增强贫困人口的市场参与能力、生计能力和发展能力，让贫困人口有更多的获得感，逐步建立对脱贫人口的动态追踪机制来跟踪生计的可持续性。

三是扶贫边界更为清晰。将扶贫对象锁定为具备劳动能力的农村人口，将扶贫政策与带有分配性质的增长促进政策或发展援助政策、扶贫开发与针对丧失劳动能力人口的社会保障兜底区分开来，将保障基本生存的生活救助同促进能力发展的扶贫开发衔接起来，进一步界定了解决温饱问题的社会保障的范围，使开发式扶贫的边界更加清晰。

四是集中力量解决深度贫困地区的贫困问题。新增脱贫攻坚资金、脱贫攻坚项目、脱贫攻坚举措主要集中于深度贫困地区，各部门安排的惠民项目主要向深度贫困地区倾斜，重点解决深度贫困地区公共服务、基础设施以及基本医疗保障等问题。

五是赋权农户，在加大对"三农"普惠性政策支持的基础上，加大力度对经历长期贫困的贫困人口实施特惠性政策，特别关注特殊贫困群体，尝试解决扶贫开发在缓解贫困的同时加剧了农村内部的收入不平等的问题，更加注重社会资源分配不公。

六是注重从横向分工、纵向分权深度推进扶贫工作，尝试跳出行政区划间隔，注重区际合作的集中连片扶贫开发。横向看，部门沟通协作更加畅通，形成强大的工作合力；纵向看，中央、省、市和县党委政府职能更加明确、事权更加明晰，扶贫项目审批权下放到县，实行责任、权力、资金、任务"四到县"；区际联合看，中央设立跨省协调机构，指定片区联系单位，发挥"调查研究、联系沟通、督促指导"等作用。

四、中国大规模减贫的历史经验总结

中国较长时期的经济高速增长为可持续的减贫提供了物质基础，减贫同样依赖于扶贫战略和政策的实施。实践充分证明，中国在扶贫战略上选择了正确的方向，成功走出了一条中国特色的扶贫开发道路，扶贫战略呈现出明显的阶段性，具有继承和发扬的特点。扶贫政策拥有广泛的基础，多元主体参与、政府主导、制度化组织保障和激励机制使得中国农村扶贫开发具有"多元整合"特征，扶贫开发的巨大成就为世界反贫困事业积累了丰富的中国经验并赢得了国际社会的高度认可。中国扶贫开发至少有以下几个方面的经验值得总结：

（一）宏观战略稳中有进

中国扶贫开发宏观战略经历了以经济建设为中心到统筹经济社会发展全局的转变，从过去通过经济增长的"涓滴"效应来增加贫困人口收入为主并辅以适当救济的反贫困战略，转变为实行以促进贫困人口较为集中的区域自我发展能力的提高来实现稳定减贫和消除贫困的战略。扶贫政策在继承成功经验的基础上不断发展和创新，探索新的更加有针对性的政策，部分扶贫政策逐渐由区域性、地方性探索转变为国家层面的精准扶贫整体设计和试点推进。

（二）瞄准政策由粗转精

中国贫困瞄准的单位与对象由粗转精、不断细化，从较大的范围转变为较小的较准确的范围与单位。瞄准政策从最初的区域精准，到后来的贫困县精准，再到贫困村的精准，到现在的贫困户精准。基于对贫困成因的更深刻认识，瞄准政策内涵不断变化，当前的瞄准方式更多地体现区域精准和个体精准结合，并建立贫困片区、贫困县、贫困村和贫困户的四级扶贫瞄准机制，精准扶贫工作重心和扶贫资源不断下沉（进村入户）。

（三）资源传递更加有效

中国扶贫资源传递由过去忽视贫困成因和贫困群体特征的扶贫资源普惠性平均分配向精确贫困瞄准基础上进一步细分贫困群体并引入适度竞争的精准分配转变，通过精准扶贫把有限的扶贫资源有效覆盖到动态变化的扶贫对象上。更加强调充分利用市场机制或市场主体，实现扶贫资源的市场化配置。社会扶贫资源动员、传递和分配的机制设计更为完善，对贫困防范和阻断贫困传递方面具有更好的稳定性、持续性与常规化的特点，扶贫开发活动成效更具有效性、针对性、精准性和可持续性。

（四）扶持政策组合多样

中国政府对贫困人口的扶持政策更加注重救济性政策、开发性政策和预防性政策等精准扶贫政策的有机结合，从向贫困人口提供满足最低生活需要的物质援助发展到把政策扶贫、投资扶持与贫困人口自力更生相结合。扶贫政策的关口由事后贫困援助干预向降低脆弱性和风险的事前干预前移，更加注重通过教育、健康等方面的投入来提高预防和应对贫困风险的能力，而不仅仅是在其陷入贫困不能自拔之后再进行扶持和救助。扶贫政策的侧重点向保障社会公平分配，赋予陷入贫困陷阱不能自拔的贫困人口更高的生活水平、更高的幸福感和获得感转变。

（五）治理方式更加多元

中国贫困治理方式逐渐由政策性、动员式、运动化向长期性、制度性、规范性、法治化方向发展，由完全的政府主导向政府主导、社会组织参与进而向政府主导、社会组织参与和受益群体参加转变，更加注重目标群体的主体性和参与性。扶贫领域治理手段由单一化向多元化以及多部门主导延伸，呈现出依托市场机制的经济发展和国家主导的扶贫开发混合运行、政府主导与互动参与并举共同推动精准扶贫的特点。

总之，中国的反贫困历程是一个使社会贫弱阶层不断分享经济、社会发展成果的过程，扶贫战略和政策随着社会、经济环境和扶贫对象本身的变化而变化。由政府主导扶贫资源的分配和传递，社会力量广泛参与，并发掘贫困人口主动性、创造性，集区域政策、行业政策和社会政策于一体，更加突出扶贫开发体制机制改革创新的重要性，采取更有效、更明智、更包容和更富有弹性的精准扶贫政策措施，未来中国扶贫前景光明。

参考文献

［1］张磊. 中国扶贫开发政策演变（1949—2005 年）. 中国财政经济出版社，2007.

［2］范小建. 中国特色扶贫开发的基本经验. 求是，2007（23）.

［3］王朝明. 中国农村 30 年开发式扶贫：政策实践与理论反思. 贵州财经学院学报，2008（6）.

［4］李小云等. 关于中国减贫经验国际化的讨论. 中国农业大学学报（社会科学版），2016（5）.

［5］李小云. 我国农村扶贫战略实施的治理问题. 贵州社会科学，2013（7）.

［6］中国发展研究基金会. 在发展中消除贫困. 中国发展出版社，2007.

［7］张琦，冯丹萌. 我国减贫实践探索及其理论创新：1978—2016 年. 改革，2016（4）.

［8］汪三贵. 在发展中战胜贫困——对中国 30 年大规模减贫经验的总结与评价. 管理世界，2008（11）.

［9］黄承伟. 深化精准扶贫的路径选择——学习贯彻习近平总书记近期关于脱贫攻坚的重要论述. 南京农业大学学报（社会科学版），2017（4）.

［10］韩嘉玲等. 社会发展视角下的中国农村扶贫政策改革 30 年. 贵州社会科学，2009（2）.

［11］汪三贵，郭子豪. 论中国的精准扶贫. 贵州社会科学，2015（5）.

［12］唐钧. 追求"精准"的反贫困新战略. 西北师大学报（社会科学版），2016（1）.

［13］习近平. 携手消除贫困促进共同发展——在 2015 减贫与发展高层论坛的主旨演讲. 人民出版社，2015.

［14］汪三贵，曾小溪，殷浩栋. 中国扶贫开发绩效第三方评估简论——基于中国人民大学反贫

困问题研究中心的实践. 湖南农业大学学报（社会科学版），2016（3）.

［15］王晓毅. 社会治理与精准扶贫. 贵州民族大学学报（哲学社会科学版），2017（1）.

［16］欧阳煌. 精准扶贫战略落实与综合减贫体系构建思考. 财政研究，2017（7）.

［17］孙久文，唐泽地. 中国特色的扶贫战略与政策. 西北师大学报（社会科学版），2017（2）.

［18］习近平：强化支撑体系加大政策倾斜 聚焦精准发力攻克坚中之坚. http：//news.xinhuanet.
　　　com/politics/2017−06/24/c_1121203661.htm，2017−06−24.

［19］程玲. 新阶段中国减贫与发展的机遇、挑战与路径研究. 学习与实践，2012（7）.

［20］陈锡文. 坚决打赢脱贫攻坚战如期实现全面小康. 劳动经济研究，2015（6）.

［21］许文文. 整体性扶贫：中国农村开发扶贫运行机制研究. 农业经济问题，2017（5）.

（本文与曾小溪合著，原载《西北师大学报（社会科学版）》2017 年第 6 期）

第二章　中国的贫困状况

资产与长期贫困

——基于面板数据的 2SLS 估计

一、引言

　　在人类经济社会发展的过程中，伴随经济持续增长，贫困程度在不断减轻。2012 年初，世界银行更新的 2008 年全球贫困数据显示，以每天 1.25 美元消费标准估算出的发展中国家极端贫困人口为 12.9 亿人，占总人口的 22%。据世界银行预测，即使到 2015 年全球将有 10 亿人处于严重贫困状态。在这种贫困下，人类的基本生存难以得到保障，缺乏食物、安全饮用水、医疗教育等基本权利，全世界每年有 800 万人死于极端贫困。中国虽然实现了大规模的减贫，但是以 2300 元的新贫困线标准衡量的 2012 年贫困人口约 1.29 亿。在如此众多的贫困人口中，有一部分群体处于最严重的贫困状态，他们在一段较长时间或是一生中都处于贫困状态。借用 Baulch 和 Hoddinott（2000）基于弗里德曼的持久性收入理论所界定的概念，我们可以称之为长期贫困者。长期贫困是一种持续多年的绝对贫困，更有甚者历经整个生命过程。一个生存在绝对贫困的人不能够满足食物、衣服和住所的最低需求。全世界长期贫困人口数量庞大，以每天 1 美元的消费标准估计，全球长期贫困人口大致在 3 亿到 4.2 亿之间，70% 的极端贫困的人口生活在发展中国家。中国大约有 4000 万至 6500 万的长期贫困者。世界银行报告认为中国的极端贫困人数更多，以每天 1.25 美元消费的贫困标准计算，中国有 1.73 亿人生活处于极端贫困。经验证据表明，极端贫困的人群几乎享受不到经济发展的福利，整体式的扶贫策略也难以改善他们的处境。对于这些处于长期贫困中的人而言，除非生活和工作环境发生巨大的变化，否则很难从长期贫困中逃脱出来。长期贫困不仅是过去被剥削的一个状态，而且更容易引发贫困的代际转移，这样的家庭是福利状况最差的群体，需要特殊的关注与扶持。

二、资产与贫困动态

Baulch 和 Hoddinott（2000）从弗里德曼的持久性收入理论出发，研究了经济发展动力和贫困动态之间的联系，将贫困动态划分为短期和长期两类。如何准确地区分长期贫困家庭需要综合全面的指标体系。大多数的贫困研究文献所采用的衡量指标是基于收入或消费的角度，这种指标随意性强，容易造成误差，不能够清晰地描述家庭层面复杂的返贫和脱贫过程。一些学者发现从资产的角度更能全面客观地阐述家庭福利状况，而且资产在贫困动态中起到了核心的作用。资产决定了商品和服务的可获得性，就像信贷、政治参与更多地面向有资本者，因为资本是民众获得公共话语权的标准，更多资产有助于提高社会地位。资产的水平能够基本反映福利水平。物质资本是财富的实体，而广义资产中的社会资本有助于维持福利的稳定。特别是在不存在健全的金融市场的农村地区，非正式网络和社会关系常常起着关键的替代作用。

资产与贫困动态的关系主要体现在两方面：资产积累是否有助于脱离贫困；资产损失导致家庭陷入贫困。资产积累是改善生计和摆脱贫困的重要手段。资产的累积能够降低脆弱性，而脆弱性是长期贫困和短期贫困的主要区分维度之一。拥有足够的资产存量及主要资产的累积轨迹，是家庭能否脱离贫困的重要因素。学者证实了耕地资产及生产性固定资产是脱贫的重要资产。然而许多家庭无法积累足够的资产，这正是长期贫困的关键成因。资产积累是一个渐进过程，应当以资产数量、获得非农就业的能力，以及交易活动为基础。

资产损失可能使家庭陷入贫困，有很多的文献关注健康对资产的冲击。在农村，疾病是陷入贫困的主要因素，它的影响包括对健康的直接损害、高昂的医疗费用甚至劳动力的死亡等。健康冲击会引起贫困并带来高额负债，而高昂的利率禁锢了贫困家庭，这也说明了信贷市场失灵对脱贫的严重制约。当面临风险时，不能够获得更好的信贷渠道的家庭只能迫使变卖资产以规避风险，从而降低了资本存量，将难以维持和改善现有的生计水平。

综上所述，资产与贫困动态之间关系紧密，而缺乏主要资产的家庭极有可能陷入贫困陷阱，一旦进入贫困陷阱之中就处于长期贫困。类似于设立收入或消费，家庭所拥有的资产可以用来衡量家庭的福利，从而可以建立资产贫困线衡量长期贫困家庭，因此本文研究的问题是：从资产的角度怎么得到资产贫困线来衡量长期贫困？基于资产贫困线的衡量，有多少家庭陷入了长期贫困？资产贫困作为一种新的衡量方法，是否比传统贫困衡量方法更好地分析长期贫困？

三、资产贫困线的推导

一些学者通过回归家庭资产集与消费贫困线，得到维持贫困线消费水平的最小资产需求，即一个资产指数，并将其定义为资产贫困线。当一个家庭的资产所代表的收入低于这条贫困线时，可称之为资产贫困，同理，当家庭的资产预期产生的收入高于贫困线时便是资产非贫困。外在因素也许会使一个缺乏生产性资产的家庭在某一年的消费高于贫困线，但是这种资产贫困的家庭不太可能维持这种消费水平。同样地，一个拥有众多资产的家庭偶然经历了一年的低消费水平，资产衡量方法依然会把它归于资产非贫困，因为它能够在没有外界援助下大幅度增加消费。相比较贫困与非贫困的二分法，资产贫困线更能微妙地分解贫困状态。如表1所示，基于收入和资产，家庭可以被分解为四种贫困类型。结构性贫困家庭的收入和资产都低于贫困线，可以称之为长期贫困者。偶然性非贫困家庭的当前收入高于贫困线，但被认为最终会处于收入贫困状态。偶然性贫困家庭的资产水平处于非贫困状态，尽管当期收入低于贫困线，但未来会转变到非贫困状态。

表1 资产贫困分类

	$C_{it}<C$（收入贫困）	$C_{it}>C$（收入非贫困）
$A_{it}<A$（资产贫困）	结构性贫困	偶然性非贫困
$A_{it}>A$（资产非贫困）	偶然性贫困	结构性非贫困

Sahn 和 Stifel（2000），Barrett 等（2006）通过因子分析法对家庭的资产集合予以分析，得到资产指数，划分结构性与偶然性贫困。但是这种方法不能解决资产之间的互补性和非线性问题。比如在混合农业地区，土地和工具的回报率也许会受到健康或牲畜数量的影响。因为不完全市场的存在，一些农户因为资本流动性低而缺乏足够的生产性配套资产。因子分析能够区分出一些关键资产，但是不能够区分不同禀赋下资产之间的关联性，也不能准确衡量不同资产对家庭福利的贡献程度。

一些学者探索了新的方法用来解决因子分析的缺陷。Adato 等（2006）在南非所做研究中使用了超越对数模型。超越对数模型的初始设定基于混合普通最小二乘法（POLS）：

$$L_{it}=\Sigma\beta_j A_{ijt}+e_{it} \tag{1}$$

L_{it} 为家庭 i 在 t 时刻的消费支出与贫困线之比，由消费支出除以贫困线所得（C_{it}/C）。β_j 是家庭 i 在 t 时刻所拥有 j 资产的系数，A_{ijt} 为家庭 i 在 t 时刻所拥有 j 资产的数量，e_{it} 是误差项。β_j 的一致估计量可以用来计算家庭的资产指数：

$$A_{it}=\Sigma\beta_j(A_{ijt}) \tag{2}$$

A_{it} 是资产指数，β_j 是资产 j 对消费支出的边际贡献，因此不同类型资产的权重是由消费支出与贫困线之比与资产的回归所决定。L_{it} 的数值能够反映一个家庭的贫困状态，$L_{it}<1$ 时为贫困，当 $L_{it}>1$ 时为非贫困。在超越对数模型中需要进行对数转化，以保证是非 0 值。因此，$L_{it}=0$ 表示区分资产贫困与非贫困的临界值，即为资产贫困线。

由于不同类型资产之间存在相互作用，特殊资产之间存在非线性影响，为了得到假设的回归曲线，笔者参考 Lybbert 等（2004）引入多次项的方法，在模型中加入了资产平方项，以及带有固定效应的虚拟变量。最后，资产指数的估计公式为：

$$\ln L_{it}=\beta_0+\Sigma_j\beta_j\ln A_{ijt}+\Sigma_k\beta_k\ln^2 A_{ijt}+H_{it}+D_i+e_{it} \tag{3}$$

对于家庭 i 的所有资产 j 和 k 来说，得到的资产指数就是：

$$A_{ivt}=\hat{L}_{ivt}（L_{ivt} 的无偏估计量） \tag{4}$$

在公式中，L_{it}、β_j、e_{it} 前面已经定义了；β_k 是资产的平方项系数；D_i 是表示地理的虚拟变量；H_{it} 表示无需对数化的家庭特征，如家庭成员是否参与培训，是否担任村干部。

四、资产贫困线的实证分析

（一）数据来源

本文采用的数据来自世界银行 1999—2004 年西部扶贫项目的评估数据。这个扶贫项目对象为内蒙古和甘肃的 27 个贫困状况较为严重的国家级特困县。调查样本为 1999—2004 年追踪调查的面板数据，由于 1999 年的统计口径与随后 5 年的统计口径有差异，部分变量缺失，因此本文只采用了 2000 年至 2004 年的数据。调查样本的抽样包括 15 个县（内蒙古 8 个县，甘肃 7 个县），每个县抽取 10 个村，每个村抽取 10 户，最后收集有效问卷 1500 份。

（二）变量选择

被解释变量为消费支出与贫困线的比例的对数，在 2000 年到 2008 年之间，国家设置了低收入线，低收入线高于绝对贫困线，笔者将被解释变量设置为消费支出与低收入线的比例的对数值，低收入线分别为 2000 年 865 元、2001 年 872 元、2002 年 869 元、2003 年 882 元、2004 年 924 元。模型解释变量按自然资本、物质资本、金融资本、人力资本、社会资本、使用方式这六类进行分类选择。每年各项资产的计算经过了 CPI 的调整，2000 年至 2004 年的 CPI 指数分别为 100、100.7、99.2、101.2、103.9。牲畜的价格以 2000 年的牲畜销售平均价格为准，分别为马和骡子 2500 元 / 头、牛 1000 元 / 头、羊 100 元 / 只、猪 400 元 / 头、家禽 30 元 / 只。年末粮食结存以 1 元 / 斤计算而得。

在福利的比较中，由于家庭的规模和结构不同，常用的方法是采用人均福利指标，但同时还存在家庭内部个人需求不同以及规模经济，因此需要对家庭人口进行加权等价转化。本文借鉴了经济合作与发展组织（OECD）的等价尺度：$AE=1+0.7(N_{adults}-1)+0.5N_{children}$，首先一个成年男性为 1，其他的成年人按 0.7 的比例折算，儿童以 0.5 的比例折算。最后，将连续性的资产变量全部进行了对数转化，平方项则由对数化之后的资产平方而得。

表 2　变量解释及说明

变量分类	变量与代码	变量解释
自然资本	地理条件	平原、山区
	到市场距离	本村距离最近的集市
	人均土地面积	家庭总土地面积 / 等价成人数
物质资本	人均生产性资产	总资产（生产性资产）/ 等价成人数
	人均住房资产	新旧住房价值 / 等价成人数
	人均耐用消费品	折旧后的耐用消费品价值 / 等价成人数
	人均存货资产	（折价后的期末牲畜价值 + 粮食结存等存货）/ 等价成人数
人力资本	户主年龄	户主年龄
	劳动力平均受教育年限	（不识字或识字很少 *1+ 小学 *6+ 初中 *9+ 高中 *12+ 中专 *14+ 大专及以上 *15）/ 家庭劳动力数
	医疗健康状况	医疗支出费用 / 家庭总支出
	是否参加培训	家庭成员是否参加了培训 0 否，1 是
	家庭抚养比	（16 岁以下儿童 +60 岁以上老人）/ 家庭劳动力数
金融资本	金融资产	期末金融资产余额
	借贷金额	期末债务余额
社会资本	是否有村干部	家庭成员中是否当过村干部
使用方式	非农就业时间比	非农就业的时间 / 农业劳动时间

（三）模型估计

1. 混合普通最小二乘估计（POLS）

笔者首先利用混合普通最小二乘估计（POLS）作为基准，对所有解释变量做了稳健标准差（robust）的估计，同时以县为聚类变量做了聚类稳健的估计，两者结果相差不大。稳健标准差估计的 POLS 回归结果显示，模型的拟合优度达到 0.7809（见表 4），但这并不代表得到了渐进有效的一致估计量。因为模型中存在内生性的问题，即存在由随时间不变且与解释变量相关的误差项所产生的异方差性、随时间变化的特异性误差的序列自相关性。POLS 在存在个体效应的条件下，更倾向于产生有偏的估计。在本文模型中，无形资产难以衡量，区域、市场、基础设施等具有差异性，这些因素将会导致 POLS 得不到一致的估计量。

2. 固定效应模型（FE）

鉴于 POLS 不能得到渐进有效的一致估计量，笔者先考虑随机效应模型（RE），将没有观测到的值放入了误差项之中。只有当 $E(x_{it}, c_i)=0$，RE 模型才是一致的。事实上，通过 Breusch-Pagan LM 检验，原假设为"$H_0: \sigma_u^2=0$"，p 值为 0.0000，强烈拒绝了随机扰动项的方差为 0 的假设，说明模型中有反映个体特征的随机扰动项，RE 模型比 POLS 更优，而不应该使用 POLS。由于每个地区都会存在特异性，存在不随时间而变的内生变量。固定效应模型（FE）回归结果中包含了一个 F 检验，其原假设为"$H_0: \text{all}\mu_i=0$"即混合回归是可以接受的，结果中的 p 值为 0.0000，强烈拒绝了原假设，因此说明 FE 优于 POLS。最后，笔者使用豪斯曼检验（Hausman）比较了 FE 模型与 RE 模型，结果 Prob>chi²=0.0000，强烈拒绝了"非观测效应与解释变量不相关"的原假设，认为固定效应模型优于随机效应模型，应该使用固定效应模型。

但固定效应模型也存在缺陷，它在回归估计中滤去了随时间不变的特征。如表 4 的回归结果中，到最近市场的距离、地理因素这些变量在模型中被剔除了，这代表着模型结果不能很好体现家庭背景环境的差异性，而这又是本文研究必须涉及的内容。此外，从回归结果来看，解释变量之间的自相关没有得到解决，比如人均生产性资产是一个解释力比较强的变量，但是在 FE 模型中极不显著，p 值为 0.9804，这明显违背了理论假设，笔者有理由怀疑 FE 模型并没有得到一致的估计，因此需要寻求新的方法来解决这些问题。

3. 二阶段最小二乘法（2SLS）

正如前面所提到的解释变量之间的自相关而产生了内生性问题，可以通过引入工具变量解决此问题。工具变量的选择途径为：首先确定解释变量中的内生变量，再利用内生变量的离均差做工具变量。公式推导如下：

$$Y=X\beta+\mu \tag{5}$$

Y 代表家庭支出与贫困线比的矢量，X 为解释变量矩阵，可描述为（X_1，X_2）。μ 由两部分组成：$\mu_{it}=c_i+\varepsilon_{it}$，$c_i$ 是未观测到的特征值，ε_{it} 是随机扰动项。X 矩阵分为外生变量 X_1 以及内生变量 X_2。外生变量 X_1 做自身的工具变量，X_2 的平均数离差作为内生变量 X_2 的工具变量。证明如下：由于离均差是通过自身计算而得，则 X_2 必然与（$X_2-\overline{X}_2$）相关。而根据迭代期望定律，

$$\mathrm{E}\left[(X_2-\overline{X}_2)\mu\right]=\mathrm{E}_\mu\mathrm{E}\left[(X_2-\overline{X}_2)\mu\mid\mu\right]=\mathrm{E}_\mu\{\mu\mathrm{E}\left[(X_2-\overline{X}_2)\mu\mid\mu\right]\}=\mathrm{E}_\mu\{\mu\cdot0\}=0$$

综上所述，内生变量的工具变量 $\mathrm{M}=\left[(X_1,X_2-\overline{X}_2)\right]$。工具变量的估计量可以表述为：

$\hat{\beta}=(X'M\Omega M'X)^{-1}XM\Omega M'Y$。其中，$\Omega$ 是最优权重矩阵，为 $(Var\left[(1/n)(Z'\varepsilon)\right])^{-1}$ 的一致估计量。

内生变量的选择是基于所有解释变量的相关性检验分析，通过对比分析，发现人均金融资产、人均借贷资金、人均生产性资产、人均存货资产、人均耐用资产五个变量的相关关系系数略大，因此初步确定这五个变量为内生变量，并使用这些变量的离均差作为工具变量进行了二阶段最小二乘估计（2SLS）。

使用了工具变量，就必须对工具变量的有效性进行检验，如果工具变量不是有效的，即出现"弱工具变量"，就可能导致估计不一致。笔者利用 Shea's 偏 R^2 判断"弱工具变量"，从表 3 中可得，F 统计量远远超过 10，p 值为 0.0000。这样可以强烈拒绝"弱工具变量"的原假设。

表 3　工具变量的 Shea's 偏 R^2

变量	人均借贷资金	人均存货资产	人均金融资产	人均生产性资产	人均耐用资产
Shea's 偏 R^2	0.6166	0.6054	0.5899	0.3319	0.1437
Shea's 调整偏 R^2	0.6155	0.6042	0.5887	0.3299	0.1412
F（5, 7476）	2448.33	2941.77	2591.86	728.591	252.476
Prob>F	0.0000	0.0000	0.0000	0.0000	0.0000

虽然前面简单地论述了存在内生解释变量，但论证不严谨，需要从统计上检验解释变量是否内生。由于扰动项的不可观测，故无法直接检验解释变量与扰动

项的相关性。但如果找到了有效的工具变量，就可以借助工具变量检验解释变量的内生性。为此，借助豪斯曼检验判定是否存在内生解释变量，其原假设为"所有解释变量均为外生"。然而检验发现，由于异方差的存在，传统的豪斯曼检验不成立。因此只能使用"杜宾—吴—豪斯曼检验"（DWH），该检验在异方差的情况下也适用，并且更为稳健。异方差稳健的 DWH 检验的 p 值为 0.0000（见表 4），表明认可了人均金融资产、人均借贷资金、人均生产性资产、人均存货资产、人均耐用资产为内生解释变量。

　　随后，笔者尝试在 2SLS-2 模型中剔除了之前各种回归模型中一直不显著的变量，如医疗健康状况、到市场距离平方、是否担任村干部、是否参加培训，参数估计结果显示，几乎所有解释变量在 1% 的水平显著，从表 4 的检验结果来看，2SLS-2 模型的估计是可信的。

表 4　模型估计结果

变量	POLS	FE	2SLS	2SLS-2
到最近市场距离	0.1571*		0.0867	0.0958*
人均土地面积	−0.4124***	−0.6487***	−0.6399***	−0.5231***
人均耐用资产	−0.0161	−0.0572***	−0.4232***	0.3817***
人均生产性资产	0.1121***	0.0006	0.0299**	0.0313***
人均住房资产	−0.1874***	−0.1868***	−0.2010***	−0.2103***
人均存货资产	−0.3660***	−0.2174***	0.2902***	−0.3672***
户主年龄	3.3036***	2.0351***	3.9057***	3.5423***
劳动力抚养比	−0.3265***	−0.4730***	−0.3688***	−0.3445***
劳动力平均教育水平	−0.1321*	−0.2087**	−0.2755***	−0.2346***
医疗健康状况	0.2489	0.1915	0.1799	
人均金融资产	−0.1942***	−0.1625***	0.0688***	0.0727***
人均借贷资金	−0.0575***	−0.0241***	0.0230***	0.0277***
非农就业时间比	−0.1151***	−0.1573***	−0.1156***	−0.1368***
到市场距离平方	−0.0177		0.0001	
土地资产平方	0.0925***	0.1966***	0.1433***	0.1231***
耐用资产平方	0.0213***	0.0242***		
生产性资本平方	−0.0108***	0.0010		
存货资产平方	0.0365***	0.0282***		
住房资产平方	0.0240***	0.0286***	0.0253***	0.0261***
户主年龄平方	−0.4503***	−0.3485***	−0.5367***	−0.4853***
医疗健康状况平方	3.2120***	3.5581***	4.1599***	4.0124***
劳动力教育年限平方	0.0946***	0.1054***	0.1482***	0.1351***
劳动力抚养平方	0.1746***	0.2618***	0.2166***	0.1463***

续表

变量	POLS	FE	2SLS	2SLS-2
金融资产平方	0.0234***	0.0173***		
借贷资金平方	0.0120***	0.0062***		
非农工作时间比平方	0.0947***	0.0984***	0.1093***	0.1274***
是否担任村干部	−0.0300	−0.0645**	0.0758	
是否参加培训	0.0291	0.0194	0.0083	
平原	0.1905***		0.2264***	0.3082***
山区	0.2501***		0.2759***	0.3270***
常数项	−4.9187***	−1.7622	−8.9940***	−7.6357***
R²	0.7809	0.7254	0.7168	0.7123
Prob>F	0.0000	0.0000	0.0000	0.0000
Breusch−Pagan LM	p=0.0000			
Hausman 检验		p=0.0000		
Shea's 偏 R²			p=0.0000	
DWH 检验			p=0.0000	p=0.0000

（四）回归结果分析

从自然资本来看，地理特征影响显著，通常的假设是山区的居民因为交通不便，相对封闭，更容易陷入贫困之中。到最近市场距离在 10% 的水平下显著，而且平方项不显著，这说明到市场的距离与福利水平存在线性关系，非线性关系不明显。人均土地面积代表一个家庭可利用的自然资源，回归结果极其显著，说明拥有更多土地资源和生产性资本有利于家庭长期远离贫困。

从物质资本来看，所有的物质资本系数极其显著（1% 水平），需要注意的是人均生产性资产在第二次模型中变得更显著了。总体结果证实了前面所述的资产与贫困之间的理论关系，物质资本增加是能够创造更多的财富，有较强的风险抵抗能力，资产累积有利于贫困过渡，资产损失则可能陷入贫困。

从金融资本来看，期末债务余额以及金融资产余额很显著，说明较好的金融可得性能够加强抗风险能力，抵御外部冲击，有利于家庭远离长期贫困。构建良好的金融体系，使得农户能够平滑消费投资，保证投资额度，有利于收入的提高，这能够加速减贫的步伐。

从社会资本来看，家庭成员中是否当过村干部这个变量不显著，原本假设农村之中能够担任村干部的个体，具有较高的社会资本，其家庭一般不容易陷入贫困。不显著的原因可能是村干部所占样本比例太低，以至于在回归中其差异性被掩盖了。另外，可能是因为指标选取的原因，不能很好地估计出社会资本真实情况。虽然这个变量不显著，但是回归结果中，村干部对福利的影响是正向的，说明良好的社会资本有助于福利水平的提高。

非农就业时间比第一次回归时在统计上5%的水平显著，第二次回归在统计上10%的水平显著。即使非农就业时间比不能完全表示资本使用方式对贫困的影响程度，不过也验证了资本使用方式影响了资本回报率，进而影响家庭福利。非农就业时间比的增大，通常意味着稳定的带薪工作比重增大，将降低农户对农业生产的依赖，这是脱贫的重要途径。

（五）资产贫困线衡量结果与对比

1. 资产衡量的贫困数量

表5是以资产贫困线衡量的五年贫困状态，从表中结果可见，以资产衡量的贫困状态在各年度之间没有出现大幅度异常变动，这说明资产衡量具有稳定性，可以得到统一的价值判断标准。而分别以绝对贫困线和低收入线衡量的贫困状态有明显的浮动（见表5），特别是2003年，数据统计出现了较大的变化。即使这是以平滑的消费支出衡量的结果，也许这是由于统计误差所造成的，但不可否认存在贫困状态误判的可能。此外通过三个表格的对比，可以发现资产贫困线衡量出的贫困比例高于绝对贫困线与低收入线，达到了52.96%，同理可以推测资产贫困线衡量下的长期贫困家庭数量高于其他两种。这表明以资产指数区分家庭福利水平的标准也更高，对非贫困状况的资产有着较高的诉求。

表5 贫困分类数量

	资产贫困线		绝对贫困线		低收入线	
	贫困	非贫困	贫困	非贫困	贫困	非贫困
2000	667	833	359	1141	712	788
2001	718	782	303	1197	662	838
2002	706	794	273	1227	606	894
2003	1140	360	750	750	777	723
2004	741	759	639	861	889	611
总计	3972	3528	2324	5176	3646	3854
比例	52.96%	47.04%	30.99%	69.01%	48.61%	51.38%

2. 资产贫困分类比例

依据表 1 的分类，既是资产贫困又是收入贫困的家庭是结构性贫困家庭，也就是长期贫困家庭，资产非贫困但收入贫困的家庭处于偶然性贫困状态。在表 6 中，不考虑 2003 年的数据，可以看到在绝对贫困线和资产贫困线共同衡量下，2000 年至 2002 年，处于结构性贫困的家庭占样本总数 15% 左右，2004 年比例也不足三分之一，总体上偶然性贫困比例比较少，最高的比例也只有 11%。而在以低收入线和资产贫困线共同衡量下，贫困比例升高了，结构性贫困的家庭平均达到 1/3 左右（28%—39%），偶然性贫困的家庭最高也不超过 20%。总体来看，结构性贫困家庭多于偶然性贫困家庭。此外，通过结构性贫困数量除以资产贫困的数量，可以判断长期贫困家庭在资产贫困家庭中的比例接近三分之一，说明长期贫困家庭数量少，大多数贫困家庭是处于暂时贫困。

表 6　资产贫困分类

		绝对贫困线		低收入线	
		资产贫困	资产非贫困	资产贫困	资产非贫困
2000	贫困	244	115	423	289
	非贫困	423	718	244	544
2001	贫困	249	54	454	208
	非贫困	469	728	264	574
2002	贫困	228	45	439	167
	非贫困	478	749	267	627
2003	贫困	691	59	867	110
	非贫困	449	301	273	250
2004	贫困	472	167	593	296
	非贫困	269	592	148	463
结构性贫困比例		15%—31%		28%—39%	
偶然性贫困比例			3%—11%		11%—19%

五、结论与政策建议

（一）结论

1. 资产贫困线能够稳定客观地衡量出家庭的福利水平

资产贫困线对现期福利的分析较之传统的贫困分析方法具有明显的优势。广义资产框架能够比较客观地反映家庭福利状况，各年度之间的衡量结果没有出现大幅度异常变动。以资产指数区分家庭福利水平的标准比低收入线高，对非贫困状况的资产标准有着较高的诉求。

2. 资产贫困线衡量出在贫困群体中长期贫困比例占少数

资产贫困线的确定能够区分结构性贫困和偶然性贫困，具体的衡量结果表明，收入贫困群体中，结构性贫困家庭多于偶然性贫困家庭。但是在资产贫困中，长期贫困家庭数量少，大多数贫困家庭是处于暂时贫困。

（二）政策建议

1. 细分贫困类型，采用差异化策略

资产贫困衡量方法细分了贫困类型，将贫困人口划分为三个层次，便于精确地瞄准不同类型的贫困群体而采取不同扶贫对策，进而实现了扶贫目标从贫困地区向贫困村再向最贫困人口的转化。对长期贫困群体居多的地区，通过二次分配，从社会保障角度如提供津贴和补助着重照顾这些陷入贫困陷阱的群体，以满足其基本的生活需求为扶贫策略重点。对短期贫困突出的地区，扶贫重点在于培育农户的自我发展能力。结合整村推进和片区开发，为农户提供就业机会，组织培训提高务工技能，提升穷人运用资产的能力，使其资本回报率增高，就能保障农民的长期稳定收入，最终就能远离贫困。

2. 提供资本援助，维持资本水平

由于长期贫困群体通常面临很低的资本水平，这个水平是不足以自发地进行投资增值而摆脱贫困。在制定面向长期贫困群体的政策时，政府在扶贫开发的过程应当给予直接的资本援助，至少能够保证他们采用高回报生产策略。对长期贫困严重的地区，贫困户的基本生活需求都难以得到保障，只能通过社会保障体系向贫困群体提供津贴和补助金。长期贫困中有一种极端的形式是代际传递，当儿童失学而使人力资本匮乏时，贫困的代际传递极有可能发生。加大教育投入，使农村儿童基本能接受教育、消除农村青壮年文盲是截断长期贫困最有效的方法。此外，由于长期贫困者对土地的依赖性较强，政府针对以农业收入为主，而且收入来源单一的贫困地区，应当加大农业投入，提高当地农业科技含量，并且构建完善的农产品流通体系和土地流转市场，使贫困地区农民能够充分利用土地达到增产增收的目标。

参考文献

［1］Sachs Jeffrey D. Rapid victories against extreme poverty. Sustainable Developments. 2007（4）: 34.

［2］Baulch B and Hoddinott J. Economic Mobility and Poverty Dynamics in Developing Countries London: Frank Cass. 2000（6）: 1–24.

［3］CPRC, The Chronic Poverty Report 2004 - 05.London. 2005: 3.

［4］林闽钢, 张瑞利. 农村贫困家庭代际传递研究——基于 CHNS 数据的分析. 农业技术经济, 2012（1）: 29–35.

［5］Carter M R and Barrett C B. The Economics of Persistent Poverty and Poverty Traps: Empirical and Policy Implications. CPRC Working Paper, 2012（7）.

［6］Howe G and McKay A. Combining quantitative and qualitative methods in assessing chronic poverty: The case of Rwanda. World Development, 2007（2）: 197–211.

［7］李佳路. 农户资产贫困分析——以 S 省 30 个国家扶贫开发重点县为例. 农业技术经济, 2011（4）: 13–18.

［8］Ellis F and Freeman H and Allison E. Livelihoods and rural poverty reduction in Kenya. Development policy review. 2004（2）. 147–171.

［9］Krishna A. Pathways out of and into poverty in 36 villages of Andhra Pradesh, India. World Development, 2006（2）: 271–288.

［10］Whitehead A. Persistent poverty in north east Ghana. The Journal of Development Studies, 2006（2）: 278–300.

［11］Sahn D E and Stifel D C. Poverty Comparisons over Time and Across Countries in Africa. World Development, 2000（12）: 2123–2155.

［12］Barrett C B and Carter M R and Little P D. Understanding and explaining chronic poverty an evolving framework for Phase III of CPRC's research. Journal of Development Studies, 2006（2）: 167–177.

［13］Adato M and Carter M R and May J.Exploring poverty traps and social exclusion in South Africa using qualitative and quantitative data. The Journal of Development Studies, 2006（2）: 226–247.

［14］Lybbert J T and Barrett C B and Desta S and Coppock L D. Stochastic Wealth Dynamics and risk management among a poor population. Economic Journal of the Royal Economic Society, 2004（114）: 750–777.

（本文与殷浩栋合著, 原载《贵州社会科学》2013 年第 9 期）

贫困地区农户脆弱性及其影响因素分析

新时期的扶贫开发工作要建立在全面了解我国贫困人口贫困状况的基础上。农户的人均纯收入是否低于国家贫困线是我国确定目前贫困人口的重要参考标准。但收入贫困测量方法存在不足之处。首先，收入贫困测量方法仅能反映贫困人口在某一时点上的状态，不能反映未来的贫困状态；其次，以收入为福利指标的测量方法仅能测量贫困人口福利指标的均值，不能反映指标的波动情况。收入波动大的农户，容易受到风险和各类冲击的影响，从而容易陷入贫困。由于当前所采用的收入贫困测量方法不能有效地提供贫困状况更全面的信息，相关研究采用贫困的脆弱性测量方法，弥补收入贫困测量方法的不足。脆弱性是指农户未来陷入贫困的可能性，它能够一定程度上测量贫困农户未来的贫困状态，从而更有效地区分结构性贫困农户和暂时性贫困农户，同时也能将农户福利指标的波动状态包含其中。目前，已有 Chaudhuri、Hoddinott、Ligon、万广华和李丽等多位研究者对农户的脆弱性进行了研究

贫困脆弱性及其测量方法更适用于贫困人口的分析。我国贫困人口主要集中在农村贫困地区。我国农村贫困瞄准和监测是以 592 个扶贫开发重点县为基础的，但现有中国农村贫困脆弱性研究由于数据限制，并未做出对中国农村贫困地区农户脆弱性的全面评估，这是当前农户脆弱性研究的不足之一。其次，缺少在不同贫困线下，尤其是国家新公布的农村人均纯收入 2300 元贫困线下农村家庭脆弱性测量的研究。Zhang 和 Wan 认为在不同贫困线下，脆弱性农户与贫困农户的重叠比例会上升。但当前关于中国农村脆弱性的研究中，使用不同贫困线以得到稳健脆弱性评估结果的研究还很少。第三，鲜有研究关注我国特殊类型贫困地区的农户脆弱性评估。针对现有研究的不足，本文首次利用具有全国代表性的 2010 年中国农村贫困监测调查 53271 个农户微观数据，使用 2010 年农民人均纯收入 1274 元国家贫困线和 2300 元国家贫困线，对我国农村贫困地区农户的脆弱性进行测量。本文试图回答的问题是：中国农村贫困地区的农户脆弱性程度是怎样的？脆弱群体的家庭特征、社区特征是怎样的？少数民族

贫困地区、山区农户脆弱性的影响因素有哪些？回答这些问题，将有助于深入了解我国农村贫困地区农户的贫困状况，为国家在农村扶贫新阶段扶贫政策的制定提供依据。

一、脆弱性测量方法综述

在已有研究中，贫困脆弱性的定义主要有三种：第一种定义，脆弱性被视为农户未来陷入贫困的可能性，即预期贫困的脆弱性。第二种定义，脆弱性被视为确定性等价消费水平的效用和农户消费的预期效用之差，即低效用水平的脆弱性。如果农户消费的预期效用在确定性等价消费效用之下，则此农户被视为脆弱的。第三种定义，脆弱性被视为农户遭受风险冲击时消费水平迅速下降，即风险暴露贫困的脆弱性。

脆弱性测量一般需要包含收入或消费的微观面板数据，但面板数据由于收集难度较大，往往很难获得。因此本文采取了 Chaudhuri 等对脆弱性的定义和测量方法，即选取了第一种脆弱性定义——脆弱性是农户未来陷入贫困的可能性，并借鉴其利用截面数据对农户脆弱性进行估计的方法。

具体的定义和方法如下，第 i 个农户 t 时期的脆弱性水平定义为：

$$V_{it}=Pr\ (\ Y_{i,\ t+1} \leqslant Z\ ) \tag{1}$$

其中，V_{it} 代表第 i 个农户 t 时期的脆弱性，$Y_{i,\ t+1}$ 代表第 i 个农户 $t+1$ 时期的福利指标的水平，在本文中指农户的人均消费，Z 为确定性等价指标，通常用国家贫困线代替。Pr（.）代表概率。

要计算农户的脆弱性，首先需要计算农户的未来福利水平。要计算福利水平，需要得知农户的福利产生过程。农户 i 的福利水平 Y_i 通常由农户的个体特征、农户所在社区的特征变量及农户所受的风险冲击变量决定。在以消费为福利指标的脆弱性测量中，消费服从对数正态分布。因此，农户的福利产生函数为：

$$lnY_i=X_i'\beta_1+M_i'\beta_2+S_i'\beta_3+\varepsilon_i \tag{2}$$

其中，X_i 为农户的个体特征变量向量，M_i 为农户所在社区的特征变量的向量，S_i 为农户所面对的风险冲击向量，β_1、β_2、β_3 分别为农户特征变量、社区特征变量、风险冲击变量的参数向量，ε_i 为干扰项。

使用普通最小二乘法对（2）式进行估计，其前提假设必须是每个农户福利对数 lnY_i 同方差的，但是在实际生活中，这种假设难以成立。因此，本文假设农

户福利干扰项 εi 的方差为：

$$\sigma_{\varepsilon,i}^2 = X_i'\theta_1 + M_i'\theta_2 + S_i'\theta_3 \tag{3}$$

其中，X_i、M_i 与 S_i 和上文含义相同，θ_1、θ_2、θ_3 为参数向量。

由于异方差的存在，使用普通最小二乘法会得到有偏的参数估计，因此 Chaudhuri 借鉴 Amemiya 的方法，采用三阶段的可行广义最小二乘法（FGLS）对（2）（3）两式进行估计。使用估计的参数结果 β_1、β_2、β_3、θ_1、θ_2、θ_3 估计农户 i 预期的福利对数和福利对数方差，分别为：

$$\hat{E}\left[\,lnY_i|X_{i,}M_i\,\right] = X_i'\hat{\beta}_1 + M_i'\hat{\beta}_2 + S_i'\hat{\beta}_3 \tag{4}$$

$$\hat{V}\left[\,lnY_i|X_{i,}M_i\,\right] = \hat{\sigma}_{\varepsilon,i}^2 = X_i'\theta_1 + M_i'\theta_2 + S_i'\theta_3 \tag{5}$$

由于 lnY_i 是正态分布，所以利用（4）（5）式的估计结果，可得出农户 i 的脆弱性估计式为：

$$V_{it} = Pr(Y_{i,t+1} \leqslant Z \,|\, X_i, M_i) = \Phi\left[\frac{lnZ - lnY}{\sqrt{\hat{\sigma}_{\varepsilon,i}^2}}\right] = \Phi\left[\frac{lnZ - (X_i'\hat{\beta}_1 + M_i'\hat{\beta}_2 + S_i'\hat{\beta}_3)}{\sqrt{X_i'\theta_1 + M_i'\theta_2 + S_i'\theta_3}}\right] \tag{6}$$

其中，$\Phi(.)$ 为标准正态分布函数，（6）式所求的概率即为农户的脆弱性。

二、数据来源与变量描述

（一）数据

本文数据来自 2010 年中国农村贫困监测调查，调查对象是 592 个国家扶贫开发重点县中的农户。此调查由国家统计局农村社会经济调查总队负责，每年调查一次。农村贫困监测调查具有全国代表性，国家扶贫开发重点县约占全国县级行政区划单位的 20%，调查涉及约 5300 个行政村，共计约 53000 个农户。由于中国农村贫困监测调查在农村贫困地区进行，与农村住户调查数据相比，该数据能够更好地反映贫困地区农户的生活条件和住户特征。调查中每县随机选取 6 至 15 个贫困村，每村随机选取 10 户。中国农村贫困监测调查包含监测地区农户家庭的人口特征、基础设施和公共服务、土地状况、种植业、养殖业、私营活动、务工活动、转移收入、日常消费支出、家庭资产等详细的生计状况。本文使用的 2010 年农村贫困监测的调查数据包括有国家扶贫开发重点县的河北、山西、内蒙古、安徽等 21 省农户数据，共计 53271 个农户。这些农户数据为评估我国农村贫困地区农户脆弱性以及分析农户脆弱性的影响因素奠定了基础。

（二）变量描述

脆弱性测量的核心是消费的产生过程。消费有很多决定因素，例如财富、当前的收入、未来的预期收入等。而这些因素又最终取决于农户及农户生计环境的一系列特征因素。本文选取了农户的家庭特征变量、社区特征变量和风险冲击变量。在农户的家庭特征变量 X_i 中选取了家庭规模、劳动力平均受教育年数、抚养比、病人数量、劳动力中接受过培训的比例、房屋价值、生产性固定资产原值、土地数量。

家庭规模、劳动力平均受教育年限和劳动力中接受过培训的比例反映家庭人力资本状况，而抚养比、病人数量反映家庭的经济负担情况。房屋价值、生产性固定资产原值、土地数量反映农户的经济能力和再生产能力。在社区特征变量 M_i 中选取了是否是少数民族聚居村、是否是革命老区县、是否是陆地边境县、村中乡镇企业数量。风险冲击变量 S_i 选取了 2010 年是否建房、是否有婚丧嫁娶等大事、是否有子女上大学（或大专）、是否有大病冲击、是否发生旱灾、是否发生洪灾、是否有地方病。本文所使用的变量及其描述统计如表 1 所示。

表 1　家庭特征、社区特征、冲击事件的变量描述统计

分类	变量	平均值	标准差	最小值	最大值
家庭特征变量	家庭规模	4.25	1.44	1	14
	劳动力平均受教育年数（a）	7.42	2.37	0	15
	抚养比	0.51	0.56	0	7
	病人数量	0.29	0.66	0	10
	劳动力中接受过培训的比例	0.15	0.30	0	1
	房屋价值	24864.00	29019.09	0	650000
	生产性固定资产原值	6450.06	12364.32	0	690000
	土地数量	9.48	13.76	0	405
社区特征变量	革命老区县	0.30	0.46	0	1
	陆地边境县	0.07	0.25	0	1
	少数民族聚居村	0.35	0.48	0	1
	村中乡镇企业的数量	0.56	2.22	0	30
风险冲击变量	是否建房	0.05	0.22	0	1
	是否有婚丧嫁娶等大事	0.03	0.17	0	1
	是否有子女上大学（大中专）	0.03	0.16	0	1
	是否有大病治疗	0.03	0.16	0	1
	旱灾	0.15	0.36	0	1
	水灾	0.11	0.31	0	1
	地方病	0.08	0.26	0	1

注：表中社区特征变量（除村中乡镇企业数量外）和风险冲击取值为 0 和 1，0 表示不具备此特征，1 表示具备。变量均值即为拥有此特征的农户比例。下文中贫困地区农户家庭特征与社区特征的计算结果含义与此相同。

三、贫困地区农户的贫困和脆弱性

贫困地区农户脆弱性描述农户未来陷入贫困的可能性，这主要由农户福利水平的平均值和波动共同形成。而收入贫困所确定的贫困人口仅反映在某一时点上的贫困状态，且仅反映福利水平的均值。因此，农户的贫困状态和脆弱性状态可能并不一致。借鉴脆弱性的相关研究，设定农户脆弱性临界值为 0.5。本文将农户脆弱性低于 0.5 的家庭视为低度脆弱的家庭，将脆弱性大于等于 0.5 的家庭视为高度脆弱的家庭。在 1274 元贫困线下，有 9.49% 的农户虽然是贫困户，但却是低度脆弱的农户。贫困且高度脆弱的农户仅占全部农户的 0.52%。在 2300 元贫困线下，有近 20% 的农户虽然不是贫困户，但却是高度脆弱的农户。16.19% 的农户虽然是贫困户，但却属于低度脆弱的农户。这说明，脆弱性测量与贫困测量的结果并不一致。贫困测量所确定的贫困户中有相当大比例是暂时贫困农户。非贫困户中也有一定比例农户面临着风险冲击，极可能在风险冲击影响下陷入贫困。贫困线标准提高，高度脆弱农户所占比例增大。脆弱性测量与贫困测量的不一致程度增加。

脆弱性测量结果与贫困测量并不一致，农村贫困地区农户脆弱性的程度是怎样的呢？总体来看，不同贫困线下农户的脆弱程度不同。在 1274 元贫困线下，农户的脆弱性为 15.2%，表明所有家庭在未来陷入贫困的平均可能性为 15.2%。而在 2300 元贫困线下，农户陷入未来贫困的平均可能性为 49.49%。根据不同贫困线确定的贫困状态与脆弱性状态分组，可分为非贫困且低脆弱性、贫困且低脆弱性、非贫困且高脆弱性、贫困且高脆弱性四组。贫困线标准越高，各组农户的脆弱性也越高。在同为低脆弱性或高脆弱性的分组中，贫困农户的脆弱程度略高于非贫困农户。贫困且低脆弱性组的农户在不同贫困线下的脆弱程度分别为 17.85%、37.96%，均低于非贫困且高脆弱性的农户，说明非贫困群体可能比贫困群体面临更多或更大的风险冲击。

四、贫困地区农户的家庭特征与社区特征

脆弱性评估需分析脆弱群体的家庭特征与社区特征。在 1274 元贫困线下，不同组别农户的家庭特征存在一定差异。如表 2 所示，从非贫困且低脆弱性组农户到贫困且高脆弱性组农户，农户家庭规模呈增大趋势，说明家庭规模较大农户的脆弱性较高。家庭劳动力数量呈增加趋势，但劳动力平均受教育年数和

接受过培训的劳动力比重却呈下降趋势，说明在农户人力资本对脆弱性的影响中，劳动力的受教育程度、接受技能培训比劳动力数量增加更为重要。劳动力数量的增加并没有降低农户脆弱性，而劳动力受教育年限的增加以及接受过培训的劳动力比例的提高却可以降低农户脆弱性。病人数量越多的农户越倾向于成为贫困和脆弱的家庭。在家庭抚养比方面，贫困农户的抚养比高。若同为贫困户或同为非贫困户，脆弱程度高的农户抚养比高于脆弱程度低的农户。在2300元贫困线下，上述结论依然成立，说明贫困和脆弱农户的家庭特征分析结果比较稳健。

农户的家庭特征还包括农户资产特征。农户资产是农户生计的重要组成部分。如表2所示，在1274元贫困线下，从非贫困且低脆弱性组农户到贫困且高脆弱性组农户，房屋平均价值呈下降趋势。非贫困且低脆弱性组农户的房屋均值比贫困且高脆弱性农户高约8782元。高脆弱性农户的耕地面积少于低脆弱性的农户。这些结论在2300元贫困线下依然成立，说明结论具有稳健性。

表2 不同贫困线下不同组别农户的家庭特征（单位：人、年、元、亩）

贫困线	分组	家庭规模	劳动力受教育年数	劳动力数量	病人数量	抚养比	接受过培训的劳动力比例	房屋价值	耕地总面积
1274元	非贫困且低脆弱性	4.15	7.47	2.97	0.28	0.50	0.16	25380.77	9.36
	贫困且低脆弱性	4.67	7.18	3.18	0.36	0.60	0.12	21432.36	11.12
	非贫困且高脆弱性	5.73	6.88	3.86	0.41	0.56	0.12	20393.35	7.64
	贫困且高脆弱性	7.43	6.13	4.85	0.52	0.63	0.08	16598.14	7.43
2300元	非贫困且低脆弱性	3.53	7.84	2.63	0.25	0.43	0.19	29840.31	9.69
	贫困且低脆弱性	3.79	7.68	2.68	0.31	0.54	0.16	26145.14	10.77
	非贫困且高脆弱性	5.21	6.88	3.60	0.32	0.57	0.12	18475.89	8.79
	贫困且高脆弱性	5.60	6.61	3.77	0.38	0.64	0.10	17040.69	8.46

农户的社区特征包括农户社区所处地形、社区类型及经济状况。本文主要使用村庄拥有的乡镇数量代表村庄经济状况。村庄地形特征变量和社区类型变量均为0-1变量，因此每组均值即为该组中地形特征或社区类型的百分比。在1274元贫困线下，从非贫困且低脆弱性组到贫困且高脆弱性组，住在平原和丘陵地区的农户比例由18%下降到8%，住在山区的农户比例由63%上升到81%，

说明社区地形为山区的农户更倾向是脆弱农户。从社区类型看，高脆弱性农户较多分布在革命老区县、陆地边境县和少数民族聚居村。从社区拥有的乡镇企业数量看，贫困且高脆弱性组农户生活的社区乡镇企业数量平均仅有 0.15 个，少于非贫困且低脆弱性组，说明社区中乡镇企业数量多，有助于降低农户脆弱性。在 2300 元贫困线标准下，上述结论总体上依然成立，表明分析结果比较稳健。

五、贫困地区农户脆弱性的影响因素

农户的贫困状态和其脆弱性并不一致，本文利用包含农户家庭特征变量、社区特征变量和冲击特征变量的多元回归模型分析农户脆弱性影响因素。农户脆弱性包括农户消费水平和消费波动状况。计量模型中，使用前文中公式（2）和公式（3）进行多元回归分析。脆弱性影响因素的计量模型包括消费水平对自变量的回归模型和消费方差对自变量的回归模型。由于设定农户的消费服从对数正态分布，因此因变量均取其对数。

根据世界银行对中国的贫困评估报告，山区和少数民族地区的贫困现象最为严重。本文根据农户是否居住在山区和是否居住在少数民族地区将所有贫困地区分为四种类型，分别是非山区汉族地区、山区汉族地区、非山区少数民族地区和山区少数民族地区。针对每种类型的地区，分别构建人均消费对数和人均消费方差的模型。回归结果如表 3 和表 4 所示。

对人均消费对数和人均消费方差同时产生显著影响的是农户脆弱性影响因素。通过比较四个类型的地区，发现影响四个类型地区农户脆弱性的因素存在一定差异。如表 3 所示，对非山区汉族地区的农户，影响其脆弱性的因素是家庭规模、土地数量、当年有建房或买房、婚丧嫁娶、有子女上大学（大中专）、有大病治疗的情况和旱灾。影响山区汉族地区的农户脆弱性的显著因素是家庭规模、劳动力平均受教育年数、劳动力中接受过培训的比例、社区中乡镇企业的数量、房屋价值、当年有建房或买房、有婚丧嫁娶和有大病治疗的情况。如表 4 所示，对非山区少数民族地区的农户，影响其脆弱性的显著因素是房屋价值、处于陆地边境县、当年有子女上大学（大中专）和旱灾。影响山区少数民族地区农户脆弱性的显著因素是劳动力的平均受教育年数、房屋价值、当年有建房或买房、有大病治疗的情况、旱灾和地方病。

表3　汉族农户脆弱性影响因素的回归结果

变量	非山区、汉族地区		山区、汉族地区	
	人均消费对数	人均消费方差	人均消费对数	人均消费方差
家庭规模	−0.1622***	−0.0102**	−0.1635***	−0.0130***
劳动力平均受教育年数	0.0114***	0.0033	0.0173***	0.0084***
抚养比	0.0663	0.0253**	0.0498***	−0.0009
病人数量	−0.0238**	0.0023	−0.0089	0.0064
劳动力中接受过培训的比例	0.1270***	0.0200	0.1438***	0.0298*
房屋价值对数	0.0844***	0.0072	0.0778***	0.0092*
生产性固定资产原值的对数	0.0321***	−0.0048	0.0386***	0.0051
土地数量	0.0020***	0.0006*	−0.0006	0.0002
革命老区县	0.0072	−0.0017	−0.0052	0.0245**
陆地边境县	0.0125	−0.0575***	−0.0282	0.0070
村中乡镇企业的数量	0.0102***	−0.0003	0.0094***	−0.0032*
是否建房	0.3347***	0.4274***	0.2936***	0.2755***
是否有婚丧嫁娶等大事	0.1581***	0.1105***	0.1884***	0.0657**
是否有子女上大学（大中专）	0.2767***	0.0970***	0.2952***	0.0274
是否有大病治疗	0.2534***	0.1422***	0.2511***	0.1156***
旱灾	0.0532***	0.0527***	−0.0058	−0.0185*
水灾	−0.0827***	−0.0121	−0.0671***	0.0166
地方病	0.0153	−0.0042	0.0438**	0.0200
常数	7.2562***	0.2192***	7.2860***	0.1161**
R方	0.17	0.02	0.18	0.01
F值	153.72	9.40	228.64	12.43
样本量	15206	15206	18807	18807

注：*$p<0.05$，**$p<0.01$，***$p<0.001$

综合表3和表4中影响不同地区农户脆弱性的因素分析，冲击性事件是影响农户脆弱性的共性因素。农户生活中的冲击性事件包括当年有建房或买房、有婚丧嫁娶的大事、有子女上大学（大中专）、有大病治疗的情况、旱灾、地方病等。这些事件会导致农户的消费产生巨大波动，从而使农户陷入贫困的可能性增加，即农户的脆弱程度增加。农户当年有建房或买房的情况，使农户的人均消费增加，同时增加了人均消费方差，即增大了农户消费波动幅度。这在农户定性研究中也能得到证实，建房或买房会调用农户一生积蓄，而贫困农户在积蓄不足的情况下需通过借贷满足建房或买房需求。建房对农户的储蓄、消费、借贷行为产生了重要影响，且影响时间可能超过一个家庭的生命周期。婚丧嫁娶、子女上大学（大中专）、大病冲击、旱灾等冲击性事件对农户的影响和建房买房类似，这些事件使农户通过多年调整才能恢复到冲击事件前的状态。

表3和表4回归结果还表明，家庭规模、人力资本和资产也是影响不同地区农户脆弱性的重要因素。家庭规模对汉族地区农户产生了显著影响。回归结果表明，家庭规模大会降低农户的人均消费水平，从而增加农户的脆弱性，这与前文描述分析的结果一致。劳动力平均受教育年数和劳动力中接受过培训的比例影响山区汉族地区和山区少数民族地区农户脆弱性。劳动力平均受教育年数多、劳动力中接受过培训的比例大，农户的平均消费越高，农户脆弱性越低。房屋是农户的重要资产，房屋价值高的农户人均消费水平也较高。房屋价值高的农户往往较为富裕，其脆弱性程度也往往较低，这和上文描述分析的结果也一致。

总体来讲，不同类型地区的农户脆弱性影响因素存在差异，但也存在共性。冲击性事件是农户脆弱性的共性影响因素，家庭规模、人力资本状况和房屋价值也是影响农户脆弱程度的重要变量。

表4　少数民族农户脆弱性影响因素的回归结果

变量	非山区、少数民族地区		山区、少数民族地区	
	人均消费对数	人均消费方差	人均消费对数	人均消费方差
家庭规模	-0.1473^{***}	-0.0034	-0.1542^{***}	0.0001
劳动力平均受教育年数	0.0234^{***}	-0.0035	0.0342^{***}	0.0084^{***}
抚养比	-0.0260	0.0027	0.0265^{***}	0.0065
病人数量	0.0092	0.0102	-0.0051	0.0021
劳动力中接受过培训的比例	-0.0436^{*}	-0.0369	0.0962^{***}	0.0045
房屋价值对数	0.1299^{***}	0.0330^{**}	0.0793^{***}	0.0200^{***}
生产性固定资产原值的对数	0.0777^{***}	0.0052	0.0423^{***}	-0.0018
土地数量	-0.0003	-0.0003	0.0043^{***}	-0.0003
革命老区县	0.0317	-0.0209	0.0100	0.0202^{*}
陆地边境县	0.1061^{***}	0.0693^{*}	-0.1127^{***}	-0.0126
村中乡镇企业的数量	0.0070	0.0043	-0.0034	-0.0017
是否建房	0.0940^{**}	0.1743^{***}	0.1758^{***}	0.2127^{***}
是否有婚丧嫁娶等大事	0.0647	-0.0162	0.1629^{***}	0.0257
是否有子女上大学（大中专）	0.2786^{***}	0.1330^{**}	0.3947^{***}	0.0382
是否有大病治疗	0.1624^{***}	-0.0175	0.2760^{***}	0.1114^{***}
旱灾	0.0534^{*}	-0.0830^{***}	0.0462^{**}	0.0316^{*}
水灾	-0.0076	-0.0342	0.0226	0.0015
地方病	-0.0546^{*}	-0.0129	0.0847^{***}	-0.0309^{**}
常数	6.3251^{***}	-0.0788	7.0327^{***}	0.0153
R 方	0.25	0.02	0.24	0.02
F 值	68.11	6.49	232.01	12.12
样本量	4050	4050	14504	14504

注：$*p<0.05$，$**p<0.01$，$***p<0.001$

六、结论和政策含义

在 2010 年中国农村贫困监测调查 53271 个农户数据基础上，使用预期贫困的脆弱性定义和测量方法，在 1274 元、2300 元贫困线标准下，对我国贫困地区农户脆弱性进行了整体评估，描述了脆弱群体的家庭特征、社区特征，并分析了不同类型地区农户脆弱性的影响因素。主要结论如下：（1）脆弱性测量与贫困测量的结果存在差异，且随贫困线标准提高，脆弱性测量与贫困测量的不一致程度增大，高度脆弱农户所占比例变大。非贫困户中也有高度脆弱农户，且随贫困标准提高，非贫困户中高度脆弱农户所占比重也随之提高。（2）不同贫困线下农户脆弱程度不同，在 1274 元和 2300 元贫困线下，所有农户未来陷入贫困的平均可能性分别为 15.20% 和 49.49%。（3）高度脆弱农户具有较大家庭规模、人力资本不足、病人数量多、抚养比高、资产价值少的家庭特征，且更可能居住在山区、特殊类型贫困地区。不同贫困线下，贫困且高度脆弱组农户的劳动力数量较多，但劳动力平均受教育年数和接受过培训的比例较低。脆弱性群体更多分布在山区、革命老区县、陆地边境县和少数民族聚居村。（4）不同类型地区农户脆弱性的影响因素存在差异，但冲击性事件是主要影响因素。当年有建房或买房、有婚丧嫁娶的大事、有子女上大学（大中专）、有大病治疗的情况、旱灾等冲击性事件是各个地区农户脆弱性的共性影响因素。家庭规模、人力资本状况和房屋价值也是影响农户脆弱程度的重要因素。

上述结论具有重要政策含义。脆弱性测量与贫困测量的结果存在较大差异，说明在我国农村贫困地区，贫困农户不一定同时也是脆弱农户。为提高贫困瞄准的准确性，应将贫困测量和脆弱性测量方法结合起来进行贫困瞄准。贫困瞄准更应关注生活在山区、革命老区县、陆地边境县和少数民族聚居村等特殊类型贫困地区的农户，尤其是家庭规模较大、人力资本水平低、病人数量多、抚养比高、资产价值少的农户。不管是贫困农户还是非贫困农户，贫困线标准越高，脆弱性程度越高，表明在国家新实行的农村人均纯收入 2300 元贫困线下，减贫的同时还应注重降低贫困农户的脆弱性，重点是减小冲击性事件对贫困农户福利的影响，降低农户未来陷入贫困的可能性。在未来减贫战略和政策制定中，应同时关注农户收入的增加和农户脆弱性的降低。

参考文献

［1］Chaudhuri S，Jalan J，Suryahadi A.Assessing Household Vulnerability to Poverty From Cross-sectional Data：A Methodology and Estimates From Indonesia .Columbia University，Department of Economics，Discussion Papers Series 0102-52，2002：1-25.

［2］Hoddinott J，Quisumbing A.Methods for Microeconometric Risk and Vulnerability Assessments .Washington，DC：The World Bank Social Protection Discussion Papers 29138，2003：1-53.

［3］Ligon E，Schechter L.Measuring Vulnerability .The Economic Journal，2003，113（486）：C95-C102.

［4］万广华，章元.我们能够在多大程度上准确预测贫困脆弱性? .数量经济技术经济研究，2009，26（06）：138-148.

［5］李丽，白雪梅.我国城乡居民家庭贫困脆弱性的测度与分解——基于 CHNS 微观数据的实证研究.数量经济技术经济研究，2010，27（08）：61-73.

［6］Zhang Y，Wan G.How Precisely Can We Estimate Vulnerability to Poverty? .Oxford Development Studies，2009，37（3）：277-287.

［7］杨文，孙蚌珠、王学龙.中国农村家庭脆弱性的测量与分解.经济研究，2012，47（4）：40-51.

［8］Günther I，Harttgen K.Estimating Households Vulnerability to Idiosyncratic and Covariate Shocks：A Novel Method Applied in Madagascar .World Development，2009，37（7）：1222-1234.

［9］Christiaensen L J and Subbarao K.Towards an Understanding of Household Vulnerability in Rural Kenya .Journal of African Economies，2005，14（4）：520-558.

［10］Amemiya T.The Maximum Likelihood and the Nonlinear Three-Stage Least Squares Estimator in the General Nonlinear Simultaneous Equation Model. Econometrica，1977，45（4）：955-968.

［11］汪三贵，王姮，王萍萍.中国农村贫困家庭的识别.农业技术经济，2007，（1）：20-31.

［12］曹洪民.中国农村开发式扶贫模式研究.中国农业大学，2003：83.

［13］Miles D.A Household Level Study of the Determinants of Incomes and Consumption .The Economic Journal，1997，107（440）：1-25.

［14］孙文凯，白重恩.我国农民消费行为的影响因素.清华大学学报（哲学社会科学版），2008，23（6）：133-138.

［15］World Bank.From Poor Areas to Poor People：China's Evolving Poverty Reduction Agenda - An Assessment of Poverty and Inequality in China .Washington，D C：World Bank，2009：24-25.

（本文与杨龙合著，原载《中国人口·资源与环境》2015 年第 10 期）

贫困地区农户的多维贫困测量与分解

——基于 2010 年中国农村贫困监测的农户数据

一、引言

改革开放以来，我国贫困人口大量减少，贫困发生率大幅降低，中国的减贫工作取得了巨大的成就。目前农村贫困人口研究仍采用传统的收入贫困测量方法，但收入贫困测量仅能反映农村家庭贫困的一个方面，而"长期贫困（Persistent Poverty）"家庭往往在教育、健康和资产等多个方面遭受剥夺（Deprived），收入贫困并不能全面反映中国农村人口的贫困全貌。收入贫困测量的结果往往包括大量"暂时贫困（Transitory Poverty）"群体。根据世界银行报告，基于 2001—2004 年的中国农户面板数据的收入贫困分析表明，三年中至少有一年处于贫困状态的人口的比例为 18.8%，其中只有一年为贫困人口、两年为贫困人口和三年均为贫困人口的比例分别为 11.9%、4.6% 和 2.3%。此报告将三年均为贫困人口的情况视为长期贫困，以上结果说明收入贫困测量中有约 7/8 的人口是暂时贫困人口。收入贫困方法不能够有效瞄准长期贫困群体，不能完全适应我国新时期农村扶贫开发工作的需要。

由于收入贫困测量存在不足，在 Atkinson（2003）、Bourguignon 和 Chakravarty（2003）研究基础上，Alkire 和 Foster 提出了基于 FGT 指数调整的多维贫困（Multidimensional Poverty）测量方法。联合国开发计划署（UNDP）发布的《人类发展报告 2013》（Human Development Report 2013）已将多维贫困指数（Multidimensional Poverty Index）作为衡量国家发展水平的指标之一。多维贫困研究者利用多维贫困方法对我国多维贫困状况进行了测量和分析。现有多维贫困研究绝大部分使用了中国营养健康调查（CHNS）数据，对中国城镇和农村住户的多维贫困状况进行测量。此外，陈立中（2008）利用《中国发展报告》数据，李佳路（2010）利用 S 省 30 个国家扶贫开发重点县扶贫监测数据（Poverty Monitoring Data），郭建宇和吴国宝（2012）利用山西贫困监测住户调查数据，分别对全国或某个省份城镇或农村住户多维贫困状况进行了测算。这些研究多认为中国城镇和农村贫困程度高于传统收入方法测量的结果，多维贫困方法能够给扶贫政策选择的优先序提供依据。

多维贫困研究方法更适用于贫困人口的分析，我国贫困人口仍集中在农村贫困地区。而由于数据所限，当前研究缺少专门针对我国贫困地区农户的多维贫困测量分析。具体来讲，当前研究存在以下几点不足：一是现有研究采用的数据多来自中国营养健康调查，由于不同调查项目的目的不同，此数据选取的样本地区对我国贫困地区的代表性不足，其测量结果并不能反映中国贫困地区农户的贫困状况。部分研究采用了贫困监测调查的数据，但由于样本数量所限，研究结论也不能代表农村贫困地区的总体情况。二是当前研究缺少在最新官方贫困线下的多维贫困测量。我国从 2011 年底开始采用农村人均纯收入 2300 元作为最新的官方贫困线，这一贫困线更加接近国际社会的贫困标准。当前的多维贫困研究还较少采用新的贫困标准对农户多维贫困状况进行分析。三是当前研究缺少对特殊类型贫困地区的关注。随着中国农村贫困发生率大幅降低，剩余的贫困人口越来越多集中在少数民族地区、革命老区等特殊类型贫困地区。新时期农村扶贫开发纲要也提出将扶贫重点聚焦于特殊类型贫困地区。当前多维贫困研究缺少对这些地区的关注。

本文首次利用具有全国代表性的 2010 年中国农村贫困监测调查的微观农户数据，测算了农民人均纯收入 1274 元和 2300 元贫困线下中国农村贫困地区农户的多维贫困状况，并基于不同分组方式进行了多维贫困的分解。中国农村贫困监测数据覆盖了我国所有的贫困县，在此数据基础上的贫困分析能够全面反映贫困地区农户的多维贫困状况。本文选取 2300 元作为多维贫困中的收入维度测量贫困线，能够真实反映最新官方贫困线下农村贫困人口的多维贫困状况。根据世界银行评估报告的分类方法，本文还关注了山区和少数民族地区农户的多维贫困状况，为我国新时期特殊类型地区的扶贫工作提供政策依据。

二、多维贫困方法

多维贫困测量方法建立在 FGT 指数基础上。FGT 指数是 Foster 等（1984）提出的测量贫困的指数 P_α，记第 i 个的个体收入 c_i，共 n 个样本，贫困线为 z，则贫困指数 P_α 的具体表达形式如下：

$$P_\alpha = \frac{1}{n}\sum_{i=1}^{n}\left(\max\left\{0, \frac{z-c_i}{z}\right\}\right)^\alpha$$

（1）

当 $\alpha=0$ 时，P_0 为贫困发生率（Headcount Index）；当 $\alpha=1$ 时，P_1 为贫困缺口指数（Poverty Gap Index）；当 $\alpha=2$ 时，P_2 为贫困强度指数（Poverty Severity Index）。α 是贫困厌恶系数（Poverty Aversion Coefficient），α 越大，P_α 对穷人赋予的权重就越大。

Alkire 和 Foster（2011）提出的多维贫困指数借鉴了 FGT 指数的构建思路，并在收入福利指标上进行了拓展。多维贫困测量的核心思想是选取多个福利指标作为多维贫困测量的维度，每个维度均设立临界值，假如第 i 个个体的福利指标水平低于维度临界值，则视第 i 个个体在此维度上受到了剥夺。在计算第 i 个个体每个维度是否受到剥夺的基础上，加总此个体受到的被剥夺维度总数，然后设定被剥夺维度的临界值，若被剥夺的维度数量大于或等于临界值，则此个体被视为多维贫困者。多维贫困测量具体步骤如下 [①]：

定义测量多维贫困的维度和具体指标；

各个维度和指标的取值：n 为样本数量，d 为贫困维度数量，定义 $n\times d$ 矩阵 $M^{n,\,d}$，令 $y\in M^{n,\,d}$，其中 y_{ij} 代表第 i 个人或者家庭在 j 维度上的取值；

贫困识别，即确定各个维度的临界值或者贫困线，定义 Z_j 为第 j 个维度上被剥夺的临界值或者贫困线；

定义一个剥夺矩阵 $g^0 = [g^0_{ij}]$，其中 g^0_{ij} 的定义是，当 $y_{ij} < Z_i$ 时，$g^0_{ij}=1$，当 $y_{ij} \geqslant Z_i$ 时，$g^0_{ij}=0$；

定义一个列向量 $c_i = [g^0]$，代表第 i 个人忍受的总的被剥夺维度数量；

选取多维贫困中维度的临界值 k；

定义 p_k 为考虑 k 个维度时识别穷人的函数，当 $c_i \geqslant k$ 时，$p_k(y_i;z)=1$，当 $c_i < k$ 时，$p_k(y_i;z)=0$；

计算多维贫困指数：识别了在 k 个维度下的多维贫困者后，可按照简单人头数量（Headcount）进行加总计算多维贫困的贫困发生率 $H=q/n$，其中，q 为多维贫困者的数量，n 为样本总量。由于 H 对穷人经历的贫困维度增加并不敏感，因此 Alkire 和 Foster 提出了基于 FGT 调整的多维贫困指数。Araar 和 Duclos 进一步将多维贫困指数总结为表达式：

---

① 多维贫困方法详细测量步骤可参考王小林和 Alkire（2009）的文章。

$$p(\alpha, X_i, Z) = \frac{1}{N} \sum_{i=1}^{N} \frac{1}{J} \sum_{j=1}^{J} w_j \left(\frac{z_j - x_{i,j}}{z_j} \right)_{+}^{\alpha} I(d_i \geq d_c) \qquad (2)$$

其中，N 代表所有个体的数量，J 代表选取的贫困维度数量，$x_{i,j}$ 代表第 i 个个体在第 j 个贫困维度上的取值，z_j 代表每个贫困维度的临界值，w_j 代表每个贫困维度的权重。d_i 代表第 i 个个体被剥夺维度的总数量，d_c 代表多维贫困的临界值。函数 $x_{+} = \max(x, 0)$。$I(\,.\,)$ 为正函数，当 $d_i \geq d_c$ 时，$I(\,.\,) = 1$，反之 $I(\,.\,) = 0$。α 为参数，当 $\alpha = 0$ 时，$p(a, X_i, Z) = M_0$，M_0 的含义是所有多维贫困者经历的总剥夺维度数量占总体维度数量的比例。M_1 为多维贫困差距，M_2 为多维贫困强度。α 越大，多维贫困指数对贫困者赋予权重越大。多维贫困指数具有可分解的特性，可对多维贫困指数按人群、地区、维度进行分解。

三、数据来源与维度指标选取

本文使用的是 2010 年中国农村贫困监测的调查数据。中国农村贫困监测调查由国家统计局农村社会经济调查总队负责，每年在 592 个国家扶贫开发重点县中调查一次。国家扶贫开发重点县约占全国县级行政区划单位的 20%。农村贫困监测调查具有全国代表性，调查涉及约 5300 个行政村，共计约 53000 个农户。由于中国农村贫困监测调查在农村贫困地区进行，与农村住户调查数据相比，该数据能够更好地反映贫困人口的生活条件和住户特征，能够全面反映我国农村贫困地区的社会经济状况。调查中每县随机选取 6 至 15 个贫困村，每村随机选取 10 户。农户问卷调研包含家庭人口特征、基础设施和公共服务、土地状况、种植业、养殖业、私营活动、务工活动、转移收入、日常消费支出、家庭资产等详细的生计状况。本文使用的调查数据覆盖了拥有国家扶贫开发重点县的 21 个省（直辖市、自治区），共调查农户 53271 户。各省调查样本分布情况如表 1 所示。

表 1　2010 年中国农村贫困监测农户样本的分布

省份	样本量（户）	省份	样本量（户）	省份	样本量（户）
河北	3303	河南	3090	贵州	4208
山西	2504	湖北	2344	云南	7564
内蒙古	1651	湖南	2078	陕西	3409
吉林	533	广西	3143	甘肃	3676
黑龙江	1172	海南	426	青海	1012
安徽	1918	重庆	1492	宁夏	799
江西	2344	四川	3516	新疆	3090

在维度和指标选取上，《人类发展报告 2013》的多维贫困指数采用了健康、教育、生活标准三个维度，在三个维度下选取了营养、儿童死亡率、成人受教育年限、儿童入学率、是否用电、卫生设施、安全饮水、屋内地面、做饭燃料和资产十个指标。结合中国农村贫困地区的具体情况和贫困监测农户调查问卷的指标，本文选取了收入、教育、健康、饮用水、资产和生活水平六个维度，每个维度下选取一至三个代表性指标（见表 2）。在计算多维贫困时，给予每个指标同等权重，均赋予权重为 1。选取维度临界值为 3，当农户被剥夺的维度数量大于等于 3 时，则此农户处于多维贫困状态。

表 2　多维贫困测量的维度、指标、临界值和指标描述

维度	指标	临界值	指标描述
收入	人均纯收入 *	2300 元	若人均纯收入低于 2300 元，则赋值为 1，否则为 0
教育	劳动力平均受教育年限	6 年	若劳动力平均受教育年限小于等于 6 年，则赋值为 1，否则为 0
健康	病人数量	家中有 1 个及以上不健康人口	若家庭中有 1 个及以上的残疾、患有大病、长期慢性病或体弱多病的人，则定义此家庭处于健康贫困状态
饮用水	饮用水安全；便利程度	饮用水水源有污染或饮水困难	若报告饮用水水源有污染或饮水困难，则赋值为 1，否则为 0
资产	年末生产性固定资产原值 +	4160 元	若资产价值低于 4160 元 #，则赋值为 1，否则为 0
生活水平	卫生设施；燃料；通信	没有厕所；使用燃料为柴草；没有电话或手机	若农户缺少至少一项，则赋值为 1，否则为 0

注：*2006 年人均纯收入根据农村居民消费价格指数调整成为 2010 年可比价格；+ 年末生产性固定资产原值指用于生产经营用的固定资产账面价值；# 临界值来自 2011 年《中国农村贫困监测报告》20% 中等收入户的年末固定资产原值的均值。

四、基于不同分组方法的贫困测量及分解

（一）基于区域分组的多维贫困测量和分解

从总体看，我国贫困地区农户的多维贫困发生率高于收入贫困发生率。在 1274 元和 2300 元贫困线下，我国所有国家扶贫开发重点县中农户多维贫困发生率（H_0）分别为 26.6% 和 38.9%，其含义是分别有 26.6% 和 38.9% 的农户存在 6 个贫困维度中至少 3 个维度的剥夺。由于多维贫困发生率 H_0 对穷人经历的贫困维度增加并不敏感，因此需分析多维贫困指数 M_0。1274 元和 2300 元贫困线下我

国扶贫开发重点县的多维贫困指数 M_0 分别为 14.4% 和 21.6%，其含义是所有多维贫困农户被剥夺维度数量分别占总体维度数量的 14.4% 和 21.6%。据 2011 年《中国农村贫困监测报告》发布的数据，在 1274 元贫困线下，2010 年国家扶贫开发重点县收入贫困发生率为 8.3%。但在相同贫困线之下，国家扶贫开发重点县的多维贫困发生率和调整后的多维贫困指数远远高于收入贫困发生率，说明我国贫困地区人口除收入贫困外，还面临教育、健康、饮水等多方面问题。

表 3　基于省份分组的多维贫困指数

区域	省份	1274 元贫困线				2300 元贫困线			
		H_0（%）	M_0（%）	M_1*100	M_2*100	H_0（%）	M_0（%）	M_1*100	M_2*100
东部	河北	14.1	7.4	5.7	5.2	25.3	13.4	9.5	8.3
	海南	26.0	13.5	11.1	10.3	40.0	21.5	15.5	14.0
东北	吉林	20.5	10.6	8.5	8.6	30.4	16.1	12.1	11.3
	黑龙江	17.5	9.3	7.1	6.5	30.7	16.5	11.9	10.6
中部	山西	27.3	14.6	11.0	10.2	48.0	25.8	18.6	16.3
	安徽	31.6	16.7	13.4	12.3	38.3	20.8	15.9	14.3
	江西	30.7	16.3	12.1	10.9	47.1	25.8	18.0	15.5
	河南	12.3	6.4	4.9	4.5	19.3	10.2	7.3	6.4
	湖北	35.0	18.7	15.0	13.7	47.8	26.5	19.8	17.5
	湖南	31.1	16.5	12.5	11.3	52.8	29.1	19.9	17.0
西部	内蒙古	14.8	7.8	6.3	9.6	23.9	12.7	9.5	9.7
	广西	25.1	13.7	10.2	9.3	35.7	19.8	14.0	12.4
	重庆	27.8	14.9	11.9	10.9	35.1	19.3	14.4	12.9
	四川	38.3	21.5	16.8	15.4	47.9	28.0	20.5	18.2
	贵州	21.4	11.5	7.8	6.8	35.1	19.3	12.3	10.3
	云南	28.6	15.7	11.8	10.6	40.7	23.5	16.1	14.0
	陕西	26.3	13.8	11.1	10.9	38.6	21.0	15.6	14.1
	甘肃	40.1	22.2	14.9	12.9	52.2	29.6	20.2	17.0
	青海	46.3	28.0	23.0	21.5	54.7	34.0	26.5	24.1
	宁夏	20.3	11.0	7.9	7.0	29.1	16.0	11.0	9.5
	新疆	18.9	10.0	7.7	7.0	33.0	17.7	12.6	11.1
总体		26.6	14.4	10.9	10.0	38.9	21.6	15.3	13.5

为进一步分析我国贫困地区多维贫困的区域特点，本文根据统计局的区域划分方法，将 21 个样本省划归东部、东北、中部、西部四个地区。利用多维贫困测量方法分别计算了各省多维贫困指数，并计算了各省对总体多维贫困的贡献率。对多维贫困的贡献率（Contribution Rate）是指将多维贫困指数按照群体、地区或维度进行分解后某群体、地区或维度的值占加总指数值的比重。

区域内部不同省份的农户多维贫困存在明显差异。1274 元贫困线下，东部地区的海南省多维贫困发生率比河北高出近12%,多维贫困指数 M_0 比河北高出6.1%。中部地区的河南省多维贫困指数较低,但安徽、江西、湖北和湖南四省多维贫困发生率均在30%以上,表明中部地区的农户仍面临较为严重的多维贫困状况。西部地区各省多维贫困发生率差距较大。甘肃省和青海省的多维贫困发生率均达40%以上,四川省多维贫困发生率也达到38.3%,而其他省份多维贫困发生率均在30%以下,低于中部地区的湖北、安徽等省份。使用2300元贫困线测量的结果显示出了同样的特征。此外,山西、湖北和湖南在贫困线提高后多维贫困发生率的增加幅度较大,表明这三省贫困地区中人均纯收入介于1274元和2300元间的贫困人口比例较大,提高贫困线有助于这些人口获得扶贫项目或政策的帮助。

西部地区农户多维贫困的贡献率最高,但中部地区也不容忽视。西部地区的云南、甘肃、四川、贵州、广西壮族自治区等省(自治区)的农户多维贫困贡献率较高。从1274元和2300元两条贫困线进行测算,云南省四个多维贫困指数的贡献率均在14%以上,甘肃和四川不同多维贫困指数的贡献率则在8%至10%之间。多维贫困分解和多维贫困指数的绝对值共同表明,西部地区的多维贫困状况仍是最严重的。中部地区山西、安徽、江西、湖北和湖南等省的多维贫困状况也不容忽视,这五省的多维贫困贡献率接近西部地区中的广西和陕西。

表4 基于省份分组的多维贫困指数分解(单位:%)

区域	省份	1274 元贫困线				2300 元贫困线			
		H_0	M_0	M_1	M_2	H_0	M_0	M_1	M_2
东部	河北	3.4	3.5	3.7	3.2	4.1	3.7	3.9	3.7
	海南	0.8	0.7	0.9	0.8	0.8	0.9	0.7	0.7
东北	吉林	0.8	0.7	0.9	0.8	0.8	0.9	0.7	0.7
	黑龙江	1.5	1.4	1.8	1.4	1.8	1.9	1.9	1.5
中部	山西	4.9	4.9	4.6	4.7	5.7	5.6	5.8	5.9
	安徽	4.1	4.2	4.6	4.5	3.6	3.7	3.9	3.7
	江西	5.2	4.9	4.6	4.8	5.4	5.1	5.2	5.2
	河南	2.6	2.8	2.8	2.6	2.8	2.8	2.6	3.0
	湖北	5.6	5.6	6.4	6.0	5.4	5.6	5.8	5.9
	湖南	4.5	4.2	4.6	4.4	5.4	5.1	5.2	5.2
西部	内蒙古	1.9	1.4	1.8	3.0	1.8	1.9	1.9	2.2
	广西	5.6	5.6	5.5	5.5	5.4	5.6	5.2	5.2
	重庆	3.0	2.8	2.8	3.0	2.6	2.3	2.6	3.0
	四川	9.3	9.8	10.1	10.1	8.2	8.8	9.0	8.9

续表

区域	省份	1274 元贫困线				2300 元贫困线			
		H_0	M_0	M_1	M_2	H_0	M_0	M_1	M_2
西部	贵州	6.3	6.3	5.5	5.4	7.2	7.0	6.5	5.9
	云南	15.3	15.4	15.6	14.9	14.9	15.4	14.8	14.8
	陕西	6.3	6.3	6.4	7.0	6.4	6.1	6.5	6.7
	甘肃	10.5	10.5	9.2	8.8	9.3	9.3	9.0	8.9
	青海	3.4	3.5	3.7	4.1	2.6	2.8	3.2	3.7
	宁夏	1.1	1.4	0.9	1.0	1.0	0.9	1.3	0.7
	新疆	4.1	4.2	3.7	4.0	4.9	4.7	4.5	4.4

农户多维贫困贡献率与多维贫困指数大小不一致。虽然青海省多维贫困发生率最高，但青海对总体多维贫困的贡献率仅为3.4%，低于多维贫困发生率较低的一些省份。云南省多维贫困发生率虽然仅为28.6%，但对总体的贡献率最高。青海省和云南省其他三个多维贫困指数也显示出了同样的特征，即青海省多维贫困指数绝对数值大但贡献率低，云南省的多维贫困指数低但贡献率高。多维贫困指数的贡献率与其绝对数值大小不一致的原因在于，多维贫困指数分解综合了多维贫困指数和人口权重两个指标，人口数量多的省份人口权重大，进而导致多维贫困分解时贡献率变大，而多维贫困发生率高的省份可能因人口数量少导致其贡献率低。这一发现有重要的政策含义。在未来的扶贫资源分配及扶贫考核中，应同时关注贫困发生率和贫困人口数量两个指标。贫困发生率代表贫困水平高低，而贫困人口数量则关系到扶贫资源的分配。在扶贫资源分配中如果忽视了贫困发生率较低但贫困人口数量多的地区，会影响扶贫的效果。

（二）基于收入分组的多维贫困测量和分解

随着中国经济的快速增长，中国农村地区的不平等程度在加深。分不同收入组进行多维贫困对比分析有助于深入分析不同收入水平农户的多维贫困状况差异。按人均纯收入由低到高将所有农户进行排序，然后将农户五等分，根据农村贫困监测报告对贫困分组的命名，分为低收入组、中等偏下组、中等收入组、中等偏上组和高收入组。

低收入组和中等偏下组农户多维贫困状况对贫困线变动更为敏感。对比两条贫困线下五组农户的多维贫困状况，2300 元下低收入组农户的多维贫困发生率比1274 元下增加了24 个百分点，中等偏下组农户增加了31.7 个百分点。2300 元贫困线下计算的多维贫困指数 M_0、M_1 和 M_2 也表明，低收入农户和中等偏下组农户的贫困程度比 1274 元下计算的贫困程度深。中等收入及其以上的农户多维贫困程度在贫困线增加到 2300 元后没有变化。以上分析表明低收入组和中等偏下收入组农户对贫困线变动更为敏感。出现此种现象的原因在于,中等收入及其以上组农户的人均纯收入均高于 2300 元,当贫困线从 1274 元增加到 2300 元时,多维贫困指数并未发生变动。而低收入组和中等偏下农户组中均包含了收入在 1274元和 2300 元之间的农户,多维贫困程度在贫困线变动后发生了较大的变动。

低收入农户经受着更为严重的多维贫困剥夺。如表 5 所示,低收入农户在1274 元和 2300 元贫困线下多维贫困发生率分别为 48.9% 和 72.9%,这一比例远远高于其他组农户。多维贫困指数 M_0、M_1 和 M_2 也表明低收入农户的多维贫困状况严重。这说明低收入农户除了收入水平低,同时还承受着其他较为严重的贫困。从高收入农户到低收入农户,多维贫困程度在不断加深。表 6 中多维贫困贡献率分析也表明,在不同贫困线下,低收入农户对总体多维贫困的贡献率均超过40%,远远超过其他组农户,进一步说明低收入农户多维贫困状况十分严重。

表 5 基于收入分组的多维贫困指数

	1274 元贫困线				2300 元贫困线			
	H_0（%）	M_0（%）	M_1*100	M_2*100	H_0（%）	M_0（%）	M_1*100	M_2*100
低收入	48.9	27.5	19.2	17.8	72.9	41.6	29.7	25.3
中等偏下	24.8	13.2	10.6	9.7	56.5	31.8	20.1	17.7
中等收入	21	11.1	8.8	8.1	21	11.1	8.8	8.1
中等偏上	17.8	9.4	7.5	6.9	17.8	9.4	7.5	6.9
高收入	15.9	8.4	6.7	6.1	15.9	8.4	6.7	6.1

贫困线的提高显著提高了中等偏下组农户的多维贫困贡献率。如表 6 所示,当贫困线从 1274 元增加到 2300 元时,中等偏下组农户的多维贫困贡献率从19.9% 增加到 31.3%,其他三个指数 M_0、M_1 和 M_2 的贡献率也有较大幅度地增加。中等偏下组农户多维贫困指数在贫困线变动中增加幅度最大。这个研究发现含有重要的政策含义。我国在 2011 年底将贫困线提升至 2300 元后,中等偏下组农户中较大比例的农户被认定为贫困户,在未来的扶贫政策和项目实施中,中等偏下农户将更多地从贫困线提高中受益。但中等偏下组农户比低收入农户更容易脱离贫困,政府主导的扶贫项目可能首先瞄准中等偏下农户,以获得较大的扶贫成绩,这可能会延缓低收入组农户的脱贫进程。因此在贫困线提高的背景下,仍应强调低收入农户在扶贫政策或项目中的重要性,加大低收入农户减贫成绩在扶贫考核中的权重。

表6　基于收入分组的多维贫困指数分解（单位：%）

	1274 元贫困线				2300 元贫困线			
	H_0	M_0	M_1	M_2	H_0	M_0	M_1	M_2
低收入	41.2	43.1	39.5	39.8	42.1	43.3	43.8	42.5
中等偏下	19.9	19.4	21.1	20.7	31.3	31.8	28.1	28.4
中等收入	16.1	15.3	16.5	16.3	11.0	10.1	11.8	11.9
中等偏上	12.7	12.5	12.8	13.0	8.7	8.3	9.2	9.7
高收入	10.1	9.7	10.1	10.2	6.9	6.5	7.2	7.5

（三）基于地形和民族分组的多维贫困测量和分解

随着中国贫困人口的减少，我国的贫困人口越来越集中在特殊类型贫困地区。特殊类型贫困地区指老少边贫困地区，多位于经济发展落后的中西部山区和丘陵地区，如中部的太行山区、吕梁山区、秦岭大巴山区、武陵山区、大别山区和井冈山区，西部定西干旱地区等。由此可见，特殊类型贫困地区和山区地形是基本重合的。此外，在国家592个扶贫开发工作重点县中，少数民族县的数量占45.1%，说明少数民族地区是贫困地区中的"重灾区"。世界银行对中国的贫困评估报告中也认为山区和少数民族地区的贫困现象最为严重。本文根据农户是否居住在山区和是否居住在少数民族地区将所有贫困地区分为非山区汉族地区、山区汉族地区、非山区少数民族地区和山区少数民族地区，对不同地区进行多维贫困分析。

地形因素对多维贫困的影响大于民族特征因素。如表7所示，山区汉族和山区少数民族地区1274元贫困线下的多维贫困发生率分别为29.6%和31.9%，高于居住在非山区的汉族和少数民族。居住在山区的汉族或少数民族其他三个指数M_0、M_1和M_2也均高于居住在非山区的农户，说明居住在山区的农户多维贫困程度比非山区深。虽然山区少数民族的多维贫困程度比山区汉族农户高，但居住在非山区的汉族农户多维贫困程度却高于少数民族农户。按照2300元贫困线计算，虽然居住在非山区的少数民族农户略高于汉族农户，但从各组多维贫困指数对比可看出，居住在山区导致了更为严重的多维贫困状况。以上分析说明虽然少数民族地区是我国贫困发生率较高的地区，但从多维贫困致贫原因上分析，地形因素比民族特征因素对贫困程度的影响更大。

表7　基于地形和民族特征分组的多维贫困指数

	1274 元贫困线				2300 元贫困线			
	H_0（%）	M_0（%）	M_1*100	M_2*100	H_0（%）	M_0（%）	M_1*100	M_2*100
非山区汉族	19.4	10.3	7.8	7.3	29.6	16	11.4	10.1
山区汉族	29.6	15.9	12	10.9	42.6	23.6	16.8	14.7
非山区少数民族	18.9	10	7.6	7.9	31.2	16.8	11.7	10.6
山区少数民族	31.9	17.7	13.4	12.1	44.9	25.8	18.1	15.9

　　居住在山区的汉族农户对总体多维贫困的贡献率高于少数民族农户。如表8所示，虽然居住在山区的少数民族多维贫困指数高于汉族农户，但居住在山区的汉族对总体多维贫困贡献率高于少数民族。多维贫困指数分解考虑人口权重的因素，而山区汉族农户数量比少数民族农户数量多，导致居住在山区的汉族农户多维贫困贡献率高于少数民族。农户由于少数民族的减贫关系到国家社会稳定、民族团结和不同群体间收入差距的减小，因此当前扶贫政策偏向少数民族地区。但本文的分析表明，在未来扶贫政策制定中，除考虑少数民族贫困状况较严重的因素外，不能忽视山区汉族农户贫困人口数量多的实际情况。

表8　基于地形和民族特征分组的多维贫困分解（单位：%）

	1274 元贫困线				2300 元贫困线			
	H_0	M_0	M_1	M_2	H_0	M_0	M_1	M_2
非山区汉族	19.5	19.4	19.3	19.5	20.4	19.8	19.6	20.0
山区汉族	39.3	38.9	39.5	38.4	38.9	38.7	39.2	38.5
非山区少数民族	6.0	5.6	5.5	6.5	6.7	6.5	6.5	6.7
山区少数民族	35.2	36.1	35.8	35.6	34.0	35.0	34.6	34.8

（四）基于贫困维度的多维贫困分解

　　饮水问题对多维贫困的贡献率高于收入等其他贫困维度。如表9所示，饮水问题和资产在三个多维贫困指数分解中的贡献率均高于收入。α 越大，即随着对多维贫困农户权重的增加，安全饮水的贡献率越比其他维度高，说明越是贫困的农户，面临的饮水安全问题和便利性问题越严重，且严重程度远远超过收入低、生活水平低等因素对农户生活的影响。饮水的便利性和安全性不仅直接影响贫困地区农户的日常生活，而且会对人口的身体健康状况造成影响。此外，在贫困地区发展扶贫旅游、种植业等扶贫项目时，饮水问题也会成为十分重要的影响因素。因此根据贫困维度分解的结果，在我国农村贫困地区未来的扶贫政策和项目中，应加强饮水工程的投入力度，解决贫困地区农户日常生活最直接的问题，解除未来发展的限制因素。

表9　2300元贫困线下贫困维度对多维贫困指数的贡献率（单位：%）

	M_0	M_1	M_2
收入	20.7	9.7	5.8
教育	9.6	6.1	4.3
健康	13.0	18.3	20.8
饮用水	29.6	41.8	47.5
资产	23.5	19.0	15.6
生活水平	3.7	5.2	6.0

五、结论和政策建议

本文使用多维贫困测量方法，首次利用有全国代表性的中国农村贫困监测微观农户数据测算了我国贫困地区农户的多维贫困状况。在1274元和2300元贫困线下，分别计算了基于省份分组、收入五等分组、地形和民族分组的农户多维贫困指数，并进行了指数分解。主要研究结论如下：因贫困人口数量的不同，各省的多维贫困程度和其贡献率并不一致。农户多维贫困指数高的省份由于人口数量少导致对总体多维贫困贡献率并不高。将各省划归不同区域后发现，区域内部不同省份多维贫困存在明显差异。西部地区多维贫困贡献率最高，但中部地区也不容忽视；低收入农户经受着更为严重的多维贫困，低收入农户和中等偏下农户多维贫困状况对贫困线变动更为敏感，但贫困线的提高更为显著地增加了中等偏下组农户的多维贫困贡献率。一半以上低收入农户面临至少三个贫困维度的剥夺。贫困线的提高增加了低收入农户和中等偏下农户的多维贫困发生率，但中等偏下农户从贫困线提高中受益程度高于低收入农户；特殊类型贫困地区多维贫困致贫原因中，地形因素的影响大于民族特征因素。虽然山区少数民族农户多维贫困指数更高，但居住在山区的汉族农户对总体多维贫困的贡献率高于少数民族农户；贫困维度分解表明，我国农村贫困地区农户面临的最严重问题是饮水问题而非增收问题。饮水问题对多维贫困的贡献率高于收入维度的贡献率，且随着对穷人权重的增加，饮水问题的贡献率逐渐增大，而收入的贡献率逐渐降低。

上述分析结论对新时期我国农村贫困地区特别是集中连片特困地区进行扶贫改革、减少贫困人口具有很强的政策含义。根据研究结论提出以下政策建议：

1.扶贫资源分配和考核中应同时关注多维贫困程度和多维贫困人口数量。在扶贫资源分配中不能忽视贫困发生率较低但贫困人口数量多的地区。将贫困人口的减少和贫困发生率的降低作为贫困县最重要的工作考核指标。实行以扶贫为导向的考核机制。在扶贫绩效考核中既要考查贫困发生率的降低，也要考核贫困人口减少的数量。整合扶贫部门和行业扶贫部门，将各部门力量形成合力，投入更多的精力进行扶贫开发工作。

2. 扶贫政策和项目要关注绝对贫困的农户（Absolutely Poor Household），建立精准扶贫和扶贫到户的机制。在新时期农村扶贫开发工作中，要通过人力资本、卫生、基础设施建设等降低绝对贫困人口的多维贫困程度。在扶贫项目和政策实施中，通过建档立卡等方式瞄准绝对贫困农户，提高项目扶贫到户的水平，通过项目利益联结等方式建立益贫机制。对于特别贫困的人口，应从完善社会保障体系方面予以扶持，为他们建立社会安全网（Social Safety Net）。

3. 重点改善贫困地区的饮水条件。增加农村贫困地区中小型水利建设的投资，改善贫困农户的饮水条件。增加饮用水入户工程的投资，解决饮水工程"最后一公里"的问题，提高饮水的可得性和便利性。治理贫困地区的水源污染，避免因饮水不安全导致对贫困农户健康的损害。

参考文献

[1] 汪三贵. 在发展中战胜贫困——对中国30年大规模减贫经验的总结与评价. 管理世界，2008，（11）：78-88.

[2] 世界银行. 从贫困地区到贫困人群：中国扶贫议程的演进中国贫困和不平等问题评估. 华盛顿：世界银行，2009：1-9.

[3] Atkinson A B.Multidimensional Deprivation：Contrasting Social Welfare and Counting Approaches. Journal of Economic Inequality. 2003，1（1）：51-65.

[4] Bourguignon F，Chakravarty S R.The Measurement of Multidimensional Poverty. Journal of Economic Inequality. 2003，1（1）：25-49.

[5] Alkire S，Foster J. Counting and Multidimensional Poverty Measurement. Journal of Public Economics. 2011，95（7）：476-487.

[6] UNDP.Human Development Report 2013，New York：United Nations Development Program，2013.

[7] Labar K，Bresson F.A Multidimensional Analysis of Poverty in China from 1991 to 2006. China Economic Review. 2011，22（4）：646-668.

[8] 王小林，Alkire Sabina. 中国多维贫困测量：估计和政策含义. 中国农村经济，2009，（12）：4-10.

[9] 高艳云. 中国城乡多维贫困的测度及比较. 统计研究. 2012，（11）：61-66.

［10］王素霞，王小林. 中国多维贫困测量. 中国农业大学学报（社会科学版），2013，（02）：1-10.

［11］陈立中. 转型时期我国多维度贫困测算及其分解. 经济评论，2008，（05）：5-10.

［12］李佳路. 农户多维度贫困测量——以 S 省 30 个国家扶贫开发工作重点县为例. 财贸经济，2010，（10）：63-68.

［13］郭建宇，吴国宝. 基于不同指标及权重选择的多维贫困测量——以山西省贫困县为例. 中国农村经济，2012，（02）：12-20.

［14］Foster J，Greer J，Thorbecke E.A Class of Decomposable Poverty Measures. Econometrica. 1984，52（3）：761-766.

［15］Araar A，Duclos J.DASP: Distributive Analysis Stata Package. PEP，CIRPEE，World Bank，and Universit Laval，2012：19.

［16］汪三贵，王姮，王萍萍. 中国农村贫困家庭的识别. 农业技术经济，2007，（01）：20-31.

［17］曹洪民. 中国农村开发式扶贫模式研究. 中国农业大学，2003：83.

［18］王祖祥，范传强，何耀，等. 农村贫困与极化问题研究——以湖北省为例. 中国社会科学，2009，（6）：73-88.

（本文与杨龙合著，原载《人口学刊》2015 年第 2 期）

建档立卡贫困户收入特征及反贫困对策研究

改革开放以来，中国的农村减贫事业取得了巨大的成就，但中国的贫困人口依然十分庞大。为保证扶贫对象得到有效扶持，我国各地进行了贫困户建档立卡工作。建档立卡贫困户规模的确定主要有两种方式：（1）按照国家扶贫标准，以统计部门农村贫困监测数据为依据，确定省级贫困人口规模。（2）综合考虑统计部门农村贫困监测数据、低保标准和自身财力，自定扶贫标准，确定省级贫困人口规模。确定省级贫困人口规模后，再将指标分解到县和村。建档立卡工作是精准扶贫的工作基础。2013 年，习近平总书记在湘西调研扶贫攻坚时提出要"精准扶贫"。李克强总理在 2014 年政府工作报告中也提出"实行精准扶贫，确保扶贫到村到户。……今年再减少农村贫困人口 1000 万人以上"。《中国农村扶贫开发纲要（2011—2020 年）》中也明确提出"贫困地区农民人均纯收入增长幅度高于全国平均水平""扭转发展差距扩大趋势"。纲要中还明确提出将连片特困地区作为新时期扶贫开发的对象范围。因此分析我国连片特困地区建档立卡贫困户的收入特征和制约因素，对我国实现精准扶贫、增加建档立卡贫困户收入、实现政府的减贫目标至关重要。

虽然陈光金、王萍萍、王震、夏英等已对我国农村贫困问题进行了深入研究，但在新时期农村扶贫政策背景下，缺少针对连片特困地区建档立卡贫困户大样本的专项调查，而且针对建档立卡贫困户收入特征以及反贫困对策的分析还不足。本文在武陵山片区湖北利川、湖南芷江、重庆石柱、贵州印江四县（市）40个村庄1016个建档立卡贫困户调研基础上，将分析贫困户的收入结构和增收中面临的问题，为促进贫困户收入增长提供政策建议。

一、数据来源

国务院扶贫办外资项目管理中心和中国人民大学农业与农村发展学院组成联合调研组，于2013年7月对湖北省利川市、湖南省芷江县、重庆市石柱县和贵州省印江县进行了贫困户调研。调研中每个县选取10个村庄，每村25至30个调查户，最终共收集有效农户问卷1016份。调研包括村级调研和贫困户调研。村级调研内容为村内人口、劳动力、基础设施、土地、村两委组织等信息。贫困户调研内容为家庭人口特征、基础设施和公共服务、土地状况、家庭收入等情况。调研村和样本农户的具体抽样方法为：每个县随机抽取10个村庄。调研样本框为调研村全部贫困户，采取随机起点、等距抽样的方式在每村选取25个贫困户作为调研对象。抽样中还采取了整群抽样，具体指在每村选择贫困户数量超过25户的村民小组，在这些村民小组中进行抽样。若调研村内贫困户不足25户，则在其他村内补足样本。

二、贫困户收入特征及增收制约因素分析

和国家统计局的收入分类方法不同，[①]本文中贫困户的人均纯收入主要包括种植业收入、养殖业收入、工资收入、私营收入和转移收入五部分。[②]计算贫困户人均纯收入后发现，贫困户2012年收入水平高于2011年，种植业收入、私营收入和转移收入增长速度较快。2011年和2012年贫困户人均纯收入分别为2991.57元和3603.11元，2012年比2011年名义增长20.44%，扣除价格因素实际增长

---

① 国家统计局将农民人均纯收入分为工资性收入、农业经营收入、财产性收入和转移性收入。
② 此处的种植业、养殖业、工资、私营和转移收入均为扣除生产成本或赠予他人之后的纯收入。

17.50%，^①高于全国 2012 年 10.7% 的实际增长速度。

表1　贫困户人均纯收入水平、结构及变化情况

	收入水平（元）		增长率（%）		收入构成（%）	
	2011 年	2012 年^②	较上年名义增长	较上年实际增长	2011 年	2012 年
人均纯收入	2991.57	3603.11	20.44	17.50	100	100
种植业收入	859.67	1085.59	26.28	23.20	28.74	30.13
养殖业收入	231.07	274.57	18.83	15.93	7.72	7.62
工资收入	1687.14	1842.43	9.20	6.54	56.40	51.13
私营收入	109.13	192.28	76.19	71.90	3.65	5.34
转移收入	104.56	208.25	99.18	94.32	3.50	5.78

数据来源：武陵山片区调研数据。若无特殊说明，以下表图来源与此处相同。

虽然贫困户的总体收入增长速度高于全国平均速度，但贫困户依然面临较为严重的贫困状况。以下将分析贫困户的收入结构特征及各项收入的制约因素，找到贫困的成因，为提出反贫困对策提供事实依据。

（一）工资性收入是贫困户主要收入来源，但增长速度缓慢

2011 年和 2012 年贫困户的工资收入分别占当年人均纯收入的 56.40% 和 51.13%，表明工资收入是贫困户的主要收入来源。但 2012 年贫困户工资收入增长缓慢，2012 年工资收入比 2011 年实际增长 6.54%，小于其他收入来源的增速。

工资收入增速缓慢的制约因素是贫困户户均劳动力少、务工劳动力未明显增加和就业部门工资水平低。贫困户户均劳动力数量低于全国平均水平。调查的贫困户中 24.80% 没有劳动力，这些家庭主要是老年贫困户。67.03% 的贫困户中拥有 1 至 3 个劳动力，仅有 8.18% 的贫困户拥有 3 个以上的劳动力。拥有劳动力的家庭中，户均拥有劳动力 2.16 人，低于《中国住户调查年鉴 2012》中农村居民家庭户均 2.8 个劳动力。2011 年贫困户户均本地务工和外出务工人数分别为 0.19 人和 0.75 人，2012 年分别为 0.21 人和 0.79 人。2012 年本地务工人数和外地务工人数和 2011 年持平。务工劳动力数量并未显著增加是工资收入增长缓慢的原因之一。贫困户外出务工主要的就业部门为建筑业、工业、服务业和商业。在村级调查中，45% 的村庄劳动力外出务工首要就业部门是工业，45% 是建筑业，10% 是服务业和商业。贫困户的就业部门和从事的具体职业技术含量较低，以非正规部门和体力劳动为主，导致其工资收入水平较低，增长缓慢。

① 根据国家统计局公布的中华人民共和国 2012 年国民经济和社会发展统计公报数据，2012 年农村居民消费价格指数同比上涨 2.5%。
② 2012 年收入是名义收入。

（二）种植业收入增加较快，但仍面临多种制约发展的因素

种植业收入是贫困户人均纯收入中第二位收入来源。2011 年和 2012 年人均种植业纯收入分别为 859.67 元和 1085.59 元，2012 年实际增长 23.20%。种植业收入的增长主要源于经济作物的种植。贫困户种植业采取多样化的种植方式，在种植粮食作物的同时种植经济作物。粮食作物主要用于养殖，少量进行销售。经济作物主要用于销售，获得现金收入。

虽然贫困户的种植业收入增加较快，但仍面临耕地资源有限、交易成本高、经营方式落后、自然风险和市场风险叠加等多种制约因素。贫困户 2012 年人均承包耕地面积为 0.99 亩，实际人均耕种面积为 1.17 亩，人均林地、草原面积为 4.24 亩。虽然林地、草原面积相对较多，但人均承包耕地和实际耕地面积较小，低于全国农户 2011 年人均 2.30 亩的平均水平。[①] 在耕地面积有限的条件下，贫困户从种植业中增加收入受到资源制约。

道路、集市等设施不完善导致交易成本高。在新农村建设、连片特困地区规划和整村推进项目的推动下，贫困村的基础设施建设逐步完善，但部分贫困户进入市场交易的成本仍较高。所有贫困户平均距离能通机动车的道路 0.36 公里，但通机动车道路中仅有一半是水泥路、柏油路或砖路，33.53% 的道路仍为土路，14.84% 的路为沙石路。虽然各行政村已基本完成通公路的目标，但贫困户对村内道路建设仍存在较大需求。贫困户距离最近的集市平均为 6.79 公里，62.12% 的贫困户步行去集市，去集市的平均往返时间为 94.34 分钟。虽然产业扶贫项目是推动贫困农户收入增长的重要思路，但在道路仍需完善、市场较远的情况下，贫困户进行农业生产的交易成本高，制约了产业扶贫资金使用和种植业的发展。

贫困户的组织化程度较低。在土地分散承包背景下，贫困户的种植业生产仍处于分散经营、自给自足的状态。在此农业生产方式下，分散的农户不能产生农业剩余，进而不可能对农业进行新技术采纳、新品种使用等进一步投资。贫困户参加合作经济组织的比重较低，仅有 20.44% 的贫困户参加了合作经济组织。参加的贫困户在合作经济组织中出资入股的比例也较低，仅有 19.8% 的贫困户出资入股。在合作经济组织中没有出资入股意味着不能从合作经济组织中获取分红收益。79.56% 的贫困户并未参加合作经济组织。没有参加的主要原因是没有人组织合作社、没有产品需要合作、不了解合作经济组织，其他原因包括参加了合作

[①] 根据《中国住户调查年鉴 2012》，2011 年全国农村居民家庭经营土地人均 2.30 亩，其中人均有效灌溉面积 1.16 亩。

社也没什么好处、对合作组织不信任。这表明，贫困户所处地区仍处于原子化的分散经营状态，农业合作组织发育不足，贫困户的参与度较低，且参加的贫困户中很少能够获得合作经济组织的分红收益。贫困户种植业的发展面临经营方式的制约。

贫困户的种植业收入受自然风险和市场风险影响。自然风险包括干旱、洪涝、气温变化、虫灾等。自然灾害会导致种植业产量下降，甚至绝收。如表2所示，2011年和2012年，分别有28.9%和20.82%的贫困户认为收成情况较差。贵州省印江县在2011年遭遇了旱灾，有61.01%的农户认为当年农业收成较差。2012年比2011年稍好，但仍有33.03%的农户认为收成较差。

表2　调查各县（市）的农户2011年和2012年种植业收成状况

县	2011年（%）			2012年（%）		
	好	一般	差	好	一般	差
利川市	16.94	60.11	22.95	17.13	58.01	24.86
芷江县	12.1	67.74	20.16	15.26	69.88	14.86
石柱县	22.42	65.47	12.11	17.54	70.18	12.28
印江县	1.38	37.61	61.01	1.81	65.16	33.03
总体	13.07	58.03	28.9	12.86	66.33	20.82

种植业的市场风险主要是农产品价格波动、农产品市场需求或供给波动。由于经济作物经济附加值较高，是农户种植业现金收入的主要来源。但经济作物易受市场价格波动影响，导致种植业收入产生大幅波动。在扶贫产业带动下，武陵山区贫困户种植的主要经济作物包括烟叶、药材、辣椒、果树等，如果价格出现波动或者销售出现问题，会导致贫困户种植业收入出现波动，从而导致贫困程度进一步加深。

（三）传统养殖方式导致贫困户养殖业收入较低

2011年和2012年贫困户人均养殖业纯收入分别为231.07元和274.57元，仅占人均纯收入的7.5%—8%。贫困户养殖业收入低的原因在于绝大部分贫困户采用传统养殖方式，养殖规模较小，养殖的副产品少，养殖成本高。贫困户的养殖业与种植业紧密联系。农户自己种植的农作物作为养殖业的生产投入，而且一般不计算这样生产投入的成本。通常情况下，农户养殖两头猪，一头自家食用，另一头销售，赚取少量的现金收入。在家庭劳动力有限的条件下，贫困户的养殖规模较小，并不能产生规模效益。养殖规模小也导致养殖业的收入不高。这样的养殖和种植业生产相结合的方式仍一定程度属于自给自足的生产方式，商品化率低，在不计算投入成本和养殖规模较小的情况下，养殖业收入不高。如果将劳动力的机会成本计入养殖业，贫困户的养殖收入可能是负值。

（四）私营收入和转移收入收入水平较低，私营活动少和人情负担是主因

贫困户2012年的私营收入和转移收入分别比2011年实际增长71.90%和94.32%，远高于其他三项收入来源。但私营收入和转移收入的水平较低，2011年和2012年私营收入仅分别占人均纯收入的3.65%和5.34%，转移收入分别占人均纯收入的3.50%和5.78%。

从事私营活动农户比例低、私营活动规模小导致贫困户私营收入低。2011年从事私营活动的贫困户仅为33户，2012年仅为40户，分别占调查总户数的3.25%和3.94%，贫困户的经济活动仍较为单一。贫困户从事的私营活动以个体商业为主，活动地点主要在本村。私营活动规模较小，交易范围小，导致贫困户的私营收入水平较低。

人情往来支出大导致贫困户转移收入低。转移收入是由转移性总收入减去转移性支出所得。贫困户的转移性总收入包括养老金、五保金或低保金、农业补贴、退耕还林补贴或生态林补贴、救济款或困难补助、亲友赠送、[①] 人情往来收礼、其他转移收入。[②] 转移性支出包括税费、各种罚款、赠予亲友、人情往来支出。贫困户转移收入增长来源于人均人情往来收礼、亲友馈赠、五保金或低保金、养老金收入增加。贫困户2012年人均接受亲友馈赠的收入比2011年增长25.83%，是转移收入增加的重要来源。贫困户2011年和2012年人均获得养老金收入为134.08元和147.18元，人均获得五保金或低保金收入分别为104.34元和119.09元。养老金、五保金和低保金补助水平提高导致贫困户转移收入增加。贫困户2011年、2012年人均人情往来收礼分别为214.98元和327.71元，2012年比2011年增长52.44%，表明基于社会网络的人情支持是贫困户转移收入的重要来源。但与此同时，人情负担也导致贫困户转移支出巨大。贫困户2011年和2012年户均人情支出分别为715.96元和775.25元，[③]2012年比2011年增加了8.28%。虽然农户调研中回答支出时容易高估，但贫困户的人均人情往来支出高于人情往来收礼符合实际，因为贫困户每年都有人情往来支出，但仅有部分年份会有人情往来收礼。人情往来支出的增长速度不及转移收入的增长速度，使得转移收入仍

---

① 本文中指不属于家庭常住人口的子女、父母或兄弟姐妹给的钱。
② 其他转移性收入包括独生子女家庭父母养老补贴、抚恤金、保险赔付（母猪保险、人身保险等）、家电下乡补贴等。
③ 农户调查中，在回答人情收入时，往往容易低估。而在回答人情支出时，容易出现高估。

呈现较大幅度增加。但人情往来支出水平较高，导致贫困户的转移收入仍处于较低水平。

三、主要结论

在对建档立卡贫困户实地调研基础上，通过分析贫困户收入结构特征，形成以下结论：

（一）贫困户收入增速较快，但结构单一，工资收入增长动力不足

贫困户2012年人均纯收入实际增长速度高于全国平均水平。贫困户收入来源以务工收入和种植业收入为主，养殖业收入、私营收入和转移收入所占比例过低。贫困户的生产活动和收入结构较为单一。工资收入是贫困户的主要收入来源，但增长速度最低，主要原因是贫困户劳动力数量少、贫困地区本地务工机会少、贫困户劳动力多从事工资水平低的工作。

（二）贫困户增收面临多重制约因素

贫困户的老龄化现象较为明显，户均劳动力的数量少于全国农户的平均水平。贫困户户均耕地面积低于全国农户的平均水平。连片特困地区的道路设施尤其是入户到户设施不完善，农户远离市场，导致农户进行农业生产和贸易的交易成本高。自然风险影响农户的种植业生产，使得依赖农业生产的贫困户脆弱程度高。市场价格波动、供需波动等市场风险影响贫困户经济作物的收益。私营活动单一且规模小，导致贫困户私营收入水平难以快速提高。人情往来支出大使得贫困户转移收入水平低。

（三）贫困户仍处于分散经营阶段，自给自足生产特征依然明显

贫困户参加农村合作组织的比重低，主要原因是贫困地区的农业合作经济组织发育不足，需求程度低，农户了解不足。贫困户农业生产的自给自足特征明显，种植的农作物销售比例低，多用于自己食用，或者用于养殖业。贫困户的养殖仍采用传统方式，养殖规模较小，且由于养殖投入多是自己种植业所产。养殖业用于销售的比例低，进而导致商品化程度低。

四、对建档立卡贫困户减贫的政策建议

（一）发展贫困地区县域经济，促进贫困户本地非农就业

促进贫困户务工收入进一步增长，贫困户需增加务工人员的数量、提高到工资水平较高部门的就业率。在贫困户户均劳动力数量低于全国平均水平的条件

下，需合理安排组织贫困户的务工劳动力资源。在未来扶贫工作中，需发展贫困地区的县域经济，增加贫困户劳动力在本地非农就业的机会。增加贫困户本地务工劳动力的数量，降低外出务工比例。本地务工劳动力还能兼顾农忙时期家庭的农业生产，提高贫困户的农业经营收入。通过促进贫困户劳动力兼顾本地务工和家庭农业经营，保证有限的劳动力资源得到有效使用。

（二）提高贫困地区农户的组织化程度

在未来贫困地区经济发展中，要注重建立新型农业经营体系。通过发展农业合作组织，提供统购统销服务、农业技术推广、技术培训等，提高农户的市场谈判能力，降低弱小分散的贫困户面临的市场风险。但在建立农业合作组织时需提高贫困户的参与度，不能建立大户主导型、缺乏民主管理、不能实现合作社分红的"假合作社"。

（三）促进贫困户要素的流转，建立合理的要素利益分配机制

充分发挥贫困地区大户的企业家才能，解决当前贫困地区农业经营商品化程度低、不能产生有效农业剩余的问题。在贫困地区耕地资源有限条件下，通过土地流转，大户承包，扩大农业生产经营规模，发挥大户企业家才能和农业生产的规模效益。贫困户尤其是缺少劳动力的老年型贫困户可将自己的土地入股，获得生产经营的规模收益。贫困户劳动力可以参与规模经营中。建立要素的利益分配机制，尤其是探索益贫机制。通过生产要素入股，在要素分红中适当提高贫困户的分红比例。建立农产品的分成机制，解决规模生产中劳动力的激励问题，确保贫困户劳动力成为被雇佣劳动力后仍然能够积极劳动。

（四）发展贫困地区农业保险政策，降低贫困户生产中的风险

在转变农业经营方式基础上，以农户合作组织或土地流转以后的农村大户为农业保险的实施对象。贫困户的生产要素以入股或者参加劳动的形式进入合作社或流转给农村大户。当自然风险发生以后，由合作社或农村大户为单位进行理赔。贫困户的生产要素由合作社或农村大户作为载体，因此也能处于农业保险的保障之下。在此基础上，贫困户可实现风险规避，不必自己独自承担可能发生的风险。

参考文献

［1］世界银行. 从贫困地区到贫困人群：中国扶贫议程的演进——中国贫困和不平等问题评估，2009.

［2］汪三贵. 在发展中战胜贫困——对中国30年大规模减贫经验的总结与评价. 管理世界，

2008（11）: 78-88.

[3] 国务院扶贫办. 两项制度有效衔接贫困农户建档立卡操作手册, 2010.

[4] 国家统计局住户调查办公室. 中国农村贫困监测报告 2011. 中国统计出版社, 2012.

[5] 陈光金. 中国农村贫困的程度、特征与影响因素分析. 中国农村经济, 2008（09）: 13-25.

[6] 王萍萍, 闫芳. 农村贫困的影响面、持续性和返贫情况. 调研世界, 2010（03）: 5-6.

[7] 王震, 夏英. 西部集中连片贫困地区开发探讨——基于新疆洛浦县的个案分析. 调研世界, 2012（04）: 34-37.

[8] 徐翔, 刘尔思. 产业扶贫融资模式创新研究. 经济纵横, 2011（07）: 85-88.

（本文与杨龙、李萌合著，原载《农业部管理干部学院学报》2014 年第 2 期）

贫困地区农户的波动性风险和脆弱性分解
——基于四省农户调查的面板数据

一、引言

农户脆弱性和风险研究是发展经济学研究的重要主题。贫困仅仅能够反映贫困农户福利指标的水平，而脆弱性则能同时反映农户福利指标的水平和福利指标的年际间的波动。脆弱性能够更加全面反映贫困农户的贫困状态。两个福利指标水平相近的农户，福利指标波动大的农户更加脆弱。农户福利指标的波动是由风险造成的。贫困地区的小农常常面对各种各样的风险，贫困农户的生计决策目标不仅包括提高福利水平，还包括规避风险。

当前已有大量研究关注农户风险。在已有的关于农户风险的研究中，主要分为三类。第一类关注农户的风险类型，对农户所面临的风险进行分类。按照风险的来源进行分类，农户所面临的风险主要包括自然风险、健康风险、经济风险、社会不确定性、国家行为与战争、环境风险等（Ellis, 1993; Dercon, 2001）。Dercon 和陈传波将农户风险分为了资产风险、收入风险和福利风险。根据农户面临的经济困难对农户是否可能预见分类，即根据可能预见的程度进行风险分类，农户风险分为了四类:（1）确定性消费投资带来的家庭经济困难;（2）意外事件带来的家庭经济困难;（3）经营风险损失带来的家庭经济困难;（4）没有包括在前三类风险中的其他风险。第二类农户风险研究关注农户的风险应对机制和应对策略。当前农户应对风险依然主要依靠社会网络内的风险统筹机制和跨时期的消费平滑两种机制。当风险发生后，农户往往通过出售资产、贷款、外出务工、减少消费等事后策略应对风险。Holzmann 和 Jorgensen 则将风险处理策略分为了非正规或者个人的策略、基于正规的市场机制或者金融市场的策略、正规的公共处理策略，同时将风险应对分为了降低风险、转移风险和处理风险三种方式。第三类农村风险研究是与农户风险密切相关的农村金融研究。因为借贷是农户化解风险的重要策略，因此大量研究关注利用农村金融去化解风险。

本文关注风险与贫困脆弱性的关系。脆弱性能够反映农户的福利波动，而福利波动往往是由风险引起的。在贫困脆弱性与风险的研究中，风险往往被分为协同性风险和异质性风险两种类型。协同性风险是指某个农户群体共同遭遇的风险，这些风险对一个群体都产生了冲击。而农户的异质性风险是指某个特定农户所经历的具体风险，其他农户不同时经历这个或者这些风险。

目前不管是农户风险研究还是农户脆弱性与风险的研究，主要按照风险的来源、风险可预见程度和风险受众群体对农户风险进行分类，但还没有研究根据风险发生频次对风险进行分类。但是不同类型的风险发生的频次差异极大，经常发生的风险和极少发生的风险对农户的影响不同，农户针对不同发生频次的风险的应对机制也不同。如果不区别不同发生频次的风险，就不能理解农户对待风险的态度和风险应对行为。

本文根据农户风险发生的频次，将农户的风险分为两类：波动性风险和冲击性风险。波动性风险是指一定时间范围内在某个变量均值附近的波动，例如市场波动造成的农户收入波动、消费波动。这一种类型的风险发生的频次较多，多为年际间的波动，是造成农户脆弱性的常规因素。冲击性风险是指由于不确定因素或者在生命周期范围内发生的、给农户收入或消费造成较大影响的冲击，例如因意外造成的家庭成员生大病、残疾或者死亡，因地震等自然灾害而导致的房屋受损、耕地破坏，生命周期因素所导致的婚丧嫁娶等大事件，经济危机等等。冲击性风险发生的次数很少，生命周期性质的冲击风险在一个农户家庭中仅在几年甚至几十年中才发生一次，而意外导致的冲击风险则呈现巨大的不确定性，有些农户会遭遇较多，而有些农户可能没有经历过。

在脆弱性和风险的研究中，相关研究者多是将协同性风险和异质性风险作为两个整体进行分析，没有具体细分农户的风险，更没有从波动性风险和冲击性风险的角度去分析两种风险给农户的脆弱性造成了何种不同的影响。由于冲击性风险发生频次较少，本文主要关注农户的波动性风险。在农村发展转型过程中，农户经济的开放化程度日益提高，其福利指标受到更多外部因素的影响，从而福利波动性变大。波动性风险发生的频次多，是导致农户脆弱性的常规性因素，因此分析波动性风险对贫困地区农户脆弱性的意义更大。基于此，本文要研究的问题是，在贫困地区农户日益融入外界经济的条件下，农户经历哪些具体的波动性风险？农户所经历的这些波动性风险对农户的脆弱性产生什么样的影响？回答这些问题，将更加清楚地认识贫困地区农户所面临的风险，还有助于理解在农村转型、农户经济日益开放的背景下，贫困地区农户的波动性风险对其贫困脆弱性的影响程度，这将为贫困地区的减贫和化解小农风险的政策制定提供依据和新的视角。

二、农户脆弱性定义及风险分解的方法

农户脆弱性的定义主要有三种，分别是预期贫困的脆弱性、低效用水平的脆弱性和风险暴露贫困的脆弱性。由于贫困地区的小农往往是风险厌恶的，而第一种定义和第三种定义没有考虑农户的风险偏好，因此本文采取的是第二种定义，即低效用水平的脆弱性（Vulnerability as Low Expected Utility，VEU）。在低效用水平的脆弱性的定义中，Ligon 和 Schechter 将含有风险偏好的效用函数引入脆弱性，脆弱性被视为确定性等价（Certainty-equivalent）消费水平的效用和农户消费的预期效用之差。在此定义基础上，并对脆弱性进行了分解。首先，选择福利指标。贫困地区农户的收入受多种因素影响且年际之间的波动大，而农户消费则由于农户平滑消费的行为而相对稳定，因此本文选择消费作为农户的福利指标。其次，定义低效用水平的脆弱性[1]，如（1）式所示：

$$V_i = U_i(z_{ce}) - EU_i(c_{it}) \tag{1}$$

其中，V_i 为第 i 个农户的脆弱性，$U(.)$ 为含有风险偏好的效用函数，$EU(.)$ 为农户的期望效用函数，z_{ce} 为确定性等价消费水平，本文选取农户的平均消费作为 z_{ce}，c_{it} 为第 i 个农户 t 时期的消费。将脆弱性进行分解，如（2）式所示：

$$
\begin{aligned}
V_i =\ & [U_i(z_{ce}) - U_i(Ec_{it})] && \text{（贫困或不平等）} \\
& + \{U_i(Ec_{it}) - EU_i[E(c_{it}|x_t)]\} && \text{（协同性风险）} \\
& + \{EU_i[E(c_{it}|x_t)] - EU_i(c_{it}|x_t, x_{it})\} && \text{（异质性风险）}
\end{aligned} \tag{2}
$$

---

[1] 本文所呈现的方法已对 Ligon 和 Schechter（2003）的方法进行了简化，方法的详细内容见作者原文。

$$+\{EU_i\left(c_{it}\,|\,x_t,x_{it}\right)-EU_i\left(c_{it}\right)\} \qquad （未能解释的风险或测量误差）$$

其中，x_t 为农户在 t 时期的特征变量均值，x_{it} 为第 i 个农户 t 时期的特征变量。在上式中，效用函数为 $U_i\left(c\right)=\left(c^{1-\gamma}\right)/\left(1-\gamma\right)$，$\gamma$ 为风险偏好参数，c_i 为第 i 个农户的消费。农户脆弱性被分解为贫困或不平等、协同性风险、异质性风险、未能解释的风险或测量误差四个部分。通过计算每部分的值，可以反映每部分对农户脆弱性的贡献度。

杨文等和武拉平等分别借鉴了 VEU 的脆弱性定义和分解的方法，对中国农户的脆弱性进行了分解。但是他们的研究仅仅分解到农户的协同性风险和异质性风险对脆弱性的贡献，没有对农户异质性风险所包含的波动性风险进行进一步分解。为了研究农户波动性风险对农户脆弱性的影响或者贡献程度，需要对脆弱性进一步分解。本文借鉴 Ligon 和 Schechter 对异质性风险进行分解的方法，将脆弱性进一步分解为不同具体的波动性风险对脆弱性的影响或贡献程度。具体分解方法如下：

$$EU_i\left[E\left(c_{it}\,|\,x_t\right)\right]-EU_i\left(c_{it}\,|\,x_t,x_{it}\right) \qquad （异质性风险）$$
$$=\{EU_i\left[E\left(c_{it}\,|\,x_t\right)\right]-EU_i\left[E\left(c_{it}\,|\,x_t,\sigma_1\right)\right]\} \qquad （波动性风险1）$$
$$+\{EU_i\left[E\left(c_{it}\,|\,x_t,\sigma_1\right)\right]-EU_i\left[E\left(c_{it}\,|\,x_t,\sigma_1,\sigma_2\right)\right]\}$$
$$\qquad （波动性风险2）$$
$$+\{EU_i\left[E\left(c_{it}\,|\,x_t,\sigma_1,\sigma_2\right)\right]-EU_i\left[E\left(c_{it}\,|\,x_t,\sigma_1,\sigma_2,\sigma_3\right)\right]\} \qquad （3）$$
$$\qquad （波动性风险3）$$
$$……$$
$$+\{EU_i\left[E\left(c_{it}\,|\,x_t,\sigma_1,\sigma_2\cdots,\sigma_{n-1}\right)\right]-EU_i\left[E\left(c_{it}\,|\,x_t,\sigma_1,\sigma_2\cdots,\sigma_n\right)\right]\}\}$$
$$\qquad （波动性风险n）$$

其中，σ_1，σ_2，σ_3，$\cdots$，σ_n 分别为农户的第 1 个、第 2 个……第 n 个波动性风险。农户的异质性风险可以通过上述分解方法分解为 n 个不同的波动性风险对农户脆弱性的影响或贡献度。

三、贫困地区农户的波动性风险

农户的波动性风险是指一定时间范围内在某个变量均值附近的波动。但与农户相关的很多变量都具有上述变量特征。要深入了解农户的波动性风险，需要找出农户面临哪些具体的波动性风险。同时，归纳出农户具体的波动性风险也是农户脆弱性分解的基础。农户的波动性风险具体包括哪些风险呢？可以根据两种思路对此进行归纳。

（一）在已有的风险类型中归纳农户的波动性风险

波动性风险是农户所有风险类型中的一种，世界银行、Dercon 和 Hoogeveen and Tesliuc 等已经对农户风险类型进行了较为全面的研究，但是缺少从风险发生频次角度的分类。从已经归纳出的风险类型中，可以找出那些在年际间波动的风险。如表 1 所示，自然风险、社会风险、政治风险、环境风险均是宏观环境的波动，不是农户层面的内部波动，因此不是农户的波动性风险。而生命周期风险中的结婚、家庭成员去世等，以及经济风险中的经济危机、货币危机等，能够影响到农户，但是这些风险类型发生的次数较少，或者属于农户不可控的外部风险波动，因此也不能视为农户的波动性风险。只有那些在农户可控范围内、每年发生且在年际间波动的风险类型才能被视为农户波动性风险。

表 1 农户的风险类型

风险类型	风险事例
自然风险	暴雨、山体滑坡、火山爆发、地震、洪灾、飓风、旱灾等
健康风险	疾病、受伤、事故、残疾、流行病等
生命周期风险	结婚、孩子出生、失去劳动能力、分家、死亡等
社会风险	犯罪、恐怖主义、黑帮、战争、社会巨变等
经济风险	失业、农业歉收、商业失败、移居、经济危机、货币危机、贸易冲击等
政治风险	歧视、骚乱、政治不安等
环境风险	污染、滥伐森林、水土流失、核灾难等

资料来源：Hoogeveen J，Tesliuc E，Vakis R，et al. A guide to the analysis of risk，vulnerability and vulnerable groups. World Bank. Washington，DC. http：//siteresources. worldbank. org/INTSRM/ Publications/20316319/RVA. pdf. 2004.

（二）根据农户消费的影响因素归纳农户的波动性风险

农户脆弱性包括福利水平的均值和福利指标的波动两个方面，而福利指标的波动则很大程度上由农户的波动性风险所致。本文选择农户的人均消费作为测量农户脆弱性的福利指标。因此，农户的波动性风险是影响农户人均消费波动因素中的一部分。农户消费的影响因素主要包括户主性别、家庭规模、劳动力人数、劳动力平均年龄、儿童的数量、收入、地区虚拟变量。此外，还有人均财富、户主的特征因素（是否是村干部、是否是党员、受教育程度、是否外出务工）等等。在这些影响消费的因素中，只有在年际间出现波动的变量才可能是农户的波动性风险，而不随时间变化而变化的变量（例如户主性别、受教育程度）不可能成为波动性风险因素。

（三）农户的波动性风险

经上述两种方法，对农户的波动性风险进行归纳。三类风险可以视为农户的波动性风险，分别是人力资本风险、资产风险和收入风险。（1）人力资本波动性风险的具体事例分别是劳动力数量、抚养比和失业人数。劳动力数量和抚养比的稳定性较强，但分家、劳动力因意外去世、结婚、孩子出生、老人数量的增加、老人的去世等几项冲击性风险的指标变化都能反映在这两种风险中，虽然冲击性风险发生的频次不多，但将之综合后通过劳动力数量和抚养比两个指标反映，劳动力数量和抚养比发生变化的可能性就增加了。贫困地区农户的劳动力大量从事非农的务工活动，而且多从事非正规部门的职业，工作不稳定，因此贫困地区农户中，非农务工人员比重在年际间的波动比较正常。（2）资产波动性风险的具体事例是存款、对外投资、对外借款、借入款、固定资产价值。农户的存款、对外投资、对外借款、借入款是流动的资金，在年际间的波动较大。农户的固定资产价值相对稳定，但是购买家用电器等耐用消费品、增加生产性固定资产等，都会导致资产的波动，因此农户的固定资产价值也被视为波动性风险。（3）收入波动性风险的具体事例是种植业收入、养殖业收入、务工或私营收入、转移收入。由于收入是以收入流的形式存在，因此收入的指标都可以视为农户的波动性风险。

四、贫困地区农户波动性风险的描述分析

（一）数据

本文数据是 2010 年 7 月和 2012 年 7 月国务院扶贫办对四川、甘肃、河南和湖南四省 8 个贫困县 40 个贫困村的农户调查数据。每省选取了两个贫困县，分别是四川省的南江县和西充县、甘肃省的陇西县和静宁县，河南省的原阳县和新县，湖南省的桑植县和花垣县。8 个县均是国家级扶贫开发重点县或者省级贫困县。每个县选取 5 个贫困村，每村调查 30 个农户。2010 年是基期调查，共调查1200 个农户。2012 年是对相同农户的跟踪调查，由于样本农户全家外出务工、调查时农户家中无人等原因，最终调查农户 1078 户。2010 年调查的是全年样本农户

2009 年的家庭基本信息、公共服务、种植业、养殖业、务工活动、私营活动、日常生活消费、食品消费等。2012 年调查的是所有样本农户 2011 年上述指标的状况。将两年数据合并，形成 1078 个农户的两期面板数据。

（二）农户的波动性风险的描述分析

首先，根据调查数据对农户波动性风险变量进行操作化处理。在变量处理中，将收入类别的变量都转变成人均的收入变量。在资产波动性风险变量中，借鉴了孙文凯和白重恩的处理方法，将存款、对外投资、对外借款、借入款和资产价值等变量整合成为人均财富变量。受数据限制，在资产变量中，本文选取了对外借款、借入款和资产价值三个变量，求得人均财富变量。文章对 2009 年的数据根据居民消费价格指数进行了调整，以能够和 2011 年数据进行对比。然后，按照 2011 年农户人均消费排序后进行分组，将所有农户分为非常贫困组、比较贫困组、一般组、比较富裕组、非常富裕组农户。根据分组对农户波动性风险进行描述统计（表 2）。

总体对比农户两年间的变化，在人力资本波动性风险方面，农户的平均劳动力数量减少了，同时伴随着抚养比上升。非农务工人员占家庭总人口比重稍有增加。在资产波动性风险方面，2009 年和 2011 年的人均财富均为负值，说明农户负债现象较为普遍。但由于数据所限，此指标没有包括农村的现金和存款状况，因此仅能反映农户的借贷状况以及耐用消费品等资产状况。2011 年的人均财富比 2009 年少，说明农户的负债状况减轻或者农户的存款、资产增加。在收入波动性风险方面，除农户的人均养殖业收入下降，其他三项收入均增加了。

从分组来看，在人力资本波动性风险方面，非常贫困组、比较贫困组和比较富裕组农户的劳动力数量下降，同时抚养比上升，这种变化和总体变化相同。而另外两组农户在劳动力数量和抚养比方面波动很小。五个组别农户的非农务工人员占家庭总人数比重都增加或保持不变。在资产波动性风险方面，一般组农户人均财富比其他四组稍多，但仍是负值，说明一般组农户的负债多于借出。比较贫困组农户和非常富裕组农户的人均财富则显示这两组农户的负债程度更高。在收入波动性风险方面，五组农户的人均收入状况的变化情况和总体相同，人均养殖业收入均下降了，而另外三种收入则增加了。

表2 不同消费贫困组农户波动性风险的描述统计

分组	年份	劳动力数量（个）	抚养比	非农务工人员比重	人均财富（元）	人均种植业收入（元）	人均养殖业收入（元）	人均务工或私营收入（元）	人均转移收入（元）
非常贫困组	2009	2.65	0.67	0.18	−1697.87	625.42	681.09	994.70	644.60
	2011	2.44	0.75	0.19	−1361.35	1105.33	97.32	1194.15	689.64
比较贫困组	2009	2.81	0.62	0.24	−1302.36	658.81	717.45	1639.37	562.44
	2011	2.68	0.71	0.24	−1563.87	1027.16	385.63	1912.07	755.31
一般组	2009	2.80	0.68	0.19	−1135.79	675.97	736.13	1413.35	817.86
	2011	2.81	0.69	0.24	−851.45	1077.12	145.75	1967.31	642.55
比较富裕组	2009	2.90	0.54	0.20	−1477.02	736.78	802.36	1452.63	801.09
	2011	2.79	0.56	0.22	−600.08	1042.10	314.03	2272.36	1021.28
非常富裕组	2009	2.96	0.52	0.20	−2873.33	786.87	856.90	2781.41	1080.04
	2011	2.95	0.50	0.22	−2622.18	1243.48	609.07	3337.29	1456.41
总体	2009	2.82	0.61	0.20	−1696.40	696.71	758.71	1655.46	780.98
	2011	2.73	0.64	0.22	−1398.88	1098.93	310.14	2135.75	912.64

综上所述，不同消费分组农户的人力资本、资产和收入均出现了波动，但波动的范围和方向不同。资产波动性风险和收入波动性风险波动较大。人均养殖业收入下降了，但人均财富和人均种植业收入、人均务工或私营收入、人均转移收入增加了。样本农户出现了劳动力数量下降和抚养比上升，说明贫困地区农户的抚养负担加重。非农务工人员比重增加，说明贫困地区农户的非农化程度提高了。资产和收入指标表明，贫困地区农户收入增加、负债减少的同时负债现象还较为普遍。

五、农户的脆弱性及波动性风险分解

使用VEU的脆弱性测量和分解的方法，对样本农户进行脆弱性测量和波动性风险对脆弱性贡献率的分解。如表3所示，样本农户总体的脆弱性为37.7%，其含义是将农户的消费正态化以后，如果毫无成本的重新分配资源从而消除消费的不平等和波动，样本中农户的平均效用将会提升37.7%。在农户脆弱性的来源中，贫困或不平等和未能解释的风险对农户脆弱性的贡献最大，而异质性风险和协同性风险对农户脆弱性的贡献较小。异质性风险对农户脆弱性的影响大于协同性风险。在农户的异质性风险中，本文所关注的农户波动性风险对农户脆弱性的贡献率都比较小，其中，资产波动性风险对农户脆弱性的贡献最小，人力资本波动性风险的贡献度次之，收入波动性风险对农户脆弱性的贡献度最大。

从不同消费组来看，从非常贫困组农户到非常富裕组农户，脆弱性呈"U"

型分布。非常贫困组农户到一般组农户，脆弱性呈现下降趋势，而从一般组到非常富裕组农户，农户脆弱性又增加。按照低效用水平的脆弱性定义，上述脆弱性分布表明，一般组农户的消费不平等程度以及消费的波动性最小，而非常贫困组农户和非常富裕组农户的消费不平等和波动较大。如果毫无成本的重新分配资源从而消除消费的不平等和波动，非常贫困组农户和非常富裕组农户的效用水平将分别提升25.3%和36.7%。贫困或不平等、未能解释的风险对各组农户脆弱性的贡献率依然是最大的，但从协同性风险和异质性风险来看，除了一般组农户，其余四组农户的协同性风险对其脆弱性的贡献率要高于异质性风险。从波动性风险对农户脆弱性的贡献度来看，农户波动性风险对农户脆弱性的总体贡献度较小。这和本文中面板数据的时间序列短有关系。

表3　不同消费贫困组农户的脆弱性分解（单位：%）

	非常贫困组	比较贫困组	一般组	比较富裕组	非常富裕组	总体
脆弱性	25.273	17.787	12.264	15.737	36.748	37.717
贫困或不平等	13.150	9.745	6.149	6.733	11.253	24.947
协同性风险	4.653	0.641	0.174	1.836	11.551	0.222
异质性风险	0.869	0.319	0.402	0.391	1.039	0.513
其中：劳动力数量	0.003	0.010	0.007	0.075	0.052	0.022
抚养比	0.008	0.000	0.015	0.003	0.015	0.012
非农务工人员比重	0.225	0.010	0.013	0.011	0.058	0.002
人均财富	0.006	0.004	0.004	0.003	0.176	0.011
人均种植业收入	0.042	0.092	0.002	0.038	0.096	0.001
人均养殖业收入	0.006	0.038	0.001	0.040	−0.001	0.000
人均务工或私营收入	0.200	0.021	0.131	0.137	0.451	0.196
人均转移收入	0.379	0.145	0.229	0.085	0.193	0.270
未能解释的风险	6.600	7.081	5.540	6.777	12.905	12.035

从农户波动性风险对农户脆弱性的贡献度占异质性风险贡献度的比重来看（如表4所示），即从波动性风险的相对贡献度来看，收入波动性风险对农户脆弱性的贡献度最大。从具体的收入波动来看，非常贫困组、比较贫困组和一般农户组的人均转移收入波动对脆弱性的贡献度最大，而对于比较富裕组和非常富裕组农户，人均务工或私营收入波动对脆弱性的贡献度最大，这说明对于贫困农户，转移收入是影响其福利水平的重要来源，而务工收入或私营收入则是影响富裕农户福利水平的重要来源。不同消费水平的农户，其农户的经济结构是不同的。这种分析结果的政策含义是，对于贫困地区一般收入水平及贫困的农户，需要重视政策的补贴，并保证政策支持的稳定，这对贫困农户降低脆弱性有重要意义。而

对于贫困地区较为富裕的农户，主要保证其务工或者私营收入的稳定性，这能够降低其脆弱性。

表4　农户波动性风险对脆弱性贡献度占农户异质性风险贡献度的比重（单位：%）

波动性风险		非常贫困组	比较贫困组	一般组	比较富裕组	非常富裕组	总体
人力资本波动	劳动力数量	0.35	3.13	1.74	19.18	5.00	4.29
	抚养比	0.92	0.00	3.73	0.77	1.44	2.34
	非农务工人员比重	25.89	3.13	3.23	2.81	5.58	0.39
资产波动	人均财富	0.69	1.25	1.00	0.77	16.94	2.14
收入波动	人均种植业收入	4.83	28.84	0.50	9.72	9.24	0.19
	人均养殖业收入	0.69	11.91	0.25	10.23	−0.10	0.00
	人均务工或私营收入	23.01	6.58	32.59	35.04	43.41	38.21
	人均转移收入	43.61	45.45	56.97	21.74	18.58	52.63

在资产波动的相对贡献度上，非常富裕组农户资产波动对其脆弱性影响较大，而其余四组农户的资产波动对其脆弱性影响很小。非常富裕组农户的人均财富波动占异质性风险的16.94%，而其余四组农户的人均财富波动性风险占异质性风险的比例在1.25%及其以下。这说明，资产波动性风险是影响非常富裕组农户脆弱性的重要因素，这可能由于其资产性因素波动较大，也可能由于非常富裕农户的资产在生活福利中比贫困农户的影响大。

在人力资本指标上，非农务工人员占总人口比重的波动是影响非常贫困组农户脆弱性的重要因素，而其他四组在此指标上的数值较少。这说明非常贫困组农户的非农务工人员在其经济中占重要位置，非农务工人员的比重的波动对农户的脆弱性影响很大。其余四组农户的非农务工人员比重对其脆弱性的影响程度相对较小。这种结果的政策含义是，对于特别贫困的农户，应通过政策扶持，保证贫困农户非农务工人员的就业稳定性，降低其非农务工人员的波动。

六、结论

农户脆弱性和风险分析是贫困地区发展的重要研究主题。当前关于农户脆弱性和风险的研究，并没有关注依据风险发生频次分类的农户风险研究，也没有关注不同频次类型的风险对农户脆弱性的影响。本文依据农户风险的发生频次，将农户风险分为了波动性风险和冲击性风险，总结了农户面临的波动性风险。基于四川、甘肃、河南、湖南四省八个贫困县1078个农户2009年和2011年面板数据，对贫困地区农户的波动性风险进行了描述分析，并利用低效用水平脆弱性

（VEU）的定义和分解方法，分解了农户波动性风险对农户脆弱性的影响。

根据已有研究中归纳的农户风险类型和影响农户消费的因素，对贫困地区农户的波动性风险进行了归纳。贫困地区农户的波动性风险主要包括人力资本风险、资产风险和收入风险等三类风险。人力资本波动性风险包括的指标有劳动力数量、抚养比、家庭中非农务工人员比重。资产波动性风险包括的指标有存款、对外投资、对外借款、借入款、固定资产价值。收入波动性风险的指标有种植业收入、养殖业收入、务工或私营收入、转移收入。

对样本农户的波动性风险进行描述分析，发现不同消费组别农户的人力资本、资产和收入均呈现了波动。所有农户的资产波动性风险和收入波动性风险波动较大。样本农户人均养殖业收入减少了，但其他三项收入增加。人力资本波动显示，样本农户的劳动力数量下降，抚养比上升，非农务工人员比重增加。资产和收入指标表明，贫困地区农户收入增加、负债减少的同时负债现象还较为普遍。从分组来看，非常贫困组、比较贫困组和比较富裕组农户的劳动力数量下降，同时抚养比上升，而另外两组农户在劳动力数量和抚养比方面波动很小。一般组农户人均财富比其他四组稍多，但仍是负值，说明一般组农户的负债多于借出。在收入波动性风险方面，五组农户的人均收入状况的变化情况和总体相同。

农户的脆弱性测量和风险分解表明，农户的贫困或不平等、未能解释的风险对农户的脆弱性影响最大。农户异质性风险对脆弱性的贡献度从总体上比协同性风险大，但分组来看，除一般组农户，其余四个消费组别的农户的协同性风险的影响大于异质性风险。从农户波动性风险对脆弱性的影响和波动性风险贡献度占农户异质性风险的比重来看，农户波动性风险对农户脆弱性的贡献率比较小。将三类波动性风险的贡献度进行比较，资产波动性风险对农户脆弱性的贡献最小，人力资本波动性风险的贡献度次之，收入波动性风险对农户脆弱性的贡献度最大。

参考文献

［1］Ellis F.Peasant Economics：Farm Households in Agrarian Development. Cambridge University Press，1993.

［2］Dercon S.Assessing vulnerability. Publication of the Jesus College and CSAE，Department of Economics，Oxford University，2001.

［3］陈传波. 农户风险与脆弱性：一个分析框架及贫困地区的经验. 农业经济问题，2005（8）：47-50.

[4] 徐锋. 农户家庭经济风险的处理. 农业技术经济, 2000 (06): 14-18.

[5] 马小勇, 白永秀. 中国农户的收入风险应对机制与消费波动: 来自陕西的经验证据. 经济学 (季刊), 2009 (04): 1221-1238.

[6] 陈传波, 丁士军. 对农户风险及其处理策略的分析. 中国农村经济, 2003 (11): 66-71.

[7] 马小勇. 中国农户的风险规避行为分析——以陕西为例. 中国软科学, 2006 (02): 22-30.

[8] 苏芳, 尚海洋. 农户生计资本对其风险应对策略的影响——以黑河流域张掖市为例. 中国农村经济, 2012 (8): 79-87.

[9] Holzmann R, Jorgensen S.Social protection as social risk management: conceptual underpinnings for the social protection sector strategy paper.Journal of International Development, 1999, 11(7): 1005-1027.

[10] 孔荣, Turvey CaLlum G. 中国农户经营风险与借贷选择的关系研究——基于陕西的案例. 世界经济文汇, 2009 (01): 70-79.

[11] Günther I, Harttgen K.Estimating Households Vulnerability to Idiosyncratic and Covariate Shocks: A Novel Method Applied in Madagascar. World Development, 2009, 37 (7): 1222-1234.

[12] 杨文, 孙蚌珠, 王学龙. 中国农村家庭脆弱性的测量与分解. 经济研究, 2012(4): 40-51.

[13] Ligon E, Schechter L.Measuring Vulnerability. The Economic Journal, 2003, 113 (486): C95-C102.

[14] Gaiha R, Imai K.Measuring Vulnerability and Poverty: Estimates for Rural India. 2008, UNU-WIDER RP2008/40.

[15] 武拉平, 郭俊芳, 赵泽林, 等. 山西农村贫困脆弱性的分解和原因研究. 山西大学学报 (哲学社会科学版), 2012 (06): 95-100.

[16] Ligon E, Schechter L.Measuring Vulnerability. 2002, UN-WIDER Discussion Paper No. 2008/86.

[17] Hoogeveen J, Tesliuc E, Vakis R, et al.A guide to the analysis of risk, vulnerability and vulnerable groups. World Bank.Washington, DC.Available on line at http://siteresources. worldbank.org/INTSRM/Publications/20316319/RVA.pdf.Processed, 2004.

[18] World B.World Development Report 2000/2001: Attacking Poverty.Oxford, England: Oxford University Press, 2001.

[19] Miles D.A household level study of the determinants of incomes and consumption. The Economic Journal, 1997: 1-25.

[20] 孙文凯, 白重恩. 我国农民消费行为的影响因素. 清华大学学报 (哲学社会科学版), 2008 (06): 133-138.

(本文与杨龙、支婷婷、梁晓敏合著, 原载《贵州社会科学》2013 年第 7 期)

第三章　新时代精准扶贫精准脱贫基本方略

论决胜脱贫攻坚的难点和对策

　　本文在 2020 脱贫攻坚收官之年论述了决胜脱贫攻坚的难点和对策，具有很强的政策指导意义，获得中央领导同志批示。

　　实施精准扶贫以来，扶贫氛围日渐浓厚，各级政府重视程度、各级财政投入力度和社会各界参与度均前所未有。全面建成小康社会阶段，脱贫攻坚战将"两不愁三保障"、社会公共服务和收入标准共同纳入扶贫目标，实现社会保障与收入增长相结合，一定程度上克服了长期以来收入单维度指标和主要依赖经济发展驱动减贫的缺陷。通过精准扶贫，缓解了农村绝对贫困，遏制了农村内部收入差距不断扩大趋势，缩小了城乡居民发展差距。按现行农村贫困标准，2013—2018年，中国每年减贫人数均保持在 1000 万以上，已累计减贫 8239 万人，累计减贫幅度达到 83.2%，农村贫困发生率下降到 2018 年末的 1.7%[①]。这为拓宽低收入人口上升通道，建立以中等收入群体为主的橄榄型社会格局创造了条件。作为重要的社会干预行动，脱贫攻坚资源动员强度大、各方关注度高，国家治理技术越来越精细，必将对经济社会产生深远影响。然而，当前脱贫攻坚仍面临一系列挑战，较难实现短期增收和稳定脱贫双重目标，稳固现有减贫成果和预防贫困风险仍任重道远。笔者曾撰文回顾改革开放 40 年中国扶贫开发历程，并分析了脱贫攻坚的难点，提出采用超常规手段和创新机制，短期长期帮扶结合，短期内重点解决贫困人口生活问题，长期则需要重点解决发展动力和能力不足问题，并实施兜底政策。本文拟结合当前脱贫攻坚决战面临的新情况、新问题，以及近年笔者参与精准扶贫第三方评估相关实践经验，对决胜脱贫攻坚的难点和对策做进一步分析。

---

① 参见 http://www.stats.gov.cn/tjsj/zxfb/201908/t20190812_1690526.html。

一、着力解决大规模扶贫下的"逆向激励"难题

新一轮脱贫攻坚实施以来，减贫成效显著，但扶贫工作难度不断增大，减贫速度趋缓，大规模扶贫投入下出现了政策设计初衷与实际执行效果事与愿违的"逆向激励"现象。

中国的扶贫资源大部分来自政府投入，在数量众多的政府部门帮扶下，贫困户直接或间接可获得的扶贫资源大致可分为基本保障性资源（如最低生活保障、医疗保险和养老保险等）、基本生产和生活保障补助（如农业补贴、危房改造补贴和易地扶贫搬迁补助等）和直接作用于贫困地区经济和社会发展的投资（如种植和养殖补贴、基础设施建设等），基本可涵盖实现"两不愁三保障"和收入增长的各方面。

数量众多的扶贫资源分配机制有其缺陷，"逆向激励"问题是重要表现，调高标准、吊高胃口、瞄而不准、不切实际的帮扶措施和简单的分红是逆向"激励问题"产生根源之一。"精准"一词背后的含义是：基本上只有国家认定的精准扶贫对象（包括贫困县、贫困村和贫困户），才能得到或者获取更多的扶贫资源倾斜。在资源总量有限的情况下，越是表现出贫穷的，或者没有那么贫穷，但争夺资源能力越强的，越能得到更多的扶持，表明争戴"贫困帽"背后存在"逆向激励"预期。

争戴"贫困帽"的不仅仅是地方政府和行政村，还有规模巨大的"穷人"。过于依靠现金转移式再分配制度和政策减贫，容易形成受益者对福利的依赖，"逆向激励"也就在"争穷"现象中表现得较为充分和典型。贫困群体一旦纳入帮扶对象，一般会与住房、教育、医疗、养老等福利捆绑，帮扶政策向农户传递的信息是，只要争取成为贫困户就可以享受各方面的政策照顾。捆绑式的制度设置为贫困户提供多种福利资源，帮扶资源堆积形成福利叠加效应，引导贫困户权衡退出贫困序列的机会成本和继续享受扶贫资源的收益，产生对政策福利心理依赖和行为依赖，形成"脱贫是干部的政治任务，与我无关"的错觉。本不应成为帮扶对象或者处于需要帮扶边缘的群体，产生能够享受有限的扶贫资源盼头，争相申请享受资源谋求生存或发展。在大规模的利益诱惑下，即使拥有一定劳动能力的扶贫对象，也容易以消极态度来对待脱贫，以不脱贫抑或不工作作为与政府博弈的手段之一。

上述情况出现的重要原因是现行扶贫制度存在一定的扭曲，国家和社会承担

过多的责任，过度给予导致将本属于贫困人口个人的问题推给国家和社会，在客观上鼓励成为穷人或继续保持贫穷和争当贫困户的"逐末行为"。挤占扶贫资源的群体或组织越多，越容易产生慵懒心态，脱贫积极性越不高，需要更多帮扶资源，降低了扶贫资源配置效率。

为有效遏制"争贫"现象并提升扶贫绩效，要做好贫困地区和贫困群体的期望引导，并对激励机制进行优化设计。通过设计适度的帮扶制度，减少逆向选择和道德风险，做到激励相容。中央设定了到 2020 年现行标准下贫困县、贫困村全部摘帽，建档立卡贫困人口实现脱贫和达到"两不愁三保障"的期限，加上有"四不摘"的硬性要求，早脱贫晚脱贫对于贫困县（贫困村、贫困户）来说差别不是很大，反而可以督促在规定时限内实现高质量脱贫，使脱贫者不再挤占稀缺的扶贫资源，从根本上阻止继续装穷、争相戴帽的动机。通过改进贫困县考核机制，由主要考核地区生产总值向考核扶贫开发工作成效转变，对限制开发区域和生态脆弱的重点县取消地区生产总值考核等措施，也在一定程度上扭转了贫困县"争贫"的动机。

要从源头上解决"逆向激励"问题，应重新审视无意脱贫群体，避免产生国家和社会能提供长期、稳定和高水平社会保障预期，并解决贫困家庭所有难题的"幻象"。近年来，中央也在逐步调整现行政策。比如，改变以往以分红为主的产业扶贫模式，通过设立公益性岗位、发放建档立卡贫困户劳动补贴、居家就业等多种形式，让贫困户通过提供力所能及的劳动服务来换取工资及分红收入。考虑到很多农户个体的贫困状态只是阶段性的，国家和社会的帮扶资源也只能解决贫困问题而非致富问题，可将贫困视为得到援助或支持的必要而非充分条件，要求受益群体履行相应的义务，以纠正"逆向激励"问题，避免不良预期。同时，要通过灵活补贴和约束机制来提高就业意愿和就业能力，可实行有条件现金转移支付（Conditional cash transfers，CCT）计划、福利到工作（Welfare-to-work，WTW）制度等做法，确定每个家庭的受益额度。通过有条件的补贴、限制性的资源使用管理，制定具有可操作性的有条件转移支付方案，将有限的资金转向有意愿、有能力脱贫的"发展的"贫困者，而不是简单地帮助那些暂时陷入贫困的穷人。通过强调权利与义务并重，用差异化瞄准、引入竞争和分类帮扶的机制来确立正向的预期和激励：要想摆脱贫困，自身就必须付出努力；只要付出辛劳和创造，就会得到市场回馈和政府资助的双重回报。

二、着力解决兼顾扶贫成本与扶贫效益问题

新一轮脱贫攻坚政策实施以来，中央为脱贫攻坚设定了约束性指标，制定了指令性计划，规定了时间节点，政治议程转变为社会的道德行动，调动的社会资源、集中投入的人力物力财力等各种资源，规模之大前所未有。精准扶贫对财政扶贫政策运用的合理性和精准性提出了更高的要求。随着政策手段更加精细、政策对象更加微观，财政扶贫政策短期配置绩效较为合理，但短期目标与长期目标冲突，政策的长期绩效存在耗损等问题愈发明显。扶贫资源投入和产出不成比例，资源配置低效等问题也一直没有很好地解决。

概括说来，脱贫攻坚投入的资源或成本可分为：一是中央财政专项扶贫资金，这是脱贫攻坚的主力资金[1]。二是中央有关职能部门组织实施的公共投资项目，如交通、水利、电信、健康和教育项目等。三是东西部地区对口财政转移。如干部人才交流、产业发展和劳务对接，教育、文化、卫生、科技等方面的合作。四是行政指导下的企业收入转移。如中央企业"百县万村"扶贫行动，民营企业"万企帮万村"行动，组织捐资捐物。五是间接性财政支出，主要是推行精准扶贫政策的行政成本，如精准识别、派驻驻村工作队和第一书记、组织第三方评估等[2]。

脱贫攻坚的效益或成效比较难以精准定义。如果将脱贫攻坚收益简单计算成减少了几千万的贫困人口，显然成本非常高昂。中国政府对于财政扶贫资金投入有其逻辑，虽然某些项目或产业整体来看短期投资回报率不高、亏损或需要政府补贴（如一些光伏扶贫、资产收益扶贫项目等），但从社会成本效益原则出发，考虑到能够直接为贫困人口创造机会，且国家或地区又能够获得长期的合理回报，中国政府还是投入资金扶持。由于很多脱贫攻坚投入的意义超越了扶贫本身，脱贫攻坚的效益应该从多方位、长远影响来看待，比如大量的资金是投入到基础设施和公共服务，可以发挥长期效应。同时，此轮脱贫攻坚行动，对干部锻炼、改善地方治理体系都具有重要意义。这些效益显然都是沉淀的固定资产和无形资产，将发挥长远作用。

虽然无法精确衡量大规模的扶贫投入的成本和效益，但单从贫困人口减少的

---

[1] 从 2016 年起，中央财政补助地方专项扶贫资金年均增长 20% 以上，2018 年达 1061 亿元。

[2] 比如，2014 年精准扶贫工作"精准识别""建档立卡"时，全国动员约 80 万人力，2015—2016 年"回头看"工作全国动员约 200 万人力。同时期全国扶贫系统工作人员不到 4 万人。

数量来看，资源投入成效也是显著的。假定其他类型资金增量不变，每新增 1 亿元中央财政专项扶贫资金所对应的贫困人数的减少数量，从 2012 年的 39.12 万人降至 2018 年的 6.93 万人，表明以中央财政专项扶贫资金计算的资金减贫边际效果明显下降（见表 1）。原因是边际收益递减规律在起作用，最后的贫困人口往往是最难啃的骨头，越往后减贫难度越大。

表 1　中央财政专项扶贫资金投入及农村贫困人口规模（2010–2018）[①]

年份	中央财政专项扶贫资金投入（亿元）	贫困人口（万人）	贫困发生率（%）	资金的减贫边际效果（万人/亿元）
2010	222.68	16567	17.2	—
2011	272.00	12238	12.7	87.77
2012	332.05	9889	10.2	39.12
2013	394.00	8249	8.5	26.47
2014	432.87	7017	7.2	31.70
2015	467.45	5575	5.7	41.70
2016	670.00	4335	4.5	6.12
2017	860.95	3046	3.1	6.75
2018	1060.95	1660	1.7	6.93

注："资金的减贫边际效果"指的是每增加亿元中央财政专项扶贫资金对应的贫困人口减少的数量（万人），计算方法是（上年贫困人口 – 本年贫困人口）/（本年财政资金 – 上年财政资金）。贫困标准为 2011 年调整后的标准，也是现行贫困标准，即每人每年净收入 2300 元（2010 年不变价）。

随着中国扶贫筹资从救济式扶贫转向开发式扶贫，从计划式无偿的资金发放转向有偿的市场导向型资金发放，以加强贫困人口的能力建设，中国扶贫资金筹措越来越与扶贫政策相辅相成，扶贫资金精准投入更加突出重点，并发挥了杠杆作用，扶贫资金使用方式也更加注重创新[②]。这说明，中国的扶贫开发投入产出效率相对较高，大规模资金投入能够带动数量众多的贫困人口实现脱贫。

---

① 资料来源：2010—2016 年中央财政专项扶贫资金投入数据来自国务院新闻办公室网站《中国的减贫行动与人权进步》（2016），http://www.scio.gov.cn/zfbps/32832/Document/1494402/1494402.htm；2010—2016 年贫困人口和贫困发生率数据来自《中国统计年鉴》（2017）；2017 年中央财政专项扶贫资金投入数据来自中国政府网《中央财政拨付 2017 年财政专项扶贫资金 860.95 亿元》，http://www.gov.cn/xinwen/2017–06/08/content_5200771.htm；2017 年贫困人口和贫困发生率数据来自中国政府网《2017 年末我国农村贫困人口减少到 3046 万人》，http://www.gov.cn/xinwen/2018–02/01/content_5262917.htm；2018 年中央财政专项扶贫资金投入数据来自中国政府网《中央拨付 2018 年财政专项扶贫资金 1060 多亿元》，http://www.gov.cn/xinwen/2018–05/04/content_5288150.htm；2018 年贫困人口赫尔贫困发生率数据来自中国政府网《2018 年全国农村贫困人口减少 1386 万人》，http://www.gov.cn/xinwen/2019–02/15/content_5365982.htm.

② 参见联合国开发计划署 2016 年《中国扶贫可持续筹资报告》。

　　然而，扶贫资金投入越来越多，贫困发生率不断下降并不能完全等同于精准脱贫见成效。财政扶贫资金表面上看是越来越多，但管理仍然较为分散，资金管理部门化，部门管理条块化导致资金使用效率不高、瞄准率低。近年来精细化的精准扶贫虽然使得贫困瞄准精度提升、扶贫资源渗漏减少、信息不对称程度降低，但以部门职能分配资金、安排项目的制度安排仍然没有改变。同时，扶贫主客双方的扶贫和脱贫机会成本也在大幅增加，政府权威和扶贫治理效率亟待提升，过多地向基层施压同样会造成"上有政策，下有对策"的策略式应对有量无质的效率损失。

　　扶贫资金使用效率不高的一个重要表现是扶贫资源投入和产出不成比例、供给和需求不匹配：一方面，本来没有需求的项目也进行了扶贫投入。比如，有些地方修广场、图书室和卫生室，但未充分考虑合理利用问题，资源浪费严重。比如，笔者参与精准扶贫第三方评估发现[①]，中部某县被访乡镇所在地行政村，未充分考虑资源利用问题，额外建设新的标准化村卫生室。由于离乡镇卫生院走路仅需几分钟，除接待上级检查外，村卫生室基本处于无固定医生、无问诊病人、药品很少的闲置状态，资源利用率不高。另一方面，有需求但过度投入。比如，有些地方已经投入大量资源将水泥路硬化到组。但没有考虑成本和收益问题，进一步硬化到了户。由于农户本身居住分散，经济活动少，砂石路、土路就能满足这些农户的需求，使用水泥路导致资源浪费严重。

　　总体来看，扶贫资金使用效率不高、资金瞄准率低，重要原因如下：

　　一是资金碎片化使用难以发挥规模优势。中国农村扶贫走的是从贫困地区区域开发为主转向以贫困家庭和人口为对象的精准扶贫之路。实施精准扶贫以后，一些地方将脱贫攻坚泛化为区域发展，把有限的扶贫资源分散使用，其结果是产生碎片化的治理效果，分散化的资金很难再集中起来发挥规模优势。

　　二是帮扶手段单一降低了资金的使用效率。一些扶贫政策被简化为项目实施，目标局限于直接提高收入和福利，帮扶手段和模式被简化为直接给钱给物，注重项目尽快落地而忽视受援助主体发展能力建设。这种以结果为导向的福利制度很少考虑投入成本，很难进行全方位效果监测，既带来日益增长的财政负担，也助长了受助群体福利依赖。

　　三是权力寻租导致扶贫成本虚高。减贫方案由政府主导，扶贫资金来源多

---

① 如无特殊说明，精准扶贫第三方评估数据均来自于中国人民大学中国扶贫研究院调研资料。

由中央拨付、省市（州）县配套，以项目形式专款专用，但依靠行政手段调拨扶贫资金，可能会使财政扶贫资源使用出现目标偏离，增加扶贫资金和资源监管难度，衍生权力寻租行为，资金滥用或实际受益群体偏离目标人群产生的资源渗漏问题导致扶贫成本虚高。在项目制和资金整合的大背景下，被动"跑部钱进"逐渐转化为主动"限时脱贫"，资金"跑冒漏"现象才有所好转。

四是形式主义增加了扶贫成本。精准扶贫在基层实践中要求精细化、事无巨细，但贫困精准治理的同时，也伴随着不同程度的形式主义问题，行政系统低效率而产生的大量重复性工作，无疑会增加治理成本。比如，扶贫领域频繁的检查、督查、考核，过多的会议，各种层级和类型的量化考评同样会耗费较多的精力，挤占其他领域的扶贫资源投入。一些实质性扶贫工作内容通过形式去表现，导致内容虚化并沦为形式。同时，原本用来说明和表现扶贫工作内容的一些辅助形式取代了内容的中心地位，导致工作重点偏移。

随着财政收入增长速度大幅放缓，在有限的资金预算约束下，持续、稳定大规模扶贫资源投入将难以为继。在扶贫资源供给强度不能保证的情况下，通过"低水平、广覆盖"提升既定扶贫资源分配效率是可选之路。针对不同的贫困状况，对谁贫困、谁脱贫、脱贫时间和成本等进行全方位衡量，掌握不同扶贫项目投入之间的平衡性，区分普惠型资源和特惠型资源的不同作用，引导扶贫资金分配逐步从"普惠制"向"普惠制＋阶梯制＋特惠制"转变，减少扶贫资源浪费，提高资源供给质量和使用效率，可防止扶贫机会成本大幅攀升。

三、着力解决短期脱贫与可持续发展的矛盾

新一轮脱贫攻坚战有明确时间节点（2020年），有清晰的空间划分（集中连片特困区、贫困县、贫困村），要在短期内达到预期目标（"两不愁三保障"和收入超过贫困线），是各级政府必须按时保质完成的一项政治任务。但贫困地区和贫困人口短期脱贫与可持续发展可能存在矛盾，影响精准扶贫成效。

一是从目标上看，政府绩效评价目标的短期性与追求稳定脱贫目标的长期性构成矛盾。当前体制下，中央与省级层面负责脱贫攻坚战略引导，省级以下层级负责脱贫攻坚战术执行。精准扶贫作为地方政府在多重条件约束下的政治任务，一些地方囿于考核压力，在追求效率和政绩导向的双重目标下，短期内消除的绝对贫困人口数量，往往成为评估精准扶贫绩效的重要依据，一些设计精良的政策，在执行过程中考虑到执行成本等问题，往往被简约或简化处理。由于国家正

式分配制度与地方非正式分配规则之间存在差异，层层压力传导迫使政策执行者形成自身的一套逻辑，把扶贫开发视为阶段性工作，采取策略性应对方法，将扶贫目标窄化为对收入水平、脱贫快慢等显性数据的追求，不计成本追求短期脱贫效果，导致政策出现走样，扶贫目标异化为手段。

二是从手段上看，短期出效益与长期保公平存在矛盾。基于公平考虑，精准扶贫应"扶弱先于强，帮小优于大"。但实践中，由于面临时间和目标的双重压力，扶贫执行主体会倾向于选择有效或有用的方案，并应用于扶贫工作中，以实现扶贫绩效最大化，对社会公平正义的价值追求被急功近利和效率优先所置换。同时，考虑到精准扶贫政策的有效执行可能会影响执行者利益，例如项目引进会使地方政府承担项目失败的风险，因此，基于自身利益权衡后，一些执行者会选择政策规避的行动策略，使得政策效果达不到预期目标。由于财政扶贫资金使用与建档立卡结果相衔接、与脱贫成效相挂钩，在分配扶贫资源时，基于工作效率和多出政绩的考量，多数地方政府愿意根据对贫困户和脱贫户、非贫困户发展情况的综合分析和判断，并实施"短、平、快"的项目，进行选择性帮扶，因为这样操作起来难度小，省时省事省心且见效快。通过将有限的扶贫资源集中，进行政策倾斜，优先分配给资源条件相对较好的地区和能力相对较高贫困户，在短期内可看到明显的效益和成果，既有利于总结扶贫经验，又能增加政治资本，是典型的使用扶贫资源来点亮自身政绩的行为。这些做法表面上提高了脱贫工作的效率，但难以有效回应贫困人口的真正需求和发展意愿，加剧了资源分配不公。"示范村"或"明星户"通过资源积累，强者越强，资源倾斜较少的弱者愈弱，马太效应明显，整体负面效应大于正面效应。

三是从结果上看，减贫速度和脱贫质量存在矛盾。减贫速度和脱贫质量是辩证统一关系，不能把握好速度就不可能按时完成年均减贫 1000 万人的艰巨任务。但贫困问题并非一直处于绝对静止的状态，而是处在不断的动态演变之中。贫困的动态性和相对性，决定了消除贫困是一项长期工作。因此，精准扶贫并非应急任务，也不可能一劳永逸解决所有问题。在时间紧、任务重的情况下，采取一些非常规的政策和措施是必要和可以理解的，但为了更好地回应和完成上级的考核，以质量换时间、以风险换进度的做法绝非脱贫攻坚的初衷和努力方向①。以脱贫指标为导向的治理行为会引发一系列偏差，如果过于强调速度忽视质量，甚

---

① 吴国宝 . 要注意防控脱贫攻坚中潜伏的风险 . 清华大学中国农村研究院——"三农"决策要参，
2018（14）.

至不惜动用一切资源来完成扶贫任务指标，对不良后果不能承担起责任，即使在2020年全面实现既定的脱贫攻坚目标，如果不能确保贫困人口走上可持续发展道路，扶贫成效必定大打折扣，且经不起历史检验。

贫困问题是社会转型时期所长期面临的社会问题，实行精准扶贫目的是更加精准有效解决农村贫困问题，解决发展中的不平衡。中央设定了到2020年打赢脱贫攻坚战的战略目标和明确了"四不摘"的硬性要求，传递的精神是全面建成小康社会之前，大力引导贫困县将贫困治理调整至年度任务的优先位次，最大程度整合体制内外资源，治理重心由减少贫困规模变为提高脱贫质量、巩固脱贫基础，从片面追求减贫规模数量指标变为追求贫困发生率、错退率、漏评率、满意度和返贫率等质量指标。

从宏观上看，处理好短期和长期的问题，需要把握扶贫开发资源短期减贫效应与脱贫主体可持续发展长效机制的关系，从注重减贫速度向注重脱贫质量转变。近年中央加大了考核监督评估力度，各级党委政府扶贫建立绩效考核制度、调整考核指标以及严格执行相应的问责制，引导地方政府将重点放在稳定脱贫和防止返贫上，并认真细致考察每一项"两不愁三保障"政策落实是不是短期的和不可持续的。通过建立可持续的脱贫机制，加快从运动式治理向制度化治理转型，探索精准扶贫的常规化、长效化和制度化的实践机制，避免长期停留在政策和形势驱动状态。在制度上形成保障贫困户脱贫后不会返贫的机制，在新的贫困出现或出现返贫现象时具有能够有效兜底的制度保障，既解决贫困地区和贫困人口的基本生活困难，又不形成过度依赖。在接受帮扶的同时，形成贫困人口自身发展的动力和能力，短期脱贫与可持续发展的矛盾才能较好解决。

从微观上看，让贫困户特别是有劳动能力的贫困户实现可持续发展，重要的是提高他们的能力，建立脱贫信心、稳定就业或培育产业，让他们有稳定的创收渠道，获得源源不断的经济来源：一方面，可以帮助贫困户打造一个产业，将贫困户培养成小专业户，并随着产业的发展，能力不断提高，规模也逐渐扩大；另一方面，可以帮助贫困户找到稳定的全职或兼职工作，能够让他们实现长期就业。因此，可以从以下4个方面衡量脱贫的可持续性，并从相应维度改进扶贫政策：一是看多种来源的收入结构，可观察贫困户收入来源是靠产业、就业，还是靠低保、简单的分红和临时性补贴，判断收入到底仅仅是数字上提高了还是实现了可持续的增加。二是看不同种类的帮扶措施，可观察帮扶措施是否有利于贫困户形成产业或稳定就业，并获得稳定的收入来源，形成脱贫内生动力。三是看各种类型的资产积累，可以观察贫困户一段时间的资产积累是否有利于抵抗各种冲击和风险。四是看各式各样的保障政策，可以观察保障政策是否有利于贫困户从冲击和风险中迅速恢复或接近原有生活水平。

四、着力解决扶持对象与非扶持对象之间的模糊界限下的"悬崖效应"

"悬崖效应"是指事物在变化的临界点（线）阶段或范围所发生的变化特征和结果，即由量变突破度引起质变。随着扶贫资源投入不断增加，贫困村、贫困户因资金整合和政策叠加，超标准享受到村到户资金和项目，可能远好于原本境况相似的临界群体，出现"贫困程度不相上下，扶持政策天上地下"现象。这种因扶持对象与非扶持对象之间界限模糊，政策帮扶标准不同而形成的福利在贫困临界点上下的落差，可称为扶贫政策的"悬崖效应"。当扶贫政策只针对某一部分群体，靠近政策分界线但又没有享受到政策好处的群体可能会处于边缘贫困状态，与其他条件差不多的群体相比，产生相对剥夺感和不公平感。经过一段时间帮扶后，两种群体之间整体发展状况甚至可能发生根本逆转。"悬崖效应"将处于边缘贫困群体形象描绘出来，脱贫攻坚进入深水区后，这些群体的利益应受到更多关注。

在实践中，处于"悬崖效应"边缘的往往是（非）贫困村和（非）贫困户：一方面，被识别为建档立卡贫困村，是获得扶贫资金和项目的主要政策依据。项目执行过程中，各类分散和整合的资金往往更倾向于投向贫困村，导致一些贫困村村庄基础设施建设、基本公共服务和产业发展超出基本标准以及保障"两不愁三保障"脱贫标准。而部分未被认定为贫困村的村庄，经济社会发展水平、贫困发生率与贫困村较接近，实际上是临界贫困村或边缘贫困村，由于帮扶资金较少，这些非贫困村发展状况改变缓慢，基础设施供给、公共服务发展出现停滞甚至倒退，两者形成鲜明对比。另一方面，被精准识别为建档立卡贫困户，是贫困家庭获得资源帮扶的前提。现阶段，大量的帮扶资源到户到人，只有少部分才外溢到非贫困家庭。部分没有纳入建档立卡的困难家庭实际上是临界贫困户或边缘贫困户，其生产生活条件与建档立卡贫困户相差不大，属于建档立卡"可进可不进"、精准帮扶"可帮可不帮"的对象。由于没有相应的帮扶政策，这些家庭具有高度脆弱性，陷入贫困的风险较高，在深度贫困地区尤为明显。深度贫困地区总体上较为贫困，贫困户与非贫困户个体贫困程度差异相对较小，政府帮扶力度相对较大，如果为帮扶对象提供全覆盖、高标准且帮扶对象不付费或很少付费的扶持，"悬崖效应"可能更加突出。比如，在四川凉山，为解决住房安全问题，建档立卡贫困户易地扶贫搬迁户均自筹不超过1万，其他由政府承担，而非建档立卡随迁户一般补贴3万至5万元不等，其他由个人自筹，每户补贴相差几万元，最高达10万元左右。

在实践中，笔者发现"悬崖效应"的若干表现。以健康扶贫政策为例，精准扶贫第三方评估检查发现，中部某县级市健康扶贫政策偏离目标：首先，2014年、2015年脱贫户不享受政府代缴基本医疗保险费和大病保险费以及健康扶贫政策，违背脱贫不脱政策，造成脱贫户之间的"悬崖效应"。其次，大病存在过度保障。虽然建立了基本医疗保险、大病保险、医疗救助和政府兜底等"三保障一兜底"政策措施，虽然有效解决因病致贫、因病返贫问题，但是过高的医疗保障水平可能导致建档立卡户小病大看的现象，过多地占用医疗资源，加大政府的财政负担。再次，慢性病救助政策不完善。虽然针对贫困人口中的慢性病患者制定了相关政策，但未规定门诊药品目录，导致慢性病救助政策扩大化。比如，精准扶贫第三方评估检查还发现，东北某县级市利用农户基础养老金担保进行银行贷款，为2020年底前年满60岁的建档立卡人口一次性缴纳城镇职工基本养老保险费，致使60岁以上的贫困老人净领取养老金至少达1540元，70岁以上老人养老金达到3000元，远高于普通农民所获得1000元左右的基础养老金，贫困户和非贫困户待遇差距较大。

脱贫攻坚实践中，任由"悬崖效应"长期存在，可能会产生一系列的严重后果。一方面，超标准福利骤增容易造成临界群体心理不平衡和失落，产生相对剥夺感，不太认同现行政策，并质疑"凭什么他（们）有，我（们）没有？"申讨"为什么我（们）不能享受这政策？"给精准扶贫资源分配者造成巨大压力，使政府公信力受到边缘贫困群体的非议和质疑，甚至产生矛盾积聚和扶贫抗争问题，引发村与村之间、村民之间、村民与村两委之间关系紧张和不信任，增加乡村有效治理难度。另一方面，"贫困"身份带来的福利远超各方心理预期，获得的好处有相当部分并不是辛勤劳动付出所得，而仅仅是因为其贫困身份所带来的。付出和努力不对等将成为"等靠要"、争当贫困户和脱贫后不愿退出等现象的根源之一。如果低收入村庄和农户状况长期得不到实质性改善，边缘贫困人群与扶贫对象之间没有充分表达的利益冲突可能会通过各种形式表达出来。假如没有有效措施积极应对和及时化解"悬崖效应"，一旦矛盾进一步蔓延激化，造成局部地区社会不稳定，可能影响脱贫攻坚全局。

实际上，只要从事扶贫工作并划定贫困标准，就总会有边缘人群。要防止贫困人口边缘效应问题凸显，就不能盲目拔高标准，既不要落下，也不要落差，防止出现"政策鸿沟"和"悬崖效应"。在贫困户稳定超过现行扶贫标准后，政策措施更加注意贫困户和非贫困户待遇差距，不拔高标准，不对扶贫政策过度加码，"悬崖效应"和负面激励问题就不会那么突出。解决"悬崖效应"措施主要有以下几个方面。

一是在帮扶对象认定上，重视临界贫困，在确定贫困规模后，对帮扶对象实行动态管理。基于扶贫部门建档立卡和统计部门统计抽样数据，摸清临界贫困村和临界贫困人口贫困现状，对徘徊在贫困边缘的人口数量进行估计，笔者认为可将家庭人均年收入高于现行脱贫标准 10%—20% 以内的人群进行统一的分类分级登记管理。针对不同收入、不同家庭规模等因素设定不同类型的多维贫困线标准，对排查出来的家庭情况各异的临界对象纳入整体帮扶，统筹整合使用财政涉农资金，解决扶贫实践中的具体难题，减少政策边界的模糊部分，留出一部分项目资金或扶贫资金，对相对困难的对象实施帮扶和带动。实践上，重庆市武隆区较早对"临界户"进行动态监测，并于 2019 年出台《关于加强脱贫攻坚"临界户"帮扶工作的实施方案》。根据方案，上年家庭人均可支配收入介于贫困线与贫困线 1.2 倍之间，以及家庭因医疗、义务教育、必备住房、重大灾害等刚性支出较大，造成家庭人均负债超过上年全区农村人均可支配收入，同时又不符合建卡贫困户条件的农户，即被列入"临界户"，在医保资助、医疗救助、产业发展、金融服务等方面予以帮扶 [①]。

二是创新帮扶形式，以发展式、保障式扶持为主，资金扶持为辅。要以收入增长为核心转向以能力建设为核心，在坚持"两不愁三保障"的脱贫标准基础上，建立分类救助帮扶体系，细分帮扶对象年龄、性别、家庭结构、受教育程度、职业类型等家庭规模和结构特征，实现从"精准到户到人"到"精准到不同人群的特征"转变，实现对贫困人口实行更精准、更公平和更有效率的帮扶，防止扶贫资源超水平供给。要消除不同年度脱贫户之间的政策差距，统筹贫困村贫困人口和边缘地区贫困人口的扶持办法，为贫困地区、贫困人口提供基本、及时和有效的帮助和支持，防止相对剥夺感聚集。转移性收入要避免直接给钱给物，

---

① 新华社 . http://www.xinhuanet.com/politics/2019－05／24／c_1124538605.htm.

防止出现仅享受产业分红而未参与生产经营现象。要针对贫困户新增产业项目实施奖补，避免凭自家原有产业项目即可获得产业奖补资金。要改进公益岗位设置，岗位的设置应从实际用途和可持续性出发，重点覆盖有劳动能力的建档立卡户，促进长期稳定增收，既不能安排与本人工作能力不符的岗位，也不能虚设和滥设岗位。

三是注重风险防控，将风险干预前置。将各类专项救助与贫困户（低保户）身份进行脱钩，以专项救助的方式按需扶持，实现政策全覆盖，减少以贫困户身份作为救助和保障门槛的资源分配方式所产生的落差。比如，健康扶贫政策不仅仅是要针对建档立卡贫困人口，而是要照顾到那些有特殊类型疾病和慢性病的群体，提高抵御风险政策的覆盖面。考虑到一些风险防控的保障政策知晓率和利用率不高，可建立帮办代办制度，通过指定驻村工作队成员或帮扶责任人为帮办责任人，发挥帮办责任人熟悉政策的优势，为建档立卡贫困户帮办代办慢病卡、慢性病门诊报销等事项，提高慢性病门诊报销政策的知晓率和利用率，确保健康扶贫工作落到实处，减轻贫困人口医疗负担。

四是在公共基础设施建设、公共服务提供和集体经济发展时，照顾到边缘贫困人口。结合国家乡村振兴战略和产业政策、区域发展资源，在公共资源分配过程中兼顾贫困人群与贫困边缘人群，营造相对公平的发展环境。有效利用信息扶贫、网络扶贫、文旅扶贫、消费扶贫等新理念、新技术创新扶持方式，充分挖掘不同类型贫困户参与生产活动的潜力，解决帮扶不深入、不平衡问题。除针对贫困户、贫困村组的特惠政策外，也要注重出台针对"临界贫困"的普惠政策，让各种群体都能平等享受到精准扶贫带来的好处，从而提升资源投入地区和人口抵御风险的能力，共享贫困治理成果。

参考文献

［1］汪三贵，曾小溪. 从区域扶贫开发到精准扶贫——改革开放40年中国扶贫政策的演进及脱贫攻坚的难点和对策. 农业经济问题，2018（8）：40-50.

［2］詹国辉，张新文."救困"抑或"帮富"：扶贫对象的精准识别与适应性治理——基于苏北R县X村扶贫案例的田野考察. 现代经济探讨，2017（6）：95-103.

［3］汪三贵，曾小溪. 后2020贫困问题初探. 河海大学学报（哲学社会科学版），2018，20（2）：7-13.

［4］李学术. 论反贫困中的逆向激励与政策纠偏. 农业经济问题，2007（02）：88-93.

［5］黄林秀，邹东寒，陈祥，等. 财政扶贫政策精准减贫绩效研究. 西南大学学报（社会科学

版），2019，45（5）：59-66.

［6］朱玲，何伟. 工业化城市化进程中的乡村减贫40年. 劳动经济研究，2018，6（4）：3-31.

［7］吴国宝，李培林，蔡昉，等. 中国减贫与发展（1978—2018）. 社会科学文献出版社，2018.

［8］许汉泽，李小云. 精准扶贫：理论基础、实践困境与路径选择——基于云南两大贫困县的
　　调研. 探索与争鸣，2018（2）：106-111.

［9］陈辉，陈晓军. 内容形式化与形式内容化：精准扶贫工作形式主义的生成机制与深层根源.
　　中国农村观察，2019（3）：52-63.

［10］刘康. 理性偏好与执行扭曲：精准扶贫实践困境的哲学审思. 海南大学学报（人文社会科
　　学版），2019，37（2）：28-36.

［11］张欣. 精准扶贫中的政策规避问题及其破解. 理论探索，2017（4）：86-92.

［12］李小云等. 中国减贫四十年：基于历史与社会学的尝试性解释. 社会学研究，2018，33
　　（6）：35-61.

［13］王瑜. 论脱贫攻坚中的悬崖效应及其对策. 中国延安干部学院学报，2018，11（5）：122-
　　127.

［14］彭清华. 凉山脱贫攻坚调查. 求是，2019（16）：59-65.

（本文与曾小溪合著，原载《河海大学学报（哲学社会科学版）》2019年第06期）

论中国的精准扶贫

　　习近平总书记2013年11月在湘西考察时指出"扶贫要实事求是，因地制
宜。要精准扶贫，切忌喊口号，也不要定好高骛远的目标"。2015年1月习近平
总书记在云南考察时再一次指出"要以更加明确的目标、更加有力的举措、更加
有效的行动，深入实施精准扶贫、精准脱贫，项目安排和资金使用都要提高精准
度，扶到点上、根上，让贫困群众真正得到实惠"。在习近平总书记明确提出精
准扶贫的理念后，中央办公厅在2013年25号文《关于创新机制扎实推进农村扶
贫开发工作的意见》中，将建立精准扶贫工作机制作为六项扶贫机制创新之一。
国务院扶贫办随后制定了《建立精准扶贫工作机制实施方案》，在全国推行精准
扶贫工作。在中央政府的大力推动和地方政府的努力下，精准扶贫取得了显著的

进展。但从一年多的实施情况看，也存在一些影响精准扶贫效果的突出问题，需要进一步通过机制创新加以解决。

一、精准扶贫含义和作用

精准扶贫最基本的定义是扶贫政策和措施要针对真正的贫困家庭和人口，通过对贫困人口有针对性的帮扶，从根本上消除导致贫困的各种因素和障碍，达到可持续脱贫的目标。精准扶贫的主要内容包括：贫困户的精准识别和精准帮扶，扶贫对象的动态管理和扶贫效果的精准考核。精准识别就是通过一定的方式将低于贫困线的家庭和人口识别出来，同时找准导致这些家庭或人口贫困的关键性因素，它是精准扶贫的基础。精准帮扶是在精准识别的基础上，针对贫困家庭的致贫原因，因户和因人制宜地采取有针对性的扶贫措施，消除致贫的关键因素和脱贫的关键障碍。动态管理首先是对所有识别出来的贫困户建档立卡，为扶贫工作提供包括贫困家庭基本状况、致贫原因和帮扶措施等方面的详细信息，为精准扶贫提供信息基础。然后根据贫困状况的实际变化，及时识别出新的贫困家庭和人口，同时将已经脱贫的家庭和人口调整出去，保持精准扶贫的有效性。精准考核是对精准扶贫的效果进行考核，主要针对地方政府。新阶段的农村扶贫工作有明确的分工，中央政府负责区域发展和片区开发，地方政府负责精准扶贫工作。精准考核的目的是督促贫困地区的地方政府将精准扶贫作为工作的重点。

长期以来，中国的农村扶贫的主要特点是区域瞄准，没有识别到户。20世纪80年代中期开始，中国的主要扶贫对象是国家或省确定的贫困县，2001年开始将扶持的重点转向15万个贫困村，2011年，国家又确定了14个连片特困地区。[①] 可见，中国的农村扶贫长期以贫困地区的区域开发为主要手段。由于农村贫困人口相对集中在中西部的一些资源环境条件恶劣、地理位置偏远的贫困地区，中国政府采用以区域开发为重点的开发式扶贫有其合理性。首先，改革开放初期，中国农村在整体上处于贫困状况，贫困人口在贫困地区的比例很大，区域性扶贫开发尽管瞄准的是贫困地区而不是贫困家庭和个人，也能使大量的贫困人口受益。其次，由于有更多的信息可以利用，对区域（无论是贫困县还是贫困村）识别的难度远远低于贫困户的识别。再次，区域开发的重点是改善贫困地区的生产和生活条件，通过基础设施和公共服务的改善来提高当地的农

[①] 数据来源：《中国农村扶贫开发纲要（2001—2010年）》《中国农村扶贫开发纲要（2011—2020年）》。

业和非农业生产的效率，从而使农户能够通过更高效率的创收活动来增加收入水平并摆脱贫困。因此，政府只需要集中财力于基础设施建设和公共服务的提供等方面，需要的财政资源相对较少。中国经济的持续高速增长和对贫困地区的持续开发带来了大规模的减贫，按世界银行1天1美元的贫困标准估计，中国30年间减少了6亿多贫困人口。中国的大规模减贫对联合国千年发展目标的实现具有决定性的作用，1981—2008年全球的贫困人口从15亿减少到8.05亿，中国贡献了全球减贫的90%。

然而，随着整个宏观经济环境的变化，特别是收入分配不平等程度的扩大，以区域开发为重点的农村扶贫已经出现了偏离目标和扶贫效果下降的问题。30多年的高速经济增长使在平均水平上衡量的人均收入快速增长的同时，也出现了严重的收入分配不平等现象。全国的基尼系数从1981年的0.288提高到2012年的0.474，不平等程度增加了65%。农村的基尼系数从1978年的0.2124提高到2011年的0.3987，增加了83%。不平等程度的扩大意味着处于收入分配底端的贫困人口越来越难以享受经济增长的好处，即经济增长的减贫效应下降。这意味着靠推动贫困地区经济增长来带动贫困人口脱贫的效果越来越差，而中国经济增长速度的下降和具有更强减贫效应的农业在GDP中比重的下降进一步降低了经济增长的减贫效应。中国未来通过经济增长来大规模减贫的可能性大大降低了。在经济增长减贫效应下降的背景下，实施更加有针对性的扶贫政策来直接对贫困人口进行扶持就显得越来越重要。精准扶贫就是为了抵消经济增长减贫效应的下降而必须采取的措施，将成为未来中国农村扶贫的主要方式，也是农村贫困人口到2020年摆脱贫困的根本保证。

二、实施精准扶贫的难点

精准扶贫对未来农村减贫意义重大，但它是一项复杂的系统工程。要做好精准扶贫工作需要理解精准扶贫的难点并寻求有效的解决方式。目前在精准扶贫方面的困难主要体现在精准识别、精准扶持和与之相关的精准考核这三个方面。

在精准识别方面，国家制定的识别标准是2013年人均纯收入低于2736元的贫困家庭和人口。根据国家统计局利用农村住户抽样调查数据的估计，2013年底全国共有8249万收入低于2736元的贫困人口，他们是今后精准扶贫的主要对象。精准识别中遇到的问题是精确统计农户的收入是一件复杂的事情，通常由专业机构（如统计部门）通过抽样的方式进行，成本很高，基层政府没有能力可靠地进行所有农户的收入统计。在没有准确家庭收入信息的情况下，对贫困家庭和人口的识别和建档立卡工作通常只能在名额的控制下依靠基层民主评议的方法来进行。建档立卡的名额是在统计部门利用农村住户抽样调查数据估计出的各省和县的贫困发生率的基础上分配的，同时允许各地有 10% 左右的上浮幅度。名额控制的目的是防止各地为了获得更多的扶贫资源而过分夸大贫困人口数量。

名额分解到县以后，县级扶贫和统计部门根据县内的贫困分布状况将名额进一步分解到乡和村（乡和村两级没有可靠的住户抽样数据来计算贫困发生率），精准识别到户的工作就落到了村一级。由于没有可靠的收入统计，尽管有明确的贫困线标准，村两委也没有办法按收入来识别贫困人口，只能借助民主评议的方法由各村民小组推荐贫困户再由村民代表大会讨论决定。为了保证民主评议的公正性，地方政府通常要求村两委对评议结果进行公示。到 2014 年底，全国利用这种方法共识别出 8862 万贫困人口。民主评议较好地解决了贫困户识别中可能出现的矛盾和合法性问题，但与收入标准会存在较大的差异。导致一部分收入低于 2736 元的农户没有被确定为建档立卡贫困户，而一部分收入高于 2736 元的农户被确定为建档立卡贫困户。从典型调查的情况看，国家确定的收入标准和基层在民主评议中使用的综合标准（除了收入外，还会考虑健康状况、家庭负担、财产状况、人际关系等）差异明显，导致的识别偏差相当普遍。笔者对乌蒙山片区的贵州、云南和四川 3 省 6 县 60 个村 1200 户进行抽样调查，结果显示，2013 年建档立卡贫困户中有 40% 的农户人均收入超过贫困线，而在非建档立卡户中有 58% 的农户收入低于贫困线。在武陵山片区的贵州、重庆、湖南和湖北 4 省（市）4 县 40 个村 1000 个建档立卡贫困户的抽样调查结果显示，建档立卡户中 49% 的农户收入高于贫困线。该调查结果表明以收入标准判断，民主评议导致的识别错误接近 50%。这对精准扶持和精准考核构成巨大的挑战。

在精准扶持方面，存在的第一个问题是以往的扶贫项目没有瞄准贫困人口，贫困农户难以从扶贫开发中受益。贫困人口不能受益的主要原因是扶贫项目和投资缺乏有效的到贫困户的机制。首先，以往扶贫开发的重点是贫困地区的基础设施，但贫困户由于缺乏商品化的产业而普遍没有利用基础设施（如道路）来提高收入的能力。基础设施的改善通常给贫困村中相对富裕的农户带来了更多的利益。其次，一些到户项目（如水窖、沼气）因为贫困户负担不起配套资金而不能平等参与。典型调查表明农户配套的比例通常都在 50% 以上，超出了贫困户的负担能力。第三，产业扶贫项目也往往因为贫困户的观念、技术、能力和资金等多方面的限制而难以覆盖贫困户。第四，扶贫移民搬迁因贫困户负担不起搬迁成本出现"搬富不搬穷"的问题。笔者在陕西、甘肃、宁夏和江西的调研结果表明，平均每户的搬迁成本约20万元，政府在征地、基础设施建设和农户的建房补贴方面负担了50%左右的成本，农户自己需要承担10万元左右。这不是真正的贫困户所能承担的。第五，金融扶贫中贫困户由于没有抵押和担保而经常被排除在外，难以获得贷款用于创收活动。资金短缺成为限制贫困户发展的重要瓶颈因素。

精准扶持的第二个问题是扶贫资金和项目管理体制不符合精准扶贫的要求。由于致贫原因的多样性和差异性，精准扶贫需要有高度的针对性，需要因户因人制宜地采取扶持措施，即需要什么扶持什么。但以往的扶贫资金（包括专项扶贫资金和部门扶贫资金）通常是与项目捆在一起的，缺乏足够的灵活性。具体项目又往往由上级部门确定的，而且还规定了比较详细的实施规模和标准。对于大部分基础设施项目，这些规定有一定的合理性。但贫困户的需求不仅千差万别，往往是多方面和不断变化的。例如，除了多样化的产业发展和创收方面的需求外，贫困户在儿童教育和营养、住房、小型基础设施、培训、医疗服务等方面都存在需求。到户的扶贫项目如果由上级部门确定会经常导致与实际需求脱节，一些贫困户需要的项目没有资金支持，而不需要的项目又有资金来源。这不仅会导致扶贫精准度的下降，还会造成资金的浪费。

精准扶持是以精准识别为基础的，只针对建档立卡贫困户。由于精准识别出现偏差，那么扶持的对象中有一半是非贫困户，而未得到扶持的农户中，又有一半是贫困户。在这种情况下，即使针对建档立卡户的精准扶持措施到位，实际效果突出，但以收入标准进行精准考核必然出现大大低估精准扶贫效果的问题。这是目前精准考核方面面临的困境。

三、创新精准扶贫的工作机制

针对精准扶贫工作中面临的困难，需要进一步创新精准扶贫工作机制，以保证精准扶贫工作的实际成效。

第一，需要改革贫困标准的制定方法，进一步完善精准识别机制。由于技术和成本上的问题，基层政府不可能获得农户可靠的收入数据。那么以收入作为贫困户的唯一识别标准显然是脱离实际的，也是不可行的。建议放弃单一的收入标准而采用多维贫困的标准来识别建档立卡贫困户，避免国家制定的标准与基层采用的标准完全脱节现象的发生。国家统计局对扶贫人口数量的估计也需要从收入和消费的标准转变为收入、消费、资产、健康、教育等多个维度。这一转变不仅符合贫困人口的实际状况，也符合国际上倡导多维贫困的趋势。在国家统计局目前仍然以收入指标来估计贫困人口的情况下，精准扶贫要覆盖更多的贫困线以下的贫困户，就必须扩大建档立卡的规模，增大覆盖面。建议按国家统计局估计贫困人口数量的 1.5—2 倍进行建档立卡。覆盖面扩大后，扶贫资金也应该承受之增加。

第二，完善精准扶贫考核机制。目前国家统计局对全国农村贫困人口的估计依据的是收入和消费指标和贫困线标准。但如果继续用该方法作为精准扶贫效果的考核，就会出现识别和扶持标准与考核标准不一致的问题。建议对精准扶贫效果的考核只针对建档立卡贫困户，主要评估建档立卡贫困户在收入、消费、资产、教育和健康等多个维度的改善状况和脱贫状况。这就需要改进农村住户抽样调查，特别是建档立卡信息要反映在住户抽样调查中。在此基础上，国家统计局每年可以对建档立卡户的变化情况进行可靠的评估。国务院扶贫办也可以利用建档立卡系统对扶持情况进行跟踪和评价。

第三，地方政府重点探索和建立贫困户的受益机制。由于导致贫困的因素是多方面而不是单一的，精准扶贫不仅需要采取综合性的扶持措施，而且也需要有长远的眼光，同时干预导致贫困的短期因素和长期因素。在重视贫困农户的产业发展和创收的同时，需要重点解决儿童的营养、健康和教育问题，阻断贫困的代际传递。在产业发展和创收方面，重点探索如何将贫困户纳入现代产业链中，解决贫困农户经常面临的技术、资金、市场方面的困难。例如，在河北阜平县的扶贫攻坚试点中，广泛采用公司＋合作社＋贫困户的模式。利用财政扶贫资金支持建档立卡贫困户入股来获取分红收入，同时贫困户将土地流转给公司或合作社来获取稳定的土地租金收入，鼓励贫困户为公司或合作社出工来获取工资收入。政府对吸收建档立卡贫困户参与的企业从土地使用、税收、优惠贷款（如贴息）等方面给予扶持。贵州的桐梓县采用联户合作生产的模式，由养殖大户带动建档立卡贫困户统一组织生产，从而解决贫困户的技术和市场问题。地方政府对联户生产提供基础设施（如大棚）、技术和资金方面的支持，同时明确联户中贫困户的比例和明确贫困户产权和收益分配的比例。

第四，改革扶贫资金管理体制和加强资金整合。要满足千差万别的扶贫到户的需要，就必须给对贫困户情况了解的地方政府在资金使用上的自主权。因此，扶贫资金的管理应该进一步下放到县级政府，扶贫项目和扶贫方式由县乡政府根据实际情况自主确定。中央和省级政府负责监督、检查、考核和评估，重点放在扶贫的实际效果和资金是否滥用（如没有用于扶贫领域）等方面。根据国务院扶贫办的统计，目前80%的专项扶贫资金的管理权已经下放到县一级。但其他行业部门的资金管理方式变化不大，需要进一步下放资金管理权，才可能做到扶贫资金在基层的整合，提高精准扶贫的针对性和效果。从根本和长远上讲，要改革财政体制，逐步加大对贫困县的一般性财政转移支付的力度，使事权和财权高度统一。

最后，在金融扶贫方面需要创新到户机制，重点探索地方政府和金融机构在担保、保险和信贷等综合金融扶贫方面的合作模式，降低信贷的成本和风险。此外，大力发展专业性的民间组织参与扶贫到户工作，提高扶贫到户效率。

参考文献

［1］习近平赴湘西调研扶贫攻坚. 新华网，2013年11月3日. http：//news.xinhuanet.com/ politics/ 2013−11/ 03/c_117984236.htm.

［2］习近平在云南考察工作时强调：坚决打好扶贫开发攻坚战. 中国政府网，2015年1月21日. http：//www.gov.cn /xinwen/ 2015−11/ 21 /content_2807769.htm.

［3］中共中央办公厅《关于创新机制扎实推进农村扶贫开发工作的意见》. 新华网，2014年1月25日. http：news.xinhuanet.com/ politics/ 2014−01/ 25/ c_119127842_ 3.htm.

［4］Park A Wang S and Wu G.Regionl poverty targeting in China. Journal of　Public Economics：86（2002）123−153.

［5］The World Bank. An update to the World Bank's estimates of consumption poverty in the developing world. World Bank 2012.

［6］安格斯·迪顿. 逃离不平等：健康、财富及不平等的起源. 中信出版社，2014.

［7］Wang S.Reducing Poverty through Agricultural Development in China . IDS Bulletin：44Number 5−6（2013）55−62.

［8］国家统计局住户调查办公室. 中国住户调查年鉴2012. 中国统计出版社，2012.

［9］国家统计局. 2013年国民经济和社会发展统计公报. http：//www.Stata.gov.cn/tjsj/zxfb/ 201402/t20140224−514970.html.

［10］国务院扶贫办行政人事司. 国务院扶贫开发领导小组第四次全体会议材料汇编，2015(1).

［11］国务院扶贫办规划财务司，中国人民大学农业与农村发展学院. 易地扶贫搬迁需求与政策措施研究报告，2014（7）.

（本文与郭子豪合著，原载《贵州社会科学》2015年第05期）

"六个精准"是精准扶贫的本质要求

——习近平精准扶贫系列重要论述探析

2013 年 11 月，习近平在湘西考察时首次提出了精准扶贫的概念，他要求"扶贫要实事求是，因地制宜。要精准扶贫，切忌喊口号，也不要定好高骛远的目标。"2015 年 1 月，习近平在云南考察时再一次指出"要以更加明确的目标、更加有力的举措、更加有效的行动，深入实施精准扶贫、精准脱贫，项目安排和资金使用都要提高精准度，扶到点上、根上，让贫困群众真正得到实惠"。2015 年 6 月习近平在贵州考察期间明确提出了六个精准的要求，即扶持对象要精准、项目安排要精准、资金使用要精准、措施到户要精准、因村派人要精准、脱贫成效要精准。在 2015 减贫与发展高层论坛上的主旨演讲中，习近平主席将精准扶贫作为中国扶贫的基本方略。精准扶贫不仅成为指导中国农村扶贫的基本方针，而且成为扶贫实践的主要抓手。

一、中国农村扶贫要实施精准扶贫

长期以来，中国的农村扶贫的主要特点是区域瞄准，即选择一定的贫困区域进行重点扶持。从 20 世纪 80 年代中期开始，中国扶贫的主要对象是国家或省确定的贫困县。1988 年，中央确定的国定贫困县为 328 个，各个省和自治区确定的省定贫困县 370 个。1994 年国家制定"八七扶贫攻坚计划"时，将国定贫困县的规模扩大到 592 个。2001 年中国颁布了《中国农村扶贫开发纲要（2001—2010 年）》，在保留 592 个扶贫开发重点县的同时，开始将扶持的重点转向 15 万个贫困村。2011 年，新的《中国农村扶贫开发纲要（2011—2020 年）》颁布，在保留 592 个扶贫工作重点县和 12.8 万个贫困村的基础上，国家又确定了 14 个连片特困地区。[①] 可见，中国的农村扶贫长期以贫困地区的区域开发为主要手段，通过区域发展带动贫困人口脱贫。

中国经济的持续高速增长和对贫困地区的持续开发带来了大规模的减贫，

---

① 参见国务院扶贫开发领导小组办公室编：《中国农村扶贫开发概要》，中国财政经济出版社 2003 年版；《中国农村扶贫开发纲要（2001—2010 年）》；《中国农村扶贫开发纲要（2011—2020 年）》。

按世界银行1天1美元的贫困标准估计，中国30年间减少了近7亿贫困人口。1981—2008年，全球的贫困人口从15亿减少到8.05亿，中国贡献了这一时期全球减贫的90%。[①] 2000年联合国首脑会议提出了千年发展目标，要求到2015年使生活在1天1美元以下贫困人口的比例在1990年的基础上减半。中国是世界上首个实现联合国千年发展目标中减贫目标的国家。中国农村贫困人口的比例，从1990年的60%以上下降到2002年的30%以下，率先实现比例减半，2014年则下降到了4.2%。中国在这一时期对全球减贫的贡献率超过70%。

然而，大规模的扶贫开发有力地促进了贫困地区的经济增长并带动了贫困人口的脱贫，但同时也使贫困地区内部的收入分配差距不断扩大。在《中国农村扶贫开发纲要（2001—2010年）》实施期间，扶贫工作重点县不同收入组的收入差距不断扩大，最低收入组的收入与最高收入组的收入之比从2002年的21.59%下降到2010年的17.38%，而且收入水平越高的收入组农民的人均纯收入增长越快。与此同时，贫困地区的经济增长明显有利于高收入农户，从而导致收入差距扩大。2002—2009年，贫困户、重点县农户和全国农户的收入增长速度分别为2.75%、11.76%和11.04%，贫困户的收入增长速度比贫困县农民的平均增长速度低9个百分点。贫困户收入占全国农村居民收入的比例持续下降，从2002年的1/3下降到2009年的1/5。

在贫困地区内部收入差距扩大的背景下，依靠经济增长来进一步推动贫困人口下降的难度越来越大。因此，实施更加有针对性的扶贫政策来直接对贫困人口进行扶持就显得越来越重要。精准扶贫就是为了增加扶贫的针对性和有效性，抵消经济增长减贫效应的下降而必须采取的措施。

二、精准扶贫就是要扶贫到户到人

精准扶贫最基本的定义是通过对贫困家庭和人口有针对性的帮扶，消除导致贫困的各种因素和障碍，增加自主发展的能力，达到可持续脱贫的目标。简单地说，精准扶贫就是要扶贫到户到人，而不能停留在仅仅扶持贫困地区、促进区域发展的层面上。精准扶贫主要包括：通过一定的方式对贫困户进行精准识别，在找出致贫原因的基础上进行精准帮扶，根据扶贫对象的实际状况进行有进有出的动态管理，对贫困户的扶持效果进行考核，以保证精准脱贫。精准识别就是通过

[①] [美] 安格斯·迪顿. 逃离不平等：健康、财富及不平等的起源. 崔传刚译. 中信出版社2014年版。

一定的方式将低于贫困线和多维贫困的家庭和人口识别出来，同时找准导致这些贫困家庭或人口贫困的关键性因素，它是精准扶贫的基础。精准帮扶是在精准识别的基础上，针对贫困家庭的致贫原因，因户因人施策，消除致贫的关键因素，在保证基本生活水平的基础上提升自我发展能力，实现可持续脱贫。动态管理是对所有贫困户和人口登记造册、建档立卡，及时更新贫困家庭的基本状况、致贫原因和帮扶措施等方面的详细信息。每年根据贫困状况的变化，动态调整贫困家庭和人口，保证应扶尽扶。精准考核首先是对贫困户的扶持效果进行考核和评估，保证精准脱贫，其次是对地方政府的扶贫绩效进行考核，督促贫困地区的政府将工作重点放在扶贫和改善民生方面。

三、坚持"六个精准"，打赢脱贫攻坚战

为了落实精准扶贫方略，习近平提出"六个精准"要求，即扶持对象精准、项目安排精准、资金使用精准、措施到户精准、因村派人精准、脱贫成效精准。"六个精准"是精准扶贫的本质要求，是做好精准扶贫工作的关键所在。

（一）扶持对象精准

要使精准扶贫有效，就必须准确地找到要扶持的贫困家庭和人口。目前，全国识别贫困人口的方法是在总指标控制下，由基层通过民主评议和建档立卡来识别贫困人口。

中国农村贫困人口的数量是由国家统计局根据约7万农村住户的抽样调查数据推算出来的。2014年底，人均消费支出或人均纯收入低于2800元贫困线的贫困人口在样本户中的比例为7.2%。将这一比例乘以全国农村人口总数就估计出农村贫困人口7017万。为了控制扶贫人口的规模，防止地方为了获得更多扶贫资源而过分夸大贫困状况，国家将统计部门估计的贫困人口数分解到地方，同时允许上浮10%，地方政府在指标的控制下进行贫困人口识别。由于缺乏所有农户可靠的消费支出和收入数据，地方政府无法根据收入和消费支出识别贫困人口，而主要采取民主评议的方式进行识别和建档立卡。基层在民主评议中通常使用的综合标准，既考虑农户的收入水平和消费状况，也考虑家庭成员的健康、教育、能力、家庭负担、财产状况，也会受人际关系的影响，基层识别的贫困是一种多维贫困而不仅仅是收入和消费的贫困。统计部门和基层扶贫部门在估计和识别贫困人口时采用的指标和方法的不一致必然导致精准识别出现问题。根据我们的典型调查和国务院扶贫办的随机抽查，按民主评议的建档立卡贫困人口和按消费和收

入估计的贫困人口的重合度约为50%。这意味着有相当一部分收入和消费支出低于贫困线的人没有建档立卡因而得不到有效扶持。

在今后对扶持对象的进一步识别和动态调整过程中，需要在中央和地方两个层面改进识别方式。首先，考虑到贫困的多维性，以及收入和消费收据的缺失，国家对贫困人口数据的估计应该转向多维贫困，利用多维贫困的测量方法来估计总贫困人口。其次，要识别更多贫困线以下的收入和消费贫困户，有必要扩大建档立卡的规模，增大覆盖面。建议按国家统计局估计贫困人口数量的1.5—2倍进行建档立卡，减少贫困线以下农户得不到扶持的可能性。再次，在基层民主评议中需要更加重视收入和消费因素，同时用严格的否决性指标排除掉不合格的人群，大幅度降低人为操控的可能性，杜绝建档立卡过程中存在的一些明显造假行为。

（二）项目安排精准

扶持对象识别出来并建档立卡以后，就需要根据贫困户和贫困人口的实际需要进行有针对性的项目帮扶，做到因户因人施策。这就需要找准每个贫困家庭的致贫原因，并分析哪些因素是可以通过扶持在短期内得到解决或缓解的，哪些因素需要长期的干预。根据全国建档立卡数据分析，疾病、缺资金、缺技术、缺劳力是贫困户主要的致贫原因。42.1%的贫困农户因病致贫，35.5%的贫困农户因缺资金致贫，22.4%的贫困农户因缺技术致贫，16.8%的贫困农户因缺劳力致贫。致贫因素在区域之间存在明显的差异，东部地区贫困人口致贫原因主要为人力资本因素，因病因残致贫、缺劳力致贫的比例在东部地区最高，58.1%的农户存在因病致贫的现象，远高于西部地区（28.9%）。这与东部贫困人口中老年人、没有劳动力的人和文化程度低的人口比例高是一致的。西部地区致贫因素更加复杂和多元化，既有地理、生态和自然资源的因素，也有经济和社会发展不足的影响，还有家庭人力资本不足的限制。西部44.9%的农户存在缺资金致贫的现象，缺技术、缺土地、缺水、因灾、因学、交通条件落后等因素致贫的比例在西部地区都是最高的。中部地区因病致贫和缺资金致贫的问题最为突出，分别为51.6%和28.9%。东、中、西部地区的贫困村在饮水、通电等基本生产生活条件方面差距也比较大。西部和中部地区分别有27.8%和23.0%的农户没有实现安全饮水，22.9%和13.1%的农户饮水困难；西部地区仍然有2.6%贫困村没有通生活用电，10.3%的贫困村没有通生产用电，有6.5%的农户未通生活用电，16.3%的农户居于危房。这些指标都远远落后于中部和东部地区。更为重要的是多数贫困户的致贫原因不止一个，是多个致贫因素综合作用的结果。

在找准每一个贫困户致贫因素的基础上，需要有针对性地安排扶持项目，对家庭和个人进行有效的帮扶。由于致贫原因的综合性和差异性，扶贫项目也必须是综合性的，需要短期和长期扶持项目相结合，项目在贫困户之间也会有明显的差异。例如，对有劳动能力的贫困家庭，重点通过培训来提高能力，同时扶持家庭的产业发展和就业来增加收入。对于完全丧失劳动能力或部分丧失劳动能力的贫困家庭，则需要通过资产收益扶贫和社会保障来保证基本生活，并通过合作医疗和大病保险（救助）来维持基本的健康状况。对于生产和生活环境恶劣，一方水土养不活一方人的地区，则重点通过移民搬迁来解决基本生存条件的问题，并对搬迁后的生产和就业进行重点扶持。对于所有贫困家庭，都需要帮助解决儿童的营养、健康和教育问题，以阻断贫困的代际传递。

（三）资金使用精准

要保证扶持项目得到实施就必须有相应的资金支持。以往的各类扶贫资金（包括专项扶贫资金和部门扶贫资金）的管理方式缺乏足够的灵活性，地方政府缺乏资金使用的自主权，难以做到精准扶贫。为了保证资金安全和便于审计，往往对资金的用途、使用的方式、扶持的标准规定过死。导致一些贫困户需要的项目没有资金来源，不需要的项目却安排了资金，大大降低了扶贫资金的使用效率。

精准扶贫面对的是 2000 多万贫困家庭，7000 多万贫困人口。致贫原因千差万别，对扶持项目和扶持方式的需求大不相同。要保证精准扶贫有效和可持续性，必须根据贫困户的实际情况因户因人制宜安排项目和资金，使资金精准使用。这就要求将资金的分配和使用权下放给对贫困户的情况最了解的基层政府，让其根据实际情况确定项目和分配资金。由于致贫因素的综合性和复杂性，贫困农户通常需要多方面的扶持。例如，除了创收项目外，还需要培训和教育扶贫、医疗扶贫、社会保障等。这就需要对各个行业部门的资金进行捆绑和整合，以便于综合扶持。

（四）措施到户精准

要保证精准扶贫的效果，仅仅确定扶持项目和提供扶持资金还是不够的。以往的扶贫经验表明，很多扶贫项目不仅难以到户，到户后效果也很差。主要原因是贫困户在发展生产中面临诸多的障碍，他们缺技术、缺资金、缺市场信息、缺市场经济的理念和行为方式。让贫困户单家独户地与公司、合作社和大户等现代农村经营主体竞争，成功的希望非常渺茫。

地方政府需要重点探索和建立贫困户的受益机制，重点是保证扶贫效率到贫困户，而不是片面强调所有的扶持项目和资金都要到贫困户。在产业发展和创收方面，重点探索如何将贫困户纳入现代产业链中，解决贫困农户经常面临的信息、技术、资金、市场等方面的困难。如采用公司＋合作社＋贫困户的产业组织模式，专业化的公司和合作社可以帮助贫困农户解决信息、生产技术、产品销售甚至资金方面的问题，贫困户只需要在公司和合作社的指导下提高产量和保证产品的品质，大大降低了贫困户发展产业的门槛。针对一部分失去劳动能力和劳动能力较弱的贫困家庭，实施资产收益扶贫项目。将贫困地区的自然资源、公共资产（资金）或农户的土地和林地等资本化或股权化，交给公司、合作社和大户等经营主体进行经营，贫困农户按照股份或特定比例获得分红收益。资产收益扶贫不以劳动能力、特别是独立的生产经营能力为实施条件，项目的经营主体是公司、合作社和大户，失能和弱能贫困户即使不参与项目的经营管理也能直接和间接受益。因此，资产收益扶贫是扶持失能和弱能贫困人口的有效方式，在很大程度上弥补现有扶贫措施的不足，能显著提高扶贫到户的效率。在移民搬迁项目中，需要采用差异化的补贴政策，增加对建档立卡贫困户的建房补贴，同时通过控制建房标准来降低搬迁成本。在迁入地则需要提供基本的生产和生活条件，并优先选择有土安置方式。对于与城镇化结合的无土安置，则需要提供充足的就业岗位，防止搬迁人口因没有收入来源而陷入新的贫困中。在西部地区，以中心村建设为重点的就近搬迁可能是更现实的搬迁模式。移民搬迁最终需要达到贫困户能搬得起、稳得住。在金融扶贫中则需要通过信贷、保险和抵押市场的综合金融改革，增加贫困户获得金融服务的能力。

（五）因村派人精准

精准扶贫是一项复杂的系统工程，它的成功实施需要强有力的组织保障。大量的扶持项目和措施都需要由村一级来具体实施，村级组织的能力是影响精准扶贫效果的关键因素之一。由于贫困村经济社会发展相对滞后，大量年轻人外出就业，导致贫困村干部普遍年龄大、文化程度低、能力较弱。贫困村的村级治理能力长期处于不断弱化的状态，也是导致贫困状况严重的重要原因之一。这种状况在短期内难以显著改善，从而给精准扶贫工作的落实带来挑战。

上级政府通过向贫困村选派第一书记和驻村工作队，可以在短期内大幅度提高贫困村的管理水平，有利于精准扶贫工作的实施。驻村帮扶制度的确立可以在多个方面促进精准扶贫工作。一是帮助村两委改进贫困户的识别方法，协助解决和协调识别过程中容易出现的矛盾。二是利用帮扶单位和个人的力量，从外部组织和动员更多的资源用于精准扶贫。三是协助村两委建立有效的扶贫到户机制，让贫困户真正受益。四是对村级的精准扶贫工作进行有效的监督，防止人情关系、弄虚作假和腐败行为的发生。五是在精准扶贫过程中培育贫困村干部的责任心和能力，增强贫困村的内生发展动力，让其走上可持续发展道路。

（六）脱贫成效精准

精准扶贫的目的就是要使现有标准下的贫困人口到 2020 年全部脱贫，并且要保证扶贫成果真实可靠，具有可持续性。要达到脱贫成效精准，前面的五个精准是保障。在此基础上，还需要对脱贫效果进行科学的考核和评估，防止成果造假和贫困人口被脱贫现象的发生。

国家统计局可以利用农户抽样调查数据每年对全国和各省总的减贫状况进行可靠的评估，从而为国家根据减贫效果调整扶贫政策提供决策依据，并制定相应的奖惩措施。由于样本量的限制，国家统计局无法利用抽样数据评估省以下地方政府的减贫成效。8000 多万建档立卡贫困人口的脱贫状况则需要通过独立的抽查方式来进行核查和评估。这就需要进一步制定明确和可量化的脱贫标准，并组织和动员社会力量参与贫困的动态监测、分析和评价。

参考文献

［1］习近平赴湘西调研扶贫攻坚. 新华网，2013 年 11 月 3 日. http://news.xinhuanet.com/politics/2013-11/03/c_117984236.htm.

［2］习近平在云南考察工作时强调：坚决打好扶贫开发攻坚战. 中国政府网，2015 年 1 月 21日. http://www.gov.cn/xinwen/2015-01/21/content_2807769.htm.

［3］习近平提"精准扶贫"的内涵和意义是什么. 李婧. 中国经济网，2015 年 8 月 4 日. http://www.ce.cn/xwzx/gnsz/szyw/201508/04/t20150804_6121868.shtml.

［4］习近平主席在 2015 减贫与发展高层论坛上的主旨演讲（全文）. 新华网，2015 年 10 月 16 日. http://news.xinhuanet.com/politics/2015-10/16/c_1116851045.htm

［5］The World Bank. An update to the World Bank's estimates of consumption poverty in the developing world. World Bank 2012.

［6］国新办介绍扶贫工作最新进展. 国务院新闻办公室新闻发布会，2010 年 10 月 12 日. http://www.xinhuanet.com/live/20151012z/index.htm.

［7］张伟宾，汪三贵. 扶贫政策、收入分配与中国农村减贫. 农业经济问题，2013（2）：66-75.

[8] 国家统计局. 2014年国民经济和社会发展统计公报. http：//www.stats.gov.cn/tjsj/zxfb/201502/
t20150226_685799.html.

[9] 中国人民大学反贫困问题研究中心. 全国扶贫开发建档立卡数据分析报告，2015.

（本文与刘未合著，原载《毛泽东邓小平理论研究》2016年第01期）

精准扶贫的理论创新
——基于马克思主义政治经济学的视角

"消除贫困，改善民生，实现共同富裕"是社会主义的本质要求。从1990到2011年，全球极端贫困人口由19.2亿下降到10.1亿，减少了9.1亿，其中6亿多来自中国，即中国极端贫困人口减少数量占全球减贫数量的2/3。中国的扶贫开发工作取得了巨大的成就，但目前贫困形势依旧严峻，贫困人口生产生活难的问题仍未得到根本解决，要解决现有标准下剩余贫困人口的贫困问题仍然面临诸多困难。

2013年11月，习近平总书记在湖南湘西考察时首次提出"精准扶贫"，之后经过进一步阐述，形成了精准扶贫理论。精准扶贫理论是对马克思主义制度贫困论的运用和发展，是中国特色社会主义反贫困理论的新发展，是马克思主义中国化的又一重大理论发展成果。以马克思政治经济学为指导的精准扶贫理论作为先进国际减贫理念，将为世界反贫困理论与实践贡献中国智慧。本文的研究及创新点主要有：一是从马克思政治经济学角度分析精准扶贫理论的科学性；二是对精准扶贫理论的国际贡献进行理论阐释。

一、马克思主义政治经济学关于贫困的理论论述

贫困作为一个经济学问题纳入理论范畴是在资本主义制度产生之后，马尔萨斯站在为资产阶级辩护的立场上，将贫困归结为人口呈几何级数的增长。空想社会主义者则对资本主义社会的贫困进行了批判，但主要是基于现象揭露和道德批判，缺乏对资本主义制度的深入分析。马克思对此提供了科学分析。

（一）马克思的制度贫困论

对于贫困问题，马克思做了专门研究。马克思贫困理论是资本主义制度背景

下，从制度分析视角对阶级贫困的性质进行了深入分析。

马克思《资本论》中深刻地揭示了资本主义制度下资本和劳动的阶级对立，资本增殖的秘密就在于资本家通过购买劳动力这种特殊的商品，不仅收回购买该商品时所支付的价值，而且还能够得到剩余价值。其实质就是资本家通过无偿占有劳动力生产的剩余价值积累财富，而劳动力只能获得维持其生产、发展、维持和延续所必需的生活资料。这种占有并不是短期一次性的榨取，资本主义制度得以持续，还需要通过资本再生产过程继续无偿占有更多的剩余劳动，以增殖资本价值，扩大资本规模，进行资本积累。

随着资本积累和生产规模的扩大，社会财富逐渐集中到资产阶级手中，而社会财富的直接创造者——无产阶级反而日益贫困。在资本主义社会，产业后备军会同财富一起增长。与现役劳动军相比，后备军越多，常备的过剩人口也就越多，他们的贫困同劳动折磨成正比。所以，雇佣工人阶级中的这个贫苦阶层越大（马克思，1975），该规律的结果就是社会的贫富差距和两极分化越大，资本积累的一端是财富的积累，另一端则是贫困、奴役、劳动折磨等等的积累，这成为资本主义制度的必然趋势。

因此，在马克思的贫困理论中，资本无偿占有剩余价值是贫困的基础，资本主义为了再生产而进行的资本积累是贫困的源泉，其根源在于资本主义生产资料的雇佣劳动制度和私有制。在资本主义制度下，劳动者没有生产资料，只能靠出卖劳动力维持生存，正如恩格斯所言"工人阶级处境悲惨的原因不应当到这些小的欺压现象中去寻找，而应当到资本主义制度本身中去寻找。"（马克思等，1972）

马克思的贫困理论产生于19世纪下半叶资本主义工场手工业向机器大工业转变时期，其解释了机器大工业时期资本和劳动之间的尖锐矛盾并代表了处于弱势地位的工人阶级利益。经过长期的发展，虽然资本主义国家的生产方式发生了很大的变化，但资本主义社会的贫富分化仍然存在，资本和劳动的矛盾并没有根本性解决，马克思的贫困理论仍具有指导意义。但马克思贫困理论没有对社会主义国家的贫困问题进行分析。所以，社会主义国家的贫困和反贫困问题是对马克思贫困理论的重要挑战。

（二）中国特色社会主义理论体系中的反贫困理论

改革开放以前，由于受到传统理论的影响，中国认为实行的是社会主义公有制并按劳分配，因此不存在贫困问题。即使一些经济落后地区的贫困现象，也被视为旧时代的产物，社会主义制度的优越性将最终消除贫困。改革开放后，随着社会主义市场经济的发展，在原有贫困问题没有完全解决的情况下，新的贫困形式又开始出现。对此，中共中央开始正视贫困问题，邓小平（1993a）指出"社会主义是共产主义的第一阶段。落后国家建设社会主义，在开始的一段很长时间内生产力水平不如发达资本主义国家，不可能完全消灭贫穷。"既然在落后国家建立社会主义也会发生贫困，我们就要与贫困进行长期的斗争，要不断丰富中国特色社会主义理论体系中的反贫困理论。

上世纪 90 年代，邓小平将反贫困上升到社会主义本质的高度，认为社会主义的本质，是解放生产力、发展生产力，消灭剥削、消除两极分化，最终达到共同富裕（邓小平，1993b）。尽管落后国家建立社会主义过程中仍然存在贫困问题，但是消除贫困则是社会主义制度的本质要求。特别是邓小平意识到发展市场经济可能带来贫富差距。因此在发展市场经济的过程中，中国要充分发挥社会主义制度的优势，避免两极分化，这不仅是中国发展市场经济与西方国家市场经济的根本区别，也是评价中国改革开放成果的重要标准之一。

在邓小平开创的建设有中国特色社会主义理论的指导下，中国历届领导集体都重视贫困问题。江泽民（2002）指出，到本世纪末我们解决了 8000 万人的温饱问题，这将是人类发展史上的一个壮举。胡锦涛（2005）系统提出了社会主义和谐社会建设理论，认为"扶贫开发是建设中国特色社会主义事业的一项历史任务，也是构建社会主义和谐社会的一项重要内容"。并进一步把到 2020 年，"绝对贫困现象基本消除"作为中国实现全面建设小康社会奋斗目标的一个新要求。中国共产党创造性地将马克思的贫困理论同中国实际创造性地相结合，发展了马克思的制度贫困论，并在实践中走出了一条中国特色的反贫困道路。

二、中国反贫困成就

改革开放以来，中国的反贫困事业取得了巨大成就。这是中国经济增长和有效反贫困政策共同作用的结果。

20 世纪末，中国用了将近 20 年的时间，实现了基本解决温饱问题。21 世纪第一个十年，全国扶贫开发的重点在抓整村扶贫。中国农村地区正在逐步进入全面建设社会主义新农村的历史新时期。农村贫困人口数量显著下降，收入水平稳步提高，贫困地区基础设施得到明显改善，农村居民生存和温饱问题基本解决。根据国家统计局的数据（表 1），1978 年，中国农村居民贫困发生率为 97.5%，有

7.7 亿农村贫困人口；2014 年中国有 7017 万农村贫困人口，贫困发生率为 7.2%。从 1978 年到 2014 年，中国农村贫困人口减少了 7 亿，年均减少贫困人口 1945 万人；贫困人口年均减少 6.4%。2014 年贫困地区农村居民人均纯收入为 6610 元，是全国同口径的 65.3%，比 2011 年提高了 8.2 个百分点。

表 1　按现行农村贫困标准衡量的农村贫困状况（单位：%、万人）

年份	贫困发生率	贫困人口规模
1978	97.5	77039
1980	96.2	76542
1985	78.3	66101
1990	73.5	65849
1995	60.5	55463
2000	49.8	46224
2005	30.2	28662
2010	17.2	16567
2014	7.2	7017

资料来源：http://www.gov.cn/xinwen/2015-10/16/content_2947941.htm。

中国的减贫成绩令世界瞩目。表 2 显示：以每天生活消费 1.25 美元的标准衡量，中国贫困人口比重在 1990 年为 60.7%，1990—2011 年下降了 54.4%；1990 年贫困人口规模为 6.89 亿，1990—2011 年减少了 6.05 亿，减少 87.8%，远远超过联合国千年发展目标提出的"极端贫困人口减半"的目标。

表 2　世界银行发布的中国贫困状况（单位：万人、%）

年份	每天消费 1.25 美元		每天消费 2 美元	
	规模	比重	规模	比重
1990	68940	60.7	94460	85
1993	64640	54.9	93760	79.6
1996	45520	37.4	80660	66.2
1999	45100	36.0	77520	61.9
2002	35930	28.1	64950	50.7
2005	20560	15.8	46970	36.0
2008	16350	12.3	37530	28.3
2010	12290	9.2	31020	23.2
2011	8410	6.3	25010	18.6

资料来源：2015 年中国农村贫困监测报告 . 中国统计出版社。

表 3 显示，2011 年全球每天消费在 1.25 美元以下的极端贫困人口比重是 14.5%，每天消费 2 美元以下的贫困人口比重在 30% 左右。中国贫困化程度显著

低于世界平均水平，略低于亚太发展中国家水平。从 1990—2011 年，全球极端贫困人口从 19.2 亿下降到 10.1 亿，减少 9.1 亿，其中 6 亿多来自中国。中国极端贫困人口减少数量占全球减贫数量的 2/3。

表3 发展中国家以国际标准衡量的贫困人口比重（单位：%）

地区 / 收入类型		每天消费 1.25 美元		每天消费 2 美元	
		1990	2011	1990	2011
按地区分	亚太	57	7.9	81.5	22.7
	欧洲和中亚	1.5	0.5	6.3	2.2
	拉美加勒比海	12.2	4.6	22.6	9.3
	中东北非	5.8	1.7	23.8	11.6
	南亚	54.1	24.5	83.7	60.2
	撒哈拉以南	56.6	46.8	76.0	69.5
按收入分	低收入国家	66. 0	46.8	85.3	73.7
	中等偏下收入国家	47.1	22	64.8	36.3
	中等收入国家	43.5	13.7	66.3	33.0
	中等偏上收入国家	40.2	5.0	59.4	14.3
发展中国家合计		43.4	17	64.8	36.2
全球合计		36.4	14.5		

资料来源：2015 年中国农村贫困监测报告.中国统计出版社。

新时期中国的扶贫工作仍然面临着众多考验和挑战，全社会贫富差距加大、区域发展不平衡问题凸出，深层矛盾依旧制约贫困地区发展，扶贫任务进入啃硬骨头、攻坚拔寨的冲刺期。全国贫困问题仍然突出。如表 1 所示，2014 年底全国还有 7017 万贫困人口，反贫困形势依然严峻。在经济增长进入新常态的情况下，完全依靠经济增长和区域开发到 2020 年几乎不可能使得 7017 万"剩余贫困人口"脱贫和贫困县全部摘帽。中国年均需要减少 1200 万贫困人口，时间十分紧迫，任务相当繁重。中国反贫困已进入攻坚克难的重要阶段，不能再沿用"灌水式"的传统扶贫模式。中国反贫困进行攻坚克难的重要阶段，不能再沿用"灌水式""的传统扶贫模式。

精准扶贫体现了新的历史条件下中国扶贫开发工作在思维方式和实践方略上的又一次与时俱进。随着经济社会发展和扶贫工作深入，中国贫困人口分布逐步从全国性的"面"向"带"再向"点"的形态游离，扶贫工作任务呈现出阶段性变化特征。从 20 世纪 70 年代末的整体推进到 80 年代末的整区推进，从八七攻坚的整县推进到新世纪的整村推进，目标越来越集中。针对新阶段呈现出点面结合的"片"区深层贫困，中央适时提出区域发展和精准到户两轮驱动战略。实施精准扶贫是市场经济条件下的正确抉择。

三、精准扶贫理论是中国扶贫理论的新发展，是马克思主义中国化的又一重大理论发展成果

精准扶贫理论是中国扶贫理论的新发展，是马克思主义中国化的又一重大理论发展成果，理由如下：

（一）精准扶贫理论是对马克思主义制度贫困论的运用和发展

马克思的制度贫困论认为，资本主义生产资料私有制和雇佣劳动制度是无产阶级贫困的根源，消除贫困的根本手段是推翻资本主义制度、建立生产资料公有制的社会主义制度。但是，马克思并没有对社会主义条件下的贫困做深入研究，而中国又是在生产力不发达的情况下实现了社会主义，在经济发展水平较低的条件下进入社会主义初级阶段。特别是新中国成立后为了迅速建立起完整的工业体系实现经济发展，中国形成了独特的城乡二元结构，如二元的土地、就业、社保等体制成为中国农村消除贫困的主要障碍。因此，要消除贫困，仍需从制度入手，打破城乡二元体制，推动扶贫体制创新。2015 年 4 月，习近平总书记在中共中央政治局集体学习时明确指出，全面建成小康社会，最艰巨最繁重的任务在农村贫困地区。所以，我们务必在破解城乡二元结构、推进城乡要素平等交换和公共资源均衡配置上取得重大突破，给农村发展注入新动力，让广大农民共同享受改革发展成果。

十八大以来，中共中央把扶贫开发提升到了新的战略高度，扶贫攻坚已经摆上更加突出的位置。《关于创新机制扎实推进农村扶贫开发工作的意见》推动了扶贫机制创新取得突破。国家层面加大了对扶贫开发工作的支持力度，对扶贫开发工作做出了具体安排部署，在政策扶持、资金安排、资源调配上将采取力度更大和针对性更强的措施。如表 4 所示，中央财政 2015 年安排专项扶贫资金 460.90 亿元，同比增长 8.01%。

表 4　"十二五"期间中央财政专项扶贫资金投入（单位：亿元、%）

	2011	2012	2013	2014	2015
总额	270	332	390.43	426.55	460.9
增幅	21.25	22.96	17.6	9.25	8.01

资料来源：2015 年中国农村贫困监测报告 . 中国统计出版社。

《中国农村扶贫开发纲要（2011—2020年）》提出了中国农村扶贫开发的方向与重点。在扶贫形势发生变化的情况下，努力破除体制机制障碍，激发农村贫困地区和贫困农户内生发展动力，切实提高扶贫开发的实质效益，业已成为国家战略和社会共识。精准扶贫是确保党和国家工作有序开展和有效实施的重要保障。2013年，中央办公厅发布《关于创新机制扎实推进农村扶贫开发工作的意见》，将建立精准扶贫工作机制作为六项扶贫机制创新之一，在全国普遍推行精准扶贫工作。2014年6月，国务院扶贫办发布《建立精准扶贫工作机制实施方案》，使精准扶贫工作从顶层设计和工作机制等全面有序有效地推进。

由上分析可知：一方面，精准扶贫理论继承了马克思主义制度贫困论的核心观点——制度造成贫困；另一方面该理论认为在推动扶贫体制创新的同时，应该注重激发农村贫困地区和贫困农户内生发展动力，提高扶贫的实质效果。所以，精准扶贫理论是对马克思主义制度贫困论的运用和发展。

（二）精准扶贫理论是中国特色社会主义反贫困理论的新发展

改革开放以来，以邓小平同志为核心的党的第二代中央领导集体结合中国实际走出了一条有中国特色的社会主义道路，使6亿多的贫困人口摆脱了贫困，从而有力说明了社会主义制度的优越性，这也是消除贫困的制度保障。邓小平曾指出，社会主义的本质要求是要实现共同富裕。在当代，习近平认为社会主义本质的最新发展是消除贫困，改善民生，逐步实现全体人民共同富裕。尽管中国已成为世界第二大经济体，但是中国人均收入还在世界第80位左右，仍有7000多万贫困人口连吃喝等基本生活都成问题。按照年收入2800元的中国贫困线标准，贫困人口每人每天的购买力在7.7元人民币左右。

党的十八届五中全会明确提出中国2020年将实现现行标准下农村贫困人口实现脱贫。习近平总书记提出了一系列扶贫开发的新观点、新思路和新要求，强调"精准"的重要性，提出精准扶贫不能让一个少数民族、一个地区掉队。以少数民族地区反贫困为例（如表5所示），2012—2014年中国民族自治地区年度扶贫资金总额从2012年的268.3亿元增长到2014年的365.3亿元，2014年增幅达17.61%。同一时期，中国民族自治地区贫困人口由2012年的3185万人下降到2014年2226万人。

表5　2012—2014 年民族自治地区和全国农村贫困相关数据

	指标	2012	2013	2014
贫困人口	民族自治地区（万人）	3185	2619	2226
	全国农村（万人）	9899	8249	7017
	民族自治地区占全国比重（%）	32.2	31.8	31.7
贫困发生率	民族自治地区（%）	24.9	20.7	17.8
	全国农村（%）	10.2	8.5	7.2
	民族自治地区比全国高（百分点）	14.7	12.2	10.6
扶贫资金	民族自治地区年度扶贫资金总额（亿元）	268.3	310.6	365.3
	民族自治地区年度扶贫资金总额增幅（百分点）		15.77	17.61

资料来源：2015 年中国农村贫困监测报告. 中国统计出版社。

在中国经济高速发展和仍有 7000 多万贫困人口的双重背景下，精准扶贫理论认为不仅要让有自我发展能力的贫困人口脱贫，也要大力帮助没有自我发展能力的贫困人口脱贫，这就需要对贫困人口进行精准扶贫、精准脱贫。从这个程度上说，精准扶贫理论是中国特色社会主义反贫困理论的最新发展。

（三）精准扶贫理论是在融合国内外减贫理论的精髓的基础上，以马克思政治经济学为理论指导得出的新成果

贫困是经济学重要的研究主题之一，为此形成了丰富的反贫困理论。例如，Sherraden（1991）主张资产建设扶贫理论，首次提出了针对穷人的资产社会政策，资产社会政策主要针对的是针对传统的以收入为基础的反贫困政策，强调政府通过政策帮助穷人建立起资产，以促进其脱离贫困。他认为，一个人缺乏资产是导致持续产生贫穷的机制，只有多重福利效应资产才能够帮助穷人彻底摆脱贫困。Gaiha（2000）主张综合措施扶贫，认为反贫困干预应分为直接干预和间接干预。因此必须把包括土地、劳动力和信贷市场在内的干预政策作为一个完整的政策体系，协调发挥作用。

世界反贫困理论从上世纪五六十年代注重物质资本的单纯投入演化到七八十年代向人力资本倾斜再过渡到综合反贫困措施，即综合考虑人们的资质禀赋、赋权、参与等方式来反贫困。精准扶贫理论是在融合国内外减贫理论的精髓的基础上，以马克思政治经济学为理论指导得出的新成果。精准扶贫理论不但汲取了资产建设扶贫理论、人力资源扶贫理论和综合措施扶贫理论的精华，还以马克思政治经济学为指导，融合制度贫困论、共同富裕和人的全面发展理论的内容。精准扶贫理论和以往扶贫理论显著区别是强调"精准"——精准识别、精准帮扶、精准

考核、精准管理，这体现了马克思的公平正义。精准扶贫理论强调了扶贫资源的精准瞄准，体现了扶贫的公平和正义性。例如，2013 年在 19 个国家扶贫开发工作重点县审计中发现违法违规问题金额 2.31 亿元，占抽查资金额的 18.4%。精准扶贫就是要避免这类现象。

四、精准扶贫理论作为先进的国际减贫理念，将为世界反贫困理论与实践贡献中国智慧

贫困是世界各国面临的共同难题，努力消除贫困也是各个国家所须承担的历史责任。2000 年 9 月，189 个国家签署了《联合国千年宣言》，致力于共同帮助全球贫困人口摆脱贫困。联合国 2015 年后发展议程将消除贫困和饥饿列为第一目标。2008 年全球金融危机爆发后，许多国家由于经济发展面临困境，纷纷减少了扶贫资金和国际援助资金。这使得扶贫资金瞄准效率的重要性越发重要。如何实现承诺，考验着各级政府和学者的智慧。作为全球最大的发展中国家，中国政府一直非常重视反贫困工作，各级政府扶贫都设立了扶贫工作领导小组，并发布《中国农村扶贫开发纲要》。中国政府为世界贫困减少做出了巨大贡献。

1981—2012 年，中国减贫人口从原来的 7.67 亿提高到现在的 7.90 亿，增加了 2300 万人口，中国对全球减贫贡献率从原来的 70% 提高至 72%（国家统计局住户调查办公室，2015）。中国是世界上减少贫困人口数量最多的国家，同时也是世界上率先完成联合国千年发展目标的国家。精准扶贫理论有两个显著特点：（1）精准扶贫理论是在总结国际公共政策先进经验并结合中国实际基础上，以马克思政治经济学为理论指导而得出的重要成果。世界上很多国家，采取了比较清晰的精准政策，使反贫困政策更好地惠及目标贫困人口。精准扶贫理论总结了国际反贫困的先进经验，强调发挥政府扶持资源的针对性和有效性。一些研究表明，非贫困群体往往可以利用他们所拥有的经济优势来获取有利于自身的福利服务政策，村级行政负责人更有可能获得发放给穷人的定量福利卡（Besley，2012）。在孟加拉国，食品教育计划存在精英俘获现象（Galasso et al.，2005）。在坦桑尼亚，农业投入补贴项目优惠券发放存在明显的精英俘获现象，村干部家庭获得了 60% 的农业投入补贴项目优惠券，（Pan et al.，2012）。在低收入国家的公共福利项目中，受益人识别存在普遍的精英俘获现象，项目的受益人识别及过程受到基层地方政府精英俘获的严重影响（Panda，2015）。国外研究表明，精英俘获是扶贫资

源难以到达目标人口的重要原因。精准扶贫理论提出扶贫中的六个精准,从理论上探讨了如何规避精英俘获。(2)精准扶贫体现中国特色。改革开放 30 多年来,我们走出了一条中国特色减贫道路,创造性地发展出多种适合国情的扶贫模式,其中许多做法已经成为世界反贫困实践中的经典案例。如:坚持把扶贫开发作为战略部署,纳入国家经济社会全局同步推进;坚持政府主导,把强有力的组织领导作为实现反贫困的重要保障等。综上所述,以马克思主义政治经济学为指导的精准扶贫理论将为世界反贫困理论与实践贡献中国智慧。2016 年《中国的减贫行动与人权进步》白皮书指出,2015 年中国已经完成 1442 万人脱贫,这表明中国精准扶贫实施的效果良好。

五、总结

中国扶贫理论从追求平等、公平的救济式扶贫到促进区域发展、能力提升的开发式扶贫,再到嵌入国家发展战略、推动小康社会建设的综合性扶贫和攻坚阶段的精准扶贫,都是以马克思基本理论为指导。当前,中国精准扶贫机制还面临着精准识别技术困境、乡村治理、扶贫制度缺陷等方面的挑战。我们应该以精准扶贫理论为指导,不断完善精准扶贫机制,促进反贫困事业的发展。精准扶贫理论立足于中国国情和反贫困实践,是对实践经验和理性认识的升华,也是在更为宽广视阈的研究和运用中对马克思主义政治经济学时代特色的彰显。以马克思主义政治经济学为理论指导的精准扶贫理论是马克思主义中国化的又一重大理论发展成果,是中国特色社会主义道路的又一重大实践。精准扶贫理论作为先进国际减贫理念,从理论上探讨如何规避精英俘获,将为世界反贫困理论与实践贡献中国智慧。

参考文献

[1] 白朝阳. 全世界约有 12 亿人处于极度贫困世界贫困人口"版图". 中国经济周刊, 2013 (19): 73-74.

[2] 邓小平. 一心一意搞建设. 邓小平文选: 第 3 卷. 人民出版社, 1993a: 10.

[3] 邓小平. 在武昌、深圳、珠海、上海等地的谈话要点. 邓小平文选: 第 3 卷. 人民出版社, 1993b: 64.

[4] 国家统计局住户调查办公室. 中国农村贫困监测报告. 中国统计出版社, 2015: 108.

[5] 胡锦涛. 胡锦涛总书记关于构建社会主义和谐社会的有关论述. 党建, 2005 (4): 5-10.

［6］江泽民. 江泽民论有中国特色社会主义（专题摘编）. 中央文献出版社，2002：1271.

［7］马克思. 资本论：第一卷. 人民出版社，1975：707.

［8］恩格斯. 英国工人阶级状况 // 马克思恩格斯全集：第 20 卷. 人民出版社，1972：2741.

［9］习近平. 习近平论扶贫工作——十八大以来重要论述摘编. http：///news.xinhuanet.com/politics/2015-12 /01/c_128491293.htm.

［10］Gaiha R．2000.Do anti-poverty programmes reach the rural poor in India. Oxford Development Studies，28（1）：71-95.

［11］Galasso E，Ravallion M. 2005.Decentralized targeting of an antipoverty program.Journal of Public Economics，89（4）：705-727.

［12］Pan L，Christiaensen L．2012.Who is vouching for the input voucher？ Decentralized targeting and elite capture in Tanzania. World Development，40（8）：1619-163.

［13］Panda S. 2015.Political connections and elite capture in a poverty alleviation programme in India. The Journal of Development Stud-ies，51（1）：50-65.

［14］Sherraden M．1991.Assets and welfare．Society，29（1）：64-72.

（本文与胡联、王娜合著，原载《财贸研究》2017 年第 07 期）

精准扶贫的关键内涵

一、扶持对象精准

习近平总书记指出，"要解决好'扶持谁'的问题，确保把真正的贫困人口弄清楚"。要进行精准扶贫，首先必须以合理有效的方式准确地找到要扶持的贫困家庭和人口。目前，全国识别贫困人口的方法是在总指标控制下，由基层通过民主评议来识别贫困人口。

中国农村贫困人口的数量是由国家统计局根据约 9 万农村住户的抽样调查数据推算出来的。2014 年底，人均消费支出低于 2800 元贫困线的贫困人口在样本户中的比例为 7.2%。将这一比例乘以全国农村人口总数就估计出农村贫困人口 7017 万。国家将统计部门估计的贫困人口数分解到地方，同时允许上浮 10%，地方政府在指标的控制下进行贫困人口识别。由于缺乏所有农户可靠的消费支出和收入数据，地方政府无法根据收入和消费支出识别贫困人口，而主要采取民主评议的方式进行识别和建档立卡。基层在民主评议中通常使用的综合标准，既考虑农户的收入水平，也考虑"两不愁三保障"的情况，同时也会受人际关系的影响。根据典型地区的调查，按民主评议的建档立卡贫困人口和按消费和收入估计的贫困人口的重合度约为50%。

为了保证精准识别的准确性，2015和2016年各地组织建档立卡回头看，重新识别建档立卡贫困户1900多万，贫困人口5623万。中国的扶贫需要同时针对统计贫困人口和建档立卡贫困人口，到2020年使按两种方式估计的贫困人口都降低到可接受的最低水平。

二、项目安排精准

习近平总书记指出，"关键是要找准路子、构建好的体制机制，在精准施策上出实招、在精准推进上下实功、在精准落地上见实效"。扶持对象识别出来并建档立卡以后，就需要根据贫困户和贫困人口的实际需要进行有针对性的项目帮扶，做到因户因人施策。

由于致贫原因的综合性和差异性，扶贫项目也必须是综合性的，需要短期和长期扶持项目相结合，项目在贫困户之间也会有明显的差异。例如，对有劳动能力的贫困家庭，重点通过培训来提高能力，同时扶持家庭的产业发展和就业来增加收入。对于完全丧失劳动能力或部分丧失劳动能力的贫困家庭，则需要通过资产收益扶贫和社会保障来保证基本生活，并通过合作医疗和大病保险（救助）来维持基本的健康状况。对于生产和生活环境恶劣，一方水土养不活一方人的地区，则重点通过移民搬迁来解决基本生存条件的问题，并对搬迁后的生产和就业进行重点扶持。对于所有贫困家庭，都需要帮助解决儿童的营养、健康和教育问题，以阻断贫困的代际传递。

三、资金使用精准

要保证扶持项目得到实施，就必须有相应的资金支持。以往的各类扶贫资金（包括专项扶贫资金和部门扶贫资金）的管理方式缺乏足够的灵活性，地方政府缺乏资金使用的自主权，难以做到精准扶贫。

精准扶贫目前仍面对1000多万贫困家庭，4000多万贫困人口。致贫原因千差万别，对扶持项目和扶持方式的需求大不相同。要保证精准扶贫有效和可持续性，必须根据贫困户的实际情况因户因人制宜地安排项目和资金，使资金精准使用。这就要求将资金的分配和使用权下放给对贫困户的情况最了解的基层政府，让他们根据实际情况确定项目和分配资金。由于致贫因素的综合性和复杂性，贫困农户通常需要多方面的扶持。除了创收项目外，还需要培训和教育扶贫、医疗扶贫、社会保障等。这就需要对各个行业部门的资金进行捆绑和整合，以便于综合扶持。2016 年开始，中央对贫困县的 20 多项涉农资金进行整合，并将资金的使用和审批权交给县级政府，以满足精准扶贫的资金需要。

四、措施到户精准

要保证精准扶贫的效果，仅仅确定扶持项目和提供扶持资金还是不够的。以往的扶贫经验表明，很多扶贫项目不仅难以到户，到户后效果也很差。主要原因是贫困户在发展生产中面临诸多的障碍，他们缺技术、缺资金、缺市场信息、缺市场经济的理念和行为方式。习近平总书记指出，"注重增强扶贫对象和贫困地区自我发展能力，注重解决制约发展的突出问题，努力推动贫困地区经济社会加快发展"。

地方政府需要重点探索和建立贫困户的受益机制，重点是保证扶贫效率到贫困户，而不是片面强调所有的扶持项目和资金都要到贫困户。在产业发展和创收方面，重点探索如何将贫困户纳入现代产业链中，解决贫困农户经常面临的信息、技术、资金、市场等方面的困难。针对一部分失去劳动能力和劳动能力较弱的贫困家庭，实施资产收益扶贫项目。在移民搬迁项目中，需要采用差异化的补贴政策，增加对建档立卡贫困户的建房补贴，同时通过控制建房标准来降低搬迁成本。在迁入地则需要提供基本的生产和生活条件，并优先选择有土安置方式。对于与城镇化结合的无土安置，则需要提供充足的就业岗位，防止搬迁人口因没有收入来源而陷入新的贫困中。在西部地区，以中心村建设为重点的就近搬迁可能是更现实的搬迁模式。移民搬迁最终需要达到贫困户能搬得起、稳得住。在金融扶贫中则需要通过信贷、保险和抵押市场的综合金融改革，增加贫困户获得金融服务的能力。

五、因村派人精准

精准扶贫是一项复杂的系统工程，它的成功实施需要强有力的组织保障。大量的扶持项目和措施都需要由村一级来具体实施，村级组织的能力是影响精准扶贫效果的关键因素之一。由于贫困村经济社会发展相对滞后，大量年轻人外出就业，导致贫困村干部普遍年龄大、文化程度低、能力较弱。贫困村的村级治理能力长期处于不断弱化的状态，也是导致贫困状况严重的重要原因之一。这种状况在短期内难以显著改善，从而给精准扶贫工作的落实带来挑战。

上级政府通过向贫困村选派第一书记和驻村工作队，可以在多个方面促进精准扶贫工作。一是帮助村两委改进贫困户的识别方法，协助解决和协调识别过程中容易出现的矛盾。二是利用帮扶单位和个人的力量，从外部组织和动员更多的资源用于精准扶贫。三是协助村两委建立有效的扶贫到户机制，让贫困户真正受益。四是对村级的精准扶贫工作进行有效的监督，防止人情关系、弄虚作假和腐败行为的发生。五是在精准扶贫过程中培育贫困村干部的责任心和能力，增强贫困村的内生发展动力，让其走上可持续发展道路。

六、脱贫成效精准

习近平总书记指出，"扶贫工作必须务实，脱贫过程必须扎实，脱贫结果必须真实"。精准扶贫的目的就是要使现有标准下的贫困人口到 2020 年全部脱贫，并且要保证扶贫成果真实可靠，具有可持续性。要达到脱贫成效精准，前面的五个精准是保障。在此基础上，还需要对脱贫效果进行科学的考核和评估，防止成果造假和贫困人口被脱贫现象的发生。

国家统计局可以利用农户抽样调查数据每年对全国和各省总的减贫状况进行可靠的评估，从而为国家根据减贫效果调整扶贫政策提供决策依据，并制定相应的奖惩措施。由于样本量的限制，国家统计局无法利用抽样数据评估省以下地方政府的减贫成效。建档立卡贫困人口的脱贫状况则需要通过独立的抽查方式来进行核查和评估。我国从 2016 年开始组织学术和咨询机构对各地扶贫工作成效和贫困县退出进行第三方评估，并根据评估结果改进精准扶贫工作。通过"六个精准"，确保脱贫成效经得起历史和人民的检验。

参考文献

［1］习近平. 携手消除贫困促进共同发展——在 2015 减贫与发展高层论坛的主旨演讲. 新华网，2015 年 10 月 16 日.

（原载《人民论坛》2017 年第 30 期）

第二篇

实践分析篇

第四章　产业扶贫"换穷业"

生态保护与贫困地区特色产业发展

生态资源价值的实现问题，与贫困地区关系较大。要实现贫困地区脱贫，产业发展是关键，因为贫困地区之所以贫困的一个重要原因，就是产业没有发展起来，很多资源没有实现价值。我们脱贫攻坚的途径有"五个一批"，第一个路径就是产业扶贫。

贫困地区必须依托当地资源的特点发展产业，发挥比较优势。我们看到，很多贫困地区受资源的限制，生产率很低。

一、贫困地区自然条件的特点

第一，耕地资源稀缺或质量不高。比如西南一些山区，很多庄稼种在石头缝里。西北地区土地多，但贫瘠、缺水。除了耕地资源以外，其他农业生产的限制因素很多。比方西北地区的突出问题是水资源稀缺，西南尽管降雨量不少，但沟壑纵横，特别是喀斯特地形，下雨后水很快就流失，可利用的部分不多，有些地方饮水都困难，更别说灌溉了。另外，部分牧区处于高寒地带。我国最穷的地方可能是凉山地区，那里可耕地少，地处高寒，生产率很低。

第二，我国山区普遍地形复杂，不利于规模化的大宗农产品生产。像贵州有些地方找几百亩的平地都很困难，气候灾害很多，像泥石流等基本都发生在贫困地区。

第三，很多贫困地区远离经济中心，生产出来的产品，运输和流通成本也很高。当然随着我国大规模的基础设施建设，运输条件将不断改善。当然，在这样的情况下，贫困地区发展产业，必须根据自己的特点和条件去做。

二、贫困地区发展产业的若干有利条件

一是环境污染小。贫困地区受经济条件限制，工业没有发展起来，化肥、农

药用得很少，没有发达地区农业造成的面源污染。

二是生物多样性强。由于各地方山区的地理环境、气候环境差异比较大，生态多样性强。特色产品比较多。当然，很多小众产品的生产率比较低，比如板栗亩产只能打几百斤。还有更多的小规模产品没有受到重视。生产率低也就意味着增长潜力比较大。

在这样的条件下，特色产业应该是贫困地区的主要方向和优势产业。贫困地区不适合发展大宗产品，无法跟其他农业区竞争。比方东北农区有条件连片种植，这在贫困地区根本不可能。由于无法形成规模效益、产品成本没有竞争力；且路途遥远、交通不便，运费过高。我国主粮价格相对国际市场也没有竞争力。所以中央关于贫困地区脱贫的发展定位，就是发展特色产业。各地可以根据具体情况调整产业结构，但没有对粮食生产提出要求。

三是随着我国经济发展和人民生活水平不断提高，为发展特色产品提供了市场。过去人们的基本口粮还没有解决时，特色农产品是没有价值的。现在城市高收入人群对特色农产品的需求将越来越多。现在宏观的判断，是农产品结构性过剩，越是低端的产品价格越低、越不好卖，而绿色、有机的高档农产品卖得好，有的还需要进口。

乡村休闲旅游也是迅速发展的产业。西南地区，贵州、重庆的山区，不少贫困村就是靠休闲旅游发展起来的。城里人去山村避暑，一住两个月，费用也比较低。当地有的农户一夏天能挣好几万。这方面的需求越来越多。

贫困地区发展特色产业，对生态保护具有重要意义。习近平总书记讲绿水青山就是金山银山，在今天这个阶段，是可以经过努力，真正把绿水青山转化成经济价值，让当地农民不仅能够脱贫，而且能够致富。

发展特色农产品，在合理利用当地资源的同时要保护好生态环境。如果农田受到污染，就生产不出好的特色农产品，农田也很难恢复。所以，发展特色农业不能片面追求数量，必须重质量，走绿色、有机和高品质的道路。

三、贫困地区发展特色产业需要政策支持

贵州有些地方在石头缝里种玉米，那里的主要问题是生产方式陈旧，效率低，市场营销能力有限，缺乏经营主体。要走高端路线必须有品牌。很多贫困地区的人说，我们有好产品，天然、无污染，但是卖不出去，卖不出好价钱。

贫困地区农村组织化程度较低。即使特色产品发展起来了，当地农民得到的

好处也不多。比如外面的公司来这里搞乡村旅游，占了当地环境资源，要拿走大部分收益，跟当地的老百姓关系并不大。要探讨有效地提高农户的组织化程度，在发展的同时形成有效的利益链接，让各方面都能受益，不能只富了少数人。

基础设施的建设。偏远地区的特色产品要实现价值，基础设施非常重要。现在全国大部分地区实现了村村通公路（硬化路面），贵州是西部地区唯一一县县通高速公路的省份，其他地方的基础设施可能还没有这样完善。完善流通设施也很重要，很多特色农产品是鲜活产品，没有流通基础设施，就很难转到城市去实现更高的价值。国家已出台政策支持贫困地区流通设施，包括冷链的建设。

特色产品的研发支持。我们以往的科研重点主要集中在大宗作物，因为推广面积大，效果显著。而小宗产品品种多，规模小，如果不改变激励机制，就很难调动科研人员的兴趣。

加强现代信息技术在农产品流通领域的应用。像"拼多多"、京东都在很多贫困县区设点，这样能够更有效地加快贫困地区农产品的流通。

鼓励新型经营主体参与贫困地区的产业建设，包括财政和金融的支持。现在农业企业贷款难是一大难题，因为我国的农业企业跟西方的不一样，土地是流转过来的，不是"硬资产"，不能抵押贷款；生物性资产无法抵押贷款。当然我们对贫困农户有优惠贷款政策（每户5万元额度）。金融支持还有一个很重要的方面是保险政策。现在我们的农业保险、政策性保险，主要是针对大宗农作物，对特色农产品还没有覆盖。相比大宗粮食价格，小宗产品价格的波动更大，这对经营主体是很大的市场风险。这方面的保险政策需要我们探索。

（原载《经济导刊》2019年第10期）

产业劳动密集度、产业发展与减贫效应研究

一、引言

很多国内外学者都赞同，一国经济增长能促进本国贫困人口减少，如Dollar和Kraay（2002）认为，经济增长是减少贫困的一个最重要决定因素。但一些学者发现经济增长对贫困减少的效果存在差异性，如陈立中（2009）认为，虽然经济

增长可以大幅度减少贫困，但收入差距的扩大抵消了部分经济增长的减贫效应。有研究进一步表明：除收入分配、城市化率等因素外，经济增长的产业构成同样会对贫困的减少产生影响。Datt 和 Ravallion（1992）、Loayza 和 Raddatz（2010）指出，不仅是经济增长的规模，经济增长的产业结构同样对贫困减少起着重要作用。Ravallion 和 Chen（2007）、李小云等（2007）、张萃（2011）的研究发现，中国不同产业增长在促进农村贫困减少的效应上存在差异。

在改革开放以来经济高速发展的 30 年间，中国农村贫困人口数量大幅度下降。根据官方贫困线，中国的农村贫困人口已从 1978 年的 2.5 亿人下降到 2007 年的 1478.79 万人，总共减少了 2.35 亿人，年均下降 9.3%。按照人均一天一美元的国际贫困线标准，Ravallion 和 Chen（2004）的估计表明，中国农村贫困发生率已从 1981 年的 64% 下降到 2001 年的 16.6%。但是随着中国反贫困实践的推进，中国经济增长对农村贫困减少的促进作用在逐渐减弱。根据《中国农村住户调查年鉴 2007》，1978—1985 年中国人均 GDP 增长率为 8.3%，官方贫困人口年均减少数 1786 万人，1997—2006 年中国人均 GDP 增长率为 7.4%，官方贫困人口年均减少 281 万人，这说明，经济增长对中国农村贫困减少的作用是在下降的。

本研究将对中国产业劳动力密集程度与产业发展减贫效应大小的关系进行实证分析，并结合贫困人口收入构成解释中国产业发展减贫效应不同的原因。对这一问题的探讨，不但可以使我们更加准确地分析中国产业发展的减贫效应，深化对产业发展的减贫效应原因的理解，也可以为中国当前制定产业结构优化升级、经济转型政策提供一个反贫困的视角。

本文的主要贡献有：其一，在理论层面上，揭示了产业劳动密集度、产业发展与农村贫困减少之间的关系。其二，在论证方法上，运用 1995—2007 年全国和分省的农村贫困数据，实证方法分析中国产业劳动密集度和产业发展减贫效应的关系，这是之前研究所欠缺的。其三，在政策干预方面，有针对性地提出发展劳动密集型产业，以发挥经济增长对农村贫困减少的促进作用。

二、文献回顾

一国经济增长有助于一国农村贫困的减少，如汪三贵（2008）指出，中国经济的快速增长，为缓解农村贫困提供了坚实的经济基础，为贫困人口的大幅减少做出了重大贡献。

Datt 和 Martin（1992）通过对 1951—1991 年印度贫困变化和三大产业产值

增长率的分析，发现印度的农业和服务业的发展对于贫困减少的贡献大于第二产业。Kay（2009）从产业协同发展的角度分析产业增长对农村贫困减少的不同影响，认为只有农业和工业的协调发展才能最大化促进农村发展，消除贫困。Loayza 和 Raddatz（2010）通过推导产业劳动密集程度与工资增长关系的数理模型，运用 55 个发展中国家的相关数据实证分析了不同产业增长对贫困减少的不同影响，结果发现，不仅是经济增长的规模，经济增长的产业结构同样对贫困减少起着重要作用，尤其是雇佣非熟练劳动力程度高的产业对贫困减少的作用更大。

既然不同的产业发展对农村贫困减少的效应不同，那么这背后的原因是什么？一种观点认为，市场分割导致产业发展减贫效应差异；另一种观点认为，产业增长对贫困人口消费产品价格的不同影响导致产业发展减贫效应差异。除此之外，产业发展对贫困减少的最直接的作用是提高在本产业就业的贫困人口的工资收入。Teklu 和 Asefa（1999）通过对博茨瓦纳、肯尼亚的案例研究发现：在农村的穷人更愿意参与劳动密集型公共投资项目，特别是那些资产非常有限的穷人；参加这些项目的穷人的工资都得到了提高，农村贫困人口也因此减少。林毅夫和陈斌开（2013）认为，重工业优先发展战略将减少劳动力需求，进而降低均衡工资和劳动者收入，导致收入差距扩大。当政府遵循比较优势发展战略时，收入不平等程度将持续下降。

一些学者对中国产业发展和贫困减少关系进行了研究。Ravallion 和 Chen（2007）实证分析了 1980—2001 年中国贫困减少情况，发现农业增长对于贫困减少的贡献大大超过第二和第三产业。李小云等（2007）研究发现：2000—2008 年中国不同产业的增长对减少贫困的作用是不同的；从全国平均来看，农业增长的减贫作用最大，第二产业和第三产业的增长对减少贫困也具有重要的作用。张萃（2011）以占总人口 20% 的最低收入人群的平均收入来衡量贫困，从经济增长的产业构成视角切入，就经济增长与贫困减少论题进行了实证研究，结果发现，1978—2007 年，第一产业和第三产业增长的减贫效应非常显著，而第二产业增长的减贫效应微弱。

综上所述，目前理论界对中国产业发展与农村贫困减少的研究取得了不少成果，但仍然存在以下问题：第一，部分研究以中国占总人口 20% 的最低收入人群的平均收入作为贫困的衡量标准，分析产业发展与贫困的关系，这难以准确研究中国产业发展对贫困减少的效应。第二，目前对于中国产业发展减贫效应不同原因的研究大都是经验数据推断,缺乏规范的实证分析,研究不够深入。

三、计量模型及数据来源

(一)计量模型

为分析中国产业发展对农村贫困减少的效应(简称产业发展的减贫效应)及产业发展减贫效应不同的原因,本文通过两个计量模型进行研究。

关于不同产业增长对缓解贫困的作用,本文参考 Besley 和 Burgess(2004)提出的方法,加入控制变量,运用固定效应模型估计不同产业的增长对缓解贫困的影响。所用的回归方程如下:

$$Ln(P_{it}) = \alpha + \beta_1 S_{it}^P Ln(y_{it}^P) + \beta_2 S_{it}^S Ln(y_{it}^S) + \beta_3 S_{it}^T Ln(y_{it}^T) + \varepsilon \tag{1}$$

在式(1)中,P_{it} 为农村贫困发生率,y_{it}^P、y_{it}^S、y_{it}^T 分别代表各省份第一、第二、第三产业的产值;S_{it}^P、S_{it}^S、S_{it}^T 分别代表第一、第二、第三产业产值占 GDP 的份额,系数 β_1、β_2、β_3 分别表示贫困发生率对第一、第二、第三产业的弹性,亦即产业发展的减贫效应,α 为包含了省份和年份的固定效应。

关于一个产业的劳动密集度和产业发展的减贫效应的关系,本文引用 Loayza 和 Raddatz(2010)提出的计量模型。该模型假设一个经济体有穷人和富人两种类型的居民,富人可以通过其前期拥有的资产获得当期收入,而穷人只能通过劳动(就业)获得当期收入。在这种假设下,Loayza 和 Raddatz(2010)推导了产业劳动密集程度与工资增长关系的数理模型,分析了发展中国家由于产业劳动密集度不同导致不同产业增长对贫困减少的不同影响。本文采用该方法,基于 1995—2007 年分省数据验证中国产业劳动力密集程度与产业发展减贫效应的关系。本文推导了以下公式:

$$\bar{h}_j = \theta_0 + \theta_1 \bar{y}_j + \theta_2 \left[\Sigma_{i=1}^I (I_{ij}/s_{ij} - 1) s_{ij} \cdot \bar{y}_{ij} \right] + \varepsilon_i \tag{2}$$

其中,表示农村贫困发生率的增长率,下标 j 表示省份;s_{ij} 表示省份 j 中各产业产值占省份 GDP 的份额,$\bar{y}_{ij}$ 表示省份 j 中各产业产值的增长率,$\bar{y}_j$ 为地区人均 GDP 增长率。i 表示各地区产业划分的种类数,本文按三次产业划分,取值为 3。θ_0 为常数项,θ_1 和 θ_2 为模型中的系数。I_{ij} 表示该产业就业人数占地区总就业人数的比重。I_{ij}/s_i 即表示 j 省份 i 产业的劳动力密集程度,$\Sigma_{i=1}^I (I_{ij}/s_{ij} - 1) s_{ij} \cdot \bar{y}_{ij}$ 表示该地区各产业的劳动力密集程度增长。

在计量分析中,我们用 M 表示各产业的劳动力密集程度增长(即 $M = \Sigma_{i=1}^I$

$(I_{ij}/s_{ij}-1)\,s_{ij}\cdot\bar{y}_{ij})$。由式（2）可知，一个地区农村贫困发生率的增长受到地区人均 GDP 增长率和产业的劳动力密集程度增长的影响。

（二）数据来源

本文所用贫困人口数据来自国务院扶贫办公室的全国和分省的数据，各产业产值的增长率、GDP 增长率等数据均来自 1995 年到 2007 年《中国统计年鉴》《新中国六十年统计资料汇编》和《新中国 60 年农业发展统计汇编》。出于数据可收集完整性的考虑，实证分析只选取河北、辽宁、江苏、浙江、福建、山东、广东、广西、海南、山西、内蒙古、吉林、黑龙江、安徽、江西、河南、湖北、湖南、四川、贵州、云南、西藏、陕西、甘肃、宁夏、青海、新疆 27 个省份。由于与前面年份可比的分省贫困数据只能补充到 2007 年，2008 年国家统计局将贫困线和低收入线合并，停止公布按原来标准计算的贫困人口数。所以 2008—2010 年的贫困人口与以前年份是不可比的，故本文以 1995—2007 年的数据进行分析。

四、实证结果及分析

（一）实证结果

对于模型 1，考虑异方差、序列相关和截面相关问题，本文采用固定效应估计方法对 1995—2007 年 27 个省份的面板数据进行回归，估计结果如表 1 所示。

表 1　中国产业发展与农村贫困减少实证结果

lp	Coef.	Std. Err.	t	P>t	[95% Conf. Interval]	
$S_1lprimary$	−1.25	0.301	−4.2	0.00	−1.87	−0.64
$S_2lsecondary$	−0.94	0.11	−8.79	0.00	−1.16	−0.72
$S_3ltertiary$	−1.03	0.07	−15.23	0.00	−1.176	−0.89
cons	3.44	0.76	4.52	0.00	1.88	5.01

Stata 结果显示：*maximum lag* 为 2，*number of obs* 是 346，*within R-squared* 为 0.57。如表 1 所示，$S_1lprimary$、$S_2lsecondary$ 和 $S_3ltertiary$ 分别表示第一、第二和第三产业发展，其系数分别为 −1.25、−0.94 和 −1.03，而且都很显著。由模型可知，第一、第二和第三产业发展的系数的经济意义为中国三次产业发展对农村贫困减少的效应。实证结果表明：中国三次产业发展的减贫效应不一样，第一产业最大，第三产业次之，第二产业最小。

对于模型 2，考虑内生性、异方差、序列相关和截面相关问题，采用固定效应估计方法对 1995—2007 年 27 个省份面板数据进行回归。以式（2）为基本计量模型，分析中国各省份农村贫困发生率的增长率 $\overline{h}_j$、各省份地区人均 GDP 增长率 $\overline{y}_j$ 和各省份产业的劳动力密集程度增长 $\sum_{i=1}^{I}(I_{ij}/s_{ij}-1)\,s_{ij}\cdot\overline{y}_{ij}$ 之间的关系。为了进一步检验各省份城市化率增长和各省份人力资本增长对农村贫困减少的影响以及稳健性检验的需要，逐步加入各省份城市化率增长 $lurban$ 和各省份人力资本增长 lhc 两个变量，由此得到 4 个回归结果，如表 2 所示。

表 2　农村贫困增长率与产业集中度增长实证结果

	（1）	（2）	（3）	（4）
$lpgdp$	−1.200***	−1.384***	−1.255***	−1.691***
	（−0.084）	（−0.119）	（−0.118）	（−0.299）
M		−0.782**	−0.688**	−0.780**
		（−0.233）	（−0.221）	（−0.242）
$lurban$			−1.180**	−1.056**
			（−0.373）	（−0.369）
lhc				0.226
				（−0.146）
cons	5.441***	6.610***	4.064***	6.585***
	（−0.619）	（−0.841）	（−1.036）	（−1.774）
N	346	346	344	344
R-sq	0.546	0.553	0.564	0.569

注：括号中为标准误差；* 表示 $p<0.05$，** 表示 $p<0.01$，*** 表示 $p<0.001$

由表发现，人均 GDP 增长率 $lpgdp$ 和产业的劳动力密集程度增长 M（$M=\sum_{i=1}^{I}(I_{ij}/s_{ij}-1)\,s_{ij}\cdot\overline{y}_{ij}$）的系数均为负数，而且非常显著。如表 2 的（4）列所示，劳动力密集程度增长 M 的系数为 −0.78。这说明，各省份产业的劳动力密集程度每增长 1%，农村贫困率降低 0.78%。

需要指出的是，中国存在大量的未系统统计的非正规就业人员。黄宗智（2010）的计算值 2006 年为 0.986 亿人；笔者计算 2007 年的数值为 0.966 亿人，占全国就业总人数的 12.5%。考虑到这个因素，所以中国产业的劳动力密集程度增长对农村贫困减少的效应被低估了。在上文分析的基础上，进一步探讨各省份贫困发生率增长与人均 GDP 增长、人力资本增长和城市化增长的关系。如表 2 的（4）列所示，$lpgdp$ 的系数为 −1.691，lhc 的系数为 0.226，$lurban$ 的系数为 −1.056。这表明：各省份人力资本对农村贫困减少的效果并不明显；但各省份城市化率每提高 1%，农村贫困率降低 1.056%，比较明显。本文以 2007 年的数据，在控制人均 GDP 增长对贫困发生率的影响后，各省贫困发生率增长与其劳动密集度增长的散点图如图 1 所示。从中可见，各省贫困发生率增长与其劳动密集度增长呈现明显的负相关，即劳动密集度增长越大的省份，其贫困发生率增长越低（由于大部分省份的贫困发生率增长为负数，这意味着此时贫困发生率增长衡量的是农村贫困的减少）。

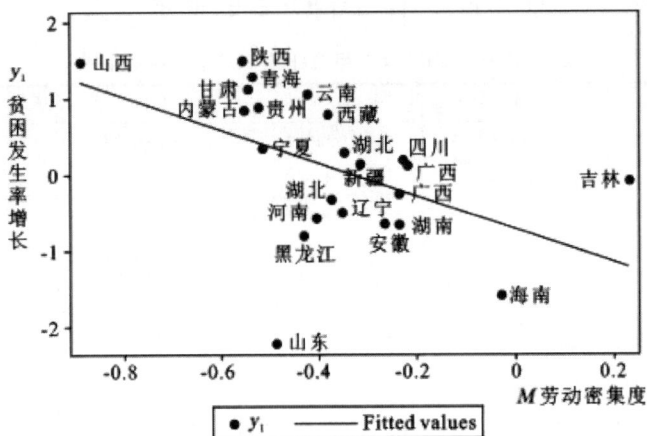

图 1　贫困发生率增长与劳动密集度预散点图

注：y_1 为控制了人均 GDP 增长影响后的贫困发生率增长

（二）进一步分析

进一步引入 1995—2007 年 27 个省三大产业相关数据计算 I_{ij}/S_{ij}，可以得到各地区计算期平均的三大产业劳动力密集程度（见表 3）。结果显示，27 个省份三大产业劳动力密集度具有明显特征：第一产业劳动密集度 > 第三产业劳动密集度 > 第二产业劳动密集度。具体来说，所有地区的第一产业劳动密集度都大于1.7，意味着第一产业是劳动密集度最高的产业。如表 3 所示：27 个省份三大产业劳动密集度平均值分别为 2.97、0.48 和 0.71，第一产业劳动密集度最大，第三产业次之，第二产业最小。

将表 1、表 2 的实证结果与表 3 三大产业劳动密集度指标结合来看，可以发现，产业的劳动力密集程度与该产业发展对农村贫困减少的效应呈正比。具体而言，劳动力密集度最高的第一产业，其系数无论是显著性还是数值的绝对值都明显高于第二产业和第三产业。所以。第一产业发展的减贫效应最大，第三产业次之，第二产业最小。表 2 和表 3 的结果很好地解释了表 1 的实证结果。

表3 1995—2007 年三大产业劳动密集度指标

省份	第一产业	第二产业	第三产业	省份	第一产业	第二产业	第三产业
山西	5.28	0.53	0.73	福建	2.59	0.61	0.76
内蒙古	2.68	0.45	0.78	广东	4.37	0.69	0.68
吉林	2.32	0.50	0.86	广西	2.36	0.32	0.72
黑龙江	3.35	0.45	0.93	海南	1.72	0.45	0.73
安徽	2.35	0.49	0.70	四川	2.42	0.47	0.68
江西	1.87	0.67	0.82	贵州	3.14	0.26	0.46
河南	2.73	0.43	0.66	云南	3.49	0.23	0.48
湖北	2.40	0.53	0.78	西藏	2.62	0.30	0.49
湖南	2.28	0.59	0.63	陕西	3.82	0.39	0.71
辽宁	2.78	0.65	0.90	甘肃	3.32	0.43	0.55
湖北	2.80	0.56	0.73	青海	3.57	0.37	0.75
山东	3.22	0.51	0.75	宁夏	3.61	0.47	0.62
江苏	3.24	0.61	0.83	新疆	2.54	0.38	0.79
浙江	3.22	0.72	0.78	27 省份平均值	2.97	0.48	0.71

数据来源：根据历年《中国统计年鉴》整理而得。

五、结论与建议

本文运用 1995—2007 年全国和分省的农村贫困数据，从经济增长的产业构成视角，分析了产业发展对农村贫困减少的效应，并实证分析中国产业劳动密集度和产业发展减贫效应的关系。研究发现：（1）产业发展对农村贫困减少的效应是不同的，第一产业的效应最大，第二产业和第三产业的效应相差不大。不同地区间产业发展的减贫效应有所差别。（2）产业的劳动力密集程度影响着该产业发展的减贫效应大小。（3）各省份城市化率每提高 1%，农村贫困率降低 1.056%，比较明显。

本文的政策建议是：（1）由于经济增长对农村贫困减少的促进作用在减弱，中国需要发展一些劳动密集度高的产业，这有利于贫困人口的就业、收入增加，加大经济增长的减贫效应。具体而言，由于第一产业（农业）发展对本地区贫困减少有着显著的促进作用。因此要继续促进农业的发展。尤其是在当前中国农业发展具备一些较好的历史性条件，应该继续加大投入力度，在推动农业进一步发展的同时促进贫困减少。（2）本文以及国外相关研究表明，第三产业将在农村贫困减少中发挥更为重要的作用。所以中国应该继续推进第三产业的发展。尤其是在中西部贫困人口相对较多的地区，应支持批发零售、交通仓储等就业密集度高的第三产业发展。（3）大力推进中国城市化在规模和质量上的提高，以有助于减少农村贫困。

参考文献

［1］陈立中. 收入增长和分配对我国农村减贫的影响——方法、特征与证据. 经济学季刊，2009（1）：711-726.

［2］李小云，于乐荣，齐顾波. 2000—2008年中国经济增长对贫困减少的作用——一个全国和分区域的实证分析. 中国农村经济，2010（4）：4-11.

［3］汪三贵. 在发展中战胜贫困——对中国30年大规模减贫经验的总结与评价. 管理世界，2008（11）：78-88.

［4］张萃. 中国经济增长与贫困减少——基于产业构成视角的分析. 数量经济技术经济研究，2011（5）：51-63.

［5］林毅夫，陈斌开. 发展战略、产业结构与收入分配. 经济学季刊，2013（7）：1109-1140.

［6］黄宗智. 中国发展经验的理论与实用含义——非正规经济实践. 开放时代，2010（10）：134-158.

［7］Besley T，Burgess R，2003.Having global poverty.Journal of EconomicPerspectives 17（3），3-22.

［8］Dollar D，Kraay A，2002.Growth is good for the poor.Journal of EconomicGrowth 7（3）：195-225.

［9］Gauray D and Ravallio M，1992，Growth and Redistribution Components of Changes in Poverty Measures：A Decomposition with Applications to Brazil and India in the 1980s，Journal of Development Economics，38（2）：275-295.

［10］Loayza N，Raddatz C，2010，The Composition of Growth Matters for Poverty Alleviation，Journal of Development Economics，93（1）：137-151.

［11］Kay C，2009，Development strategies and rural development：exploring synergies，eradicating poverty，The Journal of Peasant Studies，36（1）：103-137.

［12］Ravallio M and Gauray D，2002，Why Has Economic Growth Been More Pro-poor in Some States of Indian than Others，Journal of Development Economics，68（2）：381-400.

［13］Ravallio M and Chen S，2007，China's（Uneven）Progress against poverty，Journal of Development Economics，82（1），1-42.

［14］Teklu T，Asefa S，1999，Who participates in labor-intensive public works in sub-Saharan Africa？ Evidence from rural Botswana and Kenya，World Development，27（2）：431-438.

（本文与胡联合著，原载《财贸研究》2014年第3期）

我国资产收益扶贫的实践与机制创新

一、引言

中国作为世界上最大的发展中国家，长期致力于经济增长、社会发展和人民生活福利的改善。新中国成立后，伴随我国农村各类制度的建立、大规模减贫行动的开展以及经济发展的溢出效应，中国贫困人口大规模减少。减贫成绩斐然的同时，剩余贫困人口的脱贫任务愈发艰巨。随着社会不平等程度提高，经济发展自然减贫的作用逐步降低，原有的区域性瞄准策略难以完成脱贫的任务。现存的贫困人口在我国 30 多年的大规模减贫行动中受益有限，是未来脱贫攻坚中的"硬骨头"。根据对国务院扶贫办建档立卡农户数据分析，我国现有贫困人口中，因病、因残以及缺少劳动能力致贫人口超过 60%。这部分贫困人口发展能力弱，在传统扶贫项目中难以实现增收致富，需要开展有针对性的帮扶，以实现我国"十三五"规划中"现行标准下农村贫困人口实现脱贫，贫困县全部摘帽，解决区域性整体贫困"的任务。

资产收益扶贫是新时期我国精准扶贫政策的重要抓手。在中国经济发展新阶段、贫困问题的新形势下，"十三五"规划中明确提出"探索资产收益扶持制度，通过土地托管、扶持资金折股量化、农村土地经营权入股等方式，让贫困人口分享更多资产收益"的全新帮扶措施。资产收益扶贫是指在精准识别的基础上，以稳定增加贫困人口的财产性收入为目的，为贫困人口创造资产、撬动贫困地区资源，充分运用市场化因素，提高贫困人口生产参与度，为其创造财产性收入。这类帮扶方式一方面照顾了现有贫困人口劳动能力不足、市场意识差的问题，一方面贯彻了精准扶贫方针，实现了措施到户，提高扶贫效率。

从理论研究方面看，资产与贫困在近 20 年得到了学者的广泛关注，我国资产收益扶贫政策是该理论在实践层面的一次尝试。从现实意义看，资产收益扶贫项目为农村无劳动能力或弱劳动能力的贫困农户提供了稳定持久的收入来源，激发了农户参与劳动的积极性，成为我国"十三五"期间的脱贫工作的重要抓手之一。本文基于对我国 13 个县资产收益扶贫项目的调研，从资产建设相关理论、我国资产收益扶贫的机制及实践案例入手，梳理这一新型扶贫方式的理论渊源和实践经验，发掘此类扶贫项目的机制创新点，在此基础上提出对资产收益扶贫的政策建议。

二、从"收入转支"到资产建设

1991年美国学者迈克尔·谢若登出版《穷人与资产——一项新的美国福利政策》一书，引起了学术界对福利政策的深入思考，并由此逐步衍生出了资产与贫困相关主题的研究。

谢若登认为美国以收入转支为主要方式的福利政策并没有帮助穷人摆脱贫困，"虽然收入转支有助于暂时减轻贫困，但没有根本解决贫困问题"。在当时的政策视野中，贫困仅限于收入一个维度，普遍认为贫困产生的原因是针对穷人的资源供应量有限，因此需要不断增加供给，以缓解贫困状况。与主流观点相悖，谢若登认为"收入只能维持消费，而资产则能改变人们的思维和互动方式"，主张为穷人积累资产。在资产增加的过程中，穷人开始从长计议，资产开始"改变人们的头脑"。这一观念与中国古语"有恒产者有恒心"一脉相承。从收益角度看，财产性收益在国民经济中占比逐步提高。正如皮凯蒂在《21世纪资本论》中揭示的一样，劳动在国民收入中所占份额逐年缩小，而资产的份额逐年上升，这是为什么存在大量"劳动穷人"的原因。

总体来看，资产建设一方面改变了穷人的思维方式，解决了发展的内源性问题；另一方面，在迅速发展的市场经济中，提高财产性收益份额是增加收入、改善生活水平的重要手段。

20世纪80年代中期，我国由"输血式"扶贫转向开发式扶贫，注重发展生产、激发农户内生动力，并对农村贫困地区给予了大量资金支持，直接补贴类收入转支性政策在相当长的时间内是我国贫困帮扶的重要手段。政府有针对性的减贫政策和经济发展的溢出效应相结合，促进了我国扶贫事业的发展，贫困县基础设施建设、经济增长速度、贫困人口收入和消费的增长速度均高于全国平均水平，但与此同时，这一阶段的部分扶贫政策也暴露出问题。对于收入转支性政策的福利效果，学术界充满了争议。转移性支付可以有效提高家庭收入、减少不平等、降低童工数量，进而减轻贫困（de Hoop等，2014；Haitao W等，2015）。我国转移性支付对福利产生的正向影响主要包括：社会保障本身作为一种收入，直接促进了消费，降低了预防性储蓄，改善了家庭健康状况，减少了贫困（王非等，2010；齐良书，2011；张川川等，2015；胡兵等，2014）。但与此同时，转移性支付也造成了劳动参与率下降、挤出私人转移支付、加剧不平等等负面效应（黄祖辉等，2003；陈华帅等，2013；梁晓敏等，2015）。

与收入转支性帮扶政策不同，资产收益扶贫项目旨在利用各类资产，借助市场力量为农户获得财产性收入，以帮助其摆脱贫困。虽然资产收益扶贫项目也是以收入增加为目的的帮扶政策，但与直接收入转支性政策不同，这一新的扶贫政策呈现以下特征：（1）以资产建设为前提，充分利用农户自有资源或政策资金，将资本收益权赋予农户，赋权过程中注重培育农户的市场意识，引导其生产决策思路的转变；（2）农户出让资金或资产，以股东或债权人的身份，而非转移支付接受者，获得收益。而转移性收入和财产性收入不同的消费倾向会造成不同的福利影响；（3）资产收益扶贫项目中农户收益度与参与度并重，在保障资产收益的基础上，能在多大程度上参与劳动也是项目的重要评价指标，避免了单纯转移支付可能造成的劳动参与率下降。因此，从帮扶手段看，资产收益扶贫有别于传统扶贫项目，尤其是收入转支性帮扶政策的扶贫方式，是我国扶贫手段的一次重要创新。

三、我国资产收益扶贫的要素与实践

本文在我国多地资产收益扶贫案例的基础上，按照我国资产收益扶贫实践中主要要素对这一扶贫新政进行分析，包括资产类型、收益模式和分配模式等，并辅以典型案例说明。

资产收益扶贫是指将自然资源、公共资产（资金）或农户权益资本化或股权化，相关经营主体利用这类资产产生经济收益后，贫困村与贫困农户按照股份或特定比例获得收益的扶贫项目。

（一）资产类型

从资产类型看，参与资产收益扶贫的资产主要包括：自然资源、农户和村集体自有资源或权益、扶贫资金直接投资、扶贫资金投资不动产等。

以光伏扶贫为代表的自然资源参与资产收益扶贫项目已经广泛发展。该类项目充分利用当地光伏资源，与扶贫资金、企业投资、农户自筹资金等对接，形成集中或分散式光伏电站，上网发电后，农户可按照发电量获得资产收益。自然资源作为资产收益扶贫项目的资本投入具有成本低、收益稳定的特点。但自然资源的开发需要大的企业或政策带动，开发成本高，配套设施的建设需要大量资金投入。如光伏扶贫项目中，除了私人投资，光伏电站建设成本还应当考虑各级政府部门投入，包括：电力部门电网改造，以配合光伏电站并网发电的成本；扶贫资金对贫困户电站建设的补贴资金投入；国家能源局对光伏项目的补贴。

　　资产收益扶贫项目中，土地权益是农户或村集体投入的最重要资源，包括村民个人耕地经营权、林地和宅基地使用权，以及村集体自留地、荒山荒坡等。土地参与资产收益扶贫的具体方式包括传统土地流转和土地入股两种方式。近年来我国土地流转形式发展迅速，日臻成熟，本文不再赘述。土地入股是指以土地使用权作为股本投入合作社或企业生产，按照固定或浮动方式进行分红。农户以土地入股后，其经营决策权也交给了合作社或企业，个体不再参与生产决策过程。值得注意的是，以土地入股参与企业经营的方式需要在土地估值和分红比例方面仍存在争议。土地入股时股本金是以每年的流转费累加还是按照市场交易价格计算对农户分红收益影响很大。从市场规律看，按照土地市场交易价格入股是更加符合资本估值的方式，但受制于我国土地赋权工作滞后和土地交易市场不完善，农户以土地入股往往面临着价值被低估的困境。

　　扶贫资金以入股、借贷等形式直接进行投资，不涉及购买或建设等环节，产生收益向贫困农户和贫困村进行分配是资产收益扶贫项目的另一种模式。在这一模式下，原本应当"资金到户"的扶贫资源整合使用，实现效益到户。如四川某村将财政资金统一投资当地的猕猴桃产业园建设中，企业使用政府资金建设，并按照相应比例分红，贫困农户按照持有的股份获得分红。重庆某县集中将贫困农户"旅游产业发展补贴"以借贷的方式交由当地农家乐经营企业使用，企业以其资产作为抵押，贫困农户一方面获得固定的"利息"，另一方面通过参与企业生产获得工资收入。以扶贫资金直接投入资产收益扶贫项目可以压缩项目投资周期，基本实现当年收益，且适应产业范围广。扶贫资金直接投资将"资金到人"的扶贫理念升华为"效益到人"，传统的扶贫资金到户后效益受到农户自身能力制约，对于缺乏劳动能力的贫困户，直接资金到户容易"打水漂"，无法实现帮扶效果。资产收益扶贫项目则通过市场主体参与并发挥其经营管理特长，弥补农户能力短板，为这部分贫困户提供了稳定持久的收益。扶贫资金直接投资可以面向当地农业产业，有效带动农户当地就业。而对于资源禀赋差、产业基础薄弱的地区，异地投资也是可取的资产收益扶贫方式。

　　扶贫资金可以投资生产设施和不动产建设，并以其入股或借给经营主体，获得相应股权分红或租金收入后进行分配。投资形成的资产包括农业机械、生产厂房、商铺、农业配套设施（如田间道路、灌溉设施、储藏和风干设施、大棚等）。扶贫资金投向农业生产设施的优势在于资产再利用不存在障碍，企业退出或项目结束后，资产可以继续产生收益；而投资于不动产的项目，尤其是投向专项基础设施、商铺等，可能面临资产专用性过强造成的转移性差，一旦发生风险，扶贫资产很难撤回或继续产生收益。此外，投资到商铺、厂房等方向的资金在出租时受宏观经济形势、市场行情波动影响较大，对资产的稳定收益产生不利影响。如我国西部某县将扶贫资金投入县内商业街开发当中，以商铺租金作为资产收益向贫困村、贫困户分配。但受到我国实体经济扩张速度减慢、县内商业发展水平低的影响，商铺租赁困难、租金收益有限，造成扶贫资金收益水平较低。

在资产收益扶贫项目中，财政资金是各类资产中体量较大的部分，也是较为敏感的部分。财政资金投资在此类项目中有两类角色：一是直接投资，以股息或利息向贫困人口分配；二是撬动企业资金，发挥杠杆作用。与以往直接补贴企业或农户不同，财政资金在资产收益扶贫项目中发挥了"造血功能"———以稳定的收益向贫困农户分配，而财政资金本身实现了保值。在政府资金投资过程中，政府一方面应当发挥引导作用，积极与符合地方发展模式的企业合作，鼓励新兴产业在贫困地区扎根投资，积极与带动性强、外部性强的企业合作；另一方面也要落实市场机制，保证市场在资源配置中的基础作用。在案例调查中发现，个别地区政府投资企业运作过程中，并没有完全按照市场化运作机制，而是要求部分入股资金承诺最低收益率。短期来看，这样的模式可以保障收益率，但从合规性和长远角度看，这样的模式下，企业无法完全市场化运营，无法充分利用价格杠杆调节融资和生产，在未来的市场中一旦失败，财政资金损失的不仅仅是收益，也难以实现保值。

（二）收益模式

从收益模式来看，资产收益扶贫可以给农户带来直接和间接两部分收益，其中间接收益部分对于其能力建设十分重要。直接收益是指经营主体直接利用自然资源、公共资产和扶贫资金取得收益后按照约定进行的收益分配，一般包括入股分红和利息两类。根据资产参与经营方式和合同约定的不同，直接收益可以分为固定收益和浮动收益。间接收益是指，通过扶贫资金投资与当地产业发展，带动贫困农户增加生产和就业，从而间接提高收入水平的收益模式。要实现间接收益，项目需要满足在当地投资和广泛用工两个条件。对于当地贫困农户带动作用较大的产业往往在用工条件上较宽松，可以尽可能多吸纳劳动能力较弱的贫困群体，如老年贫困人口等。

在我国经济下行、实体行业利润空间有限的条件下，项目通过直接收益很难同时兼顾贫困户脱贫目标和企业发展两个目标。如果可以引入用工量较大的产业，一方面企业获得了低成本的劳动力，另一方面间接收益促进了贫困农户增收，实现了双赢目标。同时，相比于直接收益，间接收益，尤其是工资性收入可以促进农户自身能力提高，激发其发展动力，提高贫困人口的参与度，避免了贫困户产生等、靠、要的消极思想，促进项目的可持续发展，是更为有益的帮扶方式，也是资产收益扶贫与收入转支性扶贫方式的重要区别。

上文提到的四川省某村产业园项目中，财政扶贫资金的直接投资回报，即分红部分，并不高，尤其是在未挂果的项目建设期，农户只能按照当期银行存款利率进行分红，但是项目带来的间接收益不可忽视。由于项目建设规模大，对劳动力技术要求低，因此村内全部农户，尤其是弱能贫困人口，均可在园区务工获得工资性收入。园区中主要劳动力为本村 60—70 岁的老年人口，每天工作 8—9 小时，主要从事除草、套袋、包装等轻体力劳动。每天工资为 60 元，年均工作 100天，可获得 6000 元 / 年的务工收入，本村农户一年劳务收入可达到 300 万元。

（三）收益分配

目前资产收益扶贫项目的分配对象包括贫困农户、一般农户、村集体和村民小组。将村集体纳入资产收益的分配对象可以有效增加村集体收益、壮大基层组织、解决贫困村脱贫问题。2016 年 4 月，国务院办公厅发布了《关于建立贫困退出机制的意见》，其中贫困村退出标准中，集体经济成为重要的考察指标。通过资产收益扶贫，贫困村进行资本建设，以资本入股和出借，增加村集体收入，自由支配用于村内建设或贫困人口帮扶，改善了"空壳村"的问题，增强村级组织凝聚力。

作为扶贫项目，资产收益的收益对象应当包含贫困农户，但是否对一般农户进行分配、如何体现项目"益贫性"需在收益分配环节重点关注。自有资源参与项目的收益分配十分清晰，应当归属于资产所有人。村集体资产参与生产经营的收益应当由全村农户享有，在收益分配环节应当适当向贫困农户倾斜。扶贫资金的资产收益分配则存在矛盾。按照使用要求，扶贫资金产生的收益应当用于贫困人口，但如果扶贫资金产生的收益仅对村内贫困农户进行分配，很容易激发村内社会矛盾，而全覆盖式的分配则违背了扶贫资金精准使用的要求，这对基层组织的统筹协调能力提出了很高的要求。

广泛收益与有倾斜分配相结合是较合理的选择。村内按照人口分配的全覆盖分配政策可以减少社会矛盾，利于项目的稳定推进。同时，可以按照多种指标对贫困人口进行有倾斜的分配，同时在贫困户内部可以按照如务工参与量、产品交售量等多重指标进行二次分配，以提高项目参与度。这种分配方式一方面要求基层干部具有扎实的群众基础，积极开展宣传动员，在贫困识别时进行深入的民主评议制度，保障项目到户过程中一般农户不会产生不满情绪，另一方面也要求扶贫资金加大投入力度，将资产收益这块"蛋糕"做大，给失能贫困人口以更多的利益。

四、我国资产收益扶贫的机制创新

我国资产收益扶贫作为资产建设理论在我国的初次实践，构建了扶贫工作的新机制，在项目主体、参与度实现、政府职能、农户决策等多个方面创新了我国的扶贫方式。

（一）拓展了扶贫项目受益主体和产业类型

资产收益扶贫项目为扶贫项目的发展开拓了更广阔的空间。资产收益扶贫项目拓宽了项目参与主体。在传统扶贫项目中，村集体作为基层组织很难作为受益者参与到贫困帮扶中，大部分收益形式是修建村级公共基础设施等普惠形式，对村集体这一基层政治和经济组织经济力量薄弱这一事实重视不足，"空壳村"屡见不鲜，基层组织能力差，公信力不断下降，影响了扶贫工作的开展。在资产收益扶贫项目中，村集体作为重要的出资人，可以以村内土地、已建成基础设施等参与企业经营，直接获得资金回报，短时间内迅速壮大实体经济，改变了贫困村集体经济困境，为后续"脱贫摘帽"奠定了坚实基础。

资产收益扶贫项目涉及资产类型更广泛。在市场经济框架下，只要是产权明确、符合法律相关规定的资产均可以进入资产收益扶贫项目中，如农户土地经营权、农业机械、农户自有资金、村集体自留地、村集体已建成基础设施等，甚至是太阳能、水电等自然资源，只要市场主体愿意接纳，可以被量化产生收益的资产均可参与项目。这就大大增加了农户和村集体增收的可能性，为部分发展能力差、劳动能力弱的贫困农户提供了新的收入来源。资产收益扶贫项目投资对象更广泛。相比传统扶贫项目局限于村内产业和农业产业的情况，资产收益扶贫项目可以不受地域限制、不受产业限制，只要保障"效益到户"即可。对于可移动的资产，如资金、农业机械等，资产收益扶贫可以进行异地投资，跨村、跨县甚至是城市投资，资产产生收益重新回到农村、回到农户手中。资产收益扶贫项目也不仅仅局限于农业产业，可以投资于商业、旅游业等高收益行业。这一机制对我国扶贫效率的提升有巨大帮助。

（二）强调农户受益度和参与度的结合

资产收益扶贫项目不仅重视改善农户的资产和收益状况，也强调参与度的重要性。农户受益度是指农户可以从项目中获得的现金回报，参与度则考察农户在项目中的参与劳动、销售产品、技能增长等情况。参与度是对资产建设理论的重要实践，在项目参与中，农户与市场接轨、习得新技能、获得新信息，逐步改善原有的思维方式，形成了市场化的生产思维，这一点对贫困农户的脱贫十分重要。

资产收益扶贫项目，一方面强调通过动员各类资金资产投入市场，获得收益，帮助农户增收致富，另一方面强调企业和合作社将农户纳入生产经营体系，帮助劳动能力较弱的贫困农户参与劳动，获得工资性收入，改善农户的技能水平；发挥企业的带动作用，培育地方性产业，促进区域经济发展。资产收益扶贫如果仅仅依靠资产带来回报实现减贫，与传统的收入转支式帮扶差异不大。如果在资产收益的同时能够充分利用失能和弱能劳动力参与劳动，可以有效改善其收入状况，增加工资性收入，激发其发展的内生动力，最终实现减贫致富、思想脱贫的目标。

值得注意的是，资产收益扶贫的项目选择与资产收益形式息息相关，异地投资和非农业投资可能带来更高的直接收益，但农户缺少参与度、没有工资收入、产业带动功能有限也是相应的代价。

（三）政府职能转变，社会扶贫模式创新

资产收益扶贫中政府角色职能发生转变，社会力量参与扶贫形式进一步创新。传统的扶贫项目多是在"政府—贫困农户"之间形成联结机制，政府出台扶贫政策，农户作为扶持对象接受以及配合政策的实施，最终达到农户稳定增收的目的。在资产收益类扶贫项目中，市场力量被纳入这一体系中，农户或村集体直接与市场对接，形成利益联结机制。政府不再是资产收益扶贫工作的主导力量，而是充当了"中间人"的角色。其主要任务包括两个方面：一是在众多市场主体中进行筛选，选择经营状况好、企业利润稳定、发展前景乐观的企业或合作社参与项目，在市场主体和贫困农户间搭建合作平台；二是扶贫部门

作为贫困农户这一弱势群体的代言人，在两者利益谈判过程中，合法合理利用各项政策，提高农户议价能力，尽最大可能增加农户收益。如政府以优先为参与项目企业提供贴息贷款、低价出租村内土地等形式为参与项目的市场主体提供便利性，提高项目吸引力，鼓励市场主体参与项目并在利润分配环节为农户争得更大利益。

"中间人"角色对政府能力要求进一步提高。由项目主体转向"中间人"并不意味政府的责任减轻或重要性下降，反而，资产收益类项目对政府的市场敏感度、工作创新力提出了更高的要求。在引入项目时，政府不单要了解传统的农业产业，也要在更加广泛的市场中寻找可增值、有潜力的稳定发展产业；政府不单要对产业的发展前景进行分析，对于企业或合作社的经营也要深入了解，从财务状况、经营情况、人事状况等多个维度选择可以承接资产收益扶贫项目的市场主体，深刻认识和把握市场未来发展动向。在项目设计环节，扶贫部门要充分了解现代企业经营制度和法律，在合法前提下，在企业利益的框架内，为贫困农户争取更多的资产收益。在项目运行环节，政府应当对企业进行及时监督，避免企业经营困难给农户利益带来的损失；同时，政府有能力通过基层组织与单个农户进行协商谈判，加大政策宣传力度，有效降低企业的交易成本，吸引市场主体参与项目。由此看来，政府在传统项目中是项目执行者，对项目的设计、监督、实施具有绝对发言权和控制权，承担相对简单的角色；而在资产收益扶贫项目中，政府扶贫职能的实现要依靠企业或合作社，而市场主体的发展与整个经济走向息息相关，如何层层递进地把握项目收益、如何权衡企业积极性和农户收益、如何在市场经济框架内保障弱势群体利益，这些都对政府部门提出了更高的要求。

资产收益扶贫项目中，社会力量参与扶贫的方式也发生了重要转变。在传统的扶贫项目中，社会力量往往是以技术、信息、培训等提供者的身份参与扶贫，或是资助扶贫部门资金，由政府实施传统的扶贫项目，从核心环节的主体职能看，仍然是政府制定政策，农户作为接纳者配合政策实施。作为扶贫机制创新，资产收益项目将市场力量与农户直接对接，农户或村集体以资产参与企业经营，企业以利润或利息回馈农户，帮助其脱贫。市场机制被完整纳入贫困帮扶系统，改变了政府大包大揽的局面，以市场契约保障了扶贫效果，培养了农户的市场意识，提高了贫困人口参与度。

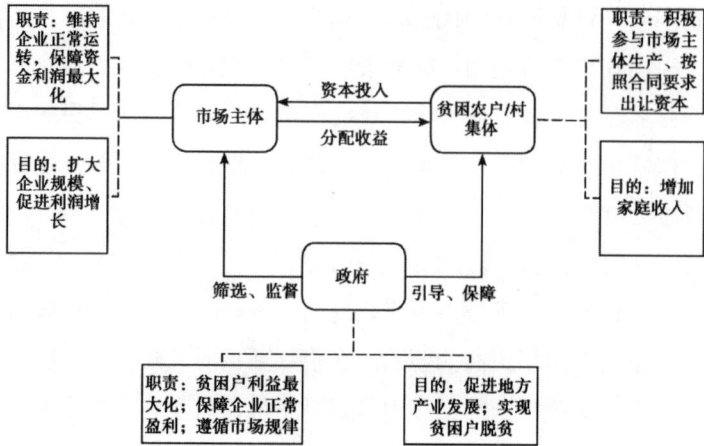

图1　资产收益扶贫中主体关系

（四）农户决策地位转变，福利实现路径创新

资产收益扶贫中，农户决策地位发生变化，不再进行生产决策。资产收益扶贫项目中，农户只需要根据政府引导，将自己的资本或资金注入企业，而无需参与企业的生产经营决策。在传统扶贫项目中，政府有四种基本帮扶方式：发放生产资料、生产基础设施建设、生活条件改善和直接转移支付。后两种帮扶方式可以直接作用于农户福利，而前两类帮扶方式在福利实现过程中要依靠农户生产决策实现最终的收入福利。即农户获得生产资料后在家庭资源禀赋、当地基础设施情况的基础上进行判断，并独立完成生产决策。但贫困农户往往存在能力"短板"，受制于小规模分散经营、家庭劳动力不足、信息渠道窄、基础设施差等因素，贫困人口很难紧跟变化多端的现代市场步伐，做出合理的生产经营决策，进而扶贫政策的福利效果也大打折扣。

在资产收益扶贫项目中，农户不再进行生产决策，这一内容交由企业完成，农户只需要将资本或资金投入，就能通过资产性收益实现福利改善。企业融资能力强、销售门路广、管理水平高，无疑是更适合进行生产决策的主体。同时，通过参与资产收益扶贫项目，企业可以获得政府的政策性优惠、低价的劳动力、宽松的信贷条件，对生产经营产生积极的影响。企业和农户间的重新分工发挥了各自的优势，一方面降低了企业的成本，拓展了利润空间，另一方面保障了农户受益，改善了贫困人口福利。

在资产收益扶贫项目中，农户福利实现方式发生转变。传统的扶贫项目中农户福利实现包括三种方式：（1）承担生产者的角色，进行生产、销售，实现经济利润；（2）通过享用政府创造的良好的生活条件，提升效用，获得福利；（3）直接获得转移性支付，以消费增加福利。与之不同，资产收益扶贫项目注重农户与市场主体对接，农户不是在产品销售环节实现利润，而是以资本获得财产性收入。农户不再是企业产业链上获取利润中间环节，不再是分散的销售者角色，而是参与市场主体生产经营的重要主体，提供资金流、劳动力、资本等重要投入品，并参与市场主体全产业链的利润分配。资产收益扶贫项目从为贫困农户积累资产出发，借助市场经济力量，引入能人、合作社和企业带动，为贫困农户增加财产性收益，创造长期稳定的收益来源。

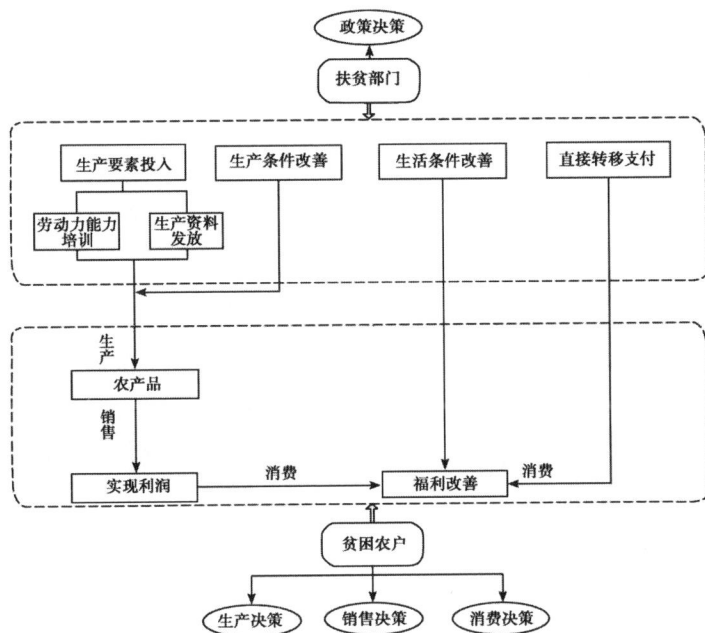

图 2　传统扶贫方式中各个主体决策范围及福利实现

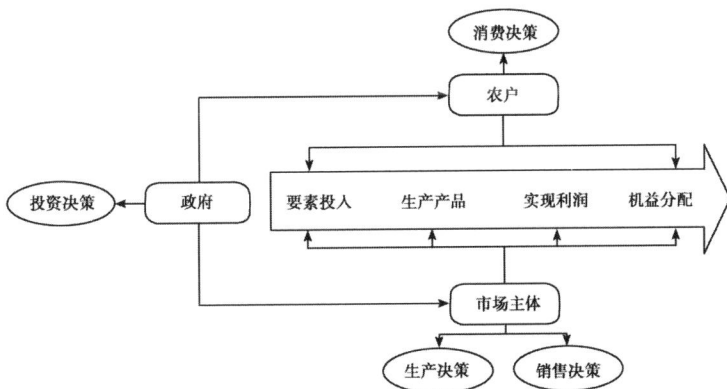

图 3　资产收益扶贫项目主体决策范围

五、我国资产收益扶贫的难点

（一）资产收益模式持续性存疑，法律风险值得警惕

从资产收益扶贫的实践来看，资产入股分红已经成为主流的收益模式。股权合作本应遵循"共负盈亏、共担风险"的原则，但在实际运作中，政府与参与资产收益扶贫的经济实体往往达成"负盈不负亏"的约定。这样的分配机制看似有利于扶贫资金获取稳定收益，实际上项目的可持续性却不一定能够保障，且暗藏法律风险。扶贫资金投入时，投资对象多处于经营发展情况较好的阶段，有能力按照政府要求的分配方式分红。但若后续经营出现问题，其自身利润水平降低，甚至出现亏损时，经营主体可能无力分红。强制分红会损害企业的可持续发展能力。"负盈不负亏"的约定和收益分配方式也没有经过严格的法律程序，也未必能获得司法机关的认可，导致这一约定从长远看不一定能得到落实。

（二）经济下行压力加大，资产回报普遍较低

资产收益扶贫作为我国 2020 年脱贫目标实现的重要手段，只有保障收益率，项目效果才能真正显现，并帮助贫困户实现脱贫。2014 年我国贫困人口人均家庭纯收入为 2561 元，而脱贫标准为 2736 元。按照现有项目 8% 的平均收益率，每人每年增收 175 元的标准，每人需投入 2187.5 元资金或等值资产。伴随我国经济下行压力，实体经济投资回报率逐步降低，对于参与各种产业的扶贫资产收益也不可避免会下跌。在资产收益扶贫项目中，如何寻找到发展良好、前景稳定且愿意承接扶贫资产的产业和企业成为最重要和最关键的问题。

（三）资产收益扶贫项目能否全国推开，仍需进一步考证

虽然资产类型多样、投资对象多种，但对于部分资源贫乏、企业发展薄弱地区，全面推开资产收益扶贫项目仍然难度较大。在试点调研中，不少地区由于当地产业种类有限、发展前景不乐观、缺少合适的经营主体而面临着项目实施中的困难，如甘肃省某县，县内水资源缺乏、土地较贫瘠，农户主导产业是马铃薯种植、肉牛养殖和牧草种植。虽然产业发展历史悠久，但受制于自然资源限制，始终没有成长壮大，县内相关产业的龙头企业数量有限。当地政府部门在项目设计环节很难找到可承接资产收益扶贫项目中巨大的资产和资金的市场主体，导致项目推进困难。虽然资产收益扶贫项目在多地试点，创新多种模式，已经获得了一定成效，但在考虑到我国贫困地区条件差异大，项目的全面推开仍然需要进一步斟酌考证。

六、政策建议

（一）项目发展需要因地制宜、因人而异

资产收益扶贫项目虽然在参与主体、项目选择等多个方面具有广泛性，但不同地区的发展程度、产业基础不同决定了在不同地区实施项目时应因地制宜，结合实际情况进行项目设计。对于自然资源丰富的地区，可以发展光伏产业和旅游业，将贫困户和贫困村资产纳入其中，实现保值增值；对于商业发达地区，可以考虑易地投资置业，重点帮扶失去劳动能力的贫困人口；对于具备特色产业基础的地区，可以积极发展高端农业，发挥企业和合作社带动作用，壮大产业优势，鼓励弱能贫困户参与生产。对于产业基础薄弱、市场主体发育不健全的地区，资产收益扶贫可以作为一种扶贫尝试，但不能将重心放在这类项目中。

对于不同类型的贫困农户，在资产收益项目帮扶中应各有侧重，实现"精准帮扶"。对于因病、因残致贫的无劳动能力贫困户，着重考虑项目的受益度，以政策兜底的方式改善其生活条件；对于具备劳动能力或劳动能力较弱的农户，应首先发挥项目的参与带动作用，在资产收益的基础上，充分发挥贫困户主观能动性，参与生产活动，并在生产中学习技能，加强内生发展动力，真正实现精准帮扶。在一个地区可以尝试多种资产收益扶贫方式，以适应不同群体的发展需要。

（二）进一步完善各项配套政策改革

资产收益扶贫项目的创新性与政策挑战并存。在现有案例中，土地入股的政策风险、经营主体获得贴息贷款等障碍可能制约资产收益扶贫项目的进一步发展。土地入股最大的障碍是农户没有土地所有权而只有使用权，使用权如何入股以及在企业破产清算时如何处理没有明确的法律依据。采用入股分红的模式则意味"利益共享、风险共担"。在资产收益扶贫项目中投入的扶贫资金如果没有形成可处理和转换的实物资产并且明确所有权，相关的经济实体一旦出现经营风险，资金的安全便没有保证。这些问题都需要政策和法律层面的配套改革措施。目前财政扶贫资金管理办法中规定的资金使用方式和用途与资产收益扶贫也存在矛盾（如直接利用财政扶贫资金入股，将财政扶贫资金变为信贷资金出借给企业等），有一定的法律风险，需要通过资金管理体制的改革加以解决。参与资产收益扶贫的经营主体普遍存在融资难和融资成本高的问题，应该将参与资产收益扶贫项目的经济实体纳入扶贫贴息贷款的发放对象，降低融资成本。为了增加对资产收益扶贫项目的信贷供给，应该放宽参与资产收益扶贫的农村金融实体（如小

贷公司）的融资限制，增加资金供给。

（三）进一步落实财政资金参与市场运作的相关规定

2015 年 12 月财政部下发《关于财政资金注资政府投资基金支持产业发展的指导意见》提出在财政资金注资设立政府投资基金的过程中，应当遵守以下基本原则，包括聚焦重点产业、坚持市场化运作和切实履行出资人职责。虽然资产收益扶贫项目并不是全部以投资基金的模式进行，但以上财政资金参与市场运作的基本原则应当是一致的。在企业和产业选择中，强调项目的带动性，保证农户参与度；结合企业和产业的发展阶段，适时进入项目。在分配环节，对于"市场失灵"突出的领域，财政资金让渡部分分红等让利措施，但必须控制财政风险，并确保市场机制充分发挥作用；在法律框架内，有效利用政策红利吸引企业在贫困地区投资。

（四）借力金融扶贫政策，进一步扩大项目投入

借助金融杠杆，撬动更多资金参与资产收益类扶贫项目。资产收益扶贫中，以农户耕地经营权、林权以及宅基地使用权或村集体土地、基础设施等入股有效推动农村确权工作的开展，深入挖掘农户资产潜力，但是受到产业类型、地理位置等限制，不可移动的资产在这类扶贫项目中受到的限制较多，一旦缺少合适的企业承接，很可能造成项目无法推进。资金作为适用范围最广泛的资产类型，对农户参与资产收益类扶贫项目有着积极的推动作用。伴随着我国金融扶贫的力度不断加大，农户贷款便利性提高，以金融资产产生资产收益，帮助农户在短期内增收脱贫，学习产业技能，促进自身能力建设。以金融为杠杆，撬动更多资金参与资产收益类扶贫项目，把"蛋糕"做大，有效保障资产收益水平，以确保项目的减贫效果。

参考文献

［1］De Hoop J and F C. Rosati, Cash Transfers and Child Labor.World Bank Research Observer，2014．2（29）：202−235.

［2］Haitao W，D Shijun and W Guanghua. Income Inequality and Rural Poverty in China：Focusing on the Role of Government Transfer Payments.China Agricultural Economic Review，2015．1（7）：65−86.

［3］汪三贵. 在发展中战胜贫困——对中国 30 年大规模减贫经验的总结与评价. 管理世界，2008，182（11）：78−88.

［4］王非，洪银兴，戴蕾. 耐用消费品价格补贴政策及其福利效应研究——基于农村家庭的考

察. 中国工业经济, 2010（1）: 24-33.

[5] 齐良书. 新型农村合作医疗的减贫、增收和再分配效果研究. 数量经济技术经济研究, 2011（8）: 35-52.

[6] 张川川, J.Giles, 赵耀辉. 新型农村社会养老保险政策效果评估——收入、贫困、消费、主观福利和劳动供给. 经济学（季刊）, 2015（1）: 203-230.

[7] 胡兵, 涂先进, 胡宝娣. 转移性收入对农村消费影响的门槛效应研究. 财贸研究, 2014（1）: 55-60.

[8] 黄祖辉, 王敏, 万广华. 我国居民收入不平等问题: 基于转移性收入角度的分析. 管理世界, 2003（3）: 70-75.

[9] 陈华帅, 曾毅. "新农保"使谁受益: 老人还是子女? . 经济研究, 2013（8）: 55-67.

[10] 梁晓敏, 汪三贵. 农村低保对农户家庭支出的影响分析. 农业技术经济, 2015（11）: 24-36.

（本文与梁晓敏合著，原载《农业经济问题》2017 年第 9 期）

农业产业扶贫的多维贫困瞄准研究

　　党的十八大以来，中国脱贫攻坚取得了决定性的进展，6800 多万贫困人口实现脱贫。但由于中国人口基数大，剩余贫困人口数量依然庞大，脱贫攻坚仍是社会经济发展中的重要工作。近年来，中国探索出一系列有自身特色的扶贫政策和措施。农业产业扶贫作为一种造血式的扶贫方式，能够激发贫困地区农户内生动力、实现稳定脱贫和可持续发展。在精准扶贫战略下，研究农业产业扶贫的贫困瞄准效果至关重要。本文将建立一个"精准识别—农户参与—影响效果"的多维贫困瞄准分析框架，并提出多维贫困瞄准数量缺口的概念和方法。通过多维贫困农户分组，使用内生转换回归（Endogenous Switching Regression，ESR）模型评估农业产业扶贫对不同组农户的影响效果差异。

一、文献综述

　　虽然已有大量研究关注农业产业扶贫，但在农业产业扶贫的效果上还没有形成一致的观点。一类研究认为，农业产业扶贫对农户脱贫产生了积极的影响。这类研究认为，农业产业扶贫能够改变农户生计策略选择，显著增加贫困户的收入。在对农户消费和贫困发生率影响方面，农业产业扶贫中多支持发展特色经济作物种植，而经济作物能够对农户消费增加和贫困发生率降低有显著的影响。另一类研究认为，农业产业扶贫并未发挥良好的减贫效果，出现了瞄准偏离的问题。许汉泽等研究发现，农业产业扶贫在地方实践中，出现了农业产业扶贫实施前"精英捕获"和"弱者吸纳"、实施中"政策性负担"和"规模经营不善"、实施后"后续维护不足"和"农户生计破坏"等问题。也有研究认为，政府主导的产业扶贫以行政路径为依赖，各主体间的利益联结关系不紧密，使得扶贫开发缺乏社会基础，往往导致目标偏移、贫富差距拉大。

在多维贫困研究方面，相关研究主要可以分为两类。第一类，在理论方面，近期文献重点探讨对多维贫困方法的改进：①将多维贫困方法与时间变化结合起来，在多维贫困指数基础上提出多维贫困的年度绝对变化率和年度相对变化率。②将多维贫困方法与其他指数或测量方法相结合，例如将多维贫困方法与长期贫困测量相结合，构建长期和暂时多维贫困指数。③在多维贫困指数的权重设置方面，使用多重对应分析方法、BP 神经网络法改进权重设置。④在多维贫困的识别阶段，提出不同的识别标准，用于识别特殊群体。例如 Nowak 等改进了识别标准，使多维贫困方法包含了极端贫困户。

多维贫困的第二类研究是在应用方面，最近研究趋向是：①将多维贫困方法应用到不同地区或国家的贫困测量中，例如欧洲地区、印度、澳大利亚、德国、老挝等。②将多维贫困方法应用到不同群体的贫困分析中，例如 Chzhen 等分析了儿童的多维贫困状况，其他群体还包括民族群体、老年人群体、农民工群体等。③将多维贫困方法应用于公共政策或项目评估的研究中，例如 Azevedo 等评估了有条件现金转移支付项目的受益者瞄准状况，解垩分析了公共转移支付对老年人多维贫困的影响。

现有关于农业产业扶贫和多维贫困的研究虽然已经十分丰富，但仍存在以下不足之处：①缺少对扶贫政策或项目精准扶贫效果评估分析框架的总结，尤其是缺少基于多维贫困分析提出精准扶贫评估分析框架。总结精准扶贫效果评估分析框架，基于多维贫困分析进行贫困户精准识别和扶贫瞄准，将对分析包括农业产业扶贫在内的多种扶贫政策或项目精准扶贫瞄准度提供可行思路。②较少研究基于多维贫困分析进行农业产业扶贫的效果评估，王立剑等虽然分析了产业扶贫对农户多维贫困的影响，但没有关注农业产业扶贫的多维贫困瞄准状况。③鲜有研究关注基于多维贫困分析的贫困瞄准概念与方法的推进。贫困瞄准与精准扶贫紧密相关，但当前文献中少有研究将多维贫困分析与贫困瞄准结合。

针对现有研究的不足，本文将利用湖南、湖北、重庆和贵州四省（直辖市）的 989 个农户调研数据，基于多维贫困分析，探讨农业产业扶贫的精准扶贫瞄准效果。本文贡献在于以下几方面：①尝试建立了一个基于多维贫困分析的"精准识别—农户参与—影响效果"的多维贫困瞄准分析框架。此框架首先基于收入、教育、健康和公共服务等维度进行多维贫困农户识别，然后基于多维贫困农户分组，分析农户参与状况，最后分析农业产业扶贫影响效果的差异。②提出多维贫困瞄准数量缺口的概念。基于已有研究中贫困瞄准数量缺口的概念，本文将多维贫困分析和贫困瞄准数量缺口结合，提出多维贫困瞄准数量缺口的概念。③将多维贫困瞄准分析框架和多维贫困瞄准缺口应用于农业产业扶贫分析，探讨农业产业扶贫的瞄准效果，且根据中国扶贫政策重心变化，关注农业产业扶贫对深度贫困户的瞄准状况。

二、多维贫困瞄准分析框架

（一）基于多维贫困分析的贫困户精准识别

贫困户的精准识别是精准扶贫效果评估的基础。目前，中国采取建档立卡的方式进行贫困户的精准识别。但在建档立卡政策的实施中，出现了"表达与实践的背离"，即在国家统计局从宏观层面测算贫困人口数量、分配贫困人口指标时采取的是经济福利指标，而在村级实践操作中，却采取民主评议的方式，综合农户收入和消费、受教育子女数量、病人状况、劳动力状况等多个方面进行评选。从理论上讲，村级民主评议所采取的贫困识别标准与目前学界使用的多维贫困测量方法有较大相似之处。基于贫困理论演进与实践的需求，可将多维贫困方法逐步应用于贫困户的精准识别中。在多维贫困方法相关研究中，由 Alkire 等提出的基于双临界值的 A–F 方法得到了最为广泛的应用。本文将 A–F 方法用于多维贫困农户识别，根据 Alkire 等研究，A–F 方法的主要步骤为：

第一，选择和确定多维贫困方法的维度和具体指标；

第二，定义一个 $n \times d$ 矩阵 $M^{n,\,d}$，其中，n 为农户样本总数量，d 为测量维度的数量。令 $y \in M^{n,\,d}$，其中 y_{ij} 代表第 i 个农户在 j 维度上的取值；

第三，根据选择的维度和指标，确定每个指标的贫困线或临界值，根据此贫困线或临界值确定此农户在某个维度上是否存在贫困或被剥夺。可定义 Z_j 为第 j 个维度上被剥夺的贫困线或临界值。定义一个 $n \times d$ 剥夺矩阵 $g=[g_{ij}]$，通过比较

y_{ij} 与 Z_j，确定 y_{ij} 是否处于贫困或被剥夺状态，当 y_{ij} 处于贫困或被剥夺状态时，$g_{ij}=1$，否则 $g_{ij}=0$；

第四，计算第 i 个农户贫困或被剥夺维度的数量。定义一个列向量 $k_i=[g]$，代表第 i 个人忍受的总的被剥夺维度数量；

第五，确定维度临界值 K，然后定义 ρ_k 为考虑 K 个维度时识别贫困户的函数，当 $k_i \geqslant K$ 时，$\rho_k(y_i; z)=1$，当 $k_i < K$ 时，$\rho_k(y_i; z)=0$；

第六，识别多维贫困农户，$\rho_k(y_i; z)=1$ 的农户即为多维贫困农户。在确定哪些农户是多维贫困农户之后，可计算多维贫困农户与非多维贫困农户占比。此外，Alkire 等还提出了对贫困户贫困维度增加敏感的多维贫困指数 M_0。M_0 的含义是所有多维贫困农户经历的总剥夺维度数量占样本总体维度数量的比例。在中国脱贫攻坚进程中，扶贫重心向深度贫困转移。根据中国扶贫政策关注点，将所有维度均处于贫困或被剥夺状态（即 $k_i=K$）的多维贫困农户视为深度贫困户，在分析中予以重点关注。

（二）农户参与分析与多维贫困瞄准数量缺口

在多维贫困农户识别的基础上，农户能否从扶贫政策或项目实施中受益，其基础是参与到政策或项目实施中。只有参与到扶贫政策或项目实施中，才可能从中获得扶贫补贴或者其他扶贫资源。在多维贫困瞄准评估中，可以对比多维贫困农户与非多维贫困农户在政策或项目实施中的参与比例。如果有扶贫补贴等信息，可以对比多维贫困农户与非多维贫困农户获得补贴额度的差异。

此外，为分析"农户参与"层面扶贫政策或项目实施的贫困瞄准精度，根据 Park 等评估贫困瞄准中定义的瞄准数量缺口的概念，提出多维贫困瞄准数量缺口。根据 Park 等的定义，瞄准数量缺口（Targeting Count Gap，TCG）描述的是相对于给定的贫困线，扶贫政策或项目在全样本中的瞄准失误的比例。在此定义基础上，本文将多维贫困分析和瞄准数量缺口相结合，提出多维贫困瞄准数量缺口（Multidimensional Poverty Targeting Count Gap，MPTCG），其定义为在给定贫困维度临界值之下，扶贫政策或项目在全样本中的瞄准失误的比例，其具体形式如下：

$$MPTCG = \frac{1}{N} \sum_{i=1}^{N} \left[T_{i1}(P_i=0, K_i \geqslant K) + I_{i2}(P_i=1, K_i < K) \right] \tag{1}$$

其中，N 为农户样本总数，i 代表第 i 个农户。I_{i1} 是一个指标函数，即如果第 i 个农户的多维贫困维度（k_i）大于或等于给定的贫困维度临界值（K），但他没有参与扶贫政策或项目实施（P_i=0），则 I_{i1}=1，否则 I_{i1}=0。I_{i2} 也是一个指标函数，如果第 i 个农户的多维贫困维度（k_i）小于给定贫困维度临界值（K），但他参与了扶贫政策或项目实施（P_i=1），则 I_{i2}=1，否则 I_{i2}=0。MPTCG 为综合 I_{i1} 和 I_{i2} 之后计算出的多维贫困瞄准数量缺口，即扶贫政策或项目实施中对多维贫困农户瞄准失误的比例。它可以被分解为一类瞄准数量缺口和二类瞄准数量缺口。一类瞄准数量缺口是指属于多维贫困户但没有参与政策或项目实施的农户数量占样本总体的比例，二类瞄准数量缺口是指属于非多维贫困户但参与了政策或项目实施的农户数量占样本总体的比例。

（三）基于多维贫困分组的影响效果分析

在农户参与分析基础上，扶贫政策或项目实施是否能够促进多维贫困农户的减贫，也是多维贫困瞄准分析的重要组成部分。若多维贫困农户从扶贫政策或项目影响效果评估中并未明显受益，而非多维贫困农户明显受益，或者是多维贫困农户与非多维贫困农户均明显受益，但非多维贫困农户从项目中受益更多，都可以表明扶贫政策或项目的瞄准发生了偏离。

在扶贫政策或项目影响评估中，经常遇到因果关系问题，分析此问题的一个常用思路是引入反事实框架，通过构造无法被观察的反事实结果，对比同一个农户参加项目和假设其没有参加项目的结果净差异。这种净差异即是农户参加扶贫政策或项目实施对其福利的影响效果。本文基于的是项目实施后问卷调查得到的农户截面数据，常用的影响效果评估方法为倾向得分匹配法。虽然倾向得分匹配法使用较为广泛，但它只能控制可观测变量造成的偏误对因变量的影响，不能控制不可观测变量造成的偏误。为克服倾向得分匹配法的不足，新近研究采用了内生转换回归（ESR）模型，其优势在于能够同时控制可观测和不可观测变量造成的影响偏误，而且内生转换回归模型分别对处理组和控制组的结果方程进行回归，能够更好地分析各种因素的作用。因此，本文在农业产业扶贫的影响效果分析中采用内生转换回归模型，评估农业产业扶贫对多维贫困农户和非多维贫困农户的影响效果差异。

内生转换回归模型估计以下三个方程：

农户是否参加农业产业扶贫的行为方程：

$$T_i=Z_ia+u_i \tag{2}$$

处理组即参加农业产业扶贫农户的结果方程：

$$Y_{iM}=X_i\beta_{iM}+\varepsilon_{iM} \quad 若\ T_i=1 \tag{3}$$

控制组即未参加农业产业扶贫农户的结果方程：

$$Y_{iN}=X_i\beta_{iN}+\varepsilon_{iN} \quad 若 \ T_i=0 \tag{4}$$

其中，T_i 代表农户是否参加农业产业扶贫，若农户参加农业产业扶贫，则 $T_i=1$，否则 $T_i=0$。Z_i 代表一系列可能影响农户是否参加农业产业扶贫的特征变量，a、β_{iM} 和 β_{iN} 为待估计的参数，u_i 为随机干扰项。Y_{iM} 和 Y_{iN} 分别代表处理组和控制组的农户的福利水平，X_i 代表可能影响农户福利水平的变量，ε_i 为随机干扰项。在 Z_i 和 X_i 的变量选取中，允许二者有重合，但 Z_i 中需要至少有一个变量不能出现在 X_i 中。这个变量要求对农户是否参加农业产业扶贫有影响，而对农户的福利水平没有影响。

在内生转换回归模型估计过程中，为控制不可观测因素造成的影响偏差，在行为方程估计后，需要在（3）式和（4）式中加入逆米尔比率（Inverse Mills Ratio）λ_{iM} 和 λ_{iN}：

处理组即参加农业产业扶贫农户的结果方程：

$$Y_{iM}=X_i\beta_{iM}+\sigma_{uM}\lambda_{iM}+\gamma_{iM} \quad 若 \ T_i=1 \tag{5}$$

控制组即未参加农业产业扶贫农户的结果方程：

$$Y_{iN}=X_i\beta_{iN}+\sigma_{uN}\lambda_{iN}+\gamma_{iN} \quad 若 \ T_i=0 \tag{6}$$

其中，逆米尔比率 $\lambda_{iM}=\dfrac{\phi\ (Z_i\hat{a})}{\Phi\ (Z_i\hat{a})}$、$\lambda_{iN}=\dfrac{\phi\ (Z_i\hat{a})}{1-\Phi\ (Z_i\hat{a})}$，$\Phi(.)$ 是标准正态密度函数，$\Phi(.)$ 是标准正态累积密度函数。σ_{uM} 和 σ_{uN} 为待估参数，γ_{iM} 和 γ_{iN} 为随机干扰项。使用内生转换回归模型估计出（5）式和（6）式参数后，可以计算处理组的平均处理效果（Average Treatment Effect on the Treated，ATT）。具体来讲，处理组可观测的结果以及处理组不可观测的反事实结果可由下式计算得出：

处理组农户的估计结果（可观测）：

$$E[\ Y_{iM}|\ T_i=1\ ]=X_i\beta_{iM}+\sigma_{uM}\lambda_{iM} \tag{7}$$

处理组农户假如不参加农业产业扶贫的估计结果（反事实，不可观测）：

$$E[\ Y_{iN}|\ T_i=1\ ]=X_i\beta_{iN}+\sigma_{uN}\lambda_{iM} \tag{8}$$

由（7）式和（8）式的结果，可以计算处理组的平均处理效果（ATT）：

$$ATT=E[\ Y_{iM}|\ T_i=1\ ]-E[\ Y_{iN}|\ T_i=1\ ]=X_i\ (\beta_{iM}-\beta_{iN})+(\sigma_{uM}-\sigma_{uN})\lambda_{iM} \tag{9}$$

三、数据

本文所用数据来自国务院扶贫办和课题组合作在湖南、湖北、重庆和贵州四省（直辖市）的调研，调研于 2013 年 6 月进行。调研首先在四省（直辖市）中各选取一个县。在湖南选取了芷江县、湖北选取了利川市（湖北省利川市为县级市）、重庆选取了石柱县、贵州选取了印江县，这四个县（市）均为国家级或省级扶贫开发重点县。在县（市）层面，收集了调研地区主要发展的农业扶贫产业。湖南省芷江县的主导产业为水果、畜禽、蔬菜、烤烟，湖北省利川市主导产业是茶叶和药材，重庆市石柱县主要发展黄连和莼菜，贵州省印江县大力发展茶叶、核桃、食用菌以及烤烟。其次，每县选择 10 个调查村庄，对村庄的人口数量及结构、劳动力、基础设施、土地、村庄扶贫项目投入等信息进行问卷调查。第三，采取随机起点、等距抽样的方式在每村选取 25 个农户进行问卷调查，调查内容包括农户的家庭人口特征、基础设施和公共服务、土地状况、家庭收入、参与农业产业扶贫、家庭借贷等情况。最终获得有效问卷 989 份。

四、多维贫困农户的识别

（一）多维贫困维度和指标的选取

多维贫困虽然已被广泛地用于理论分析与应用研究，但目前对贫困维度和指标的选取并没有形成统一标准。根据在精准扶贫、建档立卡政策实践中村级民主评议时采取的考量指标，结合调研数据可得性等现实约束，本文选取了收入、教育、健康、公共服务 4 个维度和 4 个指标。维度、指标和权重选取情况如表 1 所示。

表 1　多维贫困识别维度、指标、临界值、指标描述及权重

维度	指标	临界值	指标描述	权重
收入	农民人均纯收入	2300 元	若人均纯收入低于 2 300 元，则赋值为 1，否则为 0	1
教育	家庭成年人的平均受教育年限	6a	若家庭成年人平均受教育年限小于等于 6a，则赋值为 1，否则为 0	1
健康	家中患病人数	2 人	若家中有 2 个及以上患有残疾、慢性病、精神病或其他疾病的人，则赋值为 1，否则为 0	1
公共服务	需花费超平均时间才能到达的公共服务场所数量	3 个	如果农户需花费超当地平均时间才能到达的公共服务场所（村委会、乡镇政府、县城、集市、银行或信用社、本乡小学）个数为 3 个及以上，则赋值为 1，否则为 0	1

注：多维贫困的指标临界值选取目前还没有形成一致的观点，多数研究是根据理论或研究数据情况确定。根据数据情况，71.69% 的农户有 1 个及以上的病人，37.21% 的农户有 2 个及以上病人。若临界值选取 1 人，则此维度上贫困占比过大，而选取临界值为 2 人，较为符合贫困识别人数占比。

（二）多维贫困测量结果与农户识别

根据多维贫困方法的应用步骤，识别了在不同维度临界值下的多维贫困农户。当维度临界值 K 分别取值为 1、2、3 和 4 时，多维贫困农户的占比及样本农户的多维贫困指数如表 2 所示。当 $K=1$ 时，多维贫困农户占比为 81.70%，即 81.70% 的农户存在四个维度中至少一个维度的贫困。多维贫困指数 M_0 为 42.77%，其含义是所有多维贫困农户被剥夺维度数量占总体维度数量的 42.77%。当 $K=3$ 时，多维贫困农户占比为 26.39%，表明有 26.39% 的农户存在至少三个维度的贫困。随 K 值增大，多维贫困农户占比和多维贫困指数均下降。分析还发现，6.37% 的农户存在全部四个维度的贫困。根据前文界定，存在四个维度贫困的农户可视为深度贫困户，他们面临的脱贫难度更大，是目前扶贫政策关注的重点群体。

表 2　多维贫困农户识别结果及多维贫困指数

维度临界值	多维贫困农户（%）	非多维贫困农户（%）	多维贫困指数（M_0）（%）
$K=1$	81.70	18.30	42.77
$K=2$	56.02	43.98	36.40
$K=3$	26.39	73.61	21.44
$K=4$	6.37	93.63	6.57

五、农户参与分析和多维贫困瞄准数量缺口

农户参与是从农业产业扶贫中受益的重要环节。在实地调查开展之时，因所调研的四县均为国家级或省级贫困县，所有农户均有资格参与农业产业扶贫。虽然如此，农户是否选择参与、采用何种形式参与、其自身要素怎样融入到农业产业扶贫中，这些均是农户根据自身的劳动力、土地、资金、能力以及风险态度等特征做出的选择，是一个自选择（Self-select）的过程。不同地区结合区域具体情况实施农业产业扶贫，没有统一的补贴方式。评价农业产业扶贫的主要标准是贫困户的参与受益状况以及增收减贫效果。因此，本节分析农户在农业产业扶贫中的参与受益状况，在第 6 节分析农业产业扶贫对不同农户增收减贫的影响。

（一）农业产业扶贫中的农户参与状况

从农户参与农业产业扶贫的分析发现，多维贫困农户与非多维贫困农户参与比例相近，而非多维贫困农户户均获得补贴金额总体上高于多维贫困农户。如表 3 所示，当维度临界值 $K=1$ 时，多维贫困农户中有 41.83% 参加了农业产业扶贫，仅比非多维贫困农户高 3.16 个百分点。多维贫困农户户均获得补贴比非多维贫困

农户低 520.12 元。当维度临界值 K 等于 2、3 和 4 时,多维贫困农户和非多维贫困农户均有 41% 左右参加了农业产业扶贫,两组农户在参与比例上十分接近。而在户均获得补贴方面,在 K 等于 2 和 3 时,多维贫困农户分别比非多维贫困农户平均少获得补贴 164.74 元、135.7 元。只有在 K 等于 4 时,即农户为深度贫困户时,多维贫困农户户均获得的补贴高于非多维贫困农户。因此,综合不同维度临界值下的分析结果看,多维贫困农户并未从农业产业扶贫中更多地受益。

表 3 农户参与农业产业扶贫及获得补贴的状况

维度临界值	是否多维贫困	是否参与产业扶贫项目（%）		获得补贴农户占参与产业扶贫项目农户的情况（元）
		否	是	
$K=1$	非多维贫困农户	61.33	38.67	1822.73
	多维贫困农户	58.17	41.83	1302.61
$K=2$	非多维贫困农户	59.31	40.69	1486.52
	多维贫困农户	58.30	41.70	1321.78
$K=3$	非多维贫困农户	58.93	41.07	1429.44
	多维贫困农户	58.24	41.76	1293.74
$K=4$	非多维贫困农户	58.75	41.25	1382.77
	多维贫困农户	58.73	41.27	1560.46

（二）农户参与的多维贫困瞄准数量缺口

在不同维度临界值下,随着维度临界值 K 逐渐变大,一类瞄准数量缺口逐渐变小,二类瞄准数量缺口逐渐增大,多维贫困瞄准数量缺口总体呈现下降趋势。如表 4 所示,当维度临界值 K 等于 1 时,多维贫困瞄准数量缺口为 54.60%。一类瞄准数量缺口为 47.52%,表明在总体样本农户中有 47.52% 的农户是多维贫困农户,但他们却没有参加农业产业扶贫。二类数量缺口为 7.08%,其含义是总体样本农户中有 7.08% 的农户是非多维贫困农户,但他们参加了农业产业扶贫。当 K 等于 3 时,多维贫困瞄准数量缺口下降到 45.60%,其中一类瞄准数量缺口降低为 15.37%,但二类瞄准数量缺口增加至 30.23%,表明随着维度临界值增加和多维贫困农户占比降低,农业产业扶贫在农户参与层面的多维贫困瞄准偏差总体降低,对多维贫困农户覆盖不完全的问题减少,但农户是非多维贫困农户但却参加了农业产业扶贫的比例增加。当维度临界值 K 等于 4 时,即多维贫困农户仅占样本总量的 6.37%、识别出的贫困户为深度贫困户时,农业产业扶贫的一类瞄准数量缺口仅为 3.74%,说明农业产业扶贫对深度贫困户的覆盖不完全问题比较小。虽然如此,当 K 等于 4 时,多维贫困瞄准数量缺口虽然与其他维度临界值下的多维贫困瞄准数量缺口相比最低，但仍为 42.37%，说明农业产业扶贫总体的多维贫困瞄准效果仍需要进一步改善。

表 4　农业产业扶贫在农户参与层面的多维贫困瞄准数量缺口

维度临界值	指标	数值（%）	维度临界值	指标	数值（%）
$K=1$	一类瞄准数量缺口（I_{i1}）	47.52	$K=3$	一类瞄准数量缺口（I_{i1}）	15.37
	二类瞄准数量缺口（I_{i2}）	7.08		二类瞄准数量缺口（I_{i2}）	30.23
	多维贫困瞄准数量缺口（MPTCG）	54.60		多维贫困瞄准数量缺口（MPTCG）	45.60
$K=2$	一类瞄准数量缺口（I_{i1}）	32.66	$K=4$	一类瞄准数量缺口（I_{i1}）	3.74
	二类瞄准数量缺口（I_{i2}）	17.90		二类瞄准数量缺口（I_{i2}）	38.62
	多维贫困瞄准数量缺口（MPTCG）	50.56		多维贫困瞄准数量缺口（MPTCG）	42.37

六、农业产业扶贫对不同农户的影响效果差异分析

在农业产业扶贫的影响效果方面，多维贫困农户能否明显获益，或者是否获益比非多维贫困农户更多，也是衡量多维贫困瞄准的重要内容。因本次调查涉及的农业扶贫产业主要是经济作物，因此本节主要分析农户参加农业产业扶贫对农户种植业投入、种植业总收入和种植业纯收入的影响。在农业产业扶贫实施中，所有农户均有机会参加，但不同农户参加的倾向并不相同。从理论上看，家庭中劳动力数量多、户主受教育程度高、户主年龄较小、耕种土地多的农户更有可能参加农业产业扶贫并从中受益，这就产生了政策或项目评估中常遇到的内生性问题，本节将使用内生转换回归模型控制内生性问题。

（一）描述分析

通过描述分析发现，不管是在何种维度临界值分组之下，参加农业产业扶贫的农户平均的种植业投入和收入高于没有参加项目的农户，但非多维贫困农户的投入和收入增量高于多维贫困农户。如表 5 所示，当维度临界值 K 等于 1 时，在多维贫困农户中，参加农业产业扶贫的农户比未参加农户的种植业投入多 608.55元，而非多维贫困农户中参加农户比未参加农户的投入多 1621.61 元，这一差值比多维贫困农户中参加与未参加农户的差值高 1013.06 元。在种植业总收入上，虽然多维贫困农户中参加农户比未参加农户高 1490.69 元，但这一差值比非多维贫困农户的差值低 2135.03 元。在种植业纯收入方面，多维贫困农户中参加农户

比未参加农户高882.14元,但比非多维贫困农户的这一差值低1121.97元。当维度临界值 K 分别等于2、3和4时,分析结果与 K 等于1时相似。这些描述分析的结果表明,参加农业产业扶贫的农户比未参加农户有更多的种植业投入和收入,但多维贫困农户从农业产业扶贫中的受益增量比非多维贫困农户少。虽然如此,但由于内生性问题的存在,农业产业扶贫的影响效果和多维贫困瞄准评估还需要使用内生转换回归模型进一步分析。

表5　多维贫困分组下农户是否参加农业产业扶贫的种植业投入和收入的对比

维度临界值	分组	种植业投入（元）			种植业总收入（元）			种植业纯收入（元）		
		未参加	参加	差值	未参加	参加	差值	未参加	参加	差值
$K=1$	多维贫困组	323.42	931.97	608.55	873.33	2364.02	1490.69	549.92	1432.06	882.14
	非多维贫困组	544.55	2166.16	1621.61	2200.58	5826.30	3625.72	1656.03	3660.14	2004.11
$K=2$	多维贫困组	297.89	902.56	604.67	758.24	1949.81	1191.57	460.36	1047.25	586.89
	非多维贫困组	450.51	1458.44	1007.93	1588.44	4273.87	2685.43	1137.93	2815.43	1677.5
$K=3$	多维贫困组	316.18	772.34	456.16	733.72	1697.18	963.46	417.54	924.84	507.3
	非多维贫困组	383.20	1279.10	895.9	1266.22	3417.69	2151.47	883.02	2138.59	1255.57
$K=4$	多维贫困组	385.60	635.69	250.09	771.71	1183.47	411.76	386.11	547.78	161.67
	非多维贫困组	364.31	1178.29	813.98	1151.06	3078.82	1927.76	786.75	1900.53	1113.78

（二）内生转换回归模型分析过程和结果

根据内生转换回归模型的分析步骤,首先选取行为方程和结果方程的变量。本文在行为方程中选取的因变量为农户是否参加农业产业扶贫,结果方程的因变量为农户的种植业投入的对数、种植业总收入的对数和种植业纯收入的对数。本文选取的自变量包括户主特征变量、家庭特征变量和村级特征变量。在户主特征变量中,选取了户主受教育年限、户主年龄、户主年龄的平方、户主打工或经商年数。在家庭特征变量中选取了家庭规模、劳动力数量、家庭耕种土地数量以及是否参加了合作经济组织。在村级特征变量中,选取了村里是否组织技术培训、村里是否组织外出务工。除了以上特征变量外,根据前文行为方程自变量选择的要求,选取了村庄当年基础设施投资的对数这一变量加入行为方程中,但不加入处理组或控制组的结果方程中。选取这一变量的原因在于,农业产业发展与村庄基础设施紧密相关，如果村庄基础设施更加完善，农户选择参加农业产业扶贫的可能性会增大。但村庄当年基础设施的投资对农户种植业投入和收入在短时间内不会产生影响。为验证选取变量合适与否，文章还分别将农户是否参加农业产业扶贫、农户种植业投入和收入对村庄当年基础设施投资的变量进行回归。结果表明，村庄当年基础设施投资显著影响了农户是否参加农业产业扶贫，但对农户种植业投入和收入没有产生显著的影响，这说明选取的变量是适宜的。本节分析选取的变量及其描述统计见表6。

表6　变量及描述性统计

变量	均值	标准差	最小值	最大值
农户是否参加农业产业扶贫（参加=1）	0.41	0.49	0	1
农户人均种植业投入的对数	6.00	1.13	0.69	10.05
农户人均种植业总收入的对数	7.00	1.13	2.30	10.63
农户人均种植业纯收入的对数	6.46	1.41	0.92	10.50
户主受教育年限（年）	6.26	3.79	0	17
户主年龄（年）	55.10	12.85	19	89
户主年龄的平方	3200.77	1456.62	361	7921
户主打工或经商年数（年）	2.17	4.42	0	38
家庭规模（人）	3.96	1.72	1	13
劳动力数量（人）	1.63	1.28	0	6
家庭耕种土地数量（亩）	4.19	7.61	0	158
是否参加合作经济组织（是=1）	0.20	0.40	0	1
村里是否组织技术培训（是=1）	0.81	0.39	0	1
村里是否组织外出务工（是=1）	0.40	0.49	0	1
村庄当年基础设施投资的对数	3.63	1.67	-0.36	5.99

使用内生转换模型，对农户是否参加农业产业扶贫以及处理组（即参加了农业产业扶贫的农户）、控制组（即没有参加农业产业扶贫的农户）的结果方程进行回归分析，结果如表7所示。行为方程分析结果表明，除了户主年龄、村里是否组织技术培训和村里是否组织外出务工外，其余变量对农户参与农业产业扶贫产生了显著的影响。其中，村庄当年基础设施投资对农户是否参加农业产业扶贫具有显著的正向影响，这表明，村庄基础设施的改善有助于提高农户参加农业产业扶贫的可能性。

在农户种植业投入、种植业总收入和种植业纯收入的回归结果中，模型2、4、5和6的逆米尔比率对因变量有显著的影响，这表明，在分析农户是否参加农业产业扶贫对种植业投入和收入的影响时，同时受到了农户可观测变量和不可观测变量的影响。若不考虑内生性问题，在评估农业产业扶贫的影响效果时，结果会存在偏差。处理组和控制组结果方程的分析显示，影响处理组和控制组种植业投入和收入的因素存在差异。对农户种植业投入的回归结果分析显示，农户是否参加合作经济组织、村里是否组织技术培训对处理组的种植业投入有显著影响，但对控制组农户没有显著影响。户主的受教育年限、户主年龄和家庭耕种土地数量对控制组农户的种植业投入有显著影响，但对处理组的影响不显著。农户种植业总收入的回归结果表明，村里是否组织技术培训、村里是否组织外出务工对处理组农户有显著的影响，但对控制组的影响并不显著。种植业纯收入的回归结果也显示出，处理组和控制组农户种植业纯收入的影响因素存在差异①。这些结果均表明，处理组和控制组农户在特征变量上可能存在显著差异，以致对农户福利产生显著影响的因素存在差异，这也间接表明了评估农户参加农业产业扶贫影响效果时，控制内生性的必要性。同时，处理组和控制组农户特征存在差异，也表明了使用内生转换回归模型分别对两组农户进行回归分析，更加符合实际情况，这进一步表明了使用内生转换回归模型的合理性。

表 7　内生转换回归（ESR）模型的结果

	是否参加农业产业扶贫	种植业投入的对数		种植业总收入的对数		种植业纯收入的对数	
	行为方程	处理组	控制组	处理组	控制组	处理组	控制组
	模型 1	模型 2	模型 3	模型 4	模型 5	模型 6	模型 7
家庭规模	-0.067^{*}	-0.108^{**}	-0.165^{***}	-0.070^{*}	-0.194^{***}	-0.082	-0.178^{***}
	（-1.77）	（-2.40）	（-4.82）	（-1.67）	（-6.17）	（-1.39）	（-3.69）
户主受教育年限	0.037^{**}	0.022	0.042^{**}	-0.006	0.035^{*}	-0.020	0.033
	（2.37）	（1.25）	（2.25）	（-0.33）	（1.87）	（-0.83）	（1.37）
户主年龄	0.006	0.025	0.108^{**}	0.028	0.065^{*}	0.008	0.075
	（0.21）	（0.72）	（2.28）	（0.70）	（1.72）	（0.16）	（1.20）
户主年龄的平方	-0.001	-0.000	-0.001^{**}	-0.000	-0.001	-0.000	-0.001
	（-0.27）	（-1.06）	（-2.06）	（-0.68）	（-1.61）	（-0.16）	（-1.15）
户主打工或经商年数	-0.045^{***}	-0.014	-0.004	0.013	-0.019	0.008	-0.025
	（-3.36）	（-0.66）	（-0.25）	（0.62）	（-1.41）	（0.25）	（-1.07）
劳动力数量	0.315^{***}	-0.078	0.027	-0.281^{***}	0.195^{**}	-0.373^{***}	0.188
	（5.95）	（-0.94）	（0.29）	（-3.55）	（2.30）	（-2.97）	（1.39）

---

① 这些因素中，劳动力数量对处理组农户的种植业收入产生了负向影响，其原因是在贫困地区，若把过多劳动力投入在农业生产中，其边际收益较低，因此劳动力较多的农户更倾向于把劳动力配置于非农活动，这导致劳动力较多农户的种植业收入低于劳动力少的农户。参加合作经济组织对处理组农户的种植业投入和收入产生了负向影响，其原因是在本研究所调查的贫困地区中，合作经济组织发展时间较短，参加合作经济组织的农户多为小农户，大农户因能力较强，较少选择加入合作经济组织，小农户的种植业投入和收入低于大农户，因此参加合作经济组织对农户种植业投入和收入呈现出了负向影响。

续表

	是否参加农业产业扶贫	种植业投入的对数		种植业总收入的对数		种植业纯收入的对数	
	行为方程	处理组	控制组	处理组	控制组	处理组	控制组
	模型 1	模型 2	模型 3	模型 4	模型 5	模型 6	模型 7
家庭耕种土地数量	0.047** (2.26)	0.011 (0.58)	0.150*** (4.58)	0.006 (0.37)	0.178*** (5.37)	0.006 (0.27)	0.190*** (4.71)
是否参加合作经济组织	1.245*** (8.41)	−0.740*** (−2.82)	0.172 (0.37)	−1.420*** (−5.71)	0.861* (1.85)	−1.679*** (−4.10)	0.843 (1.28)
村里是否组织技术培训	0.148 (0.83)	0.680*** (3.15)	−0.157 (−1.10)	0.538* (1.93)	0.018 (0.12)	0.337 (1.01)	0.131 (0.64)
村里是否组织外出务工	−0.054 (−0.49)	0.104 (0.88)	0.161 (1.43)	0.437*** (4.07)	0.154 (1.52)	0.593*** (4.22)	0.065 (0.41)
村庄当年基础设施投资的对数	0.111*** (3.54)						
逆米尔比率（Inverse Mill's Ratio）		−0.938** (−2.24)	0.284 (0.64)	−2.167*** (−5.38)	0.896** (2.14)	−2.675*** (−4.16)	0.982 (1.48)
常数项	−1.643** (−1.96)	6.835*** (6.11)	2.555** (2.02)	8.884*** (7.22)	4.766*** (4.32)	9.775*** (6.10)	3.870** (2.20)

注：*、** 和 *** 分别表示在 10%、5% 和 1% 水平上显著。括号内为 t 值。

通过计算农业产业扶贫的平均处理效果发现，农户参加农业产业扶贫总体上能够促进种植业投入、种植业总收入和种植业纯收入的增加，这与描述分析结果总体一致。但是农业产业扶贫的影响仍存在异质性，当维度临界值等于 4 时，即农户为深度贫困户时，参加农业产业扶贫并未对农户种植业总收入和种植业纯收入产生显著的正向影响，农业产业扶贫的多维贫困瞄准效果仍存在需要改善之处。具体来讲，如表 8 所示，当维度临界值等于 1、2 或 3 时，不管是多维贫困农户还是非多维贫困农户，处理组农户在种植业投入、种植业总收入和种植业纯收入平均处理效应总体上显著高于其反事实（即处理组若不参加农业产业扶贫）下的表现。但当维度临界值等于 4、农户是深度贫困户时，虽然参加农业产业扶贫能够促进其种植业投入，但是并未显著提高其种植业总收入，这导致的结果是，参加农业产业扶贫显著降低了深度贫困户的种植业纯收入。造成这种结果的原因在于，深度贫困户往往面临着户主受教育水平有限、病人数量较多、享受的公共服务有限、增收能力较弱等因素的制约。他们参加农业产业扶贫，虽然增加了种植业投入，但受到多种因素的制约，难以获得产业投入的正常回报。在农业产业扶贫未来发展中，需要更多地关注深度贫困户。

表8　农业产业扶贫对不同组农户人均种植业投入和收入的影响

维度临界值	分组	指标	项目组	反事实	ATT	标准误差	t值
K=1	多维贫困农户	种植业投入	6.41	5.74	0.67***	0.06	11.85
		种植业总收入	7.31	6.77	0.54***	0.06	9.35
		种植业纯收入	6.75	6.08	0.66***	0.06	10.80
	非多维贫困农户	种植业投入	6.97	6.20	0.78***	0.20	3.86
		种植业总收入	8.12	7.35	0.76***	0.21	3.56
		种植业纯收入	7.68	6.77	0.91***	0.23	4.01
K=2	多维贫困农户	种植业投入	6.36	5.50	0.87***	0.05	16.40
		种植业总收入	7.17	6.42	0.75***	0.05	14.92
		种植业纯收入	6.62	5.90	0.72***	0.08	9.03
	非多维贫困农户	种植业投入	6.72	6.26	0.45**	0.20	2.22
		种植业总收入	7.84	7.49	0.35	0.22	1.58
		种植业纯收入	7.37	6.75	0.63**	0.25	2.48
K=3	多维贫困农户	种植业投入	6.37	5.71	0.66***	0.13	5.13
		种植业总收入	7.13	6.29	0.85***	0.08	10.02
		种植业纯收入	6.52	5.86	0.66***	0.11	5.82
	非多维贫困农户	种植业投入	6.57	6.08	0.50***	0.11	4.62
		种植业总收入	7.59	7.22	0.37***	0.12	3.23
		种植业纯收入	7.10	6.48	0.61***	0.12	4.93
K=4	多维贫困农户	种植业投入	6.38	5.49	0.89***	0.28	3.20
		种植业总收入	7.12	7.02	0.10	0.33	0.30
		种植业纯收入	6.15	7.34	−1.19**	0.55	−2.16
	非多维贫困农户	种植业投入	6.53	5.99	0.55***	0.09	5.95
		种植业总收入	7.49	7.07	0.42***	0.10	4.41
		种植业纯收入	6.98	6.42	0.56***	0.10	5.49

注：种植业投入和收入均为对数。*、** 和 *** 分别表示在10%、5%和1%水平上显著。

七、结论与政策建议

本文尝试总结了一个扶贫政策或项目多维贫困瞄准的分析框架，并提出了多维贫困瞄准数量缺口的概念。在湖南、湖北、重庆和贵州四省（直辖市）989个农户调研的基础上，使用多维贫困瞄准分析框架，分析了农业产业扶贫的多维贫困瞄准状况。本文主要结论如下：

第一，扶贫政策或项目瞄准可以基于多维贫困方法、利用"精准识别—农户参与—影响效果"的扶贫瞄准框架进行分析。可首先使用多维贫困方法进行贫困农户识别，在多维贫困农户分组基础上分析农户参与状况，并分析参与层面的多维贫困瞄准数量缺口。最后基于多维贫困农户分组，使用计量分析方法评估扶贫政策或项目对不同组农户的影响效果差异。

第二，在农户参与层面，多维贫困农户与非多维贫困农户参与农业产业扶贫比例相近，但非多维贫困农户户均获得补贴金额总体上高于多维贫困农户。随着维度临界值逐渐增大，一类瞄准数量缺口逐渐变小，二类瞄准数量缺口逐渐增大，多维贫困瞄准数量缺口总体呈现下降趋势。

第三，在影响效果层面，农户参加农业产业扶贫总体上显著促进了种植业投入与收入的增加。但农业产业扶贫的影响效果存在异质性，对贫困维度数量较少的农户，参加农业产业扶贫能够显著促进其种植业投入和收入，对深度贫困户而言，虽然参加农业产业扶贫显著促进了其种植业投入的增加，但并没有显著促进其种植业总收入和纯收入的增加。农业产业扶贫对深度贫困户的多维贫困瞄准效果还需要进一步改善。

在农业产业扶贫未来发展中，应针对不同贫困程度的农户采取不同举措，具体如下：

第一，针对贫困维度数量较少的农户，要提升农业产业扶贫的效果，可从以下方面入手：①加强农业技术指导服务。在贫困地区，农业技术服务发展相对滞后，限制了农业产业扶贫的发展和贫困户参与热情。另外，农业产业扶贫虽然大多推广的是优良特色品种，但如果缺少配套农业技术服务指导，可能会大大影响扶贫产业的发展。应借助科研单位、高等院校的力量结对帮扶贫困地区，加强对贫困地区农业特色产业发展的农业技术服务指导。②提供农业产业扶贫贷款。贫困地区农户的生产性信贷需求通常难以得到满足，面临信贷约束或信贷配给。应将发展农业产业扶贫与扶贫小额贷款结合起来，通过增加农村信用社、商业银行等正规金融机构的小微贷款，或者发展贫困村互助资金、社区基金等微型金融组织，满足有能力发展扶贫产业但缺少资金的农户信贷需求。③合理选择产业。应该根据贫困地区不同的气候条件、地形条件、土壤条件等情况，结合考虑市场需求状况，因地制宜推广差异化的扶贫产业，避免"跟风式"发展某个扶贫产业可能带来的价格下跌、产业失败风险。④发展农业保险。试点农业产业扶贫与农业保险相结合，对农户提供农业保险的保费补贴，扩大农业保险对不同地区特色经济作物的保障范围，改变贫困户对参与扶贫产业的风险预期。

第二，针对深度贫困户，要提升农业产业扶贫的效果，可从以下方面入手：①建立利益联结机制。当前扶贫工作虽然特别强调扶贫资源要瞄准深度贫困户，但发展农业产业扶贫需要农户劳动力、农业技能等要素的投入，而深度贫困户往往在这些要素上存在一定劣势。需要根据农业产业的特点，建立种养大户、家庭农场等具有优势生产要素的主体带动深度贫困户共同发展的机制。②发挥农村集体的组织联系作用。深度贫困户因自身能力较差，即使参加农业产业扶贫，种植或养殖规模通常较小，而且深度贫困户大多缺少市场信息和销售渠道。需要发挥农村集体或经济合作组织的中介作用，可借鉴"巢状市场"形式，帮助深度贫困户与城市消费者连接，扩大其销售渠道。③探索要素入股方式。在农业产业扶贫中可探索深度贫困户的土地入股、扶贫资金入股方式，借鉴资产收益扶贫的模式解决缺少劳动力的深度贫困户受益问题。

参考文献

［1］胡晗，司亚飞，王立剑. 产业扶贫政策对贫困户生计策略和收入的影响——来自陕西省的经验证据. 中国农村经济，2018（01）：78-89.

［2］Cuong N V.Measuring the impact of cash crops on household expenditure and poverty in rural Vietnam. Asia-Pacific Development Journal，2009，16（2）：87-112.

［3］许汉泽，李小云. 精准扶贫背景下农村产业扶贫的实践困境——对华北李村产业扶贫项目的考察. 西北农林科技大学学报（社会科学版），2017（01）：9-16.

［4］孙兆霞. 脱嵌的产业扶贫——以贵州为案例. 中共福建省委党校学报，2015（03）：14-21.

［5］Alkire S，Roche J E M，Vaz A.Changes over time in multidimensional poverty：methodology and results for 34 countries. World development，2017，94：232-249.

［6］张全红，李博，周强. 中国多维贫困的动态测算、结构分解与精准扶贫. 财经研究，2017（04）：31-40.

［7］Pasha A.Regional perspectives on the multidimensional poverty index.World development，2017，94：268-285.

［8］韩佳丽，王志章，王汉杰. 贫困地区劳动力流动对农户多维贫困的影响. 经济科学，2017（06）：87-101.

［9］Nowak D，Scheicher C.Considering the extremely poor：multidimensional poverty measurement for Germany. Social indicators research，2017，133（1）：139-162.

［10］Whelan C T，Nolan B，Maitre B.Multidimensional poverty measurement in Europe：an application of the adjusted headcount approach. Journal of European social policy，2014，24（2）：183-197.

［11］Alkire S，Seth S.Multidimensional poverty reduction in India between 1999 and 2006：where and how？. World development，2015，72：93-108.

［12］Martinez A，Perales F.The dynamics of multidimensional poverty in contemporary Australia.Social indicators research，2017，130（2）：479-496.

［13］Bader C，Bieri S，Wiesmann U，et al.Is economic growth increasing disparities？ a multidimensional analysis of poverty in the Lao PDR between 2003 and 2013.Journal of development studies，2017，53（12）：2067–2085.

［14］Chzhen Y，Ferrone L.Multidimensional child deprivation and poverty measurement：case study of Bosnia and Herzegovina. Social indicators research，2017，131（3）：999–1014.

［15］Awaworyi Churchill S，Smyth R.Ethnic diversity and poverty. World development，2017，95（3）：285–302.

［16］解垩. 公共转移支付与老年人的多维贫困. 中国工业经济，2015（11）：32–46.

［17］王春超，叶琴. 中国农民工多维贫困的演进——基于收入与教育维度的考察. 经济研究，2014（12）：159–174.

［18］Azevedo V，Robles M.Multidimensional targeting：identifying beneficiaries of conditional cash transfer programs. Social indicators research，2013，112（2）：447–475.

［19］王立剑，叶小刚，陈杰. 精准识别视角下产业扶贫效果评估. 中国人口·资源与环境，2018（01）：113–123.

［20］杨龙，李萌，汪三贵. 我国贫困瞄准政策的表达与实践. 农村经济，2015（01）：8–12.

［21］Alkire S，Foster J.Counting and multidimensional poverty measurement. Journal of public economics，2011，95（7）：476–487.

［22］Park A，Wang S，Wu G.Regional poverty targeting in China. Journal of public economics，2002，86（1）：123–153.

［23］Abdulai A.Impact of conservation agriculture technology on household welfare in Zambia. Agricultural economics，2016，47（6）：729–741.

［24］Ma W，Abdulai A.Does cooperative membership improve household welfare？evidence from apple farmers in China. Food policy，2016，58：94–102.

（本文与杨龙、李宝仪、赵阳合著，原载《中国人口·资源与环境》2019 年第 2 期）

第五章　易地搬迁"挪穷窝"

扶持政策、社会融入与易地扶贫搬迁户的返迁意愿

——基于 5 省 10 县 530 户易地扶贫搬迁的证据

一、引言

消除贫困、改善民生，是实现全面建成小康社会目标的重要举措。近年来，《中国农村扶贫开发纲要（2011—2020 年）》《关于创新机制扎实推进农村扶贫开发工作的意见》《中共中央国务院关于打赢脱贫攻坚战的决定》等政策文件持续强调要坚持精准扶贫，精准脱贫，消除绝对贫困。党的十九大报告进一步指出，当前我国社会主要矛盾已经转化为人民日益增长的美好生活需要和不平衡不充分的发展之间的矛盾。如何有效解决区域发展不平衡不充分是当前国家、社会面临的重要问题。

易地扶贫搬迁是实施精准扶贫的重要抓手，是"五个一批"工程的重要脱贫措施，是 2020 年实现全面建成小康社会发展目标的重大民生工程。根据 2016 年 9 月国家发展改革委印发的《全国"十三五"易地扶贫搬迁规划》，计划到 2020 年实现近 1000 万建档立卡贫困人口的易地扶贫搬迁工作，解决"一方水土养不起一方人"地区贫困人口的脱贫问题。为了达到"确保搬迁对象尽快脱贫，从根本上解决生计问题"的发展目标，中央和地方政府通过加大财政投入、完善扶持政策等举措，确保贫困人口"搬得出、稳得住、有事做、能致富"。2017 年易地扶贫搬迁工作已经有序开展，部分贫困人口已经实现搬迁，为实现脱贫走出了坚实的一步。但易地扶贫搬迁不仅是要解决怎么搬、搬谁、如何搬的问题，更为重要的是怎么实现稳得住、能致富问题。已搬迁户能否"稳得住"？哪些因素影响搬迁户的返迁意愿？回答这些问题对于积极有序推进易地扶贫搬迁工作和实现全面建成小康社会发展目标具有重要的理论和现实意义。

在易地扶贫搬迁等工程性移民搬迁中，中央以及地方政府的一系列扶持政策

是搬迁户在迁入地能否"稳得住"的重要影响因素，也是当前移民搬迁后续工作的重点。但在众多扶持政策中，哪些扶持政策对降低搬迁户返迁意愿能够起到积极作用尚没有得到证实。同时，由于搬迁后，搬迁户原有的社会关系断裂、社会支持衰弱，他们是否返迁以及是否再迁移，不仅受个人、家庭特征以及比较在迁入地与迁出地获得效用的影响，而且也受迁入地社会融入的影响。社会融入情况体现了搬迁户在心理层面对迁入地的归属感和认同感，大量的研究证实提高社会融入程度能够提高流动人口在迁入地定居的意愿。为此，从扶持政策和社会融入两个视角综合考虑搬迁户（流动人口）返迁意愿对于推进易地扶贫搬迁工作具有重要的现实意义。

随着易地扶贫搬迁工程的有序开展，学术界对于易地扶贫搬迁的研究也逐渐丰富，大体可将现有研究归为三类：第一类主要讨论易地扶贫搬迁政策的形成、执行过程和演进特征；第二类基于调查数据总结全国以及地方易地扶贫搬迁的基本现状、存在问题以及搬迁户的识别；第三类基于地方调研数据分析易地扶贫搬迁对农户减贫、生计的影响。此外，学者们关于移民搬迁的研究也较为丰富，而且主要关注搬迁户生计资本、生计策略以及生计重塑问题。综上可见，虽然学者们关于易地扶贫搬迁以及移民搬迁的研究已经做了较为丰富的探索，但还存在以下两方面的不足：第一，尚没有研究回答易地扶贫搬迁（或移民搬迁）的搬迁户能否"稳得住"以及哪些因素影响搬迁户的返迁意愿问题。第二，大量研究都是基于个别地区的调研数据而展开分析，少有研究基于多个省市展开系统分析。据此，本文拟基于全国 5 省 10 县 530 户抽样调查数据，从扶持政策和社会融入两个视角实证分析易地扶贫搬迁中搬迁户返迁意愿的决定因素，以期为科学制定和完善易地扶贫搬迁后续扶持政策提供科学依据。

二、理论分析与研究假说

关于劳动力流动的理论与实证研究非常丰富，包括经典的推拉理论、城乡二元经济结构模型、城乡人口迁移模型等。其中推拉理论可为本文所研究的搬迁户返迁意愿提供理论支撑。推拉理论认为迁出地的就业、教育、医疗、生产、自然灾害以及社会关系等因素形成了劳动力迁移的推力，而迁入地的就业机会、工资待遇、医疗和教育等因素形成了劳动力迁移的拉力，在推力和拉力的共同作用下决定了劳动力迁移的意愿和行为。Lee 进一步将迁移过程中的中间障碍因素和个人因素纳入推拉理论，以期解释在面临相同的推拉和拉力时，劳动力迁移决策的差异。搬迁户（移民）的返迁意愿与行为本质上也是劳动力迁移，其返迁意愿也可用推拉理论加以解释。迁入地的就业机会、教育、医疗、社会融入与迁出地的耕地、住房、生活习惯、社会网络等方面共同决定了流动人口是否返迁意愿与行为决策。

有研究进一步从制度和政策扶持讨论劳动力迁移的决定因素，如 Ahituv 和 Kimhi、Knight 和 Gunatilaka、程名望等发现诸如户口、社会保障、培训以及是否参加工会等制度和政策因素对劳动力迁移决策具有显著影响。需要指出的是，与传统城乡人口迁移所不同的是，在工程项目移民搬迁、易地扶贫搬迁等劳动力流动模式中，不管是基于行政命令还是生活环境等因素的限制，短期内这些搬迁户的生产、生活等社会系统受到巨大冲击，基本生活保障来源被迫中断，可持续生计非常脆弱，他们极易陷入贫困陷阱。同时，与诸如三峡工程的移民搬迁不可返迁所不同的是，若以自愿性搬迁为主的易地扶贫搬迁户在迁入地生计不可持续，那么这些搬迁户极可能返迁回原居住地。为此，迁入地的制度安排与扶持政策成为搬迁户生计来源和生计策略的重要保障，也是搬迁户能否在迁入地"稳得住"的重要举措，也是中央和地方政府移民搬迁后续工作的工作重点。这些保障措施对搬迁户的返迁意愿和行为具有重要影响。为此本文提出假说 1：

H1：政府提供的扶持政策越完善，搬迁户的返迁意愿就越低。

搬迁户在迁入地不仅具有在就业机会、收入水平、医疗、教育等层面的经济需求，而且还有在情感、社会归属和社会认可等层面的心理需求，特别是在面临原有的社会关系断裂的背景下，获得迁入地社会支持的心理需求更加强烈。搬迁户若在迁入地能够得到迁入地社会的支持和接纳，能够在情感、心理等方面得到满足，形成主人翁意识，从而不会陷入边缘化和被排斥的边缘，那么其返迁意愿也相对较低。通常可用社会融入来衡量流动人口在迁入地的经济和心理适应情况。社会融入是搬迁户不断融入迁入地，逐步同化和减少排斥的过程。近些年较多研究关注流动人口的社会融入状况，认为社会融入程度越高，或社会排斥越低，流动人口在城市定居的意愿也越强。Wang 和 Fan 指出社会适应和文化适应程度较高的农民工，城市归属感较高。张华初等发现经常同老乡、本地人及其他外地人交往、积极参与社区活动有利于提高流动人口的长期居留意愿。梁土坤从城市适应角度讨论流动人口定居意愿，发现经济适应、社会适应显著影响新生代流动人口的定居意愿。在以人为本的易地扶贫搬迁中，在面临生活习惯、社会网络、习俗文化等方面巨大差异的情况下，若搬迁户在迁入地受到社会排斥或社会融入程度不高，他们还可能返迁回原居住地，特别是存在任务式搬迁或搬迁过于激进时，这种情况更容易发生。据此，本文提出假说 2：

H2：搬迁户社会融入程度越高，返迁意愿越低。

三、计量模型与数据

（一）计量模型与变量选择

本文主要研究扶持政策和社会融入对搬迁户返迁意愿的影响，其中被解释变量为搬迁户的返迁意愿，并以"您未来回到原居住地的可能性"作为搬迁户返迁意愿的代理变量；同时，利用"您是否打算在现居住地长期居住（五年及以上）"作为返迁意愿的代理变量做稳健性检验。

搬迁户回答"您未来回到原居住地的可能性"的选择包括"非常可能""比较可能""不确定""比较不可能"和"非常不可能"这 5 种选项。首先，本文直接将这 5 种选择的有序多分类变量作为因变量，并利用有序 Probit 模型进行估计；进一步，将这 5 种选择处理为可能返迁和不可能返迁的二元返迁意愿以作进一步的稳健性检验。对于有序多分类变量的计量模型可写成：

$$return\_pro_i^*=a+\beta policy_i+\delta integration_i+\chi X+\theta_j+\varepsilon_i \qquad （1）$$

其中，$return\_pro_i^*$ 表示搬迁户 i 返迁意愿的潜变量，$policy_i$ 表示扶持政策，$integration_i$ 表示社会融入情况，X 为控制变量，θ_j 为地区固定效应，ε_i 为随机扰动项。虽然搬迁户的返迁意愿是无法直接观测的潜变量，但与返迁意愿存在如下关系：

$$return\_pro_i=\begin{cases} 1, & return\_pro_i^* \leqslant C1 \\ 2, & C1 < return\_pro_i^* \leqslant C2 \\ 3, & C2 < return\_pro_i^* \leqslant C3 \\ 4, & C3 < return\_pro_i^* \leqslant C4 \\ 5, & C4 < return\_pro_i^* \end{cases} \qquad （2）$$

其中，$return\_pro_i$ 表示搬迁户 i 的返迁意愿，$C1,\cdots,C4$ 为切点的待估参数。当 $return\_pro_i^* \leqslant C1$ 时，表示搬迁户非常不可能返迁；当 $C1 < return\_pro_i^* \leqslant C2$ 时，表示搬迁户比较不可能返迁；当 $C2 < return\_pro_i^* \leqslant C3$ 时，表示搬迁户不确定是否返迁；当 $C3 < return\_pro_i^* \leqslant C4$ 时，表示搬迁户比较可能返迁；当 $C4 < return\_pro_i^*$ 时，表示搬迁户非常可能返迁。

（1）核心解释变量——扶持政策（$policy$）。为了保证搬迁户能在迁入地"稳得住",中央及地方政府出台执行了一系列的扶持政策。在本项目的问卷调查中,设计了 10 类扶持政策(回答为选 3 项最为重要的扶持政策),主要包括提供本地(外地)就业机会、劳动技能培训、发展(非)农业产业、提供贷款、收入补贴、提供社会保障等。基于这些扶持政策的特征和样本量限制,本文将这 10 类扶持政策分为 4 类,即提供就业机会(提供本地、外地就业机会和提供劳动技能培训)、提供产业发展支持(发展非农业 / 农业产业)、提供金融贷款支持(提供贷款、收入补贴)和提供社会保障。由此可以识别哪些类别的扶持政策能够有效降低搬迁户的返迁意愿。

(2)核心解释变量——社会融入(*integration*)。当前社会学领域对社会融入已有较为成熟的认识,衡量指标体系也较丰富。Gordon 基于结构和文化两个角度分析社会融入问题,Junger-Tas、Entzinger 和 Biezeveld 进一步从政治和经济两个角度,将社会融入理论扩展至四维,任远、乔楠从自我身份认同、对城市的态度、与本地人的互动、感知的社会态度来衡量社会融入程度,刘建娥、周皓研究了流动人口的政治参与融入情况。参阅这些研究成果,并结合所使用调查数据的实际情况,本文从社区融入、自我身份认同和政治参与这三个维度来揭示搬迁户的社会融入情况。其中,社区融入用"邻里之间是否相互帮助"来衡量,若邻里之间互帮互助说明搬迁户的社会融入程度较高;自我身份认同用"与原居住地相比,搬迁户认为在迁入地所处的社会层级是否改善"来衡量,若搬迁户认为自己所处的社会层级有改善,说明搬迁户在迁入地的社会经济地位有所提高,进而社会融入较高;政治参与用"是否参与居地村(居)委会选举投票"来衡量,若搬迁户积极参与迁入地的政治活动,说明社会融入较高。

(3)控制变量。参考王子成、赵忠、石智雷、薛文玲等关于劳动力回流的相关研究以及易地扶贫搬迁的现实情况,本文尽可能控制影响搬迁户返迁意愿的其他因素,以此避免由于遗漏重要解释变量而产生的内生性问题。本文主要控制了两类变量:第一大类控制变量为被访问者的个人特征和家庭特征,主要包括被访问者的性别、年龄、受教育情况、身体健康状况、外出务工经历以及子女情况。现有大量劳动经济学的相关研究表明,流动人口的迁移决策与个人特征和家庭特征紧密相关。第二大类控制变量为与搬迁相关的影响因素,包括迁出地耕地流转情况、是否全家搬迁、户口是否迁移、原住宅是否拆迁、搬迁距离、安置方式等方面。这类控制变量与搬迁户是否返迁具有重要关系,如原居住地耕地流转比例越高,搬迁户频繁返回原居住地耕作的可能性较低,返迁意愿也可能较低;同样，若全家一起搬迁（特别是老人跟随变迁），那么搬迁户返迁的可能性也较低。

（二）数据来源与描述

本文使用的数据来自课题组于 2017 年 7—8 月对湖北、湖南、广西、四川、贵州、云南、陕西和甘肃 8 省（自治区）开展的易地扶贫搬迁专题跟踪调研。由于湖南、广西和甘肃已完成搬迁户的样本较少，为此本文重点考虑剩余的 5 个省（自治区）已完成搬迁的农户。考虑到进行省—县—镇—村抽样调查的难度以及人力和物力的限制，本文样本的选择过程如下：首先由省级扶贫部门推荐省内 4 个调研县，课题组随机抽取 2 个县，每个县再随机抽取 128 户。调查形式采用一对一问卷调查的形式，调研对象为户主或最清楚家庭情况的家庭成员。本文的有效样本共计 530 户，调查范围覆盖武陵山片区、秦巴山片区、滇桂黔石漠化片区、乌蒙山片区 4 个片区的 10 个片区县。每个省的样本量差异不大，其中四川省和云南省样本较多，分别占 24.15% 和 23.96%，而贵州省样本量较少，占 14.34%，湖北省占 17.17%，陕西省占 20.38%。

从调查样本的基本特征来看，已完成搬迁的 530 户中，受访者男性占 89.06%，平均年龄 53.97 岁，平均受教育年限 4.22 年，平均外出务工或经商的年限为 1.77 年，94.15% 的搬迁户属于建档立卡的贫困户。

从返迁意愿来看，79.43% 非常肯定地表示不可能返迁[①]，而 20.57% 的搬迁户表示可能返迁。其中，湖北省和四川省有返迁意愿的比例高于平均值，分别达到 29.67% 和 25.78%；而云南省、陕西省和贵州省搬迁户返迁意愿相对较低，分别仅为 17.32%、16.67% 和 11.84%。具体变量的描述性统计见表 1。

表 1 变量的描述性统计

变量	变量名称	变量说明	均值	标准差	最小值	最大值
return pro1	返迁意愿的代理变量 1	非常不可能 =1，比较不可能 =2，不确定 =3，比较可能 =4，非常可能 =5	1.636	0.961	1	5
return pro2	返迁意愿的代理变量 2	可能返迁 =1，否则 =0	0.206	0.405	0	1
return pro3	返迁意愿的代理变量 3	打算在迁入地居住 5 年以内 =1，否则 =0	0.162	0.369	0	1
job	提供就业机会	是 =1，否 =0	0.374	0.484	0	1
industry support	提供产业发展支持	是 =1，否 =0	0.319	0.466	0	1

[①] 此处将非常可能、比较可能和不确定的回答均归为可能返迁，其余为不可能返迁。具体见后文的说明。

续表

变量	变量名称	变量说明	均值	标准差	最小值	最大值
finance support	提供金融贷款支持	是 =1，否 =0	0.113	0.317	0	1
social security	提供社会保障支持	是 =1，否 =0	0.157	0.364	0	1
vote involve	参加现居地村（居）委会选举投票	是 =1，否 =0	0.804	0.398	0	1
social rank	社会层级改善	是 =1，否 =0	0.694	0.461	0	1
neighbor help	邻里之间相互帮助	是 =1，否 =0	0.791	0.407	0	1
land transfer	原居住地耕地流转比例（%）	耕地流转面积/家庭总耕地面积之比	0.085	0.242	0	1
hukou move	户口迁移	是 =1，否 =0	0.070	0.255	0	1
family move	全家一起搬迁	是 =1，否 =0	0.800	0.400	0	1
old house remove	原居住地旧房拆迁	是 =1，否 =0	0.321	0.467	0	1
settle mode	安置模式	集中安置 =1，分散安置 =0	0.726	0.446	0	1
family health	健康情况	健康 =1，不健康 =0	0.558	0.497	0	1
children	家庭有小孩	是 =1，否 =0	0.404	0.491	0	1
work experience	外出务工经历	是 =1，否 =0	0.353	0.478	0	1
gender	性别	男 =1，女 =0	0.891	0.312	0	1
lnage	年龄	年龄的对数	3.963	0.229	2.996	4.466
education	受教育情况	没上学 =1，幼儿园 =2，小学年级数 =3-8，初中年级数 =9-11，高中年级数 =12-13	6.013	3.461	1	13

四、估计结果与讨论

（一）基准估计结果

利用有序多分类 Probit 模型，在控制省、县和镇固定效应下，考察扶持政策和社会融入对搬迁户返迁意愿的影响。表 2 第（1）、（2）列为扶持政策的估计结果，第（3）、（4）列为社会融入的估计结果，第（5）、（6）列为综合考虑扶持政策和社会融入的估计结果；第（1）、（3）、（5）列加入了与搬迁相关控制变量，第（2）、（4）、（6）列进一步加入搬迁户家庭及个人特征的控制变量。从估计结果看，

伪 R^2 在 0.224—0.236 之间，说明模型能解释 22% 以上搬迁户返迁意愿的变异程度，模型总体拟合程度较好。表 2 第（6）列是加入扶持政策、社会融入以及搬迁户家庭特征、个人特征、与搬迁变量的估计结果，后文的分析以此为基准。

（1）扶持政策。表 2 第（6）列的估计结果可知，政府提供就业机会（job）的变量在 5% 水平显著为负，说明政府提供就业机会（包括提供本地就业机会、提供外地就业机会和提供劳动技能培训）能够显著降低搬迁户的返迁意愿。一般来说，搬迁户迁移到新的地方，直接面临的是维持生计问题。若当地政府能够直接提供就业机会或者提供劳动技能培训，进而解决就业问题，那么也就直接解决了搬迁户的家庭生计问题，这对搬迁户在迁入地"稳下来"具有重要意义。

而扶持政策中提供产业发展支持（industry support）、提供金融贷款支持（finance support）以及提供社会保障（social security）对降低搬迁户返迁意愿没有发挥显著作用。可能的解释有两方面：第一，与提供就业机会的扶持政策相比，这些扶持政策需要一定时间才能发挥效果，也即政策效果的显现可能有一定的时滞性。若是如此，那么这个结论的政策含义则表明，在未来后续扶持政策的制定中，需要注意考虑政策发挥效果的时滞，应科学合理地提供和采用短期和中长期扶持政策组合，从而在短期和中长期稳定搬迁户。第二，可能是搬迁户对这些扶持政策不满意或是对中长期扶持政策的效果持怀疑态度，从而导致这些扶持政策无法达到预设的目标。根据调查显示，只有 60.75% 的搬迁户对当前提供的扶持政策持满意态度，而近 40% 的搬迁户对当前的扶持政策不满意。这在一定程度上说明虽然政府花费一定的人力、物力资源解决搬迁户的生计问题，但由于政策的供给与需求无法有效对接，导致这些扶持政策对搬迁户的返迁意愿没有产生显著的积极影响，这是政策制定以及执行需要反思的。

（2）社会融入。表 2 第（6）列的估计结果可知，搬迁户社会层级的改善（social rank）和邻里之间互相帮助（neighbor help）能够显著降低搬迁户的返迁意愿。其中，搬迁户社会层级是否改善在 10% 水平显著为负，这意味着搬迁户社会层级的改善能够显著降低搬迁户的返迁意愿。搬迁户社会层级的改善说明搬迁户认为自己在迁入地的社会经济地位有所改善，是一种自我身份的认同，其有助于降低搬迁户的返迁意愿。邻里之间是否互相帮助在 10% 水平显著为负，说明邻里互助能够显著降低搬迁户的返迁意愿，这与张鹏等、孙力强等等研究结论基本一致。邻里之间能够相互帮助，说明搬迁户已经能够取得当地居民的认同，不会受到较为明显的社会排斥，社会融入程度较高，从而搬迁户的返迁意愿较低。是否参加当地村（居）委会选举投票（*vote involve*）不显著，这与预期不一致。可能的原因是参与当地的选举投票活动往往是一种强制性活动，或是带有较强的人情色彩，其并不能很好体现搬迁户政治参与的意愿。根据调查显示，只有13%左右的搬迁户参选过迁入地的村（居）委会成员。这在一定程度上说明搬迁户的政治参与意愿不强，其对返迁意愿的作用不明显。

（3）控制变量。与搬迁相关控制变量中，全家是否搬迁、旧房是否拆除和是否集中安置显著为负，这表明搬迁户全家搬迁、旧房拆除和集中安置能够显著降低搬迁户的返迁，这意味着未来的易地扶贫搬迁可适当强化这些措施的制定与执行。

综合扶持政策和社会融入的估计结果，可以发现扶持政策中的短期政策和部分社会融入能够显著降低搬迁户的返迁意愿，这说明仅靠经济的扶持政策并不能很好解决搬迁户的返迁问题，而营造和谐的社会氛围，提高搬迁户的身份认同，进而提高搬迁户的社会融入程度有助于搬迁户在迁入地稳定下来。

表2　基准估计结果

变量	（1）返迁意愿1	（2）返迁意愿1	（3）返迁意愿1	（4）返迁意愿1	（5）返迁意愿1	（6）返迁意愿1
job	−0.480***	−0.482***			−0.411**	−0.412**
	（0.164）	（0.165）			（0.165）	（0.165）
industry support	−0.157	−0.168			−0.125	−0.126
	（0.163）	（0.165）			（0.164）	（0.166）
finance support	−0.015	−0.019			−0.001	0.007
	（0.222）	（0.224）			（0.221）	（0.223）
social security	0.005	0.040			−0.020	0.028
	（0.188）	（0.193）			（0.191）	（0.196）
vote involve			−0.385*	−0.377*	−0.351	−0.348
			（0.216）	（0.215）	（0.220）	（0.218）
social rank			−0.376*	−0.432**	−0.335	−0.382*
			（0.206）	（0.213）	（0.210）	（0.215）
neighbor help			−0.365**	−0.409**	−0.309*	−0.355*
			（0.182）	（0.186）	（0.187）	（0.192）
land transfer share	−0.092	−0.096	−0.027	−0.027	−0.087	−0.095
	（0.241）	（0.239）	（0.245）	（0.239）	（0.243）	（0.239）
hukou move	0.107	0.141	0.235	0.303	0.183	0.239
	（0.240）	（0.235）	（0.244）	（0.238）	（0.250）	（0.244）
family move	−1.166***	−1.153***	−0.974***	−0.930***	−0.957***	−0.920***
	（0.181）	（0.184）	（0.205）	（0.208）	（0.213）	（0.217）

续表

变量	（1）返迁意愿1	（2）返迁意愿1	（3）返迁意愿1	（4）返迁意愿1	（5）返迁意愿1	（6）返迁意愿1
old house remove	−0.461*** (0.174)	−0.485*** (0.175)	−0.402** (0.176)	−0.416** (0.179)	−0.375** (0.176)	−0.395** (0.178)
settle mode	−0.655*** (0.185)	−0.658*** (0.187)	−0.617*** (0.179)	−0.610*** (0.181)	−0.586*** (0.187)	−0.581*** (0.189)
family health		0.122 (0.134)		0.170 (0.134)		0.160 (0.136)
children		0.112 (0.127)		0.082 (0.126)		0.107 (0.127)
work experience		0.042 (0.159)		0.038 (0.159)		0.051 (0.160)
gender		0.109 (0.207)		0.116 (0.202)		0.140 (0.207)
lnage		−0.072 (0.300)		−0.226 (0.308)		−0.186 (0.303)
education		−0.001 (0.019)		−0.014 (0.020)		−0.015 (0.019)
cut1	−1.306*** (0.297)	−1.341 (1.281)	−1.979*** (0.370)	−2.714** (1.334)	−1.989*** (0.371)	−2.546* (1.317)
cut2	−0.528* (0.297)	−0.559 (1.277)	−1.189*** (0.370)	−1.918 (1.330)	−1.189*** (0.370)	−1.739 (1.313)
cut3	0.762** (0.310)	0.733 (1.266)	0.131 (0.376)	−0.593 (1.317)	0.136 (0.374)	−0.409 (1.300)
cut4	1.110*** (0.309)	1.082 (1.276)	0.471 (0.364)	−0.252 (1.320)	0.477 (0.363)	−0.067 (1.304)
省固定效应	Yes	Yes	Yes	Yes	Yes	Yes
县固定效应	Yes	Yes	Yes	Yes	Yes	Yes
镇固定效应	Yes	Yes	Yes	Yes	Yes	Yes
N	530	527	530	527	530	527
pseudo R^2	0.224	0.225	0.226	0.229	0.233	0.236

注：括号内为稳健标准误；*、**、*** 分别表示在10%、5%、1%的水平上显著。

（二）稳健性检验

前文的估计结果表明政府提供就业机会的扶持政策和搬迁户社会层级的改善、邻里互助的社会融入有助于降低搬迁户的返迁意愿。由于返迁意愿是潜变量，其不同的衡量方式可能存在较大差异，进而影响到模型的估计结果，在此本文对因变量设置两种不同测量方式对上述结论进行稳健性检验。估计结果见表3。

如前文所述，本文的第一个稳健性检验是将有序多分类的返迁意愿转为二元的返迁愿意。本文将问卷中明确表示不可能返迁以外的选择均归为可能返迁，也即将非常可能、比较可能和不确定的回答均归为可能返迁。这样的处理方法在其他相关研究也较为常见，如张鹏等将"是否愿意转化为城镇户口"的"不愿意"和"说不准"统一归为"不愿意"，梁土坤将"你愿意在目前城市永久定居吗"的"不愿意"和"没想过"归为"不愿意"。

同样控制省、县和镇固定效应，利用二元Probit模型进行估计，估计结果见表3的第（1）列。可以发现，提供就业机会、搬迁户社会层级的改善和邻里互助分别在10%、1%和1%的水平上显著为负，该结果与基准估计结果一致，这表明上述结论的稳健性。

其次，本文的第二个稳健性检验是用其他变量来衡量搬迁户的返迁意愿。前文结论的因变量是直接问搬迁户的返迁意愿，此处根据调查问卷，本文进一步利用"您是否打算在现居住地长期居住（五年及以上）"作为搬迁户返迁意愿的代理变量，若搬迁户打算在迁入地居住五年及以上，则认为其没有返迁的意愿，否则有返迁意愿。根据问卷回答情况，共有444户表达了肯定性答复，合计占83.77%，而剩余的16.23%则可能返迁。

同样利用二元Probit模型进行估计，估计结果见表3的第（2）—（7）列。从表3第（7）列结果可知，提供就业机会、搬迁户社会层级的改善和邻里互助显著为负，与前文的估计结果一致，这进一步说明上述结论的稳健性。

表3　稳健性检验

变量	（1）返迁意愿2	（2）返迁意愿3	（3）返迁意愿3	（4）返迁意愿3	（5）返迁意愿3	（6）返迁意愿3	（7）返迁意愿3
job	−0.397*	−0.661**	−0.774***			−0.577**	−0.716***
	（0.215）	（0.277）	（0.263）			（0.283）	（0.272）
industry support	−0.202	−0.401	−0.391			−0.365	−0.257
	（0.248）	（0.323）	（0.326）			（0.350）	（0.358）
finance support	0.203	0.373	0.413			0.331	0.392
	（0.303）	（0.419）	（0.429）			（0.471）	（0.495）
social security	0.033	−0.053	−0.040			−0.282	−0.323
	（0.289）	（0.419）	（0.428）			（0.518）	（0.554）
vote involve	−0.475			−0.251	−0.139	−0.262	−0.143
	（0.313）			（0.490）	（0.476）	（0.469）	（0.462）
social rank	−1.151***			−0.987***	−1.165***	−0.988***	−1.163***
	（0.279）			（0.272）	（0.291）	（0.277）	（0.289）

续表

变量	（1）返迁意愿 2	（2）返迁意愿 3	（3）返迁意愿 3	（4）返迁意愿 3	（5）返迁意愿 3	（6）返迁意愿 3	（7）返迁意愿 3
neighbor help	−0.730*** （0.247）			−1.434*** （0.269）	−1.563*** （0.307）	−1.425*** （0.267）	−1.575*** （0.303）
cons	3.618* （1.954）	0.948* （0.532）	2.894 （2.544）	2.499*** （0.733）	5.921** （2.780）	2.782*** （0.721）	6.896** （2.697）
搬迁相关的控制变量	Yes	Yes	Yes	Yes	Yes	Yes	Yes
个人及家庭控制变量	Yes	No	Yes	No	Yes	No	Yes
省固定效应	Yes	Yes	Yes	Yes	Yes	Yes	Yes
县固定效应	Yes	Yes	Yes	Yes	Yes	Yes	Yes
镇固定效应	Yes	Yes	Yes	Yes	Yes	Yes	Yes
N	502	414	411	414	411	414	411
pseudo R²	0.541	0.580	0.587	0.657	0.669	0.668	0.681

注：括号内为稳健标准误；*、**、*** 分别表示在 10%、5%、1% 的水平上显著。

（三）内生性问题的讨论

上述实证结果表明部分扶持政策和社会融入对搬迁户的返迁意愿有显著影响，但是该结果可能存在一定的内生性问题。由于搬迁户的社会融入行为是非随机的，而是自愿选择的，返迁意愿较强的搬迁户，可能本身更倾向于自我否定、与邻里吵架，本身更不愿意参与村（居）委会的选举投票，社会融入程度可能更低，为此利用简单的均值分析社会融入对返迁意愿的影响可能存在由于样本自选择的内生性偏误问题。

为此，本文进一步利用倾向得分匹配法（PSM）对样本自选择问题做进一步的修正。基本思路是，根据搬迁户社会融入（本文选取邻里是否互助作为代理指标[①]）的影响因素识别出可以作为社会融入的控制组。参考杨菊华、马超等研究成果，本文选择邻里是否熟悉、原居住地耕地流转比例、户口是否迁移、全家是否迁移、安置模式、家庭成员的健康状况、是否有外出务工经历、年龄和教育程度作为匹配变量[②]，基于核匹配法[③]在识别出控制组后，保留试验组和控制组并重复前文的实证分析。

从表 4 的估计结果可以发现，考虑样本自选择问题后，影响搬迁户返迁意愿的扶持政策和社会融入指标与前文一致，也即政府提供就业机会、搬迁户社会层

---

① 采用搬迁户社会层级改善的结果也类似，限于篇幅限制，在此不再赘述。

② 各模型的平衡性检验符合要求，限于篇幅限制，在此不再赘述。

③ 其他匹配法的结果也类似，限于篇幅限制，在此不再赘述。

级的改善和邻里互助能够显著降低搬迁户的返迁意愿，这也进一步说明前文估计结果的稳健性。

表4 考虑样本选择偏误的估计结果

变量	（1）返迁意愿1	（2）返迁意愿2	（3）返迁意愿3
job	−0.386**	−0.626**	−0.701*
	（0.186）	（0.274）	（0.395）
industry support	−0.193	−0.342	−0.560
	（0.190）	（0.318）	（0.387）
finance support	0.055	0.389	0.823
	（0.238）	（0.393）	（0.576）
social security	−0.132	−0.221	−1.040
	（0.227）	（0.410）	（0.682）
vote involve	−0.224	−0.284	0.006
	（0.227）	（0.432）	（0.550）
social rank	−0.460**	−1.242***	−1.075***
	（0.232）	（0.335）	（0.347）
neighbor help	−0.401**	−0.780***	−1.404***
	（0.199）	（0.261）	（0.303）
cons		2.645	6.972**
		（2.828）	（2.815）
cut1	−3.427*		
	（1.800）		
cut2	−2.538		
	（1.796）		
cut3	−1.201		
	（1.796）		
cut4	−0.833		
	（1.800）		
搬迁相关的控制变量	Yes	Yes	Yes
个人及家庭控制变量	Yes	Yes	Yes
省固定效应	Yes	Yes	Yes
县固定效应	Yes	Yes	Yes
镇固定效应	Yes	Yes	Yes
N	370	328	251
pseudo R^2	0.262	0.583	0.586

注：括号内为稳健标准误；*、**、*** 分别表示在10%、5%、1%的水平上显著。

五、结论

易地扶贫搬迁是2020年实现全面建成小康社会发展目标的重大民生工程，如何让搬迁户在迁入地"稳得住"是易地扶贫搬迁工程能否顺利推进的关键。本文基于 5 省 10 县 530 户易地扶贫搬迁的数据，在控制调查对象个人特征、家庭特征以及搬迁基本特征的基础上，采用因变量的不同测量方式、考虑样本自选择偏误等技术，实证分析了扶持政策和社会融入对搬迁户返迁意愿的影响。研究结果表明：（1）政府提供就业机会对降低搬迁户返迁意愿具有显著促进作用，说明这些措施起到了政策设定"稳得住"的目标，在未来易地扶贫搬迁项目的执行中可适当强化这些扶持政策。提供产业发展支持、提供金融贷款支持和提供社会保障支持对降低搬迁户返迁意愿没有发挥显著的作用，这表明政府提供的扶持政策的制定不仅需要考虑政策发挥效果的时滞，而且也需要注意政策供给与需求的有效对接。（2）搬迁户自我身份的认同、邻里互助能够显著降低搬迁户的返迁意愿，这表明积极营造搬迁户主人翁意识、和谐氛围是确保搬迁户在迁入地能够"稳得住"重要的软环境。

易地扶贫搬迁是一项复杂的扶贫工程，如何实现"搬得出、稳得住、有事做、能致富"，从根本上解决"一方水土养不起一方人"搬迁户贫困问题和可持续生计问题是现在及未来扶贫工作的重点和难点。针对如何实现"稳得住"，当前中央和地方政府采取了多样化的后续扶持政策，但这些政策设定是否合理以及是否发挥效果是值得深思的问题。本文研究结论的政策含义是，政府在提供丰富的经济扶持政策的同时，也要重视和解决搬迁户的社会融入问题。同时，在政策制定时，需要考虑政策发挥效果的时滞性，注意结合短期政策和长期政策的搭配使用，以确实保证搬迁户在迁入地能够"稳得住"。

参考文献

［1］陈坚. 易地扶贫搬迁政策执行困境及对策——基于政策执行过程视角. 探索，2017（4）：153-158.

［2］邢成举. 搬迁扶贫与移民生计重塑：陕省证据. 改革，2016（11）：65-73.

［3］张鹏，郝宇彪，陈卫民. 幸福感、社会融合对户籍迁入城市意愿的影响——基于 2011 年四省市外来人口微观调查数据的经验分析. 经济评论，2014（1）：58-69.

［4］任远，施闻. 农村外出劳动力回流迁移的影响因素和回流效应. 人口研究，2017（2）：71-83.

［5］孙学涛，李旭，戚迪明. 就业地、社会融合对农民工城市定居意愿的影响——基于总体、分职业和分收入的回归分析. 农业技术经济，2016（11）：44-55.

［6］王宏新，付甜，张文杰. 中国易地扶贫搬迁政策的演进特征——基于政策文本量化分析. 国家行政学院学报，2017（3）：48-53.

［7］周恩宇，卯丹. 易地扶贫搬迁的实践及其后果——一项社会文化转型视角的分析. 中国农业大学学报（社会科学版），2017（2）：69-77.

［8］殷浩栋，王瑜，汪三贵. 易地扶贫搬迁户的识别：多维贫困测度及分解. 中国人口·资源与环境，2017（11）：106-116.

［9］李宇军，张继焦. 易地扶贫搬迁必须发挥受扶主体的能动性——基于贵州黔西南州的调查及思考. 中南民族大学学报（人文社会科学版），2017（5）：156-159.

［10］陈胜东，蔡静远，廖文梅. 易地扶贫搬迁对农户减贫效应实证分析——基于赣南原中央苏区农户的调研. 农林经济管理学报，2016（6）：632-640.

［11］汪磊，汪霞. 易地扶贫搬迁前后农户生计资本演化及其对增收的贡献度分析——基于贵州省的调查研究. 探索，2016（6）：93-98.

［12］黎洁. 陕西安康移民搬迁农户的生计适应策略与适应力感知. 中国人口·资源与环境，2016（9）：44-52.

［13］付少平，赵晓峰. 精准扶贫视角下的移民生计空间再塑造研究. 南京农业大学学报（社会科学版），2015（6）：8-16.

［14］Herberle R. The Causes of Rural-Urban Migration：a Survey of German Theories. American Journal of Sociology，1938，43（6）：932-950.

［15］Lee E S. A Theory of Migration，Demography. 1966，3（1）：47-57.

［16］Lewis W A. Economic Development with Unlimited Supply of Labor. The Manchester School of Economic and Social Studies，1954，22（2）：139-191.

［17］Ranis G and J C H Fei. A Theory of Economic Development. American Economic Review，1961，51（4）：533-565.

［18］Todaro M P. A Model of Labor Migration and Urban Unemployment in Less Developed Countries. American Economic Review，1969，59（1）：138-148.

［19］程名望，史清华，徐剑侠. 中国农村劳动力转移动因与障碍的一种解释. 经济研究，2006（4）：68-78.

［20］李强，龙文进. 农民工留城与返乡意愿的影响因素分析. 中国农村经济，2009（2）：46-54.

［21］Ahituv A and A Kimhi. Off-Farm Work and Capital Accumulation Decisions of Farmers over the Life-Cycle：The Role of Heterogeneity and State Dependence. Journal of Development Economics，2002，（2）：329-353.

［22］Knight J and R Gunatilaka. Great Expectations？ The Subjective Well-Being of Rural-Urban Migrant in China，World Development. 2010，（1）：113-124.

［23］程名望，史清华，许洁. 流动性转移与永久性迁移：影响因素及比较——基于上海市1446份农民工样本的实证分析. 外国经济与管理，2014（7）：63-71.

［24］盛济川，施国庆. 水库移民贫困原因的经济分析. 农业经济问题，2008（12）：43-46+111.

［25］孙力强，杜小双，李国武. 结构地位、社会融合与外地户籍青年留京意愿. 青年研究，

2017（3）：21-30.

［26］任远，乔楠. 城市流动人口社会融合的过程、测量及影响因素. 人口研究，2010，34（2）：
11-20.

［27］Wang W W and C C Fan. Migrant Workers' Integration in Urban China：Experiences in
Employment，Social Adaptation，and Self Identity. Eurasian Geography and Economics，2012，
53（6）：731-749.

［28］张华初，曹玥，汪孟恭. 社会融合对广州市流动人口长期居留意愿的影响. 西北人口，
2015（1）：7-11.

［29］梁土坤. 流动人口定居意愿影响因素分析. 人口与社会，2016（2）：63-74.

［30］Gordon M. Assimilation in American Life：The Role of Race，Religion，and National Origins.
Oxford：Oxford University Press，1964.

［31］Junger-Tas J. Ethnic Minorities，Social Integration and Crime，European Journal on Criminal
Policy and Research. 2001，9（1）：5-29.

［32］Entzinger H and R Biezeveld. Benchmarking in Immigrant Integration. European Commission，
2003.

［33］刘建娥. 从农村参与走向城市参与：农民工政治融入实证研究——基于昆明市 2084 份样
本的问卷调查. 人口与发展，2014（1）：70-80.

［34］周皓. 流动人口的政治参与——制度与教育. 人口与社会，2016（4）：21-35.

［35］王子成，赵忠. 农民工迁移模式的动态选择：外出、回流还是再迁移. 管理世界，2013
（1）：78-88.

［36］石智雷，薛文玲. 中国农民工的长期保障与回流决策. 中国人口·资源与环境，2015（3）：
143-152.

［37］杨菊华. 中国流动人口的社会融入研究. 中国社会科学，2015（2）：61-79.

［38］马超，顾海，孙徐辉. 城乡医保统筹有助于农业流动人口心理层面的社会融入吗？. 中国
农村观察，2017（2）：41-53.

（本文与吕建兴、曾小溪合著，原载《南京农业大学学报（社会科学版）》2019 年第 3 期）

易地扶贫搬迁减少了贫困脆弱性吗？

——基于 8 省 16 县易地扶贫搬迁准实验研究的 PSM-DID 分析

贫困具有复杂性特征，有很高的脆弱性也可以被理解为长期贫困的一种定
义。脆弱性不仅关注一个家庭目前的贫困境况，同时也关注该家庭在未来一段时

期内陷入贫困的可能性。世界银行报告指出，脆弱性对于理解贫困非常重要，因为脆弱性评估可以计算出已经处于贫困的群体和那些将来处于贫困的群体。在研究方面，仅从收入或消费的角度衡量贫困是静态贫困分析理念的应用，与此不同，脆弱性是以动态的观点预测风险冲击对家庭未来的福利影响。例如一个家庭可能现阶段的收入在贫困线之下，但是由于人力资本或者其他因素的影响，在下一年可能就脱离了贫困。相反，如果一个家庭脆弱性很高，即使现在福利水平还略高于贫困线，但在未来很有可能陷入贫困。

易地扶贫搬迁目的在于将居住在深山、石山、高寒、荒漠化、地方病多发等生存环境差、不具备基本发展条件，以及生态环境脆弱、限制或禁止开发地区、位于地震活跃带及受泥石流、滑坡等地质灾害威胁的农村建档立卡贫困人口，安置到生产生活条件较好的地方。中国划入生态敏感地带的县有76%的县是贫困县，划入生态敏感地带的耕地面积中约有68%的耕地面积在贫困县，划入自然敏感地带的人口中约有74%的人口在贫困县。当前三区三州（西藏、四省藏区、南疆四地州和四川凉山州、云南怒江州、甘肃临夏州）等深度贫困地区聚集了大部分的贫困人口。这些最贫困的人口大多生活在生态恢复能力差、环境破坏严重的地区，由于收入有限，他们只能以更简易、更原始的方法快速地消费自然资源来维持生计。从脆弱性的角度来看，他们未来依然处于贫困状态的可能性很大。对于这些自然环境恶劣的贫困区域而言，最有效的扶贫方式是易地扶贫搬迁。但政策的有效性需要经过严谨的论证，那么从脆弱性的视角关注易地扶贫搬迁对农户福利的影响，有助于合理评估易地扶贫搬迁的效果——因为搬迁未必立竿见影地提高贫困人口的收入水平，而更可能从基础设施、公共服务可及性等多维生计资本方面，结构性地改善贫困人口的福利水平，降低搬迁农户未来处于贫困状态的可能性。鉴于此，本文将利用8省16个贫困县1688个易地扶贫搬迁农户样本两轮微观调查的面板数据，实证检验易地扶贫搬迁对农户贫困脆弱性的影响，为合理评估易地扶贫搬迁政策效果提供理论依据。

一、文献综述

"贫困脆弱性"的概念来源于世界银行发布的《世界发展报告》，这一概念是对贫困的事前预测，通过识别个体或者家庭在未来陷入贫困的可能性来区分贫困状态。其前瞻性特征有助于政府提前预测在未来陷入贫困的家庭，从而采取针对性的扶贫策略。已有文献将贫困脆弱性的定义分为三种，即预期贫困的脆弱性

（Vulnerability as Expected Poverty，VEP）、低效用水平的脆弱性（Vulnerability as Low Expected Utility，VEU）和风险暴露贫困的脆弱性（Vulnerability as Uninsured Exposure to Risk，VER）。预期贫困的脆弱性是指农户未来陷入贫困的可能性，如 Chaudhuri et al. 则将家庭在 T 时的贫困脆弱性定义为其在 T+1 时陷入贫困的概率，较多的脆弱性研究建立在这个定义基础上，在时间跨度的选择上一般选择 t+1 或者 t+2，临界值标准普遍设定为 50%。在低效用水平的脆弱性的定义中，Ligon 和 Schechter 将含有风险偏好的效用函数引入脆弱性，将脆弱性视为确定性等价消费水平的效用和农户消费的预期效用之差。VEU 测度因使用单一效用函数而会损失对家庭偏好差异的考量，与实际情况有一定出入。VER 是指一个家庭因遭受重大冲击而导致其福利水平降低到贫困线以下的可能性，农户遭受风险冲击时消费水平迅速下降到贫困线之下来界定脆弱性可以将贫困和脆弱性联系起来，但这只是事后福利测度，并不能预测脆弱性来识别未来贫困的家庭。

学者对贫困脆弱性方面做了大量研究，其中对公共政策如何影响贫困脆弱性做了较多的讨论，不过学界对公共政策特别是涉农政策对贫困脆弱性的影响存在争议。一些学者认为，公共政策的实施有利于降低贫困的脆弱性。如伍艳运用 Likert 五级量表以及层次分析法，研究发现小额信贷对贫困地区民生脆弱性具有明显的改善效应。李丽等采用四轮 CHNS 数据实证研究了公共产品供给与缓解脆弱性的关系，研究发现农村公共产品供给显著降低了贫困脆弱性。李齐云等利用双向固定效应模型，实证分析发现新农保政策显著地降低了参保家庭的贫困脆弱性，也显著降低了其成为脆弱性家庭的可能性。与之类似，沈冰清等利用 CFPS 三期微观数据，研究发现新农保制度改善了农村低收入农户的脆弱性，特别是降低了领取阶段的低收入家庭的脆弱性。另一些学者认为公共政策的实施对贫困脆弱性没有明显影响，甚至增加了贫困的脆弱性。如樊丽明等基于两轮微观调查面板数据，使用 PSM-DID 检验了公共转移支付对 VEP 方法度量下的贫困脆弱性的影响，其研究认为公共转移支付对慢性贫困和暂时性贫困的脆弱性没有任何影响。徐超利用 CFPS2012 微观调查数据，采用 PSM 实证分析了城乡低保对家庭贫困脆弱性的影响，研究结果表明城乡低保并没有明显改善贫困脆弱性，反而有增加家庭未来陷入贫困的可能性。从扶贫的角度来看，研究专项扶贫措施对贫困脆弱性的影响较少，其中李聪分析了不同搬迁动机和安置模式的易地移民搬迁对西部山区农户贫困脆弱性的影响，研究发现，参与易地移民搬迁比未搬迁更能降低农户的贫困脆弱性，工程类搬迁农户的脆弱性比扶贫、生态和避灾原因的搬迁农户更高，集中安置模式比分散安置模式更有利于降低搬迁户的脆弱性。

学者研究易地扶贫搬迁政策效果主要集中于收入、生计资本和生计策略等方面，在方法上以双重差分为主，但少有研究关注易地扶贫搬迁对贫困脆弱性的影响。易地扶贫搬迁政策效果的显化需要较长的时间，收入、生计资本等并不能直接予以反映，而脆弱性反映了动态的贫困概念，可以较好地表达政策效果。虽然李聪分析了易地移民搬迁对农户贫困脆弱性的影响，但是其基于截面数据采用OLS模型进行回归分析，存在内生偏误等问题，并不能真实客观地测度易地扶贫搬迁对农户脆弱性的影响。

综上，已有研究丰富了脆弱性的认知，且一系列的公共政策对脆弱性的分析以及易地扶贫搬迁政策效果评估的研究为本文的主题选择和机制分析奠定了基础。为此，本文基于易地扶贫搬迁准实验研究的面板数据，分析易地扶贫搬迁对VEP方法度量下的贫困脆弱性的影响，并试图回答以下两个问题：易地扶贫搬迁是否会降低农户贫困脆弱性？易地扶贫搬迁是通过何种机制对贫困脆弱性产生作用的？通过回答这些问题，既能够更好地反映贫困地区易地扶贫搬迁农户的贫困状况，同时为今后易地扶贫搬迁政策的实施与调整提供依据。

二、易地扶贫搬迁对脆弱性的影响机制

结合已有文献，本文将从易地扶贫搬迁对生计资本和生计方式两个方面讨论其对脆弱性影响的机理。

（一）易地扶贫搬迁对生计资本的影响

生计资本决定着农户增收的能力，拥有优质高效的生计资本是贫困群体降低生计脆弱性、增强风险抵御能力的基础，是实现贫困群体可持续发展的关键要素。易地扶贫搬迁明显增加了搬迁农户生计资本，并对搬迁农户的生计资本的结构产生影响。易地扶贫搬迁的实施虽然因就近安置的方式会减少搬迁农户的耕地，但总体上会增加搬迁农户物质资本，而且复垦原有宅基地还能增加可利用土地面积。当农户的生计资本结构发生改变却不能应对生计冲击时，其生计便呈现出较高的脆弱性。易地扶贫搬迁使农户生计资本由原来的有形资本逐步向无形资本转化，人力资本、金融资本和社会资本均得到明显提升，各类资本之间的碎片化共生向生计协同化发展进行了转化，提高了资本的使用效率，奠定了农户内生发展的物质基础，对进一步提高农户增收能力、维持农户长远生计有着较强的促进作用。

（二）易地扶贫搬迁对生计方式的影响

第一，易地扶贫搬迁对创收方式的影响。一方面，搬迁改善了生产生活条件，农户在搬迁后破除了外部资源约束，更容易获得和使用外部资源来积累生计资本，增强家庭生计的适应性，实现收入来源的多元化。如搬迁使交通和信息等公共资源可得性得以提高，非农就业机会增加，务工收入明显增长。收入多元化以及显著增长可以使农户在出现某项收入大幅减少的情况下，其他收入仍可使其维持家庭的正常开支，可以有效地实现风险转移，降低家庭的脆弱性。另一方面，由于搬迁农户以贫困户为主，他们通常就业技能不足，如果缺乏合理的后续安置措施，搬迁有可能对农户增收的影响不明显。甚至会增加搬迁农户的农林业生产和养殖成本，反而对增收产生一定冲击。

第二，易地扶贫搬迁对安居成本和生活成本的影响。虽然政府作为易地扶贫搬迁政策实施主体已承担了大部分搬迁成本，但搬迁农户仍需承担部分住房成本，这部分成本加剧了贫困农户的经济负担，为此而负债的农户不在少数。另外，对于安置在城镇的农户而言，其生活成本大幅增加，原本不需购买的消费品现在需要购买。新增的住房成本和生活成本均会增加搬迁农户的脆弱性。

第三，易地扶贫搬迁重塑了社会关系网络。易地扶贫搬迁分散安置打破了原有的社区，邻里、亲戚被迫分散，依托地缘构建的社会关系网络发生解体。在一个新的社会环境里，搬迁农户的信息获取能力、社交能力和生产积极性在短时期内受到限制。但农户在搬迁之后居住相对集中，彼此的沟通和交流反而增加，原有的社会关系网络并没有发生较大损耗，搬迁后的帮扶措施还增加了业缘上的关系网络，以地缘、血缘和亲缘为基础的社会网络得以进一步扩展。因而易地扶贫搬迁提升了农户的社会资本总量和品质，使之发挥出更大的非正式保护网作用，从而降低生计脆弱性。

三、模型估计

（一）数据来源

数据来源于中国人民大学和国务院扶贫办在甘肃、广西、贵州、湖北、湖南、陕西、四川、云南8省区16个贫困县展开的调研。该8省（自治区）均计划到2020年搬迁50万以上建档立卡贫困人口，选择这8个搬迁任务最重的省区进行调查，使得样本更具有代表性。这些区域覆盖武陵山片区、滇桂黔石漠化片区、秦巴山片区、乌蒙山片区、六盘山片区5个片区，均为生态环境恶劣，贫困发生率较高的区域。每县选择三个乡镇，每个乡镇选取 5 个自然村，调查农户采用收入分层等距抽样的方法随机抽取已纳入搬迁计划的农户，这些农户计划从 2017 年到 2019 年分批次逐步搬迁。每村抽取 10 户调查户，调查的总样本规模为 2185 户农户，其中建档立卡贫困户 2019 户，非建档立卡贫困户 166 户。该数据分别于 2016 年 7 月做了基线调查，2017 年 7 月已做了跟踪调查。通过数据整理，最后形成了 1688 户的面板数据，其中已搬迁样本 509 个，未搬迁样本 1179 个。

（二）模型设定

本文采用 2016 年和 2017 年易地扶贫搬迁的调研数据，由于基层在推进易地扶贫搬迁时偏向于先选择容易实施的地区和群体，这就导致实验组和控制组在平均水平上存在显著差异，不满足双重差分模型（DID）的假设前提。而双重差分倾向得分匹配（PSM-DID）能够比较有效地解决这一问题，控制来自不同区域、不同调研项目之间不随时间变化的组间差异。PSM-DID 先将实验组和控制组的样本进行匹配，选择出倾向值相近的样本，使得实验组和控制组满足共同支撑假设，然后再使用双重差分方法进行分析，这样可以得到更为准确的结果。PSM-DID 包括五个步骤：

第一，估计倾向得分值。倾向得分是在给出一组可观测变量的情况下，农户参与易地扶贫搬迁项目的概率，$p(x)=p_r(D=1|X=x)$。如果我们将有相同倾向得分的样本进行配对，将其按照是否搬迁分为实验组和控制组，I_1 为实验组集合，I_0 为控制组集合。

第二，匹配控制组与实验组。通过上述步骤获得倾向得分值之后，需要选择匹配方法，根据已有文献，核匹配法（Kernel Matching）相较于最近邻匹配、半径匹配，提高了样本使用率，因而被采用较多。核匹配的基本原理是在控制组样本中抽取与实验组样本中相同或相近一个或几个特征，生成一个虚拟样本，并与该实验组样本匹配，得到符合匹配标准的实验组和控制组的"共同支撑域"S_p，N^T 为共同支撑域中实验组样本的数量，$i \in I_1 \cap S_p$ 表示共同支撑域中实验组样本的集合，$j \in I_0 \cap S_p$ 表示共同支撑域中控制组样本的集合。

第三，计算实验组平均处理效应（ATT）：

$$ATT = \frac{1}{N^T} \Sigma_{i \in I_1 \cap Sp} (Y_{1i}^t - Y_{0i}^t) \tag{1}$$

第四，计算与实验组每位个体 i 相匹配的全部控制组的平均处理效应（ATE）：

$$ATE = \frac{1}{N^T} \Sigma_{i \in I_0 \cap Sp} (Y_{0j}^t - Y_{0j}^t) \tag{2}$$

第五，计算基于倾向得分匹配方法基础上双差分的结果（a_{DID}）。

$$a_{DID}=\frac{1}{N^T}\Sigma_{i \in I_1\cap Sp}\left[\left(Y_{1i}^t-Y_{0i}^t\right)-\Sigma_{i \in I_0\cap Sp}W\left(i, j\right)\left(Y_{0j}^t-Y_{0j}^{t'}\right)\right] \quad (3)$$

其中，t'、t 分别表示实施之前和之后。Y_{1i}^t 表示已搬迁的农户在 t 时期的脆弱性指数，Y_{0j}^t 表示未搬迁的农户在 t 时期的脆弱性指数，Y_{0i}^t、Y_{0j}^t 以此类推。$W(i, j)$ 是权重，$K(.)$ 为核密度函数，h 为带宽，P_i 为控制组样本 i 的倾向值，P_j 为控制组样本 j 的倾向值。具体形式为：

$$W\left(i, j\right)=\frac{\left[\left(P_i-P_i\right)/\text{h}\right]}{\Sigma_{k \in I_0}K\left[\left(P_k-P_i\right)/\text{h}\right]} \quad (4)$$

是否搬迁对脆弱性的双差分影响效果可以用计量模型方式表达为：

$$y_{it}=\beta_0+\beta_1 immig_i\times time_t+\beta_2 immig_i\times\beta_3 time_t+\beta_4 X_{it}+\varepsilon_{it} \quad (5)$$

其中，y_{it} 为第 i 个农户 t 时期的脆弱性指数，$immig_i$ 和 $time_t$ 均为二值变量。$immig_i$ 为第 i 个农户是否已经搬迁，$time_t$ 为时间变量，X_{it} 表示第 i 个农户 t 时期的有关变量，ε_{it} 为随机误差项。系数 β_1 代表了是否搬迁对脆弱性的影响效果，若是正向显著，则表示易地扶贫搬迁加大了农户的脆弱性；β_1 若呈负向显著，则表示易地扶贫搬迁降低了农户的脆弱性。

（三）变量选择

1. 结果变量

本文的结果变量是采用最常见的方法即期望贫困的脆弱性（VEP）所测算的指标，即通过估计消费均值和方差来预测贫困脆弱性。

2. 处理变量

处理变量"是否搬迁"代表样本农户是否已经易地扶贫搬迁，本文以农户搬迁至新房入住为已搬迁样本，数值上设置为 1，否则为 0。

3. 协变量

本文选取的协变量按自然资本、物质资本、人力资本、社会资本、金融资本这五类进行分类选择，变量解释与说明见表 1。

（1）自然资本能够在一定程度上反映农户家庭的基本生存条件和自然资源禀赋。自然灾害较频繁将会加大农户的风险冲击，使其面临更高的脆弱性。农户居住在有地方病的村庄，患病概率较大，对生计影响更为明显。本村距离最近的集市能够反映了农副产品的市场化便利情况，市场完善程度影响了资产的回报率。到最近中学的距离则反映基本公共服务的享受情况，到乡镇、县城的距离则反映区位情况，过于偏僻的地区通常面临较差的生产生活条件，贫困发生率相对较高。对于农户来说，最重要的自然资本是土地，土地是他们的生存保障基础。

（2）家庭总资产是比较有代表性的物质资本指标，包含了住房、耐用消费品、生产经营性固定资产等。充足的物质资本使农户能够抵御生计冲击，家庭资产可以转化为收入，并且可以平滑收入和消费，有助于贫困群体摆脱贫困。农户之间的物质资本差异性较大，拥有较多物质资本的农户，其面临的脆弱性也较低，反之亦然。

（3）人力资本如人口、受教育程度、健康状况、劳动技能、人员结构等方面都能对家庭福利产生影响。家庭人口规模可以体现人力资源的基数，通常大家庭拥有更多的人力资本。非农就业能够反映农户的人力资本、物质资本的运用能力，而且非农就业是脱贫的重要途径，本文选择外出务工的劳动力数量为代理指标，外出务工的人数越多，家庭收入可能越大。而医疗健康状况保证了基本的生产能否顺利进行，收入来源是否稳定，是否造成家庭负担而因病返贫。家庭抚养比是未成年人与老年人之和占家庭人口的比重，这个指标既反映了家庭负担程度又体现了家庭人员结构特点。教育是摆脱贫困的最主要途径，受教育水平决定了农户是否有能力学习和应用科技知识，是否能尽快地摆脱贫困。本文选择了劳动力平均受教育年限和家庭成员平均受教育年限来代理教育水平。

（4）社会资本主要体现为农户的社会关系网，主要表现为血缘决定的家庭网络、社交产生的朋友网络、地缘关系决定的邻居网络。农户拥有社会资本既可在生产过程中互助合作，又可寻求生活照应、信息获取。社会资本可以发挥非正式的保护网作用，通过构建发达的社会网络和人脉资源可以让农户在面临冲击时减缓不利影响，从而降低脆弱性。已有研究通常利用社会网络规模，即社交人员数目来反映社会资本的状况，因此本文选择了亲戚朋友数量、春节来家里拜年人数、参加红白喜事人数来反映社交数量。

（5）金融资本主要是指农户存贷款、金融可获得性和参与程度等。在各种正规与非正规渠道的借贷是农户借贷能力的一种反映，虽然贷款不是直接的生产性资本，但它们可以转化成其他形式的资本，帮助农户应对风险和冲击，从而降低脆弱性。最近乡镇的金融机构数量可以代表农户享受金融服务的便利性，金融资本的可获得性反映了农户在运用资源创造收入的能力，从金融机构的贷款额也体现了借贷能力。家庭借出去的钱直接反映了家庭的金融资本大小，也是家庭金融参与程度的一种表征，一般认为参与程度越高，家庭的借贷潜力越大。本文选择了在生产和生活上面临的信贷约束来代理家庭的金融资本相对充溢程度，因为农户面临的信贷约束越大，就越难以利用信贷平滑消费、应对生计冲击。

表 1　变量描述性统计表

变量	含义	均值	标准差	最小值	最大值
人均消费	人均总消费的对数	8.131	0.561	5.979	10.786
是否搬迁	是否搬迁至新房入住	0.302	0.459	0	1
自然灾害	近三年发生自然灾害次数的对数	1.404	0.843	0	3.434
地方病	是否有地方病：1 是；0 否	0.128	0.334	0	1
到乡镇的距离	到乡镇的距离	2.504	0.742	0.010	4.984
到中学的距离	到最近中学距离对数	2.448	0.802	0	4.263
到市场的距离	到最近市场距离对数	2.092	0.898	0.010	5.017
到县城的距离	到县城距离的对数	3.939	0.679	0.095	4.615
承包土地面积	承包经营土地面积的对数	1.764	0.724	0	3.995
家庭总资产	家庭总资产的对数	6.010	3.344	0	12.110
家庭总人口	家庭总人口	3.976	1.552	1	10
外出劳动力	外出劳动力的数量	1.640	1.177	0	9
医疗支出	家庭医疗支出的对数	6.853	1.747	0	12.612
健康人数比例	健康人数占家庭人口比重	0.586	0.318	0	1
家庭抚养比例	抚养老人占家庭人口比重	0.254	0.293	0	1
劳动力教育水平	劳动力平均受教育年限	5.637	3.523	0	17
家庭教育水平	家庭成员平均受教育年限	3.524	1.535	1	5
人情收礼	人情往来收礼的对数	1.038	2.551	0	9.952
亲戚朋友数量	亲戚朋友数量的对数	1.551	1.258	0.396	5.303
拜年的人数	春节来家里拜年人数的对数	1.557	1.333	0	5.707
参加红白喜事人数	参加红白喜事人数的对数	2.174	2.182	0	6.399
正规金融贷款	正规金融贷款的对数	1.512	3.617	0	12.899
非正规金融贷款	非正规金融贷款对数	3.738	4.446	0	13.218
金融便利性	最近乡镇的金融机构数量	1.919	1.816	0	20
金融可获得性	能从金融机构贷款额的对数	5.560	4.848	0	12.766
金融参与	家庭借出去的钱	0.244	1.451	0	11.608
生活信贷约束	在生活方面信贷约束的对数	1.419	3.122	0	11.513
生产信贷约束	在生产方面信贷约束的对数	1.039	2.716	0	12.899

注：样本数为 1688，有两期调查数据。

（四）脆弱性的测度

前文已对贫困脆弱性的测量做了介绍，本节将利用 VEP，即家庭未来陷入贫困的概率来度量贫困脆弱性，也就是消费低于贫困线的概率。已有研究认为针对不同收入层级的对象需要不同的分布函数，一般认为帕累托分布适合描述中等以上（最富裕的 20%）收入群体，伽马分布更适合描述中等收入群体的收入分布，对数正态分布在高收入部分的尾部密度小于帕累托分布，则更适合描述低收入群体的收入分布。考虑到本文研究对象是贫困群体，因此可以用对数正态分布。按照持久性收入—消费理论，影响农户持久性收入的因素同样影响消费，而且消费更能够体现风险冲击带来的即时影响，因此可以基于永久收入模型的设定，通过估计未来消费均值和波动来预测贫困脆弱性，且将脆弱性原因分解为低均值导致的结构性原因（即水平效应）和大方差导致的风险性原因（即波动效应）。具体而言，本研究将采用回归方法计算人均总消费分布函数中的均值，即用计量方程测度持久性消费，并将持久性消费作为未来福利的期望，同时将过去发生的消费方差作为未来消费方差的估计量。具体模型如下：

$$V_h = E\left[P_{t+1}(ih, t+1) \mid F(i_{h, t+1} \mid It)\right]$$

其中 F 为分布函数，在本章中选取对数正态分布。运用永久收入模型将上述模型转化为计量模型。

$$\ln Y_i = \beta X_i + \varepsilon_i$$

Y_i 是观察到的人均消费水平，X_i 是影响消费的因素。根据生计资本理论，影响因素分为五个方面：自然资本、物质资本、人力资本、社会资本和金融资本，具体变量见前文。本期陷入贫困的概率 $V_h = P(Y_{it} < z)$，z 为贫困标准线。目前国家贫困线是 2010 年的 2300 元不变价，为了对比不同贫困线下的脆弱性指数，本文还加入了世界银行的贫困标准（2015 年调整至 1.9 美元）。根据消费服从对数正态分布，可得脆弱性的测量结果：

$$VEY_{it} = \varphi\left(\frac{\ln z - \ln z Y_{i, t+1}}{\sigma_i}\right)$$

假设预测 i 家庭在 $t+1$ 时期的方差为 σ_i^2，$\sigma_i^2 = \theta X_i + e_i$。一些研究讨论了衡量贫困脆弱性的门槛值问题。不过本文更关注脆弱性指数的变化，因此不需要设置门槛值。

表 2 展示了已搬迁的实验组和未搬迁的控制组在 2016 年和 2017 年的脆弱性均值，为了更好地对比，表中还包含了 2300 元（2011 年不变价）的国家贫困线和每天 1.9 美元的世行贫困线的测算结果。由表可知，实验组农户的贫困脆弱性在搬迁之后变小了，而控制组农户的脆弱性反而略有增加。这间接地说明外部条件对个体福利能够产生影响，农户的福利状况在通过易地扶贫搬迁改善外部居住发展条件之后有所好转，而同等情况下的农户如果持续受到自然环境、地理气候等因素的制约，其面临陷入贫困的风险有可能增加。表 2 对不同组群样本的脆弱

性指标进行了分析，但易地扶贫搬迁减缓贫困脆弱性是否具有统计上的显著性还需要 PSM-DID 的进一步验证。

表 2 实验组和控制组在不同阶段和贫困线下的脆弱性值

	实验组		控制组	
	2016	2017	2016	2017
国家贫困线	0.411	0.405	0.390	0.414
世行贫困标准	0.272	0.268	0.255	0.276

（五）PSM-DID 的结果

表 3 是以国家贫困线和 1.9 美元世行贫困线为标准的易地扶贫搬迁对贫困脆弱性影响的 PSM-DID 结果。PSM-DID 可以消除不可测变量所带来的内生性问题，不过在进行倾向得分匹配之后，需要检验了各协变量在控制组和处理组之间分布是否平衡。经检验，匹配后的各协变量均值在控制组和处理组之间不存在显著差异，说明样本数据适合 PSM-DID 方法，且研究结论具有相当的可靠性。由于篇幅有限，故在此处略去具体的平衡性检验结果。

由表 3 可知，无论是以何种贫困线标准测算，易地扶贫搬迁都降低了脆弱性，且在 10% 的水平上显著。在国家贫困线标准下，易地扶贫搬迁使搬迁农户的贫困脆弱性比未搬迁农户降低了 0.007；在 1.9 美元的世行贫困标准下，差分结果为 −0.006。这表明差分结果相差不大，且具有一致性，说明易地扶贫搬迁使农户的生活生存条件得到改善，降低了农户的生计脆弱性，对于其稳定脱贫而言有积极作用。

表 3 不同贫困线下的贫困脆弱性的 PSM-DID 结果

		国家贫困线	世行贫困标准
Before	控制组 C	0.737	0.571
	处理组 T	0.744	0.575
	T−C	0.007	0.004
After	控制组 C	0.748	0.580
	处理组 T	0.748	0.578
	T−C	0.000	−0.002
DID		−0.007*	−0.006*
t		1.71	1.76
协变量		是	是
样本数		3 376	3 376

注：* 表示在 10% 的水平上显著。为节省篇幅，协变量的结果不再列出，下同。

四、影响机制的进一步检验

前文理论分析认为易地扶贫搬迁通过改变生计资本和生计方式而影响贫困脆弱性，但理论分析还需要进行实证检验。为此，本文将进一步研究易地扶贫搬迁对生计资本和生计方式的影响，以剖析易地扶贫搬迁对贫困脆弱性影响的机制。

首先考虑易地扶贫搬迁对农户生计资本的影响。农户的生计资本包括自然资本、物质资本、人力资本、社会资本和金融资本。本文仅列出了部分变量的回归结果，具体见表4。由表可知，①通过易地扶贫搬迁，搬迁农户相比未搬迁的农户到最近的集市距离以及到县城的距离均有所降低，说明易地扶贫搬迁明显改善农户的区位条件，农户参与市场化活动更为便利。②易地扶贫搬迁使得农户的物质资本得以积累，搬迁农户的家庭总资产、耐用品和生产性固定资产分别增加了1.837、0.409，且都在1%的水平下显著。③在人力资本方面。相比未搬迁农户，搬迁农户的医疗支出降低了0.371，且在1%的水平下显著。说明搬迁后，配套社保制度的覆盖减少了农户的医疗支出，减轻了其看病负担。④易地扶贫搬迁显著增加了搬迁户亲戚朋友数量，增加搬迁农户的社会资本。有学者认为易地扶贫搬迁使社交网络发生重构，受到社会融入阻隔的影响，从而削弱了社会资本。但调研中发现，已搬迁的农户以村内搬迁和集中安置为主，这种方式基本上维系了原有的社会关系网络，基于血缘和地缘的已有社会网络并没有发生较大损耗，而农户在搬迁之后居住相对集中，加强了彼此的沟通和交流，此外搬迁后的产业扶持和就业安置等措施还增加了基于业缘的社会资本，因而总体上扩大搬迁群体的社会资本。⑤金融可获得性在回归中并不显著，可能的原因是样本农户基本为贫困户，本身就受到了较严重的信贷约束，易地扶贫搬迁并不能在短期内改善农户的融资能力。贫困农户能否从金融机构获得贷款取决于偿债能力和抵押担保等风险防范机制。从长远看，易地扶贫搬迁能够累积生计资本而提高偿债能力，但在短期并不一定能获得金融机构的认可，一方面正式的抵押品难以迅速形成，另一方面，交易成本和信息不对称并不因为搬迁就能明显降低。因此，易地扶贫搬迁在短期内没有明显改善农户的金融资本。

其次考虑易地扶贫搬迁对农户生计方式的影响。作为搬迁的配套措施，后续扶持关注了搬迁农户的自我发展能力再造，核心在于生计方式的良性转变所带来生产力的增值。本文使用到外出务工人数来代理农户的生计方式，研究发现易地扶贫搬迁增加了外出务工人数。这说明了易地扶贫搬迁促进了农户的生计方式转变，可以预测易地扶贫搬迁改善了基础设施与公共服务的可获得性，提高了非农劳动的市场可及性，为实现农户的多元化生计方式创造了条件，提高了农户增收能力，从而降低了贫困脆弱性。

表 4　影响机制检验的 PSM-DID 结果

		到市场的距离	到县城的距离	家庭总资产	耐用品和固定资产	自付医疗支出	亲戚朋友数量	金融可获得性	外出务工人数
Before	控制组 C	0.467	3.68	7.136	1.012	5.263	−0.15	1.721	1.371
	处理组 T	0.544	3.586	6.979	0.94	5.563	−0.149	1.673	1.344
	T−C	0.077	−0.094	−0.157	−0.072	0.3	0.001	−0.047	−0.027
After	控制组 C	0.293	3.501	1.695	−0.287	5.448	2.104	3.427	1.328
	处理组 T	0.225	3.316	3.375	0.051	5.377	2.262	3.543	1.449
	T−C	−0.068	−0.185	1.68	0.337	−0.071	0.158	0.116	0.121
DID		−0.145**	−0.091*	1.837***	0.409***	−0.371***	0.157***	0.163	0.149**
t		2.39	1.76	10.12	3.87	3.31	2.84	0.44	2.37
协变量		是	是	是	是	是	是	是	是
样本数		3 376	3 376	3 376	3 376	3 376	3 376	3 376	3 376

注：***、** 和 * 分别表示在 1%、5% 和 10% 的水平上显著。

五、研究结论

本文基于 8 省 16 个贫困县 1688 个农户样本两轮微观调查的面板数据，利用 PSM-DID 实证检验了易地扶贫搬迁对贫困脆弱性的影响。研究结果表明：易地扶贫搬迁降低了农户的贫困脆弱性，其可能的影响机制有两条，一是通过改善农户的生产生活条件，使农户积累足够的生计资本，改善了生计资本结构，二是使生计方式发生转变。易地扶贫搬迁实现了农户收入来源的多样化和公共服务改善，另一方面增加了住房和生活成本，并重构了社会网络关系。

研究结果也表明考量易地扶贫搬迁减少贫困脆弱性的效果，既是贫困静态研究向动态研究转变的一次尝试，也为易地扶贫搬迁政策效果评估提供了有理论价值和可操作的视角。基于上述研究结论，本文提出如下政策建议：第一，对于生态环境恶劣、不适合居住的区域而言，易地扶贫搬迁能够从根本上破解自然禀赋的束缚。为此在类似的这些区域需要加大易地扶贫搬迁力度。第二，虽然易地扶贫搬迁项目并不致力于实现短期内收入的增长，但是相应的配套政策必须同时跟进才能保障搬迁农户生计的改善，全面提升农户的福利水平。具体政策包括完善搬迁安置区的基础设施、公共服务设施，提供便利舒适的生产生活条件；健全社会保障体系，特别是针对搬迁到城镇的农户，享受均等的社保政策能够减轻他们的脆弱性，医疗、教育、养老等服务的均等化配置甚至特殊化照顾是消除搬迁农户后顾之忧的必要措施；农户的生计方式在搬迁后一般发生了转变，国家应加强后续帮扶的配套政策，如后续的产业政策和技能培训、就业安置等，不仅要"挪穷窝"，还要"换穷业"，只有通过生计方式升级，形成稳定的收入来源，才能减少搬迁农户返贫的风险。

参考文献

[1] World Bank.World Development Report 2000/2001：Attacking poverty. New York：Oxford University Press，2000.

[2] 国家发展改革委."十三五"时期易地扶贫搬迁工作方案，2015.

[3] 中国扶贫编辑部. 生态与贫困加减法. 中国扶贫，2014（14）.

[4] 殷浩栋，王瑜，汪三贵. 易地扶贫搬迁户的识别：多维贫困测度及分解. 中国人口·资源与环境，2017（11）：104-114.

[5] 徐超，李林木. 城乡低保是否有助于未来减贫——基于贫困脆弱性的实证分析. 财贸经济，2017（5）：5-19.

[6] Kamanou G，Morduch J. Measuring vulnerability to poverty. Wider Working Paper，2002，113（486）：95-102.

[7] Chaudhuri S，Jalan J，Suryahadi A. Assessing household vulnerability to poverty：a methodology and estimates for Indonesia. Columbia University Discussion Papers No.0102-52，2002.

[8] 沈冰清，郭忠兴. 新农保改善了农村低收入家庭的脆弱性吗？——基于分阶段的分析. 中国农村经济，2018（1）：90-107.

[9] Ligon E A，Schechter L.Evaluating different approaches to estimating vulnerability. Social Protection & Labor Policy & Technical Notes，2004（1）：9-13.

[10] Mina C D，Imai K S.Estimation of vulnerability to poverty using a multilevel longitudinal model：evidence from the Philippines. The Journal of Development Studies，2017，53（12）：2118-2144.

[11] 聂荣，张志国. 中国农村家庭贫困脆弱性动态研究. 农业技术经济，2014（10）：12-20.

[12] 伍艳. 小额信贷对农户民生脆弱性改善的影响研究——以四川省南充、广元为例. 西南民族大学学报（人文社会科学版），2013（8）：113-118.

[13] 李丽，蔡超. 基于贫困脆弱性视角的农村公共产品供给研究. 财政研究，2014（1）：25-28.

[14] 李齐云，席华. 新农保对家庭贫困脆弱性的影响——基于中国家庭追踪调查数据的研究. 上海经济研究，2015（7）：46-54.

[15] 樊丽明，解垩. 公共转移支付减少了贫困脆弱性吗？. 经济研究，2014（8）：67-78.

［16］李聪. 易地移民搬迁对农户贫困脆弱性的影响——来自陕南山区的证据. 经济经纬, 2018, 35（1）: 35-40.

［17］李聪, 柳玮, 冯伟林, 等. 移民搬迁对农户生计策略的影响——基于陕南安康地区的调查. 中国农村观察, 2013（6）: 31-44.

［18］黎洁. 陕西安康移民搬迁农户的生计适应策略与适应力感知. 中国人口·资源与环境, 2016, 26（9）: 44-52.

［19］孔凡斌, 陈胜东, 廖文梅. 基于双重差分模型的搬迁移民减贫效应分析. 江西社会科学, 2017（4）: 52-59.

［20］马赞甫, 王永平. 生态移民家庭生计资本和生计模式的变化及其相互影响——基于贵州10个移民安置点的跟踪调研. 西部论坛, 2018, 28（3）: 1-9.

［21］叶青, 苏海. 政策实践与资本重置: 贵州易地扶贫搬迁的经验表达. 中国农业大学学报（社会科学版）, 2016, 33（5）: 64-70.

［22］李雪萍, 王蒙. 多维贫困"行动—结构"分析框架下的生计脆弱——基于武陵山区的实证调查与理论分析. 华中师范大学学报（人文社会科学版）, 2014（5）: 1-9.

［23］汪磊, 汪霞. 易地扶贫搬迁前后农户生计资本演化及其对增收的贡献度分析——基于贵州省的调查研究. 探索, 2016（6）: 93-98.

［24］刘慧, 叶尔肯·吾扎提. 中国西部地区生态扶贫策略研究. 中国人口·资源与环境, 2013, 23（10）: 52-58.

［25］王凯, 李志苗, 易静. 生态移民户与非移民户的生计对比——以遗产旅游地武陵源为例. 资源科学, 2016（8）: 1621-1633.

［26］侯茂章, 周璟. 湖南省易地扶贫搬迁后续产业发展研究. 经济地理, 2017（8）: 176-181.

［27］周恩宇, 卯丹. 易地扶贫搬迁的实践及其后果——一项社会文化转型视角的分析. 中国农业大学学报（社会科学版）, 2017, 34（2）: 69-77.

［28］刘伟, 黎洁, 李聪, 等. 移民搬迁农户的贫困类型及影响因素分析——基于陕南安康的抽样调查. 中南财经政法大学学报, 2015（6）: 41-48.

［29］邹英, 向德平. 易地扶贫搬迁贫困户市民化困境及其路径选择. 江苏行政学院学报, 2017（2）: 75-80.

［30］杨龙, 张伟宾. 基于准实验研究的互助资金益贫效果分析——来自5省1349户面板数据的证据. 中国农村经济, 2015（7）: 82-92.

［31］Jalan J, Ravallion M. Transient poverty in postreform rural China. Journal of Comparative Economics, 1998, 26（2）: 338-357.

（本文与宁静、殷浩栋、王琼合著, 原载《中国人口·资源与环境》2018年第11期）

易地扶贫搬迁户的识别：多维贫困测度及分解

"易地扶贫搬迁脱贫一批"是精准扶贫主要实现途径"五个一批"工程中的一项重要举措，中国计划到 2020 年完成 1000 万建档立卡贫困人口搬迁任务。根据相关政策文件所明确，"搬迁对象主要是居住在深山、石山、高寒、荒漠化、地方病多发等生存环境差、不具备基本发展条件，以及生态环境脆弱、限制或禁止开发地区的农村建档立卡贫困人口，优先安排位于地震活跃带及受泥石流、滑坡等地质灾害威胁的建档立卡贫困人口。"精准识别是精准扶贫、精准脱贫的基础，在易地扶贫搬迁项目中，有效识别搬迁户及其特征既是贫困研究的基础理论问题，也是扶贫实践中依据贫困地区和贫困人口差异而实施相应扶贫举措的重要依据。然而，如何有效识别易地扶贫搬迁户是现实难题。一方面，现有扶贫标准脱嵌于可操作化的识别方法。尽管收入是贫困农户的主要识别方面，但是收入维度实际上无法准确反映易地扶贫搬迁户所面临的处境，例如生态环境、公共服务可及性等，而这些处境不仅直接影响他们当前的福利水平，也影响他们的收入能力和长期的福利水平。另一方面，实际工作中存在瞄准偏差的问题。部分地区基层政府出于政绩等自利性目的，虚报了属地内易地扶贫搬迁人口规模，以及在自上而下的政策压力下，部分不需要搬迁的农户被迫搬迁，同样也出现精英群体俘获了搬迁补贴，需要搬迁的贫困农户没有纳入搬迁计划的现象。

基于此，以多维贫困的测量方法识别易地扶贫搬迁户的生计状况，不仅在当前具有重要的政策实践意义，以甄别真正需要搬迁的贫困人口，弥补识别方法的缺陷，同时也有助于后期合理评估易地扶贫搬迁的效果——因为扶贫搬迁未必立竿见影地提高贫困人口的收入水平，而更可能从基础设施、公共服务可及性等多种维度结构性地改善贫困人口的福利水平。针对以上两方面问题，本文以多维贫困方法构建易地扶贫搬迁户的多维贫困指标体系，利用 8 省 16 县的易地扶贫搬迁调查数据，识别当前实践中扶贫搬迁户选择的政策效率，并对识别准确率进行回归分解，以反映多维贫困维度中不同指标因素对搬迁农户识别准确率的贡献率。研究结论与建议或可为后续扶贫搬迁工作中实现更有效和更准确的对象识别与政策支持提供参考依据。

一、文献综述

现有易地扶贫搬迁研究主要关注于生计层面。杨云彦等人从家庭规模、收入、健康、教育等方面分析了包含生态移民在内的非自愿搬迁群体的贫困状况，并认为社会变迁通过影响人力资本，损害移民群体能力，进而导致介入型贫困。石智雷和邹蔚然从移民搬迁类型、户主特征、家庭禀赋和社区状况四个方面分析了丹江口库区农户的贫困状况。李聪等以生计策略分析框架，基于陕南安康的调查数据，分析了移民搬迁对农户生计策略的影响，结果发现移民搬迁降低了传统农业活动的概率，促进了非农生计。刘伟等同样以陕南安康市的调查数据，分析了移民搬迁农户的资本要素禀赋、家庭特征等因素对不同贫困类型的影响，结果发现家庭和社区特征以及生计类型对他们是否陷入贫困有显著影响。王凯等人以可持续生计框架分析了生态移民和非移民的生计差异，研究发现生态移民促使农户的生计策略更加多样化。黎莉莉和秦富研究重庆市高山贫困地区生态移民决策的影响因素，发现家庭人口、收入、住房、生活能源等因素显著正向影响生态移民决策行为，而户主年龄、少儿家庭抚养情况对决策行为有显著负向影响。黎洁借鉴脆弱性中的适应性理论，构建了移民搬迁农户的生计适应性分析框架，分析了移民搬迁农户的生计适应策略、适应力感知及其影响因素，研究发现搬迁户认为政府的开发式扶贫项目对其生计恢复情况没有显著的影响。

多维贫困的概念源于阿玛蒂亚·森的能力视角，森认为贫困不仅仅是收入贫困，也包括饮用水、道路、卫生设施等其他客观指标的贫困和对福利的主观感受的贫困。虽然可持续生计的视角与多维贫困视角具有一些相似性，但多维贫困及其指标体系可以更加准确地捕捉贫困特征，并由于一些相对成熟的测量方法具有可分解性而易于解释不同指标对多维度贫困的贡献率。鉴于易地扶贫搬迁对象普遍面临各类生态环境、基础设施条件制约，因此引入多维贫困的概念以及多维贫困测量方法在理论上可以更加准确地识别和瞄准扶贫搬迁户。在测量方法上，Alkire 和 Foster 提出了基于 FGT 指数调整的可分解的多维贫困测量方法（以下简称 A-F 方法）。在具体对中国的贫困研究上，A-F 方法得到较多的运用。如王小林和 Alkire 采用 A-F 多维度贫困测量方法，利用 CHNS 数据，对住房、教育、健康、土地等 8 项指标进行等权重赋值，对中国城市和农村多维度贫困情况做了深入分析。邹薇和方迎风同样利用 CHNS 数据，从能力方法的视角，选取收入、教育和生活质量三个维度上的 8 项指标，考察了国内家户多维贫困的动态变化。多维贫困不仅仅运用于贫困状态的描述,在扶贫项目的瞄准效率方面也有所体现。如郭建宇和吴国宝利用山西省贫困县的住户数据,以 MPI 多维贫困指数为基准,研究了多维贫困户与收入贫困户之间的覆盖率和漏进率。Alatas 等人运用类似于多维贫困的准家计调查方法研究了贫困群体的识别瞄准效率。

以上对扶贫搬迁户的特征描述和生计影响分析,以及多维贫困理念的目标瞄准,构成了扶贫搬迁户多维贫困识别的两个研究基础。但从现有研究来看,如何将多维贫困的理念和方法用于易地扶贫搬迁户的识别还缺乏系统的研究。要满足易地扶贫搬迁户精准识别的需求,急需提出符合现实的多维贫困指标体系,并使用具有群体针对性的调查数据开展研究。因此,本文的研究内容主要是构建多维贫困的指标体系,以该指标体系识别易地扶贫搬迁户,并对识别准确率进行回归分解,以期为提高扶贫搬迁的瞄准效率和实施具有针对性的配套政策提供参考。

二、多维指标体系构建

(一)指标选取

已有研究表明影响贫困的因素很多,一些学者在进行计量回归时,认为只要变量之间不存在严重的共线性和相关性,尽可能地增加解释变量,减少遗漏变量导致的内生性问题。这种方式适合某个现象的影响因素分析,但本文指标选取的初衷是建立易地扶贫搬迁对象的识别指标体系,有别于影响因素分析,过多的变量既不利于分析识别准确率的主导因素,也意味着一部分指标的边际效应很低,进一步降低了指标体系指导实际识别工作的政策价值,因为变量越多,信息采集难度越大,收集的有效信息也越少。为此,在结合现有文献研究和实践需要的基础上,本文的多维指标体系只选择了三类对易地扶贫搬迁而言最重要的维度,并适当精简了每个维度的细分变量,具体选择如下文解释:

1. 家庭禀赋指标

贫困的微观影响因素的研究维度不断被深化,从常见的物质、人力资本禀赋拓展到社会资本、个体行为等。但是考虑到若要准确识别易地扶贫搬迁农户,应当更关注政策取向。《中国农村扶贫开发纲要(2011—2020 年)》明确提出了扶贫目标是"两不愁三保障",2013 年开展的贫困人口建档立卡工作也是以此为基准,后续的帮扶措施同样以此为核心。因此,本文选择的家庭禀赋指标是"两不愁三保障"脱贫指标的具体化,以家庭的人均纯收入来反映不愁吃、不愁穿,以劳动力的平均受教育年限来反映教育保障,以家庭中患病就医状况为医疗保障的代理指标，以住房质量和人均居住面积为代理指标反映住房保障。

2. 生态环境指标

生态环境与自然地理条件是农户是否需要搬迁的重要影响因素。需要易地扶贫搬迁的地区多与恶劣的自然环境相伴随，这些地方耕地数量少、水资源不足，农业生产的自然条件较差，土地的单位产出低、总产出量少。一些学者关注了区域特征、自然禀赋条件对农村贫困的影响，比如地理性的外部环境因素对农户收入具有重要影响，贫困农户更依赖于自然环境和资源，更容易陷入资源贫困陷阱。因此，本文选择地理条件、自然灾害发生频率作为生存条件的代理指标，用人均耕地面积和耕地质量指标代理农业产生条件。

3. 基础设施与公共服务可及性指标

有相当比例的易地扶贫搬迁贫困人口处于偏僻的地区，与外界的联通不便利，易地扶贫搬迁的主要动机之一就是消除基础设施与公共服务可及性对贫困农户发展的制约。已有研究表明研究了农村基础设施、基本公共服务等政策能够增收减贫。因而本文选择到最近集市、乡镇医院、小学的距离来反映基础设施与公共服务的可及性。这些间接表现家庭福利状况的指标是已有研究中多维贫困分析的重要方面，而这些指标可以反映搬迁可能带来的基础生活设施条件改善的空间。

表 1 易地扶贫搬迁户的多维贫困识别指标

维度	指标	指标含义	临界值
家庭禀赋	人均纯收入	人均纯收入	3000 元
	教育水平	劳动力的平均受教育年限	各省平均值
	健康水平	家庭成员中患病数量	各省平均值
	住房条件	质量：0= 损坏，1= 完好	1
		人均住房面积	$25m^2$
生态环境	农业生产条件	村庄人均耕地面积	各省平均值
		村庄耕地质量	各省平均值
	地理条件	是否高海拔：0= 否，1= 是	1
	自然灾害情况	3 年内发生过自然灾害的次数	各省平均值
基础设施与公共服务	集市可及性	到最近集市的距离	各省平均值
	医院可及性	到最近乡镇医院的距离	各省平均值
	学校可及性	到最近小学的距离	各省平均值

（二）权重与指标计算

多维贫困的理念要求在选定指标之后，每个指标均设立临界值，假如第 i 个样本的指标水平低于临界值，则认为第 i 个样本在此维度上受到了约束。已有文献在测算多维贫困时通常在计算每个维度是否受到约束或剥夺的基础上，确定指标的权重，再进行加权整合此个体受到约束的总维度，最后再设定约束总维度的临界值，若受到约束的总维度数量大于或等于临界值，则该个体被视为多维贫困者。本文选取 12 个指标作为搬迁户多维识别的维度，每个维度均设立临界值，详见表 1。2016 年国家公布的贫困线为人均年纯收入约 3000 元，人均住房面积不超过 25m² 是易地扶贫搬迁工作方案明确提出的条件，耕地质量以可灌溉和坡度 25° 以下的耕地占耕地总面积的比例作为代理指标，部分变量采用了各省贫困农户的平均值，是因为两个原因：一方面，对于这些指标难以给出一个客观有效的临界值；另一方面，各省的实际工作情况不同，毕竟各省自行制定搬迁工作方案，识别搬迁户的方法和标准不尽相同，同样的指标在不同省区适用不同的临界值。以各省贫困农户的平均值为临界值，兼顾了各地区的异质性，给予各省区灵活操作的空间，毕竟除了极少数群体，大部分搬迁对象是否需要搬迁取决于省内的横向比较。各指标经与临界值比较处理之后的描述性统计情况见表 2。在指标权重的设定上有等价权重和不等价权重两种形式。等价权重是出于各维度之间同等重要的考虑，大部分的多维贫困研究中权重进行了等价处理。不等价权重则基于特殊研究目的，根据指标的重要性赋予不同的权重。由于家庭禀赋、生态环境、基础设施与公共服务三大类指标之间不具备可替代性，其重要性彼此相当，三大类的细分指标也同等重要，因此本文的多维指标的权重采用等价的形式。

鉴于此，本文把搬迁农户分为三类，即家庭保障型、环境生存型、自我发展型。家庭保障型侧重于搬迁对家庭基本福利状况的改善；环境生存型侧重于搬迁对自然环境条件的改善；自我发展型侧重于搬迁对基础设施与公共服务可及性的改善。具体到每一类指标的计算，代表家庭禀赋的五个指标中任意一个面临约束则归为家庭保障型，同理，生态环境的四个细分指标任何一个面临约束则归为环境生存型，代表基础设施与公共服务的任意一个细分指标面临约束则归为自我发展型。由于易地扶贫搬迁的初衷是改善贫困人口生产的外在环境，因此，本文把生存环境的改善作为搬迁农户识别的首选因素。在三个维度都面临约束的农户是搬迁的重点对象，同时面临生态环境和家庭禀赋约束的农户归属为环境和保障型，同时面临生态环境、基础设施与公共服务约束的农户归属为环境和发展型。面临家庭禀赋、基础设施与公共服务约束的农户类型不做单独分析。

在多维指标的衡量下，没有受到约束的农户则视为漏进户，若漏进户占所有扶贫搬迁户的比例为 γ，则（1-γ）可以反映易地扶贫搬迁的识别准确率或者政策效率。尽管扶贫搬迁项目可能出于公共服务供给成本或者社会网络、社区支持等因素的考虑，不仅仅只搬迁那些非搬不可的贫困农户，也有集体搬迁，因此，易地扶贫搬迁本身也存在政策所设计的非贫困户的进入，沿用"漏进"的概念是出于讨论便利，而此类漏进并不一定是需要避免的，可以视为付出一些效率损失换来整体政策的更好实施，因此，我们将扶贫搬迁户中受约束于多维贫困的农户比率称为识别准确率或者政策效率，以补充反映分析的对象。进一步，可以通过回归分解，找出影响易地扶贫搬迁户的识别偏误或者效率损失的主要类型，进而为易地扶贫搬迁户的精准识别和实际规划实施的政策供给安排提供理论借鉴。

表 2　各指标变量的描述性统计表

	变量	样本数	均值	标准差	最小值	最大值
多维指标	人均纯收入	2185	0.884	0.320	0	1
	教育水平	2185	0.620	0.485	0	1
	健康水平	2185	0.473	0.499	0	1
	住房面积	2185	0.581	0.494	0	1
	住房质量	2185	0.820	0.384	0	1
	人均耕地面积	2185	0.368	0.482	0	1
	耕地质量	2185	0.468	0.499	0	1
	地理条件	2185	0.510	0.500	0	1
	自然灾害情况	2185	0.338	0.473	0	1
	集市可及性	2185	0.421	0.494	0	1
	医院可及性	2185	0.451	0.498	0	1
	学校可及性	2185	0.344	0.475	0	1
控制变量	家庭规模	2185	3.812	1.515	1	9
	贫困户	2185	1.076	0.265	0	1
	学生数量	2185	2.008	1.175	0	6
	抚养比例	2185	0.247	0.295	0	1
	搬迁意愿	2185	0.951	0.217	0	1
	信息化程度	2185	0.944	0.230	0	1

三、多维指标识别效果

（一）数据来源

本文所使用的数据来源于 2016 年 7 月中国人民大学和国务院扶贫办在甘肃、广西、贵州、湖北、湖南、陕西、四川、云南 8 省（自治区）16 县展开的易地扶贫搬迁监测评估调研。该 8 省（自治区）均计划到 2020 年搬迁 50 万以上建档立卡贫困人口，选择这 8 个搬迁任务最重的省区进行调查，使得样本更有具有代表性。调研区域所覆盖武陵山片区、滇桂黔石漠化片区、秦巴山片区、乌蒙山片区、六盘山片区 5 个片区的片区县或国家级贫困县，都是易地扶贫搬迁的重点区域。具体抽样过程中，每县选择 3 个乡镇，每个乡镇选取 5 个自然村，随机抽取已纳入搬迁计划的农户，原则上每村抽取 10 户调查户，最后共计调研 2185 户农户，其中建档立卡贫困户 2019 户，非建档立卡贫困户 166 户。

表 3　易地扶贫搬迁户的样本省份分布

搬迁户	甘肃	广西	贵州	湖北	湖南	陕西	四川	云南
贫困户	243	269	253	256	243	258	253	244
非贫困户	27	8	24	19	25	12	26	25
总样本数	270	277	277	275	268	270	279	269

（二）多维指标识别效果

通过识别后加总处理，本文对搬迁农户进行分类识别，识别结果见表4。符合家庭保障型的比例为95.47%，贵州和云南的漏进农户相对较多。环境生存型的识别准确率为95.15%、陕西和广西的识别错误高于其他省份。自我发展型的识别准确率为91.35%，是三类中漏进率最高的类型，其中云南和四川的漏进比例较大。同时属于家庭保障和环境生存型的农户识别准确率为90.71%，陕西和四川的漏进率高于其他省。同时属于自我发展和环境生存型的农户识别准确率为87.05%，低于环境和保障型，主要是受到陕西、四川和云南的影响。而三类都符合的搬迁农户的识别准确率仅为82.88%，四川和云南的漏进样本最多。这说明在多维指标衡量下，现有易地扶贫搬迁农户存在一定比例的漏进，这部分群体不需要搬迁。仅以生态环境恶劣为先决条件，样本中依然存在4.85%的漏进率，兼顾两不愁三保障以及自我发展的需要，则漏进率更大，达到了17.12%。以各省的分布来看，陕西、四川和云南三省搬迁农户的识别漏进最严重，漏进的类型主要是自我发展型，意味着后续的搬迁工作在对象的识别上需要更关注基础设施和公共服务。

表 4　易地扶贫搬迁户多维指标识别结果

省份	家庭保障型		环境生存型		自我发展型		环境和保障型		环境和发展型		三类都符合	
	漏进	准确	漏进	准确	漏进	准确	漏进	准确	漏进	准确	漏进	准确
甘肃	6	264	4	266	25	245	10	260	27	243	33	237
广西	12	265	21	256	7	270	32	245	27	250	37	240
贵州	22	255	7	270	24	253	28	249	30	247	50	227
湖北	7	268	10	265	21	254	17	258	29	246	35	240
湖南	10	258	15	253	22	246	25	243	35	233	45	223
陕西	6	264	28	242	23	247	34	236	48	222	53	217
四川	16	263	17	262	28	251	33	246	44	235	60	219
云南	20	249	4	265	39	230	24	245	43	226	61	208
总数	99	2086	106	2079	189	1996	203	1982	283	1902	374	1811
比例 %	4.53	95.47	4.85	95.15	8.65	91.35	9.29	90.71	12.95	87.05	17.12	82.88

四、识别准确率的回归分解

上文采用描述性分析，研究的是不同类型搬迁农户的识别准确率（或政策效率），它不能反映多维指标对农户是否需要搬迁的边际贡献率，也不能回答诸因素对搬迁农户识别准确率的贡献率。为解决此问题，本文将利用回归分解的方法分解识别准确率的影响因素以及贡献率。回归分解常用于研究收入不平等，方法较为成熟，郭继强等详细论述了回归分解方法的理论体系，主要有均值分解和分布分解两种基本思路，如万广华、程名望等学者运用回归分解对收入不平等进行了一系列的研究。本文将利用源于 Shorrocks 自然分解的 Shapley 值方法。Shapley 分解的基本思想是一个指标受多个因素共同影响，剔除任一因素都会对该指标的变化作出贡献，所有因素的贡献率之和构成了整个指标的变动。鉴于不同类型的搬迁农户识别准确与否取决于一系列因素，哪些因素起到主要作用并不明确，这是本文研究致力于解决的问题，而 Shapley 值分解能够得到影响因素的贡献率，进而能够找到影响识别准确率的主要因素，为指导准确识别搬迁户提供理论铺垫。

（一）回归模型设定

本文根据 Morduch 和 Sicular 农户收入函数，扩展并建立 Probit 计量模型：

$$Probit\ (\ Y_{ij}\ ) = \Phi\ (\ \beta_0 + \sum_{K=1}^{K} \beta_k HS_{ij,k} + \sum_{L=1}^{L} \beta_l ES_{ij,l} + \sum_{M=1}^{M} \beta_m DS_{ij,m}\ ) + \varepsilon_{it} \qquad (\ 1\ )$$

在方程（1）中，被解释变量 Probit（Y_{ij}）表示 j 省第 i 个搬迁农户识别准确的概率。当农户经过多维指标衡量面临上述某种约束时，表示该搬迁户识别准确，赋值为 1（即 $Y=1$），否则赋值为 0（即 $Y=0$），表示该家庭是漏进户。核心解释变量 HS、ES、DS 分别表示家庭禀赋、生态环境、基础设施与公共服务特征。系数 β 是半弹性系数，ε_{it} 为随机扰动项。

（二）回归系数分析

（1）在模型一中，家庭禀赋、生态环境、基础设施与公共服务的所有变量均在 1% 显著性水平上显著。人均纯收入是贫困的衡量标准，与识别准确与否负向相关符合客观事实。一般而言，人力资本对于家庭收入的增长十分重要，已有研究表明家庭成员健康状况越差、患病数量越多、受教育年限越低，农户陷入贫困的概率越大，回归结果再次予以证实。住房条件是易地扶贫搬迁户识别中最为重要的家庭禀赋指标，表 5 中，住房指标与搬迁户识别准确率显著相关，说明同等外部条件下，面积越小、质量越差的农户，越有可能搬迁。生态环境的四个细分变量的回归结果表明搬迁户普遍依赖农业生产，区域性的农业生产环境恶劣如耕地较少、质量较差是搬迁的动机之一，高海拔和自然灾害频繁的地区是搬迁的主要区域。基础设施与公共服务的细分变量中，集市的可及性捕捉了搬迁户与外界要素交换的客观交易成本，与集市的距离较近，意味着市场化程度更高，有利于劳动力转移，农户更容易改变就业结构，进入报酬更高的非农部门。学校和医院的可及性是影响农户搬迁意愿的重要公共服务，调研中发现将近六分之一的搬迁户之所以愿意搬迁就是为了孩子上学和看病方便，因而三个细分变量均为负向显著。

（2）在第二个模型中，除集市和医院的可及性两个变量之外，影响环境和保障型搬迁户识别的其他变量均在1%的水平上显著，影响方向与第一个模型一致。代表基础设施与公共服务的两个主要变量，集市和医院的可及性在回归系数上不显著，这说明对于旨在改善家庭福利和生存环境的搬迁户而言，基础设施与公共服务的改善不是他们最为主要的制约因素。

（3）在第三个模型中，影响环境和发展型搬迁户识别的变量与前两个模型相似，除健康水平、住房面积之外，其余变量均在1%的水平上显著，住房面积在10%的水平上显著。健康水平指标不显著，而医院可及性指标极其显著，这对于环境和发展型的搬迁户而言，现存的人力资本水平不是主要影响因素，这类型农户更看重教育和医疗可及性的提高所带来的人力资本累积。

（三）贡献度分析

（1）模型一的回归分解结果显示，按照贡献度大小的排序为：学校（33.9）、集市（12.9）、地理条件（11.2）、医院（9.69）、耕地面积（8.07）、住房面积（4.7）、住房质量（4.6）、健康水平（4.13）、人均纯收入（3.43）、耕地质量（3.17）、自然灾害（2.37）、教育水平（1.75）。排序表明：第一，家庭禀赋指标的贡献度普遍偏低，对于最需要搬迁的群体而言，家庭福利保障的影响弱于基础设施、公共服务和生存环境因素，表明即使福利状况不佳是搬迁群体的共同特征，但不是搬迁与否的先决条件。第二，代表未来自我发展能力的基础设施和公共服务指标的贡献度高于生态环境指标。可能的原因是易地扶贫搬迁工作已经开展了三十多年，每年都有一部分生存环境恶劣的群体被搬迁至生存条件较好的区域，以至于仍然居住在自然环境极端恶劣的农户比例已经不断降低，基础设施和公共服务的考虑在搬迁户的识别中不断被加强。综上所述，若要识别最需要搬迁的农户，在生态环境相近的区域条件下，应当优先观察基础设施和公共服务状况。

（2）模型二的结果显示，贡献度排序前五的指标为：地理条件（17.6）、住房面积（16.1）、健康水平（14.8）、教育水平（13.7）、耕地面积（9.65）。总体来看，家庭保障的细分变量累积贡献度达到了55.4，超过了生存环境变量。环境和保障型的搬迁户通常没有面临基础设施和公共服务的约束，分解结果表明家庭禀赋对该类型搬迁户的约束性更强，与之对应，这部分群体选择搬迁的动机更可能为了改善福利状况，如提高收入、改善住房条件等。

（3）模型三的结果显示，基础设施和公共服务的三个变量的贡献度累积超过了80，这也再次证实在模型一的结果，"太偏僻"（远离市场和公共服务设施）才是搬迁的首要因素。这也间接揭示现行搬迁政策的1000万贫困人口目标并非完全由于生态恶劣而"非搬不可"，实际上部分农户是受制于基础设施和公共服务条件的不足才被纳入了搬迁群体。因此，考虑到整体性搬迁既给政府财政造成较大压力，也给贫困农户带来资金压力（根据易地扶贫搬迁监测报告，每户搬迁户的成本为19万，各地政府的搬迁补贴不一致，但每户均需筹集部分资金），在权衡成本收益的条件下，当搬迁成本高于基础设施和公共服务供给时，可以考虑选择基础设施和公共服务供给来替代部分易地扶贫搬迁项目。

表5　易地扶贫搬迁户多维贫困识别准确率的回归分解结果

指标	模型一		模型二		模型三	
	三类都符合		环境和保障型		环境和发展型	
	系数	贡献度	系数	贡献度	系数	贡献度
人均纯收入	-0.1203^{***}	3.4285	-0.0620^{***}	2.9772	-0.0701^{***}	0.9432
教育水平	-0.0490^{***}	1.7523	-0.0757^{***}	13.697	-0.0320^{***}	0.3251
健康水平	0.0857^{***}	4.1314	0.0901^{***}	14.795	0.0024	0.0117
住房面积	0.0797^{***}	4.6997	0.0888^{***}	16.098	0.0113^{*}	0.2054
住房质量	-0.0919^{***}	4.6019	-0.0775^{***}	7.8616	-0.0359^{***}	2.0547
人均耕地面积	-0.1046^{***}	8.0697	-0.1092^{***}	9.6483	-0.1119^{***}	4.6882
耕地质量	-0.0473^{***}	3.1721	-0.0644^{***}	7.4745	-0.0558^{***}	1.5848
地理条件	0.1037^{***}	11.218	0.0961^{***}	17.556	0.0860^{***}	7.9587
自然灾害情况	0.0586^{***}	2.3728	0.0799^{***}	7.5951	0.0517^{***}	1.8213
集市可及性	-0.0806^{***}	12.943	-0.0082	0.1132	-0.0952^{***}	23.113
医院可及性	-0.0939^{***}	9.6941	-0.0070	0.1104	-0.0996^{***}	17.262
学校可及性	-0.2156^{***}	33.917	-0.0244^{***}	2.0738	-0.1963^{***}	40.032
常数项	1.0876^{***}		0.9787^{***}		1.1067^{***}	
控制变量	家庭规模		家庭规模		家庭规模	
样本数	2185		2185		2185	
F-stat. Model	58.91^{***}		42.17^{***}		56.86^{***}	
Log Likelihood	-659.073		-169.085		-235.002	

注：*、**、*** 分别表示10%、5%、1%的水平上显著。

五、稳健性检验

上述对易地扶贫搬迁户识别的回归分解，需要考虑内生性问题。现实中，居住在必须搬迁区域的农户通常处于原发性的贫困状态，不能获得更好的教育、医疗等公共服务，以致人力资本存量较低，相对贫乏的资源禀赋难以累积物质资本，闭塞的市场环境以致难以实现资源的资本化或获取金融资本而跳出贫困陷阱。鉴于此，通过控制一些变量，检验多维指标对搬迁户识别效率的贡献度是否稳健是有必要的。所选取的控制变量以及检验结果见表6，因篇幅有限，只列出三类都符合的搬迁户的回归分解检验结果。总体而言，在控制不同变量下的检验结果与表5模型一的贡献度结果接近，各指标的排序情况一致，贡献度略有波动，学校、集市、地理条件、医院、人均耕地面积一直是贡献度最大的五项。此外，F统计量在1%的水平显著，综合说明回归分解结果是稳健的。

具体来看：第一，控制贫困户群体。易地扶贫搬迁的主要对象是建档立卡贫困人口，但是对于部分不适合人类居住的区域实行整体搬迁，就会存在随迁的非贫困人口。贫困户与非贫困户本质的区别在于家庭禀赋条件，将有可能引致家庭禀赋维度的指标贡献度更大，但是由表6可见，各项指标贡献度变动较小，当然这与92.4%的样本是贫困户有一定关系。第二，控制学生数量和抚养结构（老人占家庭人口比例），其目的是在于控制不同家庭结构所带来的异质性。因为有无学龄儿童、有无老人会强化对学校和医院的需求，而学校、医院可及性指标的高贡献度，需要对此予以控制，以检验各指标对识别准确率更真实的效果。结果表明，各项指标的贡献度依然是稳健的。第三，控制搬迁意愿。作为一项涉及1000万贫困人口的工程项目，地方实际操作中不可避免出现强制搬迁，部分搬迁农户主观意愿并不太愿意搬离故土，调研中发现有4.94%的样本不愿意搬迁。对于不愿意搬迁的农户也许面临的约束是不同的，因此有必要控制搬迁意愿，经检验发现回归分解依然稳健。第四，控制农户的信息化程度。信息传递包括信息来源和载体，本文综合了外出务工情况、是否有电话、手机或宽带来反映信息的获取能力，外出务工或经商的农户获取的信息数量相对更高，拥有电话、手机或宽带意味着有更便利的信息获取渠道。贫困地区的信息传递交换较为滞后，这对于搬迁地区而言更为突出，农户的信息化程度越高，越可能主动接受搬迁。控制这些变量，可以排除外界信息对搬迁对象识别的影响，表6显示检验结果是稳健性的。第五，控制省级区域。前文所述不同的省所制定的搬迁方案不一致，搬迁对象识别方法也不同，因此将省级虚拟变量作为控制变量，能够消除区域性的识别差异，一如前文，检验结果表现出一致性的规律。

表 6　稳健性检验结果

指标	模型一 贡献度	模型二 贡献度	模型三 贡献度	模型四 贡献度	模型五 贡献度	模型六 贡献度
人均纯收入	3.81	4.22	3.05	3.52	3.30	3.48
教育水平	1.53	1.44	1.39	1.55	1.93	1.51
健康水平	4.12	3.74	4.97	4.18	3.61	3.59
住房面积	4.53	4.57	4.58	4.38	4.53	3.51
住房质量	4.02	4.24	4.41	4.48	4.41	3.70
人均耕地面积	8.04	6.52	8.25	7.54	7.28	7.85
耕地质量	2.78	2.08	3.38	2.51	2.93	3.31
地理条件	11.1	10.6	11.3	11.9	10.8	11.4
自然灾害情况	3.26	2.12	2.44	2.48	2.89	2.45
集市可及性	12.2	12.5	12.1	13.7	13.7	12.6
医院可及性	8.65	11.6	9.74	9.98	9.91	10.4
学校可及性	36.0	36.4	34.4	33.8	34.8	36.2
控制变量	贫困户	学生数量	抚养结构	搬迁意愿	信息化	省级区域
F-stat. Model	54.49***	50.74***	55.06***	57.97***	60.55***	51.18***
Log Likelihood	−602.58	−526.01	−602.72	−634.57	−617.97	−623.82

六、结论与评述建议

本文从家庭禀赋、生态环境、基础设施与公共服务这三个维度构建了易地扶贫搬迁户识别的多维指标体系，根据扶贫搬迁户的差异，把搬迁农户分为家庭保障型、环境生存型和自我发展型三个类型，利用 2185 户已纳入搬迁计划的农户样本，呈现了多维指标体系下的扶贫搬迁户的识别情况，并采用回归分解方法分析了不同指标对识别效率的贡献度，在稳健性检验的基础上，研究得出以下主要发现和建议：

（1）在 8 个搬迁人口较多的省区，搬迁对象的识别存在一定比例的漏进，其中以陕西、四川和云南三省搬迁农户的识别漏进比率最高，漏进的类型主要是自我发展型。这启示后续的搬迁工作在对象识别上需要更关注基础设施和公共服务的状况，才能进一步提高搬迁对象的识别的准确率。

（2）对于最需要搬迁的群体而言，住房条件是易地扶贫搬迁户识别中最重要的家庭禀赋指标。同等外部条件下，面积越小、质量越差的农户，越有可能被搬迁。搬迁户普遍依赖农业生产，处于耕地较少且质量较差、高海拔和自然灾害频繁的地区。对于环境和保障型搬迁户而言，基础设施与公共服务的改善不是他们最主要的制约因素，他们更看重教育和医疗可及性的提高所带来的人力资本累积。

（3）通过对搬迁对象识别准确率的回归分解发现，学校可及性、集市可及性、地理条件、医院可及性、人均耕地面积是贡献度最大的五项指标。对于最需要搬迁的群体而言，家庭福利保障的影响弱于基础设施、公共服务和生存环境因素。福利状况不佳是搬迁群体的共同特征，但不是搬迁与否的先决条件。作为代表未来自我发展能力的基础设施和公共服务维度的指标，其贡献度高于生态环境维度的指标。该研究发现的政策含义在于，若要识别最需要搬迁的农户，在生态环境相近的区域条件下，应当优先观察基础设施和公共服务的状况。现行搬迁计划中的农户并非完全由于生态恶劣而"非搬不可"，部分农户受制于基础设施和公共服务条件的不足而被纳入了搬迁群体。

总而言之，易地扶贫搬迁是一项涉及千万人口民生的重大工作，如何准确地识别搬迁对象兼具理论和实践的双重价值。本文从多维贫困的角度做了一次尝试，以期为提高扶贫搬迁的瞄准效率和实施有针对性的配套政策提供参考依据。相关研究结论为后续扶贫搬迁工作提供了一些启示。

首先，在扶贫搬迁成为涉及1000万贫困人口脱贫的重要举措之时，从政策效率的角度来看，依然需重视对象的识别工作。应搬尽搬，无需搬迁则不搬，毕竟每一户搬迁户都需要大量的财政资金补贴，过度搬迁既浪费了有限的财政资金，也将导致在后期面临搬迁户能力再造、文化融入等本文尚未进一步讨论的新问题。而具体如何识别搬迁户，文中的多维指标体系可以提供一些借鉴，部分指标的各省贫困户平均值是值得参考的标准，这也给了各省在实践中灵活操作的空间。

其次，在扶贫搬迁项目中，各地可以结合当前扶贫搬迁户的类型特征，合理分配扶贫搬迁资金，优先满足相应的首要搬迁需求因素，并在长期的扶贫搬迁规划中分阶段有步骤地完善搬迁后的配套设施服务。在部分自然条件尚可的区域，基于成本核算，当搬迁成本高于基础设施和公共服务供给时，也可以考虑选择基础设施和公共服务供给来替代部分易地扶贫搬迁项目。

最后，多维指标体系也为易地扶贫搬迁政策效果评估提供了有理论价值和可操作的视角。无论是否搬迁，扶贫项目的实施带来收入增长应当仅是政策目标的一个方面，但当扶贫项目并不主要致力于短期内实现立竿见影的收入增长效果时，更全面的福利水平的提升，例如基础设施、公共服务可及性等多种维度结构性的改善，既是搬迁贫困人口所需，也更能综合体现扶贫项目对贫困人口福利水平的作用，并合理引导扶贫项目在地方实践中的政策取向。

参考文献

［1］国务院新闻办公室. 精准扶贫脱贫的基本方略是六个精准和五个一批. [2017-03-15]. http://www.scio.gov.cn/xwfbh/xwbfbh/wqfbh/2015/33909/zy33913/Document/1459277/1459277.htm.

［2］国家发展改革委. "十三五" 时期易地扶贫搬迁工作方案，2015.

［3］中国人民大学中国扶贫研究院. 易地扶贫搬迁监测报告，2016.

［4］杨云彦，徐映梅，胡静，等. 社会变迁、介入型贫困与能力再造——基于南水北调库区移民的研究. 管理世界，2008（11）：89-98.

［5］石智雷，邹蔚然. 库区农户的多维贫困及致贫机理分析. 农业经济问题，2013（6）：61-69.

［6］李聪，柳玮，冯伟林，等. 移民搬迁对农户生计策略的影响——基于陕南安康地区的调查. 中国农村观察，2013（6）：31-44.

［7］刘伟，黎洁，李聪，等. 移民搬迁农户的贫困类型及影响因素分析——基于陕南安康的抽样调查. 中南财经政法大学学报，2015（6）：41-48.

［8］王凯，李志苗，易静. 生态移民户与非移民户的生计对比——以遗产旅游地武陵源为例. 资源科学，2016，38（8）：1621-1633.

［9］黎莉莉，秦富. 高山贫困地区生态移民决策行为及影响因素分析——基于重庆市的调查数据. 贵州社会科学，2015（1）：163-168.

［10］黎洁. 陕西安康移民搬迁农户的生计适应策略与适应力感知. 中国人口·资源与环境，2016，26（9）：44-52.

［11］Sen A.Capability and well-being //Nussbaum M，Sen A.The quality of life. London：Oxford University Press，1993：30-54.

［12］Alkire S，Foster J.Counting and multidimensional poverty measurement. Journal of public economics，2011，95（7-8）：476-487.

［13］王小林，Sabina，Alkire. 中国多维贫困测量：估计和政策含义. 中国农村经济，2009（12）：4-10.

［14］邹薇，方迎风. 关于中国贫困的动态多维度研究. 中国人口科学，2011（6）：49-59.

［15］郭建宇，吴国宝. 基于不同指标及权重选择的多维贫困测量——以山西省贫困县为例. 中国农村经济，2012（2）：12-20.

［16］Alatas V，Banerjee A，Hanna R，et al.Targeting the poor：evidence from a field experiment in Indonesia. American economic review，2012，102（4）：1206-1240.

［17］Zhang J，Giles J，Rozelle S.Does it pay to be a cadre? Estimating the returns to being a local official in rural China. Journal of comparative economics，2012，40（3）：337-356.

［18］程名望，盖庆恩，Jin Yanhong，等. 人力资本积累与农户收入增长——基于回报率与贡献率双重视角的实证研究. 经济研究，2016（1）：168-181.

［19］Naschold F. "The poor stay poor"：household asset poverty traps in rural semi-arid India .World development，2012，40（10）：2033-2043.

［20］Kim Y C，Loury G C.Social externalities，overlap and the poverty trap.The journal of economic inequality，2014，12（4）：535-554.

［21］郭熙保，周强. 长期多维贫困、不平等与致贫因素. 经济研究，2016（6）：143-156.

［22］Guriev S，Vakulenko E.Breaking out of poverty traps：internal migration and interregional convergence in Russia. Journal of comparative economics，2015，43（3）：633-649.

［23］刘慧，叶尔肯·吾扎提. 中国西部地区生态扶贫策略研究. 中国人口·资源与环境，2013，23（10）：52-58.

［24］王瑜，汪三贵. 基于夏普里值过程的农村居民收入差距分解. 中国人口·资源与环境，2011，21（8）：15-21.

［25］Bhattacharya H，Innes R.Income and the environment in rural India：is there a poverty trap？. American journal of agricultural economics，2013，95（1）：42-69.

［26］Charlery L，Walelign S Z.Assessing environmental dependence using asset and income measures：evidence from Nepal. Ecological economics，2015（118）：40-48.

［27］Thomas A，Gaspart F.Does poverty trap rural Malagasyhouseholds？. World development，2015（67）：490-505.

［28］张学良. 中国交通基础设施促进了区域经济增长吗——兼论交通基础设施的空间溢出效应. 中国社会科学，2012（3）：60-77.

［29］骆永民，樊丽明. 中国农村基础设施增收效应的空间特征——基于空间相关性和空间异质性的实证研究. 管理世界，2012（5）：71-87.

［30］刘生龙，周绍杰. 基础设施的可获得性与中国农村居民收入增长——基于静态和动态非平衡面板的回归结果. 中国农村经济，2011（1）：27-36.

［31］张全红，周强. 中国贫困测度的多维方法和实证应用. 中国软科学，2015（7）：29-41.

［32］杨龙，汪三贵. 贫困地区农户的多维贫困测量与分解——基于2010年中国农村贫困监测的农户数据. 人口学刊，2015（2）：15-25.

［33］郭继强，姜俪，陆利丽. 工资差异分解方法述评. 经济学（季刊），2011（2）：363-414.

［34］万广华. 解释中国农村区域间的收入不平等：一种基于回归方程的分解方法. 经济研究，2004（8）：117-127.

［35］万广华，周章跃，陆迁. 中国农村收入不平等：运用农户数据的回归分解. 中国农村经济，2005（5）：4-11.

［36］解垩. 中国城市居民自雇者的收入不平等与贫困：1989—2009. 中国人口·资源与环境，

2012, 22（12）: 165-168.

［37］程名望，Jin Yanhong，盖庆恩，等. 中国农户收入不平等及其决定因素——基于微观农户数据的回归分解. 经济学（季刊），2016（3）: 1253-1274.

［38］Morduch J，Sicular T.Politics, growth and inequality in rural China: does it pay to join the party? . Journal of public economics，2000，77（3）: 331-356.

［39］高梦涛，姚洋. 农户收入差距的微观基础：物质资本还是人力资本？. 经济研究，2006（12）: 71-80.

［40］Barrett C B，Carter M R.The economics of poverty traps and persistent poverty: empirical and policy implications. The journal of development studies，2013，49（7）: 976-990.

（本文与殷浩栋、王瑜合著，原载《中国人口·资源与环境》2017 年第 11 期）

易地扶贫搬迁情况分析与思考

一、引言

中国扶贫事业成效显著但问题仍然很多。根据国家统计局对全国 31 个省（自治区、直辖市）16 万户农村居民家庭的抽样调查，按照现行国家农村贫困标准（每人每年 2300 元，2010 年不变价）计算，2016 年全国农村贫困人口 4335 万人，贫困发生率为 4.5%（国家统计局，2017）。

中国现行的贫困标准下，许多农村建档立卡贫困人口居住在相对偏远、基础设施较为落后、水土资源严重不匹配、生态环境极度脆弱和水、旱、泥石流等自然灾害高发的地区，如青藏高原地区、西北黄土高原地区、西南石漠化地区、东部酸壤地区以及高寒冷凉地区等。易地扶贫搬迁脱贫一批，是实施精准扶贫、打赢脱贫攻坚战的关键举措，加快实施易地扶贫搬迁工程，可以从根本上解决贫困人口的脱贫和发展问题。中国扶贫移民搬迁始于 20 世纪 80 年代初期，属于"三西"农业建设计划中的一部分，是针对解决自然条件特别恶劣的地区农村人口生存问题的需要，是对个别问题、特定区域的非常规措施的初步探索。到 20 世纪 90 年代中期，扶贫移民搬迁呈现出从个别区域向多个区域（省、自治区、直辖市）铺开的态势，成为可以在符合条件的地区加以推行的一种有关农村扶贫开发的常规手段。进入 21 世纪，扶贫移民搬迁开始由区域性、地方性探索转变为国家层面的系统工程，成为解决资源环境问题的重要措施之一。从2001年开始，全国范围陆续开展了易地扶贫搬迁工程，截至2015年底，已累计安排易地扶贫搬迁中央补助投资363亿元，搬迁贫困人口680多万人。2016年，中国政府启动实施了新一轮易地扶贫搬迁方案，增加中央预算内投资规模，提高政府补助标准，引入开发性、政策性金融资金，大幅拓宽融资渠道，并加大易地扶贫搬迁群众后续脱贫扶持力度，确保搬迁一户、脱贫一户。

"十三五"时期，中国将加快实施易地扶贫搬迁工程，通过"挪穷窝""换穷业""拔穷根"，从根本上解决约1000万建档立卡贫困人口的稳定脱贫问题。与传统的补偿性移民不同，这种易地扶贫搬迁的开发式移民政策强调把移民安置当作一次发展契机，通过对安置点的投资，改善移民的生产生活条件，并在一段时期内对移民进行后续扶持，从而实现恢复和提高移民生活水平，达到脱贫致富的目标。做出这样安排的原因是，受计划内年度安排搬迁户数较少、农户自筹资金较多等因素的影响，以往扶贫搬迁工程实践中存在部分贫困农户想搬但搬不了的情形。"十三五"易地扶贫搬迁工程较以往扶贫搬迁工程有其新的特点：一是搬迁安置数量较大。"十三五"安排的易地扶贫搬迁人数超过中国20世纪80年代开展易地扶贫搬迁以来搬迁人数的总和，确保到2020年有近1000万需要搬迁的人口全部纳入到搬迁计划中并实施搬迁。二是在严格控制安置住房面积的同时提高补助标准。政策规定中央补助的建档立卡贫困户人均住房建设面积不得超过25平方米，同时大幅度提高户均补助标准，户均自筹经费降到1万元以内。三是资金渠道更为广泛。除中央预算内资金外，还充分考虑地方财政的投入以及利用金融资本参与易地扶贫搬迁工程建设。四是投入范围更广泛、更全面。与以往扶贫搬迁工程建设内容以住房建设为主不同，"十三五"时期易地扶贫搬迁工程除搬迁安置住房建设之外，还考虑到与搬迁安置区配套的水、电、道路、垃圾、污水处理等基础设施建设，完善搬迁安置点周边的公共服务设施，同时对搬迁安置区内具备土地整理条件的土地以及迁出区废弃宅基地进行土地整理、恢复和再利用，对不能利用的迁出区土地进行生态恢复。通过对搬迁群众生活生产条件的全方位投入，结合精准扶贫的"五个一批"等后续帮扶措施来协助贫困户摆脱贫困，实施易地扶贫搬迁成为精准扶贫、精准脱贫的重要手段之一。

国内外对易地扶贫搬迁的相关研究成果较为丰富，既研究了移民搬迁可能带来的正面效益，也研究了移民搬迁可能产生的负面影响。然而，从现有的研究来看，主要还是以案例调查为主，缺乏较大规模的实证调查数据支持，并且一些研究年代较为久远，研究结论已无法保证能否适用于新形势下的易地扶贫搬迁，且很少有学者从微观角度对中国易地扶贫搬迁进行细致深入的摸底调查。由于"十三五"易地扶贫搬迁规模较大，涉及面广，考虑到移民搬迁后移民的生计会发生改变，会对移民的生产生活方式、社会交往与社会心理、社会关系网络、就业与生计模式等产生影响。如果出现政策执行偏差，可能会造成移民贫困风险，进一步导致新的贫困群体出现。要做好易地扶贫搬迁工作，必须解决好"搬走谁、搬去哪、怎么搬"的问题，确保贫困群众搬得出、稳得住、能致富。本文拟针对中西部地区 8 个省（自治区）16 县的建档立卡搬迁户进行调研，通过对一手摸底数据和信息的详细分析，对规划的易地扶贫搬迁贫困人口分布、基本情况、搬迁类型、搬迁意愿和承受能力等进行准确把握，为有关部门制定易地扶贫搬迁政策提供参考。

二、数据来源及说明

根据国务院扶贫办建档立卡系统数据，"十三五"期间，中国中西部地区湖北、湖南、广西、四川、贵州、云南、陕西、甘肃 8 省（自治区）的建档立卡搬迁人口规模在 50 万以上。易地扶贫搬迁是一项系统工程，除了项目实施过程中的资金、组织、到户等因素，还涉及大量的后续产业发展、社区融合、基础设施配套等问题。为进一步掌握全国"十三五"易地扶贫搬迁建档立卡贫困人口基本情况，受国务院扶贫办委托，中国人民大学中国扶贫研究院课题组于 2016 年 6—7 月组织在上述搬迁规模较大的 8 省（自治区）16 县开展易地扶贫搬迁专题调研。之所以在这些省（自治区）进行调研，是考虑到"十三五"期间易地扶贫搬迁对象涉及 22 个省（自治区）约 1400 个县，在搬迁大省进行调研更具有区域代表性，也能节约时间和成本。调研县的确定由省级扶贫部门推荐省内 4 个县，课题组随机抽取 2 个县，每个县随机抽取 128 户①。因此，此次调研对象为列入搬迁对象范围但尚未实施搬迁的建档立卡家庭，因有些家庭举家外出、调查时不在家以及生理缺陷无法回答问卷等诸多原因，最终调查的有效样本共计 2019 户（7649 人），调查形式采用一对一问卷调查的形式，调研对象为户主或最清楚家庭情况的家庭成员。调查范围覆盖武陵山片区、滇桂黔石漠化片区、秦巴山片区、乌蒙山片区、六盘山片区 5 个片区的 15 个片区县以及 1 个片区外国家扶贫开发工作重点县（见表 1）。调研问卷详细记录了抽样户的基本情况、需要搬迁的类型、搬迁户

---

① 所有抽样户都必须与全国扶贫开发信息系统中标注的易地扶贫搬迁贫困户对应。

的搬迁目的（动机）以及抽样户的资金需求和承受能力等信息。课题组计划在随后的 3 年中，对建档立卡搬迁户进行跟踪监测，进一步了解搬迁后的生计状况①。

表 1　问卷调查基本情况

地区	县	问卷数量（份）	所属片区
湖北	建始	129	武陵山片区
	秭归	127	
湖南	平江	120	片区外国定县
	沅陵	123	武陵山片区
广西	都安	136	滇桂黔石漠化片区
	田阳	133	
四川	宣汉	114	秦巴山片区
	剑阁	139	
贵州	水城	130	滇桂黔石漠化片区
	威宁	123	
云南	武定	122	乌蒙山片区
	宣威	122	
陕西	西乡	136	秦巴山片区
	紫阳	122	
甘肃	古浪	120	六盘山片区
	靖远	123	
合计		2019	15 个片区县，1 个片区外重点县

三、建档立卡搬迁户概况

（一）大部分建档立卡搬迁户生存环境较差

从地形上看，所调查的建档立卡搬迁户全部生活在丘陵、山地或高原地带，其中 93.07% 生活在山区，8.77% 生活在受崩塌、滑坡、泥石流等威胁的地质灾害区。2015 年，44.77% 的农户作物遭受灾害，户均损失 675.75 元。西南地区的广西、四川、贵州，西北地区的陕西、甘肃贫困户受灾比例相对较高，这表明生态环境较为脆弱的地区更容易受到各种自然灾害的冲击。有 31.87% 的农户生活在1600 米以上的地带。旱厕、无厕占比分别为 78.11%、16.39%。垃圾采用随意倾倒、固定点倾倒但无专人处理、焚烧等非集中处理方式占比分别为 46.56%、32.39%、12.33%。

（二）建档立卡搬迁户收入水平偏低

建档立卡搬迁户人均纯收入为 2471 元，比 2015 年人均纯收入 2855 元的国

---

① 经统计，建档立卡搬迁户计划搬迁年度集中分布在 2016 年、2017 年和 2018 年，这既跟《全国"十三五"易地扶贫搬迁规划》文件精神一致，也为课题组在随后几年中进行搬迁后的跟踪监测提供了便利。

家贫困线低 13.5%，且远低于 2015 年全国贫困地区农村居民人均可支配收入 7653
元的水平（见表 2）。这表明，建档立卡搬迁户相对于贫困地区农村居民来说，贫
困程度更深、脱贫难度更大。

表 2　建档立卡搬迁户与全国贫困地区农村居民收入结构对比

收入	建档立卡搬迁户		全国贫困地区农户	
	水平（元）	构成（%）	水平（元）	构成（%）
1. 工资性收入	935	37.9	2556	33.4
2. 经营净收入	846	34.2	3282	42.9
3. 财产净收入	77	3.1	93	1.2
4. 转移净收入	613	24.8	1722	22.5
人均纯收入／人均可支配收入	2471	100	7653	100

注：建档立卡搬迁户为人均纯收入，数据来源于调研结果计算。
全国贫困地区农户为人均可支配收入，数据来源于国家统计局。

（三）生产生活不便且开发难度大

建档立卡搬迁户离最近的柏油路或水泥路的平均距离为 2.16 公里，是 8 省建
档立卡贫困户的 4.1 倍[①]。搬迁户到最近集市的平均距离为 11.46 公里，实际平均
往返时间为 136 分钟。其中，中部地区湖北、湖南因合并行政村、撤乡并镇等原
因使得建档立卡搬迁户距离集市更远，建档立卡搬迁户的日常生产生活受到更多
限制，生产生活成本较高。

搬迁户人均占有耕地面积为 0.12hm²，高于 8 省建档立卡贫困户人均耕地
面积 0.08hm² 的平均值。其中，坡度 25 度以上的耕地面积（梯田不算）占比为
61.69%。但搬迁户近三分之二的耕地是需要退耕还林的坡地且质量差、耕作距离
较远、分布较为分散，集中开发的难度较大。

有 93.71% 的建档立卡搬迁户已通电话，但通过宽带或手机能够接入互联网
的比重仅为 9.46%，这表明信息化建设仍需加强。

（四）饮水困难、不安全现象突出

有 14.71% 的建档立卡搬迁户取水往返时间大于 20 分钟，属于饮水困难，这
一比例低于 8 省建档立卡贫困户 20.24% 饮水困难的平均值。四川、贵州、云南部
分建档立卡搬迁户取水往返时间大于 40 分钟，饮水较为不便。有 30.35% 的建档
立卡搬迁户饮用水是非安全饮用水，高于 8 省建档立卡贫困户饮水不安全 20.63%
的平均值。可见，虽然建档立卡搬迁户取水较普通建档立卡贫困户相对容易，但

---

① 8 省建档立卡贫困户数据从国务院扶贫办《全国扶贫开发信息系统（暨业务管理子系统）》中计算
出，下同。

饮水质量较差，不安全的比重较高。

（五）远离中心村，上学就医困难

建档立卡搬迁户到村委会的平均距离为 3.38km，实际平均往返时间为 78 分钟。其中贵州、云南等地区部分建档立卡搬迁户距离村委会的最远距离可达 15 公里且多为陡峭山路，往返需要 440 分钟，交通更为不便。到最近小学的平均距离为 6.98 公里，实际平均往返时间为 112 分钟。离最近初中的平均距离为 15.83km，实际平均往返时间为 158 分钟。其中，湖北、湖南、四川、贵州的建档立卡搬迁户因合并行政村和农村学校布局调整等原因导致距离最近小学、最近初中的距离较远，适龄学生上学较为不便，在接受义务教育方面受到很大约束。离最近诊所的平均距离为 5.64 公里，实际平均往返时间为 102 分钟。湖北、湖南、四川、贵州偏远问题更为严重，大多是由于合并行政村、撤乡并镇后医疗卫生室向行政村村部集中所致，看病难成为限制这些地方建档立卡搬迁户享受医疗服务的一个重要因素。

（六）建档立卡搬迁户住房条件普遍较差

从房屋数量和面积来看，建档立卡搬迁户绝大多数只有 1 处家庭自住房屋，占比为 95.99%，没有家庭自有住房的家庭比例为 1.58%，有 2 处家庭自住房的比例为 2.42%。建档立卡搬迁户人均住房面积为 38.63m²，高于 8 省建档立卡贫困户人均住房面积 24.19m² 的平均水平。人均住房面积平均水平小于等于 25m² 的家庭约占 41.85%。人均住房面积区域差距比较大，广西、贵州、云南有超过 60% 的建档立卡搬迁户人均住房面积小于 25m²，而且广西、云南建档立卡搬迁户的人均住房面积小于 25m²，湖北、湖南不到 30% 的建档立卡搬迁户住房面积小于等于 25m²，甘肃建档立卡搬迁户的住房面积最大，人均可达到 66m²，人均面积小于 25m² 的农户比例只有 12%。

从房屋质量来看，建档立卡搬迁户自住房屋主体结构土坯房占比为 74.48%，茅草房、竹草房、石头房等不稳定结构占比为 7.70%，两者之和远高于 8 省贫困地区农村住户"居住竹草土坯房的农户比重"5.64%[①] 的水平。砖木、砖混结构分别占比 7.24% 和 10.57%。其中，四川、云南、陕西、甘肃土坯结构占比更大。从房屋建造年份来看，有 37.70% 的住房建造于改革开放以前，部分房屋甚至可以追溯到清代和民国时期，仅有 15.94% 的住房建造于 1999 年以后。从房屋质量来

---

① 数据来源于国家统计局。

看，完好和基本完好的比例仅为 17.73%，一般损坏、严重损坏的分别占 29.22%、53.05%。四川、云南、陕西住房条件明显较差，半危房和危房的比重较高。总的来看，8 省建档立卡搬迁户虽然住房面积大于 8 省建档立卡贫困户，但住房条件明显比普通贫困户要差，具有面积较大但质量较差的基本特点。

四、建档立卡搬迁户搬迁原因分析

为了进一步分析建档立卡搬迁户的搬迁原因，我们将建档立卡搬迁户搬迁的原因分成两大类：一种类型是生存环境差且居住偏远，或者居住在地质灾害村受地质灾害威胁，面临着"一方水土养不起一方人"的"生存型"搬迁户；另一种类型是面临住房条件差、看病难、上学难等问题的"发展型"搬迁户。如果搬迁户搬迁原因既不是"生存型"也不是"发展型"，则视为暂不需要搬迁户。

将至少满足人均耕地少、饮水困难中的一个条件视为生存环境差，将至少满足离硬化道路距离远、离最近集市距离远中的一个条件视为偏远。我们将同时面临生存环境差和居住偏远难题的建档立卡搬迁户，加上部分生活在地质灾害村受地质灾害威胁的搬迁户划分为"一方水土养不起一方人"的"生存型"搬迁户。总的来看，有 55.08% 的建档立卡搬迁户面临着"一方水土养不起一方人"的"生存型"约束（表 3）。

表 3 建档立卡搬迁户面临的"生存型"约束（单位：%）

地区	生存环境差		偏远		地质灾害威胁
	人均耕地少占比	饮水困难占比	离硬化路距离远占比	离最近集市距离远占比	生活在地质灾害村占比
湖北	25.00	8.20	60.94	50.00	17.54
湖南	44.03	20.99	72.02	79.42	15.39
广西	39.03	4.46	65.06	63.94	0
四川	41.50	28.46	73.91	76.28	14.67
贵州	55.73	50.99	82.61	61.66	12.38
云南	82.38	21.31	68.85	69.26	3.33
陕西	50.78	12.40	51.94	64.73	0
甘肃	26.75	50.21	69.55	43.21	0
总体	45.52	24.32	68.00	63.55	8.77

注：人均耕地少——少于该省建档立卡贫困户人均耕地水平。饮水困难——建档立卡搬迁户喝水来源为窖水、池塘水、雨水，或者取水往返时间大于 20 分钟。离硬化路距离远——远于该省建档立卡贫困户距离主干路距离平均水平。离最近集市距离远，考虑到地区差异，中部湖北、湖南大于 8 公里，西部广西、四川、贵州、云南、陕西、甘肃大于 6 公里。生活在地质灾害村，地质灾害村的名单来自国务院扶贫办。

将离诊所距离远视为看病难,将离小学距离远视为上学难。我们将建档立卡搬迁户至少面临住房条件差、看病难和上学难中的一个视为受到"发展型"约束的搬迁户。从表4可以看出,建档立卡搬迁户住房条件差、看病难、上学难的占比分别为82.32%、46.51%、30.71%。总体来看,面临"发展型"约束的农户比例达88.01%。

表4　建档立卡搬迁户面临的"发展型"约束(单位:%)

地区	住房条件差	看病难	上学难
	住房条件差占比	离诊所距离远占比	离小学距离远占比
湖北	88.67	57.42	47.66
湖南	86.01	60.49	47.74
广西	50.19	31.23	14.13
四川	91.30	50.99	37.94
贵州	79.84	60.87	38.34
云南	97.13	54.51	33.20
陕西	94.57	43.41	21.32
甘肃	72.84	13.58	6.17
总体	82.32	46.51	30.71

注:住房条件差——建档立卡搬迁户无房屋、房屋结构一般损坏、严重损坏。离诊所距离远——建档立卡搬迁户到最近诊所的往返时间大于90分钟。离小学距离远——建档立卡搬迁户到最近小学的往返时间大于120分钟[①]。

总体来看,在所调查的建档立卡搬迁户中,同时面临"生存型"和"发展型"约束的约占50.42%,仅"生存型"约束占比为4.66%,仅"发展型"约束占比为37.59%。不受约束,暂时不需搬迁的农户比例为7.33%。其中,湖南、四川、贵州、云南面临生存和发展双重约束的搬迁户占比较高,湖北和陕西面临纯发展型约束的搬迁占比较高。调查结果表明绝大多数建档立卡搬迁户确实面临着或多或少的生存、发展约束,从而需要在这些地方实行易地扶贫搬迁。

五、建档立卡搬迁户搬迁意愿和承受能力

(一)建档立卡搬迁户搬迁意愿强烈但仍有疑惑

从建档立卡搬迁户的搬迁意愿来看,非常愿意和比较愿意搬迁的农户占比为92.12%,不太愿意、非常不愿意和说不清楚的占比为7.88%。总体来看,搬迁意愿还是很强烈的,搬迁符合绝大多数农户的需求。从搬迁户自己选择的原因来看,搬迁的第一原因为太偏远,占比为44.08%,第二原因为生存环境差,占比为

---

① 这里给离诊所距离远施加了更强的约束。

22.73%，第三原因为住房条件差，占比为 11.30%（见表 5）。各省的搬迁原因不尽相同，其中贵州、云南搬迁的原因除生存环境差、太偏远以外，灾害频发也是一个重要原因，甘肃搬迁的一个重要原因是缺水。

从搬迁能够给建档立卡搬迁户带来的正面影响来看，搬迁户认为搬迁带来的好处是交通的便利、住房条件的改善和上学的方便，有 48.57% 的搬迁户将交通便利作为搬迁的最主要好处，有 19.92% 的搬迁户将住房条件改善作为搬迁的第二大好处，有 14.10% 的搬迁户将孩子上学更加方便作为搬迁的第三大好处。其他好处为看病更加方便，占比为 6.92%。分省来看，多数地区的建档立卡搬迁户把交通更加便利，看病更加方便、自然或地质灾害减少视为搬迁的三大好处之一。这也与因地区偏远、生态环境差和住房条件差等客观情况相符。搬迁户希望通过搬迁带来更加便利的交通条件以方便孩子上学和日常出行，且搬迁后能显著改善住房条件。

从建档立卡搬迁户搬迁存在的困难或疑虑方面来看，有 54.54% 的搬迁户认为缺钱是搬迁面临的最大困难。这与部分调研对象尚未实施搬迁、政策宣传不到位，且多数待搬迁户不了解搬迁补助政策等因素有关，也在一定程度上表明建档立卡搬迁户收入水平较低，很难拿出大量的自付资金。第二和第三位的担心是搬迁后收入来源没有保障以及搬迁后无地可种。其他的是担心耕地太远，生产不便。

表 5　建档立卡搬迁户对搬迁的主观判断

选项	第一	第二	第三
搬迁原因	太偏远	生存环境差	住房条件差
搬迁好处	交通便利	住房条件改善	孩子上学更加方便
搬迁面临的最大困难	缺钱	搬迁后收入来源没有保障	搬迁后无地可种

（二）建档立卡搬迁户有部分搬迁支付意愿

一般而言，建档立卡搬迁户最多愿意拿出 13158 元自付资金用于搬迁，但各省搬迁户在最多愿意拿出多少自付资金方面存在巨大差异，广西、四川、陕西、甘肃搬迁户愿意拿出的搬迁自付资金高于平均水平，而湖北、贵州、云南搬迁户不愿意拿出一分钱自付资金的比例高于平均水平。平均来看，建档立卡搬迁户最多愿意借 16907 元来用于搬迁，借钱搬迁意愿的地区差异比较明显，广西、云南、陕西、甘肃搬迁户愿意借钱来用于搬迁的意愿高于平均水平且突破 2 万元，而湖北、贵州、陕西搬迁户不愿意借钱来用于搬迁的比例高于平均水平。2015 年底所有调查户的平均负债为 11028 元。甘肃因为多数搬迁户都有扶贫贴息贷款，户均负债达到 30790 元。

六、建档立卡搬迁户搬迁政策需求

（一）建档立卡搬迁户对人均住房面积的要求

总体来看，建档立卡搬迁户认为人均住房面积达 28.19m² 才够用，其中，湖北、湖南、四川、陕西认为要高于 30m² 才够用。从比例来看，60% 的搬迁户能接受人均住房面积少于或等于 25m²，40% 的建档立卡搬迁户认为住房面积应该要大于 25m² 才够用，其中四川、云南、陕西有超过 50% 的建档立卡搬迁户认为要大于 25m² 才够用。对住房面积的要求与现有住房面积不存在明显的关联。

（二）建档立卡搬迁户搬迁后续政策需求强烈

总体来看，有 30.26% 的搬迁户认为搬迁后需要的是为家庭提供本地就业机会，有 26.35% 的搬迁户认为搬迁后需要的是在安置点就近提供耕地，有 23.13% 的搬迁户认为搬迁后需要提供生活补贴或社会保障（表 6）。除此之外，在安置点发展农业产业也是建档立卡搬迁户认为需要优先扶持的内容之一。

在基础设施和社会服务方面，有 28.08% 的建档立卡搬迁户希望安置点优先投资于道路，有 23.08% 的建档立卡搬迁户希望优先投资于饮水，有 18.97% 的搬迁户希望优先投资于教育。除此之外，在安置点设定产业和医疗也是建档立卡搬迁户认为的需要优先投资的领域之一。

表 6　建档立卡搬迁户后续政策需求

选项	第一	第二	第三
对家庭优先扶持	提供本地就业机会	提供生活补贴或社会保障	在安置点发展农业产业
安置点优先投资	道路	饮水	教育

七、结论和政策建议

从抽样调查的结果来看，地方政府对搬迁户的识别准确率很高。93% 的调查户需要搬迁，其中 50% 的搬迁户既面临"一方水土养不活一方人"的生存性制约，也面临住房、教育和医疗条件差的发展性约束，38% 面临发展性约束，5% 面临纯生存性约束。这些贫困户只有通过搬迁才能以相对较低的成本、较为彻底地解决生存和发展问题，而且 92% 的调查户也愿意搬迁。从抽样结果来看，迁出区域基本属于自然条件较差、生存环境恶劣、发展条件严重欠缺且建档立卡贫困人口相对集中的农村贫困地区，总体上符合"精准识别，精准搬迁""群众自愿，应搬尽搬"的要求，瞄准对象锁定为"一方水土养不起一方人"地区中的建档立卡贫困人口，贫困人口对于通过易地扶贫搬迁实现脱贫致富的做法高度认同，搬迁意愿强烈。

一半以上的列入搬迁对象范围但尚未实施搬迁的搬迁户担心搬迁的成本和负担过大，而中央和地方政府通过多种途径，通过中央预算内投资、地方政府债务资金、专项建设基金、低成本长期贷款、农户自筹资金和地方自筹及整合其他资金筹集 6000 亿资金用于搬迁，按照市场化运作原则，通过新设立、改造或在现有综合性投融资公司中设立子公司方式，组建省级投融资主体，并同步组建市（县）项目实施主体的方式，彻底解决了贫困户搬不起的问题。由于住房建设在易地扶贫搬迁中的成本占比最高，政策规定中央补助的建档立卡贫困户人均住房建设面积不超过 25m²，以便控制搬迁总成本和减少搬迁户的负债。这一政策在总体上是符合实际情况的，因为搬迁前人均住房面积平均水平小于等于 25m² 的家庭比例为 42% 且绝大部分是危旧房，60% 的搬迁户接受人均住房面积少于或等于 25m²，所有搬迁户认为人均住房面积 28m² 就够用，但不同地区和不同农户对住房面积的需求确实存在一定的差异。此外，搬迁户也有支付部分搬迁费用的意愿，平均每户愿意通过自筹和借贷承担 3 万元左右的成本，但农户之间差异较大。

根据调研结果提出几点具体建议：

（一）需要加强易地扶贫搬迁政策的宣传工作

从规划搬迁户的担忧和困难来看，他们对易地扶贫搬迁政策还缺乏充分的了解。为了保证搬迁的资金需求，政府和国家政策性银行筹集了 6000 亿专项资金，总体上看不会出现搬不起的问题。需要让搬迁户充分了解扶持政策，特别是资金政策。

地方政府需要进一步加强易地扶贫搬迁政策宣传、解释工作，做到政策宣传到位，方案解释清楚。通过现场接待、召开座谈会、入户访谈等形式加强与搬迁户的沟通，及时了解搬迁户的思想动态，做好释疑解惑、政策宣传以及对诉求表达的正确引导。

（二）易地扶贫搬迁要根据轻重缓急分类施策

现有政策规定，在搬迁方式的选择上，对生存环境差、贫困程度深、地质灾害严重的村庄，应以自然村整村搬迁为主，同时，按照统一规划、分批实施的原则给予优先安排。由于搬迁户目前的生存状况差异较大，需要搬迁的原因不一，搬迁应该区分轻重缓急，优先解决深度贫困问题。在工作部署上应该安排占55%的"生存制约型贫困"户优先搬迁，对38%的"发展制约型贫困户"的搬迁可以安排在"生存制约型贫困户"之后，而对于暂时不需要搬迁的农户不急于安排搬迁。对于无房户和居住在茅草房、竹房、石头房的农户应该优先安排搬迁。对于目前还居住在上世纪60年代中期前住房且损坏严重的应优先安排，但对于具有历史价值的清代和民国时期的老住房，搬迁后则不能轻易复垦，要注意保护。

（三）搬迁方式需要因地制宜并符合贫困家庭的生计能力

从调研的结果看，各省搬迁户在资源禀赋、地理条件、居住环境、公共服务、扶持政策需求等方面存在明显差异，搬迁方式需要因地制宜。应该根据贫困人口的实际状况确定合理的搬迁方式，以达到"搬得起、稳得住、能致富"的目标。

考虑到搬迁人口在家庭结构和能力等方面的差异，应因地制宜地采取梯度搬迁的方式，为搬迁户提供更多的可利用资源。对有能力在城镇稳定就业的贫困人口，可以优先搬迁到城镇，并提供必要的技能培训和工作岗位，这又与当地城镇化程度和非农产业发展所能提供的就业机会有关。针对劳动能力缺失和只能以农业为生的贫困人口，主要采取就近集中安置的方式，同时提供适应当地条件的农业和非农产业扶持。避免采用过于单一的安置方式以及没有就业保障的简单城镇化搬迁。

（四）在严格控制标准的基础上，因地因户制宜地进行住房建设

根据中央要求，安置住房按照"保障基本、安全适用"的原则，做好建档立卡搬迁人口安置住房的规划和建设，建档立卡搬迁人口住房建设面积严格执行不超过 $25m^2$/人的标准（宅基地严格按照当地标准执行），其中单人单户安置住房可采取集中建设公寓，或与幸福院、养老院共建的方式解决，具体建设方式和标准由地方政府结合当地实际确定。按照一户一宅方式安置的，可以在分配的宅基地预留续建空间，稳定脱贫后可自行扩建。尽管中央补助人均 $25m^2$ 的住房标准符合多数家庭的实际需求，但由于家庭规模、经济状况和负债能力不同，搬迁户对住房的需求也不完全一样。建议根据实际需求和能力多设计几个安全住房的户型，以便适应不同农户的需要。考虑到部分建档立卡搬迁户有扩大住房面积的诉求和需要，可以借鉴部分地区留出扩建房屋空间的经验，让搬迁户在稳定脱贫销号以后，根据自身的经济条件改善和扩大住房面积。与此同时，由于一部分农户

有一定的搬迁和建房的支付能力，在不增加搬迁户负债的条件下，可以考虑与住房面积大小和支付能力挂钩的差异化补贴政策。

（五）加强搬迁后的后续扶持政策

根据中央要求，易地扶贫搬迁应紧密围绕搬迁对象的脱贫目标，把扶持搬迁对象的后续发展摆在更加重要位置，坚持因地制宜、多措并举、精准施策，与相关专项规划充分衔接，积极探索资产收益扶贫新机制，拓宽搬迁对象的增收渠道，搬迁安置与产业发展同步推进，实现稳定脱贫。搬迁只是手段，脱贫才是目的，应统筹考虑资金分配，避免将过多的资金用于建房而忽视后续的扶持措施。从搬迁户的需求来看，稳定的本地就业是搬迁户最为看重的，其次是需要有耕地和产业发展，再次是提供社会保障。因此，搬迁后应该根据搬迁户的实际情况重点在这几个方面进行有针对性的扶持，并且在搬迁前就与搬迁户进行充分的沟通，让他们没有后顾之忧。道路、饮水和教育是搬迁户最需要的基础设施和公共服务，必须进行重点投资。各地应该立足安置区资源禀赋，依据不同的搬迁安置模式，通过统筹整合财政专项扶贫资金和相关涉农资金，支持发展特色农牧业、劳务经济、现代服务业，探索资产收益扶贫等方式，增加其发展的空间和可利用的资源，确保实现稳定脱贫。

参考文献

［1］国家统计局. 中华人民共和国 2016 年国民经济和社会发展统计公报. http：//www.stats.gov.cn/tjsj/zxfb/201702/t20170228_1467424.html.

［2］陆汉文，黄承伟. 中国精准扶贫发展报告 2016. 社会科学文献出版社，2016.

［3］国家发展和改革委员会. 全国"十三五"易地扶贫搬迁规划. http：//www.sdpc.gov.cn/zcfb/zcfbtz/201610/W020161031494556658763.pdf.

［4］中华人民共和国国务院新闻办公室. 中国的减贫行动与人权进步. 人民出版社，2016.

［5］国家发展和改革委员会地区经济司. 易地搬迁，脱贫发展天地宽. http：//dqs.ndrc.gov.cn/fpkf/201702/t20170227_839236.html.

［6］Cernea M M.The economics of involuntary resettlement：Questions and challenges. Washington，D.C.：World Bank Publications，1999.

［7］施国庆，严登才，孙中民. 水利水电工程建设对移民社会系统的影响与重建. 河海大学学报（哲学社会科学版），2015（01）：36-41.

［8］何得桂，党国英. 西部山区易地扶贫搬迁政策执行偏差研究——基于陕南的实地调查. 国家行政学院学报，2015（06）：119-123.

［9］施国庆，严登才，周建. 生态移民社会冲突的原因及对策. 宁夏社会科学，2009（06）：75-78.

［10］周现富，张华山. 水库移民社会支持网与安置效果分析. 河海大学学报（哲学社会科学版），2013（01）：30-33.

［11］汪三贵，曾小溪. 易地扶贫搬迁调研报告. 2016.

［12］王晓毅. 易地扶贫搬迁方式的转变与创新. 改革，2016（08）：71-73.

（本文与曾小溪合著，原载《河海大学学报（哲学社会科学版）》2019年第2期）

第六章 金融扶贫"引活水"

产业扶贫模式创新：产业扶贫基金的运行机制与效果

一、引言

产业扶贫是我国精准扶贫的重要举措，在推动贫困人口脱贫增收、带动贫困村整体发展方面发挥着显著作用。2015年11月，习近平总书记在减贫与发展高层论坛上强调，要按照贫困地区和贫困人口的具体情况，实施"发展生产脱贫一批、易地搬迁脱贫一批、生态补偿脱贫一批、发展教育脱贫一批、社会保障兜底一批"的"五个一批"精准扶贫模式。其中，产业扶贫涉及对象最广、涵盖面最大，是打赢脱贫攻坚战的重要保障，也是其他扶贫措施取得成效的重要基础。通过产业扶贫项目的开展，贫困户主观能动性得到提高，收入迅速增加，贫困人口明显减少。此外，产业扶贫能有效缓解贫困地区脆弱的生态环境，有利于产业与生态系统的可持续发展。

但我国以往的产业扶贫主要由政府主导或推动，更多的是一种政府行为，存在资金使用效率较低、可持续性差等问题。政府主导的产业扶贫过度依赖行政路径，产业扶贫资金多以贴息、补助、奖励等形式发放，未形成内生重复循环和发挥财政扶贫资金的杠杆作用；产业扶贫资金自上而下层层下拨，资金审批环节多，扶贫部门很难进行有效的监督和管理，容易产生骗取资金和腐败问题。此外，依赖行政手段选择的产业扶贫项目，容易形成同质化竞争的局面，贫困户的长远利益无法得到保障；由政府主导的产业扶贫只注重前期的投入而忽视了后期对于技术、管理、资金等方面的扶持，导致一些产业所投入的项目半途而废，效果欠佳，可持续性差。

同样，单纯依靠市场机制也不能解决中国的贫困问题。尽管市场机制大多数时候是有效的，可以实现资源的有效配置，但在扶贫领域仅依靠市场机制很容易出现"市场失灵"现象。首先，贫困的减少可避免社会动荡，带来社会秩序的好转，这种良好的社会秩序是具有非竞争性和非排他性的"公共产品"，而纯粹的市场机制在公共产品提供方面很容易出现"失灵"。其次，市场有效需要基于经济信息完全和对称的基本假设，然而贫困地区因其落后的通信设施和信息传播渠道很难满足这一假设。此外，市场机制强调充分竞争和利益最大化目标，人力资源等总是流向经济回报率较高的非贫困地区，导致非贫困与贫困地区的发展呈现两极分化的"马太效应"，阻碍贫困人口脱贫目标的实现。

因此，在坚持政府推动的前提下，引入市场机制和市场力量参与扶贫，是提高扶贫精准性和效率的有效途径。政府主导的优势主要体现在其可以通过一系列具有一定程度强制性的政治机制和程序，开展不追求短期收益的扶贫项目，从而实现资源配置的公平性。然而，过度的政府干预会造成资源配置失当，产生"政府失效"的现象。而市场机制通过市场主体分散的竞争和创新行为，可有效提升资源配置效率，具有可持续性，但面对非排他性和非竞争性的公共服务时又容易产生"市场失灵"。因而，重视政府与市场各自的优势，在政府推动的前提下引入市场机制，共同促进生产要素综合作用的发挥，是促进贫困户稳定脱贫致富的创新模式。目前，我国已初步探索形成兼具市场化和政策性的产业扶贫基金模式，该产业扶贫基金遵循市场经济规律，但只要求实现保本微利，不以利益最大化为目标，整个模式兼顾扶贫目标和市场原则。

产业扶贫基金结合政府和市场机制，遵循市场经济规律和基金运营规律，是我国产业扶贫的创新模式。产业扶贫基金模式以基金的形式为贫困地区具有发展前景和带动能力的龙头企业注入资本，通过产业资本和贫困地区资源的结合，促进贫困地区产业发展。截至2018年10月，产业扶贫基金已在贫困地区投资共计95个项目，投资金额140亿元，投资项目分布于全国27个省（自治区、直辖市），实现14个集中连片特殊困难地区全覆盖。那么，产业扶贫基金的运行机制是怎样的？通过哪些渠道带动农户？带动效果如何？具体实施过程中还存在哪些制约因素？回答以上问题对于完善产业扶贫基金的运行机制，提高产业扶贫基金的实施效果，推动产业扶贫模式创新具有重要意义。基于此，本研究通过对5省10家企业深入的典型调查分析，阐述产业扶贫基金的运行机制，总结凝练不同带动方式及其效果，在此基础上深入探讨产业扶贫基金的优势及其制约因素，以期为我国产业扶贫模式的优化提供决策支持。

二、产业扶贫基金的运行机制

（一）产业扶贫基金模式的理论依据

产业扶贫是以市场为导向，以经济效益为中心，以产业发展为杠杆的扶贫开发过程，是促进贫困地区发展、增加贫困户收入的有效途径。目前，中国的产业扶贫模式主要是政府主导的产业扶贫模式，即政府运用产业扶贫资金的投入扶持贫困地区、贫困人口发展产业，通过项目制形式实现产业发展促进贫困地区贫困人口脱贫。在这种模式中，政府引入市场力量，发挥市场"无形之手"在生产要素配置等方面的基础作用，推动贫困户参与市场，从而提高农户的经济收益。首先，在该种产业扶贫模式中，政府仍然占主导地位，其他市场主体参与较少，产业扶贫的实施过程遵从政治性逻辑，导致产业扶贫资金的使用效率较低，出现"政府失灵"问题。其次，政府"看得见的手"对产业选择的行政干预过多，缺乏市场对产业发展的引导，容易形成产业的同质化竞争，不遵循产业发展的市场化规律，弱化了市场力量的作用，导致贫困户的长远利益无法得到保障。

如何解决政府主导的产业扶贫模式存在的诸多问题？理论界认为产业扶贫应遵循市场导向、政府参与的发展模式，作为基础的政府"看得见的手"和作为主导的市场"无形之手"相互补充，共同促进，形成"退位—进位""缺位—补位"的协作机制。随着产业扶贫工作的不断深入，中国产业扶贫出现了一种以市场主导、政府参与的新型模式——产业扶贫基金模式。这种新的产业扶贫模式将市场和政府有机结合，使市场机制的优越性和政府干预相互补充，即遵循市场的有效资源配置规律，同时注重政府对"市场失灵"的干预。政府的角色从主导者转变为参与者，主要为企业、新型经营主体等市场力量创造良好的制度与政策环境、提供准确及时的信息，吸引更多市场主体参与产业扶贫，同时监督企业等市场主体对贫困户的带动成效。在政府的资金、政策支持和监督下，企业、新型经营主体等与贫困户建立稳定的利益联结机制，通过不同带动方式帮助贫困户发展产业，发挥市场在产业扶贫中要素配置的主导性，提高其经济活动的效率，使更多的贫困户的收入增长具有可持续性。

（二）产业扶贫基金模式的参与主体及其作用

产业扶贫基金模式是以基金的形式，依托贫困地区的自然资源禀赋和特色产业发展基础，为具有发展前景和带动能力的龙头企业注入资本，通过产业资本和贫困地区资源的结合，促进贫困地区产业发展，形成了"产业基金＋企业＋贫困地区资源（政策、自然资源禀赋）+ 农村人口"的产业扶贫新模式。产业扶贫基金模式涉及的参与主体主要包括基金管理公司、政府、企业、被帮扶农户（贫困户和非贫困户）。不同参与主体因参与目的和动机不同，其行为特征表现出差异性，进而投入的生产要素也不同，通过资源的整合使产业扶贫基金发挥最大的效益（见图1）。

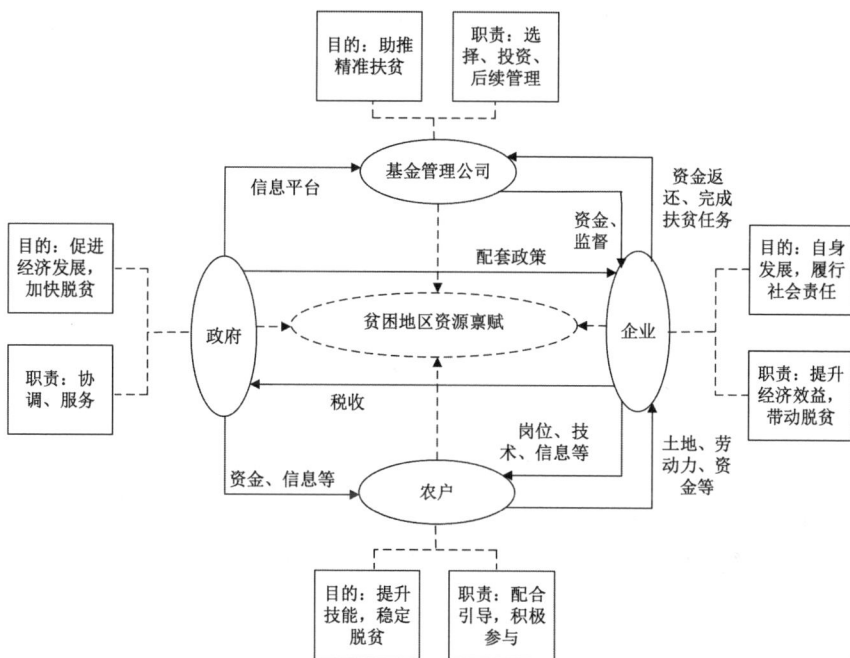

图1 产业扶贫基金模式参与主体投入要素及其关系图

基金管理公司是产业扶贫基金的管理人，是市场化的运作主体，既要把基金投资出去，还要保证基金投资能实现保本微利的经济目标和精准脱贫的政策目标。产业扶贫基金运行过程中，基金管理公司主要负责项目的选择、投资及后续管理等事宜。首先，基金管理公司通过项目策划、现场调研、投资立项、签署投资意向书等一系列投资决策流程，将产业基金投资于贫困地区具有发展潜力的企业，投资方式包括股权投资、债权投资、设立子基金等法律法规允许的方式。其次，基金管理公司除对企业投入资金外，还提供财务预算、市场营销、法律实务、资本运作等专业培训，改进企业的治理结构和管理水平。再次，基金管理公司设定灵活有效的退出机制，基金投资项目可通过股权回购、股权转让、并购重组、首发上市等市场通行方式退出，也可采用目前国家专项建设基金采取的协议转让方式直接转让给原股东。此外，基金管理公司监督被投企业对资金的使用情况和对当地农户的带动情况，但不干涉被投企业的日常经营活动。

政府在产业扶贫基金运行中不再起主导作用，而是主要发挥杠杆和中介作用。首先，中央政府在产业扶贫基金的运行中充分发挥杠杆作用，引导其他社会资本进入，有效增加资本供给。地方政府在产业扶贫基金运行过程中发挥协调和服务功能，其主要目的是通过引进基金投资，促进当地经济发展，帮助更多贫困人口实现本质脱贫。在项目选择阶段，为基金管理公司提供本地区的自然资源禀赋、产业发展情况、贫困状况等信息，便于基金管理公司选择投资对象；在项目运行阶段，为产业扶贫基金进入企业提供相应的税收优惠和支持政策，并营造良好的政策环境，同时对农户进行引导，为其提供资金、信息等服务，便于其积极参与到产业扶贫基金项目中；在基金扶贫效益评估阶段，对企业提供的相关贫困职工名单、贫困户收入支付凭证等进行认定，便于对产业扶贫基金的税收贡献、资金撬动作用、扶贫带动进行评价。

企业在产业扶贫基金运行中处于核心地位，是连接产业扶贫基金和贫困户的纽带，直接影响产业扶贫基金的经济目标和政策目标的实现。企业参与产业扶贫基金主要是为了利用产业扶贫基金满足企业发展的资金需求，兼顾发挥企业在扶贫中的社会责任。被投企业要正确利用产业扶贫基金，保证产业扶贫基金的资金安全；同时接受和配合基金管理公司的监督，定期汇报基金的运行情况，并保证项目结束时基金及时清算退出。在追求经济效益的同时，要根据扶贫基金的要求和目标探索适宜的带动方式，为农户提供农业生产资料、生产技术、就业岗位等；通过合同、合作、股份合作、资产收益等方式，与被帮扶农户之间建立稳定的利益联结机制；搭建农户和市场之间的桥梁，使更多的贫困户参与市场，分享市场分工的便利，提高经济活动的效率。

被帮扶农户是产业扶贫基金的作用对象，其参与人数和参与程度是影响产业扶贫基金效果的关键。被帮扶农户参与产业扶贫基金是为了提高收入，增加自发展能力，缓解贫困状况。被帮扶农户在基金运行中一般通过提供劳动力、土地、资金等生产要素，与产业扶贫基金投资的企业实现对接，参与到被投企业不同的带动方式中。有劳动能力的农户，可参与到被投企业提供的生产带动或就业带动中，增加其家庭的经营性和工资性收入；缺乏劳动能力的农户，可利用自有资产等投入到被投企业的生产经营中，增加其家庭财产性收入。此外，农户持续稳定的脱贫离不开自身能力的提高，被帮扶农户也要积极参与被投企业和政府组织的技术和技能培训，增强自我发展能力，依靠自身能力实现稳定持久脱贫。

三、产业扶贫基金的带动方式与效果

为深入分析产业扶贫基金的带动方式及其效果，本文采用案例调查的方法，对产业扶贫基金的不同参与主体进行深度访谈。产业扶贫基金的带动方式包括对当地农户的带动和除农户之外的社会经济带动，其中对当地农户的带动方式可分为直接生产带动、就业带动和资产收益带动三种。

（一）调研案例基本情况

课题组于 2017 年 8 月对产业扶贫基金投资的 5 省 10 家企业进行案例调查，了解产业扶贫基金的投资情况、被投企业所在地的政策环境、被投企业对资金的利用情况、被投企业创造的经济效益和社会效益等。案例中的企业涉及农业、工业、旅游业等不同行业，其经营范围包括中药材种植、有机肥生产、养殖销售、环保产品研发、休闲养生等。被投企业所在区域主要为秦巴山区、吕梁山区、滇西边境山区、太行山区和武陵山区等集中连片特殊困难地区。产业扶贫基金对企业的投资方式包括股权投资、债券投资、债券投资 + 可转债三种类型，投资额度区间处于 3000 万—50000 万元。具体的调研案例企业的基本情况见表 1。

表 1　调研案例企业基本情况

行业	企业	主营业务	投资区域	投资方式
农业企业	1	中药材种植、加工、销售等	秦巴山区	股权投资
	2	有机肥料研发、生产和销售	秦巴山区	股权投资
	3	休闲食品的加工生产及相关的电商营销	吕梁山区	股权投资
	4	饲料、兽药的加工与销售、养殖及养殖服务	吕梁山区	附有转股条件的债权
	5	丝绸高端原料收购、加工	滇西边境山区	债权投资 + 附有转股条件的债权
工业企业	6	电力、热力项目建设和运营等	吕梁山区	债权投资 + 附有转股条件的债权
	7	CL 建筑体系的生产与销售	太行山区	股权投资
	8	污水处理和大气治理领域相关产品的研发、生产和销售	太行山区	股权投资
旅游企业	9	生态文化旅游产业的开发建设和经营管理	武陵山区	股权投资
	10	香草种植、加工和薰衣草旅游度假、香草休闲养生	武陵山区	股权投资

（二）直接生产带动方式及其效果

直接生产带动是指位于农业产业链上下游的被投企业，通过在生产、销售等环节为农户提供优良品种、生产技术、销售方式、销售渠道、服务指导等，帮助农户增加生产经营性收入。直接生产带动包括订单农业带动型和农业生产服务带动型两类。

第一类为订单农业型，即在农业生产之前，被投企业与当地农户签订具有法律效应的供销合同，农户根据合同组织生产，被投企业则按照合同收购农产品。在这种带动方式中，被投企业向农户提供生产所需的原材料、生产设备、技术等，并对农户进行技术培训，帮助农户进行农业生产；农户投入劳动力、土地等，以合同约定的价格出售给被投企业，从中获得收益。农户和被投企业之间的利益通过合同来连接，收益机制较为稳定。例如，企业 1 是一家集中药材种植、研发、加工、销售于一体的现代化生产经营企业，通过在当地开展订单农业，向农户提供种苗、技术支持、产品收购等服务，农户自家管理，药材收割后以合同约定的最低保护价卖给被投企业，不仅解决了农户没有致富门路的难题，使农户有了稳定的收入来源，也为企业提供了可靠的原料基地。该企业通过订单农业的方式带动 1573 户农户种植中药材，户均增收 3500 元 / 年。

第二类为生产服务型，即被投企业以免费或低价的方式为农户提供农机制造、种子、肥料、农药等农业生产资料，降低农户的农业生产成本，增加农户的农业产品产出，进而提高其农业生产效益。在这种带动方式下，通过被投企业免费或低价提供生产资料，农户投入的种苗、化肥、农药等生产资料成本下降；通过被投企业免费或低价提供的生产技术等服务，农户的生产技术提高，进而使其农产品产出增加。例如，企业 2 是一家有机肥的研发、生产、销售企业。该企业通过免费发放有机肥料给柑橘、核桃种植户，不仅降低农户的生产资料投入，还引导农户施用有机肥，提高其农产品品质，提升当地的产业竞争力。此外，该企业还自费为柑橘种植户举办科学施用有机肥的技术培训，免费提供技术指导，带动柑橘种植户科学管理，提高其种植收入。2016 年，该企业免费发放有机肥料 11 吨，惠及 200 多户柑橘种植户。

（三）就业带动方式及其效果

就业带动是指被投企业在生产经营过程中为农户提供一定的就业岗位，帮助其增加工资性收入。根据就业岗位稳定性可分为三种类型：正式工作型、合作厂工作型和临时工作型。

第一类为正式工作型，即被投企业根据农户劳动力的特征，在企业内部为其提供适宜的就业岗位。这种带动方式下，被投企业和农户之间的利益关系较为密切且稳定，即农户为企业提供劳动，被投企业为农户发放工资。在调研的所有案例企业中都存在这类带动方式，但因企业岗位有限，带动的农户数量相对较小。

例如，企业 8 是一家集环保材料设备研发、生产、销售为一体的高新技术企业，在招聘企业员工时在同等条件下优先考虑贫困人口，并根据其自身特征安排合适的工作岗位。对资质较好的年轻劳动力进行培训，安排到生产车间等技术含量较高的岗位，而对资质一般的年龄较大的劳动力，则安排到后勤等技术含量较低的工作岗位。2016 年，该企业为 60 个贫困户提供固定就业岗位，工资为 2500 元 / 月。

第二类为合作厂工作型，即被投企业通过在乡村建设合作厂（加工厂）的形式，为农村劳动力提供稳定的就业岗位。与正式工作型相比，此类带动方式更为灵活。被投企业通过合作厂（加工厂）与农户连接，形成稳定的合作关系。这种带动方式不仅降低了企业的厂房投资，也降低了企业与农户直接联结的交易成本和工资成本，有利于企业长远发展；对于农户来说，不仅方便其务农、照顾孩子和老人，还能凭借自己的劳动获得工资收入，且由于是多劳多得，有利于缓解其贫困程度和提高其劳动的积极性。例如，企业 8 合理利用农村中闲置房屋，免费提供生产设备、技术培训等服务，帮助农村剩余劳动力就业。2016 年，该企业在当地农村建立 20 家加工厂（合作厂），带动就业 624 人，其中贫困户 100 余人，平均每月收入 2000 元。

第三类为临时工作型，即被投企业在建立生产基地、收购产品等过程中为农户提供季节性岗位，农户可依靠劳动获得收入，缓解家庭贫困状况。与前两类就业带动方式相比，临时工作型具有明显的季节性，农户的工资性收入不固定。例如，企业 1 在中药材播种、除草和施肥期，采用按天计价方式向农户发放用工票，凭用工票累计额结算月工资。农户日工资为 60—70 元，工作时间灵活，满足农户家庭经营与基地干活同时兼顾的需求。在收割中药材时，工资采用按劳动量计价的方式发放工资。截至 2017 年 6 月，该企业在基地所在村带动近 200 人参与就业，其中贫困人口比例占 70%，户均就业收入突破 1.5 万元，人均增收 3500元以上。

（四）资产收益带动方式及其效果

资产收益带动是指贫困村或农户将自有资产以入股等形式加入到企业的产业发展过程中，待企业利用此类资产实现经济效益后，贫困村与农户获得相应比例的收益，进而增加农户的财产性收入。根据资产类型的不同，可以分为自有资源型和自有资金型。

自有资源型是指贫困村或农户将自有资源（土地、房屋等）以入股等形式投入到被投企业的生产经营中，从而获得相应比例的收益。例如，企业 9 是一家生态文化旅游产业的开发建设和经营管理公司，在旅游项目建设过程中，流转部分农户的土地进行景区建设，租用周边农户的闲置房屋作为企业员工和施工单位宿舍，不仅降低企业的生产成本，同时也增加了农户的财产性收益，帮助其摆脱贫困。该旅游项目征地 2500 余亩，每亩按照 2.4 万元的价格进行流转，房屋征收涉及 156 户，以每平方米 35 元的价格给予现金补贴。

第二类为自有资金型，即贫困村或农户将自有资金（财政扶贫资金、小额扶贫信贷资金等）投入到企业的生产经营中，获得相应比例的收益，缓解贫困户家庭贫困状况。对于劳动能力不足、市场意识差的农户来说，将其自有资金以入股等形式投入到企业，通过市场主体参与并发挥其经营管理特长，弥补农户的能力短板，为这部分农户提供稳定持久的收益，同时也满足企业发展的资金需求，实现双赢局面。例如，丧失劳动能力且贷款人年龄在 62 周岁及以下的贫困户，可参加扶贫小额信贷，将 5 万元的资金入股到企业 1 中，年均分红 3000 元，连续 3年获得分红；当地贫困村将扶贫专项资金入股到企业中，每个贫困户每年可享受200—300 元的分红。

（五）其他经济社会效益

产业扶贫基金除对当地农户的带动外，还带动了当地的经济和社会发展。产业扶贫基金对当地经济的带动包括对被投企业的带动和对国家或地区的经济带动。对被投企业的带动可通过被投企业的资本金净利润率和财务内部收益率等财务指标来反映。对国家或地区的经济带动可通过税收贡献和资本撬动情况来反映。例如，在税收贡献方面，企业 1 在未进入产业扶贫基金之前，缴纳所得税47.4 万元，而进入之后企业各项税收增至 154 万，相比增长 224.89%。这意味着产业扶贫基金进入企业，可通过税收有效增加当地财政收入，增强地方投资扶贫的能力。在资本撬动方面，产业扶贫基金进入以后，企业 6 的原股东进行了追加投资，并陆续与商业银行签订项目贷款协议，产业扶贫基金较好地促进了该企业的资金整合能力，提高被投企业的自身发展能力。

产业扶贫基金对当地社会的带动主要是指产业扶贫基金对当地环境保护、基础设施、上下游产业发展等方面的带动。在环境保护方面，部分企业通过引导农户采用环境友好型种植技术，对当地生态环境改善有积极作用；部分企业致力于环保产品的研发、生产和销售，为缓解当地环境污染做出巨大贡献。例如，企业1 通过订单农业形式引导当地农户种植中药材，注重生态种植技术，使用有机肥替代化肥，减少化肥施用量，且减少农药施用量 70% 以上，对当地的土壤环境有较大改善。在基础设施建设方面，30%的调研企业对当地的水、电、路等基础设施建设做出显著贡献。例如，企业10为满足生产用电电压380V的需求，对当地电网进行了改造，进而为民用电提供了保障。在上下游产业带动方面，产业扶贫基金进入企业，会在一定程度上扩大其生产经营规模，这将带动上下游企业的发展。例如，企业9的旅游景区开业后，每年客流量300万—500万人次，累计带动地方消费将达1.5亿元，带动效益明显。

四、产业扶贫基金模式的优势与困境

与政府主导的产业扶贫相比，产业扶贫基金模式按照市场经济原则充分发挥市场机制，增加市场配置资源的功能，将政府干预的"决定性作用"变为"基础性作用"，具有资金使用效率高、产业扶贫精准度高、社会参与度高和可持续性强等优势，具有一定的推广价值。但这种扶贫模式还处于探索阶段，实施中面临着经济效益和社会效益难以平衡等问题，影响产业扶贫基金效果的发挥。剖析产业扶贫基金模式存在的困境，完善其实施的外部环境，将进一步提高产业扶贫基金模式的实用性和推广性。

（一）产业扶贫基金模式的优势

一是提高精准扶贫资金的使用效率。政府主导的产业扶贫资金多以贴息、补助、奖励等形式发放，未形成内生重复循环和发挥财政扶贫资金的杠杆作用；产业扶贫资金自上而下层层下拨，资金审批环节多，扶贫部门很难进行有效的监督和管理，容易产生骗取资金和腐败问题。产业扶贫基金模式将扶贫资金"改补为投"，到期收回，增加资金的融通功效，同时引导社会资本投入，发挥资金的杠杆放大效应和撬动效益；简化行政审批，提高扶贫资金的投放运行效率，降低制度性交易成本，从源头上预防贪腐发生，增加资金的公正性。

二是增加产业扶贫的精准性。政府主导的产业扶贫选择产业过度依靠行政手段，缺乏市场引导，以至于产业扶贫资金难以对接到较好的产业和企业上，影响产业扶贫的效果和可持续性。另一方面，产业扶贫中容易产生精英捕获现象，在村庄层面表现为扶贫资源向经济基础好、容易出政绩的村倾斜，在村庄内部表现为"扶富不扶贫"。产业扶贫基金模式则是根据贫困地区自然资源禀赋，将扶贫资金投向贫困地区的特色农业产业和高附加值农业服务业，实现农业产业的结构化调整和规模化升级；另一方面产业扶贫基金能精准对接被投企业的发展需求，将资金用在刀刃上，真正实现扶贫资金在贫困地区产业发展中的正确引导和精准投放。

三是提高社会力量参与度。政府主导的产业扶贫无论是在产业扶贫项目申请前的社会需求评估环节，还是在产业扶贫项目的申请、执行和验收评估环节，社会力量的参与都严重不足。产业扶贫基金模式能发挥中介作用和杠杆作用，引导社会资本投入贫困地区优势产业和具有发展潜力的企业，促成政策扶贫资金和社会主体的资金联手推进精准扶贫开发的局面，从而提高社会主体参与扶贫的程度，构成政府、市场、社会主体共同参与的扶贫大格局。

四是产业扶贫的可持续性增强。依赖行政手段选择的产业扶贫项目，容易形成同质化竞争的局面，贫困户的长远利益无法得到保障；产业扶贫只注重前期的投入而忽视了后期对于技术、管理、资金等方面的扶持，导致一些产业所投入的项目半途而废，效果欠佳，可持续性差。产业扶贫基金模式通过市场化手段，选择贫困地区具有区域特色、发展潜力和盈利能力的企业进行投资，帮其建立健全各项规章制度、标准和流程，开展财务预算、市场营销、法律实务、资本运作等专业培训，为企业培育优秀企业家，提升企业整体管理水平，增强企业造血能力，提高企业对贫困户的带动能力，可持续地带动当地产业发展，促使贫困户脱贫致富。

（二）产业扶贫基金模式面临的困境

虽然产业扶贫基金模式相比于政府主导的产业扶贫具有明显的优势，也取得了初步成效，但是它在运行过程中仍然面临两方面的困境：一是部分产业扶贫基金投资企业的经济利益与扶贫责任较难平衡。被投企业作为市场经济主体，以利润最大化为目标，同时它也是产业扶贫基金的核心，需要按照产业扶贫基金的要求带动贫困地区和贫困人口脱贫致富，但企业需要拿出多大的经济利润用来扶贫较难确定。如果企业让利较少，忽略扶贫责任，就会导致产业扶贫基金政策目标难以实现；如果企业承担过多的扶贫责任，就会增加企业的运行成本，影响产业基金的资金安全。虽然在产业扶贫基金运行过程中，基金管理公司会对企业需承担的社会责任进行监督，但因企业所属行业不同，经营范围不同，对贫困户的带动方式和带动能力差异较大，同时不同地区的贫困状况也各有不同，基金管理公司无法确定企业需要承担多少社会责任，导致部分企业没有充分发挥自己的带动效用，进而影响产业扶贫基金的扶贫效果。

二是地方政府与基金投资企业的合作程度不高，贫困地区基础设施条件落后，限制了产业扶贫基金模式的扶贫效果。当地政府在产业扶贫基金运行中不占主导地位，只起协调、服务功能，为产业扶贫基金的运行创造有利的政策环境。在实际中发现，部分政府未与产业扶贫基金充分对接，以至于投资企业不了解当地具体的贫困情况，不清楚贫困户的真实诉求，使得对贫困户的瞄准不够精准。其次，部分地方政府为产业扶贫基金提供的配套政策较少，影响产业扶贫基金的后期运行，进而使产业扶贫基金的覆盖面和扶贫效果受限。再次，贫困地区基础设施落后，限制被投企业帮扶效果的发挥。例如，部分案例企业反映当地水利灌溉设施不健全，影响部分特色经济作物的产量，进而影响农业企业对农户的带动效益；部分贫困山区通村道路没有硬化，降低企业对加工品和产品的运输效率，进而影响企业的扶贫力度；部分贫困村没有通数字网络，使得借助网络平台带动贫困户销售产品和当地特色农产品的想法很难实现，从而导致贫困村被排除在外。

五、研究结论与政策建议

（一）研究结论

本文在阐述产业扶贫基金运行机制的基础上，利用5省10家企业的典型案例数据分析产业扶贫基金的带动方式及实施成效，进而探究产业扶贫基金模式的优势和面临的困境。研究结果表明：（1）产业扶贫基金模式以基金的形式，依托贫困地区的自然资源禀赋和特色产业发展基础，为具有发展前景和带动能力的龙头企业注入资本，促进贫困地区产业发展，形成了"产业基金＋企业＋贫困地区资源＋农村人口"的产业扶贫新模式。（2）产业扶贫基金模式的参与主体包括基金管理公司、地方政府、企业和农户，这些主体将其拥有的资金、服务、技术、信息、土地、劳动力等生产要素投入产业发展，共同促进生产要素综合作用的发挥，以实现贫困地区脱贫致富的目标。（3）产业扶贫基金通过直接生产带动、就业带动和资产收益带动显著提高当地农户的家庭收入水平。此外，产业扶贫基金还具有增加当地的财政收入、改善当地生态环境、完善基础设施建设等其他经济社会效益。（4）产业扶贫基金模式具有资金使用效率高、产业扶贫精准度高、社会参与度高和可持续性强等优势，但该模式仍处于探索阶段，实施中还面临被投资企业经济利益与扶贫责任较难平衡等困境。

（二）政策建议

为更好地完善产业扶贫基金的运行机制，充分发挥产业扶贫基金的潜力，提高其扶贫覆盖面和扶贫效果，本文针对产业扶贫基金模式面临的困境提出以下建议：

第一，加强基金管理公司对被投企业的监督，保证扶贫目标的实现。在产业扶贫基金投资前，基金管理公司应要求投资企业根据自身情况制定详细的扶贫计划，并提出明确可量化的考核指标。基金管理公司依据企业的业务范围、盈利能力和当地的贫困状况等对投资企业提供的扶贫计划书进行审核，审核通过后投入产业扶贫基金。在产业扶贫基金进入后，基金管理公司要监督并定期审核投资企业扶贫任务的完成情况；在产业扶贫基金退出前，委托外部第三方机构对投资企业的实施效应进行全面评估，建立明确的赏罚机制。

第二，地方政府积极搭建平台，加强与产业扶贫基金的合作。一方面，地方政府要积极与产业扶贫基金对接，使其能顺利进入贫困地区企业，了解当地具体的贫困情况，精确瞄准贫困户制定多元化扶贫带动计划；其次，地方政府积极搭建平台，完善政策支持体系，为产业扶贫基金营造一个良好的政策环境，便于其扶贫带动能力的发挥，使更多贫困地区的农户受益。另一方面，被投企业也要积极利用政府搭建的扶贫平台，充分发挥自身扶贫带动作用，带动贫困户脱贫致富。

第三，加大贫困地区基础设施投资力度，增加产业扶贫基金实施效果。水利、道路和数字网络建设是众多贫困项目开展的基石，精准扶贫在强调精准到户的同时，也不应忽视地区建设的综合带动作用。但这些基础设施建设的投入较大，且具有明显的公益性，企业较难承担，建议各级政府根据地区资源禀赋、特色经济活动和被投资企业特征，加大相应基础设施建设。如在农业主导区，完善水利灌溉设施；在旅游业主导区，完善道路和数字网络建设等。

参考文献

[1] 黄承伟，邹英，刘杰. 产业精准扶贫：实践困境和深化路径——兼论产业精准扶贫的印江经验. 贵州社会科学，2017（9）：125-131.

[2] 王淑彬，黄国勤. 参与式扶贫及其绩效分析——基于江西的实践. 农林经济管理学报，2010（4）：47-52.

[3] 白丽，赵邦宏. 产业化扶贫模式选择与利益联结机制研究——以河北省易县食用菌产业发展为例. 河北学刊，2015（4）：158-162.

[4] 荀关玉. 云南乌蒙山片区农业产业化扶贫绩效探析. 中国农业资源与区划，2017，38（1）：193-198.

[5] 胡晗，司亚飞，王立剑. 产业扶贫政策对贫困户生计策略和收入的影响——来自陕西省的

经验证据. 中国农村经济, 2018（1）: 1-12.

[6] 韩斌. 我国农村扶贫开发的模式总结和反思. 技术经济与管理研究, 2014（6）: 119-122.

[7] 蒋永甫, 龚丽华, 疏春晓. 产业扶贫: 在政府行为与市场逻辑之间. 贵州社会科学, 2018
（2）: 148-154.

[8] 张维康. 设立产业扶贫引导基金助推精准扶贫. 银行家, 2016（6）: 103-106.

[9] 牟秋菊, 潘启龙. "政府—市场"双导向扶贫开发机制初探——以贵州省为例. 农业经济,
2015（9）: 45-47.

[10] 李博, 左停. 精准扶贫视角下农村产业化扶贫政策执行逻辑的探讨——以Y村大棚蔬菜产
业扶贫为例. 西南大学学报（社会科学版）, 2016, 42（4）: 66-73.

[11] 李爱国. 基于市场效率与社会效益均衡的精准扶贫模式优化研究. 贵州社会科学, 2017
（9）: 138-144.

[12] 刘冬梅. 对中国农村反贫困中市场与政府作用的探讨. 中国软科学, 2003（8）: 20-24.

[13] 曲延春. 农村公共产品的非政府组织供给: 理论逻辑、现实困境与路径选择. 农村经济,
2015（12）: 21-24.

[14] McKague K, and Christine O.Enhanced market practices: poverty alleviation for poor producers
in developing countries. California Management Review, 2012, 55（1）: 98-129.

[15] 张车伟. 人力资本回报率变化与收入差距: "马太效应"及其政策含义. 经济研究, 2006
（12）: 59-70.

[16] 宫留记. 政府主导下市场化扶贫机制的构建与创新模式研究——基于精准扶贫视角. 中国
软科学, 2016（5）: 154-162.

[17] 贾康, 冯俏彬. 从替代走向合作: 论公共产品提供中政府、市场、志愿部门之间的新型关
系. 财贸经济, 2012（8）: 28-35.

[18] 国投创益. 聚焦深度贫困地区, 建立"搬不走的银行"——央企扶贫基金设立两周年回顾.
http://www.yangqifupin.com.cn/gtcy/yw/webinfo/2018/10/1525042612613400.htm, 2018-
10-19/2018-11-10.

[19] 左停, 杨雨鑫, 钟玲. 精准扶贫: 技术靶向、理论解析和现实挑战. 贵州社会科学, 2015
（8）: 156-162.

[20] 马良灿, 哈洪颖. 项目扶贫的基层遭遇: 结构化困境与治理图景. 中国农村观察, 2017
（1）: 2-13.

[21] 王春萍, 郑烨. 21世纪以来中国产业扶贫研究脉络与主题谱系. 中国人口·资源与环境,
2017, 27（6）: 145-154.

[22] 文炜, 张江. 依托扶贫基金助力本质脱贫——国家开发投资公司产业投资倾力脱贫攻坚侧
记. 中国扶贫, 2017（10）: 60-63.

（本文与刘明月、陈菲菲、仇焕广合著, 原载《中国软科学》2019年第7期）

破解农村金融两难困境与二元逻辑
——扶贫互助资金"正规金融村社化"机制分析

一、农村金融发展困境下扶贫互助资金的新实践

资金融通是农村脱贫与振兴的活血之源。以贫困村中农户为瞄准对象的村级扶贫互助资金（为了区分于广义的互助资金概念，以下简称"扶贫互助资金"），是农村金融的一种组织创新。自 2006 年起，国务院扶贫办和财政部在贫困村开展贫困村互助资金试点，基本特征是"以财政扶贫资金为主体，村民自愿按一定比例缴纳互助金，可补充各类无任何附加条件的社会捐赠资金，实行民有、民用、民管、民享的自我管理模式"。在运行模式上，它借鉴孟加拉国互助小组小额信贷试点项目的运行模式，目的在于增加农村金融供给，提高贫困农户和中低收入农户的信贷可得性。历经十余年的试点后，尤其是在近年来的精准扶贫阶段，此类扶贫互助资金成为助力发展生产脱贫的金融扶贫模式，被贫困群众称之为"农民自己的小银行"。截至 2015 年底，全国超过 2 万个贫困村设立了互助资金，为缓解贫困户的信贷约束发挥了重要作用，已成为农村地区分布最广、影响最大的扶贫小额信贷，但从整体农村金融市场来看，贫困村互助资金目前存在覆盖面较小、规模较小、互助范围较窄、借款期限较短等问题。虽经 10 余年政策实践，此类扶贫互助资金目前依然是以试点的名义开展，其发展取向因长期处于试点阶段而具有不确定性。在地方实践中，陕西省从 2017 年底开始，实行全省所有贫困村退出前必须建立规范运行的扶贫互助资金组织，以确保贫困村实现互助资金全覆盖[①]，这一实践为农村普惠金融改革思路提供了考察经验。与此同时，随着精准扶贫的开展，预计 2020 年脱贫目标将如期实现，现有贫困标准下贫困村将全部摘帽。彼时，瞄准"贫困村"的"贫困村互助资金"在贫困村摘帽后的政策走向如何则难以预期。基于此，急需对扶贫互助资金的性质、实践机制开展深入分析，及时总结经验和可能面临的问题，为扶贫互助资金的制度供给乃至农

[①] 陕西日报，2017. 今年起贫困村退出前须建立互助资金组织》，http://esb.sxdaily.com.cn/sxrb/20171024/html/page_04_content_003.htm。

村普惠金融发展提供政策参考。

作为农村金融供给模式的创新，扶贫互助资金在实践上突破了农村金融供给内源不足与外源配给的两难困境，打破了农村金融发展中正规金融与非正规金融的二元逻辑及其视角下的非正规金融正规化的单一路径，揭示了中国农村金融供给的另一种道路，本文称之为"正规金融村社化"。正规金融村社化在扶贫互助资金的区域性实践经验所呈现的可行机制是，以财政资金主导供给，由国家承担了金融下乡的主要成本；以村社化的组织和担保实现监管成本内部化，降低了组织监管成本，从而在供给上实现了财政金融反哺农村的城乡公平机制，有助于满足贫困地区和贫困群体的基本生产发展资金需求。本文认为，扶贫互助资金破除了农村金融供给的两难困境与二元逻辑，除非找到比互助资金更好的农村普惠金融供给替代方案，否则不应放弃。应让扶贫互助资金成为贫困地区发展生产，促进稳定脱贫、助力乡村振兴的造血式举措。

二、农村金融供给的两难困境

农村金融市场面临内源不足和外源配给的两难困境：一是内源性的信贷供给不足，即农村资本净流出所形成的农村资本绝对稀缺，并在农户异质性不断增强的情况下，难以形成足量的内部供给的资金池；二是外源性的信贷配给，即在信息不对称和缺乏抵押品条件下，外部金融部门几乎不可能独自解决其与分散小农之间的畸高交易费用，因而形成了外部金融尤其是商业化金融主体在农村金融市场的普遍性信贷配给。

（一）内源性的信贷供给不足

内源性的信贷供给不足既由市场性的资本流动性偏好所致，更由体制性因素所引发。一方面是资本积累不足，并通过体制性因素流向城镇。经估算，新中国成立以来，通过工农产品价格"剪刀差"、廉价劳动力、地价"剪刀差"这三种方式为工业化提供了大量的资本积累。另一方面是农村资金持续地大规模净流出，形成了农村地区资金匮乏的直接后果。据测算，1978—2012年内，通过财政、金融机构和工农产品价格剪刀差这三种渠道，农村地区净流出向城市地区的资金约为26.66万亿元（以2012年价格计算）。而其更深远的后果是，资本持续外流叠加优质劳动力的长期大量外流，使得广大传统农村地区普遍同时遭遇物质资本和人力资本不足的困境，从而让传统农村地区难以建立资本形成、获得投资等经典发展理论所暗含的发展前提。在此背景下，农村内部难以形成资本，农业和农村发展不得不依赖于外源资金，但从外部金融主体借贷，则面临信息不对称条件下的信贷配给或者过高利率问题。对于农村内的低收入家庭、贫困家庭而言，因长期限于维持温饱的生计模式，缺乏基本生产发展所需的"第一桶金"。

（二）外源性的商业信贷配给

外源性的信贷配给是市场条件下因信息不对称和交易成本过高而形成的合乎市场逻辑的结果。对资金需求者的信贷配给，主要表现为不供给，而不是高利率的供给，即采取非利率性质的贷款门槛配给贷款对象。在信息不对称条件下，抵押、担保和信用制度都是应对信息不对称负外部性的基本途径。但是，对于往往缺乏抵押物、担保人和信用记录的小农户而言，难以提供一般外部金融主体用以解决信息不对称问题的中介信息。缺乏信息对外部金融供给主体来说，意味着更高的不确定性和风险，在市场条件下就需要通过高利率来覆盖风险溢价。然而，一方面，缺乏信息和过度分散的风险溢价过高，贷款利率会很高；另一方面，金融市场对利率本身也有上限约束，在这种限制之下，上浮限定范围事实上远远达不到利率对风险溢价的覆盖。除此之外，更重要的是，一般外部金融主体难以解决与分散小农对接的畸高交易成本。因此，金融机构对一般农户的信贷配给虽然符合市场供求逻辑，却违背公平正义，形成了阻止贫困人口和低收入人口分享金融服务机会和途径的金融排斥。

（三）已有应对模式及其问题

应对以上的两难问题，也形成了多种应对模式。第一种模式是由外部直接投资来解决农村内部投资不足的问题。但外部市场资金要直接投资农村和农业，前提是已有投资基础改变了投资回报率，而事实却往往是资本流动性偏好的规律和农业和农村因投资不足而比较收益相对低下的现状互相疏离，更可能陷入低水平投资陷阱。于是政府财政对"三农"的大规模投资成为其他投资的先行基础，那么问题就更加显而易见——即使中央转移支付具有一定程度的平衡地区不平等的作用，但是依赖于经济发展水平的财政收入能力对各地的基础设施和公共服务水平和投资回报率更具决定性作用——这就内生地决定了贫困地区因财政收入能力限制，而难以依靠外部直接投资来解决农村内部投资不足的问题，如果要逆转这种局面，意味着需要大量的中央对地方的财政转移支付。当然，近年来中央财政加大均衡性转移支付力度、建立和完善县级基本财力保障机制、实施其他专项民生政策倾斜措施以及加大对革命老区、民族地区、边疆地区、贫困地区专项转移支付等一系列财政政策也在逐步改善财政贫弱地区的投资环境，但离改变投资回报率的格局还任重道远。资本下乡不仅要在农村社会依然以小农为主的情形下，与分散的小农打交道，还要面对已经形成的农村空心化、农业边缘化和农民老龄化的"新三农"问题及其产生的负外部性和组织成本。从早期的"公司+农户""反租倒包"到后来的"企业农业"，资本下乡进行了不同的制度尝试，但由于工商资本的"外来性"，真正"无法克服"的难题是"外来"资本与乡土社会互动不畅。

第二种模式是通过借贷成本利率化或内部组织化增加外部金融市场的信贷供给。例如，小额信贷已成为发展中的自由市场经济国家作为化解农村信贷难题的主要试验途径，其中孟加拉国的格莱明银行是小额信贷的典型代表，其主要机制在于以提高农民组织化程度来内部化处理信息不对称和缺乏抵押品所导致的负外部性，但小额信贷的问题在于该机制的组织成本依然普遍形成了贷款的高利率。根据目前对中国农村小额信贷机构贷款利率的最新研究，农村小额信贷市场的参与主体主要包括商业银行、资金互助社、农村小额信贷机构和互联网企业，前两者的贷款年实际利率平均分别约为11%、7%，后两者则分别为19.2%、22.5%，资金成本高、运营成本高、风控成本高是贷款利率高的三大主因。

以上两种应对模式，若是外部投资则需解决前期投资问题以及后期的外来资本对接乡村的问题，若是外部信贷供给则需解决供给成本问题。关于本文所要着重讨论的一般小农的信贷获得，市场化的商业金融因面对高度分散的兼业化小农经济情形下的信息严重不对称、交易费用过大、抵押品缺乏和难以担保等问题，难以提供国家政策要求的普惠金融服务，除非国家完全支付这种制度成本，扶贫互助资金正是由国家财政支付了其中的制度成本，即充分利用公共财政的资金来源作为正规金融资本，从而破解农村金融供给困境。

三、农村金融治理的二元逻辑

由于农村金融供给困境所形成的市场化金融机构作为"正规金融"存在却又无法满足普惠的金融零售服务需求而出现"正规金融"以外的"非正规金融"供给主体，因而形成了以此区分模式为基础的农村金融治理的二元逻辑，即衍生出来两个二元化取向的问题：一是对正规金融与非正规金融之间的关系讨论的固化，即二元逻辑下的替代与互补关系；二是对金融组织发展的取向局限，即二元逻辑下的非正规金融的正规化思路。

（一）金融组织关系及其相关研究的二元化格局

现有研究与社会现实比较一致地反映出，农户信贷市场在整体层面呈现二元共生的格局特征，一方是以商业性金融为基础的正规金融（政策性金融不参与农户信贷业务），另一方是指私人借贷、地下钱庄等在内的非正规金融。在金融组织间的关系方面，主要集中在正规部门与非正规部门金融部门是独立还是相关，以及是哪种相关关系。例如，早期的研究发现正规金融部门与非正规金融部门相互独立，或者是部分独立。沿袭了正规金融与非正规金融之间关系研究的传统，越来越多的研究进入了对两部门间关系的研究，并在关系的判定上产生了分歧。一种认为是替代关系，非正规部门凭借自身的成本和信息优势在一定程度上替代了正规部门，例如 Jain 研究指出非正规金融机构因低成本能挤出正规金融，正规金融在供给充足的情况下也能挤出非正规金融，两者相生相克。陈鹏和刘锡良的研究表明民间互助性借贷对正规金融机构贷款具有较强的替代性。另一种则认为是互补关系，两个部门发挥各自优势，实现了策略性合作。如刘西川等同时考虑了正规与非正规部门的供给和需求，以浙江省的调研数据分析发现正规金融与非正规金融之间存在互补关系。在此格局下，正规金融和非正规金融之间的关系讨论，也就成为了农村金融供给的主流话语和核心问题。

农村金融市场正规金融和非正规金融二元化区分，在理论上忽略了农村金融市场的多元化需求和现实特征。目前为止，将贫困村互助资金作为第三部门引入分析的研究还属少见，殷浩栋等虽然延续了互补与替代关系的分析范式，但将贫困村互助资金作为第三部门纳入了关系分析（殷浩栋等，2018），在思路上可算是一种突破。

（二）二元视角下农村金融组织发展的取向

在二元视角下，农村金融组织的主流取向主要包括两个方面，一是非正规金融正规化，二是放宽农村金融准入条件。前者是要求组织靠拢标准，后者是放宽标准接纳组织，但本质都是正规化取向，只不过从两种方向去实现。

农村金融组织的"正规化"目前较受推崇。绍传林等人分析指出，农村非正规金融的正规化不仅有助于降低交易费用与信贷风险，还有益于提高资金的配置效率。诸多研究倡导农村金融的正规化，包括小额信贷的正规化，民间借贷的正规化。王曙光等人提出，要降低民间资本进入金融业的准入门槛，尽量吸收民间资本进入正规农村金融机构。从非正规金融组织"正规化"而来的资金互助社（由监管部门发放金融许可证），因内生于村社，所受到的社区排异较小，但此类的"正规化"之路在 2012 年以后基本中断。当前资金互助社主要由农民自发成立，作为农民专业合作社的资金互助部门存在。当然，对于正规化也有不同的结论，Chahine 等人的研究指出了非政府组织转变为小额信贷机构，可以提升财务可持续性、扩展小额信贷业务范围，但同时转型后也碍于业务的深度。

2006 年，银监会调整放宽农村地区银行业金融机构准入政策，降低准入门槛，强化监管约束，加大政策支持，以促进农村地区形成完善的银行业金融服务体系。黄惠春和褚保金以江苏省 37 个县域为例的实证研究表明，自 2006 年银监会降低我国农村金融市场准入限制以来，降低市场准入限制明显提升了农村金融市场的竞争度，促进了贷款价格下降，增加了农村金融市场的福利水平，而且在欠发达地区的效果更为突出。尽管如此，研究也表明新型农村金融机构的发展差于预期，其主要原因在于农村社区、监管部门和现代金融体系对新型农村金融机构形成的组织排异、监管排异和社区排异这三重排异。

农村金融的正规化的确成为了农村金融供给的重要力量，但是只强调正规化，事实上也是对二元金融格局的严格区隔与二元强化。实务专家指出，农村金融市场开放在一定程度上虽然反映出了"去正规化"的倾向，但是仍然存在着过度正规化的现象，农村金融市场开放需要更灵活的信贷政策配套，从抵押品要求、利率自由化、风险管理和监管创新等入手推动农村金融的"去正规化"，否则难以达到预想的结果。

四、正规金融村社化：破解农村金融二元逻辑和两难困境的实践机制

在农村金融供给两难困境和农村金融治理二元逻辑的局面下，扶贫互助资金的实践则别开生面，但它的重要意义却未在理论和政策层面得到足够重视。为了分析的便利性，并突出与非正规金融正规化途径的差异，本文将扶贫互助资金的有效机制定义为"正规金融的村社化"，其"正规金融"性质主要是资金来源于财政等正规部门，其"村社化"特征主要体现在担保、审核、风险防控等运行机制上大量借用了村社化的资源。

不少省份的扶贫互助资金发展都有 10 年左右的实践经验，而陕西省近年来的经验 ① 较为突出，自 2017 年底开始，陕西省要求全省所有贫困村退出前必须建

---

① 陕西省 2016 年农村贫困人口规模 226 万人，其农村贫困发生率位居全国省份中的第 6 位。农村贫困发生率位于前 5 位的分别是西藏、甘肃、新疆、贵州和云南。数据来源：国家统计局住户调查办公室《中国农村贫困监测报告（2017）》，第 348 页。

立规范运行的互助资金组，当地成立 1 个县级和各个村级的扶贫互助资金协会，以确保贫困村实现互助资金全覆盖，解决贫困群众发展生产资金短缺问题。此举对于处于长期试点过程的扶贫互助资金发展具有突破性意义。以陕西 H 县为例，截至 2018 年 11 月，H 县的扶贫互助资金资金总量近 5000 万元，村级协会总计达到 87 个，实现了对 77 个贫困村的全覆盖，另覆盖 10 个非贫困村；入会会员 1.2 万余户，其中贫困户占 8 成。下文将结合 2018 年对陕西 H 县的扶贫互助资金调研，分析其"正规金融村社化"特征，并阐述其超越农村金融二元逻辑和两难困境的可行机理。

（一）扶贫互助资金的"正规金融村社化"特征：来源与表现

正规金融和非正规金融的区别为，金融活动是否获得政府批准并进行监管，最直观的体现是有无金融牌照。将扶贫互助资金作为第三种类型，与一般的正规金融、非正规金融的组织模式和治理机制做比较，可以分析它与其他两类组织的区别与联系，并剖析扶贫互助资金所呈现的"正规金融村社化"特征，及其来源与表现。在整体制度安排上，正规金融机构有正式的、严格的规章制度安排；非正规金融则是以不同类型的非正式制度安排为主，其中也不乏成文的规章制度约束，但并非标准化；而扶贫互助资金既有一套正式的标准化规章制度，又在很大程度上使用了村社内部组织、社会网络这些非正式的资源，从而有可能借用两种资源、发挥两种优势。

整体制度安排的差异，首先是源于资金来源的差异。在融资来源上，正规金融一般为正式金融中介机构和金融市场进行的资金融通，非正规金融作为民间资金融通则是多元化的，小如私人借贷，大如金融互助组织、地下钱庄，而扶贫互助资金的本金目前主要来源于公共财政，仅一小部分来自农户会费。截至 2018 年 7 月，H 县的扶贫互助资金协会的资金总量中财政专项扶贫资金占 89%，农户缴纳基准金占 8%，其他扶贫协作项目资金占 3%。

资金来源的公共性（因而也具有正规性特征），决定了扶贫互助资金有一套正式的标准化规章制度监管财政扶贫资金，包括确保运行有序的章程和程序、委托专业第三方管理的资金往来和审计。以 H 县为例，为了规范扶贫互助资金运行，该县先后出台了一系列管理办法[①]，并根据各村实际情况和运转需要，进一步

[①] 具体包括：《H 县贫困村扶贫互助资金协会管理办法》《H 县贫困村扶贫互助资金协会财务管理办法》《H 县贫困村扶贫互助资金协会会计核算办法》和《H 县贫困村扶贫互助资金协会考核办法》。

制定了村一级的管理制度①，该县在扶贫互助资金借贷中实行标准化的"会员申请——村级审批——申请资金——县级审核——拨付资金——村级放款"的借贷流程，协会工作人员只需按程序开展相应环节的工作，负责村级审批。

以村协会为扶贫互助资金基础单元的封闭运行方式，使得村社内部组织资源、社会网络资源等村社资源使用成为可能，传统的村社组织资源，包括村两委、村组长、乡贤等村社威望人士，迅速地平移到了扶贫互助资金协会，村级的协会班子成员则主要由村两委成员兼任（经会员大会民主选举产生），发挥了核心运行功能，使得扶贫互助资金可以在较短时期内实现低成本地运转。基于这样的村社化特征，农户借贷手续简化、借贷成本缩减。作为借贷农户，只需向村协会提出申请，申请程序完全在村组内完成，手续便利，提供担保的联保小组成员均为本村社成员，知根知底、就地就近、沟通便捷，极大程度地将审批放贷的信息成本内部化了。其简明和便捷的借贷程序，排除了通常正规金融借贷的繁杂手续，极大地便利了服务，提高了农户的信贷可及度。尤其是，文化水平较低、没有信息优势、缺乏正规信用积累，但最有种养殖经验的中老年农户获得了信贷支持渠道。以 H 县 P 镇 Q 村为例，2018 年，协会中 50 岁以上的会员就超过 4 成。该村会员农户陈某，年近 60 岁，2017 年 8 月从扶贫互助资金协会贷款 2000 元，用于肥料和酒曲等投入，甜杆种植和土法酿酒的产量增加近 1 倍，年纯收入增加近 2000 元，成为了本村的脱贫标兵。此类额度小、便捷度高的扶贫互助资金尤其契合了种养殖业的即时性、周转性投入。

在担保方式、贷款利率方面，正规金融通常需要可市场交易的担保物或具备市场信用资质的担保人，利率基本在法定的行业利率标准范围浮动，满足条件的贷款人均可申请；非正规金融一般基于不同程度的熟人网络，具有很大的灵活性，利率可能低至 0（但其中也隐含了难以量化的人情成本），也可能是高利贷，其差异取决于非正规金融的具体类型和借贷关系；扶贫互助资金主要利用了局部范围（通常一个村社）内有效的担保（比如林权抵押、某些农产品的抵押，或以村社成员作为担保人），扶贫互助资金具有政策性信贷性质，借贷便捷度高，贷款名义利率通常低于或者仅仅略高于一般农信社／农商行同期贷款利率，如果将贷款的便利度、交通和抵押等成本的缩减纳入考虑，则贷款实际

---

① 具体包括：《村级扶贫互助资金协会财务管理制度》《村级扶贫互助资金发放流程图》《村级扶贫互助资金借还款制度》《村级扶贫互助资金协会职责》《村级扶贫互助资金协会会长会计出纳职责》。

利率实际上会低于一般农信社 / 农商行同期贷款利率，且贫困户享受财政贴息，较好解决了农户"贷款难""贷款贵"的问题。H 县 P 镇 C 村的贫困户吴某，在扶贫互助资金实施之前，因临时周转所需多次借贷每笔 2000—3000 元、月息 3%、周期数月的高利息贷款。2017 年 8 月，吴某从扶贫互助资金贷款 5000 元，享有 1 年财政免息补贴，购买 10 只猪仔，进行生猪养殖，购买 1000 斤玉米，土法酿造玉米酒，两项经营一年增加纯收入 7000 余元，摆脱了捉襟见肘的借贷困境。

（二）扶贫互助资金何以破解农村金融两难困境与二元逻辑

上文所述的扶贫互助资金介于正规与非正规金融之间的性质为基础，可以进一步总结其经济逻辑。归结起来，扶贫互助资金利用了两种资源优势，从而在政策性方面符合普惠目标，在经济逻辑上也合理可行。

1. 对应于农村金融供给内源性信贷供给不足和外源性商业信贷配给的两难困境，扶贫互助资金的财政扶贫资金主导性，突破了信贷资金供给困境。扶贫互助资金以财政扶贫资金为主导，以小额度、低利率、高便捷的方式，实现对农村定向金融供给，相当于将资金供给成本上移到财政负担，突破了农村金融供给严重不足的困境。同时，扶贫互助资金在村社内开展，充分利用了由财政担负的村级组织资源，并由政府对该组织的运行进行推动、培训、外部监督，相当于国家财政承担了主要的组织费用和运行费用，由此，它具有很强的政策性普惠金融性质。以 H 县为例，该县是国家扶贫开发工作重点县、集中连片特困地区覆盖县，2018 年的贫困发生率依然高达 14.8%，多数贫困村为深度贫困村，农户普遍缺乏生产投入和周转资金，而近 5000 万元的扶贫互助资金总量覆盖了该县现有全部贫困村，全县近四分之一的贫困户入会成为所在扶贫互助资金村协会会员。2018 年，该县扶贫互助资金发放借款 4300 余万元（占资金总量近 9 成），累计扶持农户 3200 余户，带动户均增收 5000 余元。同时，在不分红的条件下，一般的扶贫互助资金难以破解农户"要借贷再入会"的局面，为了确保扶贫互助资金滚动使用和持续发展，又不违背互助资金"不分红"的原则，H 县出台了《村级扶贫互助资金配股制管理办法》，以产业补助方式替代分红，形成入会入股激励。村民入会后，向协会缴纳每股 1000 元的基准互助金，最低 1 股，最高 5 股。而村级协会根据会员入股金额，将财政投入资金按照 1:1 的比例对会员配股①。会员按照缴纳的基准互助金额度每年在村级协会领取月占用费率 3‰的产业补助（在配股条件下，农户入股金相当于获得月息 6‰的红利）。

2. 对应于农村金融正规化路径的不畅，扶贫互助资金则是反过来走"正规金融村社化"道路，通过村社组织资源平移，实现协会的低成本运行。扶贫互助资金由各项目村选择 3—5 名有责任心、有业务能力、有管理能力的人员组成"互助资金"村协会的管理机构，设会长、会计、出纳、监事长各 1 名，具体负责项目村贷款户的审核把关、资金发放、回收等日常工作。原则上村协会班子成员由村两委成员兼任，经会员大会民主选举产生。为调动协会管理人员的工作积极性，H 县制定出台了《H 县村级扶贫互助资金协会管理人员工作补贴及办公经费支出管理办法》，实现"有机构办事、有人办事、有钱办事"。同时，扶贫互助资金也在实践中，形成了接地气、有实效性的农户信用评价和信用培育方式，让信用也实现了村社化。H 县为加强村级扶贫互助资金协会会员管理服务，实行三卡评级授信②，村级协会根据会员缴纳基准互助金的额度、产业和收入状况、借款本金和占用费的偿还记录、道德评议结果、社会信用评价、个人征信记录等情况对会员进行年度综合评定，将会员分为三种级别，对应颁发金色、绿色、蓝色三种会员等级卡片，享受不同的借款授信额度及其他权益。会员可申请进行"卡片升级"，协会也可根据评定情况对会员进行降级处理，在此过程中农户信用变得可积累、有实际作用，从而增强了农户信用意识。

3. 对应于一般外部金融组织难以监管分散且缺乏担保物的农户，扶贫互助资金通过内部信用互助监督，解决了传统的分散监管难题。扶贫互助资金与非正规金融组织有相似的社会网络型信用特征，社会关系网络主要是在担保监督上发挥作用，扶贫互助资金的联保机制让农户借贷在村社网络中处于公开状态，一方面，联保需承担的连带偿还责任使担保成员有激励去甄别和决定是否为借贷者担保，并监督其生产经营活动，另一方面，借贷者只需支付占用费，并不需要支付额外的人情成本。H 县扶贫互助资金以五户联保，担保监督，实现内部信用互助和监督，解决了传统的分散授信与监管难题。各项目村协会都设立由五名会员组成的联保小组若干，会员在提请贷款需求并取得所在担保小组所有成员担保签字

① 建档立卡贫困户除享受配股外，协会还对其赠股 200 元，每户赠 1 股，赠股部分不享受产业补助。
② 该县制定了《村级扶贫互助资金协会会员"三卡"管理办法》。

后，可以进入理事会、监事会最终评议环节。在监督方面，多重追责机制发挥了对违约的制衡作用。H县各村协会贷款人的借贷信息与信用社联网，根据签订的贷款合同，违约时依法可执行代扣；同时，赖账不还者将在村里黑榜公布，村内舆论提供了辅助惩罚约束机制。在贷款人不能还款的情况下，担保人负有连带偿还责任，形成担保小组谨慎把关担保的激励，使贷款便利高效与借贷风险防范得到有效的机制平衡。

4.对应于正规化取向的高监管成本，扶贫互助资金主要通过引入市场专业服务来防范资金管理的多种风险。一是H县通过购买社会服务的方式，委托专业的会计师事务所对各项目村协会的账务进行指导和梳理，切实做到总分类账、明细账、现金日记账、银行存款日记账、会计凭证的统一。二是H县加大协会监管力度，通过"印鉴、账户、现金、存款"的规范管理，以及签订安全协议、严格贷款程序、公开透明管理等措施，确保项目规范运行，并由镇财政审计所负责对所辖村级互助资金协会进行监管，将规范管理和使用绩效列入年度审计内容。三是实行资金专户代管制度，打造安全资金池，即由县级协会开设对公专户，村级协会账户为零余额账户，银行存款由县级协会集中代管，调剂使用。据统计，H县扶贫互助资金协会共归集互助资金总量的近一半至专户统一代管，为全县扶贫互助资金打造了一个安全的资金池。此举有效预防了资金"垒大户""旧账未还，再添新债""逾期不还""少数户长期占用互助资金"等问题。

五、研究结论与建议

扶贫互助资金的开展是农村金融市场一项重要试验，它是国家提供制度供给的同时又使用村社熟人社会机制的典范。整体而言，扶贫互助资金由财政资金主导供给、由政府承担了主要的组织和运行成本、利用村社内部网络实现风险控制，也就是以本文所谓的"正规金融村社化"的方式，兼顾了政策目标和市场机制。从金融供给而言，扶贫互助资金的"正规金融村社化"，强化了外源资金投入，实现了对农村定向的金融供给。从金融治理实践而言，村社内部的熟人社会机制，降低了信息不对称导致的交易成本，通过村委会和联保小组两层作用，解决了一般外部金融主体难以解决的分散监管难题，实现了比较有效的风险控制。在此两种作用合力下，扶贫互助资金于农户而言，贷款利率低、灵活性和便利度高、贷款流程简明，大幅降低了农户的借贷成本；对于政府而言，在反哺三农的目标下，相比于其他投资，扶贫互助资金投入的借贷资金属于风险可控的可收回资金，主要的支出是小额的贴息投入。基于上述分析，笔者认为正规金融和非正规金融并非二元对立，而是可以通过正规金融的村社化，实现两者优势互补、并发。

在金融配给依然普遍存在的现实情境下，一方面，国家财政有必要承担融资成本，另一方面，要深入发掘村社资源优势，以便部分地将金融下乡的交易成本内部化，并在两者基础上，着重考虑为金融下乡与村社集体和乡土社会的有效对接创造健康的运行环境。在贫困问题依然普遍的连片贫困地区和深度贫困村，可以考虑推广类 H 县的扶贫互助资金发展经验，既需充分利用公共财政的资金来源和正规金融资本，也要充分利用村社内部熟人社会的监督和管理，通过正规金融村社化形式提升普惠金融可及度，使财政金融反哺农业、农村成为可能。

在精准扶贫的扶贫攻坚阶段和乡村振兴新时期，需进一步总结扶贫互助资金的运行环境和基本要素，做到有门槛地进入，有程序地运营，有条件地退出。如，在互助资金推广过程中，应当注重识别其有效发挥作用的限制条件，扶贫互助资金的运行范围囿于村社之内，它的运行效果将在很大程度上依赖于村社内部结构，其最基本的门槛条件包括：村社的人口流动性还不足以使村民彼此不了解对方生产生活状况，村干部与村民的关系没有严重冲突，村民有一定的生产发展能力和对资金较低水平的需求。

参考文献

[1] 杨龙，张伟宾. 基于准实验研究的互助资金益贫效果分析——来自 5 省 1349 户面板数据的证据. 中国农村经济，2015（7）：82-92.

[2] 陈清华，董晓林，朱敏杰. 村级互助资金扶贫效果分析——基于宁夏地区的调查数据. 农业技术经济，2017（2）：51-60.

[3] 李金亚，李秉龙. 贫困村互助资金瞄准贫困户了吗？——来自全国互助资金试点的农户抽样调查证据. 农业技术经济，2013（06）：96-105.

[4] 汪小亚. 发展新型农村合作金融. 中国金融，2014（05）：24-26.

[5] 孔祥智，何安华. 新中国成立 60 年来农民对国家建设的贡献分析. 教学与研究，2009.

[6] 周振，伍振军，孔祥智. 中国农村资金净流出的机理、规模与趋势：1978—2012 年. 管理世界，2015（01）：63-74.

[7] 温铁军，杨帅. 中国农村社会结构变化背景下的乡村治理与农村发展. 理论探讨，2012，

（6）：76-80.

[8] 项继权，周长友. "新三农"问题的演变与政策选择. 中国农村经济，2017（10）：13-25.

[9] 徐宗阳. 资本下乡的社会基础——基于华北地区一个公司型农场的经验研究. 社会学研究，
2016，31（05）：63-87+243.

[10] 中国普惠金融研究院. 农村小额信贷利率研究报告. 中国普惠金融研究院，2016 年.

[11] 朱信凯，刘刚. 二元金融体制与农户消费信贷选择——对合会的解释与分析. 经济研究，
2009，44（02）：43-55.

[12] Yadav S Otsuka K and David C C. Segmentation in rural financial markets: the case of Nepal.，
World Development，20（3）：423-436，1992.

[13] Pal S. Household sectoral choice and effective demand for rural credit in India，Applied
Economics，34（14）：1743-1755，2002.

[14] Jain S. Symbiosis vs.crowding-out: the interaction of formal and informal credit markets in
developing countries，Journal of Development Economics，59（2）：419-444，1999.

[15] 陈鹏，刘锡良. 中国农户融资选择意愿研究——来自 10 省 2 万家农户借贷调查的证据.
金融研究，2011（07）：128-141.

[16] 刘西川，杨奇明，陈立辉. 农户信贷市场的正规部门与非正规部门：替代还是互补？. 经
济研究，2014，49（11）：145-158+188.

[17] 殷浩栋，王瑜，汪三贵. 贫困村互助资金与农户正规金融、非正规金融：替代还是互
补？. 金融研究，2018（05）：120-136.

[18] 邵传林，王莹莹，裴志伟. 农村非正规金融正规化的模式比较与政策选择. 经济与管理，
2013，27（02）：32-36.

[19] 黄蕊. 小额信贷的商业化、金融化与正规化. 开发研究，2009（01）：129-131.

[20] 韩国栋. 民间借贷正规化路径的选择模型研究. 财政研究，2012（06）：16-19.

[21] Chahine S and Tannir L.On the Social and Financial Effects of the Transformation of Microfinance
NGOs，VOLUNTAS：International Journal of Voluntary and Nonprofit Organizations，21（3）：
440-461，2010.

[22] 黄惠春，褚保金. 我国县域农村金融市场竞争度研究——基于降低市场准入条件下江苏 37
个县域的经验数据. 金融研究，2011（08）：167-177.

[23] 周立，李萌. 放宽农村金融准入后的金融排异和金融普惠. 福建农林大学学报（哲学社会
科学版），2016，19（04）：1-6.

（本文与王瑜、殷浩栋合著，原载《贵州社会科学》2019 年第 08 期）

农户非正规金融信贷与正规金融信贷的替代效应分析

——基于资本禀赋和交易成本的再审视

一、文献综述

中国农户信贷市场在整体层面已形成二元共生的市场结构，一方是以商业银行、村镇银行、农村信用社等商业性金融为基础的正规金融，另一方是指亲邻私人借贷、地下钱庄、互助组织、合会等在内的非正规金融。大多数研究认为农户的非正规金融的贷款比重远高于正规金融，在信贷市场中占据主导地位。范·皮什克等（Von Pischke et al., 1983）发现农户信贷市场存在"二八定律"，即仅有一小部分（约20%）的农民能够获得正规金融渠道的借款，这少数获得借款的人得到了大部分的总贷款额（约80%）。国内的研究得到相似的结论。李晓明（2006）发现安徽地区农户向亲朋借款的比例高达96.7%，向正规金融机构的借款比例很小。冯旭芳（2007）利用世行甘肃和青海的贫困项目监测数据研究发现农户更加倾向于从非正规信贷获取资金。金烨、李宏彬（2009）发现人情关系借款是农村中最主要的融资渠道。贾等学者（Jia et al., 2010）发现在中国北部平原地区，非正规金融占据农户借贷市场份额的70%以上。杨汝岱等（2011）研究发现从非正规金融渠道融资的农户数量是从正规金融机构融资的三倍。

农户非正规金融贷款占据主导地位意味着其挤占了正规金融的贷款份额。很多研究表明，在正规金融部门的信贷约束之下，非正规金融凭借自身的成本和信息优势在一定程度上替代了正规部门。如简恩（Jain, 1999）认为非正规金融机构的低成本能挤出正规金融的同时，正规金融在供给充足的情况下也能挤出非正规金融，两者相生相克。陈鹏和刘锡良（2011）指出民间互助性借贷对正规金融机构贷款具有较强的替代性，农户在融资选择顺序上，显著偏向通过自我积累的内源融资，非正规贷款在融资次序上优先于正规贷款。尹志超等（2015）从金融可得性的角度分析了正规金融与非正规借贷的替代关系，研究发现金融可得性提高会通过降低家庭民间借出，从而使非正规借贷供给减少，进而降低家庭民间借入比例。

非正规金融对正规金融的替代是农户的融资渠道选择所致，相关研究表明存在多种因素影响农户的融资渠道选择。李锐和李超（2007）研究发现家庭纯收入、教育医疗支出和土地面积显著影响农户的借款偏好。褚保金等（2008）对江苏泗洪县的研究中发现户主教育程度、家庭住房状况和社会资本等是影响农户选择不同金融渠道的显著因素，其中教育支出显著影响农户选择非正规金融渠道。钱水土和陆会（2008）发现家庭成员受教育水平、收入水平和社会资本等因素显著影响农户融资渠道的选择，农户更倾向于选择非正规金融渠道。金烨和李宏彬（2009）指出除了家庭收入等反映经济状况指标外，农户家庭结构和人口特征也会显著影响农户信贷融资渠道选择。赵丙奇和冯兴元（2008）分析了反映农户家庭社会资本情况的声誉因素对农户信贷行为选择的影响，结果表明农户声誉显著影响了农户民间渠道融资选择倾向。杨汝岱等（2011）从社会网络视角来研究农户的民间借贷需求行为，发现社会网络越发达的农户，民间借贷行为越活跃。童馨乐等（2011）考察了社会资本对农户借贷行为的影响，发现政治关系和邻里关系、农民专业合作组织关系和正规金融机构关系、农户文化程度、外出打工经历、专业技能、借贷信誉、家庭收入、家庭固定资产等特征变量显著影响其借贷行为。马晓青等（2012）认为由于非正规融资渠道平均融资成本低于正规融资渠道，所以农户更偏好非正规融资渠道。刘娟等（2014）则证实了农户对正规金融信贷的了解程度显著影响农户信贷渠道选择。丁志国等（2014）研究认为家庭基本特征、信贷环境、社会资本以及信贷需求特征变量显著影响非正规融资渠道选择。张林和冉光和（2016）实证检验了农村资金互助会社员信贷可得性的影响因素。

总体来看，现有文献仍存在一些不足：一是大多基于金融机构的视角，从农户角度分析非正规金融的替代效应的文献不多。二是分析农户融资渠道影响因素缺乏统一的框架，论述较为分散，没有阐述清楚非正规金融替代效应在什么条件下发生。笔者通过梳理文献认为影响农户融资渠道选择的最本质因素包含两部分：一是利息、信息、时间、交通等交易成本。农户融资的交易成本又可分为四个部分，第一部分就是利息，正规金融市场和非正规金融市场是相对分离的，它们具有不同的利率。正规金融的利息由公开的贷款利率决定，非正规金融的利率并不统一，农户既有从亲戚朋友获得低息或者无息借款，也有从地下钱庄借的高利贷。第二部分是信息成本，包括抵押资产评估费、手续费、管理费、承诺费、顾问费、信息披露、监督等各种费用，通常认为正规金融的信息成本高于非正规金融。第三部分是借款人为了获得贷款而进行公关的费用，也包括农户从亲朋好友处获得贷款时，需要付出"欠人情"的隐性成本。第四部分就是农户在获得贷款中所必须承担的交通成本、时间成本。大部分研究认为非正规金融具有更低的交易成本，从而使非正规金融最终成为农户满足融资需求的重要选择之一。二是农户的资本禀赋，主要指家庭基本特征，包括家庭结构、人口特征、资产状况、社会资本等。在借贷市场上，借贷双方会形成一定的匹配模式，农户根据自身的资源禀赋对借款渠道进行匹配。不同类型贷款者往往会依据自己对风险、流动性和信息的把握程度，设计出不同的信贷合约；而不同类型的借款者会根据自己所从事的经营活动和资本禀赋，有序地选择相对应的信贷合约。程郁等（2009）认为供给型信贷约束使得部分农户被排除在正规金融之外，农户只能寻求非正规金融。这种现象的根本原因是农户的资本禀赋达不到正规金融放贷的要求。已有研究证实农户倾向于非正规融资渠道的是被动选择的结果，农户所做出的意愿性融资渠道选择均是在完全信息下做出的判断，即在知晓自身家庭状况，并了解各种融资渠道的规则和特征进行自我匹配，由此可见资本禀赋对农户融资渠道选择的重要性。

因此，本研究的贡献在于从交易成本和资本禀赋的角度构建出分析框架，建立农户借贷的理论模型，重新审视了非正规金融替代正规金融的机制，为探索优势互补的农村金融市场提供理论借鉴。本文余下部分安排如下：第二部分是构建理论分析框架；第三部分为实证分析；第四部分是内生性问题讨论；第五部分是本文结论与建议。

二、理论分析

理论模型将农户融资的成本和资本禀赋量化到农户效用模型中，基本假定是农户面对不同的融资渠道，将选择带给其效用最高的渠道。农户的贷款用途有消费性和生产性之分，消费性贷款改善当期消费，提高现期家庭效用水平，生产性贷款目的在于改善未来消费，同样会提高家庭效用水平，因此，从动态跨期的视角来看，消费性和生产性贷款在改变家庭效用上具有同样的效果。为表述的简洁明了，本文将以生产性贷款为例来讨论交易成本和资本禀赋如何影响非正规金融替代正规金融。

假设农户的生产函数为 $Q(K,Z)$，K 为资本投入，Z 包括劳动投入、土地等家庭禀赋特征，农户可抵押的资本为 A。农户通过借贷扩大再生产或投资新项目，

投资成功的产出为 Q_H，其概率为 p，投资失败的产出为 Q_L，其概率为 $1-p$。假设农户需要贷款为 B，贷款成本函数为 $C(B,A)$，其大小既取决于贷款金额，也与农户的自有资本相关。成本可以分解为三类，一部分是不随贷款金额变动的固定成本 C_f，如申请过程中的手续费、管理费，维护关系的请客送礼费用等；一部分是利息 $C_v=rB$；以及农户无法偿还贷款的违约成本 $C_d=A$。农户的效用函数可以表示为：$U=pQ_H+(1-p)Q_L-C(B,A)$。

由效用函数可知，农户对于选择不同融资渠道的效用取决于融资成本。假如农户选择正规金融贷款，成本包括获得贷款的固定支出 C_f^1，贷款利息 rB，一旦投资失败将被收回的抵押资产 A，因为项目成功则会偿还贷款，抵押资产不会被处置，则期望成本为 $pB+(1-p)A$。正规金融借贷的成本为 $C^1=C_f^1+rB+pB+(1-p)A$，代入上式可得，正规金融借贷的效用为：$U_1=pQ_H+(1-p)Q_L-C_f^1-rB-pB-(1-p)A$。假如农户选择非正规金融贷款，成本构成发生了变化。非正规金融根植于农村社会网络之中，良好的社会关系需要一定的维护成本，因此非正规借贷有固定成本，设定为 C_f^2。非正规金融贷款以无息贷款为主，有少量的有息贷款，为了简化分析，本文暂不考虑有息非正规借贷。农户从亲朋好友处获得贷款，无需抵押品。在声誉机制和人情观念下，农户会尽可能偿还贷款，即使资金不足，也会通过无偿劳务等方式补偿对方，这种情况下，非正规金融借贷的成本为 $C^2=C_f^2+B$。则非正规金融借贷的效用为：$U_2=pQ_H+(1-p)Q_L-C_f^2-B$。

通过比较正规与非正规金融借贷的成本，可得 $C^1-C^2=C_f^1-C_f^2+(r+p-1)B+(1-p)A$。从正规金融部门获得贷款的固定成本高于非正规金融贷款，则 $C_f^1-C_f^2>0$。农户所能获得的贷款一般小于自有资本量，即 $B<A$，利率 r 相较于项目成功概率 p 而言，数值较小，则 $(r+p-1)<0$，且 $(1-r-p)B<(1-p)A$，进而可得 $C^1-C^2>0$。

综上所述，正规金融借贷的成本高于非正规金融借贷成本，对农户而言，则非正规金融借贷的效用高于正规金融借贷的效用，因此在借贷行为上表现为偏好非正规金融，在借贷金额上表现为非正规金融替代了正规金融，这种替代关系取决于融资成本和农户资本禀赋。由于两种融资渠道的成本会随着金融环境改变而发生变化，在农村金融市场逐渐完善的情况下，正规金融部门的融资成本将不断降低，而非正规金融的人情成本会不断增加，加之自有资本的累积，就有可能出现正规金融借贷的效用高于非正规金融借贷的情形。

三、实证分析

（一）模型设定

根据第二部分的分析可以发现，农户具有贷款需求时，在了解自身禀赋的条件下，基于成本最小化原则选择贷款渠道。假设农户正规金融需求为 Q_1，非正规金融需求为 Q_2。贷款的供给方是基于收益最大化原则决定意愿贷款数量，同样假设正规金融意愿贷款供给量为 S_1，非正规金融意愿贷款供给量为 S_2。中国农户信贷市场存在信贷约束是基本事实，因此，对正规金融而言，当正规金融意愿贷款数供给量 S_1 大于或等于需求量 Q_1 时，农户才能获得互助资金的贷款，当 $S_1 \geqslant Q_1$ 时，令 $y_1 = log(Q_1)$，同理，对于非正规金融，当 $S_2 \geqslant Q_2$ 时，$y_2 = log(Q_2)$。建立基础模型：

$$y_1 = \gamma y_2 + \beta X + \varepsilon \tag{1}$$

其中，X 代表资本禀赋和成本的控制变量，ε 为扰动项。当非正规金融对正规金融产生替代时，对供给方而言，其意愿贷款供给量 S_1 和 S_2 是彼此独立不受影响的，但是对农户而言，两种渠道的需求 Q_1 和 Q_2 将会存在替代，在数理上，由于 y_1 和 y_2 呈现负相关，即 $\gamma < 0$。

现实中，由于正规金融与非正规金融之间相互影响，式（1）的单一方程在回归分析中具有较强的内生性问题，所得 γ 估计量并非一致性估计量。为了解决内生性问题，本文使用联立方程模型，将正规金融对非正规金融的替代效应纳入模型之中，模型如下：

$$\begin{cases} y_1 = \gamma_1 y_2 + \beta_1 X + \varepsilon_1 \\ y_2 = \gamma_2 y_1 + \beta_2 X + \varepsilon_2 \end{cases} \tag{2}$$

其中，y_1、y_2 为农户分别从正规、非正规金融获得的贷款需求量，两者之间相互影响，形成一个联立体系。一些研究正规金融和非正规金融之间关系的文献在方程中用获得贷款的潜力 y^*，运用中设定 $y^* \geqslant 0$ 时，$y = y^*$；$y^* < 0$ 时，$y = 0$。农户获得贷款的潜力难以测量，$y^* < 0$ 也没有分析的意义，而且贷款需求量在一些文献中以实际贷款量代替，忽视获得贷款的潜力直接以农户实际获得的贷款予以取代，并不影响模型的设定和计量估计，因此下文出现的 y 都是实际发生的贷款额的对数值。当 $\gamma < 0$ 时，表明两种信贷渠道之间存在替代关系，反之则存在互补关系。

$X = (X_1, X_2)'$ 是影响信贷渠道选择的资本禀赋和成本等外生因素，对于不同的渠道选择，其外生影响因素可能相同也可能不同，因此将 X_1，X_2 分解为：

$$X_1=(X_{11}, X_{12})' ; X_2=(X_{22}, X_{12})' \tag{3}$$

其中，X_{11} 表示影响正规金融的特殊因素，X_{22} 表示影响非正规金融的特殊因素，X_{12} 表示影响两种借贷的共同因素。将式（3）代入式（2）可以得到：

$$\begin{cases} y_1=\gamma_1 y_2+\beta_1 X_{11}+\beta_1 X_{12}+\varepsilon_1 \\ y_2=\gamma_2 y_1+\beta_2 X_{22}+\beta_2 X_{12}+\varepsilon_2 \end{cases} \tag{4}$$

可转换为矩阵形式：

$$(y_1, y_2)\begin{bmatrix} 1 & -\gamma_2 \\ -\gamma_1 & 1 \end{bmatrix}=\begin{bmatrix} X_{11} & X_{12} \\ X_{22} & X_{12} \end{bmatrix}\begin{bmatrix} \beta_1 & 0 \\ 0 & \beta_2 \end{bmatrix}+(\varepsilon_1, \varepsilon_2), (\varepsilon_1, \varepsilon_2)' \tag{5}$$

则 $Y'\Gamma=\beta X+\varepsilon Y'=\beta X\Gamma^{-1}+\varepsilon\Gamma^{-1}$。求解联立方程组，将 y_i 表示为 X_i 与 ε_i 的简化式函数：$y_i=X'_i\omega_i+\mu_i$，简化式参数 ω 的矩阵表达式为 $\beta\Gamma^{-1}$。扰动项 μ_i 为：

$$\mu_1=\varepsilon_1+\gamma_1\varepsilon_2, \mu_2=\varepsilon_2+\gamma_2\varepsilon_1 \tag{6}$$

（二）估计方法

估计联立方程的方法有两类，一是单一方程估计法；二是系统估计法。如果结构方程的扰动项 ε_1 同方差且不相关，则单一方程估计法可以得到有效的结果。但在本文的结构方程中，因为存在影响两种借贷渠道的不可观测变量，使得 ε_1 之间存在相关关系，由式（6）可见，μ_1 与 μ_2 之间相关。而系统估计法把所有方程作为一个整体进行估计，能够解决各个方程随机扰动项之间相关的问题，得到一致的估计量比单一方程估计法更有效。因此，本文将使用系统估计法——"三阶段最小二乘法"（3SLS）估计式（4）的参数。

（三）数据来源

本文所用数据来自 2016 年 7 月在湖南、湖北、甘肃、陕西、四川、云南、贵州、广西八省所进行的抽样调查，每省各选择两县，每县选择三个乡镇，每个乡镇选取 5 个自然村，调查农户采用分层等距抽样的方法随机抽取，每村抽取 10 户调查户，调查的总样本规模为 2160 户农户。样本数据经过整理，剔除无效问卷，最终剩余 2085 个样本。该数据样本量大，关于农户借贷的信息较为充足，能够支持本文的研究。

（四）变量选择

本文的被解释变量为正规金融和非正规金融贷款的对数值。正规金融贷款包括农户从银行、信用社、小额贷款公司和其他金融机构获得的贷款，非正规金融贷款包括农户从私人、地下钱庄和其他非金融机构所获得的贷款。

农户借贷行为受到诸多因素的影响,从已有的文献来看,家庭基本情况、偿债能力、借贷成本、用途等因素都会影响农户的借贷。结合已有研究,本文假设影响因素可以划分为六类:家庭基本情况、家庭资产水平、借贷成本、借贷用途、地区以及作为工具变量的特有变量。

第一,家庭基本情况是经济行为的基础。家庭人口规模、家庭成员健康状况、劳动力教育水平反映了家庭的人力资本状况。人力资本在一定程度上能够决定家庭经济收入获取能力,人力资本水平越高,越能够扩大再生产、维持稳定收入,从而越容易获得借贷。

第二,家庭资产水平体现了偿债能力。资产存量充足的家庭能够拥有较高的资信水平。耕地是农户最基本的资产,其面积大小决定了农业收入的高低,土地经确权之后也可用于抵押。非农收入比是工资性收入所占总收入的比例,在中国农村,非农收入已经成为农民最主要的收入来源,也是农户资信水平的重要标的。一般认为社会资本拥有量多的家庭有更广的借贷来源,政治社会资本即家庭成员中干部人数对非正规金融借贷的影响较大,在金融机构上班的亲戚朋友数量直接体现了农户的金融领域的社会资本,因而对正规信贷的可得性影响较大。

第三,不同的借款渠道有不同的借贷成本,成本包括利率、信息成本、交通成本、时间成本、关系成本。对农户来言,按照效益最大化原则,通过借贷成本最小化原则选择不同来源贷款,利率、交通费用、时间和送礼支出能够间接反映农户金融可得性,农户倾向于选择成本便宜、方便快捷的贷款。

第四,借贷用途会限制农户的借贷渠道选择。正规金融机构对借款用途有明确的规定,只能用于生产性支出。一些研究发现正规金融贷款主要用于生产投资,非正规金融贷款主要用于消费支出。那么,面对不同用途,农户会有针对性地选择借贷渠道,以增加获得贷款的可能性。

第五,两种信贷渠道还有各自的特有影响因素,这些特有变量在估计中当成工具变量。金融、政治社会资本也属于特有变量,已归为资本禀赋类。影响正规金融信贷的特有因素是抵押担保、信用基础以及正规金融可得性。抵押担保是风险防范的常见方式,金融机构对于农户贷款一般要求提供正式抵押担保,以增加农户的违约成本。对于农户而言,缺乏金融机构所认可的抵押品、没有合适的担保人,就很难获得正规金融部门的贷款。正式的抵押和担保因程序复杂,几乎不会出现于非正规金融借贷中。是否被认定为信用户可以代理信用基础,离家最近的乡镇金融机构数量反映了农村金融市场的发展程度，市场越完善则正规金融可得性越高。由于正规金融信贷约束的存在，迫使农户只能寻求非正规金融借贷，因此本文将农业生产信贷约束和生活信贷约束作为非正规金融借贷的特有因素。另外，非正规金融可得性反映的是农户从私人等非正规渠道借贷的能力。

（五）实证结果分析

表1报告了正规金融和非正规金融联立方程的估计结果，分别使用了3SLS和迭代3SLS来估计模型，两种方法的估计结果基本一致。由表1可知，模型的内生变量非正规金融、正规金融系数皆为负数，则说明在控制农户资本禀赋和借贷成本的基础上，非正规金融替代了正规金融，且在1%的水平上显著。

从模型的估计结果来看，资本禀赋变量中，家庭人口规模和家庭健康人数比显著影响正规金融借贷，但对非正规金融的影响不显著。劳动力教育水平对两种借贷都没有显著影响。非农收入比、土地禀赋与家庭总资产显著影响非正规金融借贷，但对正规金融的影响不显著。这说明"软性"的禀赋变量如人力资本更容易影响正规金融借贷，而非正规金融更看重硬性的禀赋变量，如收入、实物资本。政治社会资本即家庭成员中干部人数在10%的水平上正向显著影响非正规金融借贷，金融社会资本在1%的水平上正向显著影响正规金融借贷，在金融机构上班的亲戚朋友数量越多，农户正规信贷的可得性就越大，再次验证了社会资本显著影响农户借贷的观点。

交易成本变量中，利息成本、信息成本、时间成本、交通成本显著影响两种借贷，其中利息成本、时间成本和交通成本都是1%的显著水平，信息成本的显著水平是10%。本文所选的关系成本是指为获得贷款而请客吃饭、送礼等支出，该变量在统计上不显著，通过数据分析发现，样本中有这笔支出的农户不足5%，因而影响到估计结果。不过总体上，借贷成本显著影响农户的借贷行为，这表明借贷成本是农户在正规与非正规金融之间权衡时的关键因素。

借贷用途中生产性和消费性用途都在1%的水平上显著影响农户的借贷，这与以往研究认为正规金融贷款主要用于生产投资，非正规金融贷款主要用于消费支出的研究结论不同。通过进一步的数据分析发现，农户的生产消费不分离，名义上用于生产的贷款，实际上被用于了消费，农户借贷主要用于治病（41%）和小孩上学（20%），因而在估计结果中生产性和消费性用途都显著影响正规与非正规金融借贷。

特有因素中，正规金融信贷的特有因素是金融社会资本、抵押担保、信用基础以及正规金融可得性。抵押担保、信用基础作为最常见的风险控制指标，在1%的水平上显著影响正规金融借贷，离家最近的乡镇金融机构数量并不显著影响正规金融借贷。非正规金融信贷的特有因素是政治社会资本、非正规金融可得性、农业生产信贷约束以及生活信贷约束。非正规金融可得性在1%的水平上显著，说明农户从私人等非正规渠道借贷的能力越强，越倾向于从非正规金融渠道融资。农业生产信贷约束在10%的水平上显著影响非正规金融借贷，而生活信贷约束在1%的水平上显著影响非正规金融借贷，这与农户的借贷需求主要来自于生活消费是一致的，表明正规金融供给型信贷约束迫使农户寻求非正规金融借贷，因此出现了非正规金融替代了正规金融。

表 1 模型估计结果

	（一）3SLS		（二）迭代式 3SLS	
	正规金融	非正规金融	正规金融	非正规金融
非正规金融	-0.141^{***} （0.0360）		-0.141^{***} （0.0360）	
正规金融		-0.572^{***} （0.0162）		-0.572^{***} （0.0162）
家庭人口规模	-0.0530^{***} （0.0190）	-0.0111 （0.0283）	-0.0531^{***} （0.0190）	-0.0111 （0.0283）
家庭健康人数比	0.218^{**} （0.0857）	0.0229 （0.128）	0.218^{**} （0.0857）	0.0229 （0.128）
劳动力教育水平	-0.0142 （0.0138）	-0.00457 （0.0205）	-0.0142 （0.0138）	-0.00457 （0.0205）
非农收入比	0.0056 （0.0972）	0.457^{***} （0.140）	0.0056 （0.0972）	0.457^{***} （0.140）
土地禀赋	0.0386 （0.0349）	-0.0877^{*} （0.0516）	0.0386 （0.0349）	-0.0877^{*} （0.0516）
家庭总资产	0.0299 （0.0191）	0.0651^{**} （0.0283）	0.0299 （0.0191）	0.0651^{**} （0.0283）
金融社会资本	0.137^{***} （0.0409）		0.137^{***} （0.0409）	
政治社会资本		0.208^{*} （0.126）		0.208^{*} （0.126）
利息成本	2.675^{***} （0.0970）	0.494^{***} （0.137）	2.675^{***} （0.0970）	0.495^{***} （0.137）
信息成本	0.0577^{*} （0.0314）	0.231^{***} （0.0342）	0.0578^{*} （0.0314）	0.231^{***} （0.0342）

	（一）3SLS		（二）迭代式 3SLS	
	正规金融	非正规金融	正规金融	非正规金融
时间成本	1.849***	0.701***	1.849***	0.700***
	（0.0747）	（0.0548）	（0.0747）	（0.0549）
交通成本	0.260***	0.149***	0.261***	0.149***
	（0.0429）	（0.0385）	（0.0429）	（0.0386）
关系成本	0.0660	0.0740	0.0660	0.0740
	（0.0654）	（0.0980）	（0.0654）	（0.0980）
生产性用途	1.34***	5.712***	1.34***	5.712***
	（0.229）	（0.134）	（0.229）	（0.134）
消费性用途	1.332***	7.104***	1.332***	7.104***
	（0.281）	（0.0927）	（0.281）	（0.0927）
抵押担保	0.743***		0.745***	
	（0.143）		（0.143）	
信用基础	0.388***		0.389***	
	（0.0702）		（0.0702）	
正规金融可得性	0.00672		0.00669	
	（0.011）		（0.011）	
非正规金融可得性		0.234***		0.234***
		（0.0372）		（0.0372）
农业生产信贷约束		0.0268*		0.0268*
		（0.0142）		（0.0142）
生活信贷约束		0.204***		0.205***
		（0.0664）		（0.0664）
常数项	−0.203	−0.144	−0.203	−0.144
	（0.178）	（0.262）	（0.178）	（0.262）
样本量	2085	2085	2085	2085
R^2	0.8399	0.8496	0.8399	0.8496
F 统计量	617.21	663.33	617.21	663.33
chi^2	11203.28	12042.45	11208.58	12045.19
F（24，2085）	440.52		440.52	
$Prob > F$	0.0000		0.0000	

注：* 表示在10%水平上显著，** 表示在5%水平上显著，*** 表示在1%水平上显著。

四、内生性问题讨论

（一）工具变量检验

联立方程组可以消除一定的内生性问题，但不能解决遗漏变量等内生性问题。一方面尽可能地搜集足够的控制变量，能够代表资本禀赋和借贷成本的变量都被纳入模型。另一方面将各融资渠道的特有变量作为工具变量，由表1可见，第一阶段的 F（24，2085）=440.52，远超经验判断标准，P 值为 0.0000，回归方程很显著，可以认为不存在弱工具变量的问题。总体而言模型的估计结果是有效的，接下来将对模型做进一步的稳定性检验。

（二）稳定性检验

通过增加、替换一些变量以及其他估计方法对联立方程的估计结果进行了稳健性检验。增加的变量主要是基准模型没有的因素。增加的个人特征变量如户主的年龄、受教育水平在估计中并不显著，也不改变核心变量的系数。增加了春节期间当面拜年的人数和参加红白喜事的人数两个变量来反映家庭的社会资本，因为各地的风俗差异，两个变量都不显著。替换的变量与已有变量有相似性。用生产性固定资产和耐用品替代家庭总资产，发现只有耐用品显著影响非正规金融，与家庭总资产的影响类似，生产性固定资产的影响不显著，而正规金融与非正规金融之间的估计系数没有太大变化。使用了单一方程估计法，估计结果不如系统估计法有效，同时，还使用了系统估计法中的系统广义矩估计，其估计结果与"三阶段最小二乘法"（3SLS）没有明显差异。从各项稳健性检验的结果来看，被解释变量的估计系数没有发生较大变化，正规金融、非正规金融之间的相关系数依然是负向显著，说明本文的估计结果是稳健的。

（三）分组讨论

通常认为不同地区的金融环境会影响农户的借贷行为，因此有必要验证区域间非正规金融对正规金融的替代效应的差异。本文样本数据六个省份处于西部，两个省份湖南、湖北属于中部。中部省份经济较西部省份发达，金融市场相对活跃，农村金融供给相对充足，农户的信贷需求也较为旺盛。而西部省份的农村地区信贷配给较为突出，农户的金融排斥也较为明显，信贷可得性较差。通过分组讨论可以看到不同地区的非正规金融替代正规金融的变化。由表2可得，中部地区的非正规金融对正规金融的替代效应强于西部地区。中部省份的非正规金融市场更活跃，调查中发现中部省份的样本农户平均借出资金288元，而西部省份的农户平均借出59元。毕竟非正规金融借贷的资金来源于民间资本，统计数据体现了中西部省份农村非正规金融供给的差距，这也可以解释为何中部地区的替代效应强于西部地区。

表 2　不同地区的估计结果

	（一）西部		（二）中部	
	正规金融	非正规金融	正规金融	非正规金融
非正规金融	−0.0991** (0.0422)		−0.252*** (0.0612)	
正规金融		−0.556*** (0.0183)		−0.717*** (0.0417)
控制变量	是	是	是	是
样本数	1582		503	

注：* 表示在 10% 水平上显著，** 表示在 5% 水平上显著，*** 表示在 1% 水平上显著。

五、结论和建议

本文利用 8 省 16 县 2085 个样本数据实证分析了在交易成本和资本禀赋的基础上非正规金融对正规金融的替代效应，研究发现：一是资本禀赋显著地影响农户借贷行为。家庭人口规模和家庭健康人数比显著影响正规金融借贷，非农收入比、土地禀赋与家庭总资产显著影响非正规金融借贷。"软性"的禀赋变量更容易影响正规金融借贷，而"硬性"的禀赋变量显著影响非正规金融借贷。二是交易成本变量中的利息成本、信息成本、时间成本、交通成本显著影响两种借贷。借贷成本是农户在正规与非正规金融之间权衡时的关键因素。三是正规金融供给型信贷约束迫使农户寻求非正规金融借贷。本文一方面说明了农户的借贷行为均是在完全信息下，即基于自身资本禀赋、衡量借贷成本之后而做出的判断。另一方面证实了非正规金融凭借自身的成本和信息优势在一定程度上替代了正规部门，中部地区的非正规金融对正规金融的替代效应强于西部地区。

本文研究为有效推进农村金融改革提供两条参考路径：一是加大正规金融的涉农信贷供给。现有的正规金融对农户形成了供给型信贷约束，既有贷款向城镇或其他产业转移，涉农贷款供给不足的原因，也有制度性的排斥原因，如一些涉农贷款合约没有充分考虑农户的资本禀赋条件，如提供资本化的抵押物或具有公职的担保人等，这些条件将较大比例的农户排斥在正规金融之外。此外，离家最近的乡镇金融机构数量并不显著影响正规金融借贷，这说明硬件的改善能取得的效果有限，其政策启示在于单一增加机构网点和服务点并不能明显提升农户对正规金融的利用程度。这意味着设计新的贷款产品、适当放松限制条款、提高涉农信贷供给缓解正规金融约束，是农村金融改革的一条可行途径。二是降低农户获取正规金融贷款的成本。通过简化贷款流程和手续可以降低农户贷款的信息、时间成本等，采用更灵活的抵押担保方式、建立风险补偿基金、推行保险＋信贷模式等可以较好地解决农户抵押担保不足的问题。当正规金融借贷的成本较之非正规金融更低，农户则会主动选择正规金融，这对于规范农村金融市场发展具有重要意义。

参考文献

［1］朱信凯，刘刚. 二元金融体制与农户消费信贷选择——对合会的解释与分析. 经济研究，2009（2）：43-55.

［2］Von Pischke J D，Adams D V，Donald G.Rural financial markets in developing countries-their use and abuse. Balfimore：John Hopkins University Press，1983.

［3］李晓明，何宗干. 传统农区农户借贷行为的实证分析——基于安徽省农户借贷行为的调查. 农业经济问题，2006，27（6）：36-38.

［4］冯旭芳. 贫困农户借贷特征及其影响因素分析——以世界银行某贫困项目监测区为例. 中国农村观察，2007（3）：51-57.

［5］金烨，李宏彬. 非正规金融与农户借贷行为. 金融研究，2009（4）：63-79.

［6］Jia X P，Heidhues F，Zeller M.Credit rationing of rural households in China .Agricultural Finance Review，2010，70（1）：37-54.

［7］杨汝岱，陈斌开，朱诗娥. 基于社会网络视角的农户民间借贷需求行为研究. 经济研究，2011（11）：116-129.

［8］Kochar A.An empirical investigation of rationing constraints in rural credit markets in India. Journal of Development Economics，1997，53（2）：339-371.

［9］Jain S.Symbiosis vs.crowding-out：the interaction of formal and informal credit markets in developing countries. Journal of Development Economics，1999，59（2）：419-444.

［10］Guirkinger C.Understanding the Coexistence of Formal and Informal Credit Markets in Piura，Peru. World Development，2008，36（8）：1436-1452.

［11］陈鹏，刘锡良. 中国农户融资选择意愿研究——来自10省2万家农户借贷调查的证据. 金融研究，2011（7）：128-141.

［12］赵建梅，刘玲玲. 信贷约束与农户非正规金融选择. 经济理论与经济管理，2013（4）：33-42.

［13］尹志超，吴雨，甘犁. 金融可得性、金融市场参与和家庭资产选择. 经济研究，2015（03）：87-99.

［14］李锐，李超. 农户借贷行为和偏好的计量分析. 中国农村经济，2007（08）：4-14.

［15］褚保金，张龙耀，郝彬. 农村信用社扶贫小额贷款的实证分析——以江苏省为例. 中国农

村经济，2008（5）：11-21.

[16] 钱水土，陆会. 农村非正规金融的发展与农户融资行为研究——基于温州农村地区的调查分析. 金融研究，2008（10）：178-190.

[17] 赵丙奇，冯兴元. 农村金融发展战略选择：一个非正式金融视角. 农业经济问题，2008，29（3）：22-27.

[18] 童馨乐，褚保金，杨向阳. 社会资本对农户借贷行为影响的实证研究——基于八省1003个农户的调查数据. 金融研究，2011（12）：177-191.

[19] 马晓青，刘莉亚，胡乃红，等. 信贷需求与融资渠道偏好影响因素的实证分析. 中国农村经济，2012（5）：65-76.

[20] 刘娟，张乐柱. 农户借贷需求意愿及其影响因素实证研究. 中南财经政法大学学报，2014，202（1）：16-21.

[21] 丁志国，徐德财，覃朝晖. 被动选择还是主观偏好：农户融资为何更加倾向民间渠道. 农业技术经济，2014（11）：52-64.

[22] 张林，冉光和. 加入农村资金互助会可以提高农户的信贷可得性吗？——基于四川7个贫困县的调查. 经济与管理研究，2016（2）：70-76.

[23] 张兵，刘丹，李祎雯. 匹配经济学视角下农户借贷匹配决定因素的实证分析. 经济科学，2014（4）：93-105.

[24] 李富有，匡桦. 隐性约束与非正规金融市场融资——基于借款人选择的解释. 南开经济研究，2010（2）：140-152.

[25] 彭向升，祝健. 农村民间金融对正规金融的替代效应分析——基于农户借贷成本的视角. 福建论坛（人文社会科学版），2014（3）：22-27.

[26] Bell C, Srinivasan T N, Udry C.Rationing, Spillover, and Interlinking in Credit Markets: The Case of Rural Punjab. Oxford Economic Papers, 1997, 49（4）：557-585.

[27] Mushinski D W.An analysis of offer functions of banks and credit unions in Guatemala.The Journal of Development Studies, 1999, 36（2）：88-112.

[28] 黄祖辉，刘西川，程恩江. 贫困地区农户正规信贷市场低参与程度的经验解释. 经济研究，2009（4）：116-128.

[29] 徐璋勇，杨贺. 农户信贷行为倾向及其影响因素分析——基于西部11省（区）1664户农户的调查. 中国软科学，2014（3）：45-56.

[30] Conning J, Udry C.Rural Financial Markets in Developing Countries.Handbook of Agricultural Economics, 2007, 3（8724）：2857-2908.

[31] Shimer R, Smith L. Assortative Matching and Search. Econometrica, 2000, 68（2）：343-369.

[32] 张海洋，平新乔. 农村民间借贷中的分类相聚性质研究. 金融研究，2010（9）：69-86.

[33] 程郁，韩俊，罗丹. 供给配给与需求压抑交互影响下的正规信贷约束：来自1874户农户

金融需求行为考察. 世界经济, 2009（5）: 73-82.

[34] 刘西川, 杨奇明, 陈立辉. 农户信贷市场的正规部门与非正规部门: 替代还是互补? . 经济研究, 2014（11）: 145-158.

（本文与殷浩栋、王彩玲合著, 原载《经济与管理研究》2017年第09期）

贫困村互助资金与农户正规金融、非正规金融: 替代还是互补?

一、引言

中国农村金融市场经过多年的发展, 逐渐形成了以政策性金融、商业性金融以及农村合作金融为主的金融体系。而随着农村金融改革的深化, 政府越来越重视农村合作金融的发展。从2014年开始, 中央一号文件均提到农村合作金融, 充分肯定合作金融在农村金融体系中的作用, 并鼓励探索新型农村合作金融发展的有效途径。但当前包含互助资金在内的农村合作金融与农村金融市场其他部门之间的关系还存在不确定性和争议性, 农村合作金融的进一步发展在此情形下受到一定的阻碍。因此, 从满足农户多层次金融需求出发, 在政策层面上讨论农村合作金融的发展路径, 首要条件是准确把握农村合作金融在农村金融市场中的角色。

作为农村合作金融的一种新型组织, 贫困村互助资金（以下简称"互助资金"）是研究农村合作金融与农村金融市场之间关系的重要切入点。互助资金于2006年由国务院扶贫办和财政部在贫困村开展试点, 以财政扶贫资金为主体, 村民自愿按一定比例缴纳互助金, 可补充各类无任何附加条件的社会捐赠资金, 实行"民有、民用、民管、民享"的自我管理模式（李金亚和李秉龙, 2013）。互助资金借鉴孟加拉国互助小组的运行模式, 以3—5户农户成立互助小组, 互为担保, 目的在于增加农村金融供给, 提高贫困农户和中低收入农户的信贷可得性（杨龙和张伟宾, 2015）。截至2015年底, 互助资金已超过2万个, 为缓解贫困户的信贷约束发挥了重要作用, 成为农村地区分布最广、影响最大的扶贫小额信贷（陈清华等, 2017）。但是, 从农村金融市场整体来看, 互助资金目前存在资金规模较小、覆盖范围较窄、借款期限较短等问题（汪小亚，2014）。目前已有相关研究主要关注互助资金的实施效果，而在如何进一步发展农村合作金融方面，缺乏理论和实证依据，尤其是对互助资金与其他农村金融市场主体之间关系的研究还较少，这既可能导致进一步发展农村合作金融的盲目性，也可能使得支持依据的不足而无法调整完善工作。

鉴于此，本文以互助资金作为新的切入点，构建理论分析模型论述不同信贷部门的替代或互补效应，并使用大样本农户调查面板数据开展验证，从而为农村合作金融发展乃至农村金融市场的路径完善提供实证依据。

文章接下来的内容安排如下：第二部分对正规金融和非正规金融间的关系，以及互助资金的作用与性质开展文献综述，讨论互助资金作为切入点在研究农村金融市场不同部门之间关系中的意义；第三部分，构建农户信贷部门与农户行为的理论模型及经济学分析；第四部分介绍使用的数据来源和统计分析结果；第五部分是 PSM-DID 模型的估计结果；第六部分为结论与进一步讨论。

二、文献回顾

（一）正规金融与非正规金融关系的相关研究

一些研究认为农村金融市场在整体层面呈现二元共生的特征，一方是以商业性金融为基础的正规金融（政策性金融不参与农户信贷业务），另一方是指私人借贷、地下钱庄等在内的非正规金融（朱信凯和刘刚，2009）。早期的研究发现正规金融部门与非正规金融部门相互独立，或者是部分独立（Yadav et al.，1992；Pal，2002）。随着研究的深入，越来越多的学者证明两个部门存在一定关系，但在关系的判定上产生了分歧。一类观点认为两者之间是替代关系，非正规部门凭借自身的成本和信息优势在一定程度上替代了正规部门（Jain，1999；Guirkinger，2008；朱信凯和刘刚，2009；陈鹏和刘锡良，2011；周先波和罗连化，2015；殷浩栋等，2017）。如 Jain（1999）认为非正规金融机构因低成本能挤出正规金融，正规金融在供给充足的情况下也能挤出非正规金融，两者相生相克。另一类观点认为两者之间是互补关系，两个部门发挥各自优势，实现了策略性合作（Andersen et al.，2006；郭峰和胡金焱，2012；刘西川等，2014）。如刘西川等（2014）同时考虑了正规与非正规部门的供给和需求，并以浙江省的调查数据分析发现正规金融与非正规金融之间存在互补关系。

（二）互助资金的相关研究

互助资金是一种性质介于正规金融与非正规金融之间的农村合作金融模式。已有的互助资金研究主要集中于目标瞄准和绩效评估两个方面。关于目标瞄准的文献普遍认为互助资金在运行中出现了瞄准偏差，贫困户参与使用互助资金的比例并不高，而非贫困户的参与程度更高（李金亚和李秉龙，2013；胡联等，2015），最低收入的农户群体难以获得互助资金的贷款服务（林万龙和杨丛丛，2012；刘西川，2012）。在绩效评估方面，一些学者发现互助资金有利于农户收入增长，但是因为互助资金存在瞄准偏差，使得互助资金更加有利于非贫困户，中、高等收入农户的增长幅度更大，贫困户受益较少，没有达到提高贫困户金融可得性的目的（汪三贵等，2011）。也有学者认为互助资金增加了贫困户的收入，对非贫困户的收入增加没有显著影响（杨龙和张伟宾，2015）。互助资金不仅影响农户收入，还能够提高贫困农村社区与农户的组织化程度和合作能力，促进了新型农村治理结构的构建（曹洪民，2007；肖诗顺和张林，2013），缓解贫困群体信贷约束（董晓林等，2016），使人力、土地、技术与资金要素实现了更有效的配置（宁夏和何家伟，2010）。

目前研究互助资金与正规和非正规金融之间关系的文献较少。陈鹏和刘锡良（2011）指出民间互助性借贷对正规金融机构贷款具有较强的替代性。茹玉和林万龙（2015）研究发现正规金融因其网点距离远、信贷价格高抑制了农户的贷款可得性，从而促进了农户对互助资金的利用。陈清华等（2017）发现正规金融机构对互助资金的互补效应大于替代效应，表现为得到正规金额贷款越高的农户，参加互助资金的积极性越高。事实上，互助资金对正规和非正规金融产生影响的根源在于互助资金的治理机制和组织结构。互助资金的资金构成主要包括财政扶贫资金和农户个人出资，采用"不出村、不吸储"的封闭式运作，以小组联保的方式提供担保，贷款额度不高，一般使用期限在1年以内（陈立辉等，2015）。还款方式包括整还和分期，占用费率（利率）固定，不高于同期农村信用社利率（刘西川，2012）。互助资金有内外部相结合的治理机制：内部有相互制衡的治理结构，社员大会是最高权力机构，理事会是执行机构和日常管理机构，监事会是监督机构（刘西川等，2015），社员大会和监事会具有监督理事会的职责，重大决策采取民主协商、一人一票制由社员大会来决定。外部治理机制主要是扶贫办和财政局的监督，两部门协助制定管理章程，每年检查资金运行情况（黄承伟和陆汉文，2010；陈立辉等，2015）。这些组织机制特性使得互助资金兼具正规金融和非正规金额的特点。正规性体现在由政府提供主要资金；有明确规定的借款、还款、风险控制等运行机制；农户向互助资金借款时以正规合约为基础，需要签订由联保小组其他成员共同担保的契约。非正规性体现在以内生于农村社区的关系型信用为基础；没有金融业务许可证；使用边界限于村内熟人网络。因此，互助资金体量虽小，但其介于正规金融与非正规金融的性质特征，为研究农村金融市场内部供给结构和关系提供了新的切入点。

（三）小结

总体来看，已有研究将农村金融市场区分为正规金融和非正规金融，忽略了农村金融市场的多元化特征。作为性质介于正规金融与非正规金融之间的互助资金，它与正规和非正规金融之间的关系值得探讨，也是研究农村金融市场内不同部门间关系的切入点。已有文献为分析互助资金与正规金融、非正规金融之间的关系奠定了理论基础。比较互助资金与正规金融、非正规金融的组织和治理机制，可以发现它们之间的区别：正规金融机构有严格的制度安排，为了其资金的安全，设置了一定的农户参与门槛（即"隐性约束"），如限制资金用途、一定的利息成本、抵押担保条件等。互助资金也有明确的规章制度，但相对于正规金融，其明显优势是门槛低，没有较多"隐性约束"；贷款利率较低，贷款流程操作简单，降低了农户的借贷成本；在风险控制方面，具有更低的违约监督成本；在掌握农户的偿贷能力方面，有明显的信息优势。因此，低成本、较便捷的可得性和信息优势使得互助资金能够对农户的正规金融借贷产生影响。另一方面，互助资金与非正规金融组织有相同的关系型信用特征。依托关系型信用的融资渠道选择取决于人情成本，即农户在发生借贷时的精神以及物质支出。非正规金融的人情特征较为明显，但互助资金的联保机制使得农户借贷在关系圈中处于半公开状态，只需支付占用费，不需要支付额外的人情成本，而且互助资金的利息相比私人有息贷款更低。互助资金在借贷成本上具有一定优势，这种优势是否会影响农户的借贷行为，并使互助资金对农户信贷市场不同部门产生替代或互补效应？

三、理论模型

不同农户信贷部门之间的关系是替代还是互补，需要考虑农户能否从不同部门获得合意的贷款。信息不对称是农村金融市场出现信贷配给的重要原因，本文将沿用 Stiglitz and Weiss（1981）和 Williamson（1987）的信贷配给理论来分析金融机构的决策行为。信贷配给下的条件门槛使部分农户无法获得所需的贷款，迫使农户从其他部门借贷，这些现象都会增加农户的借贷成本，进而影响其借贷行为。农户作为理性的经济人，在信贷配给的基础上，根据借贷成本最小化的原则选择信贷部门。借贷成本不仅包括贷款利率，也包括时间、交通等成本，当借贷综合成本有显著差异时，农户原有的融资渠道会发生变化。

（一）信息不对称下的信贷配给

假设生产函数为 $Y(K)$，K 为资本投入，不考虑劳动等其他要素的投入，为简化分析，假定资本投入均来自贷款 m，即 $K=m$。作为常见的生产函数，令 $Y'(K)>0$，$Y''(K)<0$。假设农户申请贷款所产生的人情成本、交通成本、利息等贷款成本为 $C(m)$，贷款利率为 r，贷款成本随贷款量增长，$C(m)$ 为递增函数，$C'(m)>0$。贷款投入生产后，投资成功的概率为 p，投资失败亏损的比例为 μ。投资项目具有相同的平均收益 $T=pY(K)$。投资项目的无风险收益率为 v_0，假定农户是风险中性，农户的项目期望收益不小于无风险的机会成本。农户借贷投资生产的期望收益满足以下条件：

$$Max\ E^0(m)=p[Y(m)-C(m)-m]+(1-p)[(1-\mu)m-C(m)-m] \quad (1)$$

$$s.t.\quad E^0(m)\geqslant v_0(m) \quad (2)$$

按照满足约束条件下的收益最大化原则，农户合意的贷款量 m^* 需要满足

$$Y'(m^*)=\frac{p(1-\mu)+\mu+C'(m)}{p}\ \text{且}\ m^*\geqslant\frac{C(m^*)-pY(m^*)}{p\mu-p-\mu-v_0} \quad (3)$$

因为信息不对称，金融机构不知道每个项目的成功概率，只知道项目的平均收益（王维，2011）。假设贷款利率为 r_1，对农户而言，存在一个项目成功的临界概率 p^*，以及临界收益 $Y^*(K)=K(1+r_1)$。可得 $P^*=T/K(1+r_1)$。令 p 的概率密度函数为 $f(p)$，分布函数为 $F(p)$，则项目的平均成功概率为：$\bar{p}(r_1)=\int_0^{p^*}pf(p)dp/(p^*)$，对 r_1 求偏导：

$$\frac{\partial\bar{p}}{\partial r_1}=\frac{\partial\bar{p}^*}{\partial r_1}f(p^*)\frac{p^*F(p^*)-\int_0^{p^*}pf(p)dp}{F^2(p^*)}=-\frac{Tf(p^*)\int_0^{p^*}F(p)dp}{K(1+r_1)} \quad (4)$$

由于（4）式小于0，意味着利率越高，农户贷款项目的成功概率越低。在金融机构给定高利率的情形下，项目成功概率低的农户将获得贷款，从而驱逐了贷款违约风险低的优质农户，形成了"劣币驱逐良币"的逆向选择（姜海军和惠晓峰，2008；王维，2011）。

对金融机构而言，令贷款总成本为 $C_1(m)$，包括审核、监督、回收等成本。

贷款成本随贷款量增长，$C_1(m)$ 为递增函数，$C'(m) > 0$，$C''(m) < 0$，平均还款率为 γ_1，如果满足所有农户的贷款需求，则期望收益为：

$$E(m) = p\gamma_1[r_1 m - C_1(m)] + (1-p)\gamma_1[(1-\mu)m - C_1(m) - m] + (1-\gamma_1)[-C_1(m) - m] \tag{5}$$

每单位贷款期望收益对利率的偏导数为：$\partial\bar{e}/\partial\gamma_1 = p\gamma_1 + (r_1\gamma_1 + \gamma_1\mu)\partial p/\partial\gamma_1 - \partial\bar{c}/\partial\gamma_1$，可知，金融机构的单位贷款期望收益并非利率的单调增函数，还取决于平均还款率。利率的提升增加了农户的违约风险，因此金融机构更愿意在较低的利率水平上拒绝一部分农户的贷款（王维，2011），从而产生了农村金融市场的信贷配给。

（二）互助资金的联保机制

作为信息不对称的另一方面，道德风险问题在现有的农户信贷市场中多以抵押担保机制来控制。互助资金以组建互助小组形成了联保机制能够更好地解决道德风险问题。一旦发生贷款违约，小组成员承担连带责任，需共同偿还贷款，并且不能从互助资金贷款。此外，内在的声誉机制促使农户尽可能地归还贷款，并采取更保守的方式使用贷款。下文将借用 Stiglitz（1990）的相互监督模型来分析互助资金的联保机制如何消除信息不对称。

互助资金一般要求 3—5 户组成互助小组，同时段只能有一户贷款，偿贷后才能对该小组其他成员发放第二笔贷款。如果农户贷款违约金额为 L，ω 为互助小组成员偿还违约的贷款的比例，小组成员需要偿还 wL 贷款，违约农户事后会对其他成员提供等额或更高的补偿。农户的效用函数为：

$$U = p[Y(m) - (1+r)m] + (1-p)[Y(m) - (1+r)m - L] + p(1-p)[Y(m) - wL] \tag{6}$$

假定生产函数是增函数，农户在既定的利率下倾向于投资高风险项目。互助资金的收益至少要等于资金成本 t，即 $p(1+r) + pw(1-p) \geq t$，进而可得 $dr/dw = p - 1 < 0$，说明降低利率可以补偿联保责任给农户带来的违约风险。假设高风险项目和低风险项目的效用相同，$p_L^2 U_L + p_L(1-p_L) = p_H^2 U_H + p_H(1-p_H)U_H$，则

$$\frac{dm}{dw} = \frac{\partial U_L/\partial w + \partial U_L \times dr/\partial r \times dw + \partial U_H/\partial w - \partial U_H \times dr/\partial r \times dw}{\partial U_L/\partial m - \partial U_H/\partial m} > 0 \tag{7}$$

（7）式表明农户可获得的贷款与 W 同步增大。综上说明，互助资金首先通过互助小组将高违约风险的农户排斥在外，其次以联保机制将违约风险转嫁给互助小组成员，有效控制了道德风险问题。互助资金可以缓解农村金融市场的信贷配给，以优惠利率补偿农户的连带责任，并增加农户的效用。

（三）农户的融资渠道选择

农户具有贷款需求时，一般是在可贷资金范围内基于成本最小化原则选择融资渠道。例如，缺乏抵押品、担保人和信用的农户会面临正规金融机构的信贷配给，正规金融机构的贷款未能成为他们的可选渠道。这样的农户仅能选择正规金融以外的借款渠道，对其而言，信贷渠道之间的关系不包括正规金融。此外，信贷市场也遵循市场规律，农户觉得互助资金"有利可图"时才会改变其借贷行为，从而引起了市场结构的变化。因此，本文重点分析能够同时从正规和非正规渠道获得贷款的农户群体，把总借贷成本最小化作为农户的借贷行为选择原则，将信贷约束内化于借贷成本。

令农户借贷的总成本为 M，农户所获得的正规金融贷款为 m_1，非正规金融贷款为 m_2，互助资金贷款为 m_3。农户在不同融资渠道的贷款成本函数是不同的，假定农户在正规金融借贷的成本函数为 $C_1(m_1)$，非正规金融借贷的成本函数为 $C_2(m_2)$，互助资金借贷的成本函数为 $C_3(m_3)$，三个成本函数均为递增函数。从借贷成本来看，互助资金实行保本经营原则，利率较正规金融贷款低[①]（刘西川，2012），办公成本和人员成本都较低，内在的信任机制减少了信息不对称，降低了甄别、监督等金融交易成本，相对封闭的社会网络加之合作互惠的运作规范可有效规避道德风险和逆向选择，降低了贷款风险和违约执行成本（赵昂和荣灿，2015）。所以，互助资金的借贷成本小于正规金融和非正规金融的借贷成本，比农信社或非政府小额信贷机构更适合边远贫困地区（刘西川，2012）。由于信息不对称，农户信贷市场普遍存在信贷约束，各项贷款小于或等于融资渠道合意贷款供给量 S_i^*，因此各项贷款总和小于或等于合意贷款量 m^*。基于上述分析，可得：

$$Min \quad M = C_1(m_1) + C_2(m_2) + C_3(m_3) \tag{8}$$

$$s.t. \quad m_1 + m_2 + m_3 \leqslant m^* \tag{9}$$

$$0 \leqslant m_1 \leqslant S_1^*, \ 0 \leqslant m_2 \leqslant S_2^*, \ 0 \leqslant m_3 \leqslant S_3^*, \ C_1(m_1) > C_3(m_3),$$
$$C_2(m_2) > C_3(m_3) \tag{10}$$

建立拉格朗日函数：

$$Z = C_1(m_1) + C_2(m_2) + C_3(m_3) + \lambda_1(m^* - m_1 - m_2 - m_3) + \lambda_2(S_1^* - m_1) + \lambda_3(S_2^* - m_2) +$$
$$\lambda_4(S_3^* - m_3) + \lambda_5[C_3(m_3) - C_1(m_1)] + \lambda_6[C_3(m_3) - C_2(m_2)] \tag{11}$$

---

① 调研数据期间内（2010—2014 年），央行 6 个月至 1 年贷款的基准利率基本在 6% 左右，各地银行的贷款利率平均上浮 30%—70%，调研问卷所收集到的利率基本保持在 10% 左右，而互助资金的利率普遍在 6% 左右。

库恩—塔克条件：

$$Z_{m1}=C_1'(m_1)-\lambda_1-\lambda_2-\lambda_5C_1'(m_1)\geqslant0,\ m_1\geqslant0\ \text{且}\ m_1Z_{m1}=0 \tag{12}$$

$$Z_{m2}=C_2'(m_2)-\lambda_1-\lambda_3-\lambda_6C_2'(m_2)\geqslant0,\ m_2\geqslant0\ \text{且}\ m_2Z_{m2}=0 \tag{13}$$

$$Z_{m3}=C_3'(m_3)-\lambda_1-\lambda_4-\lambda_5C_3'(m_3)+\lambda_6C_3'(m_3)\geqslant0,\ m_3\geqslant0\ \text{且}\ m_3Z_{m3}=0 \tag{14}$$

$$Z_{\lambda1}=m^*-m_1-m_2-m_3\leqslant0,\ \lambda_1\geqslant0\ \text{且}\ \lambda_1Z_{\lambda1}=0 \tag{15}$$

$$Z_{\lambda2}=S_1^*-m_1\geqslant0,\ \lambda_2\geqslant0\ \text{且}\ \lambda_2Z_{\lambda2}=0 \tag{16}$$

$$Z_{\lambda3}=S_2^*-m_2\geqslant0,\ \lambda_3\geqslant0\ \text{且}\ \lambda_3Z_{\lambda3}=0 \tag{17}$$

$$Z_{\lambda4}=S_3^*-m_3\geqslant0,\ \lambda_4\geqslant0\ \text{且}\ \lambda_4Z_{\lambda4}=0 \tag{18}$$

$$Z_{\lambda5}=C_3(m_3)-C_2(m_2)<0,\ \lambda_5\geqslant0\ \text{且}\ \lambda_5Z_{\lambda5}=0 \tag{19}$$

$$Z_{\lambda6}=C_3(m_3)-C_2(m_2)<0,\ \lambda_6\geqslant0\ \text{且}\ \lambda_6Z_{\lambda6}=0 \tag{20}$$

根据互补松弛原则，互助资金的借贷成本低于正规金融和非正规金融借贷，则 $Z_{\lambda5}$、$Z_{\lambda6}$ 不等于0，那么 $\lambda_5=0$，$\lambda_6=0$。由于存在信贷约束，农户的实际贷款量很难等于各信贷部门的合意贷款量，即 $Z_{\lambda2}$、$Z_{\lambda3}$、$Z_{\lambda4}$ 均不等于0，那么可得 $\lambda_2=\lambda_3=\lambda_4=0$。农户有信贷需求，$m_1$、$m_2$、$m_3$ 不可能同时等于0，则 Z_{m1}、Z_{m2}、Z_{m3} 至少有一项等于0，当某项 $Z_{mi}=0$ 时，$C_i'(m_i)-\lambda_1=0$，$C_i'(m_i)>=0$，那么 $\lambda_1\neq0$。已知 $\lambda_1Z_{\lambda1}=0$，则 $Z_{\lambda1}=0$，$m_1+m_2+m_3=m^*$，这符合农户是追求利益最大化的理性人假设，农户会尽可能地获取到合意贷款量，使自己预期收益最大化。当 m_1、m_2、m_3 都不等于0，则 $Z_{m1}=C_1'(m_1)-\lambda_1=0$，$Z_{m2}=C_2'(m_2)-\lambda_1=0$，$Z_{m3}=C_3'(m_3)-\lambda_1=0$，最后的均衡条件是 $C_1'(m_1)=C_2'(m_2)=C_3'(m_3)$，此时三种渠道的边际成本相等。当 m_1、m_2、m_3 其中一项等于0时，如受到正规金融的完全信贷配给，$m_1=0$，则 $Z_{m2}=C_2'(m_2)-\lambda_1=0$，$Z_{m3}=C_3'(m_3)-\lambda_1=0$，可得 $C_2'(m_2)=C_3'(m_3)$，同样满足均衡点位于边际成本相等的点。当 m_1、m_2、m_3 其中两项等于0时，不为0的那项等于 m^*，这种情况属于完全替代，无需再考虑边际成本。总体而言，农户选择不同融资渠道的贷款量取决于各渠道的边际成本，均衡点位于各渠道的边际成本相等时。

（四）替代和互补分析

图1假定 m_1、m_2、m_3 都不等于0，从农户角度分析不同融资渠道之间的替代和互补关系。纵轴为贷款成本，横轴为贷款量。C_1 为农户的正规金融贷款成本曲线，C_2 为农户的非正规金融贷款成本曲线，C_3 为农户的互助资金贷款成本曲线。成本曲线的平缓程度反映了成本增长的快慢，相比之下正规金融贷款的初始成本最高，由于农户的非正规金融贷款以亲友无息贷款为主，因而其初始成本最

低，互助资金因联保机制和占用成本使其初始成本高于非正规金融，但低于正规金融。假定只有正规金融和非正规金融贷款时，根据各渠道的贷款量由边际成本决定，MC_0 与 C_1、C_2 曲线分别相切于 A_0 和 B_0，此时农户从正规金融借贷 M_1^0，从非正规金融借贷 m_2^0。

进一步，考虑互助资金介入的情境，互助资金的贷款额度在同一社区中基本是固定的，平均贷款额度不超过 6000 元（陈立辉等，2015）。因此互助资金的贷款可当作外生可控的变量。假定农户从互助资金借贷 m_3'，此时的边际成本是 MC_1，与 C_3 相切于 H'。根据上文分析的达到均衡点时各渠道贷款的边际成本相同原则，与 MC_1 平行的曲线与 C_1、C_2 曲线分别相切于 A' 和 B'，此时农户的信贷达到了均衡，将从正规金融借贷 m_1'，从非正规金融借贷 m_2'。由图可知，$m_1'<m_1^0$，$m_2'<m_2^0$，这说明互助资金借贷对农户信贷市场的不同部门产生了挤出替代。

若农户从互助资金借贷为 m_3''，此时的边际成本是 MC_2，与 C_3 相切于 H''。同样按照均衡时各渠道贷款的边际成本相同原则，与 MC_2 平行的曲线与 C_1、C_3 曲线分别相切于 A'' 和 B''，此时农户从正规金融借贷 m_1''，从非正规金融借贷 m_2''。由图可知，$m_1''>m_1^0$，$m_2''>m_2^0$，这表明互助资金与农户信贷市场之间存在补充促进的关系。类似的分析可以用在正规金融和非正规金融，分析思路是一致的，可以推测当农村金融环境较好、金融供给充足时，农户信贷的各种融资渠道之间存在互补关系。

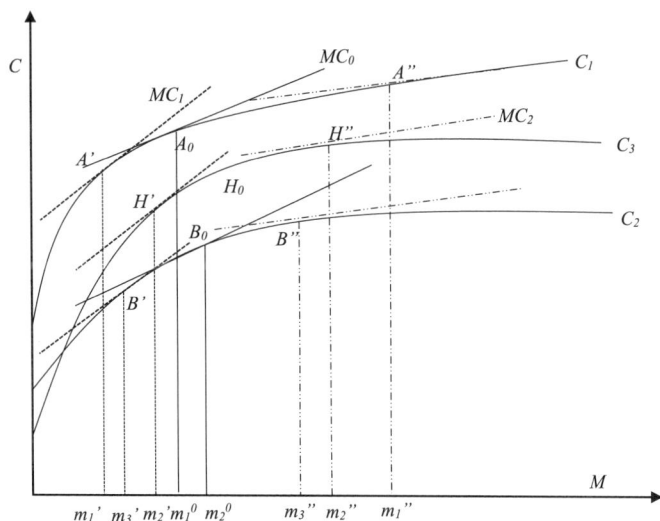

图 1　替代和互补分析

四、数据分析

（一）数据

本文所用数据来自于国务院扶贫办和中国人民大学共同组织的互助资金准实验研究的监测数据，该项目在山东、河南、甘肃、四川、湖南五省各选择两县进行监测，每县选择5个贫困村，其中3个村庄为项目村，另外2个为非项目村。调查农户采用人均收入水平分层等距抽样的方法随机抽取，每村抽取30户调查户，调查的总样本规模为1500户农户。2010年8月，在互助资金项目正式启动之前进行了基期调查，2012年、2014年分别做了跟踪调查，均收集调查时前一年的各项指标数据。样本数据经过整理，剔除无效问卷，最终为1262个有效样本。该数据样本量较大，关于农户借贷行为的信息充足，地域上包括了东中西部的省份，能够较合理反映互助资金与其他农户信贷部门之间的关系。

（二）农户信贷行为特征

本文研究的正规金融部门包括农村信用社、农业银行、邮储银行、村镇银行、小额信贷公司和其他金融机构，非正规金融部门包括私人无息借款、私人有息借款、地下钱庄和其他非正规金融部门。按照互助资金的管理规定，农户必须加入互助社成为会员，才能申请互助资金贷款，因此互助资金会员（以下简称会员）是本文主要的研究主体。

从调查结果来看，农户的信贷行为在总体上表现出如下特点：（1）非正规金融是农户获得贷款的主要渠道，只从非正规渠道借贷的农户数量占据了有贷款农户数量的半数，农户从非正规金融渠道获得的借款金额达70%以上，远远高于从正规金融渠道和互助资金获得的借款金额。（2）私人无息借款是非正规金融借贷的主要渠道，占农户所有贷款的50%以上，也是农户首选的贷款渠道。（3）信用社是正规金融借贷的主要渠道。正规金融借贷接近贷款总额的四分之一，其中信用社贷款占据大部分，尽管有研究表示信用社因为历史和管理问题并没有充分发挥服务三农的作用，但是本文的数据显示信用社借款金额仅次于私人无息，这表明信用社在农村金融市场中发挥了一定作用。（4）互助资金是农户使用最频繁的借贷渠道。不过互助资金贷款在所有农户的贷款中所占比重较小，这跟互助资金的小额信贷性质有关，其借款额度一般最高是3000元或者5000元。

互助资金的会员特点如下：（1）互助资金是会员的重要借款来源，在试点村中，有70%以上的农户加入了互助资金，会员农户的互助资金借款总额达到了借款总额的24.3%（2012年）和18.87%（2014年），其重要性已超过正规金融部门，仅次于私人无息借款；（2）互助资金能够影响会员的借贷行为，20.65%的会员在面临借贷需求时会首选互助资金，其比例仅次于私人无息借款，由表1可知，互助资金会员的正规金融和非正规金融借款金额比例较之总体农户的比例降幅更大，这表明，在一定的借贷需求下，农户通过互助资金替代了部分正规金融和非正规金融借贷。

就已使用互助资金贷款的农户而言，互助资金对于缓解其信贷约束的作用更加明显。在表1的2012年数据中，互助资金的借款占借款金额的46.69%，其次是私人无息借款（29.96%）和信用社借款（12.99%）。即使是2014年，互助资金的借款也占据借款金额的29.66%。因为这些农户使用了互助资金贷款，非正规金融借贷的下降比例大于正规金融借贷的下降比例。调查发现，80%以上的互助资金借款农户的总借款金额在10000元以下，而这部分农户的平均互助资金贷款为4127元，由此可见互助资金对于缓解农户贷款困难的重要意义，也可以推测互助资金与农户信贷市场其他部门存在挤出替代关系，而且对于非正规金融部门的替代作用强于对正规金融部门的替代。

表1　农户的不同渠道借款比例（按金额统计）

		正规金融	其中：信用社	非正规金融	其中：私人有息	其中：私人无息	互助资金
2010年	会员	30.41	24.72	69.59	10.02	59.13	
	总体	26.32	21.44	73.68	16.50	56.99	
2012年	会员	18.38	12.74	57.32	10.79	44.69	24.30
	会员借款户	20.45	12.99	32.86	2.90	29.96	46.69
	总体	22.49	17.94	70.39	13.71	54.97	7.02
2014年	会员	17.31	13.93	63.81	2.43	60.63	18.87
	会员借款户	18.82	14.95	51.52	1.95	49.00	29.66
	总体	21.01	14.49	72.62	7.60	64.29	6.24

注：表中百分数为不同借款渠道占某一农户群体借款总额的比例，单位为%。其中，会员表示加入互助资金的农户，会员借款户表示互助资金会员有借款的农户，总体表示全部调查农户。

（三）替代还是互补？

在上文中，通过分析农户的不同渠道借款比例，大致可以得出互助资金与农户信贷市场存在替代关系。下文将分析不同类型农户在互助资金实施前后人均借款的变化，从而对互助资金与农户信贷市场做出更直观的判断。

从借款总额来看，2012年较之2010年略有减少，而2014年的借款增加较多。其中，2012年与2010年对比，互助资金会员的借款总额减少188元，会员和互助资金借款户（以下简称借款户）从互助资金以外的渠道借入资金减少更多，户均借款分别减少了772元和1198元。会员和借款户的户均总借款额均高于非会员和非借款户，这说明互助资金弥补了其他渠道借款的减少，对会员和借款户的其他借款渠道有一定的挤出替代效应。此外，表2的统计结果显示，互助资金对生产性借款的挤出替代效应很小，会员的户均生产性借款总额比非会员高232元，借款户的户均生产性借款总额比非借款户高出720元。由此可见，互助资金替换了一部分农户从其他渠道获得的资金。但这种替代作用更多地体现在非生产性借贷资金上，对生产性资金的替代作用很小。表3反映出农户的信贷资金在两年间有了较大的增长，其增长主要来源于非正规金融部门。农户金融可得性得到较大改善，会员的平均借贷金额高于非会员，借款户的新增贷款多于非借款户。表3与表2反映的结果不同，互助资金并没有明显地挤出替代其他渠道的借贷，反而互助资金借贷平均每户减少382元，这可能与互助资金贷款笔数每年不断增加、贷款额度受限有关。如表3所示，会员中的借款户新增贷款多于非借款户，似乎互助资金促进了会员的借贷，然而这有可能是会员中的借款户有更高的借贷需求，在尽可能满足借贷需求的行为选择下，各渠道的借贷金额均高于非借款户，这样就削弱了互助资金对农户信贷市场的替代作用。这表明，此阶段的农户已充分利用互助资金，受制于互助资金的额度约束，对于其他信贷渠道的替代作用已达到极限。也有可能是合作金融改善了农村金融环境，提升了农户金融意识，促进了其他信贷部门的信贷供给，农户有效信贷需求同步增长。

综上所述，互助资金对于农村信贷市场的其他部门具有一定的挤出替代效应，即互助资金替换了一部分农户从其他渠道获得的资金。这种替代作用更多地体现在非正规金融部门和消费性借贷资金上，对生产性资金的替代作用很小。不过随着农村金融市场的发展，互助资金因其贷款额度、使用期限等特点，对其他贷款渠道的替代效应可能不断减弱，甚至在一定条件下，有可能出现如图1所示的互补效应。

表2 不同类型农户的户均借款变化（2010年与2012年的比较）（单位：元）

	全部借款		生产性借款	
	借款总额	除互助资金外的借款额	借款总额	除互助资金外的借款额
（1）会员的借款变化	−188	−772	304	−72
（2）非会员的借款变化	−370	−370	72	72
（3）互助资金借款户的借款变化	2	−1198	751	−21
（4）非借款会员的借款变化	−370	−370	31	31
会员与非会员的借款变化比较（（1）−（2））	182	−402	232	−144
会员中的借款户与非借款户借款变化的比较（（3）−（4））	372	−828	720	−52

表3 不同类型农户的户均借款变化（2012年与2014年的比较）（单位：元）

	借款总额	正规	非正规	互助资金
（1）会员的借款变化	3616	552	2777	287
（2）非会员的借款变化	3465	653	2812	0
（3）互助资金借款户的借款变化	4212	658	3936	−382
（4）未借款会员的借款变化	2223	227	1996	0
会员与非会员的借款变化的比较（（1）−（2））	151	−101	−35	287
会员中的借款户与非借款户借款变化的比较（（3）−（4））	1989	431	1940	−382

五、模型估计与分析

（一）模型选择

已有正规金融与非正规金融关系的研究在实证方法的选择上，由不考虑两个部门相互影响的单方程二元模型发展到联立的多元分类模型，其中以多项Logit模型或二元Probit模型为主。在变量的选择中，正规金融和非正规金融之间的相互作用，以及两个部门的供给和需求因素都逐渐纳入了分析（Pal，2002；刘西川等，2014；周先波和罗连化，2015）。由于本文使用的互助资金调查数据来自于政策干预实验，互助资金的自愿与自管原则有可能导致出现样本的自选择问题，比如已借互助资金贷款的农户都有较高的信贷需求。鉴于PSM-DID可以缓解这种样本选择偏误，而且可以控制来自不同区域之间不随时间变化的组间差异，因此，本文采用PSM-DID估计互助资金对其他借贷渠道的影响，具体模型如下：

$$y_{it}=\beta_0+\beta_1 mutual_i\times time_t+\beta_2 mutual_i+\beta_3 time_t+\beta_4 X_{it}+\varepsilon_{it} \tag{21}$$

其中，y_{it}为第i个农户t时期的正规金融、非正规金融贷款对数值，$mutual_i$为第i个农户是否借了互助资金。系数β_1代表了是否借互助资金对正规金融和非正规金融的影响效果。$time_t$ 为时间变量，ε_{it} 为随机误差项。X_{it} 表示第 i 个农户 t 时期的控制变量，从已有的文献来看，家庭基本偿债能力、借贷成本、用途、社会网络等因素都会影响农户的借贷行为（金烨、李宏彬，2009；童馨乐等，2011；刘西川等，2014）。结合已有研究，本文的控制变量可分为六大类：个人情况、家庭情况、借贷用途、借贷成本、信贷环境和社会资本，具体见表4。

表 4　变量解释

类别	变量	变量含义	均值	标准差	最小值	最大值
关键变量	正规金融贷款（元）	正规金融贷款的对数值	0.613	2.420	0	13.122
	非正规金融贷款（元）	非正规金融贷款的对数值	3.651	4.571	0	12.578
	互助资金贷款（元）	互助资金贷款的对数值	1.203	2.750	0	11.002
个人情况	户主文化程度	1 文盲，2 小学，3 初中，4 高中，5 高中以上	2.395	0.908	1	5
	户主年龄（年）	户主年龄	56.204	11.426	21	88
家庭情况	耕种面积（亩）	去年家庭耕种面积的对数值	1.517	0.855	0	4.663
	家庭纯收入（元）	家庭总收入－生产支出的对数值	8.989	2.243	0	13.549
贷款用途	生产性用途	1 用于生产投资，0 其他	0.175	0.380	0	1
	消费性用途	1 用于家庭消费，0 其他	0.343	0.475	0	1
信贷成本	借款利率（%）	借款的利率（%）	0.464	2.067	0	15
	交通成本（元）	交通费的对数值	0.277	1.151	0	7.784
	时间成本（小时）	获得贷款总时间（次数×平均每次花费时间）的对数值	0.059	0.451	0	6.217
信贷环境	非正规金融可得性（元）	能从非正规金融借到钱的对数	6.405	4.101	0	12.132
社会资本	家庭干部人数（人）	家庭成员中担任过干部的人数	0.077	0.291	0	3
	人情往来（元）	人情往来收礼、送礼总额的对数	1.141	2.496	0	11.513

注释：样本个数为 1262，共有三期数据，观测值个数为 3786。

（二）模型估计结果

PSM-DID 可以减轻可测变量所带来的内生性问题，不过在进行倾向得分匹配之后，需要检验各变量在控制组和处理组之间分布是否平衡。经检验，各变量匹配后均值在控制组和处理组之间不存在显著差异，因篇幅原因，没有列出结果。从表 5 可知，PSM-DID 的差分结果均为负数，且在 1% 的水平上显著，说明互助资金与正规金融、非正规金融之间存在替代关系；从不同部门来看，非正规金融的差分结果的绝对值大于正规金融，表明互助资金对非正规金融贷款的替代效应大于正规金融贷款。2014 年的控制组和处理组的两类贷款均比 2012 年的贷款额高，差分结果略微变小，表明替代效应相对减弱，与前文的统计分析结果基本一致。产生这一结果的可能原因是，互助资金培养了农户的金融意识，农村金融环境逐渐改善，信贷约束得以缓解。此外非正规金融贷款所引发的人情成本伴随经济收入同步增长，当人情成本上升到一定程度时，农户会渐渐倾向于选择契约型贷款，而逐渐减少依靠关系建立的人情借贷。

表5 PSM-DID 差分结果

		2012		2014	
		正规金融	非正规金融	正规金融	非正规金融
前	控制组 C	0.482	1.234	0.727	2.561
	处理组 T	0.457	1.189	0.775	2.858
	差值（T-C）	−0.025	−0.045	0.048	0.297
后	控制组 C	0.466	0.991	0.807	2.642
	处理组 T	0.419	0.902	0.841	2.901
	差值（T-C）	−0.047	−0.089	0.034	0.259
	PSM-DID	−0.022***	−0.044***	−0.014***	−0.038***
	标准误	（0.007）	（0.013）	（0.003）	（0.012）
	样本数	2524	2524	2524	2524

注释：*、**、*** 分别代表在 10%、5%、1% 的程度上显著。

（三）分组检验

互助资金旨在缓解贫困农户的信贷约束，由于不同收入层级农户的借贷行为存在较大差异，那么互助资金对于农户信贷市场的替代效益是否适用于不同收入群体需要进一步分析。此外，农户的信贷需求以消费性为主，调查发现农户利用互助资金满足消费性需求的比例大于生产性需求，不过也有部分地区将互助资金与合作组织予以结合，在产业发展中采用了先建后补的方式将互助资金限制在生产用途中，因此有必要验证不同借款用途是否对替代效应产生差异性影响。综上所述，我们根据是否为建档立卡贫困户以及借款用途，将数据划分为不同的子样本。表6 是 2014 年与 2010 年数据的 PSM-DID 结果，由表可得，即使是不同的子样本，互助资金与农户信贷市场的正规和非正规部门都存在显著的替代关系。贫困户样本中，正规金融的绝对差值（0.021）高于非贫困户的0.012，非正规金融的绝对差值（0.065）也高于非贫困户（0.045）。这说明，互助资金对贫困户信贷市场的替代效应更加明显，毕竟贫困户很难获得正规和非正规贷款，旨在为其提供金融服务的互助资金成为他们的首选融资渠道。在借款用途的分组估计结果中，同样可以发现消费性用途的替代作用强于生产性用途。这进一步验证了互助资金对农户信贷市场不同部门的替代效应在借款用途上具有显著性差异。

表6　分组估计结果

		贫困户		非贫困户		生产性		消费性	
		正规	非正规	正规	非正规	正规	非正规	正规	非正规
前	控制组 C	0.623	1.317	0.828	2.734	0.714	2.469	0.756	2.628
	处理组 T	0.662	1.403	0.863	2.806	0.763	2.737	0.791	2.934
	差值（T−C）	0.039	0.086	0.035	0.072	0.049	0.268	0.035	0.306
后	控制组 C	0.697	1.748	0.851	2.875	0.804	2.594	0.833	2.793
	处理组 T	0.715	1.769	0.874	2.902	0.839	2.841	0.852	3.071
	差值（T−C）	0.018	0.021	0.023	0.027	0.035	0.247	0.019	0.278
PSM−DID		−0.021**	−0.065***	−0.012**	−0.045***	−0.014**	−0.021**	−0.016**	−0.028**
标准误		0.0098	0.0218	0.0057	0.0153	0.0064	0.0102	0.0074	0.0132
样本数		928	928	1596	1596	816	816	908	908

注释：*、**、*** 分别代表在 10%、5%、1% 的程度上显著。

六、结论与讨论

基于山东、河南、湖南、甘肃、四川五省十县三年的农户调查数据，本文发现，非正规金融是农户获得贷款的主要渠道，私人无息借款是非正规金融借贷的主要方式，也是农户首选的贷款渠道；信用社是正规金融借贷的主要渠道；互助资金是农户使用最频繁、借贷次数最多的借贷渠道。本文进一步采用 PSM−DID 实证分析互助资金与正规金融和非正规金融部门之间的关系，研究发现，互助资金对农村金融市场的正规金融、非正规金融部门具有替代作用，但互助资金对正规金融借贷的替代作用较小，其主要替代的贷款来源于非正规金融部门，并且这种替代关系在贫困农户中表现更明显，同时，这一替代也主要作用于消费性借贷资金，对生产性借贷资金的影响较小。这些结论符合互助资金的扶贫小额贷款的特性，同时也表明，互助资金在当前条件下主要调整了以非正规金融为主的农村金融内部借贷结构，并不对正规金融部门借贷产生明显的替代性冲击。

基于当前研究发现，本文的政策意义在于：当信贷配给现象依然普遍，而商业性金融尚不能有效服务农村信贷需求的背景下，以互助资金为代表的这一类农村合作金融组织的介入并不会显著挤压商业性金融机构的空间。贫困村互助资金因资金来源以财政专项扶贫资金为主体，资金使用上在村社内部依托于熟人社会网络将管理和监督成本内部化，从而兼具正规金融和非正规金融的性质。可以说，在信贷配给条件下，互助资金是正规金融走亲民化路线的一次较为成功的尝试，并为改善农村金融供给、金融支持三农和金融扶贫提出一种新的可能取向，即有效结合和利用两种资源——充分利用正规金融的资金来源，以及村社内部熟人社会的管理和监督——促进农村金融市场的完善。这也意味着，在实践中，农村合作金融组织的发展可以与正规部门相互嵌套。农村合作金融的信息优势和组织优势可以为正规金融部门提供"进村入户"的平台，降低三农业务的成本。同样，正规金融部门可以为农村合作金融组织提供资金保障、风险监管等服务。互助资金作为农村合作金融的一种形式，主要对非正规金融形成替代性，尤其是互助资金对贫困人口的金融服务改善，是值得总结的金融扶贫经验。

本文在一定程度上为正规金融和非正规金融之间关系的研究进行了补充，但效应的动态变化是否适用于农村合作金融中的其他类型，则需要更全面的数据予以进一步验证。尤其是，由于农村合作金融组织既包括了本文所研究的、性质介于正规金融和非正规金融之间的贫困村互助资金，也包括了本文所未研究的、属于正规金融组织的有金融业务许可证的农村资金互助社和属于非正规金融的自发组织的农民资金互助社，因而农村合作金融组织在农村金融市场中的作用及其与正规部门或非正规部门的关系，应该依其具体性质而定，有待更充分和深入的分析。

参考文献

[1]曹洪民. 扶贫互助社：农村扶贫的重要制度创新——四川省仪陇县"搞好扶贫开发，构建社会主义和谐社会"试点案例分析. 中国农村经济，2007（9）：72-76.

[2]陈立辉，杨奇明，刘西川，李俊浩. 村级发展互助资金组织治理：问题类型、制度特点及其有效性——基于5省160个样本村调查的实证分析. 管理世界，2015（11）：106-118.

[3]陈鹏，刘锡良. 中国农户融资选择意愿研究——来自10省2万家农户借贷调查的证据. 金融研究，2011（7）：128-141.

[4]陈清华，董晓林，朱敏杰. 村级互助资金扶贫效果分析——基于宁夏地区的调查数据. 农业技术经济，2017（2）：51-60.

[5]董晓林，朱敏杰，张晓艳. 农民资金互助社对农户正规信贷配给的影响机制分析——基于合作金融"共跻监督"的视角. 中国农村观察，2016（1）：63-74.

[6]郭峰，胡金焱. 农村二元金融的共生形式研究：竞争还是合作——基于福利最大化的新视角. 金融研究，2012（2）：102-112.

[7]胡联，汪三贵，王娜. 贫困村互助资金存在精英俘获吗——基于5省30个贫困村互助资金

试点村的经验证据. 经济学家，2015（9）: 78-85.

[8] 黄承伟，陆汉文. 贫困村互助资金的安全性与风险控制——7省18个互助资金试点的调查与思考. 华中师范大学学报（人文社会科学版），2010（5）: 14-20.

[9] 姜海军，惠晓峰. 基于信息不对称的信贷配给均衡模型研究. 金融研究，2008（9）: 134-142.

[10] 金烨，李宏彬. 非正规金融与农户借贷行为. 金融研究，2009（4）: 63-79.

[11] 李金亚，李秉龙. 贫困村互助资金瞄准贫困户了吗——来自全国互助资金试点的农户抽样调查证据. 农业技术经济，2013（6）: 96-105.

[12] 林万龙，杨丛丛. 贫困农户能有效利用扶贫型小额信贷服务吗？——对四川省仪陇县贫困村互助资金试点的案例分析. 中国农村经济，2012（2）: 35-45.

[13] 刘西川. 村级发展互助资金的目标瞄准、还款机制及供给成本——以四川省小金县四个样本村为例. 农业经济问题，2012（8）: 65-72.

[14] 刘西川，陈立辉，杨奇明. 村级发展互助资金：目标、治理要点及政府支持. 农业经济问题，2015（10）: 20-27.

[15] 刘西川，杨奇明，陈立辉. 农户信贷市场的正规部门与非正规部门：替代还是互补？. 经济研究，2014（11）: 145-158.

[16] 宁夏，何家伟. 扶贫互助资金"仪陇模式"异地复制的效果——基于比较的分析. 中国农村观察，2010（4）: 20-32.

[17] 茹玉，林万龙. 正规金融对农户利用互助资金贷款的影响——基于6省12县24个贫困村的调查. 中国农业大学学报，2015（2）: 237-243.

[18] 童馨乐，褚保金，杨向阳. 社会资本对农户借贷行为影响的实证研究——基于八省1003个农户的调查数据. 金融研究，2011（12）: 177-191.

[19] 汪三贵，陈虹妃，杨龙. 村级互助金的贫困瞄准机制研究. 贵州社会科学，2011（9）: 47-53.

[20] 汪小亚. 发展新型农村合作金融. 中国金融，2014（5）: 74-75.

[21] 王维. 基于信息非对称视角的农村信贷配给研究. 南京师大学报（社会科学版），2011（1）: 57-64.

[22] 肖诗顺，张林. 贫困村互助资金的扶贫模式与效果分析——基于四川省的调研. 西南金融，2013（1）: 53-56.

[23] 杨龙，张伟宾. 基于准实验研究的互助资金益贫效果分析——来自5省1349户面板数据的证据. 中国农村经济，2015（7）: 82-92.

[24] 殷浩栋，汪三贵，王彩玲. 农户非正规金融信贷与正规金融信贷的替代效应——基于资本禀赋和交易成本的再审视. 经济与管理研究，2017（9）: 64-73.

[25] 赵昂，荣灿. 社会资本理论视角下农村资金互助社的运行机制分析. 华中师范大学研究生学报，2015（1）: 1-7.

［26］周先波，罗连化. 中国农户正式和非正式借贷行为：竞争还是互补. 中山大学学报（社会科学版）2015（4）：198–208.

［27］朱信凯，刘刚. 二元金融体制与农户消费信贷选择——对合会的解释与分析. 经济研究，2009（2）：43–55.

［28］Andersen T B and N Malchow–Moller. 2006. Strategic interaction in undeveloped credit markets. Journal of Development Economics，80（2）：275–298.

［29］Guirkinger C. 2008. Understanding the Coexistence of Formal and Informal Credit Markets in Piura，Peru. World Development，36（8）：1436–1452.

［30］Jain S. 1999. Symbiosis vs.crowding–out：the interaction of formal and informal credit markets in developing countries. Journal of Development Economics，59（2）：419–444.

［31］Pal S. 2002. Household sectoral choice and effective demand for rural credit in India. Applied Economics，34（14）：1743–1755.

［32］Stiglitz J E. 1990. Peer monitoring and credit markets. World Bank Economic Review，4（3）：351–366.

［33］Stiglitz J E and A Weiss. 1981. Credit Rationing in Markets with Imperfect Information. American Economic Review，71（3）：393–410.

［34］Williamson S D. 1987. Costly Monitoring，Loan Contracts，and Equilibrium Credit Rationing. Quarterly Journal of Economics，102（1）：135–145.

［35］Yadav S，K Otsuka and C C David，1992. Segmentation in rural financial markets：the case of Nepal. World Development，20（3）：423–436.

（本文与殷浩栋、王瑜合著，原载《金融研究》2018 年第 05 期）

贫困村互助资金降低农户脆弱性了吗？
——来自 5 省 1213 户三期面板数据的证据

一、引言

精准扶贫、精准脱贫是 2020 年实现全面建成小康社会目标的重要战略。大量研究对精准扶贫、精准脱贫进行了深入分析，绝大多数研究从事后角度分析贫困，探究如何帮助贫困户脱贫，但对非贫困户如何避免陷入贫困，当前的精准扶贫工作考虑的还不足。因此，当前研究不仅需要分析贫困农户如何脱贫，还要衡量农户陷入贫困的可能性，全面而前瞻地刻画农户所面临的致贫风险和福利水平。在此需求下，农户脆弱性成为新的研究热点。若要降低农户的脆弱性，金融支持是不可或缺的途径（朱喜等，2006）。贫困村村级发展互助资金（以下简称"贫困村互助资金"）是由财政专项安排投入到贫困村的扶贫资金和贫困村内农户以入股方式投入的自有资金组成，借鉴扶贫小额信贷项目的联保小组、控制贷款额度、滚动还款等运作机制而设计的村级金融扶贫项目，其目的是增加贫困地区金融供给、缓解农户信贷约束问题。根据《中国扶贫开发年鉴 2016》数据，截至2015 年，全国贫困村互助资金数量已达 2 万个（陈清华等，2017），成为贫困村中重要的金融扶贫项目。

在学术研究中，现有关于贫困村互助资金和农户脆弱性的研究已经较为丰富。在已有的贫困村互助资金的相关研究中，重点关注其运作机制、组织治理、贫困瞄准和运行绩效等方面。在运作机制方面，研究认为贫困村互助资金将政府支持与农户互助结合起来，借鉴小额信贷的机制，设置贷款额度和贷款时间的上限、制定较高的贷款利率，创新了财政扶贫投入方式（曹洪民，2007；黄承伟等，2009；程恩江，2010）。在组织治理方面，研究认为贫困村互助资金的理事会是最高权力机构，但监事会没有发挥其应有的监督作用。贫困村互助资金的发展仍存在大户主导、管理者激励不足、成员与管理者的关系没有得以彻底理顺等问题（刘西川等，2013；陈立辉等，2015）。在贫困瞄准和运行绩效方面，一部分研究认为贫困村互助资金没有瞄准贫困群体，出现目标上移，贫困群体的受益较少（汪三贵等，2011；刘西川，2012；李金亚等，2013），贫困村互助资金存在较为明显的精英俘获现象（胡联等，2015）。而另一部分研究则认为贫困村互助资金能够瞄准贫困群体，提高了贫困群体的收入（宁夏等，2010），促进了农业生产投资（陈清华等，2017）。出现结论差异化的原因是，前者认为贫困群体受当地市场、地理条件以及自身能力限制而缺乏资金需求，或者是贫困村互助资金在执行中无形排斥了贫困户。而后者认为对贫困户界定的差异导致了不同结论，国家新贫困标准的实施使得大量中低收入和中等收入农户被纳入贫困户范围，而这些群体存在信贷需求，贫困村互助资金增加了信贷供给，促进其收入和农业投资的增加。

在农户脆弱性研究方面，目前对农户脆弱性主要有四种定义，每种定义有对应的测量方法，尚未形成统一观点（Hoddinott 等，2003）。第一种定义，脆弱性被视为农户未来陷入贫困的可能性，即预期贫困的脆弱性。Pritchett 等（2000）、

Chaudhuri 等（2002）和 Kamanou 等（2002）的脆弱性研究建立在这个定义基础上。第二种定义，脆弱性被视为确定性等价消费水平的效用和农户消费的预期效用之差，即低效用水平的脆弱性（Ligon 等，2003；杨文等，2012）。第三种定义，脆弱性被视为农户遭受风险冲击时消费水平迅速下降，即风险暴露贫困的脆弱性。第四种定义，将脆弱性视为负向风险影响的脆弱性（Calvo 等，2005）。在这四种定义中，预期贫困的脆弱性得到了最为广泛的应用。Chaudhuri 等（2002）采用了预期贫困脆弱性的概念，提出了基于截面数据计算农户脆弱性的方法，使用正态累计密度函数计算出农户脆弱性。这一方法提出后得到了 Zhang 等（2006）、Albert 等（2007）、李丽等（2010）、樊丽明等（2014）研究的应用。Gunther 等（2009）、Echevin（2013）基于此种农户脆弱性测量方法，利用多层次模型对农户的异质性风险和协同性风险进行了分解测量。

虽然现有研究已经十分丰富，但仍存在以下不足：第一，较少分析贫困村互助资金对农户脆弱性的影响。虽然现有研究分别对贫困村互助资金和农户脆弱性进行了较多的讨论，但对二者之间关系的研究还比较少。第二，现有研究分析贫困村互助资金的作用效果时，为克服自选择偏误，大多数研究根据农户是否参加贫困村互助资金或者是否使用项目借款的二分类变量，将农户分为项目组和控制组，进而进行分析，但二分类变量的分组方法未能考虑使用不同借款额度所导致的项目影响效果差异。第三，较少使用我国贫困地区农户面板数据作为分析的基础。虽然在已有的脆弱性测量研究中，使用截面数据能够计算农户脆弱性，但使用农户面板数据会更佳（Hoddinott 等，2003）。一些研究虽然使用了面板数据，但这些数据多是来自中国营养与健康调查（CHNS）（万广华等，2009；聂荣等，2014）、全国农村固定观察点调查（万广华等，2011、2014）。当前我国政策关注焦点是农村贫困地区，使用农村贫困地区农户面板数据所得的研究结论对我国政策制定有更强的参考价值。不过由于贫困地区农户面板数据的收集成本较高，因此现有研究较少使用这样的数据研究农户脆弱性。

针对现有研究存在的不足，本文将基于国务院扶贫办实施的贫困村互助资金项目，在 5 省 10 县 1213 个农户的三期面板调研数据基础上，采用预期贫困脆弱性测量方法、倾向得分匹配法（Propensity Score Matching，PSM）以及广义倾向得分匹配法（Generalized Propensity Score Matching，GPS），试图回答以下问题：第一，贫困地区农户的脆弱程度是怎样的；第二，使用贫困村互助资金能否有助于降低农户的脆弱性。本文的贡献在于，在农村贫困地区三期农户面板数据基础上测量农户脆弱性，同时不仅从是否使用借款的角度分析贫困村互助资金对农户脆弱性的影响，还使用广义倾向得分匹配的方法分析使用不同借款额度之下的项目影响效果。对于这些问题的分析，将为我国的精准扶贫战略及贫困村互助资金项目提供参考，以提高扶贫政策和项目的实施效果。

二、数据来源

从 2010 年开始，国务院扶贫办组织了在山东、河南、湖南、甘肃和四川五个省份的贫困村互助资金试点工作。在这五省中，每省选择两个县，每县选取五个贫困村，其中三个被随机确定为项目村，实施贫困村互助资金项目，另外两个为非项目村。

为评估贫困村互助资金项目的效果，通过与国务院扶贫办合作，课题组分别在 2010 年、2012 年和 2014 年对选取的农户进行了三次调查。其中，2010 年为基期调查，此时所有村庄均未实施贫困村互助资金项目。在基期调查中，每个村采取分层等距抽样的方法确定农户。首先将村民小组按收入水平排列，以人口为权重随机抽取 1—2 个村民小组。然后让村干部在抽取的村民小组中写下各村民小组的常住户名单，并按经济状况从低到高排序。最后调查人员利用随机起点、等距抽样的方法抽取 30 个农户。除了农户问卷调查，课题组还对每个村庄进行了村庄问卷调查。在基期调查结束后，每县的三个项目试点村开始实施贫困村互助资金项目。在项目实施中，并未规定只有贫困户可以使用贫困村互助资金，而是让农户根据自身需求决定是否使用。在 2012 年，课题组对所有基期调查的农户和村庄进行追踪调查。除基期调查内容外，在项目村还增加了农户使用贫困村互助资金的情况。在 2012 年调研结束后，一些非项目村也开始实施贫困村互助资金项目，项目村数量继续增加，有更多农户参加到项目中。课题组在 2014 年对样本农户进行了第三轮调查，调查内容和 2012 年相同。经过整理，最终形成 1213 个农户三期平衡面板数据。

三、农户脆弱性的测量

（一）农户脆弱性测量方法

根据已有研究，作为预期贫困脆弱性的概念和方法得到了最为广泛应用，而且这种概念和方法的政策含义较强，因此本文在农户脆弱性测量中也采用了这一概念和方法。借鉴 Chaudhuri 等（2002）的定义和方法，将第 i 个农户 t 时期的脆弱性水平定义为：

$$V_{it}=Pr\ (\ Y_{i,\ t+1}<Z\ ) \tag{1}$$

其中，V_{it} 代表第 i 个农户 t 时期的脆弱性，$Y_{i,\ t}+1$ 代表第 i 个农户 $t+1$ 时期的福利指标的水平，在本文中，福利指标选取的是农户人均消费。Z 为确定性等价指标，通常用贫困线代替。$Pr\ (.)$ 代表概率累积密度函数。计算农户脆弱性，还需要设定未来消费的函数形式，多数研究将未来消费设定为服从对数正态分布（Christiaensen 等，2005；Zhang 等，2006），本文也采用这一设定。此外，要计算脆弱性，还需要计算农户未来消费的均值和方差。计算农户未来的消费水平和方差，目前有以下方法：（1）在拥有农户面板数据的情况下，利用简单平均方法直接计算农户的跨期均值和方差，作为农户未来消费分布均值和方差的估计。（2）在拥有截面数据情况下，可采用回归方法。这种方法认为农户消费由农户的一系列家庭特征和社区特征决定，可通过回归方法，估计出农户消费的影响因素的参数，再利用农户的家庭特征变量和社区特征变量计算未来的消费均值和方差。研究农户脆弱性，采用面板数据更为适宜，因此本文借鉴 Mc Culloch 等（2003）、李丽等（2010）、聂荣等（2014）的方法，使用五省十县农户三期面板数据中消费对数的均值和方差，作为农户未来消费分布均值和方差的估计，在此基础上进行农户脆弱性测量。根据以上设定，农户 i 的脆弱性估计式为：

$$V_{it}=Pr\ (\ Y_{i,\ t+1}<Z\ )=\Phi\ (\frac{lnz-\overline{lnY_i}}{\sqrt{\hat{\sigma_i^2}}}) \tag{2}$$

其中，$\Phi\ (.)$ 为标准正态分布函数，$\overline{lnY_i}=\ 1/T\sum_{t=1}^{T}lnY_{it}$，$\hat{\sigma_i^2}=\frac{1}{T-1}\sum_{t=1}^{T}$ $(lnY_{it}-\overline{lnY_i})^2$，（2）式所求的概率即为农户的脆弱性。

（二）农户脆弱性测量结果

本文使用不同的贫困线标准测量农户脆弱性。在贫困线的选取中，本文选取了国家农民人均纯收入 2300 元和世界银行的每人每天 2 美元两条贫困线。此外，本文还根据贫困线进行分组，分别计算不同组别的农户脆弱性，计算结果如表 1 所示。

表 1 按不同贫困线分组的农户脆弱性（单位：%）

贫困线	贫困分组	2300 元下脆弱性	世行 2 美元下脆弱性
国家贫困线	非贫困户	26.64	34.82
	贫困户	73.44	81.99
世行每人每天 2 美元	非贫困户	22.90	29.60
	贫困户	65.74	76.16
总体		41.34	49.64

从总体上看，随贫困线标准提高，农户脆弱性程度逐渐加深。在2300元贫困线上，农户脆弱性为41.34%，即所有农户在未来陷入2300元贫困线之下的平均概率为41.34%。在每人每天2美元贫困线下，所有农户的脆弱性为49.64%，表明所有农户在未来陷入世界银行贫困线之下的平均概率为49.64%。按照购买力平价计算，每人每天2美元的标准（2665元/年）仅比国家贫困线高出365元[1]，但农户的平均脆弱性却提高了近10%，说明我国贫困地区中存在大量收入刚刚超过贫困线标准的农户。这些农户因为人均纯收入超过了国家贫困线，不能被认定为贫困人口，但这些家庭仍是脆弱家庭，在一些风险冲击之下很有可能陷入贫困。

从贫困分组看，非贫困户在未来也有一定可能性陷入贫困。虽然非贫困户未来陷入贫困的可能性远远低于贫困户，但在2300元分组之下，非贫困户群体平均仍有26.64%的可能性在未来低于2300元标准，有34.82%的可能性在未来低于每人每天2美元的标准。根据世界银行贫困标准进行分组，非贫困户陷入未来贫困的可能性与2300元分组的分析结果相近。以上结果说明，在我国贫困地区，非贫困户虽然高于贫困线，但他们的生活水平不稳定，容易在风险冲击下生活水平下降，甚至陷入贫困之中。因此，农村贫困地区的发展不仅要注重贫困户发展，还要兼顾一些不贫困但却比较脆弱的农户。

根据农户脆弱程度进行脆弱性分组，发现随贫困标准的提升，高度脆弱农户的占比会显著提高。借鉴以往相关研究（Christiaensen等，2005；万广华等，2011；聂荣等，2014），设定农户脆弱性临界值为0.5，将农户脆弱性低于0.5的家庭视为低度脆弱的家庭，将脆弱性大于等于0.5的家庭视为高度脆弱的家庭。经过数据分析发现，在农民人均纯收入2300元国家贫困线下，高度脆弱农户占比为36.11%，低度脆弱农户占比为63.89%。而在每人每天2美元下，高度脆弱农户约占全部农户的一半（49.30%），低度脆弱农户占比为50.70%。虽然每人每天2美元的标准仅比国家贫困线高出365元，但在分组之下，高度脆弱农户占比上升了13.19个百分点。这同样表明，超过国家贫困线的一些非贫困户是高度脆弱的群体。

四、贫困村互助资金对农户脆弱性的影响

贫困村互助资金是一项广泛实施的金融扶贫项目，但这个项目是否能够降低

---

[1]因为国家贫困线农民人均纯收入2300元根据2010年不变价确定，因此根据2010年购买力平价计算，世界银行每人每天2美元折合人民币约为2665元/年。

农户的脆弱性？为回答此问题，以下将采用描述分析、倾向得分匹配法（PSM）以及广义倾向得分匹配法（GPS），克服农户自选择偏误问题，分析是否使用贫困村互助资金借款以及借款额度对农户脆弱性的影响。根据前文的项目介绍和数据描述，2010年基期调查时所有村庄均没有实施项目，在2012年的第二轮调查中，每县有3个村庄实施了项目，另外2个村庄没有实施项目。在2014年第三轮调查中，项目村庄数量增多，第二轮没有贫困村互助资金的部分村庄也实施了项目。虽然第三轮调查中项目村庄更多，但考虑到金融要素发挥作用的滞后性，本节将2012年农户使用贫困村互助资金的状况以及农户特征变量作为自变量，分析2012年使用贫困村互助资金对农户脆弱性的影响。此外，在没有开展项目的村庄中，农户没有机会使用贫困村互助资金，若将这些农户纳入没有使用借款农户的控制组，会导致分析结果不准确。因此，以下分析使用的数据仅是2012年调查时实施了贫困村互助资金项目村庄中的农户数据。

（一）描述分析

在不同的贫困线下分别计算未借款农户和借款农户的脆弱性指数。分析发现，无论在哪条贫困线标准下对比，借款农户的脆弱性都更低。在2300元贫困线下，借款农户的平均脆弱指数为40.63%，表明借款农户未来陷入贫困的平均可能性为40.63%，这比未借款农户平均脆弱性指数（42.43%）要低1.8个百分点。在世行每人每天2美元贫困线下，借款农户陷入未来贫困的平均可能性为48.17%，这比未借款农户（51.15%）要低2.98个百分点。这个结果说明，使用贫困村互助资金借款有可能降低了农户的脆弱性，但影响程度不大显著。

根据农户使用借款的额度进行分组发现，使用较多借款农户的脆弱性低于未借款农户，而使用较少借款农户的脆弱性高于未借款农户。如表2所示，在国家贫困线2300元下，借款额度超过2000元的三组农户的脆弱性不同程度地低于没有借款农户的脆弱性，而借款额度在2000元及以下的农户，其平均脆弱性为45.94%，比未借款农户高3.82个百分点。在世界银行每人每天2美元贫困线下，呈现的结果和2300元贫困线下相近。这个分析结果并不能明确回答"贫困村互助资金是否降低了农户脆弱性"这一问题。从当前结果看，一种结论是，使用贫困村互助资金借款降低了农户的脆弱性，这从借款额度超过2000元农户的脆弱性低于未借款户中可看出。另外一种结论是贫困村互助资金没有降低农户的脆弱性，这从借款额度低于2000元农户的脆弱性高于未借款农户可看出。导致产生这一矛盾结论的原因可能是存在农户自选择问题，即借款额度比较低，表明农户虽然存在信贷需求，但因抵抗风险能力差，不敢使用较高额度借款，以防止经营项目失败不能还款。借款额度低的农户脆弱性水平本身就较高，因此使用借款对其脆弱性的影响不容易显现。而借款额度较高的农户抵抗风险能力和使用金融要素的能力较强，会倾向使用较高额度的借款，使得使用借款对农户脆弱性降低的作用能够显现。如何克服农户自选择偏误，回答贫困村互助资金是否降低了农户脆弱性，需要进一步分析。

表 2　使用不同借款额度的农户脆弱性对比（单位：%）

按使用借款额度分组（元）	2300 元下脆弱性	世行 2 美元下脆弱性
0	42.12	50.74
（0，2000］	45.94	54.19
（2000，4000］	38.35	46.93
（4000，5000］	41.59	48.75
>5000	41.10	47.17

（二）倾向得分匹配（PSM）分析及其结果

1. 倾向得分匹配法。在项目村实施贫困村互助资金项目，并未规定只有贫困户才能借款，而是由农户根据自己的情况自行决定是否借款。因此，在是否选择使用贫困村互助资金上，可能是越富裕、人力资本水平越高、抵抗风险能力越强的农户会使用，而贫困的、人力资本水平低、抵抗风险能力差的农户因为害怕无法偿还贷款而不使用。为了控制农户自选择偏误，本节采用倾向得分匹配法（PSM）。这种方法的基本思想是：首先将农户的多个特征浓缩成一个指标，计算出是否使用借款的倾向值。通过匹配方法找到倾向值相近的农户，视为具备相似特征的农户，将其分为一组。然后对比这一组农户在因变量上的区别。由于在个人特征上极大相似，因此在农户因变量上的差别即可以视为干预或政策的结果（胡安宁，2012）。采用 PSM 方法的关键是找到最接近的控制组农户[1]（与项目组农户在各方面都比较接近的农户），目前采用较多的方法包括最近邻匹配、半径匹配、核匹配等。

倾向得分匹配方法的具体步骤为：

第一，确定农户的倾向值。在给定农户特征 X 的情况下，计算农户 2012 年使用贫困村互助资金借款的条件概率，即：

$$p(X) = Pr[D=1|X] = E[D=1|X] \tag{3}$$

其中，D 是一个指标函数，若农户使用了贫困村互助资金借款，则 $D=1$，否

---

[1] 在本节中，借款农户即为项目组农户，未借款农户为控制组农户。

则 $D=0$。

农户的倾向值通常需要采用 Probit 模型进行估计，其形式如下：

$$p\ (X_i)\ =Pr\ [\ D_i=1\ |\ X_i\ ] \tag{4}$$

其中，X_i 是一系列可能影响农户是否使用贫困村互助资金借款的农户特征变量。获得参数量的估计值后，进一步得到每个农户可能从贫困村互助资金中借款的概率，即每个农户的倾向值。

第二，对于第 i 个农户，假设其倾向得分 $p\ (X_i)$ 已经计算出来，使用贫困村互助资金的平均处理效果为：

$$
\begin{aligned}
ATT &= E\ [\ Y_{1i}-Y_{0i}\ |\ D_i=1\ ]\\
&= E\{E\ [\ Y_{1i}-Y_{0i}\ |\ D_i=1,\ p\ (X_i)\ ]\}\\
&= E\{E\ [\ Y_{1i}\ |\ D_i=1,\ p\ (X_i)\ ]\ -E\ [\ Y_{0i}\ |\ D_i=0,\ p\ (X_i)\ ]\ |\ D_i=1\}
\end{aligned} \tag{5}
$$

其中，Y_{1i} 和 Y_{0i} 分别表示某农户在使用贫困村互助资金借款和不使用贫困村互助资金借款两种情况下的脆弱性指数。

2. 计算过程及结果。倾向得分匹配变量的选取标准是用于匹配的变量能够精确测量并且稳定。倾向得分匹配变量主要结合相关理论与实际调查来确定。本节选取的自变量如下：家庭规模、户主年龄、户主年龄的平方、病人数量、抚养比、人均实际耕种土地数量、能否从正规金融机构借到钱、去集市的次数、去县城办事的次数、省级虚拟变量。在回归模型估计中，将四川省作为参照变量，因此未出现在模型估计结果表 4 中。变量及其描述统计如表 3 所示：

使用倾向得分匹配方法，首先需要计算倾向值。选取样本为 2012 年项目村中的所有农户，因变量为农户是否使用过贫困村互助资金借款。使用 Probit 模型，估计结果如表 4 所示。回归分析发现，绝大多数自变量对农户是否使用贫困村互助资金借款有不同程度的显著影响，通过 Probit 模型将所有影响因素浓缩为一个倾向值，根据此倾向值就可以进行农户匹配。

表 3　农户变量描述分析

变量	观察值	均值	标准差	最小值	最大值
家庭规模（人）	671	4.08	1.79	1	11
户主年龄（岁）	671	56.44	12.44	14	85
户主年龄的平方	671	3339.76	1335.59	196	7225
病人数量（人）	671	1.24	1.02	0	6
抚养比	671	0.23	0.24	0	1
人均耕种土地数量（亩）	671	1.55	1.91	0	20

续表

变量	观察值	均值	标准差	最小值	最大值
能从正规金融机构借到钱	671	0.27	0.44	0	1
去集市的次数	671	32.71	41.01	0	360
去县城办事的次数	671	5.30	17.73	0	310
省虚拟变量（甘肃 =1）	671	0.18	0.39	0	1
省虚拟变量（河南 =1）	671	0.20	0.40	0	1
省虚拟变量（湖南 =1）	671	0.18	0.39	0	1
省虚拟变量（山东 =1）	671	0.21	0.41	0	1
省虚拟变量（四川 =1）	671	0.22	0.41	0	1

表4　影响是否使用贫困村互助资金变量的回归结果

变量	系数	标准误	z	P>z
家庭规模（人）	0.0612*	0.0362	1.69	0.09
户主年龄（岁）	0.0749**	0.0349	2.15	0.03
户主年龄的平方	−0.0007**	0.0003	−2.18	0.03
病人数量（人）	−0.0933	0.0596	−1.57	0.12
抚养比	−0.5543**	0.2517	−2.20	0.03
人均耕种土地数量（亩）	0.1086***	0.0380	2.86	0.00
能从正规金融机构借到钱	0.2166*	0.1259	1.72	0.09
去集市的次数	−0.0031*	0.0016	−1.90	0.06
去县城办事的次数	0.0081**	0.0031	2.62	0.01
省虚拟变量（甘肃 =1）	−1.8183***	0.2463	−7.38	0.00
省虚拟变量（河南 =1）	−1.3847***	0.1922	−7.20	0.00
省虚拟变量（湖南 =1）	−1.0847***	0.1815	−5.98	0.00
省虚拟变量（山东 =1）	−0.5936***	0.1653	−3.59	0.00
常数	−1.8912*	0.9831	−1.92	0.05

注：* $p < 0.1$，** $p < 0.05$，*** $p < 0.01$。下同。

使用倾向得分匹配方法，需要满足共同支撑假设和平行假设。共同支撑假设的基本思想是：若要项目组和控制组很好地匹配，必须要求项目组和控制组的样本个体的倾向得分值尽可能处于相同范围。为此，应用倾向得分匹配方法的研究往往要求大量的控制组样本。平行假设是指在接受干预之前，项目组和控制组农户在特征变量上应该没有显著差别，实际表现为匹配后各变量在项目组和控制组间应该不存在显著差异。

如图1所示，左图显示在匹配之前，项目组农户和控制组农户的共同支撑域较小。而如右图所示，经过匹配之后，项目组农户和控制组农户的共同支撑域增大，两组农户倾向值的密度曲线几乎重合，表明匹配效果良好。

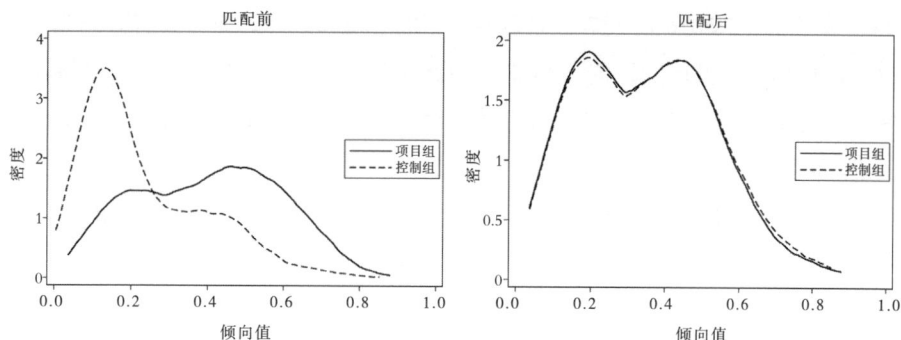

图1　匹配前和匹配后的共同支撑范围对比

农户特征变量的平行检验如表5所示。没有匹配之前，家庭规模、户主年龄、户主年龄的平方、病人数量等大多数变量存在显著差异。匹配之后，所有变量都没有了显著差异，这表明匹配的效果良好。

通过计算平均处理效果发现，从总体看，使用贫困村互助资金借款并未显著降低农户脆弱程度。如表6所示，通过倾向得分匹配的方法控制农户自选择问题，在最近邻匹配、半径匹配和核匹配三种匹配方法下，使用借款的农户平均脆弱程度低于未借款农户，但是在统计上并不显著。这表明在国家贫困线、世行每人每天2美元下，使用了贫困村互助资金借款均未明显降低农户的脆弱程度，这一结论和前文的描述分析结论相近。

（三）广义倾向得分匹配（GPS）分析及其结果

1.广义倾向得分匹配法。倾向得分匹配法比较的是使用贫困村互助资金借款和未使用借款对农户脆弱性的影响，克服了农户自选择问题，能够估计使用借款对农户脆弱性影响的平均处理效应。但倾向得分匹配法仅适用于0—1处理变量，对于处理变量是连续型的则无法分析。本次调查不仅收集了农户是否使用了贫困村互助资金借款的信息，还收集了农户的借款额度信息。分析农户的不同借款额度对农户脆弱性的影响，将有助于深入分析贫困村互助资金的影响效果。农户的借款额度是一个连续变量，上文使用的倾向得分匹配法无法分析，需要借助Hirano（2004）提出的广义倾向得分匹配法进行分析。广义倾向得分匹配法是对倾向得分匹配法的拓展，能够分析不同处理强度下潜在结果的差异。

使用广义倾向得分匹配法需要三个步骤，具体为：

第一，计算处理变量的广义倾向得分。这一节分析的处理变量为农户的借款额度，因为有较多农户的借款额度为0，该变量的分布是有偏的，不符合Hirano等（2004）提出的正态分布假定，因此借鉴相关研究（Papke等，1996；史青，

2013；汤学良等，2016），将农户借款额度进行标准化处理，将最大借款额度标准化为1，其余借款额度除以借款额度最大值，将农户借款额度转化为农户借款强度的变量，这一连续变量取值在0和1之间。然后采用 Fractional Logit 模型估计农户借款强度。

在给定农户特征 X 的情况下，计算农户 i 借款强度 T_i 的条件期望，即：

$$E\left(T_i|X_i\right)=F\left(\beta X_i\right)\equiv \frac{exp\left(\beta X_i\right)}{1+exp\left(\beta X_i\right)} \tag{6}$$

其中，$F\left(.\right)$ 满足 Logistic 分布的累积分布函数形式，对于所有的 $\beta X_i \in R$，有 $F(\beta X_i)\in\left[0,1\right]$，保证 T_i 的取值区间在 $\left[0,1\right]$。用 Fractional Logit 模型估计出 $\hat{\beta}$，然后广义倾向得分可由（7）式计算得出：

$$\hat{R}_i=\left[F\left(\hat{\beta}X_i\right)\right]^{T_i}\cdot\left[1-F\left(\hat{\beta}X_i\right)\right]^{1-T_i} \tag{7}$$

表5　倾向得分匹配的平行假设分析

变量	匹配前后	均值		偏差（%）	偏差减少（%）	t检验	
		项目组	控制组			t	p>t
家庭规模	匹配前	3.8368	4.1726	−18.90		−2.20	0.03
	匹配后	3.8368	3.6421	11.00	42.00	1.03	0.30
户主年龄	匹配前	58.2470	55.7230	21.20		2.38	0.02
	匹配后	58.2470	59.3790	−9.50	55.20	−1.00	0.32
户主年龄的平方	匹配前	3506.7000	3273.8000	17.70		2.04	0.04
	匹配后	3506.7000	3654.2000	−11.20	36.60	−1.11	0.27
病人数量	匹配前	1.1105	1.2848	−17.20		−2.00	0.05
	匹配后	1.1105	1.0737	3.60	78.90	0.39	0.70
抚养比	匹配前	0.2176	0.2388	−9.10		−1.05	0.30
	匹配后	0.2176	0.2121	2.40	74.10	0.23	0.82
人均实际耕种土地数量	匹配前	1.5141	1.5657	−2.60		−0.31	0.75
	匹配后	1.5141	1.2937	11.10	−327.50	1.08	0.28
能从正规金融机构借到钱	匹配前	0.3526	0.2391	25.00		3.00	0.00
	匹配后	0.3526	0.3579	−1.20	95.40	−0.11	0.92
去集市的次数	匹配前	33.1840	32.5200	1.70		0.19	0.85
	匹配后	33.1840	33.3740	−0.50	71.50	−0.05	0.96
去县城办事的次数	匹配前	6.3316	4.8877	8.10		0.95	0.34
	匹配后	6.3316	6.0474	1.60	80.30	0.13	0.90
省虚拟变量（甘肃=1）	匹配前	0.0842	0.2245	−39.50		−4.27	0.00
	匹配后	0.0842	0.0579	7.40	81.20	1.00	0.32
省虚拟变量（河南=1）	匹配前	0.1000	0.2432	−38.60		−4.21	0.00
	匹配后	0.1000	0.0947	1.40	96.30	0.17	0.86
省虚拟变量（湖南=1）	匹配前	0.1316	0.2037	−19.40		−2.18	0.03
	匹配后	0.1316	0.1526	−5.70	70.80	−0.59	0.56
省虚拟变量（山东=1）	匹配前	0.2684	0.1892	18.90		2.27	0.02
	匹配后	0.2684	0.2474	5.00	73.40	0.47	0.64

表6　不同匹配方法下的项目对农户脆弱性的总体效果

脆弱性指数	最近邻匹配（1:1）			半径匹配			核匹配		
	ATT（%）	标准误	t值	ATT（%）	标准误	t值	ATT（%）	标准误	t值
2300元下脆弱性	−0.10	0.03	−0.03	−0.07	0.03	−0.02	−0.25	0.03	−0.09
世行2美元下脆弱性	−1.17	0.04	−0.33	−0.58	0.03	−0.20	−0.93	0.03	−0.33

第二，建立结果变量 Y_i 与连续型处理变量 T_i、广义倾向得分 $\hat{R}_i$ 之间关系的函数，并用OLS方法进行估计。

$$E\left(Y_i|T_i, \hat{R}_i\right) = \beta_0 + \beta_1 T_i + \beta_2 T_i^2 + \beta_3 \hat{R}_i + \beta_4 \hat{R}_i^2 + \beta_5 T_i \hat{R}_i \tag{8}$$

第三，利用（8）式估计出的系数 $\hat{\beta}$，计算每一个借款强度对应的平均农户脆弱性指数。

$$\mu(t) = \frac{1}{N} \sum_{i=1}^{N} \left[\hat{\beta}_0 + \hat{\beta}_1 t + \hat{\beta}_2 t^2 + \hat{\beta}_3 \hat{r}(t,X_i) + \hat{\beta}_4 \hat{r}^2(t,X_i) + \hat{\beta}_5 t\hat{r}(t,X_i)\right] \tag{9}$$

其中，N 是样本数量，$\hat{r}(t,X_i)$ 是 $\hat{R}(t,X_i)$ 的密度函数。计算 $\mu(t)$ 需要设定步长的具体取值，参考史青（2013）的研究，将步长设为0.01，则 $t=0$，0.01，0.02，…，0.99，1。根据上述设定，可由（10）式计算 t 的处理效果，即不同的农户借款强度下与没有借款的农户脆弱性平均值的差异，也就是不同借款强度下的平均处理效果。

$$TE(t) = \mu(t) - \mu(0) \tag{10}$$

2.计算过程及结果。广义倾向得分匹配法第一步中Fractional Logit模型使用的农户特征变量与倾向得分匹配法中使用的变量相同，因变量为标准化后的农户借款强度。在因变量设定中，根据农户借款额度分布，剔除个别异常值，将农户最大借款额度设定为10000元，将此借款额度标准化为1，其余借款额度相应的除以10000进行标准化处理，以保证农户借款强度取值范围在 [0, 1]。

表7　影响使用贫困村互助资金借款强度变量的回归结果

变量	系数	标准误	z	P>z
家庭规模（人）	0.0720	0.0579	1.24	0.21
户主年龄（岁）	0.1408*	0.0718	1.96	0.05
户主年龄的平方	−0.0012*	0.0007	−1.85	0.07
病人数量（人）	−0.2257**	0.1062	−2.13	0.03
抚养比	−0.8015*	0.4124	−1.94	0.05
人均耕种土地数量（亩）	0.2319***	0.0706	3.28	0.00

变量	系数	标准误	z	P>z
能从正规金融机构借到钱	0.2683	0.2092	1.28	0.20
去集市的次数	−0.0064[**]	0.0027	−2.32	0.02
去县城办事的次数	0.0155[***]	0.0045	3.44	0.00
省虚拟变量（甘肃 =1）	−4.4295[***]	0.9247	−4.79	0.00
省虚拟变量（河南 =1）	−1.0869[***]	0.3049	−3.56	0.00
省虚拟变量（湖南 =1）	−0.6133[**]	0.2915	−2.10	0.04
省虚拟变量（山东 =1）	0.2518	0.2331	1.08	0.28
常数	−5.6589[***]	1.8505	−3.06	0.00

Fractional Logit 模型估计结果如表 7 所示。通过分析发现，绝大多数自变量都对农户借款强度有一定影响。根据模型估计的系数，代入（7）式计算广义倾向得分。第二步，根据计算出的广义倾向得分和农户借款强度，由（8）式估计出在 2300 元之下以及世行 2 美元之下农户脆弱性的条件期望以及各变量的系数。第三步，根据细分的农户借款强度及其对应的广义倾向得分，由（9）式计算在不同农户借款强度下的农户脆弱性均值，然后由（10）式得出不同农户借款强度对农户脆弱性影响的净效应，即比较不同农户借款强度与没有借款农户的脆弱性的平均差异，计算结果如表 8 所示。

通过广义倾向得分匹配之后的处理效果分析发现，使用不同的借款强度没有显著降低农户脆弱程度。如表 8 所示，在国家贫困线 2300 元和世行 2 美元之下，虽然使用不同借款强度对农户脆弱性的降低有一定作用，但在统计上并不显著。例如，对于使用借款强度为 0.1，即使用 1000 元借款的农户，使用借款使得 2300 元下的脆弱性降低 1.34 个百分点，使得世行 2 美元下的脆弱性降低 1.40 个百分点，但这种影响在统计上不显著。对于使用借款强度为 0.5，即使用 5000 元借款的农户，分别使得 2300 元下和世行 2 美元下的脆弱性降低 4.42、5.34 个百分点，但这种影响也不显著。以上分析表明，使用不同额度的贫困村互助资金借款也没有明显降低农户的脆弱程度，这一结论和倾向得分匹配法的分析结论相近。

表8　影响使用贫困村互助资金借款强度的变量

借款强度① （步长）	2300 元下脆弱性			世行 2 美元下脆弱性		
	TE 处理效果（%） $\mu(t)-\mu(0)$	标准误	t 值	TE 处理效果（%） $\mu(t)-\mu(0)$	标准误	t 值
0.1	−1.34	0.01	−1.04	−1.40	0.01	−1.22
0.2	−2.45	0.02	−1.13	−2.64	0.02	−1.24
0.3	−3.34	0.03	−1.29	−3.71	0.03	−1.10
0.4	−3.99	0.03	−1.26	−4.61	0.03	−1.49
0.5	−4.42	0.04	−1.24	−5.34	0.05	−1.08
0.6	−4.61	0.04	−1.20	−5.90	0.05	−1.38
0.7	−4.58	0.04	−1.08	−6.29	0.05	−1.39
0.8	−4.32	0.07	−0.66	−6.52	0.07	−1.00
0.9	−3.83	0.07	−0.58	−6.58	0.09	−0.76
1.0	−3.11	0.12	−0.26	−6.46	0.09	−0.71

注：$* p < 0.1$，$** p < 0.05$，$*** p < 0.01$。

五、结论与政策含义

在 5 省 10 县 1213 户三期面板数据基础上测量了农户脆弱性，使用倾向得分匹配法和广义倾向得分匹配法，分析了贫困村互助资金对农户脆弱性的影响。本文的主要结论如下：

第一，非贫困户在未来也有较大可能陷入贫困。在 2300 元分组之下，非贫困户中有 26.64% 的可能性在未来低于 2300 元标准，有 34.82% 的可能性在未来低于每人每天 2 美元的标准。此外，我国贫困地区仍存在大量刚刚超过贫困线标准的农户，这些农户不能被认定为贫困户，但他们仍是脆弱农户，在一些风险冲击之下很有可能陷入贫困。分析还发现，不管是贫困户还是非贫困户，随着贫困标准的提高，农户的脆弱程度均会加深，而且高度脆弱农户的占比会显著提高。第二，不管从是否使用借款的二分类处理变量角度，还是从使用不同借款额度的连续型处理变量角度分析，贫困村互助资金均没有明显降低农户脆弱性。使用倾向得分匹配方法，在最近邻匹配、半径匹配、核匹配之下，使用贫困村互助资金借款的平均处理效果均不显著。使用广义倾向得分匹配法发现，尽管农户的借款额度存在差异，但使用借款额度的多寡均没有显著降低农户脆弱性。

以上研究结论有较强的政策含义，主要有以下三点：

---

① 前文将借款强度的步长设定为 0.01，即借款额度每增加 100 元，观察借款额度的处理效果。但从 0.01 到 1 有 100 个结果，表格过长。因结果相近，且为方便展示，此处表格仅列出了步长为 0.1 的分析结果。

第一，在未来的精准扶贫工作中，不仅要关注贫困户，也应关注当前不是贫困户但在未来可能陷入贫困的农户。在精准扶贫工作的重要环节"建档立卡"工作中，应适当扩大覆盖范围，将虽然经济水平稍高于贫困标准但陷入贫困可能性较大的脆弱农户纳入扶持范围。这样一方面避免脆弱农户陷入暂时性贫困，提高稳定脱贫的效果，另一方面也避免在贫困标准附近的农户因争抢贫困户指标引发的纠纷，有利于基层稳定。

第二，在大力推行精准扶贫、贫困人口逐渐减少背景下，未来扶贫工作的重心应逐步转向关注脆弱群体。当前我国精准扶贫的目标群体是现行贫困标准下的贫困家庭，而我国现行的贫困标准——农民人均纯收入 2300 元（2010 年不变价）仍属于绝对贫困标准，即当前精准扶贫主要针对仍处于绝对贫困阶段的家庭。随着近几年扶贫工作取得巨大成绩、绝对贫困人口逐渐减少，之后的扶贫工作除了关注脱贫难度大的深度贫困群体，还要关注容易返贫的脆弱群体。在消除深度贫困现象之后，扶贫工作的重心应转向脆弱群体。此外，随着城镇化率提高和人口流动加快，未来的扶贫工作不仅要关注农村的脆弱群体，还应关注城镇的脆弱群体。

第三，在实施贫困村互助资金项目中，不仅要关注其减贫效应，也应提升其降低农户脆弱性的作用。农户脆弱性不仅受农户福利水平的影响，也受福利水平波动即风险的影响。贫困村互助资金是金融精准扶贫的重要形式，而金融的重要作用之一即是应对风险。在未来贫困村互助资金的实施中，除了关注其促进农户生产、增加农户收入、提升农户福利水平，还可以通过设置小额保险的方式，应对农户生产生活中的风险事件，降低农户脆弱性，拓展贫困村互助资金的作用。

参考文献

[1] Hoddinott J, Quisumbing A.Methods for Microeconometric Risk and Vulnerability Assessments. Washington D C: The World Bank Social Protection Discussion Papers 29138, 2003: 1-53.

[2] Pritchett L, Suryahadi A, Sumarto S.Quantifying Vulnerability to Poverty: A Proposed Measure Applied to Indonesia.Washington D C: The World Bank Policy Research Working Paper 2437, 2000: 1-29.

[3] Chaudhuri S, Jalan J, Suryahadi A.Assessing Household Vulnerability to Poverty from Cross-sectional Data: A Methodology and Estimates from Indonesia.Columbia University, Department of Economics, Discussion Papers Series 0102-52, 2002: 1-25.

[4] Kamanou G, Morduch J.Measuring Vulnerability to Poverty.NYU Wagner Working Paper

No.WP1012，2002：1-36.

[5] Ligon E，Schechter L.Measuring Vulnerability.The Economic Journal. 2003，113（3）：C95-C102.

[6] Cesar C，Stefan D.Measuring Individual Vulnerability.Department of Economics Discussion Paper Series NO. 229，2005：1-30.

[7] Zhang Y，Wan G.An Empirical Analysis of Household Vulnerability in Rural China.Journal of the Asia Pacific Economy. 2006，11（2）：196-212.

[8] Albert J R G，Elloso L V，Ramos A P.Toward Measuring Household Vulnerability to Income Poverty in the Philippines.The PIDS Discussion Paper Series NO. 2007-16，2007：1-23.

[9] Günther I，Harttgen K.Estimating Households Vulnerability to Idiosyncratic and Covariate Shocks：A Novel Method Applied in Madagascar. World Development. 2009，37（7）：1222-1234.

[10] Echevin D.Characterising Vulnerability to Poverty in Rural Haiti：A Multilevel Decomposition Approach.Journal of Agricultural Economics. 2013，65（1）：1-21.

[11] Christiaensen L J，Subbarao K.Towards an Understanding of Household Vulnerability in Rural Kenya.Journal of African Economies. 2005，14（4）：520-558.

[12] McCulloch N，Calandrino M.Vulnerability and Chronic Poverty in Rural Sichuan.World Development. 2003，31（3）：611-628.

[13] Hirano K，Imbens G W. The Propensity Score with Continuous Treatments.In Applies Bayesian Modeling and Causal Inference from Incomplete Data Perspectives.West Sussex，England：Wiley Inter Science. 2004，73-84.

[14] Papke L E，Wooldridge J M. Econometric Methods for Fractional Response Variables with an Application to 401（K）Plan Participation Rates.Journal of Applied Econometrics. 1996，11（6）：619-632.

[15] 朱喜，李子奈. 我国农村正式金融机构对农户的信贷配给——一个联立离散选择模型的实证分析. 数量经济技术经济研究，2006（03）：37-49.

[16] 陈清华，朱敏杰，董晓林. 村级发展互助资金对农户农业生产投资和收入的影响——基于宁夏13县37个贫困村655户农户的经验证据. 南京农业大学学报（社会科学版），2017（04）：138-146.

[17] 曹洪民. 扶贫互助社：农村扶贫的重要制度创新——四川省仪陇县"搞好扶贫开发，构建社会主义和谐社会"试点案例分析. 中国农村经济，2007（09）：72-76.

[18] 黄承伟，陆汉文，宁夏. 贫困村村级发展互助资金的研究进展. 农业经济问题，2009（07）：63-67.

[19] 程恩江. 金融扶贫的新途径？中国贫困农村社区村级互助资金的发展探索. 金融发展评论，2010（02）：59-72.

[20] 刘西川，陈立辉，杨奇明. 村级发展互助资金组织治理：问题、结构与机制. 华南农业大学学报（社会科学版），2013（04）：1-11.

[21] 陈立辉，杨奇明，刘西川，李俊浩. 村级发展互助资金组织治理：问题类型、制度特点及其有效性——基于5省160个样本村调查的实证分析. 管理世界，2015（11）：106-118.

[22] 汪三贵，陈虹妃，杨龙. 村级互助金的贫困瞄准机制研究. 贵州社会科学，2011（09）：47-53.

[23] 林万龙，杨丛丛. 贫困农户能有效利用扶贫型小额信贷服务吗？——对四川省仪陇县贫困村互助资金试点的案例分析. 中国农村经济，2012（02）：35-45.

[24] 刘西川. 村级发展互助资金的目标瞄准、还款机制及供给成本——以四川省小金县四个样本村为例. 农业经济问题，2012（08）：65-72.

[25] 李金亚，李秉龙. 贫困村互助资金瞄准贫困户了吗——来自全国互助资金试点的农户抽样调查证据. 农业技术经济，2013（06）：96-105.

[26] 胡联，汪三贵，王娜. 贫困村互助资金存在精英俘获吗——基于5省30个贫困村互助资金试点村的经验证据. 经济学家，2015（09）：78-85.

[27] 宁夏，何家伟. 扶贫互助资金"仪陇模式"异地复制的效果——基于比较的分析. 中国农村观察，2010（04）：20-32.

[28] 杨龙，张伟宾. 基于准实验研究的互助资金益贫效果分析——来自5省1349户面板数据的证据. 中国农村经济，2015（07）：82-92.

[29] 杨文，孙蚌珠，王学龙. 中国农村家庭脆弱性的测量与分解. 经济研究. 2012（4）：40-51.

[30] 李丽，白雪梅. 我国城乡居民家庭贫困脆弱性的测度与分解——基于CHNS微观数据的实证研究. 数量经济技术经济研究，2010（08）：61-73.

[31] 樊丽明，解垩. 公共转移支付减少了贫困脆弱性吗？. 经济研究，2014（08）：67-78.

[32] 万广华，章元. 我们能够在多大程度上准确预测贫困脆弱性？. 数量经济技术经济研究，2009（06）：138-148.

[33] 聂荣，张志国. 中国农村家庭贫困脆弱性动态研究. 农业技术经济，2014（10）：12-20.

[34] 万广华，章元，史清华. 如何更准确地预测贫困脆弱性：基于中国农户面板数据的比较研究. 农业技术经济，2011（09）：13-23.

[35] 万广华，刘飞，章元. 资产视角下的贫困脆弱性分解：基于中国农户面板数据的经验分析. 中国农村经济，2014（04）：4-19.

[36] 胡安宁. 倾向值匹配与因果推论：方法论述评. 社会学研究，2012（01）：221-242.

[37] 史青. 企业出口对员工工资影响的再分析——基于广义倾向得分法的经验研究. 数量经济技术经济研究，2013（03）：3-21.

[38] 汤学良，吴万宗，宗大伟. 员工培训投入对企业生产率的作用评估——基于广义倾向得分匹配模型的分析. 当代经济科学，2016（01）：97-107.

（本文与杨龙、李萌合著，原载《农业技术经济》2018年第06期）

第七章　多措并举"拔穷根"

农村低保对农户家庭支出的影响分析

一、引言

农村最低生活保障制度（下文统称"农村低保"）的建立是统筹发展社会保障制度的重要环节。2007年我国提出"在全国范围建立农村居民最低生活保障制度"的要求，并出台《关于在全国建立农村最低生活保障制度的通知》。政策意在将符合条件的农村贫困人口全部纳入保障范围，稳定、持久、有效地解决全国农村贫困人口的温饱问题、保障基本生活。相互衔接的农村低保和开发式扶贫政策成为当前农村扶贫政策的两大支柱。

在农村低保覆盖面迅速扩大的过程中，对农村低保"扶懒不扶贫"的诟病日渐增多。对于具备生产能力的低保农户，尤其是因为外部冲击或家庭内部人口结果变化而陷入暂时性贫困的农户，在获得低保收入后，家庭用于发展性、生产性的支出很少。那么农村低保是否真的存在大量的"扶懒不扶贫"状况呢？如果存在，这种状况发生的具体原因、其政策启示又分别是怎样的？

本文以消费支出作为衡量农户家庭福利的重要指标，采用倾向得分匹配的方法，深入了解农村低保的福利效应，研究农村低保对贫困农户生产性投入、发展性投资的影响，分析农村低保政策对低保农户生产生活的影响，进而探索农村低保政策可能的改善空间。

二、文献回顾

低保是我国农村社会保障体系的重要组成部分。已有研究针对社会保障的福利效应，以及其对消费的影响有较充分的研究。社会保障影响居民消费的作用机理包括：社会保障本身作为一种收入，可以直接促进消费；社会保障减少了居民对未来收入和支出的不确定性，进而减少预防性储蓄，促进消费；社会保障通过二次分配改变了收入分配状况，促进了平等，刺激消费。实证研究中，陈汪茫（2011）、张继海（2006）、冉净斐（2004）、姜百臣等（2010）、Kaushal（2013）发现社会保障支出可以促进消费，刺激居民消费增长；然而 Maitra and Ray（2003）发现公共现金转移支付对消费并没有促进作用。

针对不同的具体保障形式有学者进行了深入分析。Wagstaff 等（2005）、Chou 等（2003）、You 等（2009）认为医疗保险会增加参保人医疗消费，降低储蓄。Bai 等（2014）、白重恩等（2012）、甘犁等（2010）、栾大鹏等（2012）、臧文斌等（2012）、陈祎等（2009）和高梦滔等（2010）对医疗保险的福利效应进行分析，发现医疗保险有效减少了居民的预防性储蓄，促进了居民总体消费。Philip 等（2009）使用倾向得分匹配的方法得到的结论是新农合并未明显提高农户的消费水平。陈梦真（2010）对养老保险研究发现，养老保险对城镇居民消费有重要的正向影响，而张攀峰等（2012）则认为新农保对农户消费的刺激作用有限。

针对农村低保的研究当中，学者们从实地调查数据中进行深入挖掘，对各地区的低保制度现状、存在的问题以及可能的解决方案进行了深入分析，为低保制度的改进奠定了良好的基础。但最低生活保障制度对居民福利影响的微观研究十分有限。仅有的两篇研究主要针对城市低保制度对居民消费进行了深入分析。Gao 等（2010）对我国城市低保的消费效应进行评估，发现获得城镇低保的贫困人口发展性支出增加，而最终消费品的消费增量十分有限。都阳等（2007）则认为城市低保增加了贫困人口教育和食品消费。

但农村低保人群收入绝对水平低，作为生产者，他们面临着比城市人口更为复杂的支出选择。作为消费者，我国农村现有各项保障制度不完善的条件使低保农户面对更大的支出不确定性，这些会造成农村低保的福利效应与城市低保有所不同。但迄今为止，这一方面的文献较缺乏。本研究拟从微观层面入手，以消费作为衡量农户福利的指标，对农村低保的影响进行探究。

三、理论假说

农户总效用由两部分构成。第一部分是农户本期的消费；第二部分是农户未来的消费，未来的消费水平由未来的收入水平，进而由本期的投资水平所决定。考虑到贫困农户抗风险能力差、风险厌恶程度高，未来收入的不确定性也会对农户总效用造成负面影响。贫困农户效用函数可表达为：

$$U=U_1（C）+U_2（W,\sigma^2）\tag{1}$$

其中，C 为本期消费，W 为下一期的期望收入，σ^2 为下一期收入风险（以收入的方差衡量）；效用函数满足 $\partial U_1/\partial C>0$，$\partial U_2/\partial W>0$，$\partial U_2/\partial\sigma^2<0$。

$$W=W_a+W_t=\left[I_f（1+r_f）+I_r（1+r_r）\right]+I_tP\tag{2}$$

其中，I_f 为本期的无风险投资，即农户家庭储蓄，r_f 为无风险投资回报率，即居民储蓄存款利率；I_r 为本期的风险投资，本文主要是农户农业生产性投资，r_r 为风险投资回报率，即农户农业生产投资回报率。这两部分收入共同构成农户的投资收入 W_a。I_t 为当地农村低保补贴标准，P 为农户在下一期获得低保的概率，I_tP 代表了农户的转移性收入，记为 W_t。

农业投资收益率高于无风险的农户储蓄存款利率，即 $r_f<r_r$。

$$\sigma^2=Var（W）=0+I_r^2\sigma_r^2+I_t^2P（1-P）\tag{3}$$

储蓄为无风险投资，则 σ_f^2 为 0；农户下一期低保收入服从二项分布，其方差为 $I_t^2P（1-P）$。

约束条件为：

$$C+I_f+I_r=E\tag{4}$$

其中，E 为农户家庭本期收入。

本文认为，农村低保制度可能带来"养懒汉"的道德风险，即农户可能减少农业生产投资 I_r，以提高总效用 U。

农户产生这一动机的原因在于：（1）农村低保存在大量瞄准遗漏（韩华为等，2014；易红梅等，2011；孙睿，2012），村内有大量与其家庭情况类似，符合低保要求的农户并未获得低保补贴，这使得本期获得低保的农户以概率 P 获得下一期的低保资格，而非确定获得；（2）在确定低保农户的过程中缺乏统一收入标准和可靠收入数据。基层干部在衡量农户贫困程度时储蓄、私人转移支付等收入来源往往被忽略（汪三贵等，2010；黄瑞芹，2013）；（3）随着农村最低生活保障工作力度的加大，农村最低生活保障制度的含金量也不断增加，形成了"胜者全得"的局面。低保对象可以享受到多项救助和社会福利，一旦失去"穷人资格"，不只是失去每个月的低保金，还损失其他附加各种福利待遇（肖云等，2010）。因此，为了获得低保资格，农户隐藏"显性收入"的动机十分强烈。

这种动机落实到行动上，表现出的将是减少农业投资，增加储蓄，释放部分被压抑的消费需求。上述行为发生的条件分析如下：

农户采取上述行为的成本：

高收益率的农业生产投资 I_r 减少，使得农户下一期的投资收入 W_a 下降，进而导致 U_2 下降。这一效用损失的绝对值记为 ΔU_2。

农户采取上述行为的收益：

（1）下一期获得低保的可能性 P 上升，使得农户下一期的转移性收入 W_t 增加，进而导致 U_2 提高了 $\Delta U_2'$。

（2）高风险的农业生产投资 I_r 减少，以及下一期获得低保的可能性 P 上升，均使得农户下一期收入风险 σ^2 减小，进而导致 U_2 提高了 $\Delta U_2''$。

（3）当期消费 C 的增加使得 U_1 提高了 ΔU_1。

因此，只要 $\Delta U_1 + \Delta U_2' + \Delta U_2'' > \Delta U_2$，追求自身效用最大化的农户就会调低农业生产投资的资金配置，最终有可能在统计意义上观测到贫困农户农业生产投资水平较之前年度的下降，以及储蓄率和消费水平的上升。

四、数据来源及概念界定

（一）数据来源

本研究样本来自 2010 年中国农村贫困监测抽样调查。调查范围是分布于中西部 21 个省份的国家扶贫开发工作重点县，调查共涉及农户家庭 52342 户，形成本研究的样本。本文数据主要来自于住户情况调查表和住户收支情况调查表。

（二）相关概念界定

1. 农户家庭支出

本文所指农户家庭支出是指农村住户用于生产发展、物质生活和精神生活方面的总支出，具体包括生产性支出和生活性支出（见表 1）。

表 1 中前两项支出为生产性支出，其余则为生活性支出。为了进一步了解低保受助户的消费结构，将日常生活支出具体分为：食品消费支出、衣着消费支出、居住消费支出、家庭设备／用品消费支出、交通和通信消费支出、文化教育／娱乐消费支出、医疗保健消费支出、其他商品和服务消费支出等。

对生活性支出再次进行分类，将前 5 种消费作为最终产品消费，而文教和医疗保健支出作为发展性投资。

在具体数据分析中，本研究选择了其中对于农户意义重大项目进行具体分析——食品消费、居住消费、文教消费、医疗消费以及转移支出。

表 1　农户家庭支出分类

序号	分类	具体内容
1	生产性支出 （第一第二第三产业）	生产资料支出
		服务性支出
2	购置、建造生产性资产支出	购入或建造生产性资产
3	食品消费	食品消费品支出
		食品服务性支出
4	衣着消费	衣着消费品支出
		衣着服务性支出
5	居住消费	居住消费品支出
		居住服务性支出
6	家庭用品消费	家庭用品消费品支出
		家庭用品服务性支出
7	交通通信消费	交通通信消费品支出
		交通通信服务性支出
8	文教消费	文教消费品支出
		文教服务性支出
9	医疗消费	医疗消费品支出
		医疗服务性支出
10	转移性支出	无偿赠送给亲友的支出
11	其他消费	其他消费品支出
		其他服务性支出

数据来源：国家统计局贫困监测调查。

2. 储蓄率

本研究借鉴万广华等（2003）和杭斌（2009）的研究，定义两个指标来表示农村居民储蓄率，储蓄率1和储蓄率2，具体定义如下：

储蓄率1=1- 衣食住行等日常生活消费 / 家庭纯收入

储蓄率2=1-（衣食住行等日常生活消费 + 医疗、教育支出）/ 家庭纯收入

五、数据分析结果

（一）描述性统计

从低保获得情况看，样本中12%的农户获得了低保补贴，共计6392户。在获得低保补助的农户中，户均补助金额为960.60元。样本农户的贫困发生率为33.80%，是低保覆盖率的2倍多。而低保农户中只有44.18%为贫困户，这与低保

制度力图覆盖全部贫困人口的设想有一定的出入。

从支出情况看，低保农户与非低保农户相比，其家庭总支出和人均支出均低于非低保农户，尤其是生产性支出。样本农户 2010 年家庭总支出为 17424.62 元，家庭人均消费为 4452.6 元，低保农户消费水平低于非低保农户，两者差距为 11.58%，见表 2。

表 2 样本农户家庭支出状况（元）

项目	人均生产性支出	人均生活消费支出	人均转移性支出	人均财产性支出	人均支出
非低保	1318.96	2896.39	225.99	11.30	4452.6
低保	1113.62	2620.53	197.66	5.39	3937.2
差异（%）	15.57	9.52	12.54	52.29	11.58
全部样本	1294.32	2863.29	222.59	10.59	4390.79

将日常生活支出分为最终产品消费和发展性支出（文教和医疗支出）进行描述性统计，见表 3。

表 3 样本农户发展性消费及最终产品消费情况（元）

项目	发展性投资	最终产品消费	人均支出
非低保	586.48	2455.426	4452.6
低保	452.80	2241.316	3937.2
差异（%）	22.79	8.72	11.58
全部样本	554.64	2429.81	4390.79

低保农户在发展性投资和最终产品消费都要低于非低保农户。其在发展性投资上的差异达到 22.79%。

（二）倾向得分匹配法分析结果

本部分使用倾向得分匹配的方法研究农村低保对农户支出总量以及分项支出的具体影响，并对比不同收入阶层农户的异质性。

1. 变量选择

使用 PSM 方法，应当首先应用 Probit 模型对农户是否获得农户低保进行回归分析。

影响农户是否能够得到低保及其支出的控制变量，主要包括以下四类：家庭收入、家庭人口结构、家庭负担、户主相关信息、劳动力情况、家庭情况以及地区相关变量，具体变量及其含义如表 4。

表 4　变量说明

变量	说明
被解释变量	
2010 年是否拥有农村低保	0= 没有低保，1= 拥有农村低保
家庭收入	
人均纯收入对数	2010 年农户家庭人均纯收入（除去低保补贴）对数
人均经营性收入对数	2010 年农户家庭经营收入对数
家庭人口结构	
家中 0—6 岁儿童个数	家中 0—6 岁儿童个数
家中 60 岁以上老年人个数	家中 60 岁以上老年人个数
男性人口占比	男性人口占家庭总人口的比例
家庭负担	
家中是否有残疾人	0= 没有残疾人，1= 有残疾人
家中学生人数占比	家庭学生人数占常住人口的比例，包括所有在校学生，小学、初中、高中、中专及以上学生
户主相关信息	
户主性别	0= 女性，1= 男性
劳动力情况	
劳动力平均受教育年限	全部劳动力受教育年限平均数
劳动力外出比例	2010 年外出务工人口占家庭劳动力比重
劳动力数量	2010 年家庭劳动力数量
家庭情况	
家中拥有电器的件数	家中拥有收录机、冰箱、电视机、自行车、摩托车、固定电话、手机等件数
家庭债务状况	2010 年借款总量
家中是否有大事	2010 年家中是否有盖房买房、婚丧嫁娶、子女上大学、大病治疗等大事，0= 没有，1= 有
地区变量	
村内地形	调查村地形变量，1= 平原，2= 丘陵（半山区），3= 山区
调研村到乡镇的距离	农户所在村到最近乡镇的距离
省份变量	省份虚拟变量

全部变量的描述性统计如表 5 所示。

表 5　全部样本变量描述性统计

变量	全部样本			
	平均值	标准差	最小值	最大值
人均经营性纯收入（元，取对数）	7.75	0.85	−4.61	11.53
家庭人均纯收入（元，取对数）	7.95	0.66	0.08	11.07
家电件数	2.97	1.79	0.00	20.00
家庭借款（百元）	8.26	58.36	0.00	3962.98
劳动力平均受教育年限	7.42	2.44	0.00	16.00
学生占比	0.17	0.19	0.00	0.60

续表

变量	全部样本			
	平均值	标准差	最小值	最大值
是否有残疾人	0.04	0.18	0	1
0—6 岁儿童数量	0.21	0.47	0.00	4.00
60 岁以上老人数量	0.45	0.73	0.00	4.00
男性比重	0.54	0.17	0.00	4.00
外出务工比重	0.20	0.26	0.00	1.00
劳动力数量	0.96	0.20	0	1
户主性别	2.46	0.77	1	3
地形	6.69	8.78	0.00	250.00
距乡镇距离（公里）	0.13	0.34	0	1
家中是否有大事	1295	2241	0	92625
生产性支出（元）	2863	2604	283	85427
日常消费支出（元）	1408	785	145	65411
食品消费（元）	468	1715	0	80048
居住消费（元）	356	920	0	32500
教育支出（元）	199	705	0	45094
医疗支出（元）	222	603	0	39504

2. 数据分析结果

本文使用 PSM 方法对低保收入对农户支出结构的影响进行分析。不使用 OLS 方法的原因是：（1）考虑到异质性问题，低保农户与非低保农户存在基线差异，无法满足 OLS 随机抽样的要求，进而造成估计不一致且有偏。（2）低保农户可能存在一些不可观测变量影响其选择，出现内生性问题。PSM 很好地解决了以上两点问题，使低保政策本身对消费支出的影响得以显现。

本研究使用 Probit 模型对农户参与低保的概率进行拟合，其中控制变量的选择与表 5 一致，回归结果见表 6 所示。

表 6 Probit 模型估计结果

变量	系数	边际影响（dy/dx）
人均农业收入	−0.07*** （−6.58）	−0.0112*** （−6.62）
人均纯收入	−0.10*** （−7.37）	−0.0148*** （−7.39）
家电件数	−0.06*** （−11.69）	−0.0094*** （−11.82）
家庭借款	0.00*** （2.77）	0.00*** （2.77）
劳动力平均受教育年限	−0.05*** （−14.67）	−0.0075*** （−14.66）

续表

变量	系数	边际影响（dy/dx）
学生占比	−0.24***	−0.0342***
	（−5.46）	（−5.47）
是否有残疾人	0.52***	0.1035***
	（14.44）	（11.16）
0—6 岁儿童数量	−0.05***	−0.0071***
	（−2.93）	（−2.93）
60 岁以上老人数量	0.17***	0.0250***
	（16.52）	（16.40）
男性比重	−0.03	−0.0054
	（−0.77）	（−0.77）
外出务工比重	−0.08**	−0.0114**
	（−2.25）	（−2.25）
劳动力数量	−0.09***	−0.0154***
	（−11.5）	（−11.62）
户主性别	−0.29***	−0.0418***
	（−8.38）	（−8.35）
地形	0.13***	0.0190***
	（8.81）	（8.87）
距乡镇距离	−0.001***	−0.0003***
	（−2.96）	（−2.96）
家中是否有大事	0.11***	0.0159***
	（4.56）	（4.31）
是否控制省份变量	是	是
cons	−0.10	
	（−0.81）	
N	51736	
F	4441.89	
R−squared	0.1511	

注：1. 括号内为 z 值；2. ***、**、* 分别代表在 1%、5%、10% 的水平上显著。

Probit 模型中，全部变量对农户参与低保概率的解释比例达到 15.11%，且各项检验量表现良好，较好地拟合了影响农户参与低保及消费的因素。

使用该模型估计样本倾向得分，见表 7 所示：

表 7　倾向得分统计

	样本量	均值	标准差	最小值	最大值
非低保农户	46137	0.0956	0.0942	0.0008	0.7474
低保农户	6205	0.2121	0.1341	0.0016	0.8158
全部样本	52342	0.1094	0.1066	0.0008	0.8158

分别使用最邻近匹配、半径匹配和核匹配[①]3 种方式对样本农户进行匹配，3种匹配方式结果十分相似，下文以最邻近匹配的结果为例进行汇报。

本文使用 stata12 中 psmatch2 程序进行匹配。对匹配后的样本进行平衡性检验，见表 8 所示。匹配前，实验组和控制组在各个控制变量上都有显著差异，经过匹配后，两者间的差异大大缩小，bias 减少均在 30% 以上，两组样本在各个方面都十分相似。

表 8　变量平衡性检验

变量	平均值		差异（%）	匹配后改变（%）	T 检验量	
	低保农户	非低保农户			T 值	P 值
人均经营性收入	7.6941	7.7603	−8.2		−5.84	0
	7.6941	7.7008	−0.8	89.8	−0.47	0.636
人均纯收入	7.806	7.9741	−25.8		−19.06	0
	7.806	7.8196	−2.1	91.9	−1.16	0.246
家电件数	2.2614	3.0695	−47.9		−33.81	0
	2.2614	2.3006	−2.3	95.2	−1.4	0.161
家庭借款	883.1	810.41	1.4		0.94	0.349
	883.1	915.98	−0.6	54.8	−0.33	0.744
劳动力平均受教育年限	6.4827	7.5983	−45.5		−35.32	0
	6.4827	6.5621	−3.2	92.9	−1.73	0.083
学生占比	0.16085	0.1711	−5.3		−3.91	0
	0.16085	0.15483	3.1	41.3	1.79	0.073
是否有残疾人	0.07687	0.02998	21		18.8	0
	0.07687	0.07526	0.7	96.6	0.34	0.735
0—6 岁儿童数量	0.23433	0.20786	5.5		4.13	0
	0.23433	0.23288	0.3	94.5	0.16	0.871
60 岁以上老人数	0.62933	0.42521	27.2		20.93	0
	0.62933	0.66672	−5	81.7	−2.58	0.01
男性比重	0.53929	0.54347	−2.4		−1.8	0.072
	0.53929	0.53639	1.7	30.6	0.92	0.358
外出务工比重	0.17171	0.20764	−13.9		−10.27	0
	0.17171	0.17425	−1	92.9	−0.55	0.581
劳动力数量	2.9189	3.0665	−12.3		−9.34	0
	2.9189	2.8904	2.4	80.7	1.33	0.184
户主性别	−0.0751	−0.03823	−16		−13.52	0
	−0.0751	−0.08348	3.6	77.3	1.73	0.084

---

① 其中，半径匹配法中匹配半径（caliper）为 0.25*sd（倾向得分的标准差），即 0.0259；核匹配使用 Guassian 核函数，窗宽（bwidth）为 0.06。

续表

变量	平均值		差异（%）	匹配后改变（%）	T检验量	
	低保农户	非低保农户			T值	P值
地形	2.6184	2.4418	23.7		16.95	0
	2.6184	2.6211	-0.4	98.4	-0.22	0.829
距乡镇距离	7.4992	6.5982	10.2		7.56	0
	7.4992	7.3515	1.7	83.6	0.91	0.363
家中是否有大事	0.16374	0.12909	9.8		7.54	0
	0.16374	0.16777	-1.1	88.4	-0.6	0.546

图1展示了匹配前后两组样本的核密度函数。可以看出，匹配前，低保农户与非低保农户间存在较大差异，经共同支持检验之后可见实验组和控制组两者的各方面特征已非常接近，匹配效果较好。

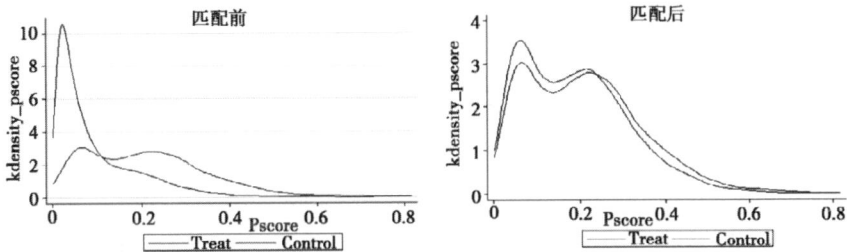

图1　匹配前后倾向值核密度函数

对农户家庭人均支出、生产性支出及日常生活支出计算ATT，如表9所示。

表9　家庭人均支出、生产性支出及日常生活支出ATT

变量	低保农户	非低保农户	差异	标准误	T值
家庭人均支出	3913.59	4432.89	-519.30	52.12	-9.96
	3913.59	3926.97	-13.38	64.70	-0.21
人均生产性支出	1108.14	1309.71	-201.57	29.18	-6.91
	1108.14	1199.72	-91.58	32.75	-2.80
人均日常生活支出	2603.19	2886.46	-283.27	34.93	-8.11
	2603.19	2545.06	58.13	46.39	1.25

分析低保农户各项大类支出情况，获得低保之后，农户人均支出减少13.38元，其中生产性支出减少91.58元，生活消费支出增加58.13元，其中生产性支出的减少在统计上十分显著。与其自身支出水平相比，低保农户生产性支出的减少达到全部投入的8.22%，相对水平较高。

本研究使用PSM方法对农户外出务工人数及外出务工劳动力占比进行了分

析，发现低保农户在获得低保补贴后，家中劳动力外出务工比例降低 0.254%，且这一变化并不显著。

这一结果在一定程度上说明了本文对农村低保会产生"扶懒不扶贫"的猜测，农户在获得低保补贴后，显著降低了生产性投入，且并未增加外出务工来弥补收入缺口，对低保农户生产性收入产生负面影响。这种情况是由于农村低保存在大量瞄准遗漏，使部分农户在村内"竞争"低保资格；加之农村低保瞄准缺乏可靠完善的家庭收入数据，而依赖于农户家庭"显性"收入，如固定资产拥有情况、农业收入等，而忽视"隐性"财富，如储蓄、私人转移支付等，使低保农户有动力降低当期农业生产投入。这与本文的理论假说是一致的。

对具体项目进行研究，经过 PSM 匹配后的 ATT 如表 10 所示：

表 10　日常生活支出各项 ATT

变量	低保农户	非低保农户	差异	标准误	T 值
人均食品支出	1384.72	1408.30	−23.58	10.58	−2.23
	1384.72	1342.51	42.21	17.41	2.42
人均居住支出	418.02	472.46	−54.43	23.05	−2.36
	418.02	440.51	−22.48	31.07	−0.72
人均文教支出	244.74	371.59	−126.86	12.43	−10.21
	244.74	214.18	30.56	13.85	2.21
人均医疗支出	206.60	194.01	12.58	9.33	1.35
	206.60	153.51	53.09	10.99	4.83
人均转移性支出	196.79	225.43	−28.64	8.16	−3.51
	196.79	175.47	21.32	9.36	2.28

低保农户在获得低保补贴后，食品支出增加 42.21 元，增长 3.14%，文教支出增长 30.56 元，增长 14.28%；医疗支出增长 53.09 元，占医疗支出 34.58%；低保农户还在转移性支出上增加 21.32 元，增长 12%。

低保农户大幅度增加医疗支出说明，我国农村医疗保险制度存在保障水平较低的问题。低保补贴在很大程度上"担负"了医疗保险的责任。理想状况应当是，低保医保各负其责，农户通过医疗保险可以解决看不起病的问题，医疗支出不会成为贫困人口的巨大负担，低保可以提高农村人口福利。

除了生产和生活性支出外，低保农户的转移性支出也有所提高，人均绝对支出提高了 21.32 元。低保农户通过礼金的方式投资于社会资本，希望在未来自己的家庭有困难时可以获得邻里乡亲的帮助，相当于获得了一份"保险"。对于低保农户来讲，这部分支出的提高是一种理性的选择。

考虑两期的福利状况,农户在降低生产性投资以获得下期低保的基础上,还可能进行了储蓄,以保证下一期可支配收入的提高,保证家庭福利水平。按照前文对储蓄率的定义,本研究对低保农户储蓄率的变动进行分析。

低保农户储蓄率变动 ATT 如表 11 所示。

表 11 储蓄率 ATT

变量	低保农户(%)	非低保农户(%)	差异(%)	标准误	T 值
储蓄率 1	24.15	22.56	1.59	0.0051	3.15
	24.15	20.24	3.91	0.0073	5.35
储蓄率 2	10.76	6.81	3.96	0.0064	6.17
	10.76	7.56	3.20	0.0091	3.53

无论使用哪一种口径的储蓄率进行衡量,低保农户在获得低保补贴后,都显著提高了储蓄率。储蓄属于无风险资产,虽然其收益率较低,但不确定性几乎为零。此外,储蓄并不属于显而易见的家庭财富,不会对低保资格的获得概率产生负面的影响。

至此,通过 PSM 的方法,本研究验证了前文提出的理论假说:理性的低保农户会倾向于依赖低保收入,增加当期支出和储蓄,减少生产性支出,提高未来获得低保补贴的概率,从而促进家庭福利水平的提高。

具体来看,低保农户在获得补贴后,对家庭消费和资产配置产生了外生冲击。表现为,在支出方面,农户通过释放原本被压抑的食品、医疗等支出提高了当期福利,改善了家庭生活水平,促进了人力资本投资。与此同时,由于农村低保瞄准机制不完善、瞄准遗漏现象大量存在,使低保政策给贫困农户带来了"负面预期",在这一预期下,农户并无动力大量投资于风险较高的农业生产,以劳动创造财富,反而将资金更多地配置到无风险的、便于隐瞒真实收入水平的储蓄存款投资上来,一方面提高获得低保补贴的概率,一方面降低收入风险水平,从而提高总效用。

为了进一步对本研究结果的稳健性进行检验,将样本农户按照收入分为低、中、高收入三类,分层匹配,对支出情况进行匹配分析。上文的结论在低收入人群中表现最为明显,考虑到我国农村低保在实施过程中的瞄准偏差,分层匹配中的低收入农户,更能代表低保农户的真实状况,进一步证实了本文的理论假说和结论的稳健性。具体结果见表 12。

表 12　分收入等级的 ATT

变量	低保农户	非低保农户	差异	标准误	T 值
低收入组					
生产性支出	845.88	1034.48	−188.59	36.03	−5.23
	845.88	963.07	−117.18	44.03	−2.66
食品支出	1086.10	1103.00	−16.90	10.39	−1.63
	1086.10	1071.05	15.05	14.83	1.01
文教支出	178.42	306.37	−127.95	17.19	−7.44
	178.42	191.13	−12.71	20.07	−0.63
医疗支出	126.57	125.90	0.67	8.55	0.08
	126.57	98.22	28.35	10.45	2.71
转移性支出	116.20	126.66	−10.46	7.50	−1.39
	116.20	105.42	10.78	10.55	1.02
储蓄率 1	0.1201	0.0098	0.1103	0.0083	13.24
	0.1201	0.0290	0.0911	0.0123	7.44
储蓄率 2	−0.0149	−0.1633	0.1484	0.0105	14.17
	−0.0149	−0.1051	0.0902	0.0153	5.89
中等收入组					
生产性支出	1093.20	1147.12	−53.92	42.43	−1.27
	1093.20	1173.70	−80.51	51.95	−1.55
食品支出	1388.99	1343.59	45.40	13.68	3.32
	1388.99	1346.91	42.08	19.86	2.12
文教支出	243.76	344.80	−101.04	20.01	−5.05
	243.76	239.08	4.68	25.65	0.18
医疗支出	198.53	166.04	32.50	12.31	2.64
	198.53	133.55	64.99	14.80	4.39
转移性支出	201.71	183.73	17.98	9.69	1.86
	201.71	168.12	33.59	14.80	2.27
储蓄率 1	0.3016	0.2636	0.0381	0.0074	5.15
	0.3016	0.2790	0.0227	0.0105	2.15
储蓄率 2	0.1658	0.1040	0.0618	0.0100	6.15
	0.1658	0.1594	0.0064	0.0138	0.47
高收入组					
生产性支出	1609.95	1717.46	−107.50	74.63	−1.44
	1609.95	1568.41	41.55	78.50	0.53
食品支出	1926.18	1748.73	177.45	27.62	6.43
	1926.18	1776.80	149.38	55.97	2.67
文教支出	367.69	456.87	−89.18	28.93	−3.08
	367.69	290.79	76.90	36.43	2.11
医疗支出	364.64	283.07	81.57	26.89	3.03
	364.64	259.66	104.98	37.31	2.81

续表

变量	低保农户	非低保农户	差异	标准误	T值
转移性支出	337.62	355.64	−18.03	23.88	−0.75
	337.62	297.42	40.20	25.75	1.56
储蓄率1	0.3872	0.3792	0.0081	0.0085	0.95
	0.3872	0.3714	0.0158	0.0125	1.26
储蓄率2	0.2585	0.2378	0.0207	0.0111	1.86
	0.2585	0.2501	0.0084	0.0161	0.52

六、结论

通过对低保农户支出行为的分析，本文得出以下结论：

农村低保增加农户食品、医疗支出，显著改善生活水平。低保农户在获得低保补贴后，增加了人均食品、医疗及转移性支出。缓解了农户因经济因素无法及时就医的情况，提高了家庭医疗用品和医疗服务支出，改善了家庭人力资本状况。

农村低保存在大量瞄准漏出，且其瞄准往往与易于观测的"显性收入"（如农业生产投资与收入、家庭固定资产投资等）相联系，因此使得农户有动机将本该用于农业生产的资金转投于较隐性的储蓄存款方面。这种"负向激励"使得农户偏离了"自力更生、劳动致富"的正确脱贫方向。此外，贫困农户对低保补贴产生依赖心理，长期占据低保资金，这也导致农村低保的动态管理难以实现、资金使用效率难以提高。

参考文献

[1] 陈汪茫. 中国城镇职工基本养老保险支出水平与居民消费关系的实证研究. 首都经济贸易大学，2011.

[2] 张继海. 社会保障对中国城镇居民消费和储蓄行为影响研究. 山东大学，2006.

[3] 冉净斐，贾小玫. 农村社会保障制度健全与消费需求增长：一个理论框架. 社会科学辑刊，2004（04）：87–91.

[4] 姜百臣，马少华，孙明华. 社会保障对农村居民消费行为的影响机制分析. 中国农村经济，2010（11）：32–39.

[5] Kaushal N. How Public Pension affects Elderly Labor Supply and Well-being: Evidence from India. World Development，2014. 56（0）：214–225.

[6] Maitra P and R Ray. The effect of transfers on household expenditure patterns and poverty in South Africa. Journal of Development Economics，2003. 71（1）：23–49.

［7］You X and Y Kobayashi. The new cooperative medical scheme in China.Health Policy，2009. 91 （1）：1-9.

［8］Wagstaff A and M Pradhan. Health Insurance Impacts on Health and Nonmedical Consumption in a Developing Country. 2005，World Bank Policy Research Working Paper No.3563.

［9］Chou S，J Liu and J K Hammitt. National Health Insurance and precautionary saving：evidence from Taiwan.Journal of Public Economics，2003. 87（9-10）：1873-1894.

［10］白重恩，李宏彬，吴斌珍. 医疗保险与消费：来自新型农村合作医疗的证据. 经济研究，2012（02）：41-53.

［11］甘犁，刘国恩，马双. 基本医疗保险对促进家庭消费的影响. 经济研究，2010（S1）：30-38.

［12］栾大鹏，欧阳日辉. 新型农村合作医疗对我国农民消费影响研究. 人口与经济，2012（02）：80-86.

［13］臧文斌，等. 中国城镇居民基本医疗保险对家庭消费的影响. 经济研究，2012（07）：75-85.

［14］陈祎，阎开. 医疗保险与耐用品消费—— 一个基于微观面板数据的实证分析. 第六届"北大赛瑟（CCISSR）论坛"，2009：389-411.

［15］高梦滔. 新型农村合作医疗与农户储蓄：基于8省微观面板数据的经验研究. 世界经济，2010（04）：121-133.

［16］Bai C and B Wu. Health insurance and consumption：Evidence from China's New Cooperative Medical Scheme. Journal of Comparative Economics，2014. 42（2）：450-469.

［17］Philip H B，等. 新型农村合作医疗与农户消费行为. 中国劳动经济学，2009（02）：1-29.

［18］陈梦真. 我国养老保险对城镇居民消费的影响研究. 湖南师范大学，2010.

［19］张攀峰，陈池波. 新型社会保障对农村居民消费的影响研究——基于农户调研数据的微观分析. 调研世界，2012（01）：25-28.

［20］Gao Q，F Zhai and I Garfinkel. How Does Public Assistance Affect Family Expenditures：The Case of Urban China.World Development，2010. 38（7）：989-1000.

［21］都阳，P Albert. 中国的城市贫困：社会救助及其效应. 经济研究，2007（12）：24-33.

［22］韩华为，徐月宾. 中国农村低保制度的反贫困效应研究——来自中西部五省的经验证据. 经济评论，2014（06）：63-77.

［23］易红梅，张林秀. 农村最低生活保障政策在实施过程中的瞄准分析. 中国人口·资源与环境，2011（06）：67-73.

［24］孙睿. 农村最低生活保障问题研究. 山东农业大学，2012.

［25］汪三贵，P Albert. 中国农村贫困人口的估计与瞄准问题. 贵州社会科学，2010（02）：68-72.

［26］黄瑞芹. 民族贫困地区农村最低生活保障目标瞄准效率研究——基于两个贫困民族自治县的农户调查. 江汉论坛，2013（03）：61-65.

[27] 肖云，吴维玮. 农村低保对象的目标定位与动态管理. 安徽农业科学，2010（25）：14070-14072+14102.

（本文与梁晓敏合著，原载《农业技术经济》2015 年第 11 期）

健康扶贫的作用机制、实施困境与政策选择

一、引言

党的十八大以来，脱贫攻坚取得决定性进展和显著成绩，贫困人口由 2012 年底的 9899 万减少到 2017 年底的 3046 万人，5 年减少贫困人口 6853 万人，年均减少 1370 万人。虽然农村贫困人口不断减少，但因病致贫、返贫在建档立卡贫困户中的占比居高不下。国务院扶贫办公布的数据显示，截至 2013 年，因病致贫、返贫的贫困户在建档立卡贫困户中占到 42.2%；截至 2015 年底，因病致贫、返贫的贫困户在建档立卡贫困户中占到 44.1%。在所有致贫因素中，因病致贫是排在第一位的，对贫困户的影响远大于其他致贫因素。可见，因病致贫、返贫是我国农村贫困人口主要的致贫原因，是精准扶贫的"拦路虎"。防止因病致贫、返贫，实施健康扶贫是打赢脱贫攻坚战、实现农村贫困人口脱贫的重大举措，也是精准扶贫、精准脱贫基本方略的重要实践。中央提出的脱贫标准是稳定解决贫困家庭和人口的"两不愁三保障"问题，而保障基本医疗是"三保障"的核心内容。实施健康扶贫就是要瞄准因病致贫、返贫的家庭，整合现有医疗保障政策、资金项目、人才技术等进行综合施策，精准救治，切实解决贫困人口看不了病、看不起病从而导致因病致贫、返贫的问题。近年来，我国越来越重视健康扶贫在脱贫攻坚中的作用，《中共中央国务院关于打赢脱贫攻坚战的决定》中提出"要实施健康扶贫工程，保障贫困人口享有基本医疗卫生服务，努力防止因病致贫、返贫"，国家 15 个部委联合印发的《关于实施健康扶贫工程的指导意见》，更是明确提出了完善医疗保障、推进健康扶贫的要求。健康扶贫政策的有效实施，直接影响贫困户基本医疗的保障和精准扶贫政策的实施效果。因此，分析健康扶贫的作用机制，梳理健康扶贫的主要政策和措施，探究实施中存在的问题和困境，对于完善健康扶贫政策、打赢脱贫攻坚战、推进全面建成小康社会具有重

要意义。

健康扶贫政策实施后，引起了学者们的关注。陈成文对健康扶贫观进行解读，认为如何提升健康扶贫政策的契合度，是实施精准扶贫战略的关键环节。部分学者对健康扶贫的反贫困机制进行了研究，如潘文轩基于家庭人均相对收入函数的数理分析，从收入与支出两个维度揭示了医疗保障反贫困的作用路径与机制。翟绍果和严锦航认为健康扶贫通过降低农村居民的健康脆弱性、经济脆弱性与社会脆弱性，斩断"贫困—疾病"恶性循环传递链条，化解因病致贫、返贫的现实困境。还有学者对健康扶贫的反贫困效果进行评估，发现我国推行医疗保险全覆盖，对于抑制"因病致贫、因病返贫"具有良好的政策效应；医疗保险、大病保险、医疗救助"三重医疗保障"的反贫困效果显著，减贫功能从高至低依次为新农合（城乡居民基本医疗保险）、大病保险、医疗救助。而鲍震宇和赵元凤得出不同结论，认为住院统筹保险可使农村居民贫困发生率降低5%—7%；然而门诊统筹保险目前不具备减贫作用；多重医疗保障虽然具有减贫效果但结果尚不稳健。此外，部分学者就如何发挥好健康扶贫的反贫困作用提出优化路径，如有效提升健康扶贫政策与疾病型农村贫困人口需求的契合度、构筑"四重医疗保障"反贫困政策体系、实现健康贫困的协同治理。

总体而言，目前关于健康扶贫的研究较少，现有的研究主要集中在健康扶贫的反贫困机制、反贫困效果和路径优化方面，且路径优化主要从理论上分析，结合现有健康扶贫实施中存在的问题进行分析的较少。分析健康扶贫的作用机理，可为剖析健康扶贫实施困境及解决困境提供理论依据。梳理健康扶贫的主要措施，了解健康扶贫的实施现状是剖析健康扶贫实施困境及解决困境的基础。基于此，本文首先在理论上分析"因病致贫、返贫"的发生机理和健康扶贫的作用机理，其次梳理健康扶贫的主要措施，进而探究健康扶贫实施中的困境，为完善健康扶贫政策、实现农村贫困人口脱贫的重大举措提供对策建议。

二、健康扶贫的理论分析框架

（一）因病致贫、返贫的发生机理

因病致贫、返贫是指因为疾病或健康不佳使农户家庭收入减少或收入能力下降，从而陷入贫困或脱贫后重新陷入贫困。当家庭成员患病时，会影响家庭的经济状况和人力资本状况，进而影响家庭抵抗疾病风险的能力，本文主要从家庭经济状况和人力资本状况两个方面阐述因病致贫、返贫的发生机理。

当家庭成员患病时，最直接影响的是家庭的经济状况。首先表现为家庭支出的增加。一方面是患者就医看病所花费的门诊费、检查费、医药费、住院费等医疗费用；另一方面则是患者就医看病所花费的交通费、营养费、康复费、保健品费、家属的住宿费等相关费用。其次表现为家庭收入的减少。一方面患者因自身患病导致工作能力降低或丧失，从而使家庭收入减少；另一方面患者家庭成员因照顾患者而减少劳动时间，从而使家庭收入减少。再次表现为家庭资产的减少。农户家庭在面对医疗费用时，最初始的反应是减少家庭支出，动用已有现金来应对。当家庭的现金不足以支付医疗费用时，家庭往往会采取动用家庭储蓄、借款、变卖家畜、农具、土地、房屋等家庭资产来应对，从而减少家庭资产。

当家庭成员患病时，会影响家庭的人力资本状况。人力资本理论认为，健康是一种重要的人力资本，具备良好的健康状况是个体参与经济社会活动，尤其是生产性活动创造收入的前提。首先，当家庭成员患病时，会降低患者自身的人力资本。对于患者来说，生病会影响患者的劳动能力，降低家庭近期收入，另外某些疾病还会影响患者未来接受教育和培训的机会，可能会长期影响家庭收入。其次，家庭成员患病时，会降低家庭其他成员的人力资本。当家庭无力支付医疗费用，家庭基本生活得不到保障时，会影响家庭的各方面投资。一方面会减少家庭的食物营养支出，降低对其他家庭成员的健康投资，增加其健康脆弱性；另一方面是减少家庭其他成员的教育投资，要求子女退学进入劳动力市场，或减少家庭其他成员的就业培训等，降低对其他家庭成员的人力资本投资，影响家庭的长远发展能力，从而会长期对家庭收入产生不利影响。

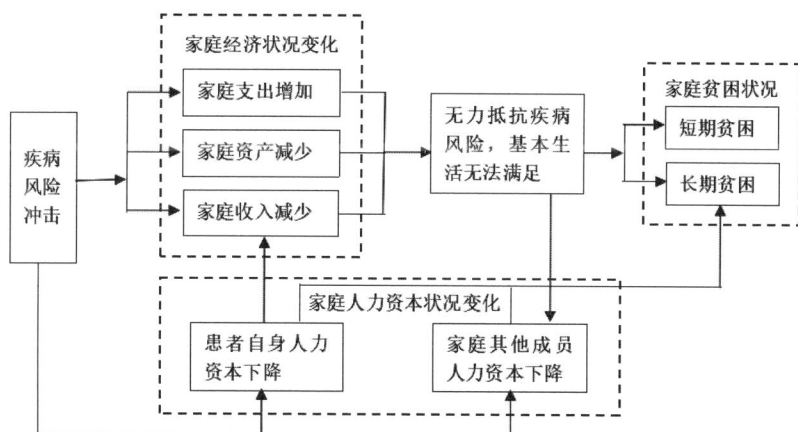

图1　因病致贫、返贫发生机理图

（二）健康扶贫的作用机理

健康扶贫通过降低贫困人口的经济脆弱性和健康脆弱性，斩断"疾病—贫困—疾病"的恶性循环，进而化解"因病致贫、返贫"的现实困境。本文主要从经济脆弱性和健康脆弱性两个方面对健康扶贫的作用机理进行阐述。

健康扶贫可减轻患者家庭的医疗负担，降低家庭的经济脆弱性。很多农户家庭因病致贫、返贫，主要表现为疾病造成家庭支出急剧增大，严重超出家庭累积收入的承受范围，致使其实际生活水平长期处于一种绝对贫困的状态。首先，健康扶贫通过基本医疗保险、医疗救助、商业保险等措施，降低患者家庭直接的疾病经济负担。对于患者而言，多重医疗保障措施可以降低其就医看病所花费的门诊费、检查费、医药费、住院费等医疗费用；对于患者家庭成员而言，健康扶贫对残疾人口生活照料和康复护理给予一定的补贴，缓解家庭成员因为照顾残疾人而减少劳动时间造成的收入损失，提高家庭应对疾病风险冲击的经济能力。其次，健康扶贫通过整合制度资源，实行先诊疗后付费、一站式结算等，减轻患者家庭间接的疾病经济负担，进而提高其应对疾病风险冲击的经济能力。整体来说，健康扶贫通过多重医疗保障和制度资源整合等途径，提高患者家庭应对疾病风险冲击的经济能力，防止患者因无力承担医疗费用而延缓治疗或放弃治疗导致"小病拖成大病、大病拖成不治之症"现象的发生，降低因病致贫、返贫的概率。

健康扶贫可提升贫困户家庭的健康能力，降低家庭的健康脆弱性。医疗卫生资源的公平性配置是医疗卫生服务水平提升的基础，也是贫困户家庭提升健康能力的重要保障。首先，健康扶贫通过提升贫困地区医疗服务水平，从而降低贫困户的健康脆弱性。健康扶贫通过实施贫困地区县级医院、乡镇卫生院、村卫生室标准化建设，加强基层医疗卫生人才队伍建设和能力建设、促进对口帮扶和远程医疗等措施进一步完善，促进健康资源在存量、结构和空间分布上的均等化，提高贫困农户的健康资源可及性，提高贫困农户及时接受医疗服务的比例并改善医疗服务的质量，从而提高救治效果。其次，健康扶贫加强环境卫生综合整治，有效提升贫困地区人居环境质量。健康扶贫通过加快农村卫生厕所建设进程、实施农村饮水安全巩固提升工程、推进农村垃圾污水治理等措施，统筹治理贫困地区环境卫生问题，从源头上控制疾病风险。再次，健康扶贫有助于通过加强贫困户家庭的健康管理，降低其家庭的健康脆弱性。健康扶贫通过为贫困人口建立健康档案，分类救治，推行签约服务，加强健康宣传教育工作等，提升贫困人口健康意识，改变贫困人口不科学的就医观念，提高贫困人口预防疾病的能力。

健康扶贫

基本医疗保险等多重保障制度 → 降低直接的疾病经济负担 → 降低经济脆弱性，提升家庭应对疾病的经济能力 → 缓解因病致贫、返贫的困境

先诊疗后付费等整合制度资源 → 降低间接的疾病经济负担

医疗资源的公平性配置 → 提高贫困农户的健康资源可及性 → 降低健康脆弱性，提升家庭的健康能力

环境卫生综合整治 → 改善贫困地区人居环境质量

贫困户家庭的健康管理 → 提升贫困人口健康意识

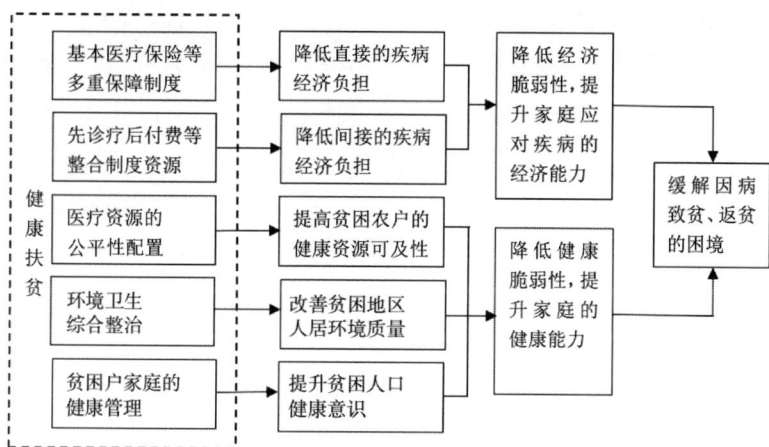

图2　健康扶贫作用机理图

三、健康扶贫的主要措施

习近平总书记指出，没有全民健康就没有全面小康。党的十八届五中全会作出了"推进健康中国建设"的决策部署，把推进健康中国建设提升为国家战略。2015年11月，《中共中央国务院关于打赢脱贫攻坚战的决定》中提出"要开展医疗保险和医疗救助脱贫，实施健康扶贫工程，保障贫困人口享有基本医疗卫生服务，努力防止因病致贫、返贫"。"十三五"时期是全面建成小康社会的决胜阶段，是全面推进健康中国建设的开局起步阶段。2016年6月，15个国家部委联合印发的《关于实施健康扶贫工程的指导意见》，更是明确提出了完善医疗保障、推进健康扶贫的要求，提出要"针对农村贫困人口因病致贫、因病返贫问题，突出重点地区、重点人群、重点病种，进一步加强统筹协调和资源整合，采取有效措施提升农村贫困人口医疗保障水平和贫困地区医疗卫生服务能力，全面提高农村贫困人口健康水平，为农村贫困人口与全国人民一道迈入全面小康社会提供健康保障"。健康扶贫工程包含的政策很多，核心内容是要让贫困地区的农村贫困人口"看得起病、方便看病、看得好病、少生病"，因此需要综合施策，形成政策合力，有效防止"因病致贫、返贫"现象的发生。

（一）提高医疗保障水平，让贫困农户看得起病

农户家庭无力承担高额医疗费用是导致其"因病致贫、返贫"的主要原因。看得起病是方便看病、看得好病的前提条件，若看得起病不能满足，方便看病和看得好病更无从谈起。现有健康扶贫主要通过提高医疗保障水平和控制医疗费用

来解决贫困农户看不起病的问题。

在提高医疗保障水平方面，重点是建立基本医疗保险、大病保险、疾病应急救助、医疗救助等制度的广覆盖和衔接机制，发挥协同互补作用，形成保障合力。主要包括以下几个方面：一是新型农村合作医疗（或城乡居民基本医疗保险）覆盖所有农村贫困人口并实行政策倾斜。保险费个人缴费部分按规定由财政给予全额或部分补贴，确保每一个贫困人口都能享受基本医疗保障。在贫困地区全面推行门诊统筹，同时提高政策范围内贫困人口住院费用报销比例，使基本医疗保障向建档立卡贫困人口倾斜。二是加大对大病保险的支持力度，通过政策性大病保险和商业性大病补充保险使贫困人口患目录内的大病能得到救治。通过逐步降低大病保险起付线、提高大病保险报销比例等，实施更加精准的支付政策，提高贫困人口受益水平。三是加大医疗救助力度，将农村贫困人口全部纳入重特大疾病医疗救助范围，减轻重大疾病给贫困家庭造成的经济负担。四是对突发重大疾病暂时无法获得家庭支持、基本生活陷入困境的患者，加大临时救助和慈善救助等帮扶力度。五是将符合条件的残疾人医疗康复项目按规定纳入基本医疗保险支付范围，提高农村贫困残疾人医疗保障水平。

在控制医疗费用方面，通过实施支付方式改革、先诊疗后付费、分级诊疗等措施，彻底解决贫困家庭因筹集不到足够的医疗费用而放弃治疗，从而不能充分享受基本医疗服务的问题，并且大幅度减轻贫困人口家庭看病就医的经济负担。主要包括以下几个方面：一是扎实推进支付方式改革，强化基金预算管理，完善按病种、按人头、按病床日付费，尽量使用目录内的药物等多种方式相结合的复合支付方式，有效控制医疗总费用。二是实行县域内农村贫困人口先诊疗后付费的结算机制。贫困患者在县域内定点医疗机构住院实行先诊疗后付费，定点医疗机构设立综合服务窗口，实现基本医疗保险、大病保险、疾病应急救助、医疗救助"一站式"信息交换和即时结算，贫困患者只需在出院时支付自付部分的医疗费用，从而大大降低了贫困人口看病的门槛并免除了看病后复杂的报销手续。三是推进贫困地区分级诊疗制度建设，加强贫困地区县域内常见病、多发病相关专业和有关临床专科建设，探索通过县乡村一体化医疗联合体等方式，提高基层服务能力，到2020年使县域内就诊率提高到90%左右，基本实现大病不出县。由于在乡镇卫生院和县级医疗机构看病报销比例更高，县内就医也能有效减轻贫困患者自付的医疗费用。

（二）推动城乡医疗服务均等化，让贫困农户方便看病

贫困地区缺少优质的医疗服务，导致贫困农户患病需要去城市医院就诊，这不仅增加了贫困家庭的医疗负担，也会导致城市医院人满为患。推动医疗卫生资源下沉和城乡医疗服务均等化，是解决贫困农户看病难问题的主要途径。首先，健康扶贫加强贫困地区医疗卫生服务机构标准化建设。实施贫困地区县级医院、乡镇卫生院、村卫生室标准化建设，使每个连片特困地区县和国家扶贫开发工作重点县达到"三个一"目标；进一步完善贫困地区公共卫生服务网络，以重大传染病、地方病和慢性病防治为重点，加大对贫困地区疾控、妇幼保健等专业公共卫生机构能力建设的支持力度；加强贫困地区远程医疗能力建设，实现县级医院与县域内各级各类医疗卫生服务机构互联互通；积极提升贫困地区中医药服务水平，充分发挥中医医疗预防保健特色优势。

其次，健康扶贫实施全国三级医院与贫困县县级医院一对一帮扶来实现城乡医疗服务均等化，缓解贫困地区高水平医院管理人才和医务人员严重短缺的问题，提高贫困县医疗服务水平。采取"组团式"帮扶方式，向被帮扶医院派驻1名院长或副院长及相关医务人员进行蹲点帮扶，重点加强近三年县外转出率前5—10个病种的相关临床和辅助科室建设，推广适宜县级医院开展的医疗技术；定期派出医疗队，为农村贫困人口提供集中诊疗服务；采取技术支持、人员培训、管理指导等多种方式，提高被帮扶医院的服务能力；建立帮扶双方远程医疗平台，开展远程医疗服务。

最后，健康扶贫强化人才综合培养，建立有效的激励机制。允许贫困地区先行探索制定公立医院绩效工资总量核定办法，合理核定医疗卫生机构绩效工资总量，结合实际确定奖励性绩效工资的比例，调动医务人员积极性；制定符合基层实际的人才招聘引进办法，落实贫困地区医疗卫生机构用人自主权；加强乡村医生队伍建设，分期分批对贫困地区乡村医生进行轮训；通过支持和引导乡村医生按规定参加职工基本养老保险或城乡居民基本养老保险，以及采取补助等多种形式，进一步提高乡村医生的养老待遇。

（三）建档立卡，精准救治，让贫困农户看得好病

要让贫困农户看得好病，不仅需要把健康扶贫落实到人，还要精准到病。一方面，健康扶贫为贫困人口建档立卡，开展签约服务。对贫困人口进行全面体检和疾病筛查，优先为每人建立1份动态管理的电子健康档案，建立贫困人口健康卡，推动基层医疗卫生机构为农村贫困人口家庭提供基本医疗、公共卫生和健康

管理等签约服务。另一方面,对贫困患者实施分类救治。能一次性治愈的,组织专家集中力量实施治疗;需要住院维持治疗的,由就近具备能力的医疗机构实施治疗;需要长期治疗和康复的,由基层医疗卫生机构在上级医疗机构指导下实施治疗和康复管理。

(四)加强贫困地区公共卫生和疾病防控工作,让贫困农户少生病

让贫困农户少生病,需要全面深化医疗卫生体制改革,需要推进基本医疗卫生制度建设,做好贫困地区公共卫生与疾病防控工作。首先,健康扶贫可提升贫困地区人居环境质量。将农村改厕与农村危房改造项目相结合,加快农村卫生厕所建设进程;加强农村饮用水和环境卫生监测、调查与评估,实施农村饮水安全巩固提升工程;推进农村垃圾污水治理,综合治理大气污染、地表水环境污染和噪声污染。

其次,健康扶贫可加大贫困地区慢性病、传染病、地方病防控力度。扩大对癌症、严重精神障碍患者筛查登记;综合防治大骨节病和克山病等重点地方病;加大人畜共患病防治力度,基本控制西部农牧区包虫病流行;加强对结核病疫情严重的贫困地区防治工作的业务指导和技术支持,开展重点人群结核病主动筛查,规范诊疗服务和全程管理;在艾滋病疫情严重的贫困地区建立防治联系点,加大防控工作力度。

再次,健康扶贫能强化贫困地区妇幼健康工作。在贫困地区全面实施免费孕前优生健康检查、农村妇女增补叶酸预防神经管缺陷、农村妇女"两癌"筛查、儿童营养改善、新生儿疾病筛查等项目,推进出生缺陷综合防治,做到及早发现、及早治疗。

最后,健康扶贫能促进健康和健康教育工作,广泛宣传居民健康素养基本知识和技能,提升农村贫困人口健康意识,使其形成良好卫生习惯和健康生活方式。

四、健康扶贫的实施困境

健康扶贫政策的实施大大缓解了贫困人口因病致贫、因病返贫的风险,减轻了贫困家庭的经济负担,为稳定脱贫打下了良好的基础。但健康扶贫政策实施过程中也暴露了一些问题,在重治轻防、财政负担、受益不均等、医疗资源的过度利用和负向激励等方面出现了困境。

（一）部分贫困地区健康扶贫目标理念出现偏差

健康扶贫的目标不仅在于降低贫困人口就医的经济负担，使贫困人口看得起病、方便看病和看得好病，还在于瞄准减少健康风险源，提高贫困人口预防疾病的能力，使贫困人口少生病。当前部分贫困地区健康扶贫政策对健康风险因素消除的关注度不够，更多强调事后补偿，即以降低直接疾病负担为目标，依靠事后补救的消极救助手段，无法从根本上解决因病致贫、返贫问题。例如，部分贫困地区的健康扶贫明确规定了贫困人口的实际报销比例不得低于90%，有些地方规定贫困家庭的医疗自付部分不超过3000元，但对于贫困地区健康风险源的规避、医疗服务的供给效率和质量标准却没有作出规定。究其原因主要是部分贫困地区追求的健康扶贫理念出现偏差，过多关注降低贫困人口看病就医负担等健康扶贫的短期目标，忽视提高贫困人口预防疾病能力等健康扶贫的远期规划。如果影响贫困人口的健康风险因素未消除，预防疾病的能力未提升，就无法通过健康扶贫真正实现贫困人口持续稳定脱贫，甚至可能出现因医疗保障的兜底政策而鼓励不健康的生活习惯和行为。

（二）部分贫困地区医疗保障水平过高

对贫困人口医疗保障水平过高，是贫困地区一个比较普遍的现象。一些贫困地区对贫困人口就医实施多重保障，除了基本医疗保险和大病保险，还有大病补充保险和大病救助，甚至将目录外的病种和医疗支出也纳入保障范围，从而导致医疗保障水平过高。例如，在贫困县的抽样调查中发现，经过多重医疗保障报销后，16.67%的样本脱贫户看病就医自付金额为负值，这意味着当地的医疗保障水平过高，出现脱贫户看病不仅不花钱还挣钱的现象。究其原因，一是地方政府对健康扶贫目标理解有偏差，把中央确定的保障基本医疗的目标扩大为全面医疗保障，并且把降低贫困家庭医疗支出负担作为主要政策目标，导致农村贫困人口大病救治力度过大，费用减免超过财政负担能力，脱离现阶段的经济发展水平。二是各级地方政府和健康扶贫专业部门等对健康扶贫的政策要求进行"加码加价"，不断提高当地贫困人口住院就医费用的报销比例，不仅使贫困人口住院就医自付费用较少，加之住院交通补贴、误工补贴等，导致出现看病不花钱还赚钱的现象。过高的医疗保障水平不仅诱使贫困户小病大看、延长不必要的住院时间等过多占用医疗资源现象的出现，还会加大当地政府的财政负担，加剧贫困户和非贫困户之间的矛盾。

（三）部分健康扶贫政策利用率较低

现有健康扶贫包含的政策较多，在政策保障过度的情况下，政策宣传力度不够，实施过程中出现偏差，精准度不够，出现部分贫困人口占用资源过多而另一部分贫困人口政策的利用率较低，进而影响健康扶贫的实施效果和健康扶贫目标的实现。比如家庭医生签约服务，虽然每个贫困户都有签约的家庭医生，但实际上真正享受到家庭医生提供的医疗服务的贫困户较少，签约服务在一些地方只是一种形式，没有实际服务内容。究其原因，一方面是基层医疗人才缺乏。贫困地区环境恶劣、薪酬待遇不高等原因，导致多数医疗人才不愿意到基层去，以致部分健康扶贫政策无法顺利推进，也无法达到理想中的效果。另一方面是受自身能力限制，贫困户无法利用部分健康扶贫政策。健康扶贫政策多且繁杂，虽然村支书、帮扶干部等多次进行宣传，但部分贫困户只知道健康扶贫政策优惠，却不知道该如何使用，加上部分地区还没有实施一站式结算服务，更加剧了这种现象，以致部分基本健康扶贫政策的利用效率较低。现有健康扶贫政策若无法使贫困户受益，会影响贫困人口稳定脱贫目标的实现。

（四）部分贫困地区医疗机构过度治疗问题严重

贫困人口"因病致贫、返贫"，除了因为患者家庭抵抗健康风险冲击的能力弱外，医院的过度治疗也会加重健康风险的冲击力度，加大贫困农户"因病致贫、返贫"的概率。医疗本是公益行业，但在部分贫困地区却变为盈利行业，出现医生开大处方、大检查等过度治疗行为。究其原因，一方面是医疗机构不负担贫困家庭的医疗费用，没有控制费用的动机。相反，贫困人口的就医看病费用直接跟医疗机构的效益挂钩，直接影响医生的绩效，在自身利益的驱使下，部分地区医疗机构难免会发生过度治疗现象。另一方面是对医疗机构缺少有效的监管。部分贫困地区未对医生开的处方、患者治疗方案、目录外药品使用情况进行复查，导致部分医生提供额外的医疗服务，增加贫困人口看病的医疗费用。在现有健康扶贫的政策下，过度医疗行为所增加的医疗费用通过多重保障转嫁给各地的财政资金，增大当地政府的财政压力。过度医疗行为也会使贫困户占用过多医疗资源，降低非贫困户对医疗资源的合理利用。

（五）部分贫困地区健康扶贫各部门的衔接机制不完善

健康扶贫涉及扶贫部门、人社部门、民政部门、卫生计生部门、残联妇联以及一些社会组织和协会等，各个部门之间的互动方式、衔接机制等直接影响健康扶贫的实施效果。目前，部门间尚未建立起统一的协调合作的衔接机制，基本上是上级健康扶贫任务经过分解后，各个部门单打独斗，利益纠葛复杂，甚至出现部门利益的博弈。首先，各个部门对于保障人群、保障方式、待遇标准等都有独立的政策规定，导致健康扶贫政策出现"重复保障"和"保障盲点"并存的现象。其次，部分贫困地区贫困人口的健康信息、收入信息等尚不能在各个部门之间实现共享，这将降低健康扶贫的工作效率，增加健康扶贫的实施成本，影响健康扶贫工作的顺利开展。再次，部分地区各个部门各自为政、互不衔接，尤其是在医疗保障经办方面，贫困人口看病报销不便，增加贫困人口住院就医的负担，也会导致健康扶贫的合力不强，影响健康扶贫的实施效率与效果。

五、结论与政策建议

本文在分析"因病致贫、返贫"发生机理和健康扶贫作用机理的基础上，梳理健康扶贫的主要措施，进而探究健康扶贫实施中存在的问题。虽然现有健康扶贫政策实施效果显著，但在实施中还存在部分贫困地区健康扶贫目标理念偏差、医疗保障水平过高、部分健康扶贫政策利用率较低、部分贫困地区医院过度治疗问题严重、健康扶贫部门间衔接机制不完善等问题，抑制健康扶贫政策扶贫效果的发挥。针对以上问题，本文提出以下对策建议：

（一）加强贫困地区公共卫生和疾病防控工作

贫困地区要紧紧围绕健康扶贫的目标理念，不仅降低贫困人口就医的经济负担，更要加强贫困地区公共卫生和疾病防控工作，斩断"因病致贫、返贫"的源头，从而实现贫困人口稳定脱贫的目标。一是要加大贫困地区公共卫生建设的资金投入。改变部分贫困地区将大量资金投入到疾病的事后补偿中，加大对贫困地区事前预防的投入力度，从大健康的角度出发把更多的资金用于改善贫困地区的生产生活条件，提升贫困地区人居环境质量。二是要提高贫困人口健康管理的实施效率和质量，使部分贫困地区的健康管理工作不仅仅是停留在形式上，更要发挥真正的作用，如对贫困人口的疾病实行精准识别，分级分类管理，加大对重大疾病和地方病的防控，对慢性病家庭签约服务。三是要改变贫困人口的健康观念。通过宣传栏、海报等喜闻乐见的方式，加强对贫困人口的健康教育，提升贫困人口对健康知识的知晓率，改变其不良的生活习惯，形成健康的生活方式。探索将生活习惯与差异化报销相联系的机制，激励有利于健康的行为方式。

（二）合理确定健康扶贫医疗保障水平，避免层层加码

贫困人口的医疗保障水平不能过低，否则将影响健康扶贫目标的顺利实现。

但贫困人口的医疗保障水平也不能过高，否则会刺激过度医疗、增加财政压力和激化社会矛盾。这就需要贫困地区在保证健康扶贫质量的前提下，适度提高贫困人口的医疗保障水平。一方面，贫困地区要正确理解健康扶贫内涵，要明确基本医疗服务是保"基本"，大幅减轻贫困人口就医费用并不意味着贫困人口不花钱，合理确定健康扶贫的给付比例，既要满足健康扶贫目标的实现，又要防止道德风险带来的危害。另一方面，贫困地区要理性对待健康扶贫，严格按照"两不愁三保障"要求安排部署工作，达到"保障贫困人口基本医疗需求"的标准即可，即贫困人口的一般疾病和常见病要能看得好，大病和慢性病得到合理的救助。坚决防止各级政府"加码加价"，确保健康扶贫政策具有财政上的可持续性和不同群体之间的公平性。

（三）重视基层医疗人才培养，实施代帮代办

部分健康扶贫政策的利用率较低主要是因为基层医疗人才缺乏和贫困人口自身能力有限，从而使部分基本的健康扶贫政策在实施过程中没有落地。在控制保障标准的情况下，要通过人才培养和机制的创新使健康扶贫政策有效实施。一方面，贫困地区应加强基层医疗人才队伍建设，特别是重视乡村两级医疗人才培养，吸引优秀医疗人才去基层医疗单位工作，在工作待遇和晋升等方面建立并完善基层医疗人才激励机制，留住基层医疗人才，为健康扶贫的顺利开展提供人才保障，从而提高健康扶贫政策的利用效率和扶贫成效。另一方面，贫困地区应加强健康扶贫政策的宣传力度，使更多贫困人口了解健康扶贫政策的内容、报销流程等，提高贫困人口的政策知晓率。对于能力较弱的贫困人口，可实施帮扶干部、村干部、党员等代帮代办的方式，帮其办理住院就医手续、报销住院就医费用等，提高贫困人口对健康扶贫政策的利用率。全面推行一站式服务也是提高利用率的有效手段。目前健康扶贫政策的重点不是过度提高保障标准，而是使更多的贫困人口从健康扶贫中受益，进而推进健康扶贫目标的实现。

（四）加强对医疗机构的监督和约束，防止过度治疗

健康扶贫通过基本医疗保险、大病保险、医疗救助、商业救助等多重保障来降低贫困人口的自付费用，但由于部分贫困地区医疗机构不参与多重保障，加上医生收入与处方值挂钩，容易出现大处方、大检查等过度治疗行为。为防止部分贫困地区医疗机构出现过度治疗现象，可让医疗机构参与贫困人口医疗费用减免的多重保障中，让其承担一定比例的减免费用，医疗费用越高，医疗机构负担的也越多。通过将医疗机构纳入费用负担的利益机制安排，在一定程度上抑制医疗

机构过度治疗的行为。例如，山东省某县在实施健康扶贫过程中采取医疗机构兜底减免和再减免的措施以应对医院过度治疗的问题，取得了积极成效。其次，贫困地区在开展健康扶贫工作的过程中，要加强对医疗机构的监督管理。可通过加强检查和复查医生处方、患者治疗方案、目录外药品使用情况等方式来规范医院治疗问题，防止医疗机构过度治疗行为的发生，提高健康扶贫的实施效率和实施效果。

（五）完善健康扶贫各部门之间的衔接机制

健康扶贫部门之间信息不互通，各自为政，分而治之等不仅造成健康扶贫资源的浪费，还影响健康扶贫的利用效率和实施效果。加强健康扶贫部门之间的衔接，既包括每种保障制度上的衔接，也应包括管理上的衔接。制度上的衔接有城乡居民基本医疗保险与医疗救助的衔接、城乡居民基本医疗保险与商业保险的衔接、初级卫生保健与城乡居民基本医疗保险的衔接等，避免出现重复保障和保障盲点。管理上的衔接包括统一法律政策、统一信息平台和实施一站式服务等。一方面，建立统一、多层次的健康扶贫信息平台，促进信息及时交换和共享。精准识别、建档立卡是健康扶贫工作开展的重要依据，实现健康扶贫各部门在贫困人口收入、健康等信息的互通，可提高健康扶贫识别的精准性，也可提高健康扶贫的工作效率。另一方面，推动贫困地区的一站式服务进程，增加贫困人口看病的便利性，减少贫困人口看病就医的间接费用，增加健康扶贫的利用率和实施效果。

总之，健康扶贫影响面广，是打赢脱贫攻坚战、确保"两不愁三保障"的关键环节。今后三年健康扶贫政策调整的基本方向是适度降低保障水平，提高政策的利用率，让贫困人口充分享受基本和可持续的健康和医疗政策支持，不断改善贫困人口的健康状况，为稳定脱贫和乡村振兴提供人力资本。

参考文献

[1] 中华人民共和国中央人民政府. 脱贫攻坚取得决定性进展从"打赢"向"打好"转变——国务院扶贫办主任刘永富谈打好精准脱贫攻坚战. http://www.gov.cn/xinwen/2018-03/07/content_5272026.htm.

[2] 央视网. 卫计委：因病致贫、返贫将长期存在需"靶向治疗". http://news.cctv.com/2017/04/21/ARTIMutulyoOyzG8d7aE9AKz170421.shtml.

[3] 陈成文. 牢牢扭住精准扶贫的"牛鼻子"——论习近平的健康扶贫观及其政策意义. 湖南社会科学，2017（6）：63-70.

［4］国务院扶贫开发领导小组办公室. 中共中央国务院关于打赢脱贫攻坚战的决定. http：//
www.cpad.gov.cn/art/2015/11/29/art_1742_61.html.

［5］国卫财务. 关于实施健康扶贫工程的指导意见. http：//www.nhfpc.gov.cn/caiwusi/s7785/
201606/d16de85e75644074843142dbc207f65d.shtml.

［6］潘文轩. 医疗保障的反贫困作用与机制设计. 西北人口，2018（4）：51−59.

［7］翟绍果，严锦航. 健康扶贫的治理逻辑、现实挑战与路径优化. 西北大学学报（哲学社会
科学版），2018（3）：57−63.

［8］左停，徐小言. 农村"贫困—疾病"恶性循环与精准扶贫中链式健康保障体系建设. 西南
民族大学学报（人文社科版），2017（1）：1−8.

［9］谢远涛，杨娟. 医疗保险全覆盖对抑制因病致贫返贫的政策效应. 北京师范大学学报（社
会科学版），2018（4）：141−156.

［10］仇雨临，张忠朝. 贵州少数民族地区医疗保障反贫困研究. 国家行政学院学报，2016（3）：
69−75.

［11］鲍震宇，赵元凤. 农村居民医疗保险的反贫困效果研究——基于 PSM 的实证分析. 江西
财经大学学报，2018（1）：90−105.

［12］张仲芳. 精准扶贫政策背景下医疗保障反贫困研究. 探索，2017（2）：81−85.

［13］翟绍果. 健康贫困的协同治理：逻辑、经验与路径. 治理研究，2018（5）：53−60.

［14］洪秋妹，常向阳. 我国农村居民疾病与贫困的相互作用分析. 农业经济问题，2010（1）：
85−93.

［15］王培安. 全面实施健康扶贫工程. 行政管理改革，2016（4）：36−41.

［16］孙向谦. 完善医疗保障扶贫在健康扶贫中的作用探讨——基于山西省 X 贫困县基本情况.
劳动保障世界，2017（12）：10−11.

（本文与刘明月合著，原载《新疆师范大学学报（哲学社会科学版）》2019 年第 3 期）

深度贫困地区农产品电商发展：问题、趋势与对策

"十三五"以来，我国在助力农特产品上行、促进贫困户增收脱贫等方面取得了显著成效。2019 年全国贫困县网络零售额达到 2392 亿元 [①]，拼多多平台上商家注册地址位于国家级贫困县的年订单总额达 372.6 亿元 [②]。实践表明，在脱贫难

[①] 央视网. 商务部：2019 年全国贫困县网络零售额达 2392 亿元人民币. http：//news.cctv.com/ 2020/
05/18/ARTIEBIxZKeH 8 NmqpzC 4 jaG 4200518.shtml.

[②] 2019 年拼多多农产品上行发展报告. 拼多多数据研究院，2020 年 4 月。

度大、任务重的深度贫困地区，大力推动农产品电商发展，对于缓解农产品滞销、带动就业创业、促进脱贫攻坚与乡村振兴有效衔接等具有重要意义。本文在梳理深度贫困地区农产品电商典型模式与发展成效的基础上，分析了深度贫困地区农产品电商发展存在的问题及未来发展趋势，并提出了下一阶段推进深度贫困地区农产品电商发展的对策建议。

一、深度贫困地区农产品电商发展现状

（一）深度贫困地区农产品电商发展的政策支撑

电商扶贫的顶层设计逐步完善。2015 年起我国将电商扶贫列为扶贫攻坚的重要手段，并联合各部委出台相关政策（见表 1）。随着电商扶贫工程的实施，电子商务被正式纳入扶贫开发工作体系，特别是在试点项目推进和政企合作等方面，电商扶贫的推进机制不断健全。

示范项目方面，2017 年电子商务进村综合示范政策开始全面向贫困地区和欠发达革命老区倾斜。2018 年，商务部电子商务综合示范已累计支持示范县 1016 个，包括国家贫困县 737 个、深度贫困县 137 个。到 2019 年，我国电子商务进农村综合示范实现对 832 个国家级贫困县全覆盖。

政企市场合作方面，商务部会同财政部、扶贫办协调地方政府和大型电商企业，共同设立电商扶贫频道，为贫困地区产品开通网络销售直通车。由商务部电子商务和信息化司指导，中华思源工程扶贫基金会与 18 家企业共同发起成立的中国电商扶贫联盟，目前成员单位达 29 家。政企合作能够充分调动广泛的市场资源，有助于实现更深入和高效的帮扶对接。

表 1　近年来涉及电商扶贫的相关政策

时间	发文机关	政策文件	措施和目标等内容
2015.11	中共中央国务院	关于打赢脱贫攻坚战的决定	加大"互联网+"扶贫力度。支持电商企业拓展农村业务，加强贫困地区农产品网上销售平台建设。
2016.11	国务院	"十三五"脱贫攻坚规划	把电子商务纳入扶贫开发工作体系，以建档立卡贫困村为工作重点，提升贫困户运用电子商务创业增收的能力。
2016.11	国务院扶贫办等 16 部门	关于促进电商精准扶贫的指导意见	到 2020 年在贫困村建设电商扶贫站点 6 万个以上，贫困县农村电商年销售额比 2016 年翻两番以上。
2018.05	财政部、商务部、国务院扶贫办	关于开展 2018 年电子商务进农村综合示范工作的通知	示范地区建档立卡贫困村和整体行政村电商服务覆盖率达到 50% 左右，农村网络零售额、农产品网络零售额等增速高于全国农村平均水平。

续表

时间	发文机关	政策文件	措施和目标等内容
2018.11	商务部	关于进一步突出扶贫导向全力抓好电商扶贫政策贯彻落实的通知	坚持以助推脱贫攻坚为工作导向、以贫困村、贫困户为服务重点、以农村产品和服务上行为工作重点。
2020.03	中央网信办等4部门	2020网络扶贫工作要点	电商服务通达所有乡镇，快递服务基本实现乡乡有网点，电商帮扶贫困户增收作用更加明显；信息服务体系更加完善，构建起人人参与的网络扶贫大格局。
2020.03	国家发改委	消费扶贫助力决战决胜脱贫攻坚2020年行动方案	大力发展农村电子商务，鼓励京东、阿里巴巴、抖音、美团、拼多多、携程等互联网企业继续发挥流量优势，为贫困地区农畜产品和服务搭建网络交易平台。

各地关于电商扶贫的政策框架日益完善。以"三区三州"①地区为代表的深度贫困地区，积极把握电商扶贫的政策机遇，出台配套政策和工作计划，大力支持农产品电商发展（见表2）。

表2 部分"三区三州"地区推进农产品电商的主要工作及成效

地区	主要工作	取得成效
西藏自治区	——出台《西藏自治区电子商务"十三五"发展规划》《关于推进电子商务与快递物流协同发展的实施意见》等； ——大力实施国家电子商务进农村综合示范县项目； ——与拼多多、淘宝、京东等第三方电子商平台建立长期有效的合作。	截至2018年，全区农畜产品网上零售额达到4.88亿元；全区活跃的电子商务企业达到13650家，解决就业岗位16230个。
新疆喀什地区	——成立电子商务领导小组，推动电子商务进农村综合示范，开展农民培训； ——与中国电商扶贫联盟成员单位合作，共同推介特色农产品； ——与拼多多等大型电商企业合作，共建10到20个扶贫车间。	建有2个电商产业园，电商企业数量位居全自治区前列，村电子商务服务站点超过100个，年电子商务培训人次超过10000人次；多个县形成了地理标识品牌。
新疆阿克苏地区	——出台《关于促进阿克苏电子商务发展的若干意见》，每年安排1000万专项资金； ——与大型电商平台对接宣传农产品； ——建立南疆首个专业化电商产业园。	2018年，阿克苏地区活跃的电商卖家超过2400家，年销售额超过8亿元，直接从事电商（含微商）产业人员超过1.8万人，直接、间接带动3万余人就业。
新疆克孜勒苏柯尔克孜自治州	——搭建电商公共服务平台； ——推进农村电商服务网点建设； ——开展电商创业人才队伍建设； ——推动乡村物流配送体系建设等。	2018年1—10月，克州农村网购额达372万元，帮助贫困户销售总金额51.4万元，贫困户增收15.42万元。阿图什市7个深度贫困乡已建成乡级电商服务站7个，覆盖率100%。

---

① "三区三州"具体指：西藏、四省藏区、南疆四地州和四川凉山州、云南怒江州、甘肃临夏州。

续表

地区	主要工作	取得成效
四川凉山彝族自治州	——出台《凉山州电子商务产业发展推进方案》《关于加快推进电子商务发展的实施意见》等政策； ——搭建"县乡村"农产品上行三级电商服务网络； ——实施电商品牌战略，开展扶贫产品产销对接活动。	2019年1—6月网络交易额实现37.45亿元，同比增长22.44%，网络零售额实现11.82亿元，同比增长25.79%；贫困县通过电子商务为部分农民增加收入人均达450元以上；通过电商扶贫带动创业就业10万余人。
甘肃临夏回族自治州	——2018年甘肃省电商扶贫补助资金5245万元，其中临夏州1000万元； ——临夏州出台《临夏回族自治州人民政府办公室关于促进农村电子商务加快发展的实施意见》等专项规划； ——推进贫困村乡村电商服务站点建设。	2018年实现电子商务交易额64亿元，同比增长30.4%，其中农产品网上销售2.7亿元；全州邮政乡镇全覆盖，村邮政代办点903个，实现了村村通邮。

（二）深度贫困地区农产品电商发展取得的成绩

为推进"三区三州"通过产业发展实现增收脱贫，中央和地方政府都高度重视电商带贫利贫作用的发挥，将电商扶贫作为产业扶贫的重要抓手，通过电子商务示范县建设、消费扶贫等手段大力推进深度贫困地区农产品电商的发展，取得了较为明显的成效。

以拼多多为例，近年来拼多多倾斜大量资源，对以"三区三州"为代表的深度贫困地区进行定点扶持。拼多多在云南深度贫困地区开展"多多农园"等试点项目，在新疆喀什与地方政府共建电商扶贫车间，聚焦深度贫困地区农特产品上行，获得了明显成效。截至2019年底，拼多多平台注册地为"三区三州"地区的商家数量达15.7万家，年订单总额达47.97亿元，分别较2018年增长540%和413%[1]，增速明显高于国家级贫困县整体水平（见图1）。淘宝村发展最新数据显示，截至2020年9月，119个淘宝村分布于10省41个国家级贫困县，比2019年末增加56个，增长89%，年交易总额超过48亿元。其中49%的贫困县淘宝村位于中、西部地区，网销产品以农副产品为主[2]。截至2019年12月底，京东已帮助全国贫困地区上线商品超300万种，实现销售额超750亿元，直接带动90万户建档立卡贫困户增收[3]。苏宁通过打造"线上＋线下"双平台，助力贫困地区电商扶贫。截至2020年6月底，在国家级贫困县开设苏宁扶贫实训店、苏宁易购零

---

① 2019年拼多多农产品上行发展报告. 拼多多数据研究院，2020年4月。

② 2020中国淘宝村研究报告. 阿里研究院. 2020年9月。

③ 新华网. 打赢脱贫攻坚战京东扶贫模式强力助攻. http://www.xinhuanet.com/tech/2020—05/22/c_1126020842.htm.

售云店等近 7000 家，覆盖 184 个国家级贫困县；同时线上依托苏宁易购中华特色馆、苏宁拼购等，惠及全国约 1 万余个贫困村、761 万贫困人口，全渠道累计销售农产品达 130 亿元①。

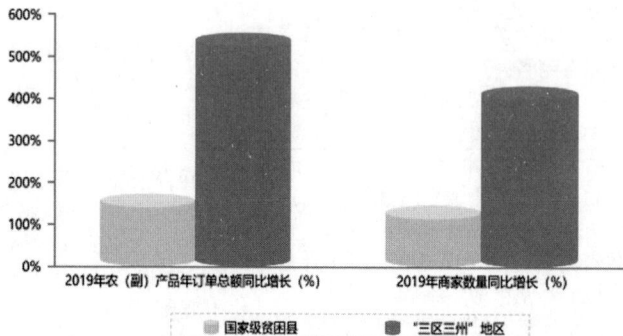

图1 拼多多平台"三区三州"地区农（副）产品订单总额与商户数量变化

二、深度贫困地区农产品电商发展的典型模式

近年来，以拼多多为代表的新型电商平台颠覆了传统的线下销售模式，在贫困地区形成了农产品上行的三种"超短链"模式，以及创造需求的"直播带货"模式。这些农产品电商发展模式对贫困地区的基础设施、公共服务、劳动力、土地利用及农产品市场等方面都产生了较大的影响。

（一）多元主体主导的流通超短链模式

农产品流通超短链模式，是指生产者通过直接或间接的方式，将农产品通过电子商务平台直接销售给消费者，最终实现农产品从生产者直接到消费者的超短链。根据经营主体的不同，又可将农产品流通的超短链模式划分为电商平台主导型的超短链模式、新农商主导型的超短链模式和生产性合作组织主导型的超短链模式。

1.电商平台主导型的超短链模式

电商平台主导型的超短链模式，是指拼多多、淘宝等各类电商交易平台与深度贫困地区直接对接，通过帮助当地甄选特色农产品、扶持特色产业，以及提供品牌、销售、培训、宣传等全方位支持，帮助小农户对接大市场，实现消费端"最后一公里"直连原产地"最初一公里"。

该模式的特点是电商平台利用自身的营销优势、资金优势、人才优势等，

---

① 苏宁研究院提供，2020 年 9 月。

快速、高效地帮助贫困地区识别出有竞争力的农产品，制定有卖点的销售策略，通过与当地政府、科研机构、合作性组织等合作，打造出标准化农产品供应链，再给予电商平台流量支持，从而破解贫困地区农产品销售难、价格低的两难困境。

该模式对深度贫困地区农产品市场的影响较大，极大地带动了当地特色农产品的销售量。以拼多多为例，2019 年，注册地址位于 832 个国家级贫困县的动销商家增速 158%，成团订单量增速 134.8%，成团 GMV（成交金额）增速 130.5%；注册地位于"三区三州"地区的动销商家增速为 417%，成团订单量增速为 540.5%，成团 GMV 增速为 413.2%。从中可知，越是深度贫困地区，动销商家增速、成团订单数量增速和成团 GMV 增速越高，电商平台主导型的超短链模式对深度贫困地区农产品市场的影响远大于非深度贫困地区，具有强利贫性。

该模式除了具有利贫性特征外，还对女性等弱势群体具有较强的包容性。同样以拼多多为例，宏观层面，2019 年农产品动销商家数量增速为 142.7%，而注册群体为女性的动销商家增速为 161.8%，女性动销商家增速高于整体水平。微观层面，2019 年，拼多多与秦巴山集中连片特困地区陕西平利县政府签署了"扶贫战略合作协议"，在资金、流量、人才培训、特色产业链孵化等方面提供了强有力的支持。如平利县返乡创业女大学生王秀梅，带领当地 51 户贫困户成立了"寻梦农园绞股蓝合作社"，并在拼多多平台成立企业店铺，目前该店铺已位列细分类目好评榜第一。拼多多"多多农园"项目资助了该合作社 52 万元启动金，51 户贫困户全部成为合作社的股东。

2019 年深度贫困地区拼多多营销商家数量快速增加，意味着当地从事电子商务的专业人员数量在急速增加，深度贫困地区的劳动力质量在不断改善；而成团订单数量快速增加则意味着，电子商务所带动的生产、分拣、包装、物流等产业就业人数在不断增加。电商平台主导型的超短链模式对深度贫困地区劳动力就业规模和质量都具有较大的提升作用。

2. 新农商主导型的超短链模式

新农商主导型的超短链模式，是指种养殖大户、乡村能人、返乡创业青年、村干部等群体，利用自身的能力、资源及"三农"等优势，在农村组织带动广大农户尤其是贫困户生产或收购特色产品，并对农产品进行一定程度的分拣、加工、包装等，将特色农产品直接销售给全国乃至全球的消费者。

该模式的特点在于：一方面，种养殖大户、乡村能人、返乡创业青年、村干部等群体具有快速接受和学习电子商务的能力，比较了解农产品市场，能够甄选出当地适合网络销售的农产品，堪称"新农商"。另一方面，他们对农业、农村与农民非常熟悉，能够很好地发挥组织与指导作用，带动农户进行标准化甚至品牌化生产，将农产品通过网络以"超短"的链条销售出去。

深度贫困地区的农村居民在技术、资金、能力、信息获取、市场资源、人力资本等方面处于劣势，他们在学习、接受新事物时相对吃力，因此在就业市场上容易受到排斥。而电子商务以其较低的创业门槛使得草根创业成为可能，尤其是随着拼多多、抖音等易操作型平台的兴起，农村居民利用网络创业的学习成本极大地降低了，新农商的数量呈快速上涨态势。并且，该模式带动的产业就业数量也在持续增加。如甘肃省环县的刘国庆，正是这样的新农商。2016 年 10 月，甘肃省环县养殖能手刘国庆在拼多多创办了"陇上刘叔叔旗舰店"，制定了养殖标准，通过订单农业的方式，以高于市场 8% 的价格收购附近农户的羊，随后在当地知名的屠宰厂进行宰杀、分割、检疫等，包装好后通过顺丰冷链邮寄给消费者。开店后仅三个月，就实现了 120 万元的销售额。刘国庆还有效带动当地的贫困户进行羊群养殖。通过这种订单模式，不仅每户增加了 2500—4000 元的收入，而且他的旗舰店也已经有了大批稳定的客户。2019 年，他旗舰店的销售额在 2500 万元左右。

3.物流服务商主导型的超短链模式

物流服务商主导型的超短链模式，是指以物流企业为中心，将农产品的收购、分拣、包装、销售等环节进行整合，全部打包成物流企业的内部业务，并通过自营电商平台或与拼多多等电商平台合作，砍掉中间商，实现农产品从生产者到消费者的超短链对接。

这一模式的特点是：其一，物流服务商利用自身的销售渠道和电商平台，直接涉入农产品收购环节，与农民以及合作社建立订单收购契约；其二，物流服务商依靠自身物流体系的优势，自建工业化流程的农产品分拣包装系统，提高效率、降低成本，并通过规模化订单解决贫困地区农产品上行小单、散件造成的物流效率低、成本高问题；其三，消费者直接通过物流服务商购买生鲜农产品，质量售后由物流服务商承担，信任度更高。

该模式的发展盘活了深度贫困地区现有的物流、仓储等基础服务设施，也带动了一批外部物流企业将相关服务下沉至乡镇。邮政和顺丰的电商扶贫是这一模式的典型代表。邮政系统与拼多多平台深度合作，利用全国 100 多个拼多多邮政扶贫店,大力推进贫困地区农产品上行,充分发挥其网点覆盖全国全部深度贫困县乡村的优势,在深度贫困地区的农产品电商发展过程中发挥了不可替代的作用。截至 2020 年 8 月,中国邮政已开设覆盖 832 个国家级贫困县的扶贫地方馆,累计开展电商扶贫项目 3116 个,累计带动扶贫产品消费 25 亿元[①]。如临夏州永靖县邮政分公司在推动当地苹果产业电商扶贫过程中,一方面优先收购贫困户种植的苹果,另一方面与当地农业合作社对接,由邮政提供销售渠道和订单,合作社负责统一收购果农的苹果,然后将所有苹果都统一使用印有"中国邮政"字样的包装箱进行包装再对外销售。邮政完善的县、乡、村三级快递物流服务体系和独有的销售平台,使得当地的苹果卖得出去、卖得上价,同时提升了当地苹果的知名度,形成了规模化的网销局面。如贫困户刘成武 2018 年收获的 1.5 万斤苹果通过邮政电商扶贫,每斤价格达到 3.5 元,总销售额超过 5 万元。

(二)多种类型平台支撑的直播带货模式

农产品直播带货模式,是指随着近年来拼多多、淘宝、今日头条、抖音等平台小视频和直播业务的兴起,网络主播通过分享乡村的特色农产品,在创作中加入优美风景、民族歌舞、风土人情等多种元素,让消费者在精神享受过程中愉悦购物,实现农产品上行的模式。针对不同类型的平台,可将直播带货模式分为娱乐型平台直播带货模式和交易型平台直播带货模式。该类模式能够充分发挥社会其他行业角色的杠杆作用,极大地增加农产品的销售,为深度贫困地区借助外部社会力量打破自身产业僵局,提供了较好的示范作用。

1.娱乐型平台直播带货

娱乐型平台直播带货模式,是以抖音、抖音火山版、快手这类具有社交娱乐属性的短视频平台为载体,通过分享趣味性的故事、聚集粉丝、成为直播网红,再植入农特产品销售的短视频,吸引消费者在获得精神享受的同时在线购买农特产品的过程。

这种模式的特点是,消费者进入平台的初始目的在于娱乐与社交,并没有预设购物目标。消费者可能只是为了休闲而刷抖音,偶然浏览到某些农特产品的推广短视频,对这个短视频的内容、背后的故事产生了兴趣,进而转化成购买行为。这种购买行为是为了获得心理上的满足感,对价格的敏感度要弱得多,这种形式对于贫困地区农特产品的销售往往较为有效。

---

① 中国邮政网.中国邮政启动电商节:扶贫地方馆覆盖 832 个国家级贫困县. http://www.chinapostnews.com.cn/html1/report/20091/1426-1.htm.

该模式能够促进那些有创作能力、有"三农"情怀的人群，在获得大量粉丝的同时，带动深度贫困地区农产品的销售。比如抖音扶贫达人"丽江石榴哥"，他最早从事直播卖石榴，其语言、形象、动作充满了趣味性，他通过抖音短视频分享故事性、娱乐性的内容，聚集了近700万粉丝，成为名副其实的直播网红，带货能力惊人。依托流量，"石榴哥"成为贫困地区农特产品直播销售的代言人，且成效惊人，如2018年8月20号，抖音见证了石榴哥的电商奇迹——20分钟销售时长，总共卖出石榴120余吨，最高纪录达每分钟4000单，价值600万元。

2. 交易型平台直播带货模式

交易型平台直播带货模式，是指利用用户的社交资源拓展用户、提升用户体验的拼多多等电子商务交易平台商家，依托自身店铺，以销售农产品为目的，现场直播或拍摄农产品的生产过程、口感、品质等内容为主的小视频，并加入一些趣味性的游戏等娱乐内容，聚集人气，实现农产品的线上销售。

该模式的特点在于商家的小视频或直播的目的性非常强，视频或直播主要围绕农产品销售展开。另外，通过小视频或直播，商家能够更直观地展现农产品的相关属性，消费者与商家、消费者之间的互动更多、信息更透明，因此该动态交易的效率比传统的静态交易更高，也更接近线下销售，弥补了线上产品缺乏真实感的缺点。

该模式能够充分利用政府官员的多元化信用背书，为深度贫困地区农产品代言。此次新冠疫情对深度贫困地区的农产品销售产生了较大的冲击，但不少电商平台依托直播的数字化能力对滞销农产品地区、深度贫困地区进行赋能，打破了渠道困局。例如，为应对疫情影响，拼多多提出了"市长来直播、农民多卖货"的理念，截至2020年4月24日，该平台已经与山东、浙江、安徽、广东、云南、贵州、湖北、陕西等地合作组织了超过五十场市长县长的直播助农活动，超百位市长、县长亲自参与带货。两个月之内，市县长直播间已累计吸引近2300万站内消费者参与消费，直接带动农产品销售超过1700万斤，带动平台同区域农产品产生7300余万份订单，为相关店铺吸引719万新粉丝。

三、深度贫困地区农产品电商发展面临的主要问题

（一）农产品电商以销售初级农产品为主，附加值较低

贫困地区的农产品多具有绿色、健康、口感好、地域性强等特点，但现阶段

电商销售的主要是初级农产品，单品价格不具溢价优势。虽然贫困地区农产品电商近年来发展较快，但农产品生产过程中的现代化水平较低，农业产业链较短，农产品所包含的附加值较低，农户难以从利益分配中获取较高的收益。故深度贫困地区农业的工业化程度与产业链的纵向延伸急需加强，其农产品的附加值急需提高。在"多多农园"怒江项目中，由 132 个建档立卡贫困户组成的扶贫助农合作社"橘缘"，借助云南省农业科学院柑橘创新团队的帮助，引入智慧水肥一体化滴灌技术，比普通果园减少 15% 左右的肥料用量、减少 30% 以上劳动量，每亩增收 800—1500 元，极大地提高了柑橘的单品价值，促进了深度贫困地区农业的科技水平和现代化水平的提高。这说明科学技术是影响深度贫困地区农产品附加值的重要因素之一，应进一步加强地方高校、科学院所与深度贫困地区之间的协作与发展，促进深度贫困地区农业科技水平和现代化水平的提高。

（二）供应链体系不完善，导致商品流通成本高

深度贫困地区多处于偏远山区，交通不便、基础设施落后，农产品通过电子商务卖出去的物流、包装、人工等供应链整体成本较高。例如，甘肃庆阳市环县"陇上刘叔叔"的羊肉产品，物流成本占总价格的 40%，包装所需要的泡沫箱体积大、属于轻抛物品，是从网上订制后从外地邮寄到本地，快递费比邮寄到其他地区贵 50%—60%；再如，"陕西精准扶贫店"的产品，物流成本占总价格的20%—30%。不过，针对贫困地区的供应链，目前各地企业已有一些实践，比如针对新疆单件快递成本过高的现实，不少企业选择在郑州、西安建立中转仓分拨，生产地依然保留在新疆等偏远地区，但将运营团队放在杭州等电商人才聚集的地方，实现电商发展的"多城记"，发挥各个地区的比较优势，以进一步降低农产品电商供应链的成本。

（三）生产组织化和标准化程度低，难以契合市场需求层次

深度贫困地区农产品生产以分散的农户为主，标准化程度较弱，相应的技术支持与指导不足，无法满足电子商务对产品的要求。随着深度贫困地区农产品电商的不断发展，消费者对农产品的品质要求倒逼农产品供应链的不断规范与优化，也越来越凸显出技术支撑的必要性。在组织农户生产的过程中，相关的技术指导是标准化生产、提升产品价值、预防自然风险的关键；而在农产品的加工过程中，深加工、开发产品的相关技术，同样至关重要。如贵州威宁县某合作社种植高原糖心苹果时，购买了专业的剪枝技术服务，极大地提高了苹果树的产量和质量，这些做法值得借鉴和推广。

（四）相关金融服务缺乏，电商供应链主体融资难

深度贫困地区农村金融服务尤其是信贷服务相对缺乏，农产品供应链资金压力较大。一方面，贫困地区种养殖大户或合作社的农业生产基础相对薄弱，因缺乏相应的贷款抵押，无法进一步扩大生产或引进先进的技术设备，从而抑制了农业生产效率的提高。另一方面，贫困地区农产品的产品开发成本、物流成本、人力成本更高，农产品电商在起步、发展时所需要的资金更多，而深度贫困地区农村金融服务相对缺乏，对电子商务等新兴主体的支持也不足。在实际调研中了解到，一些农村电商主要靠加快消费者确认收货、提前回收资金来解决农产品供应中面临的资金短缺问题。

（五）农产品上行应对风险能力弱、脆弱性突出

由于深度贫困地区在农业生产基础设施、农业生产技术、政策制度等方面都处于弱势地位，加之农产品天然具有的生产周期性长、不确定性强、价格波动大等特点，导致深度贫困地区农产品上行过程中应对风险的抵抗能力低、脆弱性显著。同时，深度贫困地区的灌溉条件差、灌溉成本高，农业生产技术水平较低，也导致农产品在生产过程中面临着较大的自然风险。如在此次新冠疫情风险导致的市场波动中，深度贫困地区农产品电商的损失也较大。无论是自然风险还是市场风险，深度贫困地区农产品电商都处于无法有效应对的尴尬局面，农业政策保险体系的建立迫在眉睫。

四、深度贫困地区农产品电商发展的趋势

（一）深度贫困地区将形成有特色的农产品电商价值链

随着电商扶贫的大力推动，深度贫困地区的特色农产品逐步打通了新的网销渠道，有效助推了农产品从大山里销售至城市中的千家万户。但这只是农产品电商发展 1.0 版本，电商只是作为一种销售工具推动了原始农产品的销售。随着各大电商平台反向介入农产品生产到供给的全过程，将逐步形成以满足电商化需求为特征的特色农产品电商价值链，推动农产品电商 2.0 版本在深度贫困地区的发展。拼多多在深度贫困地区推进的"多多农园"是这一模式的典型代表，其在实现消费端"最后一公里"和原产地"最初一公里"直连的同时，拼多多从农产品生产源头开始，介入品种、技术、管理、采摘、仓储、包装、物流以至网销全部环节，深耕全产业链，打造满足电商化需求特征的农产品供应链，构建向农民倾斜利益的经营与分配机制，形成了农产品新电商价值链。

（二）电商将成为贫困地区农业产业升级的重要推动力

当前农产品供求总量基本平衡，结构性供应不足，特别是满足消费者更高需求的优质特色农产品的国内总体供给不足，需要大量进口。深度贫困地区具有发展替代进口农特产品的资源禀赋，但现阶段农业产业发展基础还比较薄弱，生产组织化程度低，品种、技术和人才缺乏，产品缺少相关标准与品牌，难以形成有效的竞争力。因此推进深度贫困地区农业产业升级势在必行。随着农产品电商在深度贫困地区的逐渐崛起，农村要素市场被激活，新技术、新品种、新设备逐渐用于农业产业升级，懂电商、懂农业、爱农村的"新农人"逐渐回归并扎根农村，电商将成为深度贫困地区农业产业升级的重要推动力。在电商实践中，以拼多多为代表的各大电商公司将逐步加大对深度贫困地区农业产业升级发展的投资，并利用大数据分析、大平台优势，打造基于电商供应链的农产品产业形态，直接对接消费者的需求特征安排生产活动，满足消费者差异化、品质化的需求偏好，形成电商新业态。可以说，电商已经成为撬动深度贫困地区产业发展与升级的一个关键支点。

（三）内容型电商将成为深度贫困地区农产品电商的新风向

农产品内容型电商是以消费者为中心，通过在拼多多等电商平台或抖音等社交娱乐平台上运用直播、热点事件等方式创造内容、吸引关注，从而实现农产品与内容同步流通及转化的一种新型农产品电商模式，其主要表现形式有"直播＋农产品""短视频＋农产品"等。相较于传统的以单纯目标性购物为主要形态的交易型电商模式，内容电商实现了社交属性与电商属性的结合，在内容消费的同时带来了商品消费，更能满足消费者小众、差异化的需求。内容电商通过直播、短视频等更加丰富的方式，能给消费者展现真实的场景，更易建立交易双方的信任感。

另一方面，以拼多多、抖音等"直播带货"为代表的内容型农产品电商的兴起，将成为深度贫困地区农产品电商的新风向，为偏远贫困地区农产品的品牌塑造、传播与价值提升提供新的通道，让农产品可以从价格竞争的初级阶段，向品质、品牌与内容竞争的高级阶段提升。通过运用更低成本的数字化技术，深度贫困地区的农产品电商能够融入自然生态、历史人文等独特的内容属性，让消费者获得多重的感知满意度，从而提高农产品的附加值与竞争力，这对深度贫困地区未来的农产品电商发展意义重大，可能带来"弯道超车"效应。

同时，运营成本与组织化成本更低的平台在内容型农产品电商发展过程中更容易占据竞争优势地位。以拼多多在新冠疫情期间实施的"市县长直播带货"模式为例，利用拼多多为消费者打造的"拼"——这一购物理念，通过政企联动，与央视、地方电视台及融媒体等合作共同直播，产生了极强的放大效应，快速聚集了消费者需求。2020年一季度，累计观看人次超过1.5亿人次，累计吸引近1100万消费者参与直播购买，直接销售农产品超过800万斤，带动同区域农产品产生3200余万份订单，在助推农产品网销方面展现了惊人的竞争优势。如4月9日下午，刚摘帽的贫困县——新疆喀什地区麦盖提县委副书记、县长艾尼瓦尔·吐尔逊来到拼多多直播间，为当地的特色产品麦盖提灰枣代言，最终吸引了69万拼多多网友的关注，包括麦盖提灰枣在内的麦盖提特产共计销售出约43吨。

（四）深度贫困地区将成为农产品电商竞争的蓝海市场

深度贫困地区虽然贫穷，但资源并不匮乏，很多地方都是"绿水青山"，特别是特殊区位具有的生态资源条件赋予了深度贫困地区极其丰富的农特产品资源，这些资源还处于待开发或开发甚少阶段。随着深度贫困地区脱贫攻坚的推进，道路、电力、通信、物流等基础设施条件将大幅度改善，同时随着农产品网购消费习惯的主流化，深度贫困地区的特色农产品将成为消费者的"宠儿"，未来会显示出巨大的市场潜力，成为农产品电商的蓝海市场。

（五）电商将成为深度贫困地区农村女性就业重要渠道

随着电商产业链在深度贫困地区的逐步崛起，女性的性别优势逐步凸显，电商产业对女性劳动力的需求逐步增加，可能成为解决深度贫困地区女性就业难题的重要渠道。其一，电商产业链需要大量的分拣、包装、打单等员工，这些工种需要足够的认真、细致和耐心，女性更具备这样的特征，因此，电商对女性就业的吸纳能力更强。例如"陕西精准扶贫官方店"线下车间有40个工人负责水果的分拣、装箱和打包等工作，其中90%为当地女性。其二，随着农村电商的多元化发展，专业分工越来越细，带动了农村女性的创业，特别是部分具有特殊手艺的女性将更适合从事电商创业活动。其三，随着内容电商的崛起，直播带货将非常普遍，基于性别优势，女性将占据农产品电商主播的绝大多数。可以说，农村电商的发展将成为深度贫困地区就业扶贫的重要渠道之一。

五、推进深度贫困地区农产品电商发展的建议

（一）推动农产品电商品质化、品牌化发展，提升附加值

生鲜初级农产品是深度贫困地区农产品电商的主要形态，需注重提高初级农产品的附加值。一方面，要围绕初级农产品的生产、提质、增效做文章，一要通过更高标准的生产方式提高品质，譬如发展有机农产品种植，以提高农产品本身的价值，进而提升附加值；二要以更精细的分拣、分级和更精致的包装拓展差异化高端市场，以此获取差异化市场的超额利润；三要积极构建农产品电商品牌，增强品牌影响力、竞争力，借此提高产品的市场认可度和美誉度，提升产品附加值。另一方面，要延长产业链，在电商化销售生鲜初级农产品的同时，发展农特产品精深加工，在做好第一产业的同时，促进一二三产业融合发展，从而提升整个产业链附加值。

（二）多方合力，不断改进农产品电商供应链

供应链是农产品上行的关键，农产品电商供应系统涉及硬的基础设施和软的社会服务，应多方协同发力，不断改进和提升农产品电商供应链，补足深度贫困地区电商发展的短板，充分发挥电商化发展的减贫益贫效应。一是应加速电商垂直化分工，加强网络、道路、仓储与冷链物流等电商供应链关键基础设施的建设投入力度，引导传统产业人员转型电商供应链。同时，加大对供应链配套体系建设的支持力度，以提升整个供应链的管理效率与运转效率。二是完善深度贫困地区电商供应链系统的软的社会服务，如加强对专管部门的职能配置与人员的专业培训，建立县域、省域资源供应的管理、调度系统等，减少电商农产品在供应环节的产品耗损，提高产品收益。

（三）依靠新农人与新技术，推进农产品生产组织化与标准化

生产组织化依赖于能人的带动，要大力培养扎根乡土、懂电商、爱农业的电商新农人，以新农人为核心发展合作组织，以此带动深度贫困地区的分散小农按照电商供应链的需求特征进行有组织的生产和技术更新。同时，为满足消费者对高品质特色农产品的需求，要加大对新技术、新方法的推广实施力度，改造深度贫困地区传统的农业生产手段，同样以新农人及合作组织为载体，在组织化生产的同时，同步推进技术的普遍化实施，从而提高农产品生产的标准化程度，为电商供应链提供同规格、高品质的特色农产品。

（四）紧跟电商消费趋势，构建农业产业发展支持体系

消费者购物习惯日益网络化，农产品电商消费渐成趋势。深度贫困地区在推进农业产业电商化发展过程中，应立足于本地农特产品资源禀赋，以迎合电商消费趋势为着力点，构建有效的政策、金融支持体系。一要强基固本，做好本地农产品电商产业发展的引导支持工作，加大公共服务投入力度，夯实农产品电商产业链的发展基础，提高应对自然风险及市场风险的能力。二要针对电商从业主体的资金需求特征，加大对电商产业链上相关农户、合作社、电商公司与企业的信贷支持力度，提供针对性的信贷支持手段，解决电商从业者资金缺乏及贷款难问题。三要推进农产品电商业态不断升级，促进传统电商向内容电商转型、低层次电商向高层次电商转型，提升电商从业主体的发展能力。

（五）做好电商孵化，培养电商新农人及专业团队

人才是推进贫困地区农产品电商发展的关键。大型电商平台要联合地方做好电商孵化工作，实施电商人才工程，既要制定政策吸引外部电商人才，也要大力培养扎根乡村的本地新农人，不断扩大充实电商从业队伍。一要引导和支持大学生、在外就业青年、技术型人才等返乡归乡人员从事电商创业及投资，为其提供必要的便利条件与政策资金支持。二要着力培养有乡情乡味的电商新农人及专业团队，充分发挥电商新农人的积极性与创造性，鼓励其积极参与乡村农产品电商产业发展与乡村治理建设。三要"引进来、走出去"并举，既引进外地电商服务商、企业投资方、电商创业团队，以带来新思路、新技术，又支持本地电商新农人、优秀电商团队走出去，学习最新的电商知识与经验，从而提高当地电商从业者的整体素质与能力，助推农产品电商可持续发展。

参考文献

［1］郭红东，刘晔虹，龚瑶莹，曲江. 电商发展与经济欠发达地区乡村振兴——以山东曹县为例. 广西民族大学学报（哲学社会科学版），2019，41（5）：49-55.

［2］林广毅，王应宽. 涉农电商对产业扶贫的作用及相关措施探讨. 中国农业资源与区划，2020，41（2）：122-128.

［3］聂凤英，熊雪. "涉农电商"减贫机制分析. 南京农业大学学报（社会科学版），2018，18（4）：63-71.

［4］唐超，罗明忠. 贫困地区电商扶贫模式的特点及制度约束——来自安徽砀山县的例证. 西北农林科技大学学报（社会科学版），2019，19（4）：96-104.

［5］王昕天，康春鹏，汪向东. 电商扶贫背景下贫困主体获得感影响因素研究. 农业经济问题，2020（3）：112-124.

［6］王瑜. 电商参与提升农户经济获得感了吗？——贫困户与非贫困户的差异. 中国农村经济，2019（7）：37-50.

［7］杨书焱. 我国农村电商扶贫机制与扶贫效果研究. 中州学刊，2019（9）：41-47.

［8］郑志来. 金融供给侧视角下结构改革与农村电商融资体系重构. 兰州学刊，2020（1）：79-89.

［9］周孟亮，唐芳琪. 基于电商平台的农业供应链金融模式研究. 农村金融研究，2019（7）：27-32.

［10］左停. 升级扶贫产业价值链是高质量减贫的关键. 人民论坛·学术前沿，2019（23）：33-39.

［11］Luo Xubei，Niu Chiyu.E-Commerce Participation and Household Income Growth in Taobao Villages（English）. Policy Research working paper；no.WPS 8811 Washington，D C，World Bank Group. 2019.

［12］Tang W，Zhu J. Informality and rural industry：Rethinking the impacts of E-Commerce on rural development in China. Journal of Rural Studies，2020，75：20-29.

（本文与朱海波、熊雪、崔凯合著，原载《农村金融研究》2020年第10期）

彩票公益金扶贫项目实施效果

——基于山东、湖北、四川的调查与思考

经国务院批准，自2008年起，中央财政将扶贫事业纳入中央专项彩票公益金（以下简称"彩票公益金"）支持范围，其覆盖的对象为对革命贡献较大的贫困革命老区[①]，即国家扶贫开发工作重点县、片区县中的革命老区县以及山东沂蒙革命老区，福建、江西、广东三省原中央苏区等较为落后的革命老区县。贫困革命老区经济和社会发展水平与全国平均水平相比，有较大的差距，扶贫开发难度大、任务重，在这些地方开展彩票公益金扶贫项目，具有重要的现实意义。根据财政部相关统计，2013年，彩票公益金投入共计1273306万元用于社会公益事

---

① 革命老区是指土地革命战争时期和抗日战争时期在中国共产党领导下创建的革命根据地。按照国家有关文件规定的标准，全国有革命老区县（市、区、旗）（以下简称县）1599个，其中450个革命老区县分布在国家确定的14个连片特困地区和片区外的扶贫开发重点县。

业，其中，专项用于扶贫项目的投入为 120000 万元，占比为 9.42%。2008—2013年，中央财政已累计安排专项彩票公益金扶贫项目 31.35 亿元在 233 个项目县开展整村推进项目、创新试点项目、小型公益设施项目，资金主要用于贫困村基础设施建设、贫困村环境和公共服务设施建设、特色产业发展等方面。这一轮项目覆盖已经过半，对利用彩票公益金开展彩票公益金扶贫项目的实施情况进行简要介绍，并对其效果进行评价，总结彩票公益金扶贫项目运行和管理过程中出现的问题，对于下一阶段利用好彩票公益金项目进行扶贫具有重要意义。

一、彩票公益金扶贫项目概况

（一）全国彩票公益金及其分配

彩票公益金是指政府从彩票发行收入中按一定比例提取的资金，专项用于社会福利、体育等社会公益事业的资金。彩票公益金在中央和地方之间按 50∶50 的比例分配，彩票公益金收入按 60%、30%、5% 和 5% 的比例分配至全国社会保障基金、专项公益金、民政部和体育总局。彩票公益金实行"收支两条线"管理，专款专用，结余结转下年继续使用。由福利彩票公益金和体育彩票公益金构成彩票公益金成为发展社会公益事业的重要资金来源。根据财政部相关统计，2013 年全国共筹集彩票公益金 8775386 万元，中央专项彩票公益金投入共计 1273306 万元用于社会公益事业，其中扶贫投入 120000 万元。若考虑到其用于红十字事业、残疾人事业、农村医疗救助、教育助学等扶贫济困的投入，彩票公益金对新时期反贫困具有极其重大的意义。

（二）彩票公益金扶贫项目

1. 项目规划和资金规模

彩票公益金扶贫项目于 2008 年开始实施，项目资金投入不断增加。2008—2013 年中央财政已累计安排专项彩票公益金 31.35 亿元在 233 个项目县实施。仅"十二五"的前三年，累计资金投入量就达 26.25 亿元，其中，2013 年资金量为12 亿元。规划到"十二五"结束时，实现对贫困革命老区第一轮全面覆盖。彩票公益金扶贫项目由国务院扶贫开发领导小组办公室组织实施，主要用于贫困革命老区贫困村基础设施建设、环境改善和产业发展。虽然"十二五"期间彩票公益金扶贫项目到各省资金不断加大，但因各省符合条件的革命老区县的数量不同，实施进度有快有慢，有的省份已经对全部符合条件的革命老区县实施了一轮，有的才完成过半。且因整村推进项目、创新试点项目、小型公益设施项目的侧重点有所不同,各个项目县获取的资金量是不均等的,平均每个项目县可以获得的资金量为1000万—1500万元左右。

2. 项目实施基本流程

彩票公益金扶贫项目支持贫困革命老区开展整村推进项目、创新试点项目、小型公益设施建设,虽然每个项目具体内容不同,但项目实施基本做法都比较相似,共包括项目立项前——项目实施中——项目实施后几项,与一般项目组织实施并没有太大的差别。

表1　彩票公益金扶贫项目基本做法

阶段	内容	形式	实施单位/组织
项目立项前	文件发布	发布相关文件,组织培训	国务院扶贫办
	竞争立项,专家评审,择优立项	符合条件的贫困县申报项目→省扶贫办(局)组织专家项目评审→公布立项结果并上报国务院扶贫办	贫困县、省扶贫办(局)
项目实施中	广泛宣传,发动群众	参与式工作方法,调动村民实施、管理和监督项目的积极性	贫困县、乡镇、村集体
	整合资源,形成合力	积极整合交通、水利、农牧、林业、教育、卫生等部门资金,实施项目	贫困县
	监督检查	开展相关项目交流和培训,组织前期、中期检查	国务院扶贫办、省扶贫办(局)、县扶贫办
项目实施完成后	规范管理	开展竣工验收工作检查,规范和完善项目管理	国务院扶贫办、省扶贫办(局)

资料来源:作者整理。

3. 项目投资方向和重点范围:以全国整村推进项目为例

因彩票公益金扶贫项目实施期间一般为2年(小型公益项目实施期为1年),有一定的周期。这里以2011年度整村推进项目为例,分析其投资方向和重点范围。截止到2014年1月,2011年整村推进项目计划使用彩票公益金资金50545.51万元,实际使用49529.51万元。实际整合资金63351.77万元,达到彩票公益金资金量的1.28倍。彩票公益金部分项目县留有工程项目质量保证金共354.52万元,工程项目验收1年后,如果没有质量问题将拨付施工单位。部分项目县由于项目调整,调整后的项目未实施完成,彩票公益金没有完成报账。总的说来,其实施情况见表2。

表2 2011年度彩票公益金扶贫整村推进项目资金使用情况表（单位：万元、%）

投资方向	总金额	总金额占比	具体投资方向			整合资金
			子项目投资方向	子项目金额	子项目占比	
基础设施建设	29593.29	58.55	道路建设	21343.6	72.12	46512.88
			人畜饮水工程建设	2596.48	8.77	
			小型水利工程建设	3559.86	12.03	
			土改	470.85	1.59	
			桥梁与建排水设施	1028.9	3.48	
			稻场等其他	593.6	2.01	
环境和公共服务设施建设	6428.08	12.72	三建四改	2145	33.37	8372.27
			卫生室、学校等	2657.48	41.34	
			美化环境	1421	22.11	
			健身设施等其他	204.6	3.18	
互助资金项目	1016	2.01				
产业发展	13508.14	26.72	种植业	7819.48	57.89	8466.62
			养殖业	3391.37	25.11	
			农副产品加工业	2013.44	14.91	
			能力建设	283.85	2.1	
合计	50545.51	100				63351.77

资料来源：国务院扶贫办。

从表2可以看出，彩票公益金扶贫项目投资方向是有所侧重的，优先考虑基础设施建设和产业发展。具体而言，首先是基础设施建设，占58.55%，重点包括道路建设、小型水利工程建设、人畜饮水工程建设等；其次是产业发展，占26.72%，重点包括种植业、养殖业等；再次是环境和公共服务设施建设，占12.72%，重点包括卫生室、学校，"三建四改"，美化环境等；最后是互助资金，占2.01%。由此可以看出，通过整合资金，整村推进项目可利用的资金可以翻翻。

4. 项目县扶贫项目资金使用：以山东、湖北、四川为例

2014年8月底和9月初，国务院扶贫办组织了对彩票公益金扶贫项目县的山东省费县、湖北省英山县和四川省广元市朝天区三省三县（区）贫困革命老区利用彩票公益金扶贫项目进行调研。从各个项目县的项目实施的情况来看，彩票公

益金扶贫项目资金的使用范围尽管都集中于基础设施、环境改善与公共服务、产业发展等三大类，但各地的投资方向和重点范围不一。如山东费县主要将资金投向产业发展（核桃及其相关产业），且大量资金用于与产业发展相配套的生产道路等基础设施建设；湖北英山县和四川广元朝天区，因地处山区，基础条件差，两县将资金重点投向道路、小型水利、人畜饮水等基础设施和环境与公共服务（见表3）。从而体现了各项目县可以因地制宜，立足于本地区实际情况，选择适宜的项目。

表3 调研地彩票公益金扶贫项目资金投向结构表（单位：%）

项目县	内容		
	基础设施	环境改善与公共服务	产业发展
山东费县	30	0	70
湖北英山	48	37	15
四川广元朝天	74	20	6

资料来源：调研地扶贫办。

在彩票公益金扶贫项目获得批准后，各项目县以彩票公益金的投入为契机，通过整合资金，加上地方配套和农户自筹等，资金的规模得到了进一步地扩大，每个县都能达到850万—3000万元。通过项目的实施，每个彩票公益金扶贫项目县能够覆盖2—3个乡镇共10个左右的行政村，惠及1万—3万的人口，其中贫困人口3800—8000人（见表4）。

表4 调研地彩票公益金扶贫项目实施基本情况（单位：万元、个、人）

项目县	资金量				覆盖范围			
	彩票公益金	整合资金	地方配套	农户自筹	乡镇	村	惠及人口	其中：贫困人口
山东费县	600	150	104.1	45.9	2	22	25810	8188
湖北英山	1500	1602	1506.9	95.1	3	10	14720	4328
四川广元朝天	1500	1297.24	1177.24	120	3	10	13119	3821

资料来源：调研地扶贫办。

二、彩票公益金扶贫项目：属性、定位、效果

（一）彩票公益金的双重属性

首先，彩票公益金来源于广大购彩者的自愿无偿捐赠，所支持社会公益事业属于非竞争领域范畴，具有满足社会成员公共需要的属性，公益性决定了项目规划制定和项目实施可以选择那些体现群众意愿、符合基层实际情况和群众的迫

切需求的项目来开展。正是这种公益性和慈善性，它有别于政府对纳税人应尽的义务的一般预算财政扶贫资金，是社会互助对政府财政扶贫资金的有益补充。其次，彩票的发行由政府垄断，政府通过发行彩票筹集公益金可以解决公益事业领域投资的资金缺口问题，并通过立法及行政手段对其收益进行分配管理，彩票公益金具有公共性的同时兼具部分国家权力的干预的特性。彩票公益金资金纳入各级财政国库单一账户，属于政府性基金预算安排，由财政部门以专项转移支付的形式进行管理，并由国务院扶贫办会同财政部组织实施。

（二）彩票公益金扶贫项目的角色定位

目前，国家对于基础设施建设的投入是有所侧重的。一般说来，国家对基础设施建设投入重"大动脉"、轻"毛细血管"，重视具有重大战略意义的项目，如"西气东输""西电东送""南水北调""一带一路"等互联互通重大项目。而对于农村基础设施特别是农民最急需的项目量多、面广，资金需求量大的一些小型的、公益性的生产生活基础设施建设工程重视程度相对不够，很多基础设施仍然难以满足农民的基本需要和农村的发展需要。从道路方面来看，交通、路政部门负责国道、省道、乡村公路以及村村通等道路的建设，农村村组路、入户路、生产路（机耕道）的建设及其硬化不属于他们的业务范围。然而，这种类型的道路对农村的经济社会发展又极为重要，由于缺乏资金，很容易形成农村扶贫开发工作的"盲点"。从水利方面来看，国家主要重抓大型水利工程，对于中小型、与农民生产生活密切相关的水利工程缺乏投入；重点投入大江大河河道整治，对于中小流域河道、农村山溪性河道治理力度不大；水利政策上对于山平塘只能整修，不能新修，对于类似山平塘清淤、扩容、新修，堰渠整治工程以确保农田正常灌溉，存在较大的缺口。

因此，正是彩票公益金具有双从属性，彩票公益金扶贫项目资金的投向同一般性和专项性扶贫资金投向侧重点是有所区分的。"小型性""公益性"是其角色定位，一般说来与其他项目"非重叠"，可以根据项目村、项目县群众最急迫需求来因地制宜选择项目。同时，因为其具有公益性、慈善性、国家强制分配性的特点，可以充分发挥其比其他扶贫资金运用更加灵活的特点，将资金投入到重要、急需但其他财政扶贫资金并不涉及或者投资受限制的生产路和村组公路硬化、小型水利设施项目等基础设施建设的项目，与其他扶贫资金形成优势互补。

（三）彩票公益金扶贫项目的实施效果

通过项目建设，彩票公益金扶贫项目改善了贫困革命老区基础设施条件和村容村貌，改善群众生产、生活条件和生态环境，加快了贫困地区产业发展和贫困群众脱贫致富步伐，得到了基层政府和人民群众的充分肯定。从调研情况来看，这种利用彩票公益金扶贫项目实施效果比较明显。

1. 村组道路建设的重要资金来源

农村公路建设对于农民生产生活具有重要意义。近年来，国家对于"村村通"公路工程建设逐步推进，不少村庄修通了沥青路或水泥路。但这种村级公路等级较低，终点一般为行政村学校、村委会或该村最大自然寨，不少村与村之间、村组之间、组与组之间延伸公路网尚未形成，容易形成"断头路"。村内公路改造、延伸、断头路的修通还存在很大的缺口。彩票公益金试点扶贫项目填补了这一部分的资金空缺，通过大力修建村组路、入户路、生产路/机耕道、桥梁，解决了人民群众出行难、发展难的问题。如湖北省英山县雷家店镇杨家坊项目村利用彩票公益金扶贫项目修建和硬化村内公路 2.7 公里，比项目实施前通公路里程增加了 170%。村内公路建设对该地农户生产生活水平的改善主要体现在两个方面：在生活方面上，节省了出行时间，生活便利程度增加。在生产方面上，茶产业得到了发展，增加了细茶和粗茶的销路。

2. 改善了人畜饮水安全和农田水利基础设施条件

农村安全饮用水和农田灌溉对于农民生存和发展具有重要意义。有些贫困革命老区因为气候和地理原因在历史上就严重缺水或水质不高，而农田水利基础设施年久失修只能"靠天吃饭"，农户生产、生活存在很大的困难。中央彩票公益金扶贫项目，通过项目建设，合理开采地下水、加强污染水源治理、建设生活蓄水池的方式提高供水保证率、改善了水质，有效解决农村人畜饮水安全问题；通过修建和整治灌溉渠道、土地平整等基本农田建设改善了农业生产条件，通过对中小流域和山溪性河道、堰渠进行整治改善了农田水利条件，通过农田水利基础设施建设，能够提高水的有效利用系数，减少农村耕地因产量低而造成的丢荒现象，确保农田能够旱涝保收。如山东省费县朱田镇合义庄村新建 3 个千方、20 个 30 方和部分生活蓄水池，有效改善缓解了人畜饮水问题，改善灌溉耕地面积 1000 多亩，促进了林果业的发展。

3. 优化了农业与农村发展环境

农民的生存和发展环境的改善对于农民增强自我发展能力，进而实现自我脱贫具有重要意义。从发展环境的优化来看，以往的项目扶持往往是"三建四改"重单个的"点"，没有进行大规模的"线"和"面"改造。彩票公益金扶贫项目通过整村推进，集中力量大力改善发展环境，通过改善村容村貌、改善就医条件、改善教学条件、丰富农民文化生活，大幅度地改善了村容村貌。如湖北省英山县选择 10 个连片行政村实施彩票公益金扶贫项目，其中 37% 的资金用于环境改善与公共服务设施建设，共建设沼气池 393 口，改厕 196 户，改厨 20 户，改圈 176 户，垃圾收集点 12 个，污水处理 73 处，绿化设施 50 处，并且在每个村庄建设一处文化广场，有力地优化了发展环境。

4. 促进了优势特色产业发展

从脱贫的可持续性来看，贫困地区产业发展具有重要的意义。在基础设施和环境改善逐步推进的同时，各地利用彩票公益金扶贫项目资金发展因地制宜，选择那些市场需求大、供给潜力大、对劳动力数量需求较高的项目，以农业合作组织和互助资金项目为依托，重点发展项目周期短、见效快、风险低的特色产业，为推动产业多元发展，农业增效，农民增收奠定了基础。山东省费县亦规划在朱田镇和新庄镇建设万亩核桃园，将彩票公益金大多投放在与核桃园相关的生产路硬化以及与核桃、金银花等产业相关投入上，2012 年和 2013 年两年间共建设硬化生产路 82.9 公里，覆盖两个乡镇 22 个村，规划老项目区核桃 3 万亩、金银花5000 亩，近两年，通过项目的实施，项目区受益农户每年人均增收 2000 元左右。

三、彩票公益金扶贫项目：面临的主要问题和挑战

彩票公益金扶贫项目实施效果明显。通过大量的资金投入，充分给予项目县自主选择权，集中力量解决制约贫困革命老区县最突出、行业部门暂时没有解决的问题，深得革命老区群众的支持和拥护，项目实施积累了大量的宝贵经验。但在项目实施过程中也存在若干困难。

（一）项目资金量偏少

尽管从 2008 年起开始在符合条件的革命老区实施彩票公益金扶贫项目，但每个革命老区县获得的资金量仅为 1000 万—1500 万元，各项目县具体操作时也只能覆盖 10 个左右的贫困村，仅能惠及人口 1 万—3 万人左右。对于一些历史欠账较多，经济和社会发展落后，幅员辽阔、贫困人口众多的革命老区县来说，仅仅进行一轮的覆盖，资金投入的规模显得杯水车薪，与基层政府和革命老区人民的殷切期盼不成比例，项目资金量少明显减缓了革命老区加快脱贫的步伐。同时，彩票公益金扶贫项目作为一项专项转移支付，在财政部 2014 年推行的转移支付制度改革、进一步优化转移支付结构的改革中，面临着被压缩甚至取消的风险。

（二）项目整合资金难度大

主要表现为涉农投资渠道较多但各部门缺乏有机的协调，资金使用分散和投入交叉重复现象时有发生，难以形成叠加效应。在整合彩票公益金扶贫项目资金时，涉及其他部门资金来源较多，给整合资金带来了困难。部门整合不力体现在资金捆绑不能同步推进，说起来整合容易，但整合落到实处比较困难。在项目配套实际操作中，交通、水利、电力等部门投资重点和服务对象不同，资金受项目申报要求限制，难以向项目村倾斜。由于缺乏有效的协调机制和存在部门利益，导致行业扶持资金不能同步到位，项目建设推进缓慢。"其他部门都只想做红花，不想当绿叶"，项目综合效益不明显，捆绑资金、整合资金、集中财力发挥最大效益往往不能得到有效落实。

（三）项目资金投入分散

彩票公益金扶贫项目资金的使用范围具体包括：贫困村基础设施建设、贫困村环境和公共服务设施建设和产业发展。但在具体项目实施的过程中，因贫困村欠账较多，积重难返。资金的使用往往比较分散，既要考虑到贫困村的公路硬化和整治，道路桥梁的新修和维护，以及农田基本建设，又要考虑到改灶、改厕、改圈、改厨，建沼气池，人畜饮水工程和环境方面的投入，同时又得对产业发展给予支持，因而只能以"撒胡椒"的方式全面铺开。特别是各子项目的投资结构不合理，容易造成资金的分流，难以发挥综合效应。

（四）项目设计和管理办法存在问题

彩票公益金扶贫项目实施程序规范，管理十分严格，规划编制复杂，行政成本较大。项目村作为项目实施主体，在宣传发动、工程设计、招标、监理等方面的费用较大，平均每个项目县需要30万元左右，目前要求项目县县级配套资金解决，给本不宽裕的革命老区县县级财政带来压力。加上有参与式的工作要求，特别是投资30万元以上的项目必须通过县级招投标，既增加了项目实施的成本，也增加了项目监督的成本。项目"一次规划，两年实施，三年验收"，期限较长。在实施的过程中，由于原材料、劳动力市场价格波动较大，在物价上涨比较快的时期容易出现规划预算不能满足项目实际费用的问题，影响项目的按时保质完成。

（五）项目后续建设和管理有待加强

项目建设容易，效益可持续发挥难。部分项目因受自然条件、后续管理制度和资金缺乏等因素的影响，缺乏后续的管理，项目效益的可持续性的发挥受到影响。以山区道路项目的维护管理为例，在道路项目主体完工以后，紧接着的难度是：一是道路的维护，二是两旁的道路绿化。山区雨水量大水流急，容易造成局部塌方，如果排水设施跟不上，修好的道路非常容易被雨水冲刷甚至冲毁。山岭、陡坡、急转弯等路段，相应的安全配套设施也需要资金投入。公路的路面日常也需保洁、养护、清障。加上农村通村、通组、通户公路设计标准低，重车碾压容易遭受破坏。如果缺乏维护，很容易破坏，不能够很好地发挥其作用。同时，道路两旁的道路绿化建设，具有并加强水土保持、视线诱导、标志、指示、防眩、遮蔽等功能，这一部分也需要投入大量的资金。

四、总结和展望

总的说来，彩票公益金扶贫项目资金数额不断增长，在贫困革命老区县实施了一系列扶贫开发项目，重点支持贫困革命老区生产性小型基础设施建设，改善贫困村生产生活条件，支持贫困群众发展生产、增收致富，取得了良好的效果。根据彩票公益金的基本属性，未来的彩票公益金扶贫项目应将资金优先安排于与群众生产生活密切相关的如交通、水利、环境等小型、生产性公益基础设施建设，重点解决人民群众"行路难、就医难、上学难、发展难"等瓶颈问题。应继续组织实施彩票公益金支持革命老区扶贫项目，并将其作为彩票公益金支持革命老区开发和建设发展专项基金的形式固定下来。根据年度彩票公益金收入和扶贫开发情况，统筹确定彩票公益金支持项目的年度预算，继续优化彩票公益金的投资结构，不断提高扶贫项目在彩票公益金中的比例，扩大资金规模。坚持"大扶贫"理念，以县为平台，以项目为载体，将涉农资金全面整合投向彩票公益金扶贫项目区，着力解决其他部门没有涉及的、群众迫切需要的项目。这些项目的建设要充分发挥群众的民主参与性，充分发挥群众的发展主体作用，只要是贫困地区建设发展的需要，就要将资金优先安排最急需、最迫切的民生领域。在基础设施建设项目基本完成后，大力发展产业项目并提取管护资金，通过产业项目的发展来促进工程或资产的管护，做好项目后续建设和管理，增强项目的可持续性。

参考文献

[1] 财政部. 中华人民共和国财政部公告 2014 年第 63 号. http://ha.mof.gov.cn/lanmudaohang/
zhengcefagui/201503/t20150330_1208894.html.

[2] 国务院扶贫办. 2013 年中央专项彩票公益金支持革命老区扶贫项目进展报告，2014.

[3] 国务院扶贫办开发指导司，中国人民大学农业与农村发展学院. 贫困革命老区发展需求与

扶持措施研究报告，2014.

［4］申卫平，齐志. 我国彩票公益金公共性本质与管理模式优化. 改革，2009（08）：125-128.

［5］纪燕渠. 完善彩票公益金管理促进彩票业健康发展. 财政研究，2006（2）：43-45.

［6］国务院. 国务院关于改革和完善中央对地方转移支付制度的意见（国发〔2014〕71号）.
2014.

（本文与曾小溪、崔嵩、郭子豪合著，原载《农村经济》2015年第7期）

第八章　中国的农村贫困与基层治理

政治关联与扶贫项目瞄准

一、引言

扶贫项目如何准确瞄准贫困农户是反贫困理论的焦点问题，也是一个世界性难题。我国扶贫瞄准单元经历了从县到村再到户的不断精确转变，但实际上扶贫项目瞄准偏离的问题却一直没有得到完全解决。大量的研究显示，扶贫资源传递往往在"最后一公里"发生瞄准偏离。例如2016年中央纪委公开曝光九起扶贫领域腐败问题典型案例中，宁夏西吉县苏堡乡张撇村党支部原书记何彦庆、村委会原主任王军军办理低保优亲厚友等问题。

政治关联一直是经济学界长期以来的热点话题。Fisman（2001）、Faccio（2006）等认为政治关联能提升公司价值。Boubakri等（2008）、于蔚等（2012）指出，政治关联有利于企业获得相关资源，进而促进公司价值提高。国内理论界对政治关联的研究多集中在公司领域，罕见扶贫领域的相关研究。但国外学者研究了公共资源分配中的政治关联问题，如Duflo等（2005）认为发展中国家分权式地方政府模式更受青睐，但这也更容易导致当地政治精英捕获公共资源。Bertrand等（2007）发现印度的民主分权治理实施较长时间，官僚对公共产品扭曲分配产生了严重影响。Pan等（2012）发现，坦桑尼亚农业投入补贴项目中存在明显的精英俘获现象，村干部的家庭获得了60%的农业投入补贴项目优惠券。Panda（2015）根据印度家庭调查数据，具有政治关联的家庭更易于参加反贫困项目。

我国政府在2013年制定了到2020年现行标准下农村贫困人口实现脱贫、贫困县全部出列、解决区域性整体贫困的目标。这是自政府推动扶贫工作几十年来决心最大、资金资源投入最大的扶贫行动，其力度前所未有。要实现这个目标，不仅在于准确识别哪些人是贫困人口，更重要的是要将投入的有限扶贫资源能在"最后一公里"之内成功转变为贫困人口可持续的脱贫资源。目前国内对"我国扶贫资源往往倒在最后一公里"的研究大都从项目设计、资源分配、实施措施等角度分析，缺乏从政治关联的角度深入分析扶贫项目瞄准偏离的原因。

从实践来看2008年全国立案侦查的涉农职务犯罪嫌疑人中，农村基层组织人员达到4968人，占42.4%。[①]其中，村党支部书记1739人，村委会主任1111人。[②]2016年6月最高检披露，"一些省份村两委负责人案件超过了整个涉农扶贫领域职务犯罪的半数，有的市县更高达70%至80%。"[②]从理论研究来看，Pan等（2012）、许汉泽（2015）和Panda（2015）等都指出，村干部倾向于将扶贫资源分配给自己关系好的人。所以无论从理论还是实践来看，相比扶贫资源分配缺少灵活性、扶贫项目管理和审批程序复杂和扶贫项目与农户需求不完全一致等因素，[③]扶贫资源受到村干部影响导致瞄准偏离（即为本文后面讨论的扶贫项目瞄准的政治关联问题）一直是"我国扶贫资源往往倒在最后一公里"的重要原因。因此，本文从政治关联的视角深入分析我国扶贫项目瞄准偏离的问题，有着重要的理论意义和实践价值。

本文基于5省30个贫困村互助资金试点村（以下简称"互助资金"）调研数据，分析了政治关联对扶贫项目瞄准的影响。研究发现，有政治关联的农户比没有政治关联的农户参与使用贫困村互助资金的概率要大29.8%，政治关联对农户是否使用互助资金项目有显著正向影响。同时，政治关联对农户借贷互助资金的次数和金额都有显著正向影响。此外，本文还分析了政治关联影响扶贫项目瞄准的机制，发现每年贫困村村民代表大会召开次数越多（或者贫困村村两委年开会次数越多），政治关联对互助资金瞄准的影响越小。进一步研究发现：村级治理不完善是导致政治关联影响互助资金瞄准的重要原因；公益组织在扶贫领域发挥作用太小是政治关联影响扶贫项目瞄准的外部原因。

与以往文献相比，本文研究贡献可归纳为：（1）基于全国5省30个贫困村互助资金试点村调研数据，研究发现具有政治关联对农户参加扶贫项目的影响。从新的视角研究扶贫资源瞄准偏离的原因，同时将政治关联的研究拓展到扶贫领域。（2）本文分析了政治关联影响扶贫项目瞄准的机制，发现了村级治理不完善是导致政治关联影响扶贫资源瞄准的重要原因。（3）本文揭示了村级治理不完善与扶贫项目精准瞄准之间的矛盾，并从政治关联的角度分析了公益组织在扶贫领域发挥作用的必要性。研究结论对我国贫困治理和精准扶贫机制完善有重要启示。

---

① 参见 http://news.xinhuanet.com/newscenter/2009-04/16/content_11195193.htm，2009.
② 参见 http://finance.ifeng.com/a/20160623/14519087_0.shtml，2016.
③ 汪三贵，张雁，杨龙等. 连片特困地区扶贫项目到户问题研究. 中州学刊，2015（3）：68-72.

后文结构如下：第二部分是研究综述和研究假说，第三部分是数据来源和变量说明，第四部分是实证分析，第五部分是稳健性分析，第六部分是机制分析，第七部分是本文总结和政策含义。

二、研究综述和研究假说

Fisman（2001）最早提出政治关联这个概念，但目前尚无普遍接受的定义。Betrand（2004）认为，公司的 CEO 毕业于精英学校，同时也具有政府部门工作背景（或者是现任高官），则认为具有政治关联。潘红波等（2008）认为，假如公司董事长或总经理曾经或现在是政府官员，那么该公司为政治关联公司。poon 等（2013）认为，具有政治关联的公司是至少有 10% 的投票权的股东与政治家、政党、政府部长或国会成员具有关联的大型集团。还有学者认为，企业与政府的官员具有良好的关系，那么该公司就具有政治关联。因此，政治关联的定义不同，则其衡量方法也有所不同。

国内理论界对政治关联的研究多集中在公司领域，国外学者研究了公共资源分配中的政治关联问题。例如 Duflo，Fischer，和 Chattopadhyay（2005）认为发展中国家分权式地方政府模式更受青睐，但这也更容易导致当地政治精英捕获公共资源。Bertrand 等（2007）发现，印度的民主分权治理实施时间较长，所以官僚对公共产品扭曲分配产生了严重影响。Panda（2015）认为，政治精英捕获在公共福利项目在低收入国家盛行，印度家庭调查数据显示，具有政治关联的家庭更易于参加反贫困项目。

我国自 2006 年试点以来，汪三贵等（2011）认为最贫困的农户在互助资金中受益相对较小。刘西川（2012）发现四川省样本村互助资金没有瞄准当地贫困户。林万龙和杨丛丛（2012）指出，贫困农户难以有效利用互助资金。李金亚等（2013）认为，互助资金未能瞄准贫困户，这有机构贷款的原因，也有贫困户贷款需求小的原因。汪三贵等（2013）指出，互助资金有利于农户收入增收，但一半的试点村贫困户借款比例小于 22%，瞄准效率不高。刘西川（2014）发现，村互助资金瞄准的是中等以及偏下组群体，而不是最贫困的群体。胡联等（2015）发现，贫困村互助资金存在精英俘获，31% 的名额被精英占有。温涛等（2016）发现，非贫困县收入较高的精英农户获得大量农贷资金，而一般农户难以获得农贷资金。

所以本文提出了研究假设 1：具有政治关联的农户更易于参加扶贫项目。

从我国反贫困实践来看，农村基层治理一直是我国反贫困治理的一个难点。审计署对 2010—2012 年财政扶贫资金进行审计，结果显示查出的 143 名违法人员中 60% 为乡村干部。2015 年山西省河曲县鹿固乡辉塔村党支部原书记刘俊雄、村委会原主任刘憨雄骗取"以奖代补"项目资金、危房改造补助资金等。2015 年 10 月，甘肃省秦安县五营镇北坡村原党支部书记、村委会主任邵友芳截留精准扶贫专项贷款等问题（中央纪委监察部，2016）。[①]

从理论研究来看，世界银行（World Bank，2004）的研究报告指出，在缺乏合理的制度设计情况下，贫困群体难以从政府公共服务中获益。LPan 等（2012）发现，在坦桑尼亚，村干部的家庭获得了 60% 的农业投入补贴项目优惠券。Besley 等（2012）发现，村级行政负责人更有可能获得发放给穷人的定量福利卡。Panda（2015）认为，公共福利项目的受益人识别及过程受到基层地方政府精英严重影响。唐丽霞（2015）认为由于村庄空心化，当前精准扶贫机制中村两委和留在村庄的精英群体的力量过强，这为扶贫资源的乡村精英俘获提供了条件。李玉刚（2015）发现，一个贫困村所有村干部和 8 个屯长的家庭都是建档立卡的贫困户。胡联等（2015）发现，管理机构中村干部比例越高，互助资金精英俘获程度越高。许汉泽（2015）发现，在农村基层管理中，村干部倾向于将自上而下的外部资源分配给自己的亲友和关系好的人。胡联和汪三贵（2017）发现，村干部任期过长是影响贫困户瞄准的重要因素。

综上所述，本文提出研究假设 2：村级治理不完善是导致政治关联影响扶贫资源瞄准的重要原因。

三、数据来源和变量说明

自 2006 年开始，财政部和扶贫办以财政扶贫资金在全国试点贫困村互助资金（以下简称"互助资金"）项目，目标是在贫困社区建立自我管理、持续滚动发展的生产性支持资金，形成一套贫困农民增收的长效机制。互助资金是一种较为典型的政府主导型扶贫项目。本文使用数据是源自中国人民大学课题组和国务院扶贫办于 2014 年联合对 5 省 20 个非试点村和 30 个互助资金试点村的抽样调查数据。

基于区域平衡原则，课题组选择了山东、河南、湖南、甘肃和四川 5 个省作为监测评估省。经项目省推荐，确定 2 个县各 5 个备选项目村进行监测评估。在

[①] 中央纪委监察部.中央纪委公开曝光九起扶贫领域腐败问题典型案例. http://www.ccdi.gov.cn/xwtt/201608/t20160802_84474.html.

每个县的 5 个备选村中，课题专家组以随机方法抽取 2 个对照村和 3 个项目村。然后课题组采用分层等距抽样的方法分别在对照村和项目村中随机抽取 30 个农户调研，这是国内较全面、有代表性的互助资金调研数据。调研内容包括：1. 贫困村人口、耕地等情况；2. 农户家庭人口特征、收入和家庭财产等；3. 互助资金的组织运行情况。课题组在 2010 年 8 月进行了基期调研。2014 年 7 月，课题组进行了追踪调研。基于实际研究内容需要和数据的完整性考虑，本文使用的数据是 30 个互助资金试点村农户和村级数据，研究总样本包括 788 个农户数据。

主要变量衡量指标如下：*polcon* 表示政治关联的虚拟变量，有政治关联则取 1，反之为 0；农户家庭抚养比（*dp Ratio*），度量指标为农户家庭非劳动年龄人口与劳动年龄人口数之比；村到本乡镇政府的距离（*d*01），度量指标为贫困村本乡镇政府的公里数；村两委开会次数 *h*03，度量指标为贫困村村两委一年开过会次数；高中文化程度人口比（*e*02），度量指标为贫困村高中文化程度人口在总人口中的比重；人均资产（*passet*），度量指标为农户家庭人均拥有的资产额；村到县政府所在地的距离（*d*03z1），度量指标为从贫困村到县政府所在地的公里数；村民代表大会年开会次数（*h*05），度量指标为贫困村村民代表大会年开会次数。①

四、实证分析

（一）基准模型

如前文指出，政治关联的定义不同，则其衡量方法也有所不同。本文借鉴 Panda（2015）并结合本文研究的具体问题，笔者对政治关联的定义为家庭成员（包括直系亲属及其配偶和孩子）中有乡村及以上级别的领导干部的农户为具有政治关联的农户。参考汪三贵（2011）和 Panda（2015）的研究，结合本文的具体研究问题，构造计量模型如下：

$$Probit(use=1) = \alpha + \beta_1 polcon + \beta_2 control + \varepsilon \tag{1}$$

其中，*use* 为是否使用互助资金贷款的虚拟变量，如果使用互助资金则取 1，反之为 0。*polcon* 表示政治关联的虚拟变量，有政治关联则取 1，反之为 0。*control* 是控制变量，具体包括农户家庭抚养比（*dp Ratio*），度量指标为农户家庭非劳动年龄人口对劳动年龄人口数之比；村到本乡镇政府的距离（*d*01），度量指标为贫困村本乡镇政府的公里数；村两委开会次数（*h*03），度量指标为贫困村村两委一年开过会次数；高中文化程度人口比（*e*02），度量指标为贫困村高中文化程度人

① 限于篇幅，变量描述性统计未报告，如有需要可向作者索要。

口在总人口中的比重；人均资产（*passet*），度量指标为农户家庭人均拥有的资产额；村到县政府所在地的距离（*d*03z1），度量指标为从贫困村到县政府所在地的公里数；贫困农户是否参与互助资金（*tpi*），度量指标为贫困村贫困农户是否参与互助资金（社）的虚拟变量，参与则取 1，反之为 0。我们将重点关注的是核心解释变量 *polcon* 的系数 β_1。

（二）基准模型估计结果

估计结果如表 1 所示，5 个估计结果的对数似然值分别为 −478.31、−472.57、−453.22、−449.35 和 −436.27；5 个模型的正确预测百分比都在 69.8% 以上，模型的拟合效果较好。以回归（5）为例，政治关联 *polcon* 的系数为 0.298 且在 5% 的置信水平下显著，这说明政治关联对农户参加扶贫项目有显著正向影响，会造成扶贫项目的瞄准偏离。该结果支持了假设 1。

表 1　政治关联对是否使用互助资金影响的 probit 模型

	回归（1）	回归（2）	回归（3）	回归（4）	回归（5）
polcon	0.357***	0.340**	0.268*	0.269**	0.298**
	（0.133）	（0.133）	（0.137）	（0.136）	（0.137）
dp Ratio		−0.101	−0.159**	−0.188**	−0.210***
		（0.073）	（0.075）	（0.076）	（0.076）
*h*03		−0.015***	−0.003	−0.002	−0.012**
		（0.005）	（0.006）	（0.006）	（0.006）
tpi		0.019	0.064	0.072	0.027
		（0.169）	（0.176）	（0.180）	（0.182）
*d*01			−0.051***	−0.052***	−0.045***
			（0.013）	（0.013）	（0.013）
*e*02			−0.002***	−0.002**	−0.000
			（0.001）	（0.001）	（0.001）
passet				−0.000**	−0.000***
				（0.000）	（0.000）
*d*03z1					0.015***
					（0.003）
常数项	−0.572***	−0.251**	0.013	0.094	−0.347**
	（0.051）	（0.110）	（0.127）	（0.139）	（0.167）
Wald chi²	7.23	17.54	36.91	37.38	66.96
Log likelihood	−478.31	−472.57	−453.22	−449.35	−436.27
正确预测百分比	70.05%	70.05%	69.80%	70.30%	71.57%
N	788	788	788	788	788

注：括号内为稳健性标准误，***、**、* 分别表示是 1%、5% 和 10% 的水平下显著，以下各表同。

五、稳健性分析

为检验表 1 的实证结果是否稳健，我们从政治关联对农户使用互助资金次数的影响和政治关联对使用互助资金金额的影响做了稳健性检验。

（一）政治关联对农户使用互助资金次数的影响

为考察政治关联对农户使用互助资金次数的影响，笔者设定计量模型如下：

$$Pr（Use_i=j）=Pr（Cut_j\text{-}1 < \gamma_1 polcon+\gamma_2 control+\varepsilon \leq Cut_j）\tag{2}$$

i 表示第 i 个农户，j 表示农户使用互助资金的次数，在本文中分别取值为 1—5，polcon 表示政治关联的虚拟变量；control 是控制变量，控制变量与基准模型基本相似，但考虑到农户使用互助资金次数和农户使用互助资金总额之间可能存在非线性关系，所以在控制变量中加入了农户使用互助资金总额 sum 及其平方项 sum2（下一个计量模型类似）。采取有序的 probit 模型进行估计。实证结果如表 2 所示，政治关联 polcon 的系数均为正数且显著，这说明有在政治关联的农户比没有政治关联的农户能借到互助资金次数更多。该结果进一步支持假设 1。

表 2　政治关联对使用互助资金次数影响的估计结果（以借款次数为因变量）

	回归（1）	回归（2）	回归（3）	回归（4）	回归（5）
polcon	0.292** （0.116）	0.124* （0.068）	0.162* （0.088）	0.162* （0.091）	0.146* （0.081）
dp_Ratio	−0.110 （0.070）	−0.047 （0.089）	−0.093 （0.090）	−0.093 （0.091）	−0.127 （0.087）
h03		−0.001 （0.005）	0.009 （0.006）	0.009 （0.006）	−0.006 （0.006）
tpi		−0.080 （0.235）	−0.062 （0.238）	−0.062 （0.237）	−0.105 （0.255）
sum		0.001*** （0.000）	0.001*** （0.000）	0.001*** （0.000）	0.001*** （0.000）
sum2		−0.000*** （0.000）	−0.000*** （0.000）	−0.000*** （0.000）	−0.000*** （0.000）
d01			−0.034*** （0.011）	−0.034*** （0.010）	−0.024** （0.011）
e02			−0.002** （0.001）	−0.002** （0.001）	0.000 （0.001）
passet				0.000 （0.000）	−0.000 （0.000）
d03z1					0.019*** （0.004）

	回归（1）	回归（2）	回归（3）	回归（4）	回归（5）
/cut1	0.502***（0.066）	1.379***（0.138）	1.180***（0.160）	1.181***（0.174）	1.768***（0.231）
/cut2	1.188***（0.077）	3.385***（0.283）	3.226***（0.294）	3.227***（0.301）	3.945***（0.367）
/cut3	1.536***（0.086）	4.944***（0.458）	4.786***（0.463）	4.787***（0.469）	5.520***（0.529）
/cut4	1.854***（0.101）	6.489***（0.594）	6.294***（0.597）	6.295***（0.603）	6.985***（0.677）
/cut5	2.307***（0.144）	7.816***（0.668）	7.610***（0.673）	7.611***（0.679）	8.253***（0.759）
Wald chi^2	8.73	149.65	189.34	189.50	189.61
Log likelihood	−741.45	−331.42	−324.69	−324.685	−308.32
N	788	788	788	788	788

（二）政治关联对农户使用互助资金金额的影响

为考察政治关联对农户使用互助资金金额的影响，笔者以借款数额为因变量，以政治关联等变量为自变量，设定计量模型如下：

$$Y=\alpha+\beta_1 polcon+\beta_2 control+\varepsilon \tag{3}$$

其中，Y表示农户借贷互助资金总金额，$polcon$为农户是否有政治关联的虚拟变量，$control$为控制变量。实证结果如下表3所示，政治关联$polcon$的系数均为正数且显著，这说明有在政治关联的农户比没有政治关联的农户能借到更多的互助资金金额，平均能多借到450.75元（以回归5为例）。该结果进一步支持假设1。

表3 政治关联对使用互助资金金额影响的计量结果（以借款总金额为因变量）

	回归（1）	回归（2）	回归（3）	回归（4）	回归（5）
polcon	1394.942**（691.249）	458.782*（256.303）	462.665**（226.797）	464.696*（261.065）	450.754*（244.975）
dp Ratio	−448.597（293.583）	−36.654（172.061）	−33.305（168.011）	−46.936（169.560）	−34.655（167.178）
h03		−5.190（11.778）	−6.076（12.586）	−5.501（12.626）	0.128（15.873）
tpi		11.475（373.023）	12.304（386.903）	10.895（387.066）	37.696（375.330）
numb		4038.371***（508.538）	4045.086***（287.752）	4033.368***（288.509）	4118.333***（469.600）
numb2		200.239*（116.020）	198.919***（76.893）	200.317***（76.958）	181.179（110.300）
d01			1.660（18.103）	1.141（18.130）	−2.304（6.677）

续表

	回归（1）	回归（2）	回归（3）	回归（4）	回归（5）
*e*02			0.142 （1.119）	0.198 （1.123）	−0.510 （0.851）
passet				−0.004 （0.007）	−0.004 （0.004）
*d*03z1					−8.981 （7.943）
常数项	2440.651*** （288.237）	77.895 （286.884）	65.469 （284.488）	113.353 （295.246）	341.335 （313.620）
R^2	0.22	0.71	0.71	0.71	0.71
N	788	788	788	788	788

（三）关于互助资金贷款间接效应的讨论

在扶贫实践中，一部分贫困户并不会主动参加扶贫项目，经常导致扶贫项目趋冷。在这个情况下，村干部往往动员自己的亲朋好友先参加，贫困户看到这些项目有绩效后才会跟进。因此，本文研究的政治关联导致的互助资金贷款集中，有可能会存在间接效应。

为了考察这一点，我们在计量模型（1）中加入了贫困村农户参与互助资金 *tpi* 与政治关联 *polcon* 的交叉项。实证结果如表 4 所示，贫困村农户参与互助资金 *tpi* 的系数为正但不显著，*tpi* 与 *polcon* 的系数为正且在 10% 的置信水平上显著。这表明，贫困农户加入了互助资金社也并不一定能获得贷款，但具有政治关联的贫困户更有可能获得贷款。有贷款意愿的贫困户不一定能获得贷款，但有政治关联的贫困户更有可能获得贷款，这表明互助资金发放中的间接效应并不存在。

表 4 扶贫项目传递的间接效应

	回归（1）	回归（2）
polcon	0.298** （0.137）	0.297** （0.145）
tpi	0.027 （0.182）	0.025 （0.199）
Polcon × *tpi*		0.012* （0.007）
控制变量	yes	yes
常数项	−0.347** （0.167）	−0.347** （0.167）
Wald chi^2	7.23	17.50
Log likelihood	−478.31	−472.58
正确预测百分比	70.05%	70.05%
N	788	788

从互助资金的发展历程来看，互助资金是在 2010 年开始在本文研究涉及的 5 省份试点，而本文调研数据是 2014 年进行（对 2013 的情况调研）。本文调研数据是试点后 3 年的数据，也就意味着，互助资金已经经过了早期发展阶段，进入了平稳发展阶段。在平稳发展阶段，贫困村对互助资金已经比较了解（对比课题组 2012 调研，农户反映明显），不需要村干部动员亲友作为示范参与互助资金了。综上所述，笔者认为在本文中互助资金贷款的间接效应并不明显。笔者也讨论了可能的内生性问题，结果显示表 1 结果仍稳健。[1]

六、机制分析

在这一部分，笔者将进一步考察政治关联影响扶贫项目瞄准的内在机制。笔者首先用实证方法对村级治理是否影响扶贫项目传递中政治关联的效应进行验证，然后对实证检验结果进一步分析。

（一）实证检验

借鉴和参考 Panda（2015）、梁文泉和陆铭（2016）的研究，我们分别在计量模型（1）、（2）、（3）中加入政治关联与村级治理的交叉项，来研究村级治理扶贫项目传递中政治关联效应的影响。笔者选取"村两委开过多少次会（$h03$）"作为村级治理的代理变量。笔者首先在计量模型（1）中加入了政治关联（$polcon$）与村两委开过多少次会 $h03$ 的交叉项，回归结果如表 5 所示。回归（2）显示，政治关联（$polcon$）与村两委开过多少次会（$h03$）的交叉项的系数为负且在 10% 置信水平下显著，这表明贫困村村两委一年开会次数越越多，政治关联对互助资金使用的影响就越小。

表 5　机制检验 1（以是否使用互助资金与为因变量）

	回归（1）	回归（2）
$polcon$	0.298** （0.137）	0.278* （0.154）
$polcon \times h03$		−0.001* （0.0006）
控制变量	yes	yes
Wald chi^2	66.96	67.01
Log likelihood	−436.265	−436.262
正确预测百分比	71.57%	71.58%
N	788	788

---

[1] 限于篇幅，结果没有报告，如有需求可向作者索要。

接着，笔者首先在计量模型（2）中加入了政治关联（*polcon*）与村两委开过多少次会（*h03*）的交叉项，回归结果如表6所示。回归（2）显示，政治关联（*polcon*）与村两委开过多少次会（*h03*）的交叉项的系数为负且分别在10%和5%置信水平下显著，这表明贫困村村两委一年开会次数越多，政治关联对互助资金借款次数的影响就越小。

表6　机制检验2（以借款次数为因变量）

	回归（1）	回归（2）
polcon	−0.146* （0.083）	−0.135* （0.075）
polcon × *h03*		−0.001** （0.016）
控制变量	yes	yes
Wald chi^2	180.61	182.43
Log likelihood	−308.328	−308.328
N	788	788

最后，笔者首先在计量模型（3）中加入了政治关联（*polcon*）与村两委开过多少次会（*h03*）的交叉项，回归结果如表7所示。回归（2）显示，政治关联（*polcon*）与村两委开过多少次会（*h03*）的交叉项的系数为负且在10%置信水平下显著，这表明贫困村村两委一年开会次数越多，政治关联对互助资金借款总金额的影响就越小。

表7　机制检验3（以借款总金额为因变量）

	回归（1）	回归（2）
polcon	450.754** （223.146）	560.335** （274.674）
polcon × *h03*		−31.645* （17.292）
控制变量	yes	yes
常数项	341.295 （313.908）	287.628 （339.393）
R^2	0.71	0.71
N	788	788

为考察稳健性，笔者接着选取"贫困村村民代表大会年开会次数（*h05*）"作为村级治理的代理变量进行实证检验，结果显示稳健。①

---

① 限于篇幅，结果没有报告，如有需求可向作者索要。

（二）进一步分析

1.村级治理不完善是导致政治关联影响扶贫资源瞄准的重要原因

正如上一部分的实证结果显示，贫困村村两委一年开会次数（$h03$）和贫困村村民代表大会年开会次数（$h05$）都会影响政治关联对扶贫资源瞄准的作用机制。这背后的原因在于贫困村村两委一年开会次数（$h03$）和贫困村村民代表大会年开会次数（$h05$）在一定意义衡量了村级治理完善程度（胡联和汪三贵（2017））。贫困村村两委一年开会次数越少或者贫困村村民代表大会年开会次数越少，村级治理越不完善，村干部对扶贫项目瞄准的影响就越大。正如李小云（2013）指出扶贫项目的最终效果已经不再取决于政策在顶层如何设计，而更多地取决于乡村底层的制度发育。

按规定贫困村互助资金的管理由互助资金理事会和监事会负责。在实际运作中，尽管有明确规定乡村干部不得在互助资金理事会监事会任职，但由于互助资金在早期建立时期过多依赖于乡村干部的组织。所以实际上，贫困村互助资金理事会监事会的成员大都由村干部担任，所以村干部对互助资金的运行有很大的影响。实地调研我们发现，村干部对互助资金实际运行的影响又取决于贫困村村级治理状况。贫困村村级治理相对完善，村干部对互助资金运行（主要是互助资金贷款发放）直接干预越少。贫困村村级治理越不完善（体现在一年贫困村村民代表大会和村两委开会次数较少，村干部倾向于执行决定），村干部对贫困村互助资金运行（通过其在互助资金理事会和监事会任职而实施影响）直接干预越多，由此，贫困村互助资金使用的政治关联问题便产生了。

即不同的村级治理情况会对贫困村扶贫项目的实施效果有不同的影响。这也是我国反贫困领域经常出现的"相同的扶贫项目在不同贫困村实施的效果差异很大"的重要原因。

2.政治关联影响扶贫资源瞄准的外部原因是政府主导的扶贫项目过多，公益组织在扶贫领域发挥作用太小

前文分析了村级治理不完善是导致政治关联影响扶贫资源瞄准的重要原因。除此之外，政治关联影响扶贫资源瞄准的原因还有一个外部因素——我国政府主导的扶贫项目过多，公益组织在扶贫领域发挥作用太小。

众所周知，改革开放以来由于政府的高度重视和有效的扶贫开发政策，我国扶贫成就举世瞩目。从1990—2011年，全球极端贫困人口从19.2亿下降到10.1亿，减少9.1亿，其中6亿多来自中国。中国极端贫困人口减少数量占全球减贫

数量的三分之二。政府主导是我国扶贫开发的宝贵经验，但也同时带来一个问题，即公益组织等民间组织在扶贫中参与的并不多。改革开放以来，公益组织与政府合作参与农村贫困治理仍主要依靠组织与政府之间灵活的、片段式的协作。光靠政府一家去做扶贫，一旦政府减少了投入，贫困又会重新出现（郑永年，2016）。就扶贫而言，基于政府失灵与市场失灵的分析视角，政府与公益组织都具有难以克服的缺陷，任何一方单独行动都难以达到良好效果。

以本文中的互助资金为例，互助资金是国务院扶贫办和财政部从2006年起，以财政扶贫资金在全国试点的项目，目标是在贫困社区建立自我管理、持续发展的生产性支持资金。互助资金规定由互助资金理事会和监事会管理，但由于此项目依赖村干部发动、宣传和组织，所以事实上理事会和监事会成员有很多是村干部，由此带来前文中提及的政治关联问题。如果互助资金度过初步运行期，其管理交由有相关经验的公益组织管理，互助资金使用的政治关联问题其实可以得到一定的克服，甚至完全避免。除了互助资金以外，很多基础设施等扶贫项目都可以交由公益组织具体实施管理。2005年，国务院扶贫办和亚洲开发银行实施了非政府组织参与扶贫的试点。在该试点中，政府尝试将资金通过招标形式由非政府组织实施，并划拨一部分人员费用，试点三年取得了很好的效果。

笔者认为从政治关联的角度看，公益组织参与扶贫很有必要，理由如下：

第一，扶贫项目完全由政府主导，难以完全达到扶贫项目精准传递的目标。

扶贫项目"最后一公里"之内的精准传递是一个专业性很强的工作。即便有帮扶单位，有驻村干部，也并非可以完全解决。行政性的运动式组织和人力资源配置可以解决资源的传递，但无法确保资源的使用效率。贫困村是一个复杂的社会系统，扶贫项目"最后一公里"之内的精准传递完全依靠帮扶单位、驻村干部和村干部也难以实现。一部分原因是扶贫任务繁重，驻村干部和村干部面对各种报表以及各种项目，精力有限。更重要的是，在现行的村级治理和贫困治理的环境下，政府主导型的扶贫项目难以避免政治关联带来的扶贫项目瞄准偏离问题。

第二，在扶贫项目"最后一公里"的工作中，公益组织能弥补政府的缺陷，促进扶贫资源精准传递到贫困农户。

扶贫项目"最后一公里"工作是一个专业性、技术性都很强的社会工作，需要有长期的工作经验。政府各职能部门都有自己的业务工作，所派出的人员并非都能胜任这个任务。同时，各级地方政府经历机构改革之后，其本身人力资源已经非常紧张，难以满足扶贫一线对组织和人力资源的需求。

从政治关联的角度来看，扶贫项目政治关联问题出现有两个条件：一是扶贫项目最终传递是政府（微观层次就是村干部）主导；二是扶贫项目最终传递缺乏有效监督。现行的贫困治理条件下，政府主导的扶贫项目难以避免政治关联问题的出现，但是由公益组织主导扶贫项目"最后一公里"工作却能很好地避免该问题。首先是因为大多数公益组织本身就是以社会工作为主的机构，从业人员大多都是经过培训的专业人士，和贫困村村民没有社会关系，不会产生政治关联问题。其次是因为公益组织一直都把扶贫救助作为其主要工作内容，也在这"最后一公里"之内积累了丰富经验。大多数公益组织有很好的项目管理经验，项目内部监察制度更容易完善和执行。

综上所述，笔者认为政治关联影响扶贫资源瞄准的外部原因是政府主导的扶贫项目过多，公益组织在扶贫领域发挥作用太小。2016 年底我国贫困人口数量约为 4500 万，虽然绝对数量相比以前在不断下降，但这些贫困人口往往是深度贫困人口，扶贫难度大。同时，我国基层扶贫工作人员精准扶贫工作相当繁重。在这种情况下，更应发挥公益组织在扶贫中的作用，与政府部门形成合力，实现我国 2020 年的减贫目标。

七、本文总结和政策建议

通过以上分析，笔者得出以下主要结论：（1）有政治关联的农户比没有政治关联的农户参与互助资金项目的概率要大 29.8%，政治关联对农户是否使用互助资金项目有显著正向影响。（2）政治关联对农户借贷互助资金的次数和金额都有显著正向影响。（3）贫困村村两委年开会次数越多或者贫困村一年村民代表大会的召开次数越多，政治关联对互助资金瞄准的影响越小。村级治理不完善是导致政治关联影响互助资金瞄准的重要原因。（4）政治关联影响扶贫资源瞄准的外部原因是政府主导的扶贫项目过多，公益组织在扶贫领域发挥作用太小。

本文以互助资金为例，分析了政治关联对扶贫项目瞄准的影响。互助资金是一种较为典型的政府主导型金融扶贫项目，在扶贫项目中具有一定的代表性，但不能代表全部。所以笔者认为公益组织参与扶贫也存在边界的问题。公益组织适合参与专业性强的扶贫项目，这便于发挥其专业、灵活、创新的优势，便于弥补政府扶贫的不足，共同促进我国反贫困实践。

本文的政策建议如下：首先，国家需要进一步完善村级治理，打破政治关联对扶贫项目瞄准的影响机制，是实现扶贫资源精准传递的重要措施。（1）依据《中华人民共和国村民委员会组织法》，严格执行村务民主决策制度。村民大会和村民代表会议要定期召开。（2）村庄运行要增加监事制度，增加村务透明度。通过制度建设，改变目前村庄干部权力过大、对扶贫项目影响过大的情况。（3）建立并健全村务监督委员会制度。村务监督委员要担负起监督村民代表会议和全体村民会议决议的执行情况，监督村委会依法履行职责，重点加强对惠农政策、精准识别以及扶贫项目运行等方面的监督。

其次，政府应制定相关政策鼓励公益组织参与反贫困实践。（1）政府对公益组织的发展与参与扶贫要有制度化的保障。在制定公共预算时，尤其是在民生领域的公共投入，政府应该考虑公益组织的发展需求。（2）目前我国有几十万民间公益组织。我国可以考虑将扶贫作为购买政府公共服务，由社会组织实施，这既能弥补政府组织资源的不足，也可以减轻政府负担，还能避免政治关联提高扶贫项目瞄准效率。（3）政府应该支持公益组织进一步提高本身的资源动员能力，建立良好的合作网络。政府与民间组织基于共同的反贫困目标，发挥各自的相对优势，建立多元主体共同参与的贫困治理模式。

最后，政府为公益组织创造参与精准扶贫的条件外，还应该鼓励企业慈善捐赠扶贫。为企业慈善捐赠扶贫进一步创造税收减免条件。一方面，目前中国企业所得税实行比例税率，企业所得税纳税人为在中国境内取得收入的企业，税率为25%，小微企业、高新技术企业享有优惠税率。借鉴国际经验，企业所得税采取累进税率更有利于鼓励企业慈善捐赠扶贫，因为慈善捐赠会从企业应税所得额中扣除，企业可以借此进入较低的税率档次。另一方面，我国需要进一步制定完善非货币捐赠的税收优惠政策，以激励企业的多种形式捐赠扶贫行为，以进一步促进我国精准扶贫。

参考文献

［1］胡联，汪三贵. 我国建档立卡面临精英俘获的挑战吗. 管理世界，2017（1）.

［2］胡联，汪三贵，王娜. 贫困村互助资金存在精英俘获吗. 经济学家，2015（9）.

［3］李金亚，李秉龙. 贫困村互助资金瞄准贫困户了吗. 农业经济问题，2013（6）.

［4］李小云. 我国农村扶贫战略实施的治理问题. 贵州社会科学，2013（7）.

［5］梁文泉，陆铭. 后工业化时代的城市：城市规模影响服务业人力资本外部性的微观证据. 经济研究，2016（12）.

［6］林万龙，杨丛丛. 贫困农户能有效利用扶贫型小额信贷吗？——陇县贫困村互助资金试点的案例分析. 中国农村经济，2012（2）.

［7］林毅夫. 花了3万多亿美元的扶贫为什么不成功.

［8］刘西川. 村级发展互助资金的目标瞄准、还款机制及供给成本. 农业经济问题，2012（8）.

［9］潘红波，余明桂. 政治关系、制度环境与民营企业银行贷款. 管理世界，2008（8）.

［10］唐丽霞，罗江月，李小云. 精准扶贫机制实施的政策和实践困境. 贵州社会科学，2015（5）.

［11］汪三贵，陈虹妃，杨龙. 村级互助金的贫困瞄准机制研究. 贵州社会科学，2011（9）：125-139.

［12］温涛，朱炯，王小华. 中国农贷的"精英俘获"机制：贫困县和非贫困县的分层比较. 经济研究，2016（2）.

［13］许汉泽. 扶贫瞄准困境与乡村治理转型. 农村经济，2015（9）.

［14］于蔚，汪淼军，金祥荣. 政治关联与融资约束：信息效应与资源效应. 经济研究，2012（9）.

［15］Adusei-Asante K，Hancock P. Does deference enable elite capture？Evidence from a world bank community-Based Project in Ghana.Working Paper，2016.

［16］Bertrand M，Djankov S，Hanna R，et al. Obtaining a driver's license in India：An experimental approach to studying corruption.Quarterly Journal of Economics，2007，122（4）：1639-1676.

［17］Besley T，Pande R，Rao V. Just rewards？Local politics and public resource allocation in South India. World Bank Economic Review，2012，26（2）：191-2l6.

［18］Boubakri M，Cosset J C，Saffar W. Political connections of newly privatized firms. Journal of Corporate Finance，2008，14（5）：654-673.

［19］Faccio M，Masulis R W，Connell M J. Politically connections and corporate bailouts. Journal of Finance，2006，61（6）：2597-2635.

［20］Fisman R. Estimating the value of political connections. American Economic Review，2001，91（4）：1095-1102.

［21］Galasso E，Ravallion M. Decentralized targeting of an antipoverty program. Journal of Public Economics，2005，89（4）：705-727.

［22］Mattingly D C. Elite capture：How decentralization and informal institutions weaken property rights in China. World Politics，2016，68（3）：383-412.

［23］Pan L，Christiaensen L.Who is vouching for the input voucher？Decentralized targeting and elite capture in Tanzania. World Development，2012，40（8）：1619-1633.

[24] Panda S. Political connections and elite capture in a poverty alleviation programme in India. The Journal of Development Studies，2015，51（1）：50-65.

[25] Ryan S.Mobilization，participatory planning institutions，and elite capture：Evidence from a field experiment in rural Kenya. World Development，2015，67：251-266.

[26] Stock J H，Wright J H，Yogo M. A survey of weak instruments and Weak Identification in generalized method of moments. Journal of Business and Economics Statistics，2002，20（4）：518-529.

（本文与胡联、王唤明、王艳合著，原载《财经研究》2017 年第 9 期）

我国建档立卡面临精英俘获的挑战吗？

一、引言

有限扶贫资源如何准确瞄准贫困农户是反贫困理论的焦点问题，也是一个世界性难题。当前我国扶贫开发已进入攻坚拔寨的冲刺期，实施精准扶贫是我国扶贫开发的基本方略。精准识别建档立卡是精准扶贫的前提。从 2000 年起在新疆率先尝试对贫困户进行建档立卡，到 2014 年 4 月国务院要求在年底前在全国范围内建立扶贫开发建档立卡工作，建档立卡已有十几年的历史。但即便在全国大力实施精准扶贫的背景下，仍然发现 2015 年广西马山县扶贫对象中有 2454 人购买了汽车，439 人为个体工商户或经营公司。不少研究发现，很多建档立卡户纯收入超过贫困标准，建档立卡存在较大瞄准误差（汪三贵，2015），建档立卡首先满足具体执行者（村干部）的利益，一个贫困村所有村干部和 8 个屯长的家庭都是建档立卡户（李玉刚，2015）。但目前我国理论界对我国建档立卡存在瞄准偏差的原因还缺乏深入的研究。

一些研究表明，非贫困群体往往可以利用他们所拥有的经济优势来获取有利于自身的福利服务政策（Jha et al，2009），村级行政负责人更有可能获得发放给穷人的定量福利卡（Besley et al，2012）。在孟加拉国食品教育计划，存在精英俘获现象（Galasso et al，2005）。在坦桑尼亚，农业投入补贴项目优惠券发放存在明显的精英俘获现象，村干部的家庭获得了 60% 的农业投入补贴项目优惠券，（L.

Pan 和 L. Christiaensen，2012）。在低收入国家的公共福利项目中受益人识别存在普遍的精英俘获现象，项目的受益人识别及过程受到基层地方政府精英俘获严重影响（Sitakanta Panda，2015）。国外研究表明，精英俘获是扶贫资源难以到达目标人口的重要原因，这为我们分析建档立卡瞄准偏差的原因提供了很好的研究视角。

本文基于中国人民大学和国务院扶贫办在 2014 年对乌蒙山片区三省六县 60 个贫困村的抽样调查数据，从精英俘获视角深入分析建档立卡瞄准误差的原因。与以往文献相比，本文的主要贡献可以归结如下：（1）通过 probit 模型发现精英农户仍可以成为建档立卡户；（2）衡量了建档立卡精英俘获程度和精英俘获对建档立卡瞄准失误的贡献率。笔者推导了建档立卡精英俘获的计算公式，通过计算发现我国建档立卡精英俘获率为 0.25，即 100 名建档立卡名额有 25 户被精英农户占有。建档立卡瞄准失误率为 33%，精英俘获对精准识别建档立卡瞄准失误的贡献率为 74%，我国建档立卡面临精英俘获的严峻挑战；（3）通过面板 tobit 模型发现贫困村村干部任期过长是影响建档立卡精英俘获的重要因素。限制村干部任期，完善村级治理是我国真正实现精准扶贫的一个关键问题，这是政策建议的一个创新。本文研究结论对我国精准扶贫机制完善有较大借鉴意义。

后文结构安排如下：第二部分是相关研究综述和研究假说，第三部分是数据来源和变量说明，第四部分是建档立卡中精英俘获的分析，第五部分是建档立卡精英俘获的影响因素分析，第六部分是机制分析，第七部分是政策含义，第八部分是本文总结。

二、相关文献综述与研究假说

2000 年，新疆在全国范围内率先尝试对贫困户进行建档立卡。到目前为止，建档立卡已经有 15 年的历史了。建档立卡的目标是要精准扶贫，但从理论研究和实践来看，建档立卡存在较大的瞄准误差。从我国建档立卡实践来看，审计署调查发现 2015 年广西马山县认定的扶贫对象中，有 3119 人不符合扶贫建档立卡标准，其中 2454 人购买了 2645 辆汽车，439 人为个体工商户或经营公司的人。这些个体工商户或经营公司的人便是较为典型的农村精英。

从理论研究来看，汪三贵等（2015）对云贵川三省 60 个村调查发现，2013 年建档的农户中 40% 的农户收入高于贫困线，而在非建档的农户中 58% 的农户收入低于贫困线。李玉刚（2015）发现精准扶贫建档立卡首先满足具体执行者（村干部）的利益，而村里贫困农户不能认定成贫困户。许汉泽（2015）认为，自上而下的贫困指标分解遭遇乡村熟人社会的挑战，精准扶贫仍然难以精确确定贫困户。精准扶贫面临"越精准越不准"的悖论。

同时，国内外的精英俘获研究为建档立卡瞄准误差的研究提供了很好的理论借鉴。精英俘获（elite capture）的概念最早是在经济学中提出，而后进入到了政治学、社会学和发展学等领域。国外研究最早可追溯到 Olson（1965）和 Peltzman，S.（1976）的"利益集团俘获"范式。JJ Laffont 等（1991）和 P. Bourdieu（1996）等学者较早开始了精英俘获的研究。关于精英俘获的定义，Diya Dutta（2009）的定义较有代表性，他认为，精英俘获是指这样一种现象即本来是为多数人而转移的资源却被少数一些人占有，这些少数人通常是政治或经济方面的强势群体。

国内精英俘获研究起步较晚，如温铁军等（2009）认为在新农村建设资源分配中精英农户得益多，多数小农被"客体化"和边缘化。吴新叶（2010）认为精英俘获现象有两个层面：一是精英控制了民间组织并影响民间组织发展的现象；二是外生型资源对精英的控制，进而影响民间组织运行的现象。温铁军等（2012）认为随着大量农贷资源反哺农村，精英率先求偿、优先受益的利益要求大量侵蚀公共利益空间。李祖佩等（2012）认为各种乡村精英形成利益联盟共同垄断资源下乡和农村经济发展带来的村庄公共利益空间。邢成举和李小云（2013）认为由于精英俘获的存在，扶贫资金和项目的利益绝大部分为社区或是村庄内的精英获取。扶贫项目目标偏离的问题须在克服精英俘获现象的前提下才能得到解决。邢成举（2014）分析了低保评选过程中的精英俘获，并从乡村社会内的权力结构、制度规定与社会结构等方面研究了扶贫资源分配中的精英俘获。温涛等（2016）发现，非贫困县收入较高的精英农户获得大量农贷资金，而一般农户难以获得农贷资金。国外学者如 JP Platteau（2004）发现在西非，当地的精英控制了社会基金的支出。Galasso 等（2005）发现，孟加拉国食品教育计划存在精英俘获现象。Jha 等（2009）认为非贫困群体往往可以利用他们所拥有的经济优势来获取有利于自身的福利服务政策。L. Pan 和 L. Christiaensen（2012）发现在坦桑尼亚，农业投入补贴项目优惠券发放存在明显的精英俘获现象。Sitakanta Panda（2015）认为在低收入国家的公共福利项目中受益人识别存在普遍的精英俘获现象。

对于建档立卡存在瞄准偏差的问题，精英俘获理论提供了很好的分析视角。所以本文提出了第一个研究假说。

假说1：精英仍然有可能成为建档立卡贫困户。

农村基层治理一直是我国反贫困治理的一个难点。审计署对2010—2012年财政扶贫资金审计查出的143名违法人员之中，其中60%为乡村干部。

从理论研究来看，世界银行（World Bank，2004）的研究报告显示，在缺乏合理的制度设计和必要支持的情况下，贫困群体往往难以从政府的公共服务中获益。L. Pan和L. Christiaensen（2012）发现，在坦桑尼亚，村干部的家庭获得了60%的农业投入补贴项目优惠券。Besley等（2012）发现村级行政负责人更有可能获得发放给穷人的定量福利卡。Sitakanta Panda（2015）认为公共福利项目的受益人识别及过程受到基层地方政府精英俘获严重影响。Kwadwo Adusei-Asante等（2016）发现完全依靠精英管理的社区项目容易发生精英俘获现象。唐丽霞、罗江月和李小云（2015）认为，由于村庄空心化，当前精准扶贫机制中村两委和留在村庄的精英群体的力量过强，这为扶贫资源的乡村精英俘获提供了条件。李玉刚（2015）发现一个贫困村所有村干部和8个屯长的家庭都是建档立卡的贫困户。胡联等（2015）发现贫困村互助资金存在精英俘获，每100个互助资金使用者中有31个名额被精英占有。管理机构中村干部比例越高，互助资金精英俘获程度越高。许汉泽（2015）发现，在基层管理中，村干部有自己的行动策略，对于这些自上而下的外部资源，村干部倾向于分配给自己的亲友和关系好的人。

综上所述，我们可以看到很多精英俘获现象是由村干部导致的。所以如果研究假说1被证实成立，本文提出了第二个研究假说：

假说2：村干部是影响建档立卡精英俘获的重要因素。

三、数据来源和变量说明

本文使用数据是源自中国人民大学和国务院扶贫办在2014年联合对乌蒙山片区三省六县60个贫困村的抽样调查数据。本次调研在县、村、农户3个层面进行。县级层面调研主要采用访谈的方式，了解县内扶贫到户项目的类型、实施方式和实施效果等。村级层面调研采用访谈和问卷调查相结合的方式，收集了人口、基础设施、村庄扶贫项目投入状况及项目实施操作方式等信息。农户层面调研采用访谈和问卷调查的方式，详细调查了家庭人口特征、收入、参与扶贫到户

项目等情况。调研村和农户的具体抽样方法为：每个县随机抽取 5 个项目村、5
个非项目村。全部农户被分为建档立卡贫困户和非建档立卡贫困户。调研首先采
取整群抽样，在每村选择建档户和非建档户均超过 10 个的村民小组。在确定调
研村组的基础上，采取随机抽样的方式在每村选取 20 个建档户和非建档户作为
调研对象（计划是建档户和非建档户各 10 户，在实际调研中略有调整，故 2012
和 2013 年样本建档户数不一样）。最终获得农户问卷 1209 份。根据研究内容需要
和数据完整性，本文研究的总样本包括 2283 个农户数据。数据基本特征见表 1。

表 1　数据基本特征

变量名称	标签	变量属性	定义	观测值	平均值	方差	最小值	最大值
农户人均纯收入	perinc	数值型变量	农户人均纯收入（元）	2283	2189.98	2056.89	−637.4	6908
农户家庭成员是否是领导	lead	分类变量	农户家庭成员是领导 =1	2283	0.08	0.27	0	1
家庭人口总数	pop	数值型变量	人口总数（人）	2283	4.28	1.66	1	10
户主年龄	a04_1	数值型变量	户主年龄（岁）	2283	50.56	13.27	6	89
户主文化程度	a12_1	顺序变量		2283	13.01	9.35	0	52
户主健康状况	a07_1	顺序变量	1 健康；0 不健康	2283	0.64	0.48	0	1
户主外出打工年数	a13_1	数值型变量	户主外出打工年数（年）	2283	1.22	3.19	0	42
户主是否是少数民族	minz	分类变量	1 是少数民族 0 不是少数民族	2283	0.25	0.43	0	1
户主是否经常参加生产劳动	a08_1	分类变量	1 经常参加；2 偶尔参加；3 不参加	2283	1.37	0.68	1	3
贫困村村劳动力数	cldl	数值型变量	村劳动力数（人）	120	1498.25	751.94	300	4007
村支书任职年数	j08_1	数值型变量	村支书任职年数（年）	120	11.3	6.75	4	22
村主任任职年数	j08_2	数值型变量	村主任任职年数（年）	120	10.8	5.59	2	23
姓第一大姓农户数	a08a	数值型变量	姓第一大姓农户数（户）	120	217.65	165.26	25	750
全村有多少户	a05	数值型变量	全村有多少户	120	751.48	353.87	157	1646
贫困村有多少个少数民族	a09	数值型变量	村有多少个少数民族（个）	120	2.27	2.11	0	9
人口最多的少数民族农户数	a12	数值型变量	人口最多的少数民族农户数（户）	120	119.12	137.44	0	620
村耕地面积	b01	数值型变量	村耕地数（亩）	120	3705.7	4191.44	560	43385

续表

变量名称	标签	变量属性	定义	观测值	平均值	方差	最小值	最大值
全村通电话农户比例	c02	数值型变量	村同电话农户比例（%）	120	82.01	15.89	30	100
村到本乡镇政府的距离	d01_1	数值型变量	村到本乡镇政府的距离（公里）	120	10.15	7.97	1	30
年开村民代表大会数	i05	数值型变量	年开村民代表大会数（次）	120	5.7	3.18	1	13
年开全体村民大会数	i06	数值型变量	年开全体村民大会数（次）	120	5	4.12	0	20
村高中文化以上农户数	f02	数值型变量	村高中文化以上农户数（户）	120	120.83	102.16	7	450
村外出劳动力人数	f04	数值型变量	外出劳动力（人）	120	639.45	447.91	100	2054

其中，是否是乡村领导干部（lead），度量指标为贫困村农户户主或者家庭成员是否是乡政府、村委会干部；户主文化程度（a12_1），度量指标为贫困村农户户主上学情况：0 没上学，10 学前班 / 幼儿，11—16 表示小学 1—6 年级，21—23 表示初中 1—3 年级，31—33 表示高中 1—3 年级，41 表示中专 / 职高，42 表示技校，43 表示电大中专，44 表示函授中专，51 表示大专，52 表示电大大专。

四、建档立卡中精英俘获的分析

在这一部分，笔者首先将利用 probit 模型分析农户成为建档立卡户的影响因素，验证精英农户是否可能成为建档立卡户；接着将推导建档立卡精英俘获的衡量公式和精英俘获对建档立卡瞄准失误贡献率的计算公式，并分别计算建档立卡精英俘获程度和精英俘获对建档立卡瞄准失误的贡献率。

（一）农户成为建档立卡户的影响因素

参考 Diya Dutta（2009）和李祖佩等（2012）的研究，本文中建档立卡精英俘获指建档立卡户中精英占有名额的现象，这些精英分为体制性精英农户和经济性精英农户。体制性精英农户指该农户本人或者家庭成员是乡村（或以上）干部，且人均纯收入高于贫困线。经济性精英农户指该农户的人均纯收入是本县的最富裕农户（收入 5 等分分组中最高的，且是本村大姓、人均纯收入高于贫困线）。

参考 Panda（2015）、汪三贵（2015）、李玉刚（2015）和胡联等（2015）的研究，结合本文研究问题，笔者设定一下模型分析农户成为建档立卡贫困户的影响因素。

$$Probit（card=1）=G（a+\beta_1 elite_p+\beta_2 elite_e+\gamma X+\varepsilon）\qquad（模型 1）$$

其中，card = 1 表示农户是建档立卡贫困户，$elite_p$ 表示农户是否是体制性精英农户，$elite_e$ 表示农户是否是经济性精英农户，X 为控制变量；包括户主文化程度（$a12\_1$），度量指标为贫困村农户户主上学的年数；户主年龄（$a04\_1$），度量指标为户主年龄（岁）；家庭人口总数（pop），度量指标为家庭人口总数；村到本乡镇政府的距离（$d01$），度量指标为贫困村本乡镇政府的公里数等。估计结果如表 2 所示。我们关注的核心变量是体制性精英农户 $elite_p$ 和经济性精英农户 $elite_e$ 的系数。

表 2　农户成为建档立卡户的影响因素的分步回归结果

	回归 1	回归 2	回归 3	回归 4	回归 5
$elite_p$	0.483 *** （4.54）	0.491 *** （4.56）	0.492 *** （4.56）	0.494 *** （4.57）	0.494 *** （4.58）
$elite_e$	0.605*** （6.92）	0.574*** （6.52）	0.579*** （6.57）	0.584*** （6.63）	0.584*** （6.64）
$a12\_1$	−0.015 *** （−5.07）	−0.012*** （−3.97）	−0.011*** （−3.70）	−0.012*** （−3.79）	−0.012*** （−3.79）
$a04\_1$		0.006** （2.87）	0.004* （1.83）	0.003 （1.31）	0.003 （1.30）
pop		−0.055** （−3.30）	−0.055** （−3.29）	−0.056** （−3.33）	−0.055** （−3.29）
$a07\_1$			−0.152* （−2.56）	−0.134* （−2.10）	−0.133* （−2.09）
$a13\_1$			−0.005 （−0.59）	−0.006 （−0.71）	−0.006 （−0.70）
minz				−0.065 （−0.97）	−0.063 （−0.92）
$a08\_1$				0.025 （0.54）	0.025 （0.54）
gd					−0.000 （0.16）
cldl					0.000 （0.19）
cons	0.156*** （3.35）	0.0528 （0.35）	0.244 （1.46）	0.271 （1.52）	0.265 （1.38）
Wald chi^2	83.03	103.07	111.34	113.37	113.42
Log likelihood	−1533.279	−1521.349	−1517.803	−1517.239	−1517.22
正确预测百分比	56.77%	59.66%	60.88%	60.97%	60.93%
N	2283	2283	2283	2283	2283

注：括号内的是 z 统计量，***，**、* 分别表示是 1%、5% 和 10% 的水平下显著，以下各表相同。

经检验，模型不存在多重共线问题但存在异方差问题，所以笔者采用了异方差的 Probit 模型进行实证分析。如表 3 所示，5 个回归中实证结果较为稳定，Log likelihood 的值也比较大，正确预测百分比都在 56.77% 以上，模型的拟合程度较好。体制性精英农户 $elite_p$ 和经济性精英农户 $elite_e$ 的系数为正且均在 1% 水平上显著，这表明体制性精英农户和经济性精英农户仍然可以成为建档立卡户。

表 3 农户成为建档立卡户的影响因素的子样本和全样本回归结果

	回归 1	回归 2	回归 3
	2013 样本	2012 样本	全样本
$elite_p$	0.345* （2.25）	0.656*** （4.25）	0.494 *** （4.58）
$elite_e$	0.689*** （5.31）	0.488*** （4.06）	0.584*** （6.64）
$a12\_1$	−0.015*** （−3.44）	−0.008 （−1.94）	−0.012*** （−3.79）
$a04\_1$	0.004 （1.02）	0.002 （0.81）	0.003 （1.30）
pop	−0.047* （−1.98）	−0.064** （−2.68）	−0.055** （−3.29）
$a07\_1$	−0.163 （−1.77）	−0.101 （−1.14）	−0.133* （−2.09）
$a13\_1$	−0.004 （−0.30）	−0.008 （−0.68）	−0.006 （−0.70）
$minz$	−0.0552 （−0.55）	−0.0691 （−0.73）	−0.0634 （−0.92）
$a08\_1$	0.017 （0.26）	0.033 （0.52）	0.025 （0.54）
gd	−0.000 （−0.11）	−0.000 （−0.04）	−0.000 （0.16）
$cldl$	−0.000 （−0.59）	0.000 （0.85）	0.00 （0.19）
cons	0.357 （1.29）	0.177 （0.66）	0.265 （138）
Wald chi^2（9）	63.12	57.72	113.42
Log likelihood	−734.288	−779.073	−1517.22
正确预测百分比	60.90%	59.85%	60.93%
N	1110	1173	2283

笔者用模型 1 分别对样本中的 2012 样本和 2013 样本进行实证分析，结果如表 4 所示。根据表 4 所示，分别对 2013 年和 2012 年的子样本和全样本回归，结果表明，无论是在 2012 年和 2013 年，$elite_p$ 和 $elite_e$ 的系数为正且显著，这表明

体制性精英农户和经济性农户可以成为建档立卡户，这也表明表3的实证结果较为稳健。

（二）建档立卡精英俘获的衡量

根据上文对建档立卡精英俘获的定义，参考 Pan 等（2012）、汪三贵（2007）和胡联等（2015）的研究，笔者构造了建档立卡精英俘获程度和精英俘获对建档立卡瞄准失误贡献率的计算公式。

$$EC = \frac{\sum_{i=1}^{N}\{I_{i1}(C_i=1，IE=1，Y>Z)+I_{i2}(C_i=1，EE=1，Y>Z)\}}{\sum_{i=1}^{N}\{I_{i3}(C_i=1)\}} \quad （1）$$

$$ECR = \frac{\sum_{i=1}^{N}\{I_{i1}(C_i=1，IE=1，Y>Z)+I_{i2}(C_i=1，EE=1，Y>Z)\}}{\sum_{i=1}^{N}\{I_{i3}(C_i=1，Y>Z)\}} \quad （2）$$

EC 表示建档立卡精英俘获的数值，IE、EE 表示是否为经济精英，N 是样本村总数，以 i 代表各村。I_{i1} 是一类精英俘获的标示，如果一个农户本人或者家庭成员是乡村（或以上）干部（$lead$），而且是建档立卡户，而且人均纯收入（Y）高于贫困线（Z），该指标则等于1。I_{i2} 是二类精英俘获的标示，如果一个农户的人均纯收入是本县的最富裕农户（收入5等分分组中最高的，而且是本村大姓）、人均纯收入（Y）高于贫困线（Z），而且是建档立卡户，该指标则等于1。I_{i3} 是农户使用建档立卡的标示，如果农户是建档立卡户，该指标则等于1。EC 能够被解释为由体制性精英和经济精英导致的精英俘获程度。本文计算贫困线标准采用国务院扶贫办公布的标准，即2012年和2013年分别是2625元和2736元。

ECR 表示的是建档立卡精英农户在建档立卡瞄准失误人数的比率，这表示了精英俘获对瞄准失误的贡献率。

计算结果如表4所示，2012年建档立卡总户数为615户，其中体制精英农户数为69户，经济精英农户数为99户，建档立卡中既是经济精英又是体制精英为15户，体制精英在建档立卡户中的比重为0.11，经济精英在建档立卡户中的比重为0.16，精英俘获程度共计为0.25。2013年建档立卡使用者总户数为588户，其中体制精英户数为51户，经济精英户数为95户，建档立卡中既是经济精英又是体制精英为3户，体制精英在建档立卡使用者中的比重为0.09，经济精英在建档立卡使用者中的比重为0.16，精英俘获程度共计为0.24。包括2012年和2013年的总样本建档立卡中精英俘获程度为 0.25，这意味着每 100 个建档立卡使用者中有 25 个名额是被精英所占有。表 5 的结果也进一步验证了假说 1，表明精英可以成为建档立卡户。由此可见，精准识别建档立卡中存在较为明显的精英俘获现象。

再看精英俘获对瞄准失误的贡献率，2012 年建档立卡瞄准失误户数为 216 户，精英户数为 153 户，精英俘获对瞄准失误的贡献率为 0.71；2013 年建档立卡瞄准失误户数为 184 户，精英户数为 143 户，精英俘获对瞄准失误的贡献率为 0.78；包括 2012 年和 2013 年的总样本建档立卡中精英俘获对瞄准失误的贡献率为 0.74。由此可见，我国精准识别建档立卡中面临精英俘获的严峻挑战。

表 4　建档立卡中精英俘获程度及对瞄准失误的贡献率

	2012 年样本	2013 年样本	总样本
建档立卡中体制精英户数	69	51	120
建档立卡中经济精英户数	99	95	194
建档立卡中既是经济精英又是体制精英户数	15	3	18
建档立卡精英户数总和	153	143	296
建档立卡总户数	615	588	1203
体制精英在建档立卡中的比重	0.11	0.09	0.10
经济精英在建档立卡中的比重	0.16	0.16	0.16
精英俘获程度合计	0.25	0.24	0.25
瞄准失误户数	216	184	400
建档立卡瞄准失误率	0.35	0.31	0.33
精英俘获对瞄准失误的贡献率	0.71	0.78	0.74
样本数	1173	1110	2283

五、建档立卡精英俘获的影响因素

这一部分笔者将分析建档立卡精英俘获的影响因素，验证假说 2。参考 Pan 等（2012）、汪三贵（2007）、胡联等（2015）和 Panda（2015）的研究，结合我国建档立卡的实际情况，笔者考虑建档立卡精英俘获的影响因素有以下：（1）贫困村村级治理因素（X_1），本文用村支书任职年数 $j08\_1$、村主任任职年数 $j08\_2$、贫困村一年开村民代表大会次数 $i05$ 和贫困村一年开村民代表代表大会次数 $i06$ 来衡量。（2）贫困村村庄特点（X_2），本文用全村耕地面积 $b01$、贫困村到本镇政府所在地最近的距离 $d01z1$、全村通电话人口比例 $c02$、全村高中文化程度劳动力比例 $f02$、和外出劳动力任人数 $f04$ 来衡量。（3）贫困村村庄人口、种族特点（X_3）

本文用贫困村高中文化程度（包括中专，技校）的劳动力人数 $e02$、贫困村里有少数民族个数 $a09$、贫困村姓该大姓的农户数 $a08a$ 来衡量、贫困村最多的少数民族户数 $a12$ 和贫困村总户数 $a05$ 来衡量。

由于贫困村精英俘获程度是一个数值介于 0 和 1 之间的受限变量，用传统的线性方法对模型直接进行回归可能会得到负的拟合值，因而本文采用处理受限因变量的面板 Tobit 模型来研究建档立卡精英俘获的影响因素。模型设计如下：

$$EC_{it}=\delta_0+\delta_1 X_{1it}+\delta_2 X_{2it}+\delta_3 X_{3it}+v_i+\varepsilon_{it}$$ （模型 2）

EC_{it} 为笔者根据精英俘获的计算公式 1 计算样本中贫困村建档立卡精英俘获程度，X_{1it}、X_{2it} 和 X_{3it} 是上文提到的控制变量。δ 为待估参数向量，v_i 表示个体的随机效应，ε_{it} 服从均值为 0、方差为 1 的正态分布。由于本文研究数据是对 60 个贫困村的 2 年调研，故笔者采用随机效应面板 tobit 模型进行分析。

表 5 贫困村建档立卡精英俘获影响因素的回归结果

	回归 1	回归 2	回归 3	回归 4	回归 5	回归 6
	tobit	tobit	ols	xttobit	xttobit	xttobit
$j08\_1$	0.012*** （4.27）	0.012*** （3.55）	0.012*** （3.75）	0.013** （3.16）	0.011** （3.04）	0.011** （3.24）
$j08\_2$	0.014*** （7.69）	0.013*** （6.06）	0.013*** （6.41）	0.015*** （6.41）	0.013*** （5.35）	0.013*** （4.87）
$a08a$	0.000 （1.32）	0.000 （1.37）	0.000 （1.21）	0.000* （1.99）	0.000 （1.76）	0.000 （1.56）
$a05$	0.000 （0.38）	0.000 （1.15）	0.000 （0.96）	−0.000 （−0.49）	0.000 （0.64）	0.000 （1.13）
$a09$	−0.007 （−1.44）	−0.007 （−1.20）	−0.005 （−0.90）	−0.001 （−0.19）	−0.007 （−1.61）	−0.007 （−1.30）
$a12$	−0.000 （−0.23）	−0.000 （−0.22）	−0.000 （−0.36）		0.000 −0.09	−0.000 （−0.22）
$i05$	0.003 （0.79）	0.002 （0.51）	0.002 （0.73）		0.001 （0.35）	0.001 （0.3）
$i06$	−0.015*** （−4.75）	−0.013*** （−3.59）	−0.011** （−3.27）		−0.015*** （−5.28）	−0.013*** （−4.06）
$b01$		−0.000 （−0.70）	0.000 −0.09		−0.000 （−0.71）	−0.000 （−0.79）
$c02$		−0.000 （−0.24）	−0.000 （−0.11）		−0.000 （−0.48）	−0.000 （−0.27）
$d01\_1$		0.001 （1.1）	0.001 （0.96）		0.002 （1.48）	0.002 （1.22）
$f02$		−0.000 （−0.86）	−0.000 （−0.88）			−0.000 （−0.98）

续表

	回归1	回归2	回归3	回归4	回归5	回归6
	tobit	tobit	ols	xttobit	xttobit	xttobit
f04		−0.000 (−1.06)	−0.000 (−1.26)			−0.000 (−1.41)
cons	0.093 (1.87)	0.109 (1.52)	0.085 (1.31)	0.0016 (0.04)	0.119 (1.67)	0.123 (1.69)
个体效应标准差				0.014	0.011	0.011
随机效应标准差				0.008	0.009	0.008
Rho				0.44	0.33	0.32
LR检验				11.07 (0.000)	6.52 (0.005)	6.10 (0.007)
Wald chi^2	553.84	567.99	670.05	226.09	560.05	631.91
对数最大似然值	106.69	108.88		98.02	111.04	111.88
R^2			0.83			
N	120	120	120	120	120	120

注：括号内的是 z 统计量，***，**、* 分别表示是 1%、5% 和 10% 的水平下显著。

　　经检验，tobit 模型的扰动项服从正态分布和同方差性，同时不存在多重共线的问题。笔者在实证分析时，不仅进行了面板 tobit 模型的分析，还报告了 ols 和混合 tobit 的估计结果。本模型实证分析使用的村级数据是 120 个，为克服样本量不大的问题，笔者在估计时均采用自助法抽样 300 次。

　　笔者估计了 2 个混合 tobit 模型、1 个 ols 模型和 3 个面板 tobit 随机效应面板模型，如表 5 所示。首先看面板 tobit 模型的估计结果，rho 值代表了个体效应的方差（即组间方差）占总方差的比例，3 个模型的值都在 0.32—0.44，说明个体效应的变化在一定程度解释了贫困村精英俘获程度的变化。3 个模型中个体效应和随机干扰项的标准差都很小，从 3 个模型的极大似然率比值可以看出，不存在个体效应的零假设被拒绝，也即拒绝了混合 tobit 模型。另外，从对数极大似然值可以看出 5 个模型的拟合优度也都较好。从 ols 模型的估计结果来看，包括村支书当村干部年数 j08_1 和村主任当村干部年数 j08_2 等的系数与面板 tobit 模型估计的结果基本一致，而且 R^2 值为 0.83，拟合程度较好。混合 tobit 模型估计结果与面板 tobit 模型估计的结果也基本一致。

　　所以，进行的 6 个回归实证结果比较稳定。村支书任职年数 j08_1 和村主任任职年数 j08_2 的系数为正，且均在 1% 或 5% 水平上显著，这表明村支书和村主任当村干部年数越长，建档立卡精英俘获程度越高。图 1 和图 2 也直观地显示了这种关系。同时贫困村一年开村民代表大会次数 $i06$ 的系数为负且显著，说明贫困村一年开村民代表大会次数越多，建档立卡精英俘获程度越低。

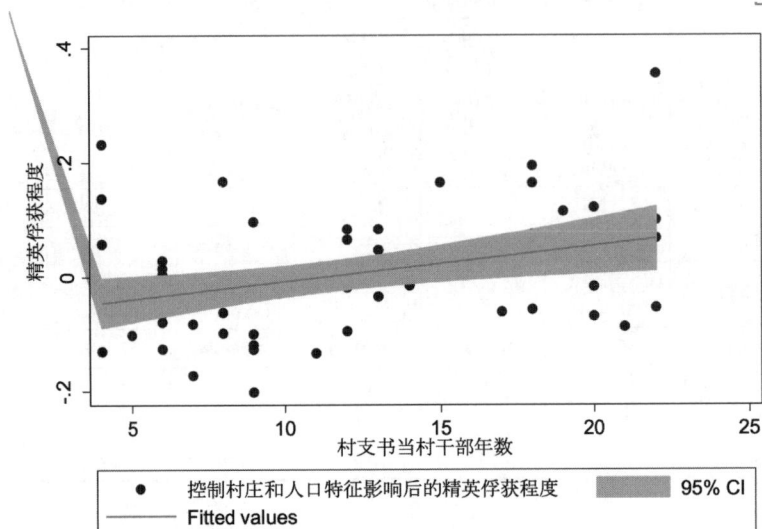

图 1　建档立卡精英俘获程度与村支书当村干部年数的散点图

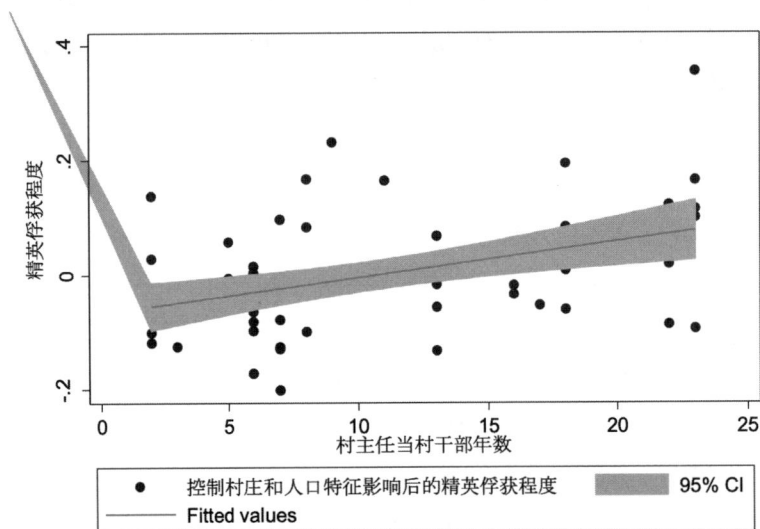

图 2　建档立卡精英俘获程度与村主任当村干部年数的散点图

笔者进一步对样本中按年度区分的子样本分别用 tobit 模型回归，结果如表 6 所示，我们还可以看到：村支书当村干部年数 $j08\_1$ 和村主任当村干部年数 $j08\_2$ 的系数为正，而且显著。对 2013 年样本的实证分析，我们还可以看到贫困村到

本乡镇政府的距离 $d01\_1$ 的系数为正，而且显著，这表明贫困村到本乡镇政府的距离也是影响建档立卡精英俘获的一个因素。

表 6　贫困村建档立卡精英俘获影响因素的子样本回归

	回归 1	回归 2	回归 3
	2012 年样本	2013 年样本	全样本
$j08\_1$	0.014** （2.71）	0.008 （1.78）	0.011** （2.79）
$j08\_2$	0.014*** （4.36）	0.009* （2.48）	0.013*** （5.23）
$a08a$	0.000101 （0.6）	0.00024 （1.8）	0.000151 （1.64）
$a05$	0.000 （0.23）	0.000 （1.15）	0.000 （1.18）
$a09$	−0.009 （−0.89）	−0.0029 （−0.30）	−0.007 （−1.38）
$a12$	−0.000 （−0.81）	0.000 （0.45）	−0.000 （−0.20）
$b01$	−0.000 （−0.24）	−0.000 （−1.26）	−0.000 （−0.79）
$c02$	−0.000411 （−0.51）	−0.000108 （−0.13）	−0.00012 （−0.29）
$d01\_1$	−0.002 （−0.91）	0.005* （2.3）	0.002 （1.25）
$i05$	0.004 （0.86）	−0.004 （−0.63）	0.001 （0.31）
$i06$	−0.014* （−2.38）	−0.012* （−2.04）	−0.013*** （−3.95）
$f02$	−0.000 （−0.55）	−0.000 （−0.89）	−0.000 （−1.10）
$f04$	−0.000 （−0.37）	−0.000 （−0.90）	−0.000 （−1.36）
cons	0.146 （1.28）	0.18 （1.54）	0.123 （1.64）
对数最大似然值	51.845	64.923	111.935
Wald chi^2（13）	208.36	218.83	631.91
N	60	60	120

六、机制分析

我国目前村干部任职年数没有明确限制，村主任每届任期 3 年依据是《中华人民共和国村民委员会组织法》规定村民委员会每届任期 3 年，届满换届选举可以连任。村支书由村党支部党员选举产生，届满可以连任。正是这种情况，很多村庄（包括贫困村）的村主任和支书任职年数很长，有的高达20、30年。笔者认为，贫困村村干部任职年数过长，村干部对贫困村的影响也越大。

（一）村干部通过影响信息传递，导致建档立卡精英俘获发生

按照当时国家规定的扶贫标准和识别程序，建档立卡识别认定程序应该是：一是户主申请关；二是小组提名关；三是入户调查关；四是集体评定关；五是张榜公示关。但调研发现贫困村并非完全按照这些程序实施。农户要成为建档立卡户，首先得自己主动申请。但调研发现很多非建档立卡贫困农户当时并不知道建档立卡申请信息。在当时背景下，召开全体村民大会是传递建档立卡相关信息的主要途径。但笔者对村干部任职年限与全体村民大会召开次数实证分析发现，二者存在负相关关系。

笔者估计了4个ols结果（为克服样本量不大的问题，估计时均采用自助法抽样300次）。如表7所示，村主任任职年限$j08\_2$的系数为负而且显著，这说明村主任任职年限越长，全体村民大会召开次数越少。全体村民大会召开次数越少，同样不利于建档立卡相关信息的传递。这会导致与村主任关系密切的精英农户知道信息申请，同时一些贫困农户不知道相关信息而未能申请，这样就为建档立卡精英俘获发生提供了可能。任职年限越长的村干部，对村建档立卡信息传递影响越大，最终导致的建档立卡精英俘获程度越高。这一点与J P Platteau等（2014）的观点一致。同时，这与表5（全体村民大会召开次数$i06$的系数为负且显著）说明的观点也一致。

表7 村干部任职年数对全体村民大会召开次数的影响

	回归1	回归2	回归3	回归4
被解释变量：全体村民大会召开次数				
$j08\_1$	−0.098（−1.13）	−0.085（−1.01）	−0.028（−0.30）	−0.023（−0.28）
$j08\_2$	−0.248***（−3.59）	−0.226**（−3.00）	−0.202**（−3.04）	−0.132*（−2.11）
$a08a$		−0.004（−1.39）	−0.003（−1.23）	−0.002（−0.87）
$a05$		0.001（1.09）	0.000（0.05）	−0.001（−0.94）
$a09$		−0.442*（−2.55）	−0.41*（−2.47）	−0.445**（−2.58）
$a12$		−0.003（−1.52）	−0.002（−1.11）	0.000（−0.12）

续表

	回归1	回归2	回归3	回归4
被解释变量：全体村民大会召开次数				
$b01$			0.000 （1.3）	0.000 （1.39）
$c02$			−0.047* （−2.16）	−0.045* （−2.19）
$d01\_1$			−0.099* （−2.12）	−0.061 （−1.57）
$f02$				0.014*** （3.55）
$f04$				0.001 （1.6）
cons	8.79*** （10.81）	9.756*** （8.53）	13.27*** （6.30）	9.954*** （5.26）
R^2	0.264	0.327	0.415	0.512
N	120	120	120	120

（二）村干部通过影响建档立卡的集体评定，导致建档立卡精英俘获发生

建档立卡识别认定程序有一个重要环节是集体评定。由于农户的人均纯收入难以确定，农户申请后要经过集体评定后才能初步确定建档立卡户。调研中发现，贫困村建档立卡集体评定是通过村干部召集村民代表开会评定。在不少劳动力外出打工、村庄日益空心化的背景下，贫困村的村民代表选举和大会的召开越来越多受到村干部（主要是村主任和村支书）的影响。首先，很多村民代表并不是村小组选举产生而是由村主任和村支书指派；其次村民代表大会的召开取决于村主任和村支书的个人意愿。在这样的背景下，建档立卡由村民代表们集体评定极易受到村干部（村主任或村支书等）象征权力的影响——一些精英农户因此而被认定为建档立卡户。

笔者对村干部任职年限与村民代表大会召开次数实证分析发现，二者存在负相关关系。笔者估计了5个ols结果（为克服样本量不大的问题，估计时均采用自助法抽样300次）。如表9所示，村主任任职年限$j08\_2$的系数为负而且显著。这说明村主任任职年限越长，村民代表大会召开次数越少，说明贫困村建档立卡集体评定极少通过集体评议来决定，大多数由村干部直接指定了。由此可见，任职年限越长的村干部，对建档立卡的集体评定影响越强，最终导致的建档立卡精英俘获程度越高。

表8　村干部任职年数对村民代表大会召开次数的影响

	回归1	回归2	回归3	回归4	回归5
	全样本	全样本	2013年样本	2013年样本	2013年样本
被解释变量：村民代表大会召开次数					
$j08\_1$	−0.045 （−0.50）	−0.037 （−0.41）	−0.068 （−0.74）	−0.029 （−0.32）	−0.022 （−0.26）
$j08\_2$	−0.141* （−2.12）	−0.144* （−2.00）	−0.310*** （−4.51）	−0.307*** （−4.36）	−0.329*** （−4.44）
$a08a$	0.000 （0.05）	0.000 （0.09）	−0.000 （−0.09）	−0.000 （−0.03）	0.000 （0）
$a05$	−0.001 （−0.88）	0.000 −0.07	−0.001 （−1.19）	−0.001 （−1.05）	−0.00 （−0.40）
$a09$	0.007 −0.05	−0.048 （−0.29）	0.035 （0.2）	0.045 （0.24）	0.029 （0.15）
$a12$	−0.000 （−0.19）	−0.000 （−0.17）	−0.004 （−1.73）	−0.004 （−1.56）	−0.004 （−1.77）
$b01$	−0.000 （−0.19）	−0.000 （−0.24）		0.000 （0.07）	−0.000 （−0.04）
$c02$	−0.017 （−0.92）	−0.016 （−0.87）		−0.029 （−1.45）	−0.029 （−1.39）
$d01\_1$	0.019 （0.43）	0.021 （0.45）		−0.051 （−1.06）	−0.053 （−1.12）
$f02$		0.001 （0.2）			−0.002 （−0.36）
$f04$		−0.001 （−1.16）			−0.001 （−0.95）
cons	9.631*** （5.75）	9.408*** （5.03）	11.05*** （12.21）	13.52*** （8.15）	13.95*** （7.45）
R^2	0.133	0.144	0.595	0.621	0.628
N	120	120	60	60	60

（三）村干部通过与上级部门的博弈影响，导致建档立卡精英俘获发生

建档立卡户初步确定后，有的县扶贫办会复查。复查中会发现有的建档立卡户明显不符合标准。按正常的程序，不符合标准的建档立卡户会被取消资格。然而实际情况并非如此。扶贫办往往将没有评定为建档立卡的贫困农户重新认定为建档立卡户，而一般不会取消不符合标准的精英建档立卡户的资格。原因在于如果精英建档立卡户的资格被取消，后续建档立卡工作和扶贫项目的实施都会因得不到村主任或村支书的支持而难以开展。村干部正是通过与上级部门的博弈，使得与村干部关系密切的精英农户成为建档立卡户，从而导致建档立卡精英俘获发

生。任职年限越长的村干部，对贫困村影响越大，与上级部门的博弈能力也越强，最终导致的建档立卡精英俘获程度越高。

这种博弈难以在数据上直接体现，却是在调研中的一个重要发现。如笔者2014年在贵州大方县和平村调研发现，和平村建档立卡存在明显的精英俘获现象。一些深度贫困农户无法成为建档立卡户而一些与村主任村支书关系好的精英农户成为了建档立卡户。这些情况反映到县扶贫办，最终结果是将一部分深度贫困农户补充为建档立卡户，但原来的精英农户并没有取消。

七、总结

本文主要结论如下：（1）精准扶贫理念实施后，通过probit模型发现精英农户仍可以成为建档立卡户；（2）通过计算发现，60个贫困村建档立卡精英俘获率为0.25，即100名建档立卡名额有25户被精英农户占有。建档立卡瞄准失误率为33%，精英俘获对精准识别建档立卡瞄准失误的贡献率为74%，建档立卡面临精英俘获的严重挑战；（3）贫困村村干部任职年数越长，贫困村一年开村民代表大会次数越少，贫困村建档立卡精英俘获率越高。

本文的重要发现在于：一是我国建档立卡面临精英俘获的严峻挑战；二是村干部任期过长是建档立卡精英俘获产生的重要原因。为实现2020年农村减贫目标，我国每月需减贫100万人，扶贫开发已进入攻坚拔寨的冲刺期。但即便在全国大力实施精准扶贫的背景下，仍存在"帮富不帮穷"的现象。本文研究结果显示，2012年和2013年云贵川60个贫困村建档立卡都存在明显的精英俘获现象。这不仅是滥用有限而宝贵的扶贫资源，也很不利于我国第一个一百年奋斗目标的实现。同时，村干部任期没有限制的问题应该引起足够的重视。本文揭示了农村基层治理现状与精准扶贫目标之间的矛盾，研究结论对我国精准扶贫机制完善有较大借鉴意义。

我们应该采取让村民有效参与到贫困人口的识别程序、引入微观层次的第三方监督、限制村干部任期、完善村级治理，来应对建档立卡面临精英俘获的严峻挑战，实现真正的精准扶贫。这对完成在2020年在全国消除"绝对贫困"，实现全面建成小康社会目标具有重要的现实意义。

八、政策含义

由前文分析可知，我国建档立卡存在明显的精英俘获现象，实证研究显示云贵川 60 个贫困村建档立卡精英俘获率为 0.25，其中精英俘获对精准识别建档立卡瞄准失误的贡献率为 74%，建档立卡面临精英俘获的严峻挑战。本文进一步分析发现，贫困村村干部任职年数越长，贫困村一年开村民代表大会次数越少，贫困村建档立卡精英俘获率越高。

2014 年 1 月 14 日中共中央颁布了《党政领导干部选拔任用工作条例》，第十章第五十四条第二款规定，"地方党委和政府领导成员原则上应当任满一届，在同一职位上任职满十年的，必须交流；在同一职位连续任职达到两个任期的，不再推荐、提名或者任命担任同一职务"。这个条款实际上明确限制了干部的任期不得超过两届。

但是村级干部的任期限制问题却被忽视了，党的农村基层组织工作条例和国家的村民委员会组织法只规定了村级领导班子一届任期 3 年，并没有规定同一个村民在村级主要领导职位上不得超过多少个任期。这导致了很多村主任和村支书任期达 20、30 多年之久。

长期任职的弊病是显而易见的，这些村支书村主任已经变成当地的"土皇帝"，他们对村里扶贫资源分配产生巨大影响。笔者认为，应该在 1999 年 2 月 13 日颁布的《中国共产党农村基层组织工作条例》第二章"组织设置"或第六章"干部队伍和领导班子建设"的适当地方增加限制村支部书记任职不得超过 3 个任期（9 年）的限制，同时应当在 2010 年 10 月 28 日修订颁布的《中华人民共和国村民委员会组织法》第三章"村民委员会的选举"第十一条增加一款限制村民委员会主任连选连任不得超过 3 届（9 年）的规定。通过对村干部的任期限制，减少精英俘获，有利于精准扶贫的有效实现。

此外，由于本文受到调研数据的限制，只重点分析了贫困村村干部任职年数对建档立卡精英俘获的影响机制。但无论是从本文的理论和实证分析，还是联系中国的具体实践，贫困村村干部任职年数过长其实是我国村级治理不完善的一个缩影。在我国扶贫实践领域一直存在"由于村级治理状况不同，相同的扶贫项目在不同的村有不同的效果"的现象。现在本文发现，由于村级治理因素，在不同村存在不同建档立卡精英俘获程度现象。

本文分析所使用的数据是 2012 年和 2013 年的数据，虽然建档立卡已实施一段时间，但精准扶贫是在 2014 年才在全国普遍实施。尽管如此，本文的研究结论对精准扶贫机制完善仍有重要意义。2014 年，为保障精准扶贫，全国各省、市、县三级共派出了以扶贫工作为主要任务的工作队超过 10 万个，驻村帮扶干部 40 万人。但是审计署调查仍然发现 2015 年广西马山县扶贫对象买汽车事件。这些扶贫对象的认定是按照规定程序，经过贫困村由村干部召集的村代表民主评议初步认定的。显而易见，这是典型的贫困村建档立卡精英俘获案例。所以笔者认为，没有村级治理的完善，依靠工作队和驻村帮扶干部仍难以避免精英俘获，实现真正的精准扶贫。

因此笔者认为，除了限制村干部任期外，政府还可以采取以下措施：一是采用参与式识别的办法，让村民有效参与到贫困人口的识别程序。正如 Ryan Sheely（2015）认为通过有意义的参与改变当地的权力关系能够减少精英俘获。二是引入微观层次的第三方监督。当前，我国在中西部 22 个省、自治区、直辖市党委和政府扶贫开发工作成效的考核引入了第三方考核。但目前精准扶贫第三方监督还没有有效建立起来。在第三方评估中，"第三方"的"独立性"被认为是保证评估结果公正的起点，而"第三方"的专业性和权威性则被认为是保证评估结果的公正的基础。当前我国各种智库正处在加速发展之中，笔者认为政府可以以委托课题等形式鼓励各种智库、高校科研机构和社会组织对我国精准扶贫机制做出独立的第三方评估。精准扶贫第三方评估可以采取专项调查、抽样调查和实地核查等方式，对精准扶贫考核指标进行评估，使各项脱贫数据更加可靠、更加公正。第三方评估报告可以以上报相关政府部门和公开发布的形式，以督促精准扶贫机制的完善。同时政府也应积极创建有利于精准扶贫第三方评估独立发展的行政和社会环境。

参考文献

［1］胡联，汪三贵，王娜. 贫困村互助资金存在精英俘获吗？. 经济学家，2015（9）.

［2］李玉刚. 利益、原因与困境——J 村精准扶贫实践. 第十一届中国农村发展论坛论文集，2015.

［3］李祖佩，曹晋. 精英俘获与基层治理——基于我国中部某村的实证考察. 探索，2012（5）.

［4］唐丽霞，罗江月，李小云. 精准扶贫机制实施的政策和实践困境. 贵州社会科学，2015（5）.

［5］汪三贵，郭子豪. 论中国的精准扶贫. 贵州社会科学，2015（5）.

［6］汪三贵，Albert Park，Shubham Chaudhuri，Gaurav Datt. 中国新时期农村扶贫与村级贫困瞄准. 管理世界，2007（1）.

［7］吴新叶. 社区民间组织成长中的精英捕获：问题与对策——以社会管理为视角的分析. 青岛行政学院学报，2010（6）.

［8］温铁军等. 部门和资本"下乡"与农民专业合作经济组织的发展. 经济理论与经济管理，2009（7）.

［9］温涛，朱炯，王小华. 中国农贷的"精英俘获"机制：贫困县和非贫困县的分层比较. 经济研究，2016（2）.

［10］温铁军，杨帅. 中国农村社会结构变化背景下的乡村治理与农村发展. 理论探讨，2012（6）.

［11］邢成举. 乡村扶贫资源分配中的精英俘获. 中国农业大学博士学位论文，2014.

［12］邢成举，李小云. 精英俘获与财政扶贫项目目标偏离的研究. 中国行政管理，2013（9）.

［13］许汉泽. 扶贫瞄准困境与乡村治理转型. 农村经济，2015（9）.

［14］Besley T，Pande R & Rao V. 2012. Just rewards? Local politics and public resource allocation in South India. World Bank Economic Review，26，191-216.

［15］Diya Dutta，2009. Elite Capture and Corruption：Concepts and Definition. National Council of Applied Economic Reseacher.

［16］Galasso E & Ravallion M，2005. Decentralized targeting of an antipoverty program. Journal of Public Economics，89，705-727.

［17］Jha Raghbendra，Bhattacharyya Sambit，Gaiha Raghav and Shankar Shylasti. "Capture" of Anti-poverty Programs：An Analysis of the National Rural Employment Guarantee Program in India 2009，Journal of Asian Economics，20（4）：456-464，2009.

［18］J P Platteau，2004. Monitoring Elite Capture in Community-Driven. Development and Change，35（2）：223-246.

［19］J J Laffont and J Tirole. 1991. The Politics of Government Decision-Making：A Theory of Regulatory Capture. The Quarterly Journal of Economics. Vol. 106：1089-1127.

［20］Kwadwo Adusei-Asanteand Peter Hancock，2016. Does Deference Enable Elite Capture？Evidence from a World Bank Community-Based Project in Ghana. RJSH，Vol. 3：49-58.

［21］L Pan，L Christiaensen，2012. Who is vouching for the input voucher？decentralized targeting and elite capture in Tanzania. World Development，40（8）：1619-1633.

［22］M Olson. 1965. The Logic of Collective Action. Cambridge M.A.：Harvard University Press.

［23］Peltzman，S. 1976. Toward a More General Theory of Regulation. Journal of Law and Economics. Vol. 19：211-240.

［24］Platteau Jean-Philippe，Somville Vincent，Wahhaj Zaki，2014. Elite capture through information distortion：A theoretical essay. Journal of Development Economics，106：250-263.

[25] P Bourdieu, 1996, The State Nobility: Elite Schools in the Field of Power.Oxford, Polity Press.

[26] Ryan Sheely, 2015. Mobilization, Participatory Planning Institutions, and Elite Capture: Evidence from a Field Experiment in Rural Kenya. World Development, 67, 251-266.

[27] Sitakanta Panda, 2015. Political Connections and Elite Capture in a Poverty Alleviation Programme in India. The Journal of Development Studies, 51: 50-65.

[28] World Bank: 2004 World Development Report: Making Services Work for Poor People? World Bank Publications, Washington D C, 2004.

（本文与胡联合著，原载《管理世界》2017 年第 1 期）

连片特困地区扶贫项目到户问题研究

——基于乌蒙山片区三省六县的调研

一、引言

经济发展、收入分配和减贫的关系表明，收入分配均等程度越高，经济增长的减贫作用越大。近十年我国的基尼系数均超过了国际警戒线水平（0.4），经济增长的减贫作用逐渐减弱。在此背景下，提高扶贫精准度，提高扶贫资金使用效率成为未来我国扶贫工作的重点内容。近几年，我国已经开始逐步推进精准扶贫和扶贫到户的工作。如《中国农村扶贫开发纲要（2011—2020 年）》中提出"建立健全扶贫对象识别机制，做好建档立卡工作，实行动态管理，确保扶贫对象得到有效扶持"；习近平总书记在湘西调研扶贫工作时提出要"精准扶贫"；李克强总理在 2014 年政府工作报告中也提出"实行精准扶贫，确保扶贫到村到户"等。这些均强调了扶贫政策精准到户的重要性。可以说，改进扶贫到户工作机制、提高扶贫精准度已经成为未来扶贫工作的主导方向。

当前我国农村贫困问题呈现新的特点，中国农村贫困的性质正在发生变化。农村贫困分布已从改革开放初期的"整体性贫困"，向集中连片特困地区的"区域性贫困"过渡。在连片特困地区，贫困规模大，贫困程度深；基础设施状况相对落后，生态脆弱性明显；劳动力文化程度低；医疗条件和就医状况差；致贫因素复杂，且多种因素交织并相互作用；贫困问题恶性循环导致"贫困陷阱"。因此，连片特困地区成为未来我国扶贫攻坚的主战场。加大连片特困地区的扶贫开发力度，推进精准扶贫工作，提高扶贫到户效率，对于实现减贫目标意义重大。

分析连片特困地区扶贫项目到户状况、扶贫到户机制存在的问题是推进连片特困地区精准扶贫工作的基础。本文将基于乌蒙山片区的四川省喜德县和叙永县、贵州省桐梓县和大方县、云南省大关县和宣威市的县级座谈、村级访谈、农户访谈和调查问卷①的相关数据，就连片特困地区扶贫项目的到户方式、扶贫项目到户率、当前扶贫项目到户过程中存在的问题及其原因等方面进行深入分析，并在此基础上提出扶贫到户改革的政策建议。

二、主要扶贫项目到户情况分析

乌蒙山片区的扶贫项目种类很多。只有使农户真正受益的扶贫项目才有意义。因此，本文关注那些真正实现扶贫到户、使农户受益的项目。农民从扶贫到户项目中受益的方式很多，主要有四种：一是参与扶贫项目，改善生产或生活条件。二是从项目中直接获得现金或实物补贴。三是在培训项目中学习工作技能，提升人力资本。四是获得金融扶贫项目的贷款资格。这四种方式可以衡量扶贫项目是否到户，扶贫项目满足其中一项者即视为项目到户。由此，乌蒙山片区的扶贫到户项目主要包括以下六种：基础设施扶贫项目、住房新建或改建项目、产业扶贫项目、劳动力培训项目、金融扶贫项目、能源建设项目。本文将从这六种扶贫项目的实施方式、项目村和项目户的选择标准、项目的扶贫到户率等方面对乌蒙山片区主要扶贫项目到户情况进行分析。

（一）主要扶贫项目到户方式及瞄准机制

基础设施扶贫项目主要包括整村推进、人畜饮水工程、入户道路建设等。基础设施建设通过改善农户生活生产条件、降低交易成本、加速信息传递和物流发展等方式使贫困农户间接获益。基础设施到户包括选择村庄和选择农户两个方面。选择项目村的方式主要有两种：一是在贫困村再分级基础上选择深度贫困

---

① 本次调研在县、村、农户三个层面进行。县级层面调研主要采用访谈的方式，了解县内扶贫到户项目的类型、实施方式和实施效果等。村级层面调研采用访谈和问卷调查相结合的方式，收集了人口、基础设施、村庄扶贫项目投入状况及项目实施操作方式等信息。农户层面调研采用访谈和问卷调查的方式，详细调查了家庭人口特征、收入、参与扶贫到户项目等情况。调研村和农户的具体抽样方法为：每个县随机抽取 5 个项目村、5 个非项目村。全部农户被分为建档户（也即建档立卡贫困户）和非建档户（也即非建档立卡户）。调研首先采取整群抽样，在每村选择建档户和非建档户均超过 10 个的村民小组。在确定调研村组的基础上，采取随机抽样的方式在每村选取10个建档户、10 个非建档户作为调研对象。最终获得有效农户问卷 1209 份。

村。贫困村再分级是指将贫困村分为一、二、三类，其中一类贫困村贫困程度最深，是项目实施过程中优先瞄准的对象。二是整乡推进或连片开发。其指将扶贫资金进行整合，以乡域范围内全部村庄或连片的村庄为项目实施对象。选择农户的方式包括普惠式到户和瞄准到户两种。前者指不区分贫困户和非贫困户，将村内全部农户纳入项目实施的范围；后者指在不同项目中，只有具备特定条件的农户才能获得项目支持。[①]

住房新建或改建项目主要包括彝家新寨、危房改造和安居工程项目。住房相关的扶贫项目帮助农户从道路不便、资源匮乏的偏远山区迁入生产生活条件便利的平原地区，直接改善了农户的生活条件，提高了家庭卫生水平，促进了生产发展。该扶贫到户主要采取三种方式：第一，根据相对集中原则选择项目户。在项目指标有限的条件下，相对集中地选择某个村组或者某个区域内农户实施项目。相对而言，交通较为便利、建设材料运输成本较低、人口相对集中的村组更容易成为项目对象。第二，选择需新建或改建房屋且能够提供配套资金的贫困户实施项目。第三，普惠式到户。即对村庄内全部农户实施改建或新建房屋项目。由于资金等因素限制，普惠式住房项目较少，主要用于灾后重建项目。

产业扶贫项目包括乡村旅游扶贫项目、种植业和养殖业扶贫项目。从乡村旅游扶贫项目来看，农户受益方式主要是直接补贴资金、完善村内基础设施建设以及带动周边农户农产品销售并增加村内务工机会。从种养殖业扶贫项目来看，农户受益形式主要包括直接现金补贴和实物补贴等。实物补贴体现在为参与项目的农户提供种苗、幼畜等。在扶贫项目设计中，贫困户还可以通过联户机制和公司加农户形式获益。联户机制指的是若干农户以实物或劳动力入股，联合进行生产活动，按照所占股份进行利润分成。在联户机制中，贫困户可以通过土地入股的方式，破除资本制约，参与产业发展并从中获益。联户养殖还能整合分散农户的资源，扩大生产规模，降低生产成本，节约劳动力，带动贫困户发展。公司加农户主要包括以下三种模式：一是公司为农户提供种苗、幼畜等，农户负责培育、养殖工作，最后产品由公司按照协议价格收购。二是公司租用农户土地，采用反租倒包的形式进行生产，农户参加相关生产工作，领取工资。三是订单农业。由于产业扶贫项目涉及范围广、资金充分，其在选择农户上限制较少。只是个别技术含量较高的产业对农户有所限制，如山羊养殖等，往往要求参与农户具有一定

---

① 例如项目通常会选择能够配套项目资金的农户。

的生产经验和家庭资本。劳动力培训项目涉及两方面内容：一是劳动力转移培训。主要针对农民工展开技能培训，培训期满后，为农民工发放资格证书。这类培训成本高，覆盖劳动力数量多。二是对农户进行实用技能培训。主要是种养殖业相关技术培训。培训形式包括集中在职业学校统一培训和集中在乡镇，请教师下乡培训。在该模式下项目成本低，培训规模较小。劳动力培训项目在农户选择上限制很少，只要是劳动力符合条件，一般均可报名参加。

金融扶贫项目通过向贫困村农户发放生产性贷款，缓解贫困农户发展面临的资金短缺问题，最终使农户收益。金融扶贫项目主要包括贫困村互助资金和扶贫贴息贷款。贫困村互助资金通过政府投入一定初始资金和农户自我管理，在一个行政村或自然村中运转，以发放小额贷款方式促进农户发展生产。扶贫贴息贷款则通过中央财政贴息，给予农户较低利息的贷款。贫困村互助资金在农户选择上限制较少，只要该村有资金互助社，家中有劳动力进行生产活动，便可加入互助社，获得相应的资金支持。

能源建设项目主要包括沼气或太阳能建设。能源建设项目改善了农村环境卫生，建立了循环农业的发展模式，降低了农户生产生活成本，使农户从中间接获益。此类项目采取如下到户方式：一是按区域集中补贴。即为某一区域内农户统一建设沼气或太阳能。二是对可以提供项目配套资金的农户进行补贴。采取"先建后补"方式，由参加项目农户先建设沼气池，然后扶贫项目部门对其验收后发放相应补贴。

（二）主要扶贫项目到户率

前文所述的六种扶贫项目的到户方式和农户受益方式，一定程度上反映了乌蒙山片区扶贫项目的到户情况。除此而外，扶贫项目的到户率也是反映乌蒙山片区主要扶贫项目到户情况的重要数据。扶贫项目的到户率是指农户参与扶贫项目并从中受益的比例。由于不同扶贫项目的作用、目标群体、到户方式不同，可能导致不同扶贫项目到户率存在差异，本文从扶贫项目的总到户率和不同扶贫项目的到户率两个方面来分析乌蒙山片区扶贫项目的到户情况。需要指出的是，在扶贫项目的实际操作中，扶贫项目到户的宗旨是要更多地瞄准建档户[①]，让建档户从扶贫项目中受益。因此，本文着重对建档户与非建档户的扶贫到户率进行比较分析。扶贫项目的总到户率是指至少参与过一项扶贫项目并从中获益的农户占农户

---

① 建档立卡工作是扶贫到户的基础，贫困户建档立卡后才能实行有针对性的到户扶贫项目。

总数的比重，该指标可反映出各类扶贫项目到户的覆盖面。表 1 中的数据显示：乌蒙山片区主要扶贫项目总到户率约 30%，而且建档户扶贫项目总到户率与非建档户相近。具体来看，2012 年和 2013 年乌蒙山片区总到户率分别为 29.80% 和29.66%，表明近三成农户从至少一项扶贫项目中受益。其中，建档户 2012 年和2013 年到户率分别为 27.99% 和 30.37%，非建档户 2012 年和 2013 年到户率分别为 30.77% 和 29.28%。建档户和非建档户的受益程度相近，表明乌蒙山片区扶贫项目并未明显偏向于建档户，"益贫"效果不明显。

就不同项目到户率来看，表 1 显示，总体上，不同扶贫项目的到户率存在较大差异，同一项目建档户和非建档户扶贫项目到户率相近。具体到每个项目的到户率来看，基础设施建设项目的到户率最高，到户率近 20%，这说明基础设施建设项目是农户受益最大的项目。互助资金项目、扶贫贴息贷款项目以及能源建设项目的到户率很低，均未超过 2%。住房新建或改建项目、产业扶贫项目和劳动力培训项目的到户率在 4% 到 10% 之间。非建档户在基础设施项目、劳动力技能培训、互助资金和扶贫贴息贷款项目中的到户率略高于建档户。建档户在其余三个项目上的到户率略高于非建档户。总体看，建档户和非建档户在各个具体扶贫项目上的到户率差异不大。这也就是说，当前实施的扶贫项目在实施过程中没有特别照顾贫困户的利益，扶贫项目没有显示出明显的"益贫"特征。

表 1　乌蒙山片区具体扶贫项目的扶贫到户率（单位：%）

项目名称	建档户		非建档户		总体	
	2012	2013	2012	2013	2012	2013
总到户率	27.99	30.37	30.77	29.28	29.80	29.66
基础设施项目	17.02	15.26	20.4	17.81	19.22	16.92
住房新建或改建	4.91	6.7	4.85	4.76	4.87	5.44
产业扶贫项目	8.67	8.72	7.53	6.7	7.93	7.4
劳动力技能培训	3.93	3.58	4.68	4.76	4.42	4.35
互助资金	1.47	1.09	1.67	1.76	1.6	1.53
扶贫贴息贷款	0.82	0.78	0.84	0.71	0.83	0.73
沼气或太阳能	1.96	0.93	1.34	0.53	1.56	0.67

注：资料来源于乌蒙山片区实地调研。

三、扶贫项目到户率低的原因分析

如前所述，扶贫项目的宗旨是瞄准建档户，使其从扶贫项目中受益。但是，从前文扶贫项目到户率的分析来看，无论是扶贫项目的总到户率还是不同项目的到户率，建档户和非建档户的到户率差异均不大，扶贫项目并没有显示出明显的"益贫"特征。什么原因导致扶贫资金"益贫"效率低下？本文从"省、市—县、乡、村—农户"三个层面综合分析扶贫到户项目中存在的问题及原因。

（一）扶贫资金分配缺少灵活性

当前我国实行的扶贫工作领导体制是"中央统筹、省负总责、县抓落实"。扶贫资金的管理和分配权力掌握在县级以上机构。扶贫资金分配中体现上级意愿，往往和基层意志及实际情况存在一定差异。主要表现在：第一，扶贫资金分配中行政指令强的特征依然明显。个别省份限定了扶贫资金的申报范围，导致县级或乡级机构不能根据自身具体条件选择扶贫项目。第二，专项扶贫资金的规划要求和实际扶贫需求不匹配。省级的扶贫资金采取分块管理，要求专项扶贫资金70%以上用于产业发展，用于直接支持扶贫对象，剩余的30%可以用于基础设施建设等公共投资。但县级部门认为相较于直接到户的产业发展，贫困地区的基础设施建设仍然存在着较大缺口，亟须完善。只有在基础设施充分发展的前提下，到户的产业项目才能获得更大的效益，相较于直接到户的产业发展，贫困地区的基础设施建设更需要资金支持。显然，现有的资金规划要求与这种实际情况相矛盾。第三，扶贫资金额度和扶贫人口数量不匹配。在整村推进项目以行政村为项目实施单位的，但在行政村合并的背景下，行政村存在大规模扩张现象，而扶贫资金并未相应提高，导致整村推进资金不足。

（二）扶贫项目管理和审批程序复杂

1997年，我国确立扶贫开发省级负责制，明确责任、权力、资金、任务"四到省"，项目审批、资金分配大权由省级掌握。这套机制曾在我国减贫开发中发挥了巨大作用。但是，随着扶贫攻坚形势的不断变化，其弊端也逐渐凸显。当前扶贫项目管理呈现"上下两个点，中间千条线"状况，上面的点是中央的资金管理部门，下面的点是县，中间是省和市，项目审批程序烦琐，不但导致人力、物力、财力投入增加，而且可能导致某些时效性较强的产业项目因时间延误而失败。更需要提出的是，省级审核村级，项目管理和审批权限远离项目实施区，基层的具体情况很难知晓，很容易造成项目的选择和管理与基层实际、规划与变化脱节的问题。

（三）扶贫相关部门之间协调不足

扶贫工作涉及多个部门，但各部门扶贫工作并未做到有效衔接。例如，县里多个部门实施沼气池建设项目，虽然项目名称有差异，但实质内容一致，由于各部门资金来源等不同，导致补助标准不同，容易引起不同部门扶贫时农户受益程度的差异并造成村民内部矛盾。这一问题也存在于互助资金项目中，某省扶贫部门与民政部门协调不足，导致省内全部互助资金社无法在民政部门注册，对资金管理产生了巨大的负面影响。

（四）贫困县获得项目难度大

当前扶贫项目采取竞争入围的方式，即由专家对各县项目进行评审，具备可实施条件的地区或者最有可能成功的项目获得扶贫资金。在扶贫项目实施中，上级主管部门往往要求地方进行项目资金配套。因此，各县获得扶贫项目的可能性是由其经济发展条件决定的，而不是从需求出发。越是自然条件差、经济发展水平低的贫困县，配套能力越差，项目实施难度越大，获得项目的可能性也就越低，这容易导致其在申报项目的竞争入围中处于劣势。

（五）深度贫困户遭到排斥

当前扶贫项目考核是以能否成功实施项目为标准，且项目补贴常采取"先建后补"的方式，即农户先自行垫资完成项目，相关部门完成项目验收后，再将补助资金一次性补贴给农户。此外，为保证项目成功实施，扶贫部门更愿将项目交给懂技术、有经验的农户。在这种导向下，贫困农户很难参与扶贫项目。一方面，贫困户资金匮乏，无法提供项目配套资金；另一方面，贫困户人力资本水平较低，缺乏相应的技术支持。资金和人力资本的双重制约，使得他们没有能力自己先实施项目，也不能保证项目成功实施，因而难以得到项目补贴。"先建后补"的资金发放方式和贫困户自身条件的不足导致深度贫困户被排斥在扶贫项目之外。

（六）扶贫项目与农户需求不完全一致

在扶贫项目规划中，一些地方政府往往直接干预产业发展，忽视农户的需求。它们追求产业的规模效益，制定的扶贫项目和群众的需求脱节。例如，某省把核桃产业扶贫项目作为全省确定的十大扶贫产业之一，但一些农户考虑到家庭劳动力状况、回收周期长等问题不愿种植核桃，该省强行推行此项目导致基层扶贫部门工作难度大，同时给农户的正常生计也带来了不利影响。

四、结论和政策建议

我国扶贫政策经历了区域瞄准、村级瞄准阶段后，现着眼于扶贫到户，意图实行农户瞄准，同时，在扶贫机制上从单纯开发式扶贫逐渐转变到开发式扶贫与精准扶贫兼顾的模式。当前，依托区域性开发实现农户精准扶贫开始成为扶贫政策制定与实施的主要方向。从作为连片特困地区之一的乌蒙山片区三省六县的调研结果来看，现有扶贫项目到户主要采取了普惠式到户、选择具备特定条件的农户到户、项目间接带动三种方式，但是，总体上扶贫项目到户率不高，扶贫项目并未显示明显的"益贫"特征。"省、市—县、乡、村—农户"三个层面均存在影响扶贫到户的不利因素，导致扶贫到户中贫困瞄准偏离以及财政扶贫资金"益贫"效率低下。

因此，应大力推进扶贫到户改革，努力提高扶贫工作的精准性。第一，将扶贫资金的项目管理和审批权力下放到县，因地制宜制定扶贫项目。根据贫困人口和贫困程度给贫困县下拨扶贫资金，由县级政府决定扶贫资金的使用方式、扶贫项目的类型和优先顺序。县级项目到省级和市级备案，省级和市级主要负责对扶贫项目进行监管。监督的重点是扶贫资金是否产生了扶贫效果并使贫困人口真正受益。改变扶贫项目和政策中不切实际的"一刀切"现象。第二，将贫困人口的减少和贫困发生率的降低作为贫困县最重要的工作考核指标，实行以扶贫为导向的考核机制。第三，根据各贫困县贫困人口数量和贫困程度分配扶贫资金，改进竞争入围的项目争取方式。提高扶贫资金分配中的灵活性，针对贫困人口数量较大和贫困程度深的贫困县，增加扶贫资金。第四，借鉴财政"一事一议"方式制定贫困村扶贫项目。借鉴"一事一议"财政奖补政策的工作方式，召开村民大会，通过村民的商议和讨论确定村庄急需发展的项目，制定项目实施计划并决定实施方式。第五，在扶贫项目中制定具体的贫困户受益机制。在种植和养殖项目中，可规定合作种植和联户养殖必须有贫困户参加并规定参加的比例。在公司加农户的产业扶贫模式中，要明确带动贫困户的数量，确定贫困户受益的方式。在住房建设项目中，要制定差异化的扶持政策，提高对贫困户的补贴额度，同时要完善金融信贷制度，扩大贫困户的借贷来源，为住房新建和改建的贫困户提供资金。第六，减少政府对产业发展的不必要干预，探索基于市场机制的产业扶贫方式。在产业扶贫的项目选择、品种选择、实施方式等方面充分发挥市场机制的调节作用。让农户根据自身条件和意愿做出产业发展决策。政府相关技术部门应重点提供技术和信息服务。第七，探索政府购买服务的形式。针对扶贫到户中扶贫工作量大和政府扶贫部门力量不足的矛盾，应采取政府购买社会服务的方式，由社会力量组织到户项目的实施。政府扶贫部门主要负责项目的发包和对实施主体的监督考核。

参考文献

[1] 匡远配. 新时期特殊类型贫困地区扶贫开发问题研究. 贵州社会科学，2011（3）.

[2] Park A，Wang S，Wu G.Regional poverty targeting in China.Journal of Public Economics，2002（1）.

[3] 罗荣淮. "九五"期间云南扶贫攻坚恳谈会综述. 云南社会科学，1996（3）.

[4] 赵俊臣. 论扶贫到户. 云南社会科学，1997（3）.

[5] 汪三贵，Park Albert，Chaudhuri Shubham，等. 中国新时期农村扶贫与村级贫困瞄准. 管理世界，2007（1）.

[6] 张永丽，王虎中. 新农村建设：机制、内容与政策——甘肃省麻安村"参与式整村推进"扶贫模式及其启示. 中国软科学，2007（4）.

[7] 李兴江，陈怀叶. 参与式整村推进扶贫模式扶贫绩效的实证分析——以甘肃省徽县麻安村为例. 甘肃社会科学，2008（6）.

[8] 李小云，唐丽霞，张雪梅. 我国财政扶贫资金投入机制分析. 农业经济问题，2007（10）.

[9] 汪力斌，周源熙. 参与式扶贫干预下的瞄准与偏离. 农村经济，2010（7）.

[10] 邢成举，李小云. 精英俘获与财政扶贫项目目标偏离的研究. 中国行政管理，2013（9）.

[11] Park A，Wang S.Community-based development and poverty alleviation：An evaluation of China's poor village investment program. Journal of Public Economics，2010（9-10）.

[12] 李小云. 反贫困中的制度创新——有关贫困社区及群体的参与问题. 中国贫困地区，1998（6）.

（本文与张雁、杨龙、梁晓敏合著，原载《中州学刊》2015 年第 3 期）

村级社会资本与项目"抓包"

——来自贫困地区的新证据

一、引言

自分税制改革以来，中央利用项目制实现了自上而下资源配置（周飞舟，2006）。项目制因其技术治理特性成为中央对地方或地方对基层的财政转移支付的一种重要运作和管理方式（折晓叶等，2011；渠敬东，2012；周雪光，2015；李祖佩等，2016）。项目从国家部门经由地方政府的"发包"和"打包"，最终导致村庄的"抓包"行为（折晓叶等，2011）。近年来，中央对"三农"领域的重视使得越来越多的资源以各种项目的形式进入农村。特别是在精准扶贫提出后，贫困村所获得的项目大幅增加。由于项目制在长期运行中不仅影响和塑造了稳定的制度安排，而且诱发了各层次的政府行为，冲击和重塑了基层治理机制（折晓叶等，2011；李祖佩，2016）。村庄作为项目实施的承载主体，与之相对地产生了一系列应激性行为。从村域社会关系出发探讨项目制对村庄社会的影响以及揭示基层政府与乡村的互动关系成为必要的研究问题（马良灿，2016）。已有较多研究关注了县乡两级基层政府在项目制实践中的运行逻辑，但在村庄层面的研究并不多，而且主要集中于基于个案的质性研究。一些学者将项目进村嵌入村庄关系场域中，认为项目进村是经过外来输入和村庄主动争取的双向运作的结果。从现实来看，村级社会资本在项目制与村庄的对接中确实起到重要作用，具有较高组织和运作能力的村庄更容易"抓包"成功（折晓叶等，2011）。此外，已有研究集中于探讨项目进村对乡村社会的影响，但村庄社会关系如何影响项目进村的相关研究并不多，而且项目与村庄的对接是否具有普适性的运作逻辑还需更全面的证据，这就构成了本研究的基础。鉴于此，本文从村级社会资本的角度研究项目制的治理结构，并用贫困地区的数据实证分析这种互动机制，为理解项目制所形成的基层治理结构提供有益的理论借鉴。

二、文献回顾

目前，关于社会资本的实证研究主要集中于微观个体。较多的学者接受了林南（2005）对社会资本的定义，即认为社会资本是嵌套在社会结构中的资源，并按照林南的理论框架分析了社会资本对个体行为和经济状态的影响。一些学者把社会资本分为不同层次，有微观、中观和宏观之分（Brown，1997），也有个体社会资本以及集体社会资本之分（赵延东等，2005）。本文所涉及的村级社会资本属于中观层面的集体社会资本。集体社会资本一般被认为是一种公民参与网络，以网络、信任、规范为特征（Putnam，1995），具体表现为集体内部成员的联结与互信，促进了集体行动的达成（裴志军，2010）。一些研究关注了村级社会资本在公共治理中的作用，胡荣（2006）发现在社会资本的各因素中，只有社团因子和社区认同因子能够对村民的政治参与意愿起作用。郑传贵（2007）对农村社区不同范围载体的社会资本进行理论探讨和实证考察，其中讨论了民间组织社会资本与农村社区公共产品建设、行政社区社会资本与农村民主治理之间的联系。

陆奇斌等（2015）分析了农村社区社会资本对基层政府灾害治理能力的影响，并发现社区归属感、人际关系亲密度和志愿精神是重要社会资本成分。杜焱强等人（2016）探究了农村社会转型期间社会资本对农村环境治理的作用机理。刘春霞和郭鸿鹏（2016）发现村级社会资本是影响农户参与环保公共品合作供给意愿的重要因素。

村级社会资本的测量方面已有一些尝试性的研究。桂勇等（2008）设计了一个7维度的社区社会资本测量量表，包括地方性社会网络、社区归属感、社区凝聚力、非地方性社交、志愿主义、互惠与一般性信任和社区信任。Harpham（2008）认为社区社会资本包括网络、社会支持、信任、社会支持、互惠，以及非正式社会控制。裴志军（2010）提出了测量村级社会资本的6个维度，包括普遍信任、规范信任、正式网络、非正式网络、共同愿景与社会支持。牛喜霞等（2013）认为农村社区社会资本包含合作、共享、互惠、特殊社区参与、一般社区参与、社区归属感、熟人信任、制度信任和普遍信任。罗家德等（2014）从关系、结构与认知三个维度测量了社区社会资本。张连刚等（2015）利用内部信任、内部规范、社会网络三个指标量化了社会资本，并分析了社会资本对个人组织认同的影响。陆奇斌等（2015）从7个维度（社区政权参与、社区事务参与、邻里信任、社区归属感、社区熟悉程度、人际关系亲密度、志愿精神）测量了农村社区社会资本。刘春霞等（2016）从村域社会信任、参与网络、社会规范和社会互惠四个维度共20个指标测量村级社会资本。

村级社会资本与项目"抓包"之间关系的研究基本衍生于项目制的基层治理研究。较多文献研究了项目进村对村庄团结、村落秩序、社区合作、村社自主性与乡村治理的影响（王春光，2014；陈锋，2015；李耀锋，2016；李祖佩，2016；马良灿，2016）。这些研究提及了村级社会资本是影响项目"抓包"的一个因素，也认为村庄社会资本与政府行政权力运作所构成的社会关系网络嵌入了项目制的实践中（田甜等，2015）。应小丽（2013）认为村庄禀赋、社会资本，特别是村级核心干部的社会资本与运作能力是影响项目进村中的村庄自主性及其功能发挥的关键因素。村级社会资本能够作用于项目"抓包"，其根源是项目制具有竞争性。农业税费改革之后，"悬浮型"村庄的公共产品依赖于外来的项目输入（周飞舟，2006；温铁军等，2012）。因为项目资金有限，项目进村存在一系列筛选机制，不是每个村庄都有机会获得项目。禀赋条件不是项目指标的分配标准，毕竟对于同一县域内的村庄而言，除了极少数附带政治任务的中心村外，其余的村在区位、资源禀赋等方面相差无几。村庄的主动争取能力才是关键因素（李耀锋，2016），并产生了马太效应的结果，即被选中的村庄个数不多却享有大量项目资金（李祖佩等，2016）。面对基层治理的选择性对接机制，村庄所能做出的回应包括整合内部资源和资金配合项目的完成，以及规避项目所能带来的侵蚀集体和个人财产、破坏团结秩序的系统性风险（折晓叶等，2011）。所以，村干部在政缘关系网络中的关系调动能力和公关能力，成为县级部门评判"谁更积极"的最主要方面（李祖佩，2016）。

综上所述，社会资本可以促进集体行动，是理解基层公共治理机制的重要内容。信任、规范、网络等是村级社会资本最常见的维度，但较多的维度指标具有一定的重合，不利于实证测量与分析。项目进村中的村庄自主性回应体现了村庄内在能力与外生项目的关联，为分析项目与村庄对接的行动逻辑提供了理论基础，但已有的研究主要集中于基于个案的质性研究，利用微观调研数据实证的研究较少。鉴于此，本文结合实践，将利用中部省份某贫困县的一个乡镇扶贫项目分配案例，简要分析项目进村的行动逻辑，并进一步从信任、参与的角度测量村级社会资本，采用微观数据验证村级社会资本与项目"抓包"之间的关系，为研究项目制所形成的基层治理机制提供有益的补充。

三、理论框架

项目制的"分级治理"运作机制共同决定了项目的性质、类型、分配与运作（折晓叶等，2011；许汉泽等，2016）。基层治理机制的既有研究讨论了参与主体在协调博弈中的资本和权利运作逻辑（李祖佩等，2016）。对于项目制的参与主体而言，供给方和需求方具有不同的运作逻辑。作为项目供给方的资源分配部门，在政绩考核的约束下，为了获得良好的项目执行效果，在分配项目时通常会考虑村集体的凝聚力和执行能力，比较重视村集体能否有效地动员资源：其一是否能够提供充足的配套资金；其二是否能够低成本地动员农户参与。朱天义和高莉娟（2017）发现乡镇政府将扶贫资源投向短期能够产生效益的村庄主要取决于对项目承接能力、绩效考核和控制的压力、乡村治理精英三大因素的考核。

作为项目需求方的村集体，村庄如何成功"抓包"需要符合上级的项目申报要求和顺应上级的治理逻辑。国家用项目形式输入资源，其基本的治理逻辑是要通过项目的输入撬动地方资源，获得杠杆效应，带动经济发展。特别是对于具有特殊目标导向的扶贫项目而言，由于项目的配套制度、设计的规模偏好、非均衡搭配等，使得项目的结构设计不具有亲贫性，而具有亲社会资本性。村集体处在项目分配流程中的核心位置，除了资金配套等实物要求，内部社会资本存量也是重要影响因素，村内是否拥有广泛的参与网络、信任，以及村干部与资源部门的个人关系都能影响"抓包"结果。已有研究表明社会资本存量丰富、村两委执行力突出、动员资源的能力强的村庄更有可能获得项目（折晓叶等，2011；李祖佩等，2016；朱天义等，2017）。

信任作为社会资本的一个测量指标，常被用于分析组织层面的社会资本状况。Luhmann 等（1979）认为信任分为人际信任和系统信任，前者指的是组织内部成员之间的信任，后者指的是组织成员对组织或制度的信任。人际信任不仅可以促进成员间的沟通和交流，实现信息共享，还能降低合作的监督成本。系统信任方面，组织成员对制度的信任能够促使成员约束自己的行为，这有利于集体行为的达成，提高组织运行效率（万江红等，2015）。公民参与网络在帕特南的研究中是影响制度绩效的关键因素。一方面，参与网络为成员的交流互动搭建了平台，这种互动过程促进了个人信息的传播，这些信息包括人品、个性、能力信息等。在声誉机制的约束下，参与者不仅会守信，也会约束自己的行为，如果不这么做，有可能会付出较大的潜在成本。另一方面，参与网络的形成为重复博弈提供了前提条件。无论是参与网络的声誉约束机制和传播机制，还是重复博弈下累积的对个人以往行为和当前利益的真实了解，都有助于解决信息不对称问题，这将有利于协调集体行动。因此，村庄的信任程度越高，成员参与程度越强，信息共享就越充分，合作也就越容易实现，集体行动能力则越强。上述项目的获取机制可以用图 1 表示：

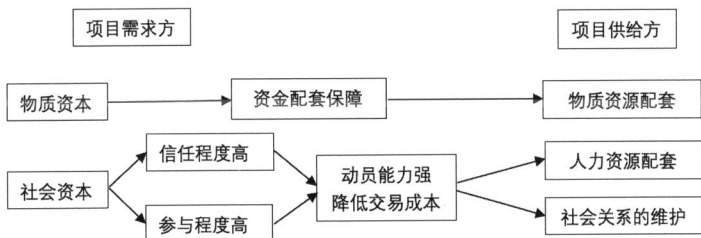

图 1 村内社会资本影响项目获取机制图

为更清晰地表述上述治理逻辑，下文将通过案例证据予以补充论证。定县①是某中部省份的一个贫困县，2015 年中央和省级财政专项扶贫资金为 2320 万元。

---

① 按照学术惯例，本文涉及的地名做了改写的处理。

在"四到县"①背景下，上级扶贫资金不再是以省级项目形式输入到地方，而是将资金直接切块到县，由县级政府支配。但省扶贫办要求定县按 1∶0.8 提供配套资金，即上级拨付 2320 万元，县政府需配套不少于 1856 万元。县扶贫办成为"发包方"后，同样对乡镇提出了配套资金的要求，即配套资金不少于获取项目总金额的 10%，共计 417.6 万元。所以，省级 2320 万元的扶贫资金最终导致各级配套了 2273 万元的财政资金。沿用这一逻辑，乡镇也对项目村提出资金配套要求。为了按期完成项目实施任务，基层政府首选具有项目配套能力的村庄来实施扶贫项目，在定县新乡，最先获得项目的村庄均提供了 10% 的配套资金，详见表 1。

　　不过受集体资产不足、村级负债等因素的制约，除了少数条件好的村之外，大部分的村庄难以提供相应的配套资金。资金配套的筛选机制失效后，基于社会关系网络的筛选机制开始发挥重要作用。以获得项目的甲村为例，甲村的村级治理情况一直较好，村民对于已实施项目的评价较为正面，对项目实施的阻碍和干扰较少，村干部控制不稳定因素破坏团结秩序的经验较为丰富，并能够顺利地组织村民投工投劳。这些以往的经历使得基层政府比较信任甲村的项目执行能力，因而甲村每年获得的项目资金几乎高出其他村一倍。类似的情形在一些研究中也有所体现，李耀锋（2016）通过三亚和井冈山的旅游开发项目的研究，发现上级部门通常因为觉得关系难协调或难做出成绩而冷落那些干群关系紧张的村庄。邢成举（2016）在对比两个村的扶贫项目获取情况时发现，两个村的项目资金的巨大差异与其社会资本的存量密切相关，社会资本丰富的村庄所获得的项目明显多于另一个村。

表 1　定县新乡 2015—2016 年度项目库（单位：万元）

名称	内容	上级资金	县配套	乡配套	村配套
严村便民服务场所广场硬化及配套设施工程	广场硬化、篮球场、下水道、四周围墙及绿化等	20	5	2.5	2
兴村根柱种植专业合作社培训中心	新建合作社培训中心办公场所 320 平方米	25	10	3.5	3
官村便民服务场所广场硬化及配套设施工程	广场硬化、篮球场、下水道、围墙及绿化等	20	5	2	2

四、实证分析

　　上述分析为了解村级社会资本对项目"抓包"的作用机制奠定了理论基础，

---

① "四到县"是精准扶贫机制改革的重要内容，即责任、权力、资金、任务下放到县。

但两者之间的普适性运作逻辑还需进一步验证，因此本文将采用调研数据验证村级社会资本与项目"抓包"之间的关系。

（一）数据来源

中国人民大学和国务院扶贫办于2010—2017年期间对贫困地区做了多次抽样调查，每次调研都在县、村、农户三个层面进行，县级层面调研以访谈为主，了解县内扶贫项目的类型、项目实施和主管部门、项目实施的具体方式、项目的实施效果等。村级调研采用访谈和问卷调查相结合的方式，问卷调查都收集了村内人口、劳动力、基础设施、土地、村两委组织，前一年村庄扶贫项目投入状况及项目实施操作方式等信息。农户层面调研采用随机抽样的方式进行问卷调查。所有的调研由同一个团队组织实施，村级问卷和农户问卷的大部分问题以及询问方式保持了较强的一致性。最终整合之后，删除数据缺失和不合格的样本，总共得到村级样本401个，样本覆盖了河南、陕西、甘肃、宁夏、湖北、湖南、四川、重庆、云南、贵州、广西，贫困人口数量较多的11个省份基本全覆盖，这些省份的经济社会文化等各方面差异明显，为全面验证村级社会资本影响扶贫项目获取提供了一个较好的样本。

（二）模型设定

基于上述理论分析，本文建立如下模型来验证社会资本对村庄项目"抓包"的影响。村庄是否获得项目是一个二分类变量，这里选择 Probit 模型进行分析，本文的实证模型如下：

$$y=\beta_0+\beta_1 Trus+\beta_2 Join+\beta_3 X+\varepsilon$$

其中，被解释变量 y 是村庄是否获得过项目，如果成功"抓包"项目，取值为1，否则取值为0。解释变量是村级社会资本，通过信任指标（$Trus$）和参与程度指标（$Join$）来度量。X 为控制变量，ε 为随机误差项。

本文以信任社区成员的村民比例来代表村级的整体信任水平，并假设村集体内部信任水平越高，越利于项目"抓包"。同时，本文假设村民在经济组织和公共事务上参与程度越强，越利于项目"抓包"。参与程度通过五个指标来反映：一是村民参与合作组织的比例，代表村庄在经济层面的组织化程度。二是村民代表开会次数，理论上来说，村民代表是村民的代言人，代表农民参与本村公共事务的讨论和制定，村民代表的开会次数越多，民意支持则越强，进而越容易形成良性的村级治理氛围。三是全体村民大会的次数，全体村民大会有利于信息的传达，形成广泛的共识，有利于达成集体行动。四是村民代表占总人口的比例，五是全体村民大会的参会率，这两个指标均能反映村民对村级公共事务治理的参与程度，同时能够反映村民对集体的认可度和整个集体的凝聚力。

（三）控制变量选择

根据已有文献和前文分析，本文选择的控制变量主要包括三类：村组织执行能力变量、村庄禀赋变量和村干部禀赋变量。基层政府在村庄的选择上更倾向于挑选村级组织配合度高、治理能力强且社会较稳定的村庄（杜园园等，2015）。因此本文控制了一些反映村组织执行能力的变量，包括是否组织过农业技术培训、是否组织过农产品销售、是否组织过生产资料购买、是否组织过外出务工、是否组织过文娱活动。项目资源下乡具有马太效应，村庄禀赋越好越能获得项目资源，越能凸显基层政府政绩（耿羽，2011；李博，2016；李耀锋，2016）。因此需要控制村庄禀赋变量，本文所选变量包括项目的村级配套资金、村集体资产对数、可灌溉土地的比例、村委会到乡政府的距离。随着项目制的推行，项目在有限的财政资金下具有较强竞争性，促使村干部角色出现转型。村干部的主观能动性在"抓包"中发挥着重要作用，通过自己与政府之间的熟人关系或各种途径争取外来项目，满足这些要求的村干部才能顺利当选（谢小芹等，2014；李祖佩，2015；邢成举，2015）。因而本文把村干部能力禀赋的变量纳入了模型估计中，主要包括代表村干部自身素质的受教育程度变量和工作年限变量，工作年限越长的村干部意味着其组织领导的稳固性越强，与基层政府的长期互动而更容易获取上级的信任，也有着更稳定的人际关系。表2是变量描述性统计。

表2　变量含义及描述性分析

	变量	变量含义	平均值	标准差	最小值	最大值
信任	项目抓包	是否获得项目，1是，0否	0.728	0.445	0	1
	社区信任	信任社区成员的比例	0.721	0.449	0	1
参与网络	合作化程度	村民参加合作社的比例	0.112	0.374	0	1
	代表大会次数	村民代表大会次数的对数	1.729	0.519	0	3.219
	村民大会次数	全体村民大会次数的对数	0.776	0.657	0	2.303
	代表比例	村民代表的比例	0.027	0.016	0	0.084
	大会参与率	参加村民大会的比例	0.154	0.183	0	0.772
村组织执行能力	组织技术培训	1是，0否	0.671	0.471	0	1
	组织产品销售	1是，0否	0.259	0.439	0	1
	购买生产资料	1是，0否	0.309	0.463	0	1
	组织外出务工	1是，0否	0.411	0.493	0	1
	组织文娱活动	1是，0否	0.681	0.467	0	1

续表

	变量	变量含义	平均值	标准差	最小值	最大值
村庄禀赋	配套资金	村级配套资金对数	0.949	1.361	0	5.234
	村集体资产	村集体资产对数	3.085	2.631	0	13.528
	灌溉土地比例	可灌溉土地的比例	0.427	0.341	0	1
	到乡政府距离	村委到乡政府距离的对数	1.494	0.688	0	2.773
村干部禀赋	村主任教育水平	0 没上学，1 小学，2 初中，3 高中，4 中专或大专，5 本科及以上	2.541	1.640	0	5
	村主任任职年限	任职年限的对数	1.879	1.047	0.405	3.761

注：以上变量描述均来自 401 个村庄样本。

（四）估计结果

表 3 呈现了六组模型估计结果，从整体来看，社区信任变量均在 1% 的水平上显著为正，五个参与变量的估计结果在不同模型中有一定的差异。模型一是对信任变量的单一估计。模型二是对参与变量的估计，其中，合作化程度、村民代表比例以及大会参与率均在 1% 的水平上显著为正，代表大会次数和全体村民大会次数的估计结果不显著。模型三同时估计了信任和参与的代理变量，其显著性结果与模型一和模型二相似。模型四控制了村组织执行能力变量，结果表明社区信任、村民代表比例以及大会参与率依然在 1% 的水平上显著为正，合作化程度的显著性水平降到了 10%。模型五在模型四的基础上增加了村庄禀赋变量，社区信任、村民代表比例与大会参与率的估计系数较为稳健，但合作化程度不显著，而全体村民大会次数在 10% 的水平上正向显著。模型六加入了所有的控制变量，得到了一个较为完整的估计结果，从模型六的结果来看：

信任方面：社区信任的系数为 1.371，且在 1% 的水平上显著，这说明村庄内村民彼此的信任程度越高，越容易降低集体行动的成本，有利于促进社会资本的累积。已有研究表明，项目"抓包"是村庄与基层政府互动选择的结果，最有可能完成项目并达到目标的村庄才能获得项目（折晓叶等，2011；应小丽，2013）。那么社区信任变量正向显著进一步证实了较高的信任水平能够降低项目执行的交易成本，使村庄在项目"抓包"的竞争中占有一定优势的观点。

参与方面：合作化程度变量不显著，与预期结果不一致，可能的原因是项目制主导下的资源下乡形塑了资源依赖型的村级治理机制和分利秩序格局，在一定程度上分化了村民自治基础，加剧了村级治理的内卷化趋势（王海娟等，2015）。虽然村民的高度合作化能够促进共同决策的达成，但普通村民在分利秩序中处于边缘位置，精英群体掌握了项目实施中的利益分配的主导权（李祖佩等，2015）。即使较大比例的村民加入了合作组织也难以保证村民话语权的实现。控制变量中的村干部禀赋变量为正向显著，对此可提供进一步的佐证。作为代表政治参与程度的四个变量，村民代表大会次数、全体村民大会次数在10%的显著性水平上正向影响村庄的项目获取，村民代表比例以及村民大会的参与率均在1%的水平上正向显著。这说明较高的政治参与程度能够更好地平衡村内各利益主体的诉求以达成共识，减少村民对项目实施的干扰与阻碍，并有利于调动村内资源配合项目的实施。

　　总体来看，较高的社会资本即良好的信任环境与较高的政治参与度有利于项目"抓包"，这与相关个案研究的结论是相一致的。一方面较高的社会资本促进了集体行动的达成，降低了项目实施的交易成本，保障了项目的成功落地；另一方面较高的社会资本使村庄在有限的项目资金的竞争中获得基层政府的青睐。

表3　模型估计结果

项目	（1）	（2）	（3）	（4）	（5）	（6）
社区信任	0.818*** （0.176）		0.821*** （0.185）	0.883*** （0.202）	1.287*** （0.229）	1.371*** （0.246）
合作化程度		1.815*** （0.588）	2.074*** （0.619）	1.184* （0.667）	0.196 （0.712）	0.136 （0.586）
代表大会次数		0.050 （0.153）	0.037 （0.155）	0.122 （0.180）	0.318 （0.216）	0.399* （0.219）
村民大会次数		0.082 （0.126）	0.057 （0.132）	0.074 （0.143）	0.342* （0.181）	0.383* （0.199）
村民代表比例		21.93*** （5.580）	22.08*** （6.040）	25.83*** （6.860）	32.58*** （7.694）	25.74*** （7.848）
大会参与率		1.520*** （0.472）	1.283*** （0.481）	2.350*** （0.556）	3.740*** （0.687）	4.014*** （0.721）
组织技术培训				1.068*** （0.226）	1.658*** （0.275）	2.120*** （0.324）
组织产品销售				0.886*** （0.254）	1.068*** （0.296）	1.088*** （0.314）
购买生产资料				0.0649 （0.203）	0.112 （0.234）	0.172 （0.262）
组织外出务工				0.337* （0.188）	0.736*** （0.231）	0.893*** （0.265）
组织文娱活动				0.357* （0.185）	1.042*** （0.245）	1.132*** （0.271）
配套资金					1.971*** （0.447）	1.657*** （0.501）

续表

项目	(1)	(2)	(3)	(4)	(5)	(6)
村集体资产					0.0297 (0.0339)	−0.0225 (0.0402)
灌溉土地比例					2.328*** (0.322)	2.689*** (0.370)
到乡政府距离					0.0036 (0.0170)	0.0473* (0.0257)
村主任教育水平						0.156* (0.0805)
村主任任职年限						0.056*** (0.0127)
cons	1.242*** (0.158)	0.479* (0.280)	0.857** (0.340)	2.126*** (0.679)	0.827 (0.809)	0.931 (0.894)
N	401	401	401	401	401	401
LR chi²	37.12	37.71	59.36	102.09	187.68	211.60
Pseudo R²	0.079	0.0804	0.127	0.218	0.400	0.451

注：$*p < 0.1$，$**p < 0.05$，$***p < 0.01$。

(五)稳健性讨论

本文所选择的信任和参与变量在一定程度上具有较强的独立性，其变量受项目"抓包"的影响相对较弱，即互为因果的内生性问题并不突出，如社区信任来自于村民的主观判断，合作化程度取决于本村的产业经营特性和发展特征，与村民大会与村民代表大会相关的变量受到村民自治制度安排的影响更大。虽然项目进村对村级治理带来了影响，但这种影响主要作用于村集体的凝聚力和执行能力，而这些作用途径已被纳入回归估计进行了控制。笔者在回归中重点关注了模型的内生性问题，审慎地选择了相关变量，也做了替换变量和增减变量的多种尝试，其最终估计结果表现出了一致性。为进一步说明估计结果的稳健性，下文将通过分组检验予以讨论。

分组检验包括区域和村庄贫困属性两个部分。对所有村庄而言，基层政府与村庄的关系并非同质化共同体。因为项目制作为一种技术治理手段，其完备的规章制度约束了基层政府的人格化选择（渠敬东，2012）。在公共治理开放清明的地区，社会关系对基层政府的影响相对较弱，而越是封闭落后的区域越容易滋生"寻租"等关系化运作行为。因此，村级社会资本对于项目"抓包"的作用在区域上是否具有差异需要进一步验证。此外，政府的意志和行政权力伴随项目下村而渗透到村庄社会，项目资金越多则对村级公共治理的影响越大。在全面实施精准扶贫战略的背景下，各级政府在层层压力传导下将大量项目资金投入贫困地区，其中贫困村是最主要的承载主体，那么社会资本在强势的行政意志主导下是否出现作用的消解也需要再求证。

表4是分别控制了区域和村庄贫困属性的分组估计结果。可以发现，中西部地区在估计结果上有一定的差异，信任和参与的代理变量在西部地区影响更明显，这背后的原因可能是一方面制度相对不完善的西部地区受社会关系的侵入越明显，另一方面，从涉农项目的投向来看，西部地区更多，但资源下乡没有形成村民自治的良性循环，反而形成了"资源消解自治"的村级治理困境（李祖佩等，2016）。因而西部地区基层治理的人情化运作变得更突出，则社会资本在村庄的项目"抓包"中发挥的作用就越大。对比贫困村和非贫困村的估计结果，其中社区信任与村民代表大会次数变量的估计系数差异明显，可以基本认定社会资本对非贫困村而言更为重要。其原因是精准扶贫使贫困村和非贫困村的项目输入出现很明显的非均衡性特征，贫困村作为特定目标在政府意志的干预下无需争取即可获得大量项目，而非贫困村的项目资金投入则相对较少。在竞争机制的约束下，村庄的能动性则变得更加重要，因而出现了上述结果。

表 4　分组估计结果

项目	（1）中部	（2）西部	（3）贫困村	（4）非贫困村
社区信任	1.318*** （0.418）	1.648*** （0.455）	1.731*** （0.430）	2.270*** （0.628）
合作化程度	0.285 （0.538）	0.803 （1.655）	1.437 （1.480）	0.0285 （1.721）
代表大会次数	1.295*** （0.499）	2.078*** （0.541）	0.227 （0.308）	1.706*** （0.615）
村民大会次数	1.102* （0.661）	0.051 （0.319）	0.303 （0.251）	1.141* （0.605）
村民代表比例	53.060*** （16.130）	91.700*** （29.390）	26.250*** （9.275）	25.240* （13.670）
大会参与率	3.709* （2.168）	2.177 （1.755）	3.052*** （0.992）	2.884* （1.504）
控制变量	是	是	是	是
N	180	221	241	160
LR chi^2	61.620	104.500	83.240	0.342
Pseudo R^2	0.385	0.499	0.342	0.558

注：* $p < 0.1$，** $p < 0.05$，*** $p < 0.01$，控制变量同表3。

五、结论与启示

本文结合中部省份某贫困县的一个乡镇项目分配案例以及基于 11 省 401 个村的微观数据的实证分析，验证了村级社会资本与项目"抓包"之间的关系。研究发现社会关系侵蚀了项目制的事本主义技术理性，使村级社会资本成为影响项目"抓包"的重要因素。具体而言，良好的信任环境与较高的政治参与度，既能够更好地平衡村内各利益主体的诉求以达成共识与集体行动，有利于调动村内资源配合项目的实施，又能够减少村民对项目实施的干扰与阻碍，降低项目实施的交易成本，在有限的项目资金的竞争中获得基层政府的青睐。这种影响因精准扶贫的战略背景而在西部地区和非贫困村表现更为明显。

本文研究结论的政策启示在于：精准扶贫背景下的村庄公共治理不仅需要基层政府推进理性化的行政改革，确保资源给予最需要的区域和群体，还需要引导村庄社会力量的有序参与，以合理的方式向政府提出自身利益诉求，实现基层政府与村庄在公共事务治理时的平衡。就村庄社会来说，信任水平、参与网络是社会资本的主要内容，也是实现村庄自治的重要治理资源。资源下乡所带来的村民自治的消解，促使村庄治理的内卷化，这是村级社会资本消散的表现形式。累积社会资本，重塑村庄主体性以扭转村级治理劣化，弱化精英群体对村庄公共利益的侵占是一条有效的解决路径。因此，村庄需要通过搭建参与平台，创新参与机制来构建村内社会资本。一方面，完善赋权机制，强化村民政治参与度。引导村民特别是贫困群体广泛参与组织化活动，培育公共参与意识，有序表达利益诉求，在既定的制度体制内维护自身的政治和经济权利。另一方面，加强经济上的利益联结。对于强化村级社会资本而言，政治参与是根本，经济关联是手段。农村原子化的社会转型减少了村民之间的经济往来，进而弱化了村级社会资本的累积。现阶段有相当一部分农民合作组织具有形式大于实质的问题，没有发挥出应有的作用。农村未来的发展还需进一步强化农民合作组织，借鉴日本"综合农协"的组织运作方式，构建利益联结机制强化合作功能，将分散的农户聚集成经济共同体，实现成员之间的互惠，增进成员之间的互信，这样既能增强抵御市场风险的能力、共享产业发展收益，又能增加与基层政府谈判以及争取合法权利的能力。

参考文献

[1] Brown.Altruism Toward Groups: The Charitable Provision of Private Goods.Nonprofit & Voluntary Sector Quarterly, 1997, 26 (2): 175-184.

[2] Harpham.The Measurement of Community Social Capital Through Surveys. 2008.

[3] Luhmann, et al.Trust and power: two works. U-M-I Out of Print Books on Demand, 1979.

[4] Putnam.Tuning In, Tuning Out: The Strange Disappearance of Social Capital in America.Ps Political Science & Politics, 1995, 28 (4): 664-683.

[5] 陈锋. 分利秩序与基层治理内卷化资源输入背景下的乡村治理逻辑. 社会, 2015 (03): 95-120.

[6] 杜焱强, 刘平养, 包存宽, 苏时鹏. 社会资本视阈下的农村环境治理研究——以欠发达地区J村养殖污染为个案. 公共管理学报, 2016 (4): 101-112.

[7] 杜园园, 李祖佩. 项目进村背景下的村庄权力结构再造. 南京农业大学学报（社会科学版）, 2015 (6): 34-41.

[8] 耿羽. "输入式供给": 当前农村公共物品的运作模式. 经济与管理研究, 2011 (12): 39-47.

[9] 桂勇, 黄荣贵. 社区社会资本测量: 一项基于经验数据的研究. 社会学研究, 2008 (3): 122-142.

[10] 胡荣. 社会资本与中国农村居民的地域性自主参与——影响村民在村级选举中参与的各因素分析. 社会学研究, 2006 (2): 61-85, 244.

[11] 李博. 项目制扶贫的运作逻辑与地方性实践——以精准扶贫视角看A县竞争性扶贫项目. 北京社会科学, 2016 (3): 106-112.

[12] 李耀锋. 农村治理中"项目进村"的村庄回应: 理论意涵与现实问题. 农业经济问题, 2016 (12): 48-54.

[13] 李祖佩. 项目制的基层解构及其研究拓展——基于某县涉农项目运作的实证分析. 开放时代, 2015 (2): 123-142.

[14] 李祖佩. "新代理人": 项目进村中的村治主体研究. 社会, 2016 (3): 167-191.

[15] 李祖佩, 钟涨宝. 分级处理与资源依赖——项目制基层实践中矛盾调处与秩序维持. 中国农村观察, 2015 (2): 81-93.

[16] 李祖佩, 钟涨宝. 项目制实践与基层治理结构——基于中国南部B县的调查分析. 中国农村经济, 2016 (8): 2-14.

[17] 林南. 社会资本: 关于社会结构与行动的理论. 张磊译. 上海人民出版社, 2005.

[18] 刘春霞, 郭鸿鹏. 乡村社会资本、收入水平与农户参与农村环保公共品合作供给——基于分层模型的实证研究. 农业技术经济, 2016 (11): 56-65.

[19] 陆奇斌, 张强, 胡雅萌. 乡村社区社会资本对农村基层政府灾害治理能力的影响. 中国农业大学学报（社会科学版）, 2015 (4): 118-127.

［20］罗家德，方震平. 社区社会资本的衡量———个引入社会网观点的衡量方法. 江苏社会科学，2014（1）：114-124.

［21］马良灿. 组织治理抑或村庄治理——系统论视域下项目进村研究的学术理路及其拓展. 南京农业大学学报（社会科学版），2016（3）：37-46.

［22］牛喜霞，汤晓峰. 农村社区社会资本的结构及影响因素分析. 湖南师范大学社会科学学报，2013（4）：66-77.

［23］裴志军. 村域社会资本：界定、维度及测量——基于浙江西部 37 个村落的实证研究. 农村经济，2010（6）：92-96.

［24］渠敬东. 项目制：一种新的国家治理体制. 中国社会科学，2012（5）：113-130.

［25］田甜，杨钢桥，赵微，汪文雄. 农地整治项目农民参与行为机理研究——基于嵌入性社会结构理论. 农业技术经济，2015（7）：16-26.

［26］万江红，耿玉芳. 合作社的人际信任和系统信任研究. 农业经济问题，2015（7）：80-87.

［27］王春光. 扶贫开发与村庄团结关系之研究. 浙江社会科学，2014（3）：69-78.

［28］王海娟，贺雪峰. 资源下乡与分利秩序的形成. 学习与探索，2015（2）：56-63.

［29］温铁军，杨帅. 中国农村社会结构变化背景下的乡村治理与农村发展. 理论探讨，2012（6）：76-80.

［30］谢小芹，简小鹰. 从"内向型治理"到"外向型治理"：资源变迁背景下的村庄治理——基于村庄主位视角的考察. 广东社会科学，2014（3）：208-218.

［31］邢成举. 村庄视角的扶贫项目目标偏离与"内卷化"分析. 江汉学术，2015（5）：18-26.

［32］邢成举. 结构性贫困与精英俘获. 团结，2016（4）：14-16.

［33］许汉泽，李小云. 精准扶贫视角下扶贫项目的运作困境及其解释——以华北 W 县的竞争性项目为例. 中国农业大学学报（社会科学版），2016，33（4）：49-56.

［34］应小丽. "项目进村"中村庄自主性的扩展与借力效应——基于浙江 J 村的考察. 浙江社会科学，2013（10）：92-98.

［35］张连刚，柳娥. 组织认同、内部社会资本与合作社成员满意度——基于云南省 263 个合作社成员的实证分析. 中国农村观察，2015（5）：39-50.

［36］赵延东，罗家德. 如何测量社会资本：一个经验研究综述. 国外社会科学，2005（2）：18-24.

［37］折晓叶，陈婴婴. 项目制的分级运作机制和治理逻辑——对"项目进村"案例的社会学分析. 中国社会科学，2011（4）：126-148.

［38］郑传贵. 社会资本与农村社区发展. 学林出版社，2007.

［39］周飞舟. 分税制十年：制度及其影响. 中国社会科学，2006（6）：100-115.

［40］周飞舟. 从汲取型政权到"悬浮型"政权——税费改革对国家与农民关系之影响. 社会学研究，2006（3）：1-38.

［41］周雪光. 项目制：一个"控制权"理论视角. 开放时代，2015（2）：82-102.

[42] 朱天义，高莉娟. 选择性治理：精准扶贫中乡镇政权行动逻辑的组织分析. 西南民族大学学报（人文社科版），2017（1）：212-216.

（本文与殷浩栋、宁静、李睿娟、郭子豪合著，原载《农业经济问题》2018 年第 5 期）

精准扶贫与基层治理理性
——对于 A 省 D 县扶贫项目库建设的解构

一、导论

党的十八大以来，以习近平同志为核心的党中央把扶贫开发提升到了新的战略高度，明确指出实施精准扶贫战略，到 2020 年实现贫困人口全部脱贫、贫困县全部"摘帽"。为此，各级政府在资源调配上采取了更有力的措施。2015 年，中央和省级财政安排专项扶贫资金 755 亿元，随后两年的增幅均在 30% 以上，2017 年中央和地方财政专项扶贫资金超过 1400 亿元。在扶贫资金的管理方式上，精准扶贫之前普遍采用了省级或市级项目制的管理方式，即各省（市）通过产业扶贫项目、教育扶贫项目、基础设施项目等将扶贫资金逐级落实到县乡。这种财政支出手段延续着分税制改革以来，自上而下资金配置的项目制运行机制（周飞舟，2006a）。因为项目制在长期运行中不仅影响和塑造了稳定的制度安排，成为其他许多领域中推动任务部署的一个重要形式（折晓叶、陈婴婴，2011），而且诱发了各层次的政府行为，重塑了中央与地方的关系（渠敬东，2012；周雪光，2015），所以项目制所引起的变化是理解基层治理逻辑的关键因素。

在研究层面，项目制被认为是理解国家治理的运作过程和政府行为的一个新维度，不过其研究存在分歧。一些学者认为项目制反映了国家治理的理性化，以完善的监督机制、明确的用途及属性，加强了中央的集权控制能力，优化地方财政预算支出能力，提高了财政资金的使用效率（尹利民，2015）；而且项目制突破了科层体制的"条块"运行模式，导入了市场机制，体现了技术治理的思想（渠敬东，2012）。也有学者对项目运作持批评的立场，认为项目制虽然设计初衷是理性化的，但实际运作过程中的变通、嵌入、异化使其偏离了最初的设想，效果可能并不如意（王汉生等，2011；黄宗智等，2014；吕方、梅琳，2017）。

在实践层面，扶贫项目的实施过程中也出现了类似的问题。因为过分依赖行政科层体制，扶贫部门通过自上而下的方式来传递和管理扶贫资源，基层[①]政府在扶贫项目和脱贫方式的选择上缺乏自主性。加之许多扶贫项目直接到村到户，因其分散、零碎，扶贫部门甄别项目的成本较高，导致扶贫项目效率不高，而出现项目配置不切实际、瞄准率不高等弊端。如李小云等在调研中发现扶贫项目对贫困群体的覆盖率仅为六分之一（李小云等，2005）。汪三贵等发现在村级瞄准中，有48%的贫困标准以下的村没有被列为贫困村，非贫困地区和非西部地区的瞄准遗漏问题更加严重（汪三贵等，2007）。马良灿在贵州研究发现，各类扶贫项目脱离了项目设计的目标以及贫困人口的实际需要（马良灿，2013）。在现阶段精准扶贫的实践中仍存在类似的问题，如资产收益扶贫的"大户吃小户"，易地扶贫搬迁"搬富不搬穷"等（汪三贵等，2017）。

为解决上述问题，中央改革了扶贫部门项目制运作方式，并出台相关文件要求除中央有明确规定需要省级组织实施的竞争性项目外，所有项目审批权限一律下放到县。这次扶贫资金管理机制的改革被称为责任、权力、资金、任务"四到县"。此次变革冲击了原有的基层贫困治理模式，改变了扶贫项目的运作方式。项目制原有的多重结构发生改变，县级政府由最初的抓包方转变为集"发包""打包"于一体的项目决策者。2016年，国务院办公厅发文要求各级财政的涉农资金项目审批权限完全下放到贫困县，贫困县以重点扶贫项目为平台，统筹整合使用涉农资金。在"四到县"特别是"资金大整合"的背景下，贫困县固然提高了资金使用效率，项目却更容易发生变通和异化。扶贫项目被地方权力与利益关系所绑架，处于中间环节的执行主体和参与主体成为项目的真正受益主体，贫困群体由于缺失话语权而被排斥在受益范围之外，扶贫实施结果与精准扶贫初衷和目的出现了严重背离（李博，2016；许汉泽、李小云，2016），而且不同于项目落地后的精英俘获，项目"发包""打包"阶段的偏差对扶贫项目精准的影响更大。此外，这种"一管就死、一放就乱"的现象并非扶贫项目的特例，而是项目制的制度秉性所致，其他公共政策财政项目同样如此。因此对于此类问题的研究具有改进当前精准扶贫工作机制、兼顾辐射其他公共政策的实践意义。

回顾已有研究可以发现，相关研究主要关注项目制对当前基层治理的影响以及对国家与社会关系的形塑，对于基层政府"抓包"的应对策略及其行为后果研究较多，但概念的阐释远多于扎实的经验研究（黄宗智等，2014）。此外，由于研究者无法进入特定研究场景，研究者看不到项目的实际运作过程和结果，并且

[①] 本文所提及的基层特指县级行政机构。

对委托方的"发包"过程、项目设计及其意图知之甚少，只能远距离地推测和勾勒地方政府的"打包"行为（周雪光，2015）。目前所呈现的诸多问题需要在基层实践层面解构项目制的运行逻辑，以弥补上述研究的不足。此外，在提出解决扶贫失准的对策方面，学者们大多停留在技术层面，如改进瞄准方法、完善贫困标准、构建科学合理的评判指标体系等。然而，造成项目瞄准偏差的原因不只是技术手段不足的影响，多层次的政治社会关系所造成的偏差影响更大。技术层面的工作改进并没有从根本上解决实践中的诸多问题，因而需要在更全面地了解基层贫困治理逻辑的基础上寻求精准扶贫机制的完善。

项目制的基层实践处于一个特定的场域空间，不同群体和个人带着各自的利益诉求参与其中。制度变迁的轨迹和方向取决于参与者的行为逻辑及其相互作用（周雪光、艾云，2010），因此对于项目制实践的研究需要认识各参与者的角色，在参与者互动中解读制度逻辑的作用。本文认为基层实践遵从着一种超越韦伯的科层理性的理性逻辑。这种理性逻辑既包含非人格化的科层理性，也包含遵循差序原则、趋利避害的关系理性。这种理性逻辑是现存体制性和规范性因素的产物（周雪光，2008），是项目制不可避免地发生异化的深层次原因，也是政府治理"一管就死、一放就乱"循环往复的重要原因。鉴于此，本文关注的问题是：精准扶贫阶段基层项目制的制度逻辑和实践策略是什么？在特定的县级扶贫场域中，基层政府如何行动，如何理解其背后的动机？已有的文献对这些问题少有涉及，这些问题的研究又是当前实践所需。恰逢扶贫资金管理体制改革，县级政府自主建设扶贫项目库，并审批执行项目。本文将以某贫困县扶贫项目库的制定过程为例，从精准扶贫的视角来透析基层扶贫开发治理机制，以个案的经验总结对已有研究不足予以补充。本文所采用的案例来自于笔者全程参与制定了的 D 县扶贫项目库。笔者获得了完整的扶贫项目库建设流程材料，以此为案例蓝本，下文将集中阐明如下几个问题：（1）"四到县"后，扶贫项目的分配、立项有什么特点？（2）科层理性和关系理性的内涵是什么？（3）在项目"发包""打包"过程中，科层理性和关系理性诱发了基层政府何种行为？（4）基层治理的理性权衡标准是什么？

二、案例背景

（一）实践背景

D 县是 A 省于 2012 年自行确定的省级贫困县，全县总人口 103 万，其中贫困人口 11.2 万人。2015 年之前，每年获得的上级财政专项扶贫资金不足 2000 万元。2015 年，A 省出台了《关于深入实施精准扶贫的指导意见》（以下简称《意见》），重新划分了省市县之间的扶贫主体责任，并将当年扶贫资金直接切块到县，实行了扶贫责任、权力、资金、任务"四到县"制度。同年，A 省财政厅、扶贫办下发了扶贫资金管理办法，将扶贫资金使用范围限定为产业发展、基础设施建设、提高贫困群体发展能力、金融扶贫和扶贫项目管理五个方面。D 县2015—2016 年度项目资金总额为 3020 万元，其中上级扶贫发展资金 2420 万元，县级配套资金 600 万元。按照《意见》和扶贫资金管理办法的要求，D 县成立了扶贫开发工作领导小组，县扶贫办主任上报了两次扶贫项目库的工作方案，因其资金项目的分配未能在扶贫领导小组会议上达成共识而未通过。为完成扶贫项目库的建设，扶贫领导小组在综合考虑各方要求的情况下，形成了如下建库原则：

1. 原则上项目必须在贫困村进行。

2. 优先考虑用于生产生活的基础设施建设，如道路、农田整治、水利设施等。

3. 村级活动中心建设扶持不超过 25 万，酌情考虑美丽乡村建设点、中心村、撤并乡镇扶持额度。

4. 每个贫困村保证 20 万资金，乡镇的扶贫资金额度等于该乡镇贫困村个数乘以 20 万元。

5. 各乡镇扶贫资金额度依实际情况上浮。优先考虑谋划充分、整合资源方案清楚可行、能盘活现有资产的项目。

6. 每个乡镇都列入了备选项目，备选项目是否执行取决于项目本身的好坏，以及总资金的约束，若备选项目没有纳入今年的项目库，则明年执行。

7. 兼顾县委县政府的其他要求。

在这份原则的指导下，D 县确定了 2015—2016 年的扶贫项目。为了更清晰地揭示基层政府如何"发包"和"打包"，本文将从项目类型和乡镇分配两个角度剖析项目库。在项目类型上，审定之后的扶贫项目可分为五大类，分别是基础设施建设、雨露计划、精准到户、金融扶贫和精准识别。具体的资金分配情况见表 1。需要留意的是，村级活动中心在类型上归为基础设施，实际上并不在扶贫资金使用范围之内。

图 1 中，保底资金是以每个贫困村 20 万资金为基数测算而得，实际资金即各乡镇最终所得资金量。全县共 70 个贫困村，保底资金总数为 1400 万，后根据各乡镇项目实际情况、贫困人口分布等因素酌情追加资金，所分配的总资金为3005 万元（去除了农调队贫困监测与统计的支出）。由图 1 可见，22 个乡镇所得

资金量均有不同，存在不均衡的现象，如乡镇 V 的资金量明显高于其他乡镇，K、S、T 和 U 四个乡镇实际所得资金均大幅超过保底资金。

表 1　项目资金分配情况（单位：万元）

项目大类	具体类型	上级资金	配套资金	资金总额
基础设施	道路建设	990	295	1285
	村级活动中心	601	50	651
	产业配套基础设施	150	30	180
	塘坝电站	135	15	150
	生活类	60	10	70
	合计	1936	400	2336
雨露计划	劳动力转移	18	6	24
	实用技术培训	24	24	48
	贫困大学生救助	192	20	212
	合计	234	50	284
精准到户	危房改造	20	10	30
	贫困家庭子女上学救助	30	30	60
	大病救助	45	30	75
	合计	95	70	165
金融扶贫	贫困村互助资金	50	25	75
	产业扶贫贴息贷款	40	20	60
	贫困家庭产业发展帮扶	60	25	85
	合计	150	70	220
精准识别	农调队贫困监测与统计	5	10	15
总计		2420	600	3020

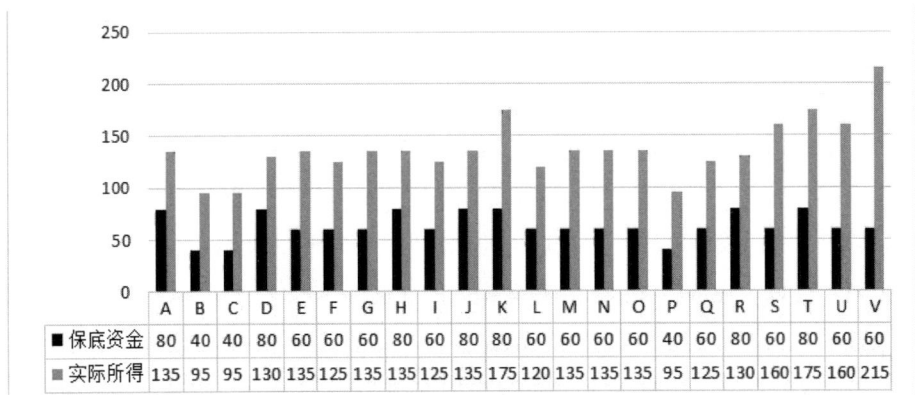

图 1　各乡镇资金分配表（单位：万元）

通过对项目库的分析，可以发现几个特点：（1）资金的违规投向。扶贫资金管理办法要求禁止非扶贫领域的投入，但符合政策范围的扶贫资金支出仅占到总资金的 78.4%，其中 601 万上级扶贫资金违规用于村级活动中心建设，占上级拨付资金的 24.8%。（2）资金分配偏好基础设施类项目。D 县的基础设施类项目共 75

个，占总资金的 77.3%。（3）乡镇实际所得扶贫资金出现非均衡性分配，个别乡镇如 V 镇所得资金高出其他乡镇一倍多。（4）项目类型的增加。D 县的扶贫项目在 2012—2014 年间只集中于三种类型，即基础设施（道路、桥梁、灌溉）、产业扶贫、教育扶贫（雨露计划）。2015 年的资金项目共 5 大类 15 项，其类型数量明显超过前几年，而变化的根源便是县级政府的自主性安排。

（二）制度背景

制度体现于人们在物质和象征性活动诸方面的稳定行为方式之上，其安排导致了特定行为模式的产生和重复存在（周雪光、艾云，2010）。项目制的制度背景是科层制，科层制的一些制度安排塑造了项目实施的基本逻辑。中国传统科层行政治理是上级部门将各类权力和责任同时打包给下级，使之出现多种权责混合的治理形态（陈家建等，2015）。在这种名为行政发包制的制度下，政府层层下放财政资源、行政权限和相应的激励，使得基层政府在属地内有相当大的自主治理权（周黎安，2014；周雪光，2014）。上级政府将剩余的权力和责任同时统筹委托于下级政府，下级政府在获得较大的自由操作空间的同时也承担着较大的责任（陈家建等，2015）。与"行政发包制"有明显不同，项目制采用中央政府"发包"、地方政府"打包"，基层政府"抓包"的运行机制（折晓叶、陈婴婴，2011），对行政管理所带来的核心变化是政府间权责关系的明晰化，强化了自上而下的线条控制权（陈家建等，2015）。项目制的"事本主义"原则使得项目库在设立之初就明确了目标、操作规则、验收标准等，具有专款专用、专项专责的特点。基层政府只需按照项目发包部门的相关规定申报项目及组织项目实施，并不具有剩余控制权和剩余责任（渠敬东，2012；李祖佩，2015b；陈家建等，2015）。项目库是项目制的具体实践载体，项目制的诸多特性在项目库的管理机制中得以体现。财政项目库[①]按照工作顺序可分为储备项目库、执行项目库等，储备项目库统筹协调多个项目，使之按照专项总体规划予以分期分批执行；执行项目库主要用于明确年度工作计划，其所在的管理层级决定了控制权的归属，本文主要分析的是执行项目库。以扶贫领域的项目制实践而言，扶贫项目经历了"四到省""四到市"，再到精准扶贫阶段的"四到县"体制。之前的管理体制以省市级扶贫项目库为基础，这种机制可以实现省市级扶贫工作的统筹安排，但难以兼顾基层扶贫工作实际，也难以保证县级总体扶贫规划的完整实施，这也是之

---

① 项目库的类型有很多，本文主要讨论的对象是专项财政资金项目库。

前县级总体扶贫规划形同虚设的重要原因。

"四到县"后，扶贫资金使用依然采用项目制的形式，扶贫项目的实施和管理还是遵循着项目制的基本特点，每种项目都有明确的操作指南和规章制度。但"四到县"冲击了传统项目制的运作过程，使扶贫项目管理具备了行政发包制的剩余委托的特点。县级政府在扶贫资金管理办法的框架内自主建立项目库，统合了"发包"与"打包"权，在完成精准脱贫的目标下享有较大的自由裁量权。"四到县"之前，D县扶贫办没有审批权限，其职责是筛选各乡镇申报的项目后再报送市扶贫部门。市扶贫办建立年度扶贫项目库，审定后将资金下拨到各县，由县扶贫办负责具体项目的实施。"四到县"之后，推行省市级备案、县级审批、实施、验收等制度。① 县级扶贫领导小组牵头建立年度执行项目库，项目的收集、前期考察、审批、监督、考核由县扶贫办执行。这种权责配置考虑到了全国范围内政策推进总体控制的需要，也为负责具体政策执行的基层政府留出因地制宜"转译"政策的自由裁量空间（吕方、梅琳，2017）。基层政府出于对自身利益的考量，"选择性执行"（O'Brien和Li，1999）、"变通"（王汉生等，2011；吕方、梅琳，2017）、"共谋"（周雪光，2008）成为一种常态。

三、分析框架：科层理性和关系理性

剖析基层贫困治理逻辑需要在现有的管理体制的语境下。由于科层制是当前主导性的组织制度（布劳、梅耶，2001），项目制作为一种治理机制依附于科层体制而表现出"科层为体，项目为用"的运作机制（史普原，2015）。韦伯认为理性是指以清晰的目标导向以及明确的实现手段为基础的思维和行为方式。科层制因专业化、非人格化等特征能得到可预期的行为和结果而被认为是高度理性的组织方式（韦伯，2008）。科层理性体现在组织结构被制度化或者被法律化，组织成员必须依照规则和流程行事，并以特定目的为导向，从而消除外部环境的不确定性。由于科层制对科层成员的激励弱，非正式关系广泛地侵入科层制体系，社会关系与正式科层制之间的互动与冲突作为科层制的另一面而存在（纪莺莺，2012）。在人类理性有限的情况下，科层可视为不完全的契约，部分组织成员并不会严格遵守规章制度，从而出现政策目标被替代等问题（Panda，2015）。实践

---

① 大部分地区的项目由县级扶贫部门组织实施，也有少数地区采用乡镇实施，不过扶贫资金管理一般要求50万以上的项目采用招投标的形式，因此数额较大的项目通常都由县级扶贫部门组织招投标，这也可以算作是县级实施。

中，项目制嵌入于多层次的政治社会关系，对其起源的研究成为理解中国治理模式变迁的关键线索（陈家建等，2015）。为此，本文将科层制的组织规则定义为科层理性，用以解释项目制实际运作模式的管理制度的作用；将制度外的关系化、人情化运作定义为关系理性，用以分析基层干部在社会关系网络作用下如何进行策略选择。

（一）科层理性

韦伯对科层制所预设的理性规则，主要体现为分工、权力等级、规章制度和非人格化这四个基本特征（布劳、梅耶，2001；韦伯，2008）。

1. 分工

科层制把实现组织目标所需的工作以正式的职责分配到每个工作岗位（韦伯，2004）。这种分工体现在横向的扶贫组织体系中，即财政、发改、交通、农业、水利等相关职能部门在扶贫资源的分配、管理和使用具有明确的部门机构边界（林雪霏，2014；杨亮承，2016）。专业分工也会带来交易成本的增加，分工越多，协调多个部门的行动成本越大，对科层组织的要求也越高（Williamson，1971）。以 D 县为例，县委政府承担扶贫主体责任，如脱贫摘帽责任，而县级扶贫部门仅承担具体项目实施管理的责任。扶贫办编制资金项目计划表，上报县扶贫领导小组审定，扶贫领导小组作为统筹机构在保障脱贫任务完成之余还需要平衡各方的利益诉求，这就为策略选择埋下伏笔。

2. 法律与规则

有详尽的规章制度，并且要求组织成员严格遵守，这被认为是科层制的根本特征（韦伯，2004）。严格遵循规则可以减少内部合谋与外部寻租（史普原，2015）。科层制限定了行动边界，使得组织成员的行为具有可预期性，而可预期的行政管理是理性化的重要表现。在扶贫领域，从中央的指导意见到地方的具体项目实施细则都有较为详尽的规定，甚至部分省份对扶贫工作立法，A 省同样出台了包括扶贫资金管理办法在内的各项规定。这些规章制度要求组织成员在项目的管理过程中必须遵循相关的规定，并明确一旦出现违法违规行为，将会对其主体予以追责。

3. 权威层级

等级权威是科层制的核心要素。科层组织运用等级命令能够减少多次签订契约与讨价还价所带来的交易成本（Williamson，1971；史普原，2015）。组织体系中的各个岗位都必须遵守等级制度原则，每个岗位的代理人都要受到高一级岗位代理人的监督和控制（韦伯，2004）。扶贫系统的纵向体系是从中央到省市县的扶贫机构，即扶贫开发工作领导小组及其办公室（杨亮承，2016）。按照《意见》的相关规定，省、市两级扶贫办以扶贫规划制定、资金项目监管、工作指导和扶贫绩效考评作为主要任务，不再参与县级具体的项目安排和组织实施。县级政府承担扶贫主体责任，负责制定脱贫攻坚实施规划，优化配置各类资源要素，组织落实各项政策措施。①D县成立了扶贫领导小组以统筹协调精准扶贫工作，组长为县长，副组长为分管扶贫的县委常委（省交通厅下派挂职的扶贫专干）、分管扶贫的副县长、协管农业的副县长（省农委下派的挂职干部）以及县长助理。小组成员包括相关职能部门负责人，领导小组办公室主任由县扶贫办主任担任。在目前的扶贫管理体制之下，县扶贫办同时接受上级扶贫部门和县政府的双重领导。

4. 非人格化

现代科层制的一个显著特点是非人格化倾向，规章制度下的岗位职责划定了个人的活动范围，个人意志没有发挥的空间，只能服从科层意志。科层理性不允许个体随意扩大行动并表现出"能动性"。"理想的官员要以严格排除私人感情的精神去处理公务，没有憎恨和热爱，也因此不受感情的影响"（韦伯，2004）。科层制的岗位代理人的行为须在组织赋予的权限范围之内，以组织的目标为准绳，将私人关系和公务关系严格区分，不夹杂个人的偏好（布劳、梅耶，2001）。以D县为例，非人格化准则要求扶贫领导小组在确定扶贫项目时必须在扶持贫困村和贫困人口的目标下行事，岗位代理人不能俘获扶贫资源作为他用，最贫困的村和贫困人口应当得到更多的资金扶持。

（二）关系理性

不同于以规章制度为本的韦伯式科层体制，中国行政制度的核心是由上下级间的忠诚、信任、庇护关系交织而成的向上负责制（周雪光，2012）。社会关系渗透在政治和经济领域的正式组织和科层体系之中（纪莺莺，2012）。韦伯也讨论了社会关系及其伦理基础在构建社会组织和制度中的作用（韦伯，2008），但中国的社会关系不遵循西方社会的普遍主义原则（帕森斯，2003），而是具有差序格局特征的特殊主义关系（纪莺莺，2012）。从治理逻辑来看，本文界定的科层理性只代表组织管理体制的刚性规则，还需从特殊社会关系的角度去理解组织机构的弹性运作。

---

① 2016年10月17日，中共中央办公厅、国务院办公厅印发《脱贫攻坚责任制实施办法》，文件按照中央统筹、省负总责、市县抓落实的工作机制，构建了各负其责的纵向责任体系。

本文所界定的关系理性既遵循明确的关系价值及其实现手段，又在关系框架内界定利益及其实现方式（高尚涛，2010）。利用韦伯的价值理性和工具理性框架可将关系理性进一步划分为价值型关系理性和工具型关系理性。价值理性是以特定的规范性理念如道义、道德为基本导向的思维和行为方式，工具理性是以特定的功利目标为基本导向的思维和行为方式。因此，两者都具有清晰的目标导向和相应的实现手段，但拥有不同的内涵。价值型关系理性以伦理来定位关系，其核心是强调个体之间的关系序列和差序格局原则的"伦理本位"（梁漱溟，2011；费孝通，2012）。个体需先在关系序列中定位自己，然后遵循既定的行事规则开展合宜的行为（李芊蕾、秦琴，2008）。价值型关系理性下行为模式并不符合西方经济学中假定的"理性人"，个体并不追求利益最大化，而是在关系序列中作出的选择（李芊蕾、秦琴，2008）。工具型关系理性则以个体利益最大化为行动依据，指导个体主动构建对自己有用的关系，不再被动地接受"伦理本位"规定的各种关系，并将这种关系视为自身获取资源的手段，以改善个体在关系结构中的地位。

具体而言，价值型关系理性是一种嵌入在已经存在的社会关系中的理性，其行为动机是保护既有的有价值资源，希望获得承认和认可。个体是不自觉地、被动地接受，如体制内部的上尊下卑的等级秩序、惯习等理念原则。工具型关系理性的行为动机是寻找和获得额外有价值的资源，希望获得资源和利润（林南，2005）。换言之，工具型关系理性将关系视为一种扩展利益的工具。基层政府的自利性则体现了工具型关系理性，有主动选择的特征，如"趋利避害"、追求政绩、庇护关系等。科层制的刚性规则在社会关系的化约下而具有弹性，两者之间具有一定张力，一方面科层理性在一定范围内约束了关系理性的行动；另一方面，关系理性在不断地消解科层理性的束缚，对既有规则进行自主性建构，初始意图的失败是最直接的体现（林雪霏，2014；李祖佩，2015a；史普原，2015）。下文将剖析 D 县扶贫领导小组制定的扶贫项目库建库原则，以揭示科层理性和关系理性是如何影响项目制的基层实践，也为理解项目制演变后的运行逻辑提供经验证据。

四、理性分析框架下的项目库建设解析

本文将研究限定于县级扶贫项目库建设的始末，研究对象是扶贫工作责任主体，即县级政府和扶贫办。借用布迪厄的场域理论，在 D 县的县级扶贫场域中，县政府和扶贫办作为主要行动者，通过采取各种策略，使用和部署各种资本来

满足自身利益诉求，博弈的过程和结果体现在建库原则和项目资金分配表中。只有了解扶贫项目库建设过程中行动者的策略选择逻辑是什么，才能解释 D 县项目实践为何发生了变通和异化，偏离了理性化的设计意图。鉴于此，笔者将在科层理性和关系理性的框架下，从建库原则的对比分析入手，展现行动者的策略选择逻辑，阐释项目制变通与异化的过程。

（一）科层理性：遵守规则、目标合理和追求效率

科层理性体现了事本主义的行政逻辑，在已界定的组织目标、政策实施等工作下，遵循常规、程序性的处理方式（折晓叶，2014），使得"组织中理性"的实践服务于国家治理的总体意志，并契合社会期待（吕方，2013）。这种遵守规则的特性在建库原则的第一条和第五条有明确表现。建库原则第一条"原则上项目必须在贫困村进行"有两层含义，一是申报主体必须是贫困村；二是项目的执行区域必须限定在贫困村。这与《意见》提出的"省到非重点县的财政专项扶贫资金要全部用于贫困村"是相符的。将扶贫资源全部用于贫困村、贫困人口，是中央、省级扶贫资金管理的"高压线"。精准扶贫采用了目标管理责任制，[①]以贫困人口全部脱贫为指标，层层分解指标和责任，以"一票否决"的考核机制强化了正式权威体制的约束力，因此 D 县的扶贫项目在地域安排上没有越界，遵循了基层政府在规则文本刚性约束下的目标理性实践逻辑。建库原则第五条强调了资源整合等条件，这与《意见》的规定是一致的。扶贫项目实施优先选择土地指标有保证、能盘活现有资产且资产权属清晰的建设项目，以便降低项目实施成本，有利于项目顺利开展。这种对效率的考量是科层制追求效率原则的体现（韦伯，2008）。总体来看，因为具有维护规则的合法性权威、明确项目的目标、追求效率、非人格化地执行的特点，这两条建库原则可认为是科层理性主导下的规则遵守。

（二）科层理性与关系理性的权衡

1. 项目的变通：科层理性与关系理性的交互作用

建库原则中第二条"优先考虑基础设施"是对《意见》相关条款的变通执行。鉴于交通、发改、水利等部门也有基础设施建设资金，中央和省级的政策文件倾向于专项扶贫资金侧重产业发展。D 县往年的扶贫项目以产业发展为主，特别是 2013、2014 年有 70% 左右的资金用于产业发展，但 D 县 2015 年的资金项目

---

① 目标管理责任制：将上级党政组织所确立的行政总目标逐次进行分解和细化，形成一套目标和指标体系，以此作为各级组织进行"管理"（如考评、奖惩等）的依据，并以书面形式的"责任状"在上下级党政部门之间进行层层签订（见王汉生、王一鸽，2009）。

分配实行基础设施建设优先，这一变通直接导致了基础设施项目呈现压倒性的数量优势，占比 77.3%。《意见》明确要求发展产业促进就业，提高产业发展项目资金和到户资金的比例。如果 D 县按照正式制度执行，就不会出现基础设施资金占比 77.3% 的现象。经研究发现，D 县优先考虑基础设施建设是基层政府在科层理性与关系理性共同作用下的策略，科层理性体现在正式的文本有基础设施建设这项工作，不再赘述，而关系理性的作用途径将从惯习、规避风险和追求政绩三个角度予以论述。

（1）价值型关系理性：惯习

布迪厄把惯习定义为行动者在以往的实践活动的结构性产物，长期的经验积累而内化为意识，并以此指挥和调动个人和群体的行为（布迪厄，2003），使行动者产生各种"合乎理性"的常识性行为（洪岩璧、赵延东，2014）。惯习的行为动机是保护既有资源，以期获得群体承认和认可，因而属于价值型关系理性。基层政府偏好基础设施建设的惯习来自于工作实践。一方面，"四到县"之前，基础设施项目容易获得上级职能部门审批，每一次审批通过都会增强县级部门对投资基础设施重要性的经验认知，多次互动使基础设施投资的重要性意识得到了强化。另一方面，贫困地区基础设施建设滞后是一种共识，"要致富先修路"成为普适性的策略选择，以至于长期以来县级涉农职能部门的重点工作之一就是加强农村的基础设施建设，如住建局的危房改造、交通局的村村通、国土局的高标准农田整治等。这两种因素形成基础设施建设优先的惯习，并如同"路径依赖"一样，具有自我强化的趋势，进而影响着基层政府的行动策略选择。这种惯习在 D 县县长一次会议讲话中得到了印证。县长对扶贫办主任说，"任主任，我们 D 县是贫困县，但是我们土地多，你扶贫办每年 2000 万的扶贫资金，县里再给你配套 2000 万，你每年只整地，一年整 2000 亩，五年下来就能整大约 1 万亩地，你任主任就是我们 D 县的大功臣"（D 县县长访谈记录）。

（2）工具型关系理性：规避风险

原则第二条优先考虑基础设施而不是产业扶贫也是基层政府规避风险的理性选择。受气候、水利、病虫等多种不可控因素的影响，加之缺乏有效的监管力量和手段，农业产业①既难以推广也容易失败（许汉泽、李小云，2016）。在以往的

---

① 扶贫产业主要依托于农业，贫困地区的第三产业普遍发展滞后，对贫困人口的辐射带动能力较弱，D 县的扶贫产业也是以种植、养殖为主。不管是哪种产业形态，对于基层扶贫干部而言，其发展势态与背后的利益权衡是相似的。

产业扶贫实践中，扶贫资金主要投向合作社等农业经营主体，通过经营主体带动贫困户发展产业，这种方式为寻租、俘获创造了空间。由于 D 县的合作社运行不规范，缺乏益贫机制的设计和后续监管，贫困户受益少，从而降低了科层组织对农业经营主体的信任。现行体制是向上负责制，官员趋于规避风险（周雪光，2012），行事逻辑隐含着"宁可不做事，也要不出事"的原则。在这一逻辑下，即便基层干部付出很大努力，一旦产业项目效果不明显，或者受某种不可控因素的影响而失败，不仅个人能力在领导和同行心中打了折扣，其个人操守和品行都有可能受到怀疑，直接影响基层干部的晋升。出于以上考虑，产业扶贫属于"吃力不讨好"的事，尽管产业的失败不会给基层干部带来经济上的损失，但是基层干部出于规避政治风险的考虑也不会选择产业项目，更倾向于扶贫资金从产业发展流向基础设施建设。不仅 D 县的干部有这种想法，其他县的干部也有相同的观点，认为"产业一投就没"①，扶贫资金应该主要投资于基础设施建设。

（3）工具型关系理性：追求政绩

基层政府的自利性很大程度上表现为政绩追求。毕竟追求政绩是基层政府干部保障其政治地位和实现职位晋升的重要手段，也是地方政府向上级政府争取更多资源的策略（杨亮承，2016）。一方面，精准扶贫工作机制呈现压力型体制特点，面临强有力的绩效考核约束。在政绩考核中，地方政府之间的差距极小，亮点工作能够带来制度化的考核加分，促进了基层政府打造亮点工作的积极性（陈家建等，2013）。另一方面，在向上负责制中，上级主观判断评价尤为重要（周雪光，2012）。上级对基层工作的评价主要来自于实地调研考察，所以在基层干部的语境中，上级检查是展示自己工作成果的机会。基层干部在上级领导视察过程中，基层干部只有介绍亮点工作才能吸引领导的注意力，进而得到上级赏识，获取政治资本。比起产业扶贫周期长、见效慢、风险大的缺点，基础设施项目具有经验成熟、项目周期短、工作量直观等特点，在形成亮点、迎接考察等方面具有优势，因此加强基础设施建设已是基层政府应有之义。

需要补充的是，县级政府的政绩考核更多取决于市级政府，而且在"四到县"体制下，省扶贫办对县级具体工作的约束有所减弱。以要求产业扶贫的资金投放比例而言，省扶贫办并无太多有力的落实措施，只能威胁基层若不遵循其意图则减少第二年的拨付资金，事实上这种约束在精准扶贫战略要求各级加大扶贫

---

① "产业一投就没"是指扶贫资金用于产业发展基本以失败为主，很难获得成效。

投入的背景下难以发挥作用。因此在规避风险和追求政绩的影响下，D 县扶贫项目的类型分配出现上述结果。

2. 项目的异化：价值型关系理性优先于科层理性

虽然项目制依附于科层制的权力赋予而带有行政制度的特点，但关系理性使项目制出现了行政吸纳政治[1]的特点，行政科层体制一方面按照项目制既有的运作逻辑行事，另一方面贯彻了上级的政治意志，以及对自身利益的诉求，从而遮蔽、转化和扭曲了项目设定的初衷（李祖佩，2015a）。原则第三条"村级活动中心建设扶持不超过 25 万"，这条建库原则属于异化条款，源自于价值型关系理性起到主导性作用。价值型关系理性强调"伦理本位"，"伦"指"父子、夫妇、朋友、君臣"等关系，其个体之间的关系具有差序特征（纪莺莺，2012）。"差序格局"既包含了以自我为中心、亲疏有别的关系网络，也包括了纵向上尊卑长幼的等级秩序（阎云翔，2006；费孝通，2012）。这些观念在体制内是被普遍认可的，如价值信仰一样被参与者所遵循。在行政体制中，上下级的等级差异代表着权力和资本的差异，等级秩序中的"中心"是一个群体中位置最高的掌权者（阎明，2016）。县域内早已形成以"四大家"[2]主要领导为政治权利中心、向外差序递减的政治关系圈层结构，其次是县委组织部长、常务副县长等重要岗位的副县级干部，再往外围则是一般的副县级干部。

村级活动中心建设并不在 A 省扶贫资金管理办法所规定的资金使用范围之内，D 县依然分配了扶贫资金，原因在于村级活动中心建设是县委组织部指派的"硬任务"，[3]即在每个村配备一个面积不低于 500 平方米的活动中心，建设资金由乡镇自行解决。一个村级活动中心大约需要 50 万元，一个乡镇则需要几百万资金。在财税改革的背景下，乡镇财政捉襟见肘（周飞舟，2006b），乡镇主要负责人集体向县委组织部申诉没有资金无法完成建设任务，县委组织部则意图整合各部门资金，其中就包括扶贫资金。关于扶贫资金能否用于村级活动中心，分管扶贫的县委常委在一次县长办公会上明确地进行了否定，并提出组织部门不要占用扶贫资金，也希望县扶贫办能够按规章制度行事。县委组织部长掌控着科层干部人事晋升权，挂职的县委常委尽管是县扶贫办的直属领导，但在政治资本上的话

[1] 来源于古德诺的政治与行政二分法理论，国家活动或权力内容可归为国家意志表达与国家意志执行，分别对应政治与行政两种功能，行政服务于政治，并且执行政治意志。
[2] 代指县区级政府部门的领导群体，即党委领导班子、人大领导班子、政府领导班子、政协领导班子，简称"四大家"或"四大班子"。
[3] 行政体制中常用的一种政治激励方式，与职位挂钩，"完不成任务，则帽子不保"。

语权上远不如县委组织部长。在等级差序观念的影响下，扶贫办干部遵从了县委组织部长的指示。所以，执行项目库包括了25个村级活动中心建设项目，并将其包装为基础设施项目，以规避上级审计和监督。由此可见，D县扶贫项目异化的根本原因是价值型关系理性对基层干部的作用全面超越了科层理性，正式规章制度的约束力仅表现在项目被包装为合规的类型，不过也反映了价值型关系理性具有一定的作用边界。

3. 项目的非均衡分配：科层理性优先于工具型关系理性

在各乡镇的资金分配中，一方面，县级政府以贫困村的数量为基数分配资金，体现了科层理性的行为逻辑；另一方面，在庇护和趋利性的工具型关系理性的作用下，县级政府对少数乡镇提供了特殊安排，使得各乡镇实际所得资金出现了较明显的非均衡分配。

（1）工具型关系理性：庇护

庇护关系是在特定场域中不同利益主体之间的交换关系，可被界定为工具性友谊关系的一种特殊情况，其中拥有较高政治、经济、社会地位的庇护者利用其影响力和资源向地位较低的被庇护者提供保护和利益，被庇护者则向庇护者提供一般性的支持和帮助作为回报（纪莺莺，2012；赵晓峰、付少平，2015）。庇护主义关系的根源在于资源的匮乏以及垄断性分配模式（Oi，1985；纪莺莺，2012），而且责任制鼓励了上下级领导之间的私人联系与庇护关系的形成与运作（王汉生、王一鸽，2009）。在县级扶贫场域内，扶贫领导小组对扶贫资源具有垄断分配的权力，乡镇依赖于县级的分配，乡镇会运用个人关系来影响项目分配的结果，这些制度安排和互动行为在参与者之间构建了庇护关系。

原则第四条"每个贫困村保证20万资金"也是基层政府庇护乡镇利益的策略。此原则目的在于确保资金分配公平，但是容易导致"撒胡椒面"的现象，难以取得规模效益，这种资金分配方式与权力下放之前的分配方式并没有区别。"四到县"目的在于提升地方资金使用的灵活性，提高资金使用效率，目前的平均分配方式明显与权力下放的目的相违背。即便如此，基层政府想改变资金分配策略也困难重重。首先，乡镇在财政约束和政绩考核的双重压力下，不会放弃对扶贫资金的争取。其次，乡镇多次获取扶贫资金后，在预期稳定的基础上已经将扶贫资金当作"预算内收入"的一部分，取消这部分资金会打乱乡镇的资金安排，引起乡镇对县扶贫办的不满。在资源约束条件下，资源获取的多少直接决定了乡镇年度工作指标完成状况，并对个人的具有竞争性的政治资本产生影响。基层干部深知，如果乡镇之间资金分配差别太大，将不可避免地招致对个人的非议，更严重的是会造成扶贫办与某些乡镇关系的恶化，这种现象的发生可以直接影响县扶贫办的声望和政治资本。所以，基层政府采用一种相对公平的分配方式来庇护乡镇的利益，以换取政治忠诚和政治声望。

原则第五条"每个乡镇都列入备选项目"也是基层政府受庇护关系影响下的产物。每个乡镇都想尽可能多争取扶贫资金，扶贫办在总资金量的约束下很难满足所有乡镇提出的要求，出于庇护下级的考虑也不便直接拒绝，于是就和乡镇协商将增加的项目列为备选，能否被选中取决于总资金的约束和扶贫领导小组的讨论意见。扶贫办通过这种运作实现了责任转嫁，这样既能维护与乡镇党政负责人的关系，又能顾及到领导小组的意见。而在扶贫领导小组讨论过程中，扶贫办主任重点推荐了 K、S、T 和 U 镇。其中 T 镇是县扶贫办主任的家乡，K、S 和 U 镇的乡镇主要领导是曾经与县扶贫办主任一起工作过的同事。扶贫领导小组采纳了县扶贫办主任的推荐，图 1 反映了各个乡镇基础设施项目资金分配状况，K、S、T 和 U 四个乡镇实际分配到的资金均大幅超过保底资金。

上述行动存在两重庇护关系：一是扶贫领导小组对扶贫办的庇护，二是扶贫办对乡镇的庇护。上层机构为下层机构提供活动空间的庇护，以换取下级在其他政治事务上的服从与忠诚，表现在开展工作时的支持和上级意志的贯彻（李祖佩，2015a；赵晓峰、付少平，2015）。这种通过建立和维持个人关系所获得的庇护关系蕴含了一般社会关系的情感和道德因素（纪莺莺，2012），如信任、忠诚与声望。从 D 县的扶贫项目基层实践可以发现，项目制的制度要求被既有地方关系结构所绑架，项目发包进一步强化了庇护关系结构（李祖佩，2015a）。不过在项目制的实际运作过程中，工具型关系理性的作用并没有超越科层理性，行政科层制中的规章仍然主导着项目的"打包"和"发包"。

（2）工具型关系理性：趋利性

布迪厄认为，场域中各种位置的占据者通过采取各种策略，使用和部署各种资本，来维持或者改变自身在场域中位置，而场域本身的运作需要依靠各种资本的交换及竞争来维系（杨亮承，2016）。场域中的参与者需要接触那些资本存量高的占据者，从而增加自有资本，并规避损耗资本的行为。这种趋利避害的策略形塑了项目运作的政治机制（折晓叶，2014），一方面实现了领导的意志，另一方面基层政府也借此实现了自身利益，不过是在行政体制的既有逻辑之下发挥作用而已（李祖佩，2015b）。

原则第七条"兼顾县委县政府的其他要求",体现了基层干部对诸多非正式规范的遵守,也是趋利性的一种主动选择。这些非正式规范概括来说有以下几个层面。一是重点照顾省、市、县级党政核心成员单位联系的扶贫村;二是照顾现任市、县级领导家乡所在的村;三是支持县里的重点建设项目;四是留取一部分资金供县主要领导决策。这些规范可以分为两类,一类是实施"戴帽项目",[①] 一类是配合县域重点工作。已有研究表明,带有上级领导意志的"戴帽项目"有较高的溢出效益(折晓叶、陈婴婴,2011;李祖佩,2015b),完成领导戴帽的项目可以给上级领导留下较好的印象,能为以后资金分配和个人晋升提供巨大便利。实施这些项目的目的在于维持良好关系,包括市县之间的关系、县与扶贫办之间的关系等,这些关系的维护有利于基层政府获取经济资源和政治资源。在这种动机下,D 县增加了 5 个上级领导联系村的扶贫资金,五个村分别属于 E、G、M、N、O 乡镇,由图 1 可见,这五个乡镇的实际所得资金多出保底资金不少。另外,政府自利还表现为基层政府整合项目资金,打造重点示范工程,以最大化地实现项目资金投入的行政绩效(李祖佩,2015a)。现代农业园是 D 县全力打造的重点工程,县政府为了展现其农村工作的成果,突显政绩,通过整合各部门资金打造现代农业园所覆盖的中心示范村。县扶贫办划拨 130 万资金用于中心示范村的基础设施建设,以示支持县领导的决策。D 县扶贫办主任说,"现代农业园是县委书记和县长力推的政绩工程,各科局在项目的安排上必须服从'大局',将资金配套到重点工作中,扶贫办必须和县里保持一致,也只能往里投项目"(D 县扶贫办主任访谈记录)。

图 1 中,V 镇的实际分配资金远超其他的乡镇则源自于此。V 镇有 3 个贫困村,保底资金是 60 万,实际分配额度为 215 万。其中,贫困村的项目只占到 85 万,剩余 130 万资金是用于 V 镇境内的现代农业园建设,包括两条水泥路项目和一个塘坝扩容项目。

4. 小结

本文对 D 县的扶贫项目库建设过程的解构,揭示了项目制"打包"和"发包"过程中基层政府的行为逻辑。研究发现项目发包权和打包权的统合赋予了基层政府更大的"理性选择"空间,已成型的关系和结构性因素决定了项目运作的机制。社会关系作用于科层制体系,行政科层制中的规则并非时刻有效,两者构

---

① 戴帽项目,是指项目指标的获得和工程实施动力并非来自于县乡政府和职能部门,而是更高层级政府领导的意志表达。

成了项目制的实际运行基础。在社会关系和规章制度的多重约束下，科层理性和关系理性共同作用于基层干部的策略选择，具体的影响途径见图2。通过权衡科层理性和关系理性的作用，笔者发现以下规律。

（1）价值型关系理性优先于科层理性

国家在实行"四到县"的前提假设就是科层制的可操作性和有效性。科层理性认为官员对于关系的寻求都是徒劳的。但从D县扶贫项目库建库情况来看，价值型关系理性在影响基层干部的行为过程中居于主导地位，项目因价值型关系理性优先而发生异化，将扶贫资金投向了资金使用合规范围之外的项目。价值型关系理性主要从两条途径影响基层政府的策略选择：一是长期实践的经验积累内化而成的惯习，二是以"伦理本位"为基础的等级秩序观念。

进一步而言，价值型关系理性优先于科层理性有其行动边界：一是价值型关系理性所引发的行为在"谋公不谋私"的动机下可被科层制度所默许。当有充分合理的理由支撑时，可以利用申辩机制应对上级的督查与问责（吕方，2013），实现对科层理性的超越，如基础设施建设的需求较大而加大了资金投放比例。二是规章制度不完善诱发了价值型关系理性对基层政府治理行为的扭曲。不完善的约束机制降低了科层制度的违规成本，若违规成本过高，价值型关系理性的作用也会受到一定的限制，如D县的项目实施区域基本都在贫困村。作为佐证，2016年多项扶贫政策的出台，特别是层层签订脱贫任务责任状，激励和问责机制得以进一步完善。在纪检、审计、督查等部门的重点监督之下，D县2016—2017年的扶贫项目库得到了很大程度的矫正，过半数的资金用于光伏扶贫，基本没有违规使用扶贫资金的情况。鉴于此，价值型关系理性优先于科层理性有一定的作用边界，主要取决于科层制度的完善程度，主要是监督和约束机制。

（2）科层理性优先于工具型关系理性

虽然关系理性在实践中对既有规则进行了自主性建构，但以特定功利目标为基本导向的工具型关系理性有着明确的行动边界，"趋利避害"、追求政绩、庇护结构都只是在一定范围内灵活有效。项目制实践中的"超越行政科层制"并不是主要方式便是佐证。在D县的建库案例中，项目在科层理性与关系理性的交互作用下发生变通，虽然基层政府也借此实现了自身利益，但是行政体制的既有逻辑发挥了主导作用。基层政府并不会逾越科层理性，表现为项目的性质没有突破指导文件划定的范围，或行政科层制中的规则并没有严格按照原有的层级次序运作而已（李祖佩，2015b）。以上均体现了科层理性优先于工具型关系理性的规律。

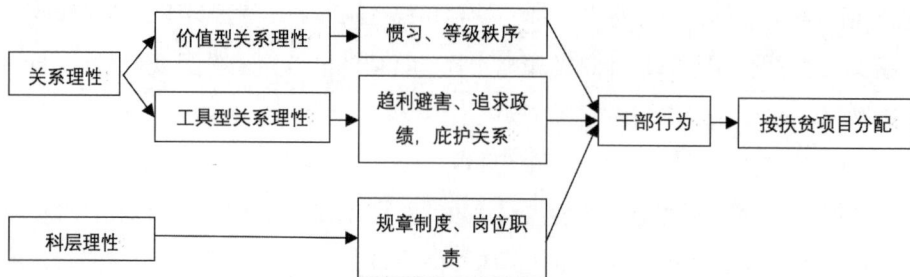

图 2 理性分析框架图

五、结语

精准扶贫要求"四到县"权力下放致使基层贫困治理机制发生了转变。本文通过 A 省 D 县 2015—2016 年度扶贫项目库建设案例,从科层理性和关系理性的角度构建理性分析框架,揭示了 D 县扶贫项目实施的内部逻辑,进而解释项目为何发生了变通和异化,偏离了理性化的设计意图,以及这种变通和异化是如何在"发包""打包"过程形成的。在理性分析框架下,笔者发现基层治理实践遵从着一种超越韦伯的科层理性的理性逻辑,这种基层治理理性既包含非人格化的科层理性,也包含遵循差序关系原则的价值型关系理性和趋利避害的工具型关系理性。根据目标的不同将关系理性划分为价值型关系理性和工具型关系理性,本文进一步揭示了项目制的实践逻辑和基层政府的选择策略。具体而言,基层政府的项目制实践在科层理性主导下遵守规章制度,在科层理性和关系理性共同作用下变通执行,在价值型关系理性主导下超越了原本规则,异化了项目用途。通过权衡科层理性和关系理性对基层政府的作用,本文发现价值型关系理性优先于科层理性,而科层理性的作用优先于工具型关系理性。不过两种关系理性均有一定的作用边界,在强制度约束下,其作用将会受到限制。

基于本文的分析,理性分析框架提供了一个探寻精准扶贫基层实践机制改进的突破口。政策设计应当重视基层的理性治理逻辑,只有让基层干部所遵从的关系理性与科层理性趋于一致性,才能有效地避免基层干部的行为偏离。达到这个目的的关键在于强化约束和监督机制:一方面是强化科层组织内部的考核机制,包括切实落实党政一把手负总责的制度,使贫困地区各级领导意志聚焦于精准扶贫、精准脱贫,进一步强化做好精准扶贫工作的价值型关系理性,实现了关系理性与科层理性的一致性。另一方面建立外部评价的扶贫绩效考核机制,让独立的第三方参与精准扶贫的考核。内部考核机制一直存在,但在关系理性的影响下,出现了考核形式化的问题。以独立的第三方为评估主体能够降低关系理性的影响，并根据评估结果问责约谈排名靠后的省市县。这些安排提高了各地对扶贫工作的重视，同样可以实现关系理性与科层理性的趋同。

在研究层面，本文虽然基于一个县扶贫项目库建设的分析，但所分析的项目制在扶贫领域的运作逻辑同样适用于其他领域。通过分析基层实践的运作逻辑，刻画地方政府的理性治理行为，对理解基层治理逻辑与各个层面代理人行为有较大的参考价值，为进一步深化改革涉农工作的体制机制提供理论借鉴。通过本文分析，可以为中国项目制运作中的"关系"找到一个合理的定位和解释。与西方社会相比，中国的"关系"作为一种非正式的制度安排发挥作用的空间和效力是不容忽视的。"关系"理论的运用已经对韦伯的"理性人"假说以及新古典经济学"经济人"假设提出了挑战，也是对已有经济理论的补充和完善。但是所有研究具有边界，本文只是分析了县级层面项目制的制度逻辑和实践策略，而精准扶贫是系统工程，项目制实践的利益方较多，其行动逻辑均有不同，如乡镇的自利性诉求与策略、村庄的自主性回应都是值得深入研究的领域，这也为后续研究提供了方向。总体而言，本文弥补了项目制和精准扶贫的研究缺陷，延展了关系理论在基层治理研究中的运用，也为后续研究提供理论借鉴和经验素材，并且有利于进一步明确精准扶贫过程中扶贫项目实施的基本脉络，优化项目制在公共政策中所发挥的积极作用。

参考文献

［1］布迪厄，皮埃尔. 实践感. 蒋梓骅译. 译林出版社，2003.

［2］布劳，彼得、梅耶，马歇尔. 现代社会中的科层制. 马戎，时宪明，邱泽奇译. 学林出版社，2001.

［3］陈家建，边慧敏，邓湘树. 科层结构与政策执行. 社会学研究，2013（6）.

［4］陈家建，张琼文，胡俞. 项目制与政府间权责关系演变：机制及其影响. 社会，2015（5）.

［5］费孝通. 乡土中国. 北京大学出版社，2012.

［6］高尚涛. 关系主义与中国学派. 世界经济与政治，2010（8）.

［7］洪岩璧，赵延东. 从资本到惯习：中国城市家庭教育模式的阶层分化. 社会学研究，2014（4）.

［8］黄宗智，龚为纲，高原. "项目制"的运作机制和效果是"合理化"吗？. 开放时代，2014（5）.

［9］纪莺莺. 文化、制度与结构：中国社会关系研究. 社会学研究，2012（2）.

［10］李博. 项目制扶贫的运作逻辑与地方性实践——以精准扶贫视角看 a 县竞争性扶贫项目. 北京社会科学, 2016（3）.

［11］李芊蕾, 秦琴. 试论中国人的"关系理性". 中共浙江省委党校学报, 2008（3）.

［12］李小云, 张雪梅, 唐丽霞. 我国中央财政扶贫资金的瞄准分析. 中国农业大学学报（社会科学版）, 2005（3）.

［13］李祖佩. 项目制的基层解构及其研究拓展——基于某县涉农项目运作的实证分析. 开放时代, 2015a（2）.

［14］项目制基层实践困境及其解释——国家自主性的视角. 政治学研究, 2015b（5）.

［15］梁漱溟. 中国文化要义. 上海人民出版社, 2011.

［16］林南. 社会资本: 关于社会结构与行动的理论. 张磊译. 上海人民出版社, 2005.

［17］林雪霏. 扶贫场域内科层组织的制度弹性——基于广西 L 县扶贫实践的研究. 公共管理学报, 2014（1）.

［18］吕方. 治理情境分析: 风险约束下的地方政府行为——基于武陵市扶贫办"申诉"个案的研究. 社会学研究, 2013（2）.

［19］吕方, 梅琳. "复杂政策"与国家治理——基于国家连片开发扶贫项目的讨论. 社会学研究, 2017（3）.

［20］马良灿. 项目制背景下农村扶贫工作及其限度. 社会科学战线, 2013（4）.

［21］帕森斯, 塔尔科特. 社会行动的结构. 张明德, 夏翼南, 彭刚译. 译林出版社, 2003.

［22］渠敬东. 项目制: 一种新的国家治理体制. 中国社会科学, 2012（5）.

［23］史普原. 科层为体、项目为用: 一个中央项目运作的组织探讨. 社会, 2015（5）.

［24］汪三贵, Albert Park、Shubham Chaudhuri、Gaurav Datt. 中国新时期农村扶贫与村级贫困瞄准. 管理世界, 2007（1）.

［25］汪三贵, 殷浩栋, 王瑜. 中国扶贫开发的实践、挑战与政策展望. 华南师范大学学报（社会科学版）, 2017（4）.

［26］王汉生, 刘世定, 孙立平. 作为制度运作和制度变迁方式的变通. 应星, 周飞舟, 渠敬东编. 中国社会学文选. 中国人民大学出版社, 2011.

［27］王汉生, 王一鸽. 目标管理责任制: 农村基层政权的实践逻辑. 社会学研究, 2009（2）.

［28］韦伯, 马克斯. 韦伯作品集（ⅲ）支配社会学. 康乐, 简惠美译. 广西师范大学出版社, 2004.

［29］经济与社会. 杭聪译. 北京出版社, 2008.

［30］许汉泽, 李小云. 精准扶贫视角下扶贫项目的运作困境及其解释——以华北 W 县的竞争性项目为例. 中国农业大学学报（社会科学版）, 2016（4）.

［31］阎明. "差序格局"探源. 社会学研究, 2016（5）.

［32］阎云翔. 差序格局与中国文化的等级观. 社会学研究, 2006（4）.

［33］杨亮承. 扶贫治理的实践逻辑. 中国农业大学博士学位论文, 2016.

[34] 尹利民. 也论项目制的运作与效果——兼与黄宗智等先生商榷. 开放时代，2015（2）.

[35] 赵晓峰，付少平. 多元主体、庇护关系与合作社制度变迁——以府城县农民专业合作社的实践为例. 中国农村观察，2015（2）.

[36] 折晓叶. 县域政府治理模式的新变化. 中国社会科学，2014（1）.

[37] 折晓叶，陈婴婴. 项目制的分级运作机制和治理逻辑——对"项目进村"案例的社会学分析. 中国社会科学，2011（4）.

[38] 周飞舟. 分税制十年：制度及其影响. 中国社会科学，2006a（6）.

[39] 从汲取型政权到"悬浮型"政权——税费改革对国家与农民关系之影响. 社会学研究，2006b（3）.

[40] 周黎安. 行政发包制. 社会，2014（6）.

[41] 周雪光. 基层政府间的"共谋现象"——一个政府行为的制度逻辑. 社会学研究，2008（6）.

[42] 运动型治理机制：中国国家治理的制度逻辑再思考. 开放时代，2012（9）.

[43] 行政发包制与帝国逻辑周黎安《行政发包制》读后感. 社会，2014（6）.

[44] 项目制：一个"控制权"理论视角. 开放时代，2015（2）.

[45] 周雪光，艾云. 多重逻辑下的制度变迁：一个分析框架. 中国社会科学，2010（4）.

[46] O'Brien K J & Lianjiang Li 1999. Selective Policy Implementation in Rural China. Comparative Politics 31（2）.

[47] Oi J C，1985. Communism and Clientelism：Rural Politics in China. World Politics 37（2）.

[48] Panda S，2015. Political Connections and Elite Capture in a Poverty Alleviation Programme in India. The Journal of Development Studies 51（1）.

[49] Williamson O E，1971. The Vertical Integration of Production：Market Failure Considerations. American Economic Review 61（2）.

（本文与殷浩栋、郭子豪合著，原载《社会学研究》2017 年第 6 期）

第九章　中国的扶贫成效及经验解释

中国扶贫绩效与精准扶贫

本文是笔者基于多年实地调研的成果，系统介绍了中国取得的大规模减贫成就及原因，也详细描述了精准扶贫的实践和效果，深刻践行了"把论文写在祖国的大地上"的指导思想。于 2020 年获得中央领导同志批示。

脱贫攻坚是党的十九大确定的三大攻坚战之一，并且到 2020 年就得完成。贫困问题是一个比较复杂的问题，不仅中国有，全球都有。但是像中国这样把贫困问题当作头等重大的问题来解决，在几十年来取得大规模减贫成就的，在人类历史上是绝无仅有的。中国改革开放以后成就很多，有一些方面的成就在国际上有不同的看法，只有扶贫成就在国际上没有任何质疑。国际机构、国外的政府官员和一些西方的学者对中国的大规模减贫都赞赏有加，发展中国家更是把学习中国的减贫作为经验借鉴的主要方面。

一、中国的大规模减贫成就

国际社会为什么对中国减贫评价这么高？中国到底减少了多少贫困人口？这是首先需要弄清楚的问题。贫困人口的减少数量与贫困标准有关。中国自己的贫困标准是 2010 年不变价人均每年 2300 元，我们现阶段脱贫攻坚的目标之一就是要使贫困人口的收入稳定超过这个标准。按照这个标准来估计，中国的农村贫困人口 1978 年为 7.7 亿，贫困发生率 97.5%，也就是说当时 100 个农村人口里面只有两个人是非贫困人口，其他全部是贫困人口，可见改革开放初期中国农村的贫困问题是非常严重的。到 2018 年底，贫困人口已经减少到 1660 万，累计减少了 7.5 亿贫困人口，年均下降 9.1%。贫困发生率下降到 1.7%，100 个农村人口里面贫困人口不到 2 个了 [①]。

为了估计全球的贫困状况和进行贫困的跨国比较，世界银行确定了多条国际贫困线并对各个发展中国家的贫困人口规模进行了估计。最低的贫困线是按 2011 年购买力平价计算的 1 天 1.9 美元。按 1.9 美元的贫困标准来估计，中国的贫困人口（包括城市的贫困人口）1981 年是 8.84 亿，贫困发生率 88%。中国政府估计的贫困人口是不包括城市的，我们扶贫主要针对农村贫困人口。如果把城市人口和农村人口放到在一起，100 个人里面有 88 个是贫困人口，比例也是相当高的。2015 年，世行估计的中国总贫困人口减少到 970 万人，累计减了 8.74 亿人，贫困发生率从 88% 下降到 0.72%，100 个人里面不到 1 个贫困人口。世界银行有另外一条中度贫困线，每人每天 3.1 美元，这条贫困线代表的是所有发展中国家贫困线的平均水平。按这条中度贫困线估计，1981 年中国有 9.92 亿贫困人口，贫困发生率 99.14%，基本全国无论农村人口还是城市人口都生活在这条贫困线之下。到 2013 年，中国的中度贫困人口下降到了 1.5 亿，减少了 8.4 亿，贫困发生率下降到 11% [②]。

无论是按照我们国家自己的贫困线标准还是按照国际标准来判断，中国改革开放 40 多年来减少了 8 亿—9 亿贫困人口。人类历史上这么短的时间能够使这么多贫困人口脱贫是从来没有过的，这是人类历史上在短时间内取得的最大减贫成就，因此举世瞩目。如果以中国目前的贫困线标准衡量，40 多年来贫困人口减少的速度还在不断加快。中国的农村贫困人口在 20 世纪 70 年代后期到 80 年代后期这十年，年均贫困人口下降 3%，20 世纪 90 年代年均下降 4%，2001—2010 年年均下降 10%，2010 年后贫困人口年均下降 20% [③]。所以从速度上看变化非常明显，越到后面我们的减贫速度就越快。

需要注意的是不同贫困线下，贫困人口的减贫速度是不一样的。如果用更低的贫困线，比如用中国政府 1978 年贫困线标准估计，就不是越往后减贫速度越快的趋势，而是贫困人口人数在早期下降得更快。出现这种不一致的原因是改革开放初期绝大部分农村人口远离现在的贫困线，但离 1978 年低标准的贫困线不远，因此当时的农村改革和发展能使大量低标准贫困人口摆脱贫困，但很难使高标准贫困线下的人口脱贫。标准不一样，不同时期的减贫速度就不一样。

---

① 根据国家统计局历年公布的数据计算，参见各年由中国统计出版社出版的《中国农村贫困监测报告》。
② 根据世界银行公布的"World Development Indicator"计划。
③ 根据国家统计局历年公布的数据计算。

二、中国为什么能取得大规模减贫成就

减贫的主要原因是什么？一个国家贫困人口要大幅度下降，没有持续的经济增长是不可能的。从国际上看这些年来减贫速度最快的是东亚地区，东亚地区也是经济增长最快的地区，经济增长慢的地方减贫就慢，这个很容易理解。因为穷不穷主要是用经济福利指标来测量的，首先是消费支出，然后是收入。只有经济增长才能提高收入和消费支出，从而减少贫困。国际上的一些研究表明，经济增长可以解释短期减贫的70%，而长期来看95%的减贫是经济增长带来的。如果一个国家不去发展经济，光扶贫在长期来看是没有作用的。扶贫是需要钱的，没有经济增长和财政收入的增加，扶贫的钱从哪里来？影响减贫的另外一个重要因素是收入分配，在同样的经济增长速度下，收入分配越公平越有利于减贫。如果收入分配不平等程度提高，对减贫就会产生负面影响。中国的经济增长很快，收入不平等问题也越来越严重，好在经济增长速度高到足够抵消收入分配带来的负面影响，从而实现了可持续减贫。

比较中国的人均GDP增长率和贫困发生率的变化可以清楚地看到两者之间的负相关关系。GDP增长率越高，贫困发生率下降越快。我们可以计算经济增长对减贫的弹性，这个值为−0.52%，即GDP每增加1%贫困发生率会下降0.52%。世界银行的两位学者做了类似的研究，他们用消费支出的变化代表经济增长，消费支出增长的减贫效果更加明显：人均消费每增加1%，贫困发生率下降2.7%，贫困缺口率下降2.9%。

经济增长来源于三个不同的部门，即第一产业、第二产业和第三产业，每一个部门的增长对减贫的影响是不一样的。在中国和很多其他发展中国家，以农业为主的第一产业的减贫效应是最高的。首先，中国的贫困人口主要在农村。按同一条贫困线标准衡量（在调整了生活成本差距后），99%贫困人口在农村，即使把农村的流动人口算成城镇人口，农村贫困人口也占到95%。贫困人口主要在农村，当然农村的经济增长对贫困人口影响就更大。第一产业的增长率的减贫弹性是−1.13%，是总体经济增长减贫弹性的2倍以上。世界银行的两位学者估计的第一产业减贫弹性是−8，是第二和第三产业减贫弹性的4倍。

中国的农业使贫困人口受益很大还与中国的土地制度有关。中国的农业土地在农村社区是平均分配的，贫困人口也平等地享有土地的使用权。这与其他发展中国家不一样，如南亚和拉美很多穷人没有土地，或者土地很少。如果贫困人口

没有土地或土地很少，那么农业增长受益的主要是地主。新中国成立之前，大量的极贫人口也是无地和少地的农民。

　　农业的减贫效应更大也与贫困人口的收入结构有关，越是贫困家庭越以农业为生。以 2006 年的收入结构为例，20% 的最低收入组农业收入占 54%，而最高20% 的收入组农业收入只占 32%[①]。低收入人口一半以上的收入来源于农业，农业增长对他们的影响当然更大。

　　农业增长对贫困家庭还具有正外部性。从一个国家的角度来讲，尽管国家越发达农业占的 GDP 比重越低，但一旦农业出现问题就会导致严重的问题，小则出现严重的通货膨胀，大则引起社会动荡。农产品供应问题不解决就不能用更多的资源去发展别的。如果吃饭没能解决，就要把所有的资源用来解决吃饭问题，特别是像中国这样的大国。中国的改革之所以成功，从农村改革开始来优先解决农产品供应问题是非常重要的。家庭层面也是一样的道理，对于农民来说，只有温饱问题解决了，家庭才能转移更多的资源用于其他方面的发展。

　　尽管持续的高速经济增长对中国的大规模减贫具有决定性的作用，但从 80年代中期开始的扶贫开发也起到了重要的补充作用，并且扶贫开发的作用随时间的推移还越来越重要。1986 年国家成立国务院扶贫开发领导小组及其办公室，正式启动了大规模有针对性的扶贫计划，到目前为止已经 30 多年。经济增长能够带动条件相对较好的很多地区和能力较强的大部分人口脱贫，但中国区域差距大，地理环境、资源禀赋、基础设施、人力资本等在东中西部之间存在很大的差距，这种差距导致了不同地区发展速度不一样。对于基础条件差、起点低、发展慢的地区如果没有针对性的扶持政策，就会与其他地区的差距不断扩大，生活在这些地区的贫困人口就难以摆脱贫困。即使在非贫困地区，也有部分人口因自身和家庭的原因难以从经济增长中受益，长期处于贫困状态。

　　针对这些困难地区和人群，不能完全依靠内生的增长机制摆脱贫困，有针对性的扶贫开发就是为了帮助贫困地区发展更快，让贫困人口摆脱贫困陷阱。30 多年来，我们在扶贫上做了很多的事情，实施了很多扶贫政策。1983 年开始实施易地扶贫搬迁，从三西地区[②]的小规模试点到"十三五"期间 1000 万规模的贫困人口易地搬迁。1984 年开始实施以工代赈工程，贫困地区的闲置劳动力在修建小型基础设施的同时获得实物或现金收入。1986 年开始实施贴息贷款计划，为贫困地

---

① 根据国家统计局住户调查数据计算。
② 甘肃定西、河西和宁夏的西海固地区。

区和贫困人口提供有利息补贴的贷款，80—90 年代的扶贫贴息贷款利息长期维持在 3% 以下，目前脱贫攻坚阶段贫困户的扶贫贷款完全免息。1986 年设立财政发展基金，用于贫困地区的基础设施、公共服务、技术推广等方面。1986 年开始社会扶贫，动员党政机关、事业单位、国有企业和社会团体参与定点扶贫。

为了改善贫困地区的义务教育，1995 年开始在西部地区实行贫困地区义务教育工程。1996 年在借鉴国外经验的基础上启动小额信贷计划，探索为穷人提供贷款的另外一种思路。小额信贷强调的不是贴息，甚至利息比商业贷款利息还高，因为穷人贷款成本高，强调的是给穷人提供贷款的机会。2001 年开始实施"整村推进"，以贫困村为对象进行综合开发，改善村庄的生产生活条件，提高生产能力。2004 年开始实施劳动力培训转移项目，通过对贫困地区的劳动力进行短期职业培训后提高技能，并在发达的地区和城镇为他们提供就业机会，使他们获得工资收入。2004 年实施产业扶贫，培育贫困地区的农业龙头企业并要求它们带动贫困人口创收。同年启动了西部地区"两基攻坚"，即基本普及九年义务教育、基本扫除青壮年文盲。为了进一步缓解贫困户贷款难的问题，2006 年开始贫困村村级互助资金试点，让贫困村自己管理小额信贷资金，提高贫困户贷款的可获得性并降低因信息不对称导致的还款风险。2007 年最低生活保障政策全面在农村地区推行，拉开了农村社会保障的序幕，从而进入了以开发式扶贫为主、社会保障为辅的新阶段。中国的农村扶贫长期以开发式扶贫为主，即你再穷也不直接给你钱，而是帮助你改善生产生活条件，你要靠自己的努力获取收益。但农村中总有一部分家庭丧失了劳动力，只能靠社会保障来保障其基本生活。2011 年一个重大的政策调整是实施片区开发，在全国确定了 14 个特困片区进行综合开发，重点是大型的基础设施、公共服务、生态环境保护和产业发展等，目的是改善整个区域的发展条件。2013 年开始实施精准扶贫，2015 年开始脱贫攻坚，随之实施了一系列有针对性的精准扶贫项目。从中国扶贫开发的政策演变可以看出，从 80 年代初期开始，扶贫策略和政策随着贫困状况的变化和经济社会发展不断进行调整，各类政策既有延续性也不断在创新，有些政策持续了 30 多年（如财政发展资金、以工代赈、贴息贷款、社会扶贫等）。

中国的扶贫可以分为两个大的阶段，第一个阶段从 1986 年到 2013 年，重点工作是区域扶贫开发。第二个阶段从 2014 年开始到 2020 年，精准扶贫成为基本方略。这两个阶段有非常明显的差别，主要是扶持的对象和目标都不一样。区域扶贫开发的对象是大大小小的区域，目的是让贫困地区发展更快从而间接带动贫困人口脱贫。精准扶贫的对象是贫困家庭和贫困人口，目的是直接帮助贫困家庭和人口脱贫。

20世纪80年代中期，我国开始大规模扶贫，首先需要确定扶持对象，到底扶谁合适？根据国家当时的财政能力和贫困人口的分布状况，决定以县为单位进行扶持，总共确定了332个国家级贫困县。当然还有很多很穷的县，国家没有能力帮助，各个省又确定了370个省级贫困县，由省里帮扶。1994年国家开始实施"八七扶贫攻坚计划"，即用7年的时间解决8000万贫困人口的温饱问题。中央将国定贫困县的数量增加到592个，很多省定贫困县被纳入进来由国家来扶持。2000年基本完成"八七扶贫攻坚计划"后，国家立即实施了《中国农村扶贫开发纲要（2001—2010年）》，国定贫困县改名为国家扶贫开发重点县，数量仍然维持在592个，只是把东部地区的所有国定贫困县指标调整到了中西部地区。考虑到非贫困县中也有大量的贫困人口，有些偏远的乡村也很穷，中央决定在扶持重点县的同时，也确定一部分村进行扶持。2001年在全国确定了14.8万个贫困村[1]，这些贫困村多数在贫困县，但也有超过40%在非贫困县。整村推进项目就是针对这15万个贫困村的，非贫困县第一次享受到了中央的扶持政策。第一个十年扶贫开发纲要实施完成后，中央又启动了第二个《中国农村扶贫开发纲要（2011—2020年）》，制定了新的贫困线标准并实施14个片区的开发计划[2]。为了有效实施片区开发，中央确定了680个片区县作为片区开发的基本单位。国家扶贫开发重点县的数量仍然维持在592个，但可以在省内进行调整。在片区县和重点县中，有440个既是片区县又是重点县的双料县，两者总计为832个，现在统称为贫困县。除了贫困县外，该计划又确定了12.8万个贫困村继续进行扶持。

长期以来，中国的农村扶贫就是以大大小小的区域为对象的，从80年代的贫困县到21世纪初的贫困县和贫困村，再到本世纪10年代的贫困县、贫困村和特困片区。扶持的区域层次从一层变为三层，扶持的贫困县数量从332个变为832个，越扶越多。在贫困人口不断减少的情况下，贫困县越扶越多显然与贫困县能得到很多优惠和好处有关——被确定为贫困县后谁都不想出来，条件较差的非贫困县都想进去。中央几次想减少贫困县的数量都没有成功，最终只能总量控制，而片区开发的实施给了大量的非贫困县进入贫困县行列的机会。湖南新邵县在被纳入片区县后，打出"热烈祝贺新邵县成功纳入国家集中连片特困地区，成

---

[1] 后来贫困村的数量增加到15万个。
[2] 按2010年不变价计算为每人每年2300元。

为新时期国家扶贫攻坚的主战场"的宣传标语，引起社会一片哗然。可见贫困县这顶帽子在地方政府眼中的分量。

以区域为对象的扶贫开发有没有效果？应该讲效果还是很明显的。以"八七扶贫攻坚"的主要对象 592 个贫困县为例，我们看这些县的主要经济指标是不是增长得更快。根据国家统计局的统计，592 个贫困县农业增加值年均增长 7.5%，比全国农村高 0.5 个百分点，粮食产量年均增长 1.9%，是全国农村平均增长速度的 3.2 倍。农民人均纯收入年均增长 12.8%，比全国平均增速高 2 个百分点。贫困县在主要的经济指标上的表现要好于非贫困县。2000 年代，我们既扶贫困县又扶持贫困村，并且贫困村成为重点扶持对象。国家统计局的数据再次显示，贫困村农民的收入增长快于贫困县，而贫困县的农民收入增长快于非贫困县。

除了收入增长以外，贫困地区的基础设施和公共服务的改善也非常快。我们90 年代初去贵州毕节的威宁县调研，从北京出发得跑三天：北京坐火车到六盘水需要两天，六盘水到威宁 90 公里要跑 5 个小时，整个县当时没有一条硬化公路，最好的路就是砂石路并且坑坑洼洼一点都不平，翻山越岭弯弯曲曲，每小时也就跑 20 公里。现在贵州什么情况？县县通高速，村村通油路，甚至 30 户以上的村民小组都全部通了硬化道路。现在从北京到威宁坐飞机大半天就能直接到，变化是翻天覆地的，比很多非贫困地区变化要大得多。

这种简单的比较有人会说你没有控制其他的因素，不可信。你不搞扶贫开发说不定人家增长的也很快，因为有后发优势。消除这些疑虑就需要有更深入的实证研究，在控制了其他影响因素后看扶贫开发是否还有效果。世界银行研究人员的研究和我们自己的研究，得出的结论是一致的：扶贫开发确实促进了贫困地区的发展。世界银行在西南四省做了研究表明，在控制了其他因素后，贫困县农民的消费支出比非贫困县的年均消费增长要高 1.1%，投资回报率为 12%。我们利用农业部的分县数据，在控制了初始条件后，分析了 1986—1995 年期间贫困县农民人均纯收入的增长与同一地区的非贫困县相比是否有更快的增长。结果表明，1986—1991 年同一个地区的贫困县比非贫困县农民人均收入增长要快 2.2%，1992—1995 期间要快 1.9%，投资回报率为 12%—15%。扶贫政策能够带来百分之十几的回报已经相当不错了。总体而言，以区域为对象的扶贫开发，大大推动了贫困地区的发展，从而缩小了贫困地区与其他地区的相对差距。由于贫困地区发展得更快，也带动了更多的有一定能力的贫困人口脱贫。

既然以区域为对象的扶贫开发成效显著，扶贫投资和政策有效地促进了贫困地区的发展，贫困人口也在不断减少，为什么不继续区域扶贫开发策略而要转向精准扶贫呢？精准扶贫比区域开发难度要大很多，需要很多细致复杂的工作，这么难的事情为什么要去做？主要原因是，如果你不改变扶贫策略，继续区域扶贫开发是达不到 2020 年使所有贫困人口脱贫的目标的。因为以同一个贫困标准衡量，越到后面剩余的贫困人口贫困程度越深，能力越差。能力强的人在经济发展的带动下和区域扶贫开发过程中早就脱贫了，而发展能力弱的这一群人靠一般的经济增长和区域扶贫开发是带不动的。往往表现为越到后期，贫困人口减少得越慢。以八七扶贫攻坚为例，目标是七年时间内使 8000 万贫困人口解决温饱问题，也就是解决吃穿问题。当时以贫困县为对象进行扶持，结果怎么样呢？到 2000 年的时候还剩下 3200 万没有解决温饱问题，整个计划也就实现了一半多一点，所以当时宣布基本实现八七扶贫攻坚目标。可见，如果只以区域为对象进行扶持，总有一部分在锅底的贫困人口脱不了贫，因为剩下的这些人主要是老弱病残和内生动力不足的人，开发难度大或完全没有开发能力。

2000 年代贫困村是主要的扶贫开发对象，并且对贫困村专门实施了整村推进项目。利用国家统计局大规模农户抽样调查数据和世界银行的村级补充调查数据，我们对整村推进的效果进行了实证研究，看整村推进项目实施后贫困村的贫困户是否受益。由于有住户调查数据，我们能够将贫困村里的农户分为贫困户和非贫困户，看整村推进到底使贫困户受益还是非贫困户受益了。由于整村推进是分批实施的，就为我们的研究提供了一个非常有效的准自然实验样本，从而使我们能够利用配对法比较实施整村推进的贫困村和没有实施整村推进的贫困村之间的贫困户和非贫困户的收入和消费增长差异。研究结果表明，村级综合开发带来的好处主要是非贫困户拿走了，做了项目的贫困村里的非贫困户比没有做项目的贫困村里的非贫困户的人均收入和人均消费支出增长要快 9.2%，但是遗憾的是实施了项目的贫困村里的贫困户与没有实施项目的贫困村的贫困户比较，收入和消费增长都没有显著差异，说明这些村级综合开发项目对贫困户没有产生明显影响。这个结果实际上并不难理解，主要是因为真正的贫困户由于多个因素的限制，难以从村级扶贫开发项目中受益。整村推进的主要投资在基础设施和公共服务领域，例如修建了大量的村级道路。我们通常都讲"要致富、先修路"，这个说法从总体来讲是对的，但不是所有的农户只要修路就会变富，对一部分能力强的非贫困农户，交通是他们面临的主要限制因素。道路改善以后（原来没有路现在新修了路或者原来是土路现在是硬化路），就能大幅度地改善通行条件，降低交通运输成本。如果我是村里面比较富裕的家庭，我有钱能够买一辆车搞运输，相当于创造了一个新的创收渠道，跑运输肯定比种地的收益要高，但贫困户买不起车，从而也享受不到这条致富路径。即使不搞运输，村里的能人大户每年有更多的产品要卖出去，有更多的生产资料和消费品要买进来。道路的改善会大幅度降低他们的运输成本，从而帮助他们增收和增加消费。但贫困户什么状态？他们既没有东西卖也没有钱买，修路对他有什么帮助？当然也不能说完全没有帮助，走在上面总是舒服一点，仅此而已。真正的深度贫困户是多种因素致穷，只改变一个因素对其帮助不是很大。

不能从一般经济增长中受益的贫困户往往也难以从区域性扶贫开发中受益。况且中国的经济增长进入了新常态，从原来每年增长 10% 下降到年均增长 6 点多，而且收入分配又越来越不平等了。农村的基尼系数从 80 年代初期的 0.21 到现在的约 0.4，不平等程度扩大了差不多 1 倍[1]。收入分配不平等程度的增加就意味着同样创造一块钱的财富，穷人得到的越来越少。所以我们面临的问题是，经济增长速度下降和收入分配不平等程度提高导致经济增长的减贫效应降低，如果不采取更加有针对性的扶贫政策，就不可能使所有贫困人口脱贫。在这样的背景下，习近平总书记 2013 年 11 月在湖南湘西十八洞村考察时，提出了中国农村要实施精准扶贫，从而开启了全国精准扶贫的伟大实践。

三、精准扶贫的实践和效果

精准扶贫是现阶段脱贫攻坚的最主要方略，目标是到 2020 年使现有标准下的贫困人口全部脱贫，贫困县全部摘帽退出，从而确保党的第一个百年目标顺利实现[2]。精准扶贫的基本内涵是扶贫需要更加有针对性，需要到村、到户、到人，而不能停留在区域层面上。扶贫到户到人的难度是很大的，因为贫困人口规模太大，情况复杂，需要做大量艰苦细致的工作。

精准扶贫的标准是什么？什么样的情况算脱贫？标准体现在两个方面，一个是收入稳定超过贫困线，即按 2010 年不变价计算的人均 2300 元，2018 年现价是 2995 元。但收入标准有一个问题，就是很难准确估计。国家统计局估计全国农民人均可支配收入用的是抽样调查和记账法，在全国农村只有约 9 万户左右的样本。但我们的建档立卡贫困户有近 3000 万户，约 9000 万人。这么大的规模不可

---

[1] 根据国家统计局公布的数据计算。
[2] 中共中央确定的第一个百年目标是到中国共产党成立 100 年时全面建成小康社会。

能采用记账法进行调查，不仅成本太高，也没有那么多技术力量的支撑。贫困户的收入主要由村里进行统计，误差很大，只能作为参考。

稳定脱贫另一个更重要的标准是"两不愁三保障"①，即看实际生活状况。不愁吃从三个方面看，一是要主食吃得饱，二是要有适量的蛋白质摄入，三是饮水要安全，饮水安全包括吃水不困难和水质安全。不愁穿的基本要求是每一个季节有每一个季节的衣服穿，冬天有冬装，夏天有夏装，春秋有春秋装，同时有鞋和床上用品。义务教育有保障的基本要求是义务教育阶段不能辍学。基本医疗有保障的基本要求是基本医疗保险和大病保险全覆盖，看得起多发病、常见病，慢性病有救助政策和签约服务，大病享受先诊疗后付费等优惠政策。安全住房有保障的基本要求是贫困家庭不能住危房。只有稳定解决了"两不愁三保障"问题才叫稳定脱贫。2019年4月习近平总书记在重庆考察的时候召开座谈会的主题就是"两不愁三保障"突出问题，强调脱贫攻坚和精准扶贫的重点就是解决所有贫困户的"两不愁三保障"问题。

精准扶贫的主要内容有几个大的方面。第一个要做的工作是精准识别，就是要通过有效的方式将几千万个贫困家庭和接近1个亿的贫困人口找出来。不做好精准识别，精准扶贫就失去了基础。这个工作难度相当大，反反复复搞了好多次。刚开始的时候标准不清楚，方法不统一，地方理解也不一样，做的五花八门。有的地方用比较量化的方式去识别，重点看"两不愁三保障"方面的问题，并根据问题的严重程度打分。比如一些地方采用的是"一看粮、二看房、三看家里有没有读书郎、四看有没有病人卧在床、五看劳动力强不强"。如果你家住危房打分就高，房子越好分数越低，有病人的打分高，没有的打分低，最后各项加总后分数高的就是贫困户。但是更多的地方采用的是民主评议，农村和城市不一样，是熟人社会，大家对村里谁穷谁富大体有个判断。大体程序是每一个村民小组将本组比较穷的家庭推荐给村两委，村里召开村民代表大会对推荐名单进行评议，确定名单后进行张榜公示。如果村民有异议，村干部（包括驻村工作队）进行核实，村民代表大会再进行讨论，然后再进行公示。这一过程通常要进行多次，如果村里分歧过大，确定不下来或者投诉很多，乡镇包村干部就需要介入，了解情况后进行协调。在开始时，各地对精准识别的理解和认真程度差异很大，导致识别的准确度出现很大的差异。优亲厚友、徇私舞弊导致的漏评和错评现象

---

① 指农村贫困人口不愁吃、不愁穿，义务教育、基本医疗、住房安全有保障。

时有发生。为了防止各地为获取扶贫资金而夸大贫困人口的数量，最初进行精准识别的时候是逐级分配名额的。名额控制下的识别在地方政府不理解和不认真的情况下会出现严重的问题。比如，有的省将贫困村的识别和贫困人口的识别捆绑在一起进行，并且要求贫困村必须有 60% 以上的贫困人口。在贫困人口名额有限的情况下，基层就只能把所有贫困户都放到了贫困村，而非贫困村没有一户贫困户。实际上，一些相邻的贫困村和非贫困村并没有多大的差别。结果就会出现贫困村里的村干部和很多富裕户也被识别为贫困户，而非贫困村里真正的贫困户却没有识别出来。

为了解决识别不准的问题，中央要求各地进行精准识别回头看，重新进行识别。很多地方回头看就进行了两次，有的甚至进行了三次。每一次回头看全国各地动员了几百万人下去帮助村里进行精准识别。除了大规模的回头看外，每年还要进行小规模的动态调整，确保真正的贫困家庭都被识别进来并建档立卡，不该进来的非贫困家庭清退出去。漏评是贫困县退出考核评估中最重要的指标之一，如果漏评率太高（要求不超过 2%），贫困县将不能摘帽退出。国家第一批贫困县退出评估时，云南禄劝县就因为漏评率太高而没有退出。各地在了解了精准识别的重要性并积累了经验后，都高度重视识别工作，目前贫困户的识别和建档立卡总体来看非常精准了，为精准扶贫和精准脱贫打下了良好的基础。考核评估对精准识别和精准帮扶起到了重要的促进作用。

识别出来并进行建档立卡后，就需要进行精准帮扶。基本要求就是根据贫困户和贫困人口的状况和致贫原因因人因户施策，采取综合性的帮扶措施。第一是稳定创收政策，包括产业扶贫、就业扶贫、资产收益和混合创收。没有产业发展和稳定的就业，稳定脱贫是很困难的。到底应该怎样帮助贫困户发展产业是地方政府面临的最大挑战，很多地方做了大量的尝试，取得了一定的成效，但也有不少产业扶贫方式成效不佳甚至浪费很多钱。西部有一个贫困县让全县的贫困户都养珍珠鸡，花了近 2000 万，结果鸡苗发下去后，很多都养死了，不仅没有赚到钱，还亏本了，最终书记、县长都被处分了。这种简单的产业扶贫方式，失败的比例比较高。产业扶贫是市场化的扶贫方式，政府主导不了，过度主导就容易失败。现在的贫困户搞产业的能力都很弱，他要有能力发展产业早就脱贫了。别人养猪养鸡养的好好的，他就是养不好，甚至养到中间就死了。这是因为贫困户缺乏基本的知识和技能，也不懂管理，更不懂市场。所以贫困户自主搞产业规模大点就很容易出问题，并且还面临着与农业新型经营主体竞争的问题。

产业扶贫需要创新模式，贫困户需要在市场竞争力强的新型经营主体带动下发展产业。贫困户只能做一些简单一点的工作，稍微复杂一点的由别人帮着干。比如说食用菌生产，贫困户就负责浇水、采摘等简单的工序，菌种选择、菌棒的制作、大棚的建造和食用菌的销售都由专业化公司或合作社来完成。在这个过程中，贫困户也会不断积累经验和技能，并逐步增强信心，慢慢扩大生产规模。

要让新型农业经营主体带着贫困户发展产业还需要解决经营主体的激励问题。中国参与产业扶贫的主要是商业性的民营企业，而不是社会企业，商业企业就需要考虑成本问题和效率问题。你让商业企业尽社会责任，它可以通过捐赠和支持公益事业这种更简单的方式来做。而产业发展是一个长期的市场行为，参与的各方需要合理的激励机制才可持续。这里的关键是整合各方面的资源，提高资源利用效率，从而让各方都获得利益的提升。例如，在中国的土地制度下，贫困户也有土地资源，只是他们对土地的使用效率很低。像贵州六盘水、湖南湘西种玉米 1 亩地一年 1000 元的纯收入都很难获得，但把土地交给新型经营主体生产高价值的特色产品（如猕猴桃），每亩利润就能提高到 1 万元以上。政府也有大量的扶贫资源用于产业扶贫，如财政扶贫资金、贴息贷款（每个贫困户有 5 万的额度）等。把这些资源整合在一起，让贫困户在企业、能人、大户的带领下发展产业，成功率要高很多。新型经营主体在这个过程中也能解决部分土地、资金等方面的问题，从而形成双赢的格局。当然，地方政府需要协助贫困户与经营主体之间建立合理的利益链接机制，防止处于弱势地位的贫困户利益受损。

不是所有的贫困户都有能力和意愿发展出一个可持续经营的产业来，稳定就业是多数贫困户更合适的选择和创收渠道，在其他国家也是这样。产业经营有各种风险，如自然灾害、市场波动等，很多风险贫困户都承受不了，而就业面对的风险要低很多，只要不拖欠工资就行。稳定就业是解决贫困户收入问题最有效的途径。因为年龄、健康等方面的原因，现在很多贫困户只有弱劳动能力，外出就业对他们是不现实的，只能为他们在本地提供就业机会。除了劳动密集型农业产业（如水果生产）能提供大量就业机会外，一些地方在村里引入扶贫车间，把一些劳动密集型的手工业品放在村里生产，从而为弱劳动力提供了大量的就业岗位。工资按市场原则设定，多劳多得，能者多得。计时工资通常每天 50—60 元，能够计件的则采用计件工资。就业扶贫强调的是把就业机会优先提供给贫困家庭，而不是盲目提高工资。由于在家门口就业生活成本低，企业也不需要负担额外的成本（如正式工人的"五险一金"），只要产品选择合理，企业和贫困户双方都能获得利益。每天50元的工资只要能工作半年，收入也接近1万，是目前贫困线标准的三倍。

　　另外一个方式是资产收益扶贫。贫困户拿出耕地、林地、住房等自有资产，或政府拿财政扶贫资金，正式或非正式入股到企业和合作社。企业或合作社等经营主体利用这些资产经营产生收益后给贫困户分红。有些地方甚至采用户贷企用的方式将信贷扶贫资金借给企业，然后给贫困户分红。分红的比率6%—12%不等，取决于企业的盈利能力和地方政府与企业的讨价还价能力。由于资产收益扶贫不依赖贫困户的经营能力和就业能力，可以覆盖到所有贫困户。很多地方所谓的产业全覆盖，主要采用的就是资产收益模式。简单的资产收益扶贫一个主要问题是不能增强贫困人口的能力和内生发展动力，有养懒汉的嫌疑。如果用财政扶贫资金或信贷扶贫资金做资产收益项目，跟社会保障没有本质区别。所以对有劳动能力的贫困户，不鼓励在不参与生产和就业的情况下简单分红。问题是参与资产收益扶贫的很多企业不是劳动密集型企业，不能为贫困人口提供就业机会，更不能带动贫困户的生产经营。在贫困户不能直接参与的情况下，各地创造了贫困户通过公益岗位间接参与的模式。目前农村环境问题突出，垃圾到处都是，污水遍地流，并不是人们想象中的鸟语花香、山清水秀。一些社会服务也没有人做，如失能老年人的照料等。利用分红收入设置公益岗位①，雇佣贫困家庭的劳动力做力所能及的事情是一举两得的安排。既改善了环境和提供了公益服务，又避免了养懒汉问题。

　　有的地方尝试把前面三种方式结合起来，既有资产收益，又有产业发展，还有就业帮扶。以重庆一个县乡村旅游扶贫为例，乡村旅游近年来在西南地区的一些山村发展较好，因为山区环境优美，空气好，夏天凉爽，生活成本低，管吃管住一个月2000多块钱。这些地方夏天经常游客爆满，收益很高。但贫困户以前却没有从中受多少益，因为贫困户住房简陋，有的甚至是危房，发展不了家庭旅馆。当地优越的自然环境没有给贫困户带来多少利益，主要好处是当地的富裕户和外来投资者享受了。为了鼓励贫困户发展旅游，地方政府为贫困户提供了3万元的专项资金。考虑到贫困户的住房状况和经营能力，把3万元直接给贫困户发展旅游还是有相当大的风险的。一个乡镇把36户贫困户组织起来与旅游山庄合作，将36户的108万专项资金交给旅游山庄获得10%的分红。为了防止简单分

①公益岗位包括打扫卫生、护林、防火、巡河、治安、生活照料、护理等。

红养懒汉，只分 1500 元给每一个贫困户，另外一半作为激励资金鼓励贫困户参与生产。旅游山庄每年要消费大量农产品，山庄承诺包销这 36 户贫困户生产的所有农产品。农户卖给山庄的农产品越多，金额越大，除了农产品收入外，它从另一半资产收益中分到的比例也越高。通过这种激励机制鼓励贫困户增加生产来创收，并且鼓励贫困户调整生产结构，生产价值更高的产品，如从生产饲料用的玉米转为生产食用玉米，养土鸡等。此外，山庄把就业岗位优先提供给这 36 个贫困户，使他们可以获得就业收入。

第二是教育扶贫。教育扶贫的主要目标是保障义务教育，标准是小学和初中阶段不能辍学。这个要求对贫困家庭是比较高的，因为对一个县来说并没有要求义务教育阶段达到 100% 的入学率。但是对于贫困家庭要求义务教育阶段入学率达到 100%，除非因身体原因实在上不了学的才允许辍学，这样有利于阻止贫困的代际传递。保障义务教育的难点在厌学儿童、问题少年和特殊教育孩子，不是因贫上不起学。现在义务教育都是免费的，生活费用各地都有补贴，不可能出现因贫上不起学的情况。厌学在农村还是一个比较普遍的现象，特别是到了初中阶段。一部分孩子成绩太差，跟不上进度，产生厌学情绪。反正也上不了或不想上高中，年龄大一点的还可以出去打工，所以初二初三就跑了。问题儿童由于在学校的各种不良行为，容易遭到学校、老师、同学和其他家长的抵制，辍学的可能性也很高，但这类孩子辍学不接受教育也比较容易导致社会问题。达到一定人口规模的县都设立了特殊教育学校，专门对身体、精神有缺陷的儿童进行有针对性的特殊教育。因此，符合特殊教育标准的适龄儿童需要接受特殊教育，不能辍学。有些地方甚至采取送教上门的方式解决无法正常上学的孩子的教育问题，但送教上门容易走形式，需要有严格的监督。对于一般的农村地区，保障义务教育主要不是花钱的问题，而是要通过有效的控辍保学措施，地方政府、教育部门和家长共同努力将辍学儿童劝返学校，这就需要做大量耐心细致的工作。对于随父母外出居住的建档立卡贫困家庭的孩子，户籍所在地的地方政府也需要密切跟踪孩子的上学动态，防止在外地辍学。

保障义务教育在部分深度贫困地区挑战比较大。我们调研组 2012 年底去四川凉山普查了两个村，发现三分之二的孩子辍学。保障义务教育的标准对深度贫困地区也是一样的，最近几年凉山州在控辍保学方面做了大量的工作，让辍学的孩子上学。2018 年，我们调研组去另外一个村调研"两不愁三保障"的情况，发现辍学的儿童已经很少了，少数几个孩子辍学是因为孩子太小，上学太远①，家长想推迟上学年龄。大量的孩子进入学校给镇上的学校带来了很大的压力。一是师资不够，50人以上的大班非常普遍。二是硬件条件跟不上，出现一个小床睡好几个孩子的情况。所以，在像凉山这样的深度贫困地区还需要更多软硬件投资。除了加强乡镇中心学校的建设外，应在一些中心村建设小学，提高低年级学生上学的方便程度。在深度贫困地区，当地产业发展的基础条件较差，基础设施投资成本高。长期而言，投资于人比投资于物会有更好的减贫和发展效果。例如，在凉山的一些村庄，我们发现只要能外出打工，农户的收入问题基本能解决，而在当地依赖种养业的农户，收入水平都很低，难以达到贫困线标准。基础教育——哪怕只学会汉语（多数人都不会说汉语）——对外出就业也会有很大的帮助。

除了保障义务教育外，教育扶贫政策也涉及到学前教育、高中教育、职业教育和高等教育各个方面。例如，对贫困家庭的学前儿童上幼儿园有补贴，免除了所有建档立卡贫困户高中生的学费并给予生活补贴，职业高中免费并给予生活补贴等。

第三是健康扶贫。因病致贫是所有致贫因素中比例最高的，接近一半的建档立卡贫困家庭中有各类病患。健康扶贫的目标是保障贫困人口的基本医疗，减轻贫困家庭的医疗负担，改善贫困人口的健康状况。这几年健康扶贫的政策很多，力度很大。一是城乡居民基本医疗保险和政策性大病保险对贫困人口全覆盖，并对个人的缴费部分进行全额或部分补贴；二是对慢性病进行认证、建档并给予专项门诊补贴并实行签约服务；三是提高了贫困人口的住院费用的报销比例，在县内定点医院住院实现免交押金、先诊疗后付费的优惠政策，住院后的结算采用"一窗口"服务，有效地解决了贫困人口因筹不到钱而放弃治疗的问题，大大减轻了他们的医疗负担。

健康扶贫领域的主要问题一是该保障的没有保障到位，二是有些方面过度保障，超越了目前的发展阶段和财力。保障不到位的问题主要出现在慢性病的鉴定和签约服务方面。由于慢性病种类多，情况复杂，要达到一定的程度才能办理慢病卡并享受门诊报销补贴，这就需要对慢性病人进行正规检查。在宣传不到位和需要病人主动申请并去县级医院体检的情况下，一些病情较重的慢性病人就没有得到认证和办卡，也就没有享受到相应的门诊报销政策。有些地方政府工作做得

---

① 小学在18公里外的镇上，没有公共交通，主要靠步行。

比较细致，为慢性病人提供有组织的体检或上门服务。对符合条件的慢性病人发放慢病卡并享受门诊报销，对没有达到办证标准的轻度慢性病人或目录外的慢性病人则发放告知书。过度保障的问题主要是出现了大病住院的兜底报销，有些地方要求贫困人口住院自付部分不超过 3000 元，有的地方报销比例高达 95% 以上，有的地方对大病还有商业补充保险，在病人住院期间还有生活补贴。过高的报销标准和不合理的补贴会导致过度医疗问题，在一些地方出现贫困人口在冬天住进医院不想出来，不花钱还挣钱的现象。过度保障也导致财政上不可持续，有的县医保基金的缺口达到 4 个月以上，贫困户的过度报销是主要原因。过度保障还会造成贫困户和非贫困户之间的矛盾，特别是导致了比贫困户好不了太多的边缘户的强烈不满。

健康扶贫政策的设计一定要合理适度，财政上要具有可持续性，并且要考虑到与乡村振兴的衔接问题。重点保障多发病、常见病的基本医疗服务，大病住院重点落实好先诊疗、后付费和一站式结算等优惠政策，适当提高报销比例，不以看病后负债多少作为判断是否保障了基本医疗的依据。

第四是危房改造。保障安全住房的要求是所有的贫困户不能住危房，并不是说所有的贫困户都要住上新房、好房。土坯房有安全标准，窑洞也可以是安全的，没有安全问题的旧房都是可以的。对于一些特殊类型的贫困户（如五保户、老年户等），租住或稳定借住在安全住房里也是可以的。现在农村的房子本来就太多，很多房屋长期无人居住，在乡村振兴阶段需要拆除，盲目建房会造成大量的浪费。解决贫困户安全住房的主要政策是危房改造，即对居住 C、D 级危房的贫困户的房子进行加固或重建。

危房改造在实施中面临的主要难题是边缘户的问题，特别是分户老人住危旧房屋的问题。现在农村住破房子的主要是老人，特别是老年非贫困户。如果是贫困老年户，一般通过危房改造政策把房屋改造好了。但有些老年人尽管分户居住，但子女经济状况好，赡养能力强，这样的老年户一般都不会被识别为贫困户。对于这种住危房的边缘户，我们不能鼓励政府无条件地改造住房，否则将会鼓励子女不养老，导致更多的社会问题。而是应该分清责任，子女负有主要的赡养责任，包括解决住房安全问题，政府有监督责任，通过调解和法律手段督促子女尽到养老义务。只要村级组织和政府介入，子女通常都会通过多种方式解决父母的住房问题。对于年龄较大的贫困老年户和独居老人，村里建公住房也是一种更加经济的解决方式。

　　第五是易地扶贫搬迁。一部分贫困人口生活在地质灾害多发、资源和生态环境恶劣的地区，即通常所说的"一方水土养不活一方人"的地方；还有一部分贫困人口居住过于分散。要在当地解决他们的贫困问题基本不可能或成本太高，如工程性缺水的地方就不可能解决饮水安全问题，居住过于分散则难以提供公共服务而且修建道路、饮水、通信设施成本太高。对于这样的贫困群体，主要扶持措施是易地扶贫搬迁。贫困人口的易地搬迁是 20 世纪 80 年代初期从"三西"地区开始的，但脱贫攻坚期间搬迁规模最大，5 年时间搬迁 1000 万贫困人口。搬迁多数都采取集中安置的方式，要么通过建安置小区安置在城镇（主要是县城和乡镇），要么就近在本村集中安置，也有少部分通过投亲靠友的方式分散安置。易地扶贫搬迁的资金主要由各级政府来筹集，总共筹集了 6000 亿，每人 6 万。搬迁户需要自筹的资金比例很低，有效解决了以往搬迁中容易出现的穷人搬不起的问题。搬出来后面临的主要问题是能不能稳得住，如果没有稳定的收入来源，加上不能适应和融入城镇生活，就可能出现搬出来后又返回原居住地的现象。一些地方主要通过两区同建 ① 为搬迁户提供就业机会。通过搭建就业信息平台和进行技能培训后外出就业也是一种解决方式，另外就是提供公益岗位给搬迁户的弱劳动力。

　　第六是社会保障兜底。有一部分贫困家庭什么劳动能力都没有，对这样的群体采取综合性社会保障政策把他们兜底保障起来。通过低保和五保政策解决收入问题，通过养老院、福利院、公住房解决住房问题，通过医保和医疗救助解决看病问题，通过集中供养或互助养老解决生活照料问题。

　　总体来看，精准扶贫的效果是显著的。一是贫困人口大幅度减少，减贫速度一年比一年快。2013 年以来，贫困人口累计减少了 8239 万，每年的减贫规模都在 1200 万人以上。由于基数越来越小，体现出来的减贫速度就越来越快。2014 年贫困人口减少了 14.9%，而 2018 年则减少了 45.5% ②。2019 年政府工作报告明确提出要再减 1000 万以上。如果目标实现，减贫速度会再创新高，贫困人口将减少到 500 万—600 万左右，为 2020 年彻底消除绝对贫困打下坚实的基础。

　　二是收入和消费快速增长，区域差距进一步缩小。2018 年贫困地区农村居民人均可支配收入比 2012 年增长了约 2 倍，比全国平均增速高 2.3 个百分点。2018 年贫困地区农村居民人均可支配收入达到了全国农村平均水平的 71%，比 2012 年提高了 8.8 个百分点。贫困地区消费支出达到了全国平均水平的 74%，比 2013 年

---

① 两区是指安置区和工业或农业园区。
② 根据国家统计局公布的数据计算。

提高了 3.4 个百分点。贫困地区与其他农村地区的收入和消费差距进一步缩小。

三是生活条件不断改善。2018 年贫困地区居住在钢筋混凝土房或砖混材料房的农户比重为 67.4%，比 2012 年提高 28.2 个百分点。居住在竹草土坯房的农户比重为 1.9%，比 2012 年下降了 5.9 个百分点。使用卫生厕所的农户比重为 46.1%，比 2012 年提高 20.4 个百分点。饮水无困难的农户比重为 93.6%，比 2013 年提高 12.6 个百分点。贫困地区生活质量的改善在这些方面都表现很明显。

四是基础设施显著改善。2018 年末，贫困地区通电的自然村接近全覆盖，通电话、通有线电视信号、通宽带的自然村比重分别达到 99.2%、88.1%、81.9%，比 2012 年分别提高 5.9 个、19.1 个、43.6 个百分点。贫困地区村内主干道路面经过硬化处理的自然村比重为 82.6%，比 2013 年提高 22.7 个百分点。通客运班车的自然村比重为 54.7%，比 2013 年提高 15.9 个百分点。

五是公共服务水平不断提高。2018 年，贫困地区 87.1% 的农户所在自然村上幼儿园便利，89.8% 的农户所在自然村上小学便利，分别比 2013 年提高 15.7 个和 10.0 个百分点。有文化活动室的行政村比重为 90.7%，比 2012 年提高 16.2 个百分点。贫困地区农村拥有合法行医证医生或卫生员的行政村比重为 92.4%，比 2012 年提高 9.0 个百分点。93.2% 的农户所在自然村有卫生站，比 2013 年提高 8.8 个百分点。78.9% 的农户所在自然村垃圾能集中处理，比 2013 年提高 49.0 个百分点。

六是改变了农村的基层治理方式。为了帮助贫困村实施好精准扶贫，各级政府向全国 12.8 万个贫困村和部分非贫困村选派了第一书记和驻村工作队，常年驻村帮扶，协助村两委落实各项精准扶贫政策。同时对所有建档立卡贫困户指派了帮扶责任人，负责了解贫困户的情况和沟通信息，并在思想和行动上激励贫困户自主脱贫。严格的督察和考核评估机制使基层弄虚作假而不被发现的可能性越来越低。因此，干部工作作风大幅度改变，从以往浮在上面到经常进村入户。各级干部，包括书记、县长每年要花大量的时间深入到村到户，经常还采用暗访的方式。形式主义和官僚主义在一定程度上得到了抑制。很多机制将会在乡村振兴中得到应用，为有效治理打下了良好的基础。

四、未来展望

再经过一年的努力，中国在 2020 年将完成脱贫攻坚，历史上第一次全面解决了贫困人口的吃、穿、住房、义务教育和基本医疗问题，为贫困人口的稳定创收也奠定了一定的基础。脱贫攻坚的完成并不意味着扶贫任务的结束，因为贫困是一个相对的概念。随着社会经济的发展和人们对美好生活的追求，贫困标准会不断提高。目前，发达国家依然有严重的贫困问题，如美国还有 4000 多万贫困人口，贫困发生率 12%，比我们高很多。欧洲国家贫困发生率在 10%—20% 之间。主要原因是美国的贫困标准比我们高很多倍，而欧洲采用的是相对贫困标准，也远高于我国的贫困线。中国在解决了现有标准下的绝对贫困后，将转向缓解相对贫困。相对贫困的核心是差距问题，只要有收入和生活质量的差距，就有相对贫困。所以中国未来的减贫就是要通过城乡一体化和乡村振兴，缩小收入差距和缓解相对贫困。

到了缓解相对贫困阶段，就需要建立城乡一体化的扶贫体制，把城镇的相对贫困人口纳入进来。随着新型城镇化的进展，城市人口的比重会越来越大，相对贫困人口也会越来越多，城镇扶贫的重要性将越来越凸显。从扶贫的方式来看，将更加注重提高自我发展能力和内生动力，重点是提升贫困家庭的人力资本，以教育和医疗服务为核心的基本公共服务均等化将是乡村振兴阶段的重要目标，也是提升贫困家庭人力资本的重要手段。人力资本的提升将使贫困户最终有能力参与市场，获得更高的收入和更多的机会，从而大幅度降低陷入贫困的风险。市场主体和专业性的民间组织在帮助贫困户参与市场和提升能力方面将发挥更大的作用。完善城乡一体化的社会保障制度也将对缓解相对贫困起到兜底作用，防止收入差距的进一步扩大。

参考文献

[1] Kraay，Aart，2004．When is Growth Pro-Poor? Cross-County Evidence．World Bank Policy Research Working Paper 3225．

[2] 汪三贵．在发展中战胜贫困——对中国 30 年大规模减贫经验的总结与评价．管理世界，2008（11）：78-88．

[3] Ravallion M and S Chen．China's（Uneven）Progress against Poverty．Journal of Development Economics．2007．

[4] 世界银行．从贫困地区到贫困人群：中国扶贫议程的演进．2009．

[5] Ravallion M and J Jalan．China's Lagging Poor Areas．American Economic Review．1999．

[6] Park A S Wang and G Wu．Regional Poverty Targeting in China．Journal of Public Economics．2002．

[7] Park A and S Wang．Community Development and Poverty Alleviation：An Evaluation of China's Poor Village Investment Program．Journal of Public Economics．2010．

[8] 国家统计局. 扶贫开发持续强力推进 脱贫攻坚取得历史性重大成就——新中国成立70周年经济社会发展成就系列报告之十五（2019-08-12）. http://www.stats.gov.cn/ztjc/zthd/sjtjr/d10j/70cj/201909/t20190906_1696324.html.

（原载《政治经济学评论》2020年第1期）

可持续减贫：创造世界减贫史上的中国奇迹

贫困作为一种经济社会现象，嵌入经济社会发展的过程中。受各种历史和现实因素影响，中国的贫困范围广、程度深，贫困问题是中国社会经济发展进程中无法回避的重大问题。

新中国成立以来，特别是改革开放以来，经过全党全社会数十年的共同努力，中国扶贫开发事业累计减少7亿多农村贫困人口，对全球减贫贡献率达到70%以上，中国成为全球第一个实现联合国千年发展目标的发展中国家，得到国际社会的广泛赞誉。

一、中国减贫的目标及政策体系

从中国的减贫目标来看，大致可分为三个层次：首先，解决贫困人口的生存问题；其次，为贫困人口创造基本的生产、生活条件；最后，培养和增强贫困人口摆脱贫困、独立发展的能力。

伴随中国宏观经济体制和发展战略的变化，中国的扶贫开发经历了制度不断变革、政策不断改革、方式不断创新的漫长历程。从演变历程来看，中国扶贫政策先后经历了保障生存（1949—1978年）、体制改革（1979—1985年）、解决温饱（1986—2000年）、巩固温饱（2001—2010年）、全面小康（2011—2020年）等五个阶段，通过制定和实施救济性政策、预防性政策和开发性政策，逐步形成了中国特色的扶贫政策体系。

二、中国特色扶贫模式

"开发式扶贫"是中国农村扶贫政策的核心和基础。之所以叫开发式扶贫，主要是区别于过去传统的分散救济式扶贫。在开发式扶贫过程中，中国政府注重通过多种方式和途径，采取综合配套措施，帮助农村贫困人口脱贫。比如，发展贫困地区的生产力，调整经济结构，开发当地资源，引导贫困地区和贫困农户以市场为导向，发展商品生产，提高自我积累、自我发展能力。

"精准扶贫"是在新形势和新问题背景下，开发式扶贫进入新阶段的思想理念、基本方略和实践要求，是中国农村扶贫开发的创新政策，核心是扶贫到户到人。

2013年11月，习近平总书记首次提出精准扶贫，2015年11月，中央政治局会议审议通过《关于打赢脱贫攻坚战的决定》，明确要求把精准扶贫、精准脱贫作为基本方略，坚决打赢脱贫攻坚战。中国精准扶贫的主要内容包括，扶持对象精准、项目安排精准、资金使用精准、措施到户精准、因村派人精准、脱贫成效精准。

具体来说，中国精准扶贫可总结为以下主要经验做法：

——资产收益扶贫，即将自然资源、公共资产（资金）或农户权益资本化或股权化，相关经营主体利用这类资产产生经济收益后，贫困村与贫困农户按照股份或特定比例获得收益的扶贫项目。

——电商扶贫，即以电子商务为手段，拉动网络创业和网络消费，推动贫困地区特色产品销售的信息化精准扶贫模式。

——易地扶贫搬迁，即将生活在自然条件恶劣、生态环境脆弱、不具备生产和发展条件的建档立卡贫困人口，按照自愿原则，将其搬迁到基础设施较为完善、生态环境较好的地方，从根本上改变贫困状况的扶贫方式。

——教育扶贫，即针对贫困地区的贫困人口进行教育投入和教育资助，使贫困人口掌握脱贫致富的知识和技能，通过提高当地人口的科学文化素质促进收入增长，并最终摆脱贫困的扶贫方式。教育扶贫有利于阻断贫困的代际传递。

——社会保障兜底，即针对因病残、年老体弱、丧失劳动能力以及生产条件恶劣等原因造成常年生活困难的农村居民，进行重点救助的扶贫方式。

——健康扶贫工程，即保障农村贫困人口享有基本医疗卫生服务，努力防止因病致贫、因病返贫。

——金融扶贫，即金融机构为贫困地区、贫困农户提供信贷资金支持，金融扶贫产品由扶贫贷款贴息发展到风险奖补、担保抵押体系、农业保险、扶贫产业发展基金、地方债券等多种产品。

——生态扶贫，即把扶贫工作和生态环境保护有机结合起来，实现两者的良性互动，达到生态文明建设与扶贫开发协同发展。

中国精准扶贫在实践中产生了不少新观念、新做法和新模式，为实现 2020 年中国农村贫困人口全部脱贫、贫困县全部摘帽提供了重要保障。与此同时，中国的扶贫工作也为人类减贫事业做出了巨大贡献，为广大发展中国家开展可持续减贫提供了成功的中国样本。

（原载《可持续发展经济导刊》2019 年第 Z2 期）

中国 40 年大规模减贫：推动力量与制度基础

中国 40 年来的大规模减贫从根本上改变了农村贫穷落后的面貌，显著提高了人们的生活水平，更是得到国际社会的高度认可。本文在总结中国改革开放以来减贫成就的基础上，分析大规模减贫的主要推动力量，重点分析中国取得举世瞩目减贫成就的政治和制度基础，并对未来三年打赢脱贫攻坚战的难点和政策进行展望。

一、改革开放 40 年中国的大规模减贫成就

（一）中国减贫的总体成就

改革开放 40 年来，伴随着经济社会的快速发展和扶贫开发的深入推进，中国的减贫事业取得了举世瞩目的成就。在人均年收入 2300 元（2010 年不变价）的现行贫困标准下[①]，中国的农村贫困人口从 1978 年的 7.7 亿人减少到 2017 年底的 3046 万人，累计减贫约 7.4 亿人，贫困发生率从 1978 年的 97.5% 下降为 2017 年底的 3.1%[②]，绝大多数农村人口在 40 年间摆脱了绝对贫困，生活状况得到大幅度改善。

农村居民生活状况的改善体现在多个方面。一是收入水平大幅度提高，收

[①] 中国的贫困标准分为 1978 年标准、2008 年标准和 2010 年标准，为保证改革开放 40 年来各个阶段的减贫成效可比，本文统一采用 2010 年贫困标准下的减贫数据。

[②] 本文减贫数据均来自历年《中国农村贫困监测报告》和国家统计局发布的《2017 年全国农村贫困人口明显减少贫困地区农村居民收入加快增长》报告。http://www.stats.gov.cn/tjsj/zxfb/201802/t20180201_1579703.html.

入结构不断优化。按 1978 年可比价格计算，2017 年中国农村居民人均可支配收入达到 2106.9 元，而 1978 年中国农村居民家庭人均纯收入仅为 133.6 元[①]，收入增长了 15 倍。在收入水平不断提高的同时，农村居民的收入结构也在不断优化。不考虑物价影响，2017 年农村居民人均财产性收入与转移性收入是 1978 年的 306 倍，增幅也远高于同期人均纯收入增幅，两类收入占纯收入比重从 1978 年的 7.1% 提高到 2017 年的 21.6%，收入来源更加多元化。二是家庭消费能力显著增强。按 1978 年可比价格计算，2017 年农村居民人均消费支出达到 1718.3 元，而 1978 年中国农村居民家庭人均生活消费支出仅为 116.1 元，增长了 14 倍。农村居民家庭食品类支出占总支出的比重（恩格尔系数）从 1978 年的 67.7% 下降到 2017 年的 31.2%，恩格尔系数降幅达到 36.5 个百分点，按照国际通行标准，中国农村居民家庭恩格尔系数已处于相对富裕阶段，并接近富足区间。

（二）分阶段的减贫成效

改革开放 40 年来，中国的扶贫开发工作呈现出阶段性特征，具体可分为体制改革主导的扶贫开发（1978—1985）、解决温饱的扶贫开发（1986—2000）、巩固温饱的扶贫开发（2001—2010）和全面小康的扶贫开发（2011 年至今）四个阶段。

在体制改革主导的扶贫开发阶段（1978—1985），改革开放刚刚开始，农村居民普遍贫困，中国的减贫动力主要来自农村制度改革。通过实行家庭联产承包责任制、提高农产品收购价格、改革农产品流通体制等手段，理顺了农业生产机制，推动农业快速发展，帮助大批贫困人口顺利摆脱贫困。同时，中国政府自 1980 年开始实施如"支援经济不发达地区发展资金"等措施帮助贫困地区发展，助力贫困人口摆脱贫困。按照现行贫困标准衡量，贫困人口从 1978 年的 7.7 亿人减少到 1985 年的 6.6 亿人，贫困发生率从 97.5% 下降为 78.3%，这一阶段减贫人口占 40 年来累计减贫人口的 14.8%。同期，农村居民可比人均纯收入从 133.6 元提高到 359.3 元，年均增长率为 15.2%，高于同期城镇居民人均可支配收入增幅。

在解决温饱的扶贫开发阶段（1986—2000），中国开始有组织、有计划地进行农村扶贫开发。一个标志性事件是国务院贫困地区经济开发领导小组（1993 年改称为国务院扶贫开发领导小组）组建成立，各级政府也成立了相应的组织机

[①] 本文收入消费数据来自历年《中国统计年鉴》和《中华人民共和国 2017 年国民经济和社会发展统计公报》。2012 年国家统计局开始实施城乡一体化住户调查改革，2012 年及之前农村居民收入指标为农村居民家庭人均纯收入，2012 年后统一采用农村居民人均可支配收入，参见 http://www.stats.gov.cn/tjsj/zxfb/201802/t20180228_1585631.html.

构，专门负责开展扶贫开发相关工作。《国家八七扶贫攻坚计划》的出台，明确了当时的扶贫开发目标为解决贫困人口的温饱问题，确定了开发式扶贫战略和贫困县为主的区域瞄准机制，建立了东西部扶贫协作、定点扶贫等广泛参与的社会扶贫机制，进一步推动了中国减贫工作的制度化、体系化建设。到 2000 年，贫困人口进一步下降到 4.6 亿人，贫困发生率下降为 49.8%，这一时期减贫人口占40 年间累计减贫人口的 26.8%。农村居民可比人均纯收入从 1985 年的 359.3 元提高到 2000 年的 646.0 元，年均增长率为 4.0%，低于同期城镇居民人均可支配收入增幅。

在巩固温饱的扶贫开发阶段（2001—2010），中国出台的《中国农村扶贫开发纲要（2001—2010 年）》明确指出，继续实施开发式扶贫战略，将贫困县为主的瞄准机制转换为贫困村为主的瞄准机制，瞄准对象进一步下移，扶贫的精准度不断提高。村级综合开发、产业扶贫、劳动力培训转移成为重点工作，易地扶贫搬迁持续推进，减贫工作取得明显成效，巩固温饱的扶贫开发工作目标基本实现。到 2010 年，农村贫困人口下降到不足 1.7 亿人，贫困发生率降为 17.2%，这一时期减贫人口占 40 年累计减贫人口的 40.1%。农村居民可比人均纯收入从 2000年的 646 元增加到 2010 年的 1275.1 元，年均增长 7.0%，但增幅仍低于同期城镇居民人均可支配收入增幅。

在全面小康的扶贫开发阶段（2011 年至今），虽然贫困人口整体不断减少，但是剩余贫困人口的减贫难度在不断加大，需要采取更有力的扶贫举措开展脱贫攻坚。为顺利实现 2020 年全面建成小康社会的战略目标，帮助农村贫困人口早日实现不愁吃、不愁穿，义务教育、基本医疗和住房安全有保障的脱贫目标[1]，中共十八大以来，以习近平同志为核心的党中央将脱贫攻坚工作放在更高的战略位置，不断完善脱贫攻坚制度和政策设计。中共十九大将脱贫攻坚作为全面建成小康社会必须打赢的三大攻坚战之一，举全党全国之力持续推进减贫事业。到 2017年底，全国农村贫困人口减少为 3046 万人，贫困发生率降为 3.1%。7 年间累计减贫 1.3 亿人，减贫人数占 40 年间累计减贫人数的 18.3%。农村居民人均可支配收入从 2010 年的 1275.1 元提高到 2017 年的 2106.9 元，年均增长率为 7.4%，明显高于同期城镇人均可支配收入增幅，城乡差距扩大趋势得到扭转。这一时期是减

---

[1] 2011 年出台的《中国农村扶贫开发纲要（2011—2020 年）》和 2015 年出台的《中共中央国务院关于打赢脱贫攻坚战的决定》中均对农村贫困人口稳定实现不愁吃、不愁穿，义务教育、基本医疗和住房安全有保障做了明确规定。

贫工作难度最大的阶段，取得这样的脱贫成绩实为不易。

（三）40年来减贫速度不断加快

得益于近年来扶贫开发工作力度的不断加强，脱贫攻坚虽然难度越来越大，但是减贫速度却在不断加快。从体制改革主导的扶贫开发、解决温饱的扶贫开发、巩固温饱的扶贫开发和全面小康的扶贫开发四个阶段来看，体制改革主导的扶贫开发阶段的7年间累计减贫10938万人，年均减贫人口1563万人，年均减贫率[1]为2.0%；解决温饱的扶贫开发阶段的15年间，累计减贫19877万人，年均减贫人口1325万人，年均减贫率也为2.0%；巩固温饱的扶贫开发的10年间，累计减贫29657万人，年均减贫人口2966万人，年均减贫率达到6.4%；在全面小康的扶贫开发阶段，7年间累计减贫人口13521万人，年均减贫1932万人，年均减贫率达到11.7%。

在剩余贫困人口贫困程度越来越深、脱贫难度越来越大的情况下，中国近5年来的减贫人口始终保持在1200万人以上，在贫困人口存量逐渐减少的情况下，中国的减贫率不断提高，减贫速度不断加快，贫困人口的下降速度从2013年的16.7%提高到2017年的29.7%。

（四）福利状况不断改善

改革开放40年来，农村居民的福利状况也在持续改善。农村居民2017年人均住房建筑面积比1978年增加了38.6平方米，高于同期城镇居民住房面积改善幅度。以汽车为代表的耐用消费品也开始走进农村家庭，2017年农村居民平均每百户拥有的家用汽车数量达到19.3辆，百姓出行更加便利。基本养老保险覆盖超过9亿人，医疗保险覆盖超过13亿人，基本实现全民医保。城乡居民预期寿命从1981年的67.8岁提高到2017年的76.7岁，生活质量明显改善。

二、中国大规模减贫的双重推力

中国取得如此大规模的减贫成就，推动因素是多方面的，但最重要的是高速经济增长和扶贫开发双重推力共同作用的结果。

（一）高速经济增长的减贫作用

长期高速的经济增长是减少贫困最根本和最重要的力量源泉。经济增长对减贫的作用主要表现为两方面：一是直接影响，经济发展为贫困人口提供了更多的就业和增收机会；二是间接影响，经济发展、国力增强，使政府更有能力帮助贫

---

[1] 年均减贫率计算为该阶段年均减贫人口除以该阶段初期贫困人口。

困人口摆脱贫困。研究表明，若将贫困变化分解为经济增长和收入分配，那么经济增长解释了短期贫困变化的 70% 和长期贫困变化的 95%。

中国改革开放 40 年取得的惊人减贫成就与中国高速的经济增长密不可分。按照 1978 年的可比价格计算，中国的 GDP 从 1978 年的 3678.7 亿元增加到 2016 年的 118499.7 亿元，增加了约 31 倍，年均增长 9.6%。与此同时，随着 GDP 的增长，贫困发生率明显降低，且二者变化速度接近。图 1 为 1978—2016 年中国人均 GDP 与贫困发生率之间的关系，可以大致反映经济增长对贫困状况的影响。从图 1 可以看出，经济增长与贫困发生率有显著的负相关关系，即随着人均 GDP 的增长，贫困发生率下降，人均 GDP 增长越高，贫困发生率下降就越快。汪三贵以 1978 年贫困标准估计的经济增长减贫弹性为 −0.52。Ravallion 和 Chen 使用了更高的贫困标准，发现中国的经济增长对减贫有显著影响，经济增长的减贫弹性为 −2.7，即居民收入增长 1%，全国的贫困发生率下降 2.7%。谢金鹏的研究得到了与 Ravallion 和 Chen 接近的结论，他估计的经济增长的减贫弹性为 −2.03，即中国经济每增长 1%，贫困发生率下降 2.03%。

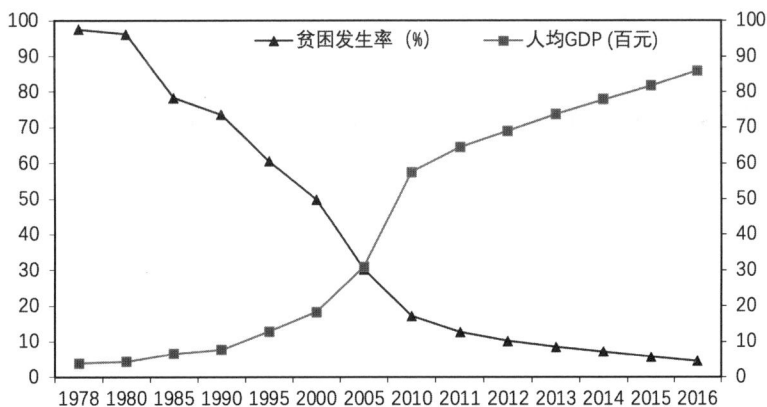

图 1　经济增长与贫困发生率的关系

注：贫困发生率是按照 2010 年贫困标准统计的结果；人均 GDP 是按照 1978 年不变价格计算的结果。

资料来源：贫困发生率数据来自国家统计局住户调查办公室编 . 中国农村贫困监测报告（2017）. 中国统计出版社，2017；人均 GDP 数据来自国家统计局网站 . http : //data.stats.gov.cn/easyquery.htm? cn=C01。

（二）农业发展对减贫的重要性

中国长期高速的经济增长总体上对减贫有显著作用，但不同产业发展所产生的减贫效果不尽相同。文秋良利用 1993—2004 年分省数据研究发现，农业部门的经济增长具有更高的减贫弹性（−1.09），明显高于第二产业（−0.51）和第三产业（−0.87）。Ravallion 和 Chen 研究发现，1981—2001 年中国第一产业增加值的减贫弹性高达 −8，减贫作用明显高于其他部门。汪三贵研究发现，第一产业增长具有显著的减贫影响，以农业为主的第一产业增长 1%，贫困发生率下降 1.13%。可见，与二、三产业相比，农业和农村经济发展具有更突出的减贫效果。

农业和农村经济发展之所以有如此显著的减贫成效，主要有三个方面的原因：一是中国的贫困人口主要在农村，农村发展越好，贫困人口受益越大。按照 2010 年的贫困标准，1978 年总人口的 80% 为农村贫困人口，农业和农村经济发展有利于农村人口增收，对减少贫困作用显著。二是中国的贫困家庭主要以农业为生，且越贫困，农业收入占比越高。1978 年农村家庭第一产业收入占家庭总收入比例高达 94.1%，2009 年第一产业收入占比虽有下降，但仍高于 80%（82.3%）。以 2006 年为例，农村最高 20% 收入组第一产业收入占人均纯收入比重仅为 32.8%，而贫困家庭第一产业收入占比则超过 50%（54.5%），比最高收入组高约 22 个百分点。三是中国与农业发展相关的投入要素（如土地）分配较为公平，以农业为生的农村贫困人口能够从农业发展中获利。田龙鹏认为农民是最大的贫困受体，而与农民生存相关的主要生产投入要素就是土地，土地相关权利直接关系到农民收入水平的高低。中国的土地制度确保农村贫困人口能够较公平地获得用于农业生产的土地，在一定程度上避免了其因生产权利被剥夺而导致的贫困。

（三）区域扶贫开发促进贫困地区快速发展

中国大规模减贫得益于长期高速的经济增长，但不断扩大的收入差距阻碍了经济增长的成果涓滴到穷人。随着经济增长益贫效应的下降，区域贫困问题逐渐显露，为此，中央采取一系列政策和措施对贫困区域实施大规模扶贫开发。

区域扶贫开发能有力地推动贫困地区以更快的速度发展，从而带动贫困地区更大规模的减贫。以《国家八七扶贫攻坚计划》执行期间（1994—2000）为例，国家重点扶持的贫困县农业增加值增长了 54%，年均增长 7.5%，比全国农村高 0.5 个百分点；粮食产量增长 12.3%，年均增长 1.9%，是全国平均增长速度（0.6%）的 3.2 倍；农民人均纯收入从 648 元增加到 1337 元，年均增长 12.8%，比全国农民人均收入的增速高两个百分点。2001—2010 年国家将扶贫开发的重点转向 15 万个贫困村，导致贫困村农民人均纯收入的年均增长速度比全国农村高 3 个百分点。持续的区域扶贫开发使贫困地区与全国农村的收入差距不断缩小，贫困县与全国农村的人均收入比重从 1985 年的 51.8% 提高到 2016 年的 68.4%。

贫困地区农民收入增长更快的原因是综合性的扶贫投资大幅度改善了基础设施和农户的生产生活条件，农业和非农产业的生产效率大幅度提高，导致贫困地区农户的家庭收入与就业机会不断提升。改革开放 40 年来，中央财政专项扶贫资金累计投入 6000 余亿元 ①，仅 2013—2017 年间，中央财政专项扶贫资金就累计投入 2822 亿元，省级及以下财政扶贫资金投入也大幅度增长。除了中央和地方的财政专项扶贫资金，用于扶贫投资的资金还包括扶贫贴息贷款、低保资金、专项退耕还林还草工程补助、国际扶贫资金及其他资金。以 2016 年为例，贫困地区的专项扶贫投资总额达 2958.6 亿元。

大规模的资源动员和资金投入为贫困地区的发展和贫困人口的脱贫打下了坚实的基础。张伟宾、汪三贵研究发现，大量的扶贫资金投入使得贫困县、贫困村的农户收入增速超过全国平均水平。实证研究结果表明，1986—1995 年间，扶贫投资使贫困县农民人均收入增长速度比同一个地区的非贫困县快 0.9%—2.2%，投资回报率达到 11.6%—15.5%。

（四）精准扶贫直接帮助贫困人口

经过 30 年的区域扶贫开发，贫困人口逐渐从区域贫困转向点状分布，剩余的贫困人口贫困程度更深，脱贫难度更大。依靠区域经济增长的"涓滴效应"能带动的贫困人口越来越少，对剩下的贫困人口必须采取更有针对性的帮扶措施才能帮助他们摆脱贫困。2013 年 11 月，习近平总书记根据贫困现状和脱贫攻坚的需要首次提出要精准扶贫，中共中央办公厅、国务院办公厅随后印发《关于创新机制扎实推进农村扶贫开发工作的意见》，明确以建立精准扶贫工作机制为核心，在全国农村实施精准扶贫。

精准扶贫就是直接针对贫困家庭和人口，扶贫措施直接到户到人。主要措施包括：对贫困人口进行精准识别和建档立卡，分析贫困户的致贫原因，因人因户采取综合性的帮扶措施，同时对帮扶对象进行动态管理，有进有出。目标是让所有建档立卡贫困户收入稳定超过贫困线，同时稳定解决"两不愁三保障"问题。针对不同的致贫原因，制定了不同的扶贫方案：针对贫困户的收入问题，制定了特色产业扶贫、就业扶贫和金融扶贫等政策措施；针对地理位置偏远、地质灾害频发和生态脆弱地区的贫困人口制定了易地扶贫搬迁政策，在"十三五"期间累计搬迁 1000 万贫困人口；针对教育负担过重和因贫辍学问题，制定了教育扶贫

---

① 改革开放 40 年来中央财政专项扶贫资金累计投入资金数据，由胡静林在《加大财政扶贫投入力度支持打赢脱贫攻坚战》中披露的数据和 2016、2017 年中央财政专项扶贫资金数据汇总计算得来。

政策，贫困家庭的孩子在各个教育阶段都能享受到减免学杂费和获得生活补贴的好处；针对有大病和慢性病的贫困家庭，制定了健康扶贫政策，降低基本医疗服务的门槛，提高报销比例，享受大病补充保险和大病救助，慢性病病人享受签约医生服务；针对无房和危房贫困户，制定了危房改造政策；针对完全丧失劳动能力的贫困家庭，制定了综合性社会保障兜底政策。

2014年开始实施精准扶贫以来，脱贫成效显著，减贫速度加快。2014—2017年，农村贫困人口从8249万人减少到3046万人，平均每年减贫1300万人，年均贫困人口下降率高达15.8%。年度减贫速度不断加快的趋势，表明精准扶贫对于减少深度贫困人口具有不可替代的作用。

三、中国大规模减贫的制度基础

中国大规模减贫的推动力量归功于高速经济增长（特别是农业和农村经济的快速发展）和长期扶贫开发。拉美、东南亚、东欧地区的很多发展中国家也曾经历过经济高速发展，同时开展减贫行动，但是从未有哪个国家达到中国如此巨大的减贫成就，其中最重要的因素就是制度差异。"橘生淮南则为橘，生于淮北则为枳"，中国的制度优势奠定了减贫事业硕果累累的基础。

（一）中国共产党领导减贫的坚强政治意愿

中国共产党建党以来一直致力于领导全国人民摆脱贫穷落后的面貌，最终实现共同富裕。帮助贫困地区和贫困人口脱贫始终是党和各级政府的重要政治任务，也是在不断总结经验的基础上制定扶贫战略并持续进行扶贫开发的原生动力。中国共产党的宗旨决定了中国共产党必须把人民群众的利益放在首位，想人民之所想，深入调查研究并制定摆脱贫困、改善民生的政策措施。"全心全意为人民服务"是马克思主义和中国优秀传统文化相结合的成果。马克思主义经典作家指出，社会发展的目的是保障每个人的生活，追求和实现人的自由且全面的发展是社会发展的终极目标和本质要求。中国传统文化则始终强调以人为本，"政之所兴在顺民心，政之所废在逆民心"（《管子·牧民》）；"治理之道，莫要于安民。安民之道，在于察其疾苦"（张居正：《答福建巡抚耿楚侗》）；"大道之行也，天下为公，选贤与能，讲信修睦。故人不独亲其亲，不独子其子，使老有所终，壮有所用，幼有所长，矜、寡、孤、独、废疾者皆有所养"（《礼记·礼运》）。

中国共产党秉承"全心全意为人民服务"的根本宗旨，带领中国人民进行艰苦卓绝的革命斗争和勤奋辛劳的经济建设，最终的目标是"为中国人民谋幸福，为中华民族谋复兴"，决定了中国共产党必须使贫困群众摆脱贫困，补齐实现共同富裕的短板。建党 97 年来，为了人民的幸福和民族的复兴，中国共产党人初心不改、矢志不渝。新中国成立初期，以毛泽东同志为主要代表的中国共产党人带领中国人民摆脱贫穷，提出"建成一个具有现代农业、现代工业、现代国防和现代科学技术的社会主义强国"。改革开放时期，以邓小平同志为主要代表的中国共产党人实事求是地总结了中华人民共和国成立初期社会主义经济建设的经验教训，提出"贫穷不是社会主义"，并且因地制宜制定了"三步走"战略规划，明确要实现贫困群众温饱，然后达到小康，逐步达到中等发达国家水平。此后，以江泽民同志为主要代表的中国共产党人提出"两个一百年"，以胡锦涛同志为主要代表的中国共产党人提出了全面建设小康社会的详细目标，要求加快以民生为重点的社会建设。党的十八大以来，以习近平同志为主要代表的中国共产党人全面打响脱贫攻坚战，提出全面建成小康社会，不能落下任何一个贫困群众，并通过"两个阶段"全面建成社会主义现代化强国，实现共同富裕。中国共产党人始终牢记初心，不断带领中国人民摆脱贫困，朝着美好生活前进。

（二）中国共产党领导减贫的强大组织动员能力

集中力量办大事是社会主义制度优势的重要体现。习近平指出："我们最大的优势是我国社会主义制度能够集中力量办大事。这是我们成就事业的重要法宝。"中国大规模的减贫成就与中国共产党的领导力密切相关，从中央出台减贫政策到各部门落实减贫措施，从省市县乡村五级书记抓扶贫到层层签订责任书，从扶贫考核到乡村扶贫治理，中国政府的组织动员体系严密高效。

1. 中国的五级行政体系及其责任分工

中国的行政体系分为五级，分别是中央、省（自治区、直辖市）、市（地区、自治州、盟）、县（区、旗、县级市、行委）、乡（镇、街道），村民自治委员会虽然不属于行政单位，但是村民自治委员会和村党支部对于中国行政体系发挥至关重要的作用。中国的扶贫开发按照行政体系实行分级负责。中国大规模有组织、有计划减贫行动从 1982 年三西地区扶贫开始，到 1986 年成立国务院贫困地区经济开发领导小组（1993 年更名为国务院扶贫开发领导小组），以及实施八七攻坚计划、《中国农村扶贫开发纲要（2001—2010 年）》《中国农村扶贫开发纲要（2011—2020 年）》、脱贫攻坚和精准扶贫等重大扶贫决策，中央政府始终关注扶贫事业，将扶贫开发纳入国家整体经济和社会发展规划中。自 1997 年开始，中国确立了扶贫开发省（区、市）负责制，党政一把手负总责，明确了"责任到省、任务到省、资金到省、权力到省"的"四到省"原则，所有到省的扶贫资金一律由省级人民政府统一安排使用，扶贫项目审批权原则上下放到县，省市履行监管责任。

同时，中国政府依托行政体系建立了自上而下完整的扶贫开发机构，以政府为主导高效开展减贫行动。在中央政府成立由相关行政职能部门组成的国务院扶贫开发领导小组，负责统筹国家扶贫开发工作。国务院扶贫开发领导小组下设办公室，即国务院扶贫开发领导小组办公室（简称"国务院扶贫办"），负责承担领导小组的日常工作。各级政府也成立了相应的扶贫开发机构，统一领导和协调本地区的扶贫开发工作。自脱贫攻坚以来，针对农村基层扶贫治理相对薄弱的现象，中国政府又向贫困村派驻第一书记和驻村工作队，专责脱贫攻坚。

2. 脱贫攻坚责任体系：中央统筹、省负总责、市县抓落实

中国政府全面落实脱贫攻坚责任制，按照"中央统筹、省负总责、市县抓落实"的工作机制，制定了驻村工作队、第一书记、帮扶责任人等因村因户帮扶措施，构建了责任清晰、各负其责、合力攻坚的责任体系，实现了省、市、县、乡、村五级书记一起抓扶贫，层层落实责任制的治理格局。同时层层签订脱贫攻坚责任书、立下军令状，确保坚决打赢脱贫攻坚战。

党中央、国务院主要负责统筹制定脱贫攻坚大政方针，出台重大政策举措，完善体制机制，规划重大工程项目，协调全局性重大问题、全国性共性问题，组织实施对省级党委和政府扶贫开发工作成效考核。省级党委和政府对辖区内脱贫攻坚工作负总责，并确保责任制层层落实，建立扶贫资金增长机制，加强对贫困县的管理。市级党委和政府负责协调跨县扶贫项目，对项目实施、资金使用和管理、脱贫目标任务完成等工作进行督促、检查和监督。县级党委和政府承担主体责任，县级党委和政府主要负责人是第一责任人，负责精准识别、精准帮扶、精准脱贫等工作。村两委、驻村工作队、第一书记是脱贫攻坚战一线工作人员，向贫困群众宣传扶贫政策，落实扶贫政策，组织扶贫工作。

3. 县级干部的考核、任免和脱贫攻坚责任

中国在脱贫攻坚期内保持贫困县党政正职稳定，实行不脱贫不调整、不摘帽不调离的干部管理制度，保证贫困县扶贫开发的延续性，引导贫困县党政领导班子树立正确的政绩观，促进贫困县转变发展方式。根据《关于改进贫困县党政领导班子和领导干部经济社会发展实绩考核工作的意见》，对于县级干部的考核从贫困县经济社会发展滞后的实际出发，不简单考核经济增长速度，注重对与减贫脱贫紧密关联的民生改善、社会事业发展的考核。把脱贫攻坚的成效作为选拔使

用干部的试金石，引领各级领导干部积极投入到脱贫攻坚的事业当中。

4. 驻村帮扶和村级扶贫治理

作为扶贫政策的基层实施单位，贫困村经济社会发展相对滞后，部分村两委干部缺乏高效扶贫治理能力，出现了一批基层组织软弱涣散的贫困村。为了打通脱贫攻坚"最后一公里"，驻村帮扶制度应运而出。根据《关于加强贫困村驻村工作队选派管理工作的指导意见》，县级党委和政府根据贫困村的实际情况选派驻村工作队和第一书记，把精准扶贫、精准脱贫成效作为驻村工作队和第一书记的考核依据。同时严格管理，要求每个驻村工作队一般不少于 3 人，每期驻村时间不少于 2 年。干部驻村期间不承担原单位工作，党员组织关系转接到所驻贫困村，确保其全身心专职驻村帮扶。脱贫攻坚期内，即便贫困村已退出，驻村工作队也不得撤离，脱贫不脱政策，坚决防范返贫，确保脱贫攻坚质量。

5. 构建"三位一体"大扶贫格局

扶贫开发事业是一项综合性的工作，中国政府构建了"专项扶贫、行业扶贫、社会扶贫"的"三位一体"扶贫开发工作格局。除了政府主导，中国大规模的减贫成效离不开社会力量的贡献。政府主导主要分为专项扶贫和行业扶贫两块，专项扶贫主要是国家安排财政专项扶贫资金，由扶贫部门负责组织实施的扶贫项目，直接帮助贫困地区和贫困群众，例如整村推进、以工代赈、易地扶贫搬迁等一批专项扶贫政策。行业扶贫主要是农业、水利、交通、住建、教育、卫生等行政部门按照职能分工，承担相应的扶贫任务。改革开放以来，行业部门实施的诸如危房改造、道路建设、农村饮水安全工程、学生营养改善计划、教育扶贫、健康扶贫、生态修复工程等行业扶贫措施极大地改善了贫困地区和贫困群众的生产生活条件。同时，政府积极动员、倡导和部署社会力量参与扶贫事业，1979 年便开始组织六省（市）对口支援边境地区和少数民族地区，1986 年启动了中央和国家机关定点扶贫工作，更有社会各界爱心人士、企事业单位、社会团体始终为中国扶贫开发事业默默贡献力量。改革开放以来，世界银行、亚洲开发银行、联合国等国际机构也一直参与中国的减贫进程。值得一提的是，中国政府一直和国际机构保持良好的合作，积极学习先进的经验，而不是简单接受援助，从而避免落入"援助陷阱"。

（三）农村土地制度有利于减贫

作为最基本的农业生产资料之一，土地是农民安身立命的根本，土地制度关乎农民的切身利益，尤其是极度依赖农业生产的穷人的利益。在旧中国，封建土地所有制使得"富者田连阡陌，贫者无立锥之地"，贫下中农被封建政权剥削，佃农被地主剥削，广大农民陷入长期的贫困。中国共产党领导中国人民进行新民主主义革命，始终将土地革命摆在重要的位置，赢得了广大人民群众的拥护。新中国成立之初，《中华人民共和国土地改革法》颁布，明确"废除地主阶级封建剥削的土地所有制，实行农民的土地所有制，借以解放农村生产力，发展农业生产"。社会主义公有制土地制度的建立，实现了农村土地的平均分配，解决了土地私有制导致的土地集中问题，中国农民历史性地平等拥有土地，为摆脱贫困奠定了坚实的基础。土地改革改变了农村各阶层的耕地占有结构，具体情况见表1。

表1　土地改革前后农村各阶层的耕地占有情况

	土地改革前		土地改革后	
	人口比重（%）	占有耕地比重（%）	人口比重（%）	占有耕地比重（%）
贫雇农	52.37	14.28	52.22	47.1
中农	33.13	30.94	39.9	44.3
富农	4.66	13.66	5.3	6.4
地主	4.75	38.26	2.6	2.2
其他	5.09	2.86	—	—

资料来源：杜润生. 中国的土地改革. 当代中国出版社，1996，360。

改革开放后土地联产承包责任制的实施，使所有农户都获得了土地的长期使用权，农户可以自主经营并获得土地产出的绝大部分收益。这是农业增长惠及贫困家庭并带来较高的减贫效果的重要原因。

（四）初始收入分配有利于减贫

新中国成立之初，国家百废待兴，收入分配差距相对较大。为了彻底解放生产力和发展生产力，中国共产党领导人民群众进行了社会主义改造，建立了社会主义基本制度。作为社会主义改造的重要内容，农业和农村也迎来了一系列改造政策，包括农业合作化运动、人民公社运动等，平均主义盛行，收入分配差距随之大幅度缩小。1953年社会主义改造时，全国的基尼系数为0.558，1964年人民公社时期下降到0.305，1970年进一步降至0.279，到1978年为0.317，同期全国农村的基尼系数为0.212。改革开放伊始，中国的收入分配差距很小，基尼系数在世界范围内都处于较低的水平，因此中国经济增长（特别是农业增长）的减贫效应十分显著。1978—1984年，第一产业增长率为7.3%，农民人均纯收入增长率达到16.5%，按照1978年的贫困线标准，同期贫困人口下降率达到10.6%。

（五）前30年的社会政策与人力资本积累

新中国成立之初的30年，人民公社是农村基本的组织形式，承担了政治、经济、文化、军事等综合职能，"它的好处是，可以把工、农、商、学、兵合在一起，便于领导"。尽管人民公社制度忽视了经济规律，阻碍了生产力的发展，但是在人人劳动、平均分配的相对公平状态下，人民公社综合性职能的发挥具有普惠性的效果，极大地改善了中国农村的健康状况和教育水平，为改革开放后农业和农村发展积累了人力资本。农村医疗服务的普及，使得农村婴儿死亡率、产妇死亡率大幅度下降，到 20 世纪 80 年代，人口平均预期寿命达到 68 岁，超过同期全球平均水平 60 岁。农村教育事业遍地开花，托儿所、农民夜校及正规教育空前发展，文化活动如火如荼。1949 年新中国成立时，学龄儿童入学率只有 20%，到 1978 年达到 96%，同时农村小学毕业生初中升学率达到 86.4%。改革开放后商品经济和市场经济的逐步建立，使得蕴藏在农村的人力资本得到充分利用，生产力得到了历史性的释放，为农村大规模减贫起到重要作用。

四、总结与展望

改革开放 40 年来，中国取得了巨大的减贫成就，贡献了全球减贫人口的 70% 以上。没有中国的大规模减贫，联合国千年发展目标中将生活在 1 天 1 美元以下的贫困人口比例减半的目标就不可能实现。中国的大规模减贫不仅使绝大多数中国人摆脱了绝对贫困并逐步走上小康之路，也为其他发展中国家减贫事业提供了宝贵的经验。

中国的大规模减贫首先得益于中国经济，特别是农村经济的持续高速增长，也得益于 30 多年的区域性扶贫开发和精准扶贫方略的实施。更重要的是，中国的制度优势在大规模减贫中起到了决定性的作用。这些重要的制度基础包括：中国共产党对减贫的坚定政治承诺和制定持续不断的减贫战略，中央和各级政府强有力的组织动员和资源投入，公平的土地分配制度和改革开放初期较为平等的收入分配，以及新中国成立后头 30 年的人力资本积累等。

中国的减贫目标是到 2020 年完全消除现有标准下的绝对贫困问题，稳定实现贫困人口的"两不愁三保障"，让贫困家庭与全国人民一道进入小康社会。中共中央、国务院最近颁布了《关于打赢脱贫攻坚战三年行动的指导意见》，进一步明确用三年的时间使剩余的 3000 多万贫困人口顺利脱贫。当前剩余的贫困人口主要分布在以"三区三州"① 为代表的深度贫困地区和一般农村的特殊贫困人

---

① 三区是指西藏自治区、四省藏区和南疆四地州，三州是指云南的怒江州、四川的凉山州和甘肃的临夏州。

群。深度贫困地区面临的主要问题是生态环境脆弱、资源条件有限、自然灾害频发，难以形成支持稳定脱贫的产业基础，农业收入极不稳定。这些地区都是少数民族地区，教育水平低下，人力资源严重不足，一些地区的劳动力多数不会讲汉语，因而很难通过外出就业获得稳定的收入。此外，一些深度贫困地区危房比例依然较高，解决安全住房的任务繁重。一般农村地区剩余的贫困人口主要是因病、因残、因懒致贫。前两类贫困人口一是家庭缺乏劳动力，收入水平低，二是医疗支出负担重，家庭很容易陷入严重的债务危机。后一类贫困人口主要是因为内生动力不足，不愿意努力改变自己的生活状况，"等、靠、要"思想严重。

要打赢脱贫攻坚战，后三年的工作重点是要针对深度贫困地区和特殊贫困人群采取更加有针对性的帮扶措施，长短结合，综合施策。对于深度贫困地区，短期的重点是通过易地移民搬迁和危房改造解决安全住房问题。在增收方面，一是更多地利用保险扶贫政策稳定基本农业收入；二是设置更多的公益岗位，利用转移支付与公益岗位的结合增加有劳动能力贫困家庭的收入；三是加强职业技能培训，输送更多的劳动力外出就业。从长期来看，重点是通过多层级的教育来提升人力资本和改变落后的观念，国家可以实施有条件现金转移支付政策来激励贫困家庭接受教育和健康方面的公共服务。人力资本的提升是阻断贫困代际传递最有效的途径。对于一般农村地区因病、因残致贫的人群，主要通过综合性社会保障政策兜底，使这些家庭的贫困人口看得起病，不会因大病影响基本生活，同时重点扶持这些家庭的孩子尽可能获得更好的教育。对于因懒致贫的家庭，重点是通过道德的压力、榜样的力量和精神与物质相结合的措施来扶志，并且通过"干中学"的方式提高其自我发展的信心和能力。

总之，40年的扶贫实践证明了，只要有党中央的坚强领导和各级政府和社会各界的共同努力，中国就一定能够打赢脱贫攻坚战，为全面小康社会的建成和乡村振兴打下坚实的基础。

参考文献

[1] 汪三贵，殷浩栋，王瑜. 中国扶贫开发的实践、挑战与政策展望. 华南师范大学学报（社会科学版），2017（4）.

[2] 国家统计局农村社会经济调查总队编. 中国农村贫困监测报告（2000）. 中国统计出版社，2000.

[3] 国家统计局. 中国统计年鉴（2017）. 中国统计出版社，2017.

［4］本部分数据来自国家统计局. 波澜壮阔四十载民族复兴展新篇——改革开放 40 年经济社
　　会发展成就系列报告之一. http：//www.stats.gov.cn/ztjc/ztfx/ggkf40n/201808/t20180827_
　　1619235.html.

［5］Chambers，D，Ying，W，and Y Hong. The Impact of Past Growth on Poverty in Chinese
　　Provinces. Journal of Asian Economics，2008，19（4）：348-357.

［6］汪三贵. 在发展中战胜贫困——对中国 30 年大规模减贫经验的总结与评价. 管理世界，
　　2008（11）.

［7］张伟宾. 中国新时期农村减贫战略的调整. 新疆农垦经济，2009（11）.

［8］Ravallion，M，and S Chen. China's（Uneven）Progress against Poverty. Journal of Development
　　Economics，2007，82（1）：1-42.

［9］谢金鹏. 经济增长、收入分配与中国农村贫困问题研究. 西北大学硕士学位论文，2008.

［10］文秋良. 经济增长与缓解贫困：趋势、差异与作用. 农业技术经济，2006（3）.

［11］国家统计局住户调查办公室编. 中国农村贫困监测报告（2017）. 中国统计出版社，2017.

［12］国家统计局农村社会经济调查司编. 中国农村住户调查年鉴（2010）. 中国统计出版社，
　　2010.

［13］田龙鹏. 1978 年以来中国农村改革的减贫效应研究. 湘潭大学博士学位论文，2016.

［14］师春苗. 从"区域瞄准扶贫"到"精准扶贫"——以广东扶贫开发为例. 红角，2017(Z6).

［15］中华人民共和国国务院新闻办公室. 中国的农村扶贫开发. 新星出版社，2001。

［16］张伟宾，汪三贵. 扶贫政策、收入分配与中国农村减贫. 农业经济问题，2013（02）。

［17］国务院关于脱贫攻坚工作情况的报告. http：//www.npc.gov.cn/npc/xinwen/2017-08/29/
　　content_2027584.htm.

［18］Park，A，Wang，S，and G Wu. Regional Poverty Targeting in China. Journal of Public Eco-
　　nomics，2002，86（1）：123-153.

［19］财政部农业司扶贫处. 从"四到省"到"四到县"——扶贫开发工作责任制的探索及完善.
　　当代农村财经，2008（7）.

［20］胡绳. 中国共产党的七十年. 中共党史出版社，1999.

［21］联合国计划开发署驻华代表处. 中国人类发展报告 2016. 中译出版社，2016.

［22］汪三贵，郭子豪. 论中国的精准扶贫. 贵州社会科学，2015（5）.

［23］薄一波. 若干重大决策与事件的回顾（下）. 中共中央党校出版社，1993.

［24］农业部计划司. 中国农村经济统计大全（1949—1986）. 农业出版社，1989.

［25］张磊等. 中国扶贫开发历程（1949—2005 年）. 中国财政经济出版社，2007.

［26］常红，张志达. 对全球减贫贡献超过 70%"中国奇迹"普惠世界. http：//world.people.com.
　　cn/n/2015/1016/c1002-27703507.html.

［27］中共中央、国务院关于打赢脱贫攻坚战三年行动的指导意见. http：//www.gov.cn/xinw-
　　en/2018-08/19/content_5314959.htm.

[28] 中国人民大学中国扶贫研究院. 四川凉山州、云南怒江州和甘肃临夏州典型贫困村调研报
　　　告，2018.

（原载《中国人民大学学报》2018 年第 6 期）

扶贫政策、收入分配与中国农村减贫

一、引言

改革开放以来，中国农村扶贫政策取得了显著的成绩。按照世界银行 1 天 1 美元的贫困标准，中国的农村贫困人口从 1981 年的 7.3 亿人下降到 2008 年的 9700 万人，减少了 6.3 亿人，贫困发生率从 73.5% 下降到 7.4%（World Bank，2011）。按照官方贫困标准，农村贫困人口从 2002 年的 8645 万人下降到 2010 年的 2688 万人，贫困发生率从 9.2% 下降到 2.8%（国家统计局住户调查办公室，2011）。中国扶贫成就是在快速的经济增长和不断扩大的贫富差距双重宏观背景下取得的。经济增长为减缓贫困提供了良好的条件，但是不断扩大的贫富差距阻碍经济增长的成果涓滴到穷人。随着收入差距扩大，经济增长的边际减贫效益开始呈现递减趋势，当经济增长的益贫效应逐渐下降，面向贫困地区和贫困人群的扶贫政策就显得尤为重要。新世纪以来，各级政府投入大量资金用于缓解不断扩大的收入差距对贫困人群的影响，2002—2010 年，专项扶贫资金总额从 250.2 亿元增加到 606.2 亿元。尽管如此，目前仍然存在诸多因素限制扶贫政策发挥作用，关注这些因素是在再分配领域有效干预贫困人群收入和福利的重要基础条件。

本研究在充分利用已有研究成果的基础上，通过建立农村扶贫政策和收入分配的分析框架将扶贫政策、收入分配和减贫联系起来。本文没有试图进行完整的实证研究，主要是利用统计数据和已有的实证研究成果对中国近 10 年来扶贫政策对收入分配和减贫的影响做出一个总体判断。目前并没有文献从这样的角度分析扶贫政策与收入分配的关系，这也是本文的主要贡献。本文也将扶贫政策对分配的影响扩展到生产能力、市场参与和脆弱性等视角。

二、农村扶贫政策和收入分配的分析框架

关于经济增长、收入分配和贫困减缓的研究一直是理论界争论的焦点，近期

的研究越来越注重从技术和实证的角度分析特定区域内经济增长或收入分配对贫困减缓的作用，或者通过回归估计增长和收入分配的减贫弹性，或者通过对贫困变动进行经济增长和收入分配的效应分解，如林伯强（2003）、胡兵等（2007）、杨颖（2010）。尽管对经济增长或收入分配的减贫弹性的具体结果因为不同的数据和分解方法而有所不同，但是不断扩大的收入差距阻碍了减贫进程却是一个基本的共识。

经济增长和收入分配的减贫弹性是从经济增长——收入分配——减缓贫困的三角关系去研究农村贫困问题，忽略了贫困地区对收入分配有重要影响作用的一环——扶贫政策。尽管扶贫政策在广义范围内仍属于收入分配政策，但是由于目前研究收入分配时狭窄的定义——多是从基尼系数、洛伦茨曲线等收入结果的维度出发，而不能在分析框架中有效考虑中国农村扶贫政策的作用。实际上，随着经济增长的益贫性不断下降，扶贫政策正发挥越来越重要的作用。尽管主导收入分配格局的仍然是经济制度因素，如初次分配和再分配涉及到的劳动力市场、产品市场、要素市场制度、财税体制、公共服务体系等，但是对贫困地区和贫困人群，扶贫政策却发挥了更直接并且越来越重要的作用（IFAD，2011；中国发展研究基金会，2005；世界银行，2009）。因此，有必要从更广泛的范畴和更有效的实证角度去分析关于经济增长——收入分配——贫困减缓——扶贫政策之间的关系。

经济增长与贫困减缓、收入分配与贫困减缓、经济增长与收入分配之间相互关系已经有非常广泛的讨论，但是关于扶贫政策和收入分配之间的相关研究却并不多见。扶贫政策和项目的复杂性使研究其对收入分配格局的影响非常困难。扶贫政策涉及部门众多，资金和项目投入渠道、管理方式、减贫机制各不相同，难以从总体上估计扶贫政策对收入分配格局和减缓贫困的影响。农村扶贫政策对收入分配格局的影响因为其具体的政策项目而有所区别。在过去的十年中，中国政府实施的农村扶贫战略以开发式扶贫为主，同时也针对特定人群实施了救助性扶助。对扶贫政策进行简单划分，可以分为补贴性政策和开发式政策，前者直接对收入分配格局产生影响，后者对收入分配格局产生间接影响。政策性补贴直接增加特定贫困人群的收入，因而对收入分配产生影响。而开发式扶贫政策则通过实施发展项目提高贫困人群分享发展成果的机会和能力，间接对贫困人群的收入产生影响。

分享经济增长成果的机会和能力的缺失既是贫困的表现维度，又决定了特定群体在收入分配格局中的地位。收入差距扩大看似是影响经济增长减贫效果的原因，实际是收入较低群体缺乏分享经济增长成果机会和能力的表现（Sen，1999）。分享经济成果的机会和能力决定了特定群体在收入分配格局中的位置，因为不能分享经济成果，所以收入差距不断扩大，进而陷入贫困循环。扶贫政策的实施会对贫困群体分享经济增长成果的机会和能力产生影响，进而创造改变其在收入分配格局中的不利地位的可能。扶贫政策和项目落实到农户，可以分为提高生产能力、促进市场参与、缓解脆弱性等维度，提高生产能力的项目包括种植业、养殖业等，促进市场参与的如农业产业化、劳动力培训、小额信贷等项目，而缓解脆弱性主要由补贴式扶贫政策如低保、贫困补助等发挥作用。通过贫困人群的分享经济成果的机会和能力这一概念连接起扶贫政策、收入分配和贫困减缓。简要的分析框架见图1。

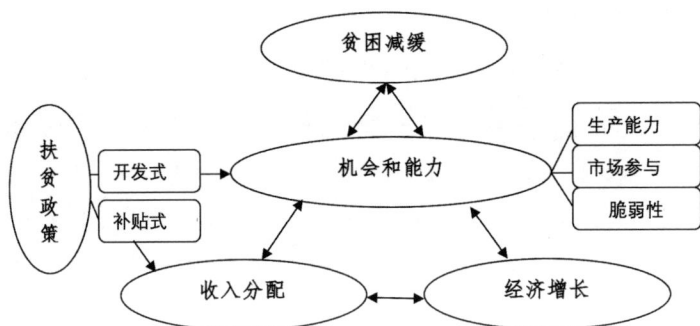

图1　农村扶贫政策和收入分配的分析框架

三、经济增长、收入分配和贫困减缓的变动趋势

（一）农村收入分配变动趋势

改革开放以来中国收入差距不断扩大，基尼系数从1981年的30.9%上升到2008年的46.9%（世界银行，2009）。农村内部的收入差距也不断扩大，1990—2010年，农村内部基尼系数不断增加，城乡收入比也不断扩大。2010年，农村内部基尼系数达到37.83%，城镇居民的可支配收入与农村居民人均纯收入比为3.2（国家统计局住户调查办公室，2011）。

贫困地区内部的收入分配差距逐步扩大。2002年以来扶贫重点县按五等份分组的收入差距不断扩大，最低收入组占最高收入组的比重从2002年的21.59%下降到2010年的17.38%。从增长速度看，收入越高的组，农民人均纯收入的增长速度越快。2002—2010年，最低收入组的农民人均纯收入年均递增11.1%，中低收入组年均递增 11.7%，中等收入组年均递增 12.4%，中高收入组年均递增 13.1%，最高收入组年均递增 14.1%（见表 1）。

表 1 扶贫重点县按五等份分组的农民人均纯收入（单位：元，%）

年份	低收入户	中低收入户	中等收入户	中上收入户	高收入户	最低组占最高组比例
2002	519.3	903.4	1174.9	1522.5	2405.8	21.59
2003	501.4	934.2	1278.4	1725.4	2930.4	17.11
2004	567.4	1050.8	1446.4	1958.8	3354.4	16.92
2005	649.4	1172.1	1589.6	2106.1	3506.6	18.52
2006	734.4	1284.9	1746.8	2359.2	4048.0	18.14
2007	810.3	1504.8	2066.3	2785.2	4830.6	16.77
2008	1007.5	1761.4	2392.0	3218.2	5421.7	18.58
2009	1081.5	1894.3	2590.2	3502.5	5984.5	18.07
2010	1203.7	2193.7	2999.4	4073.9	6927.1	17.38
增长率	11.1	11.7	12.4	13.1	14.1	

资料来源：国家统计局住户调查办公室. 中国农村贫困监测报告 2011。

（二）新世纪以来中国农村减贫进程

从贫困人口规模和发生率来看，2002—2010 年，全国农村贫困人口从 8645 万人下降到 2688 万人，减少了 68.9%，其中扶贫重点县贫困人口从 4828 万人下降到 1693 万人，减少了 64.9%。全国农村贫困发生率从 9.2% 下降到 2.8%，扶贫重点县贫困发生率从 24.3% 下降到 8.3%。全国农村贫困人口比扶贫重点县贫困人口下降速度更快。扶贫重点县中贫困人口比例占全国比例逐渐增加，由 2002 年的 55.85% 增加到 2010 年的 62.98%（见表 2）。

表 2 全国农村贫困人口和扶贫重点县贫困规模及比重（单位：万人，%）

年份	贫困标准（元）	全国农村		扶贫重点县		重点县贫困人口占全国比例
		贫困人口	贫困发生率	贫困人口	贫困发生率	
2002	869	8645	9.2	4828	24.3	55.85
2003	882	8517	9.1	4709	23.7	55.29
2004	924	7587	8.2	4193	21.0	55.27
2005	944	6432	6.8	3611	18.0	56.14
2006	958	5698	6.0	3110	15.4	54.58
2007	1067	4320	4.6	2620	13.0	60.65
2008	1196	4007	4.2	2421	11.9	60.42
2009	1196	3597	3.8	2175	10.7	60.47
2010	1274	2688	2.8	1693	8.3	62.98

资料来源：国家统计局住户调查办公室. 中国农村贫困监测报告 2011。

（三）经济增长的益贫效应

收入分配格局变动对贫困减缓的作用在于当全社会的收入分配比较均等的时候，社会中各群体在劳动回报、市场进入和基本公共服务等方面差异相对较小，因而都能比较容易地获得经济增长的成果，甚至原本收入较低群体的边际报酬可能更大，可能获得更快的收入增长速度。这种收入分配格局对减缓贫困是非常有利的。一旦收入分配格局恶化，收入差距不断扩大，收入较低的群体受应对市场的脆弱性、基本公共服务的缺失等因素影响，将越来越难以平等地从经济增长的过程中增加收入，这种收入分配格局对减缓贫困起到阻碍的作用。前者可以被认为是促进贫困群体共享经济增长成果的益贫式增长 [1]，而后者则相反。

从收入增长速度角度，徐丽萍和王小林（2011）定义贫困人群的收入增长速度超过社会平均收入增长速度为利贫的增长。根据这一定义，笔者利用国家统计局收入分组数据分析的结果显示2000—2010年经济增长基本上是不利贫的。2000—2010 年，社会平均增长率为 6.7%，而贫困人群增长率为 6.22%。在 4 个增长期内（2000—2002 年，2003—2005 年，2006—2008 年，2008—2010 年）只有 2003—2005 年是利贫的。根据同一定义，笔者发现扶贫开发重点县的经济增长是利贫的，但利贫的收益率逐渐递减。2008—2010 年受金融危机影响出现不利贫现象。

经济增长表现出"益贫困地区"却不"益贫困农户"的特征。2002—2010 年，扶贫重点县中农民人均纯收入占全国农民人均纯收入的比重不断上升，但是在除 2010 年以外的其他年份，贫困户人均纯收入占全国农民收入的比重却不断下降。2002—2008 年，居住在扶贫重点村农户的收入增长速度最快，其次为居住在扶贫重点县的农户和全国农户，而贫困户的收入增长速度最低，仅为 3.32%。2002—2009 年，贫困户、扶贫重点县农户和全国农户的收入增长速度分别为 2.75%、11.76% 和 11.04%，扶贫重点县农户收入增长速度最快，受经济危机等因素影响，2009 年贫困户收入甚至比上一年略有下降。贫困户收入占全国农村居民的比重 2002—2009 年持续下降，从 2002 年的 1/3 下降到 2009 年的 1/5。而生活在扶贫重点村和重点县农户的人均纯收入占全国平均水平的比重在此期间保持了稳中略升的趋势。到 2010 年，国家大幅度提高了贫困标准，贫困人群的收入占全国农村平均和重点县的比例都有大幅度增加（见表 3）。

---

[1] 关于益贫式增长学界存在诸多争论，主要的观点分为两类：一类是当贫困人群的收入增长高于社会平均收入增长，另外一类则主张除非贫困人群的收入不变或下降，否则都应该认为是益贫式增长，后者被世界银行陈少华等学者支持。考虑到中国经济增长和减贫速度，采用更严格的益贫概念更有助于分析中国农村贫困减缓和收入分配之间的关系。

表3　贫困户与其他农户人均纯收入比较（单位：元，%）

年份	贫困户	重点村农户	重点县农户	全国农户	贫困户/全国农户	贫困户/重点县农户	重点县农户/全国农户
2002	813	1196	1305	2476	33	62	52
2003	814	1326	1406	2622	32	58	53
2004	853	1488	1585	2936	29	54	53
2005	860	1633	1725	3255	26	50	52
2006	869	1815	1928	3587	24	45	53
2007	977	2165	2278	4140	24	43	55
2008	989	2485	2610	4761	21	38	54
2009	983		2842	5153	19	35	55
2010	2003		3273	5919	33.8	61	55
至08年增速	3.32	12.96[①]	12.25	11.51			
至09年增速	2.75		11.76	11.04			
至10年增速	11.9[②]		12.18	11.51			

数据来源：国家统计局. 中国农村贫困监测报告（2003—2011）。

注：①重点村农户收入数据只统计到了2008年，因此其收入增速只计算2002—2008年区间；②贫困农户的家庭人均纯收入理论上应该略低于贫困标准，国家统计局对2010年的贫困人口测量的标准是1274元，但是在对贫困人口收入的报告上是参照了2300元的新贫困标准，因此需要谨慎理解2010年贫困户人均纯收入的增长速度。

四、扶贫政策对收入分配的影响分析

扶贫政策既是收入分配制度的构成部分，也会对分享经济增长的机会和能力构成影响。农村扶贫政策中的补贴式救助项目直接增加贫困人群的收入，而扶贫开发项目则通过提高贫困人群分享经济成果的机会和能力间接对收入格局产生影响。新世纪以来，农村扶贫政策对不断恶化的收入分配格局发挥了缓解作用，但是仍存在改进的空间。

（一）农村扶贫政策实施进程

改革开放以后中国政府开发式扶贫政策演变可以分为4个阶段：针对特殊贫困地区的扶贫开发（1985年以前）、以区域瞄准为主的扶贫开发（1986—1993年）、改善资金投入和贫困瞄准的"八七扶贫攻坚计划"（1994—2000年）和以整村推进为主的中国农村扶贫开发（2001—2010年）。《中国农村扶贫开发纲要（2001—2010年）》将扶贫开发的重点从贫困县转向贫困村，强调群众参与，采用自下而上的参与式方法制定贫困村的发展规划。2002年全国共选定14.8万个贫困村，专项扶贫开发以行政村为单位开展。新世纪开发式扶贫政策主要包括整村推进、产业化扶贫、劳动力培训转移、移民搬迁、贫困村级互助资金等。在这一时期政府还主导实施了农村低保制度、农村大病救助、两免一补政策性补贴项目。新世纪以来反贫困组织体系不断发展完善，动员了广泛的社会力量参与扶贫，扩大了基层执行主体的赋权和参与过程，瞄准贫困的机制不断改善，扶贫项目的管理水平不断提高。针对贫困地区和人群的扶贫投资不断增加，扶贫资金的投向结构越来越趋于贫困地区的需求，由政府主导的专项扶贫项目有效改善了贫困地区基础设施、经济发展环境，使贫困地区收入和消费表现出更快的增长速度，提高了贫困地区人口在市场、就业等各方面的机会和能力。

（二）扶贫政策对收入分配的直接影响

农村扶贫政策通过扶贫项目安排资金投入对收入分配产生影响，2002 年以来，扶贫资金投入不断增加，项目覆盖率逐步提高，有效提高了贫困地区的收入水平，从而对收入分配格局产生了影响。

1. 扶贫资金的总体影响

2010 年，财政共投入 606 亿元扶贫资金，平均每个扶贫重点县到位扶贫资金超过 1 亿元。2002—2010 年扶贫资金的总量、到县、到村、到户扶贫资金都表现出增加的趋势（见表 4）。其中，扶贫资金总额和到县扶贫资金保持年均 11% 以上的增长速度，到村和重点村的扶贫资金保持年均 22% 以上的增长速度，到户的扶贫资金年均增长 7.5%。在县、村、农户 3 个瞄准层次上，到村资金增长趋势尤为明显，充分表明了以村为单位的瞄准战略。

表 4　2002—2010 年扶贫资金投入情况

项目	2002 年	2010 年	绝对增量	年均递增（%）
扶贫资金总额（亿元）	250.2	606.2	355.9	11.7
到县扶贫资金（万元）	4227	10240	6013	11.7
到村扶贫资金（万元）	3.9	20.3	16.5	23.1
到重点村扶贫资金（万元）	5	27.9	22.9	22.1
到户扶贫资金（元）	806	1436	630	7.5
重点村到户扶贫资金（元）	829	1481	653	7.5

资料来源：国家统计局住户调查办公室. 中国农村贫困监测报告 2011。

在大量扶贫资金的投入下，居住在扶贫重点县和重点村的农户收入增长速度超过了全国平均水平。其中重点村农户人均纯收入从 2002 年的 1196 元增加到 2008 年的 2485 元，增长了 1 倍多，平均每年增长近 13%，而同期全国农村居民收入从 2476 元增加到 4761 元，增长了 93%，年均增速为 11.5%，重点村农户人均纯收入占全国农村居民人均纯收入的比重从 2002 年的 48.3% 上升到 2008 年的 52.2%。扶贫重点县农户在 2002—2010 年也有比全国更快的增长速度，增速为 12.2%，扶贫重点县中农户人均纯收入占全国农村居民人均纯收入的比重从 2002 年的 52% 增加到 2010 年的 55%。扶贫重点县和重点村农户收入较快的增长速度充分表明扶贫政策和资金的支持发挥了重要的作用。

从农户自己报告的扶贫成果 ① 来看，2010 年扶贫重点县中参与扶贫项目的农户户均使用扶贫资金 1406.5 元，共带来纯收入增加 526.4 元。每 1 元的扶贫投资能使扶贫重点县农户增加纯收入 0.37 元。根据《中国农村扶贫开发纲要（2001—2010 年）》评估课题组（2009）的研究，2008 年扶贫资金投入对家庭纯收入、家庭经营纯收入和第一产业纯收入的弹性系数分别为 0.0747、0.1822 和 0.1578，对扶贫重点县农民收入增长具有显著的作用。该研究发现到户扶贫资金对全国重点县的贫困发生率减少的贡献率为 10.5%，对贫困深度和贫困强度减少的贡献率为 34% 和 38.4%。这说明到户扶贫资金对减缓农村贫困产生了积极的作用 ②。

2. 开发式扶贫政策的影响

新世纪扶贫政策中主要的扶贫项目如整村推进、产业化扶贫、移民搬迁、劳动力培训转移都属于开发式的扶贫政策。由于扶贫资金影响机制复杂，通过倾向得分匹配的方法（PSM）估计到户扶贫资金对收入的影响成为相对合理的研究方法。岳希明等（2010）利用 2006—2009 年扶贫监测的数据对项目户和非项目户的人均纯收入增长速度进行了倾向得分匹配的比较。其结果显示，项目户人均纯收入增长速度明显高于非项目户。去除退耕还林还草补贴后，把扶贫资金仅仅局限在以农民脱贫为目的（开发式扶贫政策）的扶贫资金投入的话，项目户与非项目户在人均纯收入增长速度上的差异愈加明显。贫困户中，项目户的增收幅度也显著大于非项目户。这表明，如果贫困户能够得到扶贫资金的话，其收入会有显著的增长，到户的扶贫资金投入具有显著的脱贫效应。

从表 5 中可以发现有劳动力的贫困户在 2007—2009 年如果能够获得扶贫资

---

① 贫困监测数据对农户自己报告的包括种植业、林业、养殖业、农产品加工业、其他生产行业、修建基本农田、人畜饮水工程、修建及改建公路、电力设施、电视接收设施、学校及学校设施、卫生室及设施、技术培训、扫盲资助儿童入学、退耕还林还草补贴以及其他 16 项主要扶贫项目成果带来的纯收入的增加的加总，根据 2010 年贫困监测数据计算。

② 该研究还指出了理解研究结果需要注意的部分：首先采用到户扶贫资金作为扶贫资金投入，无疑会大大低估整体扶贫资金投入的减贫效果；其次，该研究建立的农户收入决定模型，以此估计扶贫资金对收入的弹性系数的研究思路是建立在所有到户扶贫资金都作为生产资金投入进去了，而实际情况显然可能存在差异。

金投入的话，其纯收入增长速度分别为 44.18%、48.35% 和 47.43%，远高于这 3 年贫困户 12.43%、1.23% 和 −0.61%① 的增长速度。这表明扶贫政策瞄准偏差的同时也存在非常大的改进空间。

评价开发式扶贫政策对收入分配的影响面临诸多约束：首先，农户收入的影响有很多因素，缺乏有效的数据难以把收入的增加归结为开发式扶贫政策的作用；其次，通过到户扶贫资金估计开发式扶贫政策对收入的影响无疑会低估扶贫资金的整体贡献；最后，由于各类项目的影响机制各异，也难以对具体项目的扶贫效果进行评价。尽管如此，仍有一些研究通过评估主要扶贫项目对贫困村和贫困户收入的影响，为评价扶贫政策和项目对收入分配的影响提供依据。

表 5　项目户和非项目人均纯收入增长速度（单位：%）

指标名称		2007	2008	2009
包括退耕还林还草补贴	项目户	16.40	18.44	9.21
	非项目户	12.26	12.92	5.23
不包括退耕还林还草补贴	项目户	19.16	16.49	21.59
	非项目户	7.89	11.47	6.75
有劳动力的农户	项目户	20.21	15.85	21.71
	非项目户	9.11	10.19	7.36
有劳动力的贫困户	项目户	44.18	48.35	47.43
	非项目户	33.07	36.35	28.46

数据来源：岳希明、王萍萍、关冰. 农村扶贫资金效果评估——以扶贫重点县为例. 国家统计局农村社会经济调查司. 中国农村贫困监测报告 2010，2011。

在整村推进实施的 2002—2008 年间，扶贫重点村农民人均收入增长达到 9%，比扶贫重点县和全国平均水平分别高出 0.7 和 1.4 个百分点（国家统计局农村司，2003，2009）。典型调查表明，在整村推进进展顺利、投资量较大的贫困村，全村农民人均纯收入在 1—2 年内能提高 50% 以上，整村推进对提高农民收入的效果十分明显（中国发展研究基金会，2007）。Park 和 Wang（2010）利用计量经济模型分析了整村推进对贫困村和贫困户收入的影响差异。分析结果表明，2001—2004 年贫困村农户的收入增长速度要比同一个县内非贫困村农户的收入增长速度高约 2%，而且这一结果在统计上非常显著。同一时期，整村推进村农户的收入增长速度要比非整村推进村高 8%—9%，但这一结果在统计上并不显著。通过贫困户和富裕户收入和消费的村级配对，研究发现整村推进村中富裕户的收入和消费的增速显著高于非整村推进村富裕户的收入和消费的增速，说明

---

① 根据国家统计局贫困监测数据，贫困户的纯收入增长速度均按照名义货币计算，并未考虑物价因素。

在整村推进中，真正受益的群体是贫困村中相对较富裕的农户。

利用 2008 年对 67 个扶贫重点县 2000 多户农户的调查，《中国农村扶贫开发纲要（2001—2010 年）》评估课题组（2009）实证分析了劳动力培训转移对扶贫重点县农户收入的影响。研究发现，培训使扶贫重点县劳动力外出的概率提高了 10% 左右，每增加 1 个外出务工者使家庭的人均收入增加 2%—4%。家庭中户主如果接受培训，会使家庭人均收入增加 3%—7% 左右。培训对低收入组和较高收入组的影响较小，表明劳动力转移培训主要受益对象是贫困地区中等收入组的农户。

主要扶贫开发项目如整村推进和劳动力转移培训等的实施有效改善了居住在扶贫重点县和重点村的贫困人群分享发展成果的机会和能力，使居住贫困地区的农户有更快的收入增长速度。但是扶贫政策和项目对收入分配的缓解作用并不能平等地被生活在贫困地区的农户享有，扶贫政策和项目的主要受益者是相对富裕的农户。扶贫政策和项目从总体上改善了贫困地区的发展环境和条件，缩小了贫困地区与发达地区的差距，但在有利于区域差距缩小的同时，却扩大了贫困地区内部的差距。即便有些扶贫政策和项目采取了贫困户受益和参与的政策设计，如贫困村级互助资金规定贫困户借贷的优先性，但是出于项目实施成效和资金安全问题，仍不能排除贫困村中相对富裕农户主要受益的趋势。

3. 补贴式扶贫政策的影响

补贴式扶贫政策对收入分配格局的影响更直接。2001—2010 年农村贫困地区实施的补贴式扶贫政策主要包括：退耕还林还草、农村最低生活保障制度、大病救助、农业生产补贴、寄宿制学生补贴等。

吴国宝等（2008）对 2006 年和 2007 年的 577 个扶贫重点县的粮食直补和良种补贴的分配效应进行了研究，研究发现"两补"政策的实施，增加了受益农民的转移性收入，从而对减缓扶贫重点县农村贫困和收入不平等产生了积极的影响。"两补"政策对贫困发生率、贫困深度和贫困强度 3 个贫困衡量指数都有一定程度的减缓作用。2006 年样本农户收入分配的基准基尼系数为 0.324，扣除粮食直补、良种补贴、粮食直补和良种补贴后基尼系数分别增加了 0.0018、0.0003 和 0.0021，增幅分别为 0.6%、0.1% 和 0.6%。2007 年 3 项扣除后增幅分别为 0.6%、0.1% 和 0.7%。表明扣除"两补"后，扶贫重点县农村收入不平等状况有所恶化，换言之，"两补"政策的实施减轻了贫困地区农户间的收入分配的不平等状况。

利用 2002 年和 2009 年农村贫困监测住户调查数据，吴国宝等（2010）对取消农业税、免除义务教育阶段学生学费、农业生产补贴、农村最低生活保障制度、新型农村合作医疗、退耕还林还草、救灾、救济、到户扶贫等 12 项"多予少取"的政策进行了总体评估。其研究发现，2009 年"多予"政策使扶贫重点县农户人均收入增加 174 元，通过"少取"政策减少支出 70 元。12 项"多予少取"政策所产生的收入，相当于 2009 年扶贫重点县农民人均纯收入的 8.6%。扶贫重点县中有 97.5% 的人口从"多予少取"的政策中获益，但高收入农户人均受益金额显著高于低收入农户。"多予少取"政策贡献了 2002—2009 年扶贫重点县农民收入增长额的 14.2%，对收入最低 10% 的农户的收入增长的贡献率更高达31.5%。

（三）扶贫政策对收入分配的间接影响

尽管补贴式的扶贫政策对农户的收入有直接影响，但是却是一种类似"输血"的扶贫方式，因而，在过去的十年中，扶贫政策的资金投入类型主要是开发式扶贫政策。由于开发式扶贫政策投入主要是道路、桥梁、农田水利等基础设施建设，单纯从收入角度考察扶贫政策对收入分配的影响，必然会低估扶贫政策的效果。因而有必要从贫困农户分享发展成果的机会和能力去考察扶贫政策的效果。农村扶贫政策的实施有效提高了贫困人群在生产能力、市场参与和应对脆弱性等方面的表现，从而间接对收入分配产生影响。

1. 扶贫政策对农户生产能力的影响

扶贫政策对农户生产能力的影响主要体现在以下 3 个方面：基础设施、农业生产条件和人力资本。《纲要》实施期间，贫困地区这 3 方面都表现出更快的增长趋势，充分表明扶贫政策有效提高了农户的生产能力。

贫困地区基础设施与全国平均水平的差距进一步缩小。2002—2010 年，扶贫重点县行政村通公路、通电、通电话、通电视信号的比例有了明显的提高，分别增加了 4.1、2、14.6 和 2.5 个百分点。行政村"四通"的比例都在 98% 以上，表明扶贫重点县行政村的基础设施与全国平均水平的差距越来越小。除此之外，扶贫重点县自然村"四通"的增长速度表现出比全国平均水平更高的增长速度。2002—2010 年，扶贫重点县通公路、通电、通电话的自然村比重分别增加了 15.9、5 和 40.3 个百分点，而重点村中有卫生室的比例增加了 12.5%，这一时期贫困县基础设施的建设速度要大大高于全国农村的建设速度。2010 年通公路、通电、通电话、能接收电视的自然村的比重分别达到了 88.1%、98%、92.9% 和 95.6%（国家统计局，2003，2011），与全国平均水平的差距进一步缩小。表明扶贫政策在改善贫困地区基础设施建设上发挥的巨大作用。

2002—2010 年，贫困地区农户生产能力主要方面如生产资料、粮食产量都在不断增加。一些方面表现出比同期全国平均水平更快的增长速度。农户年末生产性固定资产原值从 2002 年的 2299.1 元增加到 2010 年的 6450.2 元。汽车、大中型拖拉机、小型拖拉机拥有量也表现出一定的增长趋势。农户对生产的投资也不断增加，到 2010 年，重点县农户家庭人均经营费用支出达到了 1098.9 元，其中第一产业生产费用支出从 2002 年的 403.3 元 / 人增加到了 2010 年的 1009.9 元 / 人，年均增长 12.2%。扶贫重点县农作物总播种面积和粮食播种面积不断增加，年均增长 1.4% 和 1.6%。在这种背景下，重点县的粮食总产量也表现出比全国更高的增长速度，分别为 4.18% 和 2.26%（国家统计局，2003，2011）。

在人力资本方面，2002—2010 年，重点县初中以上劳动力比例从 46.8% 增加到 57.6%（国家统计局，2011）。2002—2008 年，重点县中接受技术援助村的比重从 10% 提高到了 13.1%，重点村中使用节水栽培技术、有塑料大棚 / 温室、拥有农牧业新技术示范户和举办过专业技术培训村的比重分别增加了 0.6、2.6、5.3 和 6.6 个百分点（国家统计局，2003，2009）。农村扶贫政策使贫困地区的农户积累了生产资料，生产能力得到提高，从而有更多机会从市场中获得收入。

2. 扶贫政策对农户市场参与的影响

贫困地区农业生产条件恶劣，劳动力参与市场活动，从市场中获得收入是贫困人群重要的收入来源。扶贫政策在促进贫困地区农户参与市场方面做出了积极的贡献。扶贫政策和项目促进了劳动力参与市场。2003 年，贫困县中只有 6.1% 的劳动力接受过劳动技能培训，到 2008 年，这一比例上升到了 15.1%，平均每年增加 1.8%（国家统计局农村司，2003，2009）。研究表明，劳动力转移培训使贫困地区劳动力外出的概率提高了 10% 左右，同时也使劳动力在本地从事非农就业的概率增加，培训使来自贫困地区的非农就业劳动力收入提高了 10%—17%（《中国农村扶贫开发纲要（2001—2010 年）》评估课题组，2009）。贫困人群在参与市场活动的过程中不仅收入和劳动力素质得到提高，其面对市场的能力和信心也明显增强了。2010 年，重点县农户中 24.5% 的劳动力选择外出就业，比 2003 年提高 6.2 个百分点。贫困农户 23.3% 的劳动力选择外出就业，平均在外就业时间 8.4 个月，其中外出就业时间在 6 个月以上的占 81.6%（国家统计局，2004，2011）。

在多种扶贫政策的共同作用下，贫困地区农户参与市场的深度和广度不断扩展，农户现金纯收入占总收入的比例从 2002 年的 64.6% 增加到 2010 年的 75.3%。

贫困地区主要农产品商品化率不断提高。2010 年农村居民粮食商品化率为 55.7%，油料为 60.1%，蔬菜为 69.4%，水果为 92.2%，畜禽为 87.3%，均较 2002 年有不同程度提高（国家统计局，2003，2011）。

3. 扶贫政策对农户脆弱性的影响

新时期农村扶贫政策面向贫困人群的社会安全网逐步建立起来。2007 年，农村最低生活保障制度在全国农村推行，构成了中国农村贫困人群社会安全网的主体框架。截至 2010 年底，全国有 2528.7 万户、5214.0 万人得到了农村低保，农村低保的覆盖面、补贴标准不断提高（民政部，2011）。2010 年扶贫重点县中低保户的比例达到了 9.9%，低保的覆盖面继续扩大，低保户户均领取的低保金达到802 元。与此同时，农村养老保险在扶贫重点县也逐渐推广，参加农村养老保险的农户比例和人口比例分别达到了 16.5% 和 42%。医疗方面，2010 年扶贫重点县参加新农合的农户比例达到 93.3%，人均报销医疗费用 13.8 元，占总医疗费用的7.7%（国家统计局住户调查办公室，2011）。加上面向贫困地区的义务教育工程，向贫困儿童补助住宿费和生活费的政策，形成了面向贫困人群涵盖生活保障、医疗保障、教育服务的社会安全网，对中国农村减贫产生了显著的影响，不仅减少了收入贫困，降低了贫困发生率，缓解了在教育、卫生和社会发展等方面的多维贫困。除此之外，农村扶贫政策还考虑了市场风险的冲击。贫困户提供风险基金保障和市场营销支持使其更好规避农业生产的市场风险。一些省份建立了产业发展基金和风险基金支持贫困农户，农村扶贫政策针对农户脆弱性的措施使贫困农户能够缓冲脆弱性的冲击，避免生计框架的崩溃，进而获得可持续的发展机会和能力。

五、结论和政策启示

通过新世纪以来贫困地区收入分配变动趋势以及扶贫开发政策的影响过程的分析，可以得出以下结论：

农村扶贫政策的实施有助于缓解日益扩大的收入分配差距，尤其是有助于缩小贫困地区和一般地区的发展差距。开发式扶贫政策显著改善了贫困地区的基础设施和生产生活条件，为农户创收活动提供了良好的基础，由于基础设施、科技服务和产业化的发展等促进了贫困地区农户平均收入的提高，一定程度上抑制了贫困地区和非贫困地区之间收入差距的扩大，如果没有区域性的开发式扶贫政策，贫困地区和非贫困地区的差距比现在还要大。补贴式扶贫政策除了直接增加贫困人群的收入，从而缓解收入分配差距扩大趋势外，其更重要的意义在于缓解了贫困人群面对各种冲击的脆弱性。

农村扶贫政策对收入分配的影响不仅仅体现在收入的维度，农村扶贫政策的实施从生产能力、市场参与和缓解脆弱性等角度显著改善了贫困地区农民分享经济发展成果的机会和能力，从而使处于收入分配结构低端的贫困人群不至于长期在贫困陷阱中挣扎而不能获得改变自己命运的机会。农村扶贫政策的实施使原本并不利于穷人的经济增长过程在某些方面和一定程度上表现出益贫的性质，这在全国和农村收入分配差距不断扩大的趋势下是难能可贵的，表明农村扶贫政策对缓解收入分配差距扩大的重大意义。

不同的扶贫政策对收入分配有不同的影响效果和机制。整村推进从总体上改善了贫困地区分享经济发展成果的机会和能力，产业化扶贫和劳动力培训转移主要从促进市场参与和提高生产能力方面发挥作用，而收入补贴政策则从缓解贫困脆弱性的角度直接影响收入分配结构。扶贫政策对收入分配的影响效果的差异也非常明显。以基尼系数衡量，补贴式扶贫政策被证明有助于缓解贫困地区收入差距的扩大，而整村推进、劳动力培训转移、产业化扶贫等则有效地减少了贫困地区与其他地区的收入差距，但很可能扩大了贫困地区内部的差距。贫困农户人均纯收入占扶贫重点县农村居民人均纯收入的比重从 2002 年的 62% 下降到 2009 年的 35%。主要农村扶贫项目如整村推进、劳动力培训转移、产业化扶贫等在实施的过程中都存在一定程度的瞄准偏差，受益的农户主要是贫困社区中的中等收入户和高收入户。

尽管只有很少比例的处于深度贫困的农户能够从扶贫项目中受益，但是深度贫困的农户获得扶贫资金后却往往能够收到更加显著的减贫效果。有劳动力的贫困户在 2007—2009 年如果能够获得扶贫资金投入的话，其纯收入增长速度分别为 44.18%、48.35% 和 47.43%，这种收入增长速度是非常惊人的。表明现行扶贫政策存在偏差的同时，也有很大的改进空间。

未来的农村扶贫政策需要在加强扶贫资金投入的同时改善扶贫资金的瞄准。一方面，继续加强对贫困地区的扶持力度，加大对贫困地区的财政转移支付。全面改善贫困地区基础设施和生产发展条件，加强农村低保、医疗保险、大病救助等社会安全网建设的公共服务支出，以使贫困人群在生产能力、市场参与和脆弱性缓解等方面都有机会和能力分享经济发展的成果，进一步缩小区域差距。另一方面，改善扶贫资金和项目瞄准的准确程度，在县级和村级都已经建立好发展的环境后，未来扶贫政策的瞄准层次应该集中在农户层次，有必要开发更多的瞄准农户的扶贫项目，尤其是处于深度贫困的农户。中国农村扶贫开发战略经历了从重点县到重点村的瞄准过程，未来农村扶贫政策需要瞄准贫困农户进行包括教育、医疗、信贷、产业等多维度的全面干预。只有如此，农村扶贫政策才能在发挥缩小贫困地区和非贫困地区差距的同时，缩小贫困地区内部的收入差距，使更多的贫困农户分享经济增长的成果。

参考文献

［1］Amartya Sen，Development As Freedom，Oxford University Press，1999.

［2］Albert Park，Sangui Wang，Community-based development and poverty alleviation：An evaluation of China's poor village investment program，Journal of Public Economics 94（2010）：790-799.

［3］The World Bank，An Update to the World Bank's Estimates of consumption poverty in the developing world，2011.

［4］胡兵，赖景生，胡宝娣. 经济增长、收入分配与贫困缓解——基于中国农村贫困变动的实证分析. 数量经济技术经济研究，2007（5）.

［5］林伯强. 中国的经济增长、贫困减少与政策选择. 经济研究，2003（12）.

［6］民政部. 2010 年社会服务发展统计报告. 2011 年 6 月. 民政部网站，http：//www.mca.gov. cn/article/zwgk/mzyw/201106/20110600161364.shtml.

［7］世界银行. 从贫困地区到贫困人群：中国扶贫议程的演进，2009.http：//www.worldbank. org.cn/china.

［8］吴国宝，谭清香，关冰."多予少取"政策对贫困地区农民增收和减贫的直接影响. 国家统计局农村社会经济调查司编. 中国农村贫困监测报告 2010，2010.

［9］吴国宝，关冰，谭清香. 贫困地区国家粮食补贴政策实施有效性及减贫影响评价. 国家统计局农村社会经济调查司编. 中国农村贫困监测报告 2008，2008.

［10］杨颖. 经济增长、收入分配与贫困：21 世纪中国农村反贫困的新挑战——基于 2002—2007 年面板数据的分析. 农业技术经济，2010（8）.

（本文与张伟宾合著，原载《农业经济问题》2013 年第 2 期）

第三篇

理论探索篇

第十章　脱贫攻坚与乡村振兴衔接

产业扶贫与产业兴旺的有机衔接：
逻辑关系、面临困境及实现路径

一、引言

党的十八大以来，以习近平同志为核心的党中央把脱贫攻坚作为实现第一个百年奋斗目标的重点任务，作出一系列重大部署和安排，全面打响脱贫攻坚战。产业扶贫作为精准扶贫"五个一批"工程中的首要工程，是打赢脱贫攻坚战的重要保障，也是其他扶贫措施取得实效的重要基础。党的十九大明确把精准脱贫作为决胜全面建成小康社会必须打好的三大攻坚战之一，同时也明确在中国特色社会主义进入新时代的现实背景下实施乡村振兴战略，做好"三农"工作的总抓手。产业兴旺位居乡村振兴战略总要求的首位，是乡村振兴战略的主要任务和工作重点，为乡村振兴提供经济基础和不竭动力。当前正处于脱贫攻坚与乡村振兴的交汇期，产业扶贫与产业兴旺分别作为两大战略的重要任务，探讨两者的衔接关系，不仅有助于推动脱贫攻坚与乡村振兴有机结合，也为实现"两个一百年"的奋斗目标提供重要支撑。

当前学术界对于脱贫攻坚与乡村振兴有机衔接的讨论方兴未艾。脱贫攻坚与乡村振兴是关涉我国农业农村发展的重大决策部署，两者间互促互进的关系为其衔接提供可行性。首先，脱贫攻坚和乡村振兴具有内容同质性、作用互构、主题一致性等特征，为两者衔接奠定了理论可行性。其次，脱贫攻坚为贫困地区的发展打下基础，乡村振兴有助于巩固提升贫困地区的脱贫质量，化解贫困地区和非贫困地区的非均衡矛盾，这些为两者衔接奠定了实践可行性。但脱贫攻坚的局部性、紧迫性与乡村振兴的整体性、长期性之间的客观差异，导致两大战略的衔接面临着体制机制衔接不畅、产业发展升级困难和内生动力难以激发等问题。为促使两者有效衔接，学者们认为应在系统认识脱贫攻坚、乡村振兴战略要义和衔接内涵的基础上，制定衔接的总体原则，探索有效的衔接手段，分阶段有序推进，实现两者在战略思维、体制机制、政策措施、成效认定等方面的有机衔接。

产业扶贫与产业兴旺分别作为脱贫攻坚、乡村振兴两大战略中的关键举措，两者的衔接程度直接决定着脱贫攻坚和乡村振兴两大战略的衔接成效。目前，学者们主要基于脱贫攻坚和乡村振兴两大战略的关系、衔接困境、实施路径等进行探讨，关于产业扶贫和产业兴旺的衔接问题探讨的较少，多是在脱贫攻坚和乡村振兴两大战略衔接探讨中作简要分析。研究产业扶贫和产业兴旺的衔接问题，不仅可以为产业兴旺打下良好的产业基础，也可抓住机遇在促使产业发展的同时巩固产业扶贫的成果。基于此，本文首先揭示产业扶贫和产业兴旺的逻辑关系，其次分析从产业扶贫到产业兴旺面临的主要困难，并探讨促使两者有机衔接的实现路径，为推动脱贫攻坚与乡村振兴有机结合提供重要依据。

二、产业扶贫与产业兴旺的逻辑关系

（一）脱贫攻坚战略中的产业扶贫

产业扶贫是实现持续稳定脱贫的根本之策。2015 年 11 月，中共中央、国务院印发《关于打赢脱贫攻坚的决定》，指出我国扶贫开发已进入啃硬骨头、攻坚拔寨的冲刺期，发展特色产业脱贫被作为重要的精准扶贫方略，以推进贫困人口脱贫。2016 年 3 月，《中华人民共和国国民经济和社会发展第十三个五年规划纲要》中提到要实施特色产业扶贫，实现 3000 万以上贫困人口脱贫。2016 年 5 月，农业部等九部门联合印发《贫困地区发展特色产业促进精准脱贫指导意见》，强调发展特色产业是提高贫困地区自我发展能力的根本举措，并对贫困地区特色产业发展做出全面部署。2016 年 11 月，《"十三五"脱贫攻坚规划》对产业发展脱贫的重要内容、重点实施的产业扶贫工程进行阐释，以指导各地产业扶贫工作。2018 年 8 月，《关于打赢脱贫攻坚战三年行动的指导意见》提出要强化到村到户到人精准帮扶举措，加大产业扶贫力度。总之，自实施脱贫攻坚战略以来，中央政府及有关部门高度重视产业发展，相继出台一系列的政策措施，使产业扶贫政策体系框架越来越完善，政策内容越来越丰富。

表 1 脱贫攻坚战略中的产业扶贫主要政策梳理

时间	政策文件	产业扶贫内容要点
2015 年 11 月	《关于打赢脱贫攻坚的决定》	明确脱贫攻坚时期总要求：发展特色产业脱贫。
2016 年 3 月	《中华人民共和国国民经济和社会发展第十三个五年规划纲要》	明确"十三五"期间产业扶贫总要求：重点支持贫困村、贫困户发展种养业和传统手工业，实施贫困村"一村一品"产业推动行动和"互联网＋"产业扶贫，实施电商扶贫、光伏扶贫、乡村旅游扶贫工程。
2016 年 5 月	《贫困地区发展特色产业促进精准脱贫指导意见》	对贫困地区发展特色产业做出全面部署：科学确定特色产业，促进一二三产业融合发展，发挥新型经营主体带动作用，完善利益联结机制，增强产业支撑保障能力，加大产业扶贫投入力度，创新金融扶持机制，加大保险支持力度。
2016 年 11 月	《"十三五"脱贫攻坚规划》	明确"十三五"期间的重点任务：要发展产业脱贫，每个贫困县建成一批脱贫带动能力强的特色产业，每个贫困乡、村形成特色拳头产品，贫困人口劳动技能得到提升，贫困户经营性、财产性收入稳定增加。
2018 年 8 月	《关于打赢脱贫攻坚战三年行动的指导意见》	在剩余 3 年时间内要加大产业扶贫力度，完成脱贫目标。

学者们对产业扶贫概念和内涵的认识较为一致，认为产业扶贫是一种坚持市场主导、政府引导，以促进贫困人口增收和贫困地区发展为目标，立足贫困地区资源禀赋、贫困状况，科学规划、选择、培育扶贫产业，建立相应的收益分配机制，并以产业扶贫支持政策作为支撑的一种扶贫方式。本文认为脱贫攻坚战略中的产业扶贫是以市场为导向，立足贫困地区资源优势，合理布局扶贫产业，发挥农民合作组织、龙头企业等市场主体的带动作用，健全产业到户到人的精准扶持机制，实现贫困地区建成特色产业、贫困农户增加收入、提升能力的扶贫方式。

产业扶贫政策目标可分为不同层级：到 2020 年，贫困县要建成一批贫困人口参与度高的特色产业基地，一批对贫困户脱贫带动能力强的特色农产品加工、服务基地，初步形成特色产业体系；贫困乡镇（村）的特色产业要突出，特色产业增加值要显著提升；贫困户家庭收入因产业发展稳定增加，自我发展能力明显增强。政策内容主要包括发展种养殖、传统手工业等特色产业；积极发展特色产品加工，加快一二三产业融合发展，发挥农业产业的多功能性，拓宽贫困户的增收渠道；发挥新型经营主体带动作用，完善利益联结机制，向贫困户提供全产业链服务；加大农林技术推广和培训力度，提升贫困户的劳动技能。政策目标对象具有瞄准性，为贫困地区和贫困农户。产业扶贫具有差异性、层级性、关联性等多重属性，与一般的产业发展相比，产业扶贫更强调发展贫困人口参与度高、对贫困户带动能力强的产业，让贫困户家庭从产业发展中获得收益。

（二）乡村振兴战略中的产业兴旺

2017年10月，习近平总书记在党的十九大报告中提出要实施乡村振兴战略，明确按照"产业兴旺、生态宜居、乡风文明、治理有效、生活富裕"的总要求，推进农业农村现代化。产业兴旺在总要求中位于首位，是乡村振兴战略实施的"牛鼻子"。2018年1月，中共中央、国务院颁发《关于实施乡村振兴战略的意见》，明确产业兴旺是乡村振兴战略实施的重点，要提升农业发展质量，培育乡村发展新动能。2018年9月，中共中央、国务院颁发《乡村振兴战略规划（2018—2022年）》，制定了产业兴旺阶段性工作任务，细化政策措施，为各地区各部门分类有序推进产业兴旺提供重要依据。2019年1月，中共中央、国务院颁发《坚持农业农村优先发展做好"三农"工作的若干意见》，提出要发展壮大乡村产业，拓宽农民增收渠道，以保证全面建成小康社会的目标如期实现。2019年6月，国务院颁发《关于促进乡村产业振兴的指导意见》，明确产业兴旺是乡村振兴的重要基础，是解决农村一切问题的前提，对促进乡村产业振兴做出全面部署。可见，国家对产业兴旺的政策支持是一贯的、持续的，足见产业兴旺在乡村振兴战略中的地位和作用。

表2　乡村振兴战略中的产业兴旺主要政策梳理

时间	政策文件	乡村兴旺内容要点
2018年1月	《关于实施乡村振兴战略的意见》	明确总要求：提升农业发展质量，培育乡村发展新动能。
2018年9月	《乡村振兴战略规划（2018—2022年）》	明确阶段性重点任务：第一，加快农业现代化步伐：夯实农业生产能力基础，加快农业转型升级，建立现代农业经营体系，强化农业科技支撑，完善农业支持保护制度。第二，发展壮大乡村产业：推动农村产业深度融合，完善紧密型利益联结机制，激发农村创新创业活力。
2019年1月	《坚持农业农村优先发展做好"三农"工作的若干意见》	明确在全面建成小康社会的决胜期的工作任务：发展壮大乡村产业，拓宽农民增收渠道。
2019年6月	《关于促进乡村产业振兴的指导意见》	做出全面部署：培育壮大乡村产业、优化乡村产业空间结构、增强乡村产业聚合力、增强乡村产业持续增长力、增强乡村产业发展新动能、优化乡村产业发展环境。

了解产业兴旺的内涵是研究产业兴旺的基础。习近平总书记指出，产业兴旺是解决农村一切问题的前提。李克强总理强调，要深入实施"互联网＋农业"，支持返乡入乡创业创新，推动一二三产业融合发展。产业兴旺不能仅局限于第一产业农业的发展，而应着眼于"接二连三"、一二三产融合、功能多样、质量取

胜的现代农业产业的兴旺与发展。要瞄准城乡居民消费需求的新变化，以休闲农业、乡村旅游、农村电商、现代食品产业等新产业为引领，着力构建现代农业三大体系，推动农业向二三产业延伸，使农村产业体系全面振兴。乡村产业兴旺，不应理解为追求乡村产业经济的快速增长和对国民经济增长贡献的提升，而是乡村多元经济相互渗透、融合、发展的一种状态，是在农业综合生产能力达到高水平稳定状态后，对农业质量提升、效益提高和农村产业链条延伸的必然要求。

产业兴旺政策目标可分为近期和远期两个目标，其中近期目标为产业兴旺的制度框架和政策体系初步健全，现代农业体系初步构建，农村一二三产业融合发展格局初步形成；远期目标为农业结构得到根本性改善，农业现代化全面实现。政策内容主要侧重突出优势特色、科学合理布局、促进产业融合发展、推进质量兴农绿色兴农、推动创新创业升级。政策目标对象为广大农村地区和农村群体，即通过发展产业带动农村经济发展，促使农民增收，实现农业强、农民富的目标。产业兴旺具有投入产出较高、产品质量优良、产业特色高效、绿色生态安全、三产融合发展、要素配置合理、经济效益显著和支撑体系有力的特征。与产业扶贫相比，产业兴旺更强调乡村发展的整体性，相关的支持政策更加重视普惠性，政策效果也更重视效率性。

（三）产业扶贫与产业兴旺的内在关系

脱贫攻坚与乡村振兴存在耦合和交叉，产业扶贫与产业兴旺分别作为两大战略的重要举措，也具有内在一致性。产业扶贫旨在通过发展产业，帮助贫困地区和贫困群体实现脱贫目标；产业兴旺旨在通过发展产业，帮助全国乡村地区和乡村居民实现共同富裕目标；对于贫困地区和贫困群体而言，产业扶贫是近期目标，产业兴旺是远期图景，两者在方向上和本质上是协同一致的。

产业扶贫为产业兴旺奠定基础。第一，产业扶贫促进了贫困地区特色产业的发展。发展特色产业是贫困地区提高自我发展能力的重要举措，国家为此提供了一系列的政策支持，为贫困地区产业发展创造良好的机遇和环境。在政策的驱使下，贫困地区纷纷开发当地优势资源，遴选主导特色产业，创新产业发展模式，培养一批能带动贫困农户增收的特色主导产业，推动了当地的产业发展。第二，产业扶贫促进了新型农业经营主体的发展。新型农业经营主体在国家政策的支持下，利用市场机会不断发展壮大自己。近年来，贫困地区的新型农业经营主体发展数量不断增加，经营实力不断增强，带动模式不断创新，带动效果越发明显，已成为推动当地产业发展的主要力量。第三，产业扶贫提高了贫困户的收入水平。产业扶贫对贫困户的收入具有显著正向影响，使贫困户参与农业种植、畜禽养殖生计活动的比例分别提高了12%和14%，显著增加了贫困户的农业种植收入、畜禽养殖收入和家庭总收入。

产业兴旺可巩固和提升产业扶贫质量。第一，产业兴旺可防止脱贫人口返贫，巩固产业扶贫脱贫成果。2020年是脱贫攻坚的收官之年，如何防止脱贫人口返贫、巩固脱贫成果已成为亟待解决的重要问题。产业扶贫承担着3000万以上贫困人口的脱贫任务，因贫困地区产业发展基础薄弱、产业结构单一、利益联结机制不完善等原因，已脱贫人口仍然面临较大返贫风险。产业兴旺为贫困地区产业发展提供了大量配置型资源和政策支持，为贫困地区巩固脱贫成果提供可能性。第二，产业兴旺推进产业扶贫的优化升级，提升产业发展质量。产业兴旺作为产业扶贫的升级版，要顺势而为在巩固脱贫攻坚的基础上进一步把农村产业做好做强。通过发展现代农业推进一二三产业融合发展，拓展农业产业链实现产业的优化升级，发挥新型农业经营主体的带动作用等措施，推动农业高质量发展，拓宽农户增收渠道，提升其可持续的发展能力，建立稳定脱贫的长效机制。

产业扶贫与产业兴旺也存在一定的差异性。在政策目标上，产业扶贫旨在通过产业发展帮助贫困县在2020年顺利摘帽，贫困户在2020年如期脱贫；产业兴旺的目标可分为三个阶段：到2020年，制度框架和政策体系基本形成；到2035年，产业兴旺取得决定性进展，农业农村现代化基本实现；到2050年，乡村全面振兴，农业强、农民富全面实现。可见，两者一个是短期目标，一个是长期目标。在政策内容上，产业扶贫侧重特色产业发展，主要解决当前贫困地区与贫困户的产业发展问题，提高贫困户的收入；产业兴旺侧重高质量、高品质发展，重点解决乡村地区和乡村人口持续发展产业问题，提高全体农民的收入。产业扶贫更关注产业发展的当前效果和利益机制，产业兴旺则更关注产业的长期高质量发展。在政策对象上，产业扶贫主要瞄准的是贫困地区和贫困人口，产业兴旺不仅仅瞄准产业扶贫过程中的贫困地区和贫困人口，而是全部乡村地区和乡村人口，一个是特定群体，一个是乡村整体，两者之间有重合但不完全一致。在政策实施方面，产业扶贫要求精准识别扶贫对象，了解其致贫原因，对其精准帮扶、点上着力、靶向治疗；产业兴旺不再具有特惠型而更加倾向普惠性，侧重整体施策、科学规划，全面发力。在政策时效上，产业扶贫脱贫效果及脱贫时间要求迫切；而产业兴旺是一项长期的历史任务，需要分阶段有序推进，稳扎稳打。

表 3　产业兴旺和产业扶贫的政策差异

类别	脱贫攻坚中的产业扶贫	乡村振兴中的产业兴旺	差异
政策目标	确保扶贫对象 2020 年能如期实现脱贫。	确保 2020 年制度框架和政策体系基本形成；2035 年基本实现农业农村现代化；2050 年全面实现农业强、农民富。	一个是短期目标，一个是长期目标。
政策内容	侧重特色产业发展，主要解决当前贫困地区、贫困户产业发展问题和贫困户增收问题。	侧重高质量、高品质发展，重点解决乡村地区和乡村人口持续发展产业问题，提高全体农民的收入。	一个关注当前增收效果和利益机制，一个关注长期高质量发展。
政策对象	瞄准贫困地区和贫困人口。	面向整个乡村地区和乡村人口。	一个是特定群体，一个是乡村整体。
政策实施	侧重精准帮扶、点上着力、靶向治疗。	侧重整体施策、科学规划、全面发力。	一个是精准帮扶，一个是整体施策。
政策时效	脱贫效果及脱贫时间要求迫切。	是一项长期的历史任务，需要分阶段实施，稳扎稳打。	一个要求紧迫，一个稳扎稳打。

三、产业扶贫与产业兴旺有机衔接面临的困境

产业扶贫实施以来，全国各地不断探索，形成一些较好的发展模式和思路，可在产业兴旺中进行推广和借鉴，为乡村产业全面振兴奠定基础。但产业扶贫还存在着扶贫项目短期化、同质化现象严重、产业多以种养殖业为主，且产业链条短、部分新型经营主体发育不足等问题，不利于产业持续发展和产业兴旺目标的实现，导致产业扶贫与产业兴旺衔接中存在一定的困难。

（一）部分产业扶贫项目短期化、同质化现象严重，不能满足乡村产业持续性、多元化发展的目标

在脱贫攻坚任务的约束下，贫困地区政府更倾向于选择短平快的产业扶贫项目，而对相关的市场评估、产业遴选、合理布局、差异化与可持续发展等方面则难以顾及。课题组调研中发现各地多选择食用菌、蔬菜、水果等项目来发展，规模一般比较小。这些项目扶贫效果确实能立竿见影，但忽视市场评估，缺乏足够的预判，等周边资源禀赋相似地区采取同样项目发展之后，就会出现无序竞争，导致特色产业再无特色，产品销路困难，甚至出现滞销现象，贫困户持续脱贫受到影响。产业兴旺是一项长期的历史任务，规模过小和短平快的产业项目不能实现产业的可持续发展，将逐渐被淘汰。另外，贫困地区产业项目的同质化也较为严重，考察不同地区贫困县的扶贫产业目录发现，各地重点支持的产业项目极其相似，大多集中在水果、蔬菜、食用菌、茶叶、药材等门类。在市场需求短期内相对稳定的情况下，大量增加这些特色农产品供给，极易产生供过于求现象，导

致产品降价销售甚至出现滞销现象。这将浪费国家的扶贫资源，冲击贫困地区产业发展，损害贫困户生产的积极性。产业兴旺要充分利用乡村资源，走差异化发展之路，满足人们日益增长的多元化需求，同时要降低自然风险和市场风险，因此，扶贫产业同质化将不利于乡村产业的多元化发展。

（二）现有产业扶贫项目多以种养殖业为主，且产业链条较短，不能满足产业兴旺一二三产业融合的目标

脱贫攻坚过程中，各地培育了大批能够带动贫困人口增收的产业，但受贫困人口人力资本禀赋的影响，主要为技术含量较低的种养殖业。课题组 2018 年对甘肃、四川和贵州的产业扶贫项目调研发现，54.09% 的项目为种植业，44.58% 的项目为养殖业，两者高达 98.67%。扶贫产业过度依靠传统的种养殖业，导致其发展会面临较大的自然风险和市场风险，而且收益也仅仅是本行业内的种养殖初级产品收益，增收能力十分有限。产业兴旺过程中不能只是简单地发展农业，需要发挥农业的多功能性，发展农业观光、乡村旅游等不同层次的产业，形成全产业化体系建设。其次，扶贫产业链条较短，多关注生产环节，加工和销售等环节常被忽视。调研中发现，产业项目多数生产初级产品，产品附加值较低；较少产品拥有商标和品牌，市场竞争力不足；销售渠道不稳定，多为政府或帮扶单位帮助销售，这些将影响贫困地区产业的健康持续发展，同时也影响对贫困户的带动效果。产业兴旺要将农业生产、农产品加工、观光休闲和销售等环节联合起来，实现农业的增值增效，使一二三产业的融合发展，因此，目前很多产业扶贫不符合乡村产业融合发展的理念，未来要延长产业链，提高产品的附加值。

（三）部分新型经营主体发育不足，不能在产业兴旺中充分发挥带动作用

鉴于贫困户直接面对市场风险和自然风险的能力较弱，必须在产业扶贫中培育新型农业经营主体，龙头企业、农民合作社和家庭农场等逐渐成为产业扶贫的带动主体。然而部分合作社流于形式，存在管理运行不规范，财务制度不健全，议事制度和社员管理制度缺失，生产经营管理粗放，盈利能力弱等问题，以至于带动能力不强。龙头企业因激励政策较少，难以在经济利润和社会责任间平衡，多局限在农业产业园区和示范园区里，辐射带动范围有限。在带动模式方面，部分新型经营主体多采用入股分红方式来带动贫困户，提高了贫困户的财产性收入，但贫困户自身却没有参与到产业经营活动中。这种方式违背了产业扶贫"造血式"的初衷，不能真正提高贫困户的脱贫致富能力。在利益衔接机制上，部分新兴经营主体带贫意识不高，与贫困户共担风险的意愿不强，利益联结机制较为

松散；新兴经营主体与贫困户签订的契约稳定性不强、约束力不足，而且缺乏利益保障机制建设。以上问题导致新型经营主体不能在产业兴旺过程中充分发挥作用，要加大新型经营主体的培育力度，完善利益联结机制。

（四）现有产业扶贫项目多为政府推动，不符合产业兴旺"市场主导、政府引导"的定位

产业扶贫要以市场为导向，通过发展产业来实现扶贫的目的。这意味着产业扶贫不仅要遵循市场逻辑，追求产业发展带来的经济利益，还承担着带动贫困地区经济发展和贫困群体脱贫的社会责任，即产业扶贫兼顾着经济利益和社会责任双重目的。因脱贫攻坚的时间紧、任务重，各地的产业扶贫多由政府主导或推动，更多的是一种政府行为，未充分发挥市场的主导作用。这导致了产业扶贫在实施过程中容易出现同质化竞争局面，引起产品出现滞销现象，贫困户的利益则无法得到保障。其次，产业扶贫资金多以贴息、补助、奖励等形式发放，不能重复循环利用，使用效率较低。再次，政府主导的产业扶贫多关注项目建设的投入，对后期管理、技术、维护等方面的投入较少，导致部分产业项目可持续性较差，运行很短时间就被荒废。调研中发现，部分产业扶贫项目过度依赖政府，一旦失去政府支持，将无法运行下去。产业兴旺需要处理好政府和市场两者之间的关系，坚持市场在产业发展中的主导地位，发挥政府的引导服务功能，从而培育出适应市场变化和人民需求的乡村产业。

四、产业扶贫与产业兴旺有机衔接的实现路径

乡村振兴是分阶段实施的长期历史任务，在短期要着眼于脱贫攻坚政策措施的延续，巩固脱贫成果，在一些深度贫困地区，梯度跟进仍然是主要任务。当前，应该继续实施产业扶贫政策，主攻产业扶贫遗留下来的问题，重点探索可持续的产业扶贫模式，在不折不扣地完成脱贫攻坚任务的前提下，逐步实现农村产业普惠与特惠相结合的、商业企业模式与社会企业模式并存的产业格局，最终实现产业兴旺与农民的共同富裕。

（一）优化顶层设计，做好产业规划，在产业布局上做好衔接

首先，要优化顶层设计，坚持立足当前与谋划长远相协调的原则，做好产业发展的全局规划，增强产业项目的可持续性。产业兴旺是持久战，要持之以恒，切忌短平快，这就需要贫困地区要有前瞻性、科学性的规划，依据当地的资源禀赋、政策环境、市场条件等，合理选择产业发展项目，不仅要考虑到当前贫困群

体的增收，更要考虑到产业长远的持续发展。没有产业的可持续发展，脱贫户的增收就不可能稳定。其次，要坚持多样化发展原则，认真选择产业目录，发挥当地的比较优势，合理规划产业布局。贫困地区要依据自己的资源优势，找准适合当地发展的"特色"主导产业，发挥比较优势，不盲目跟风，形成一村一品、一乡多业，走专业化和品牌化的道路。在产业扶贫中发展起来的小规模经营主体要在乡村振兴中通过合作社和协会等方式逐步走向联合，提高产业的整体效率和市场的把握能力。要遵守做精做强的原则，注重提升特色产品质量，利用贫困地区生态资源丰富、无污染或污染少的特点，打造绿色、有机农产品品牌，让每个特色产业向优质发展，具有不可替代性。

（二）拓展产业链，提升价值链，在产业融合上做好衔接

首先，要拓展扶贫产业链的广度，实现本产业与相邻产业的融合发展。为满足人们日益增长的产品需要，同时降低自然风险和市场风险，扶贫产业在小范围内（如村级）专业化在县域范围内要多元化发展。贫困地区要充分利用当地的自然资源、社会资源、文化资源等，除发展传统的种养殖业外，还要发展特色加工、生态和休闲旅游、电子商务等新产业新业态，实现扶贫产业链横向融合发展。其次，要拓宽扶贫产业链的深度，就是要完善扶贫产业的纵向产业链。为改变目前扶贫产业链条较短、多数只涉及产前和产中环节的状况，需要完善扶贫产业的上下游分工协作，推动扶贫产业向上下游延伸拓展。这就需要发展农产品深加工，增加产品附加值，有效规避市场波动风险；提升产品品质，打造特色产品品牌，增加产品的市场影响力和竞争力；发展电子商务，拓宽产品的销售渠道等，促进扶贫产业一体化运作，提高扶贫产业纵向融合发展水平。

（三）提升新型经营主体发展能力，完善带动机制，在带动主体上做好衔接

在脱贫攻坚与乡村振兴交汇期和过渡期，需要重点考虑产业扶贫的利益联结机制如何完善和扩展。2020年后中国将从消除绝对贫困转向缓解相对贫困，提高低收入人口的收入水平，缩小收入差别将是农村发展和扶贫的重点目标。因此，需要考虑对低收入人口的带动能力和方式。首先，要开展规范提升行动，增加新型经营主体的带动能力。一方面对"空壳社"、运营不规范的合作社等进行整顿。引导合作社在设立登记、建章立制、股权量化、利益分配、信息公开、民主管理等方面开展规范化建设，提高合作社规范化运营水平和盈利能力。另一方面，完善贫困地区龙头企业的激励机制，提高龙头企业参与产业扶贫的动力，扩大其对贫困地区的辐射带动范围。其次要完善新型经营主体的带动方式，提高低收入户

自我发展能力。除资产收益带动外，新型经营主体要多发展直接生产带动、就业创收带动、混合带动等模式，让低收入户更多地参与到相应的经营活动中，增加其脱贫致富的积极性，提高其可持续发展能力。再次，积极探索多种合作模式，完善利益联结机制。鼓励新型经营主体与低收入户建立契约型、分红型、股权型等合作方式，引导低收入户积极参与产业发展，进入产业链，获得稳定持续增收。

（四）处理好政府和市场的关系，在产业发展体制机制上做好衔接

首先，要发挥市场在产业发展中的主导作用。在产业选择方面，地方政府不能按照计划经济的思维进行干预，可以通过负面清单的方式加以调控，让经营主体依照市场需求进行决策选择。在产品供给方面，地方政府不能为实现脱贫目标，盲目地扩大生产规模，要充分发挥行业组织的作用，实行统一规划，创造"有效供给"。在要素供给方面，让资金、劳动力、技术等要素依据市场价格自由进入产业发展中，提高要素资源的利用效率。其次，要发挥政府在产业发展中的引导作用。政府要及时转变职能，逐步减少在产业发展中的直接推动力量，承担好作为市场监管主体的责任，履行好服务的职能。一方面，加大农产品生产过程中投入、产出、服务环节的监督管理力度，提高常态化监管与维护水平，创造公平公正透明的市场竞争环境。另一方面，政府要大力完善乡村水利、电力、道路、信息、通信等基础设施，为产业发展创造良好的基础。此外，政府要在信贷、保险等方面创新金融产品，为乡村产业发展提供有效的金融扶持。

参考文献

［1］新华社. 中共中央国务院关于打赢脱贫攻坚战三年行动的指导意见. http://www.gov.cn/zhengce/2018-08-19/content_5314959.htm.

［2］庄天慧，孙锦杨，杨浩. 精准脱贫与乡村振兴的内在逻辑及有机衔接路径研究. 西南民族大学学报（人文社科版），2018（12）.

［3］豆书龙，叶敬忠. 乡村振兴与脱贫攻坚的有机衔接及其机制构建. 改革，2019（1）.

［4］左停，刘文婧，李博. 梯度推进与优化升级：脱贫攻坚与乡村振兴有效衔接研究. 华中农业大学学报（社会科学版），2019（5）.

［5］张琦. 稳步推进脱贫攻坚与乡村振兴有效衔接. 人民论坛，2019（S1）.

［6］徐晓军，张楠楠. 乡村振兴与脱贫攻坚的对接：逻辑转换与实践路径. 湖北民族学院学报（哲学社会科学版），2019（6）.

［7］汪三贵，冯紫曦. 脱贫攻坚与乡村振兴有机衔接：逻辑关系、内涵与重点内容. 南京农业大学学报（社会科学版），2019（5）.

［8］边慧敏，张玮，徐雷. 连片特困地区脱贫攻坚与乡村振兴协同发展研究. 农村经济，2019（4）.

［9］刘焕，秦鹏. 脱贫攻坚与乡村振兴的有机衔接：逻辑、现状和对策. 中国行政管理，2020（1）.

［10］刘建生，陈鑫，曹佳慧. 产业精准扶贫作用机制研究. 中国人口·资源与环境，2017（6）.

［11］王春萍，郑烨. 21 世纪以来中国产业扶贫研究脉络与主题谱系. 中国人口·资源与环境，2017（6）.

［12］黄承伟，邹英，刘杰. 产业精准扶贫：实践困境和深化路径——兼论产业精准扶贫的印江经验. 贵州社会科学，2017（9）.

［13］胡伟斌，黄祖辉，朋文欢. 产业精准扶贫的作用机理、现实困境及破解路径. 江淮论坛，2018（5）.

［14］李冬慧，乔陆印. 从产业扶贫到产业兴旺：贫困地区产业发展困境与创新趋向. 求实，2019（6）.

［15］吕开宇，施海波，李芸，张姝. 新中国 70 年产业扶贫政策：演变路径、经验教训及前景展望. 农业经济问题，2020（2）.

［16］黄祖辉. 产业兴旺必须解决市场问题，创造有效供给. 农村工作通讯，2018（19）.

［17］叶兴庆. 新时代中国乡村振兴战略论纲. 改革，2018（1）.

［18］朱启臻. 关于乡村产业兴旺问题的探讨. 行政管理改革，2018（8）.

［19］任常青. 产业兴旺的基础、制约与制度性供给研究. 学术界，2018（7）.

［20］高帆. 乡村振兴战略中的产业兴旺：提出逻辑与政策选择. 南京社会科学，2019（2）.

［21］吴海峰. 乡村产业兴旺的基本特征与实现路径研究. 中州学刊，2018（12）.

［22］巫林洁，刘滨，唐云平. 产业扶贫对贫困户收入的影响——基于江西省 1047 户数据. 调研世界，2019（10）.

［23］宁静，殷浩栋，汪三贵，刘明月. 产业扶贫对农户收入的影响机制及效果——基于乌蒙山和六盘山片区产业扶贫试点项目的准实验研究. 中南财经政法大学学报，2019（4）.

［24］胡晗，司亚飞，王立剑. 产业扶贫政策对贫困户生计策略和收入的影响——来自陕西省的经验证据. 中国农村经济，2018（1）.

［25］刘卫柏，于晓媛，袁鹏举. 产业扶贫对民族地区贫困农户生计策略和收入水平的影响. 经济地理，2019（11）.

［26］刘明月，陈菲菲，汪三贵，仇焕广. 产业扶贫基金的运行机制与效果. 中国软科学，2019（7）.

［27］李爱国. 基于市场效率与社会效益均衡的精准扶贫模式优化研究. 贵州社会科学，2017（9）.

［28］袁树卓，刘沐洋，彭徽. 乡村产业振兴及其对产业扶贫的发展启示. 当代经济管理，2019（1）.

[29] 李博，左停. 精准扶贫视角下农村产业化扶贫政策执行逻辑的探讨——以 Y 村大棚蔬菜产业扶贫为例. 西南大学学报（社会科学版），2016（4）.

（本文与刘明月合著，原载《西北师大学报（社会科学版）》2020 年第 4 期）

脱贫攻坚与乡村振兴有机衔接：
逻辑关系、内涵与重点

实施乡村振兴战略，是党的十九大作出的重大战略决策，是中国特色社会主义新时代"三农"工作的总抓手。打赢脱贫攻坚战，是党的十九大明确的决胜全面建成小康社会必须打好的三大攻坚战之一，对如期全面建成小康社会、实现第一个百年奋斗目标具有决定性意义。打赢脱贫攻坚战与实施乡村振兴战略，是新时代补齐全面建成小康社会短板，化解发展不平衡不充分突出问题的重要途径，是 2020 年决胜全面建成小康社会的重要决策部署。当前正处于脱贫攻坚的克难期与决胜期、乡村振兴战略的启动期、脱贫攻坚与乡村振兴的交汇期，探讨如何实现脱贫攻坚与乡村振兴的有机衔接，推动脱贫攻坚与乡村振兴有机结合相互促进，对决胜全面建成小康社会、抓住乡村振兴发展机遇意义重大。

一、脱贫攻坚成效与经验

党的十八大以来，中国取得了显著的脱贫成效。一是农村贫困人口持续减少，减贫速度不断加快。按照现行国家农村扶贫标准，农村贫困人口从 2012 年末的 9899 万减少至 2018 年末的 1660 万人，累计减贫 8239 万人，连续六年年度减贫规模超过 1000 万人，年均减贫率[①] 达到 13.9%；贫困发生率从 2012 年末的 10.2% 下降至 2018 年末的 1.7%，共减少 8.5 个百分点；贫困人口减贫率逐年增加，减贫速度[②] 从 2013 年的 16.7% 提高至 2018 年的 45.5%。二是贫困县脱贫摘帽有序推进，脱贫摘帽县比例明显增加。2016 年 9 个省（市）的 28 个贫困县申请脱贫摘帽，并于 2017 年通过国家专项评估检查，由省级政府正式批准退出。这是

---

① 年均减贫率＝年均减贫人口数 / 该阶段初始贫困人口数 × 100%。
② 减贫速度＝当年减贫人口数 / 年初贫困人口数 × 100%。

中国扶贫历史上首次实现贫困县数量净减少，脱贫摘帽县比例①为 3.4%。2017 年
20 个省（市）的 125 个贫困县提出退出申请，国家专项评估检查结果显示 125 个
贫困县均符合贫困县退出标准，全国脱贫摘帽贫困县数量增加至 153 个，摘帽比
例为 18.4%。2018 年，全国 832 个贫困县中，累计已（申请）脱贫摘帽县数量达
436 个，摘帽比例达 52.4%。三是贫困地区农村居民收入快速增长。2018 年贫困
地区农村居民人均可支配收入为 10371 元，是 2012 年的 1.99 倍，相当于全国农
村平均水平的 71.0%，扣除价格因素，年均实际增长 10.0%。其中，集中连片特困
地区 2018 年农村居民人均可支配收入为 10260 元，扶贫开发工作重点县 2018 年
农村居民人均可支配收入为 10284 元，扣除价格因素，二者的实际收入水平分别
达到 2012 年的 1.77 倍和 1.81 倍。四是贫困地区生活质量全面提高，基础设施和
公共服务明显改善。依据国家统计局公布的信息，2018 年贫困地区居住在钢筋混
凝土房或砖混材料房的农户比重为 67.4%，比 2012 年提高 28.2 百分点；使用卫生
厕所的农户比重为 46.1%，比 2012 年提高 20.4 百分点；饮水无困难的农户比重达
93.6%；每百户拥有电冰箱、洗衣机、彩色电视机等传统耐用消费品分别为 87.1
台、86.9 台和 106.6 台；每百户拥有汽车、计算机等现代耐用消费品分别为 19.9
辆、17.1 台；贫困地区 82.6% 的自然村村内主干道经过硬化处理，81.9% 的自然
村通宽带，54.7% 的自然村通客运班车，87.1% 的农户所在自然村上幼儿园便利，
89.8% 的农户所在自然村上小学便利，93.2% 的农户所在自然村有卫生站。

脱贫攻坚成效斐然，与党和政府在体制机制、政策落实、成效认定等方面
进行的一系列的理论创新和实践密不可分。体制机制方面，党和政府充分利用社
会主义制度集中力量办大事的重大优势，建立了脱贫攻坚责任制。2016 年 10 月
17 日，国务院办公厅印发了《脱贫攻坚责任制实施办法》，按照"中央统筹、省
负总责、市县抓落实"的工作机制，构建了责任清晰、各负其责、合力攻坚的责
任体系，解决了精准扶贫"谁来扶"的问题。中央要求，党政一把手是脱贫攻坚
第一责任人，省、市、县、乡、村要层层落实脱贫攻坚责任，五级书记一起抓扶
贫，向贫困村派驻驻村干部和第一书记，加强村级基层组织建设，建立了不脱贫
不调整、不摘帽不调离的干部管理制度。习近平总书记在解决"两不愁三保障"
突出问题座谈会上指出，"全国累计选派 300 多万县级以上机关、国有企事业单
位干部参加驻村帮扶，目前在岗的第一书记 20.6 万人、驻村干部 70 万人，加上

---

①脱贫摘帽县比例＝累计脱贫摘帽县个数 / 全国贫困县数量 × 100%，全国贫困县数量按照 832 个计算。

197.4万乡镇扶贫干部和数百万村干部，一线扶贫力量明显加强。"

扶贫政策方面，因地因人制宜，实施精准帮扶。为解决好"怎么扶"的问题，中央提出实施"五个一批"工程。针对有劳动能力贫困户的收入问题，通过发展特色产业扶贫、就业扶贫和金融扶贫等政策措施，发展生产脱贫一批；针对"一方水土养不活一方人"问题，制定"十三五"易地扶贫搬迁规划，对地理位置偏远、地质灾害频发、生态脆弱区的贫困人口，实施易地扶贫搬迁，预计搬迁1000万贫困人口；针对生态环境脆弱地区的贫困人口，建立生态补偿脱贫机制；针对因贫辍学的贫困人口，实施教育扶贫政策；针对无劳动能力的贫困家庭，落实综合性社会保障兜底政策。除此以外，实施危房改造政策，为无房和危房贫困户解决住房安全问题，落实基本医疗保障政策，对患大病和长期慢性病的贫困家庭，大病集中救治一批、慢病签约服务管理一批、重病兜底保障一批。2018年底，我国6岁及以上人口平均受教育年限提高到9.26年，粗文盲率降低至4.9%，重大疾病防治成效显著，人均预期寿命达到了77岁，易地扶贫搬迁工作颇具成效，累计搬迁870万贫困人口，各项扶贫工作有条不紊，扎实推进。

成效认定方面，构建科学的脱贫攻坚成效考核评估机制，确保脱贫成效经得起检验。2013年12月，中共中央办公厅、国务院办公厅印发了《关于创新机制扎实推进农村扶贫开发工作的意见》，贫困县考核机制作为扶贫开发"六大工作机制"之一，统领精准扶贫工作机制、干部驻村帮扶机制、财政专项扶贫资金管理机制、金融服务机制和社会参与机制，是五大机制的有力抓手。为了强化脱贫攻坚成效，中央进一步完善贫困县考核机制，对贫困县实施严格的考核评估。其中，对脱贫攻坚成效和贫困县摘帽退出的第三方评估考核是我国扶贫历史上的重大创新，通过聘请独立、客观、公正的第三方评估团队对脱贫攻坚工作进行科学的评估。评估团队往往以长期从事扶贫领域研究的高校和科研机构的专家和研究人员为核心，以具有一定扶贫政策知识储备的研究生为调查骨干，以建档立卡贫困户收入达标情况、"两不愁三保障"实现情况以及脱贫攻坚政策落实情况为评估重点，以发现和解决问题为导向开展脱贫攻坚考核评估。脱贫攻坚第三方评估以明确、统一的考核标准，公正、客观、公平的考核作风，实事求是的考核态度，确保考核结果真实、可靠，获得了党中央和广大基层干部的认可。

党的十八大以来，为确保打赢脱贫攻坚战，如期实现全面建成小康社会，在体制机制、政策落实、成效认定等方面均取得了重大突破，为下一步实施乡村振兴战略提供了良好的借鉴。

二、脱贫攻坚与乡村振兴有机衔接的逻辑关系与内涵

当前正处于脱贫攻坚与乡村振兴的交汇期和衔接期，要深刻理解脱贫攻坚与乡村振兴有机衔接的逻辑关系和内涵。脱贫攻坚与乡村振兴战略的逻辑关系如表1所示。脱贫攻坚以消除绝对贫困为目的，坚持精准扶贫精准脱贫，重点是稳定实现贫困人口"两不愁三保障"，目标是到2020年，确保我国现行标准下农村贫困人口实现脱贫，贫困县全部摘帽，解决区域性整体贫困，为实现全面建成小康社会提供保障。乡村振兴以脱贫攻坚成果为基础，进一步丰富、深化"三农"工作重点，以实现农业农村现代化为总目标，以坚持农业农村优先发展为总方针，以实现"产业兴旺、生态宜居、乡风文明、治理有效、生活富裕"为总要求，在消除绝对贫困的前提下，化解我国现阶段发展不平衡不充分的主要矛盾，巩固脱贫攻坚成果，缓解发展过程中必然出现的相对贫困问题，到2050年，实现乡村全面振兴和社会主义现代化。脱贫攻坚是实施乡村振兴的重要基础，不解决人的基本需求和绝对贫困问题，乡村振兴就不可能实现，"三农"问题就不会得到根本解决。乡村振兴是稳定脱贫攻坚成果的有效保障，使已经摆脱绝对贫困的人口不返贫，在此基础上实现城乡融合发展、人民的共同富裕。可以说，脱贫攻坚与乡村振兴是实现中国农业与农村现代化、农民生活富裕必须完成的两大重大战略任务，具有很强的内在联系和承接关系。脱贫攻坚与乡村振兴需要有效衔接，才能提高各类资源的使用效率，减少不必要的浪费，确保各项目标有序实现。因此，需要清醒地认识到脱贫攻坚与乡村振兴有机衔接的内涵。

表1 脱贫攻坚与乡村振兴战略的对比

	脱贫攻坚、精准扶贫	乡村振兴
时间	2013—2020年	2018—2050年
目标	到2020年，稳定实现农村贫困人口不愁吃、不愁穿，义务教育、基本医疗和住房安全有保障。实现贫困地区农民人均可支配收入增长幅度高于全国平均水平，基本公共服务主要领域指标接近全国平均水平。确保我国现行标准下农村贫困人口实现脱贫，贫困县全部摘帽，解决区域性整体贫困。	实现农业农村现代化。到2020年，乡村振兴取得重要进展，制度框架和政策体系基本形成。到2035年，乡村振兴取得决定性进展，农业农村现代化基本实现。到2050年，乡村全面振兴，农业强、农村美、农民富全面实现。
重点/总要求	贫困人口稳定实现"两不愁三保障"和稳定增收	产业兴旺、生态宜居、乡风文明、治理有效、生活富裕
对象	建档立卡贫困人口与贫困地区	全部的农村人口和农村区域
贫困瞄准	绝对贫困	相对贫困

信息来源：作者依据《中共中央国务院关于打赢脱贫攻坚战的决定》和《中共中央国务院关于实施乡村振兴战略的意见》，整理所得。

第一，需要确保打赢脱贫攻坚战，如期实现全面建成小康社会。习近平总书记强调，打赢脱贫攻坚战，是全面建成小康社会最艰巨的任务，也是实施乡村振兴战略的优先任务。随着脱贫攻坚的不断推进，在取得显著成效的同时，部分实际困难和突出问题也亟待解决。一是深度贫困问题突出，攻坚难度递增，需要在不到两年的时间内完成脱贫攻坚任务，确保深度贫困地区的贫困人口稳定实现"两不愁三保障"和稳定增收，摆脱区域性整体贫困状况。以西藏、四省藏区、南疆四地州等深度贫困地区为例，2017 年末农村贫困人口累计达 135 万人，占连片特困地区贫困人口的 8.8%，占全国农村贫困人口的 4.4%；三个片区的贫困发生率均高于 7.0%，较全国农村 3.1% 的贫困发生率，贫困程度仍然较深；2017 年，四省藏区、南疆四地州居住竹草土坯房的农户比重分别为 9.1% 和 9.0%，显著高于全部片区 4.4% 的平均水平；西藏区、四省藏区饮水无困难的农户比重分别为 81.0% 和 82.1%，明显低于全部片区 88.6% 的平均水平，深度贫困地区的"两不愁三保障"问题亟待解决。二是脱贫攻坚任务仍然艰巨。截至 2018 年底，全国农村贫困人口还有 1660 万人，贫困县 396 个①，贫困村近 3 万个，且尚未脱贫人口中，长期患病者、残疾人、孤寡老人等特殊困难群体和自身发展动力不足的贫困人口比例高，脱贫难度大，边缘群体贫困问题及贫困户返贫问题突出。三是脱贫攻坚工作作风需进一步加强。脱贫攻坚中存在的工作、责任、政策落实不到位的问题，形式主义、官僚主义问题，数字脱贫、虚假脱贫问题，以及贪占挪用扶贫资金等问题时有发生，需及时纠正和改进，以便提高脱贫攻坚的精准度和效率，为稳定脱贫打下坚实的基础。因此，结合实现 2020 年打赢脱贫攻坚战的目标和当前存在的突出问题，要分类指导，不可一刀切。深度贫困地区在 2020 年之前的任务就是不折不扣地完成脱贫攻坚任务，所有脱贫攻坚和乡村振兴的政策和投入都要围绕"两不愁三保障"的稳定解决和贫困家庭的稳定创收，以及基本的基础设施和公共服务的改善。对于已经脱贫退出的贫困县重点是构建脱贫长效机制和防范返贫机制，注重边缘人群，继续巩固和扩大脱贫成果，防范返贫风险。

第二，需要处理好短期目标和长期目标的关系。要科学把握脱贫攻坚与乡村振兴在短期和长期实现有机衔接的政策要求，紧扣短期和长期发展的目标，分别做好不同时期的政策衔接。从脱贫攻坚与乡村振兴实现的顺序上看，短期总体目标是确保打赢脱贫攻坚战，长期目标是在消除绝对贫困的基础上，实现农业和

① 全国 832 个贫困县中，436 个已（申请）脱贫摘帽，余 396 个县尚未（申请）脱贫摘帽。

农村的全面现代化，从根本上缩小城乡在生活水平和质量上的差距。需要指出的是，脱贫攻坚期内解决的是全面建成小康社会的底线问题，仍有一些问题需要长期逐步解决，如贫困户内生发展动力不足，产业发展基础薄弱，易地扶贫搬迁户后续生计和社会融入，基本公共服务均等化，建立健全稳定长效脱贫机制等问题。针对脱贫攻坚存在的各种问题，要区分好长期和短期问题，分清轻重缓急，聚焦"两不愁三保障"。针对短期性问题，要尽快解决且必须解决，针对长期性问题，要做好与乡村振兴的衔接，在乡村振兴阶段创造条件逐步解决。防止出现脱贫攻坚目标没有完成或质量不高，而过早追求乡村振兴目标的实现。脱贫攻坚与乡村振兴的衔接还需要做到脱贫攻坚的政策措施和做法不以牺牲或弱化乡村振兴目标为前提。脱贫攻坚措施要有利于为乡村振兴目标的实现打下坚实的基础。例如，不应该为了短期提高贫困人口的收入，盲目发放各类没有可持续性的补贴，从而弱化贫困人口的内生动力。

第三，需要准确把握"有机衔接"的丰富内容。脱贫攻坚与乡村振兴的有机衔接涉及体制机制、政策落实等多方面、全方位的有机衔接。乡村振兴与脱贫攻坚有机衔接既不能简单地把脱贫攻坚期内的各项政策制度扩大保障范围直接照搬照抄，也不能忽视脱贫攻坚期的各项政策的延续性，导致脱贫攻坚与乡村振兴的政策断层。脱贫攻坚的各项体制机制、政策措施是在消除绝对贫困、全面建成小康社会背景下提出的，解决的是现阶段发展中的贫困人口、贫困地区的基础性问题。乡村振兴关注的是整个"三农"问题，范围和对象明显扩大。脱贫攻坚过程中创造的各类实践经验有效的政策有一部分可以为乡村振兴直接借鉴，一部分需要调整改造后借鉴，一部分则需要退出。因此，随着乡村振兴战略的实施，需要充分考虑乡村振兴的实际需求，尊重社会发展的客观规律，逐步对政策目标群体、政策内容和体制机制等做出调整，真正实现从脱贫攻坚到乡村振兴的体制、政策的有机衔接和效果的叠加效应。

三、脱贫攻坚与乡村振兴有机衔接的重点内容

实现脱贫攻坚与乡村振兴有机衔接，要充分借鉴和利用脱贫攻坚积累的成功经验，为乡村振兴战略的起步做好准备。衔接的重点内容主要体现在产业发展、生态环境、体制机制与基层治理、公共服务与生活质量等方面（表2）。

表 2 脱贫攻坚与乡村振兴衔接的重点

乡村振兴总要求	脱贫攻坚政策及制度	未来的工作重点
产业兴旺	产业扶贫政策	继续实施好产业扶贫政策和做好产业布局规划，建立贫困人口和低收入人口产业增收的长效利益链接机制，加大鼓励新型经营主体的发展，做好脱贫攻坚积累的生产性资产的清产核资，明确所有权和收益权，防止大规模的资产流向少数人。
	就业扶贫政策	继续实施就业扶贫政策，鼓励贫困人口和低收入人口就地就近就业，推动劳务输出，加强劳动力技能培训，支持返乡创业，鼓励开办扶贫车间、扶贫微工厂，将公益岗位与村容村貌治理相结合，激发贫困户的内生动力。
生态宜居	易地扶贫搬迁政策	与新型城镇化、农业现代化相结合，为乡村振兴阶段的村庄搬迁、整合提供借鉴，为解决日后村庄搬迁过程中面临的成本控制、搬迁方式选择、土地处置、基础设施建设、公共服务发展和社区管理等问题提供模板。
	危房改造政策	与美丽乡村建设相结合，政策重点转向农村闲置危旧房拆除、污水处理、垃圾清运及农村旱厕改造等生态和环境宜居方面。
治理有效	体制机制	"中央统筹、省负总责、市县抓落实"的工作机制，省、市、县、乡、村五级书记一起抓乡村振兴，考核和第三方评估机制。
	干部驻村制度	继续实施干部驻村制度，但具体的驻村方式、驻村人员要求、驻村时间，应充分结合各地的实际情况，做出相应的调整。
生活富裕	健康扶贫政策	建立长效、可持续的医疗保障体系，要防止部分地区出现的对贫困人口过度保障和过度医疗的问题，加速全民重大疾病、慢性病救助政策的完善，重视培养乡村医疗人才和全科医生，推进县乡村医共体建设和远程医疗的普及，大幅度提高基层医疗服务水平。
	教育扶贫政策	可将非义务教育阶段纳入教育保障体系，将非贫困县、非贫困人口纳入教育保障政策的保障范围，将工作重点逐步放在提高学前教育普及率和高中教育入学率，提高教学质量上。有条件的地区，可将高中教育纳入义务教育阶段，实行 12 年义务教育。

第一，从产业发展角度，继续实施好产业扶贫政策和做好产业布局规划，是实现脱贫攻坚与乡村振兴有机衔接的关键环节。脱贫攻坚强调的产业扶贫、就业扶贫是贫困人口实现收入增长、摆脱贫困的重要手段，乡村振兴强调产业兴旺是重点。脱贫攻坚过程中，各地培育了大批能够带动贫困人口增收的产业，并探索不同的利益连接机制。但受贫困人口人力资本禀赋的影响，脱贫攻坚的产业扶贫主要依靠发展技术含量较低初级农产品生产和劳动密集型非农产业来帮助贫困人口提高收入。乡村振兴则通过构建现代农业产业体系、生产体系、经营体系来提高农业创新力、竞争力和全要素生产率，实现由农业大国到农业强国的转变，这就意味着从长远看势必要淘汰一些比较优势不足，技术含量低的产业，并且更加依赖各类新型经营主体。脱贫攻坚与乡村振兴的产业衔接，需要在帮助贫困人口实现产业发展和稳

定就业与实现乡村振兴产业做强做大方面找寻合理的平衡，在实现贫困地区产业升级的过程中使贫困人口受益。这就需要做好科学的产业布局规划，在出台鼓励新型经营主体发展产业的同时，充分借鉴产业扶贫的经验和模式，建立贫困人口和低收入人口可长期受益并有利于能力提高的利益链接机制。避免乡村振兴的产业扶持政策只惠及龙头企业和能人大户，从而违背缓解相对贫困的乡村振兴目标。脱贫攻坚期间，各级政府和社会力量投入了大量的财政和社会扶贫资金用于产业发展，也形成了大量的生产性资产。这些资产的产权归属和收益权是脱贫攻坚与乡村振兴衔接的主要内容，建议各地在脱贫攻坚与乡村振兴的交汇期尽快进行清产核资，明确所有权和收益权，防止大规模的资产流向少数人。

第二，从生态宜居角度，脱贫攻坚中易地扶贫搬迁政策和危房改造政策的实施为乡村振兴提供良好的政策和经验借鉴。现阶段，易地扶贫搬迁政策对易地扶贫搬迁安置点的布局规划、搬迁户社会融入、习惯改变、后扶生计问题做了一系列重大的探索和尝试，这为日后乡村振兴阶段新型城镇化发展面临的村庄搬迁、整合提供了良好的借鉴。例如，搬迁过程中的成本控制、搬迁方式、土地的处置、基础设施、公共服务和社区管理等都形成了不同的模式。打赢脱贫攻坚战意味着所有贫困家庭的住房问题得以解决，危房改造政策的实施力度将逐步弱化，未来乡村振兴将逐步向建设美丽宜居乡村，政策重点转向农村闲置危旧房拆除、污水处理、垃圾清运以及农村旱厕改造等生态和环境宜居方面。

第三，从体制机制来看，要实现脱贫攻坚与乡村振兴的有机衔接就需要借鉴脱贫攻坚构建的责任体系，建立一套科学的乡村振兴农村工作领导体制机制。在领导机制上，建立实施乡村振兴战略领导责任制，明确党政一把手是乡村振兴的第一责任人，要求省、市、县、乡、村五级书记一起抓乡村振兴，县委书记要当好乡村振兴的"一线总指挥"。在工作机制上，沿用"中央统筹、省负总责、市县抓落实"的工作机制，要求省区党委和政府每年向党中央、国务院报告推进实施乡村振兴战略的进展情况。在考核机制上，为确保乡村振兴责任落实到位，政策落地生根，将建立市县党政班子和领导干部推进乡村振兴战略的绩效考核制度，并将考核结果作为干部任用、选拔的重要标准，此外，第三方评估在脱贫攻坚成效考核中积累的成功经验对乡村振兴成效考核也具有重要的借鉴意义，值得总结经验后借鉴推广。

第四，从基层治理来看，脱贫攻坚期间各地向贫困村派驻第一书记、驻村工作队，长期驻村帮扶，落实干部和与贫困户结对帮扶等。这些措施对帮助贫困村和贫困户摆脱贫困，促进贫困村村级集体经济发展有明显作用，对乡村振兴阶段如何增强村级治理能力，达到治理有效的目标有一定的借鉴意义。但乡村振兴涉及所有村庄，显然不能简单照搬脱贫攻坚的驻村帮扶方式。乡村振兴阶段具体驻村方式、驻村人员要求、驻村时间，应充分结合各地的实际情况，做出相应的调整，以增强村社的法治、德治和自治能力为根本目标，共同迈向和谐社会。

第五，从医疗保障来看，脱贫攻坚阶段主要关注的是贫困人口的基本医疗保障，政策重点是让贫困人口看得上病、看得起病。政策措施包括县、乡、村三级医疗体系的建设，基本医疗保险和政策性大病保险对贫困人口全覆盖，提高贫困人口的报销比例，慢性病补助和签约服务，大病住院治疗实行先诊疗、后付费和一站式结算等优惠政策。这些政策措施的实施，对解决贫困人口因病致贫的问题起到了重要的作用。乡村振兴阶段，大部分脱贫攻坚期间对贫困人口的医疗保障政策都可以保留，部分政策可以扩展到全体农村居民。特别是以贫困人口大病、长期慢性病保障制度为蓝本，加速建立全民重大疾病和慢性病救助体系。但要防止部分地区出现的对贫困人口过度保障和过度医疗的问题的发生，保障水平必须与当地的经济社会发展相适应，具有财政上的可持续性。医疗卫生部门要重视培养乡村医疗人才和全科医生，推进县乡村医共体建设和远程医疗的普及，大幅度提高基层医疗服务水平，提升全民健康水平。

第六，从教育保障来看，脱贫攻坚主要关注义务教育阶段贫困人口的辍学问题，并且针对贫困县的义务教育适龄儿童实施了"两免一补"政策。贫困县采取了许多有效的措施来控辍保学，防止贫困家庭的适龄儿童因贫、因厌学、因上学不便等原因辍学。这些措施完全可以在乡村振兴阶段用于非贫困县和非贫困人口，也可以用在非义务教育阶段，从而提高整个农村地区各教育阶段的入学率和完成率。工作重点放在提高学前教育普及率和高中教育入学率上，有条件的地区可将高中教育纳入义务教育阶段，实行12年义务教育。乡村振兴阶段仅关注适龄儿童辍学问题是远远不够的，教育质量问题将成为更重要的议题，也面临更多的挑战，需要创新性的政策和方式加以解决。基本公共服务的均等化有赖于农村教育质量的大幅度提高。

参考文献

[1] 黄承伟. 打好脱贫攻坚战是实施乡村振兴战略的优先任务. 贵州日报，2018-11-20（010）.

[2] 国家统计局. 中华人民共和国 2018 年国民经济和社会发展统计公报. http：//www.stats.gov.

cn/tjsj/zxfb/201902/t20190228_1651265.html.

［3］国家统计局住户调查办公室. 2018 中国农村贫困监测报告. 中国统计出版社，2018.

［4］国家统计局. 扶贫开发持续强力推进脱贫攻坚取得历史性重大成就——新中国成立 70 周年经济社会发展成就系列报告之十五. http://www.stats.gov.cn/ztjc/zthd/sjtjr/d10j/70cj/201909/t20190906_1696324.html.

［5］汪三贵. 中国 40 年大规模减贫：推动力量与制度基础. 中国人民大学学报，2018，32（06）：1-11.

［6］习近平：在解决"两不愁三保障"突出问题座谈会上的讲话. http://www.qstheory.cn/dukan/qs/2019-08/15/c_1124874088.htm.

［7］国家统计局. 人口总量平稳增长人口素质显著提升——新中国成立 70 周年经济社会发展成就系列报告之二十. http://www.stats.gov.cn/ztjc/zthd/bwcxljsm/70znxc/201908/t20190822_1692901.html.

［8］史志乐，张琦. 脱贫攻坚保障：贫困县考核机制的改进完善和创新. 南京农业大学学报（社会科学版），2018，18（02）：45-55.

［9］中共中央国务院关于打赢脱贫攻坚战三年行动的指导意见. 人民日报，2018-06-15.

［10］习近平再谈乡村振兴战略，这几点很重要. http://www.xinhuanet.com/2018-09/25/c_1123479651.htm.

［11］集中力量支持深度贫困地区脱贫攻坚——一份来自全国人大常委会专题调研组的报告. http://www.xinhuanet.com/2019-02/27/c_1210069338.htm.

［12］中共中央国务院关于实施乡村振兴战略的意见. 理论参考，2018（04）：4-15.

［13］乡村振兴关键在党（政策解读·聚焦中央一号文件④）. http://politics.people.com.cn/n1/2018/0208/c1001-29811947.html.

（本文与冯紫曦合著，原载《南京农业大学学报（社会科学版）》2019 年第 5 期）

从绝对贫困到相对贫困：理论关系、战略转变与政策重点

一、问题提出

消除贫困，实现共同富裕，是社会主义的本质要求，也是中国共产党的重要使命。新中国成立 70 年来，党和政府始终高度重视扶贫开发工作，实施了一系列扶贫规划，从救济式扶贫到开发式扶贫，再到精准扶贫，探索出一条具有中国

559

特色的农村贫困治理之路，为消除绝对贫困和全面建成小康社会夯实了根基。尤其是党的十八大以来，党中央将扶贫开发工作摆到了治国理政的重要位置，做出了全面打赢脱贫攻坚战的战略部署，在全党全国全社会力量的合力攻坚下，脱贫攻坚取得决定性成就。2012—2019 年，中国的贫困人口从 9899 万人减少到 551 万人，贫困发生率由 10.2% 降至 0.6%。到 2020 年年底，中国现行标准下的农村贫困人口将实现全部脱贫、贫困县将全部摘帽、区域性整体贫困基本得到解决，绝对贫困问题将得到历史性消除，提前 10 年完成联合国颁布的《2030 年可持续发展议程》中第一个目标（消除一切形式的贫困）。然而消除绝对贫困并不意味着中国将不存在贫困问题，也不意味着减贫工作的暂停，相对贫困问题还会长期存在，并将成为未来减贫的重要内容。党的十九届四中全会提出"坚决打赢脱贫攻坚战，巩固脱贫攻坚成果，建立解决相对贫困的长效机制"的目标任务，这意味着中国的贫困治理在 2020 年将进入到相对贫困治理的新阶段。

随着消除绝对贫困目标的实现，缓解相对贫困逐渐成为中国扶贫工作的重点，这也引起学者们的广泛关注。目前，学者们主要从三个方面对相对贫困问题进行研究。

第一，理论研究。绝对贫困基于最低的生理需求，而相对贫困则是基于社会的比较，包含了较高层次的社会心理需求，是参照目标群体后产生的一种落后和收入下降的状态。相对贫困更多地强调社会层面的"相对剥夺感"，具有人口基数大、贫困维度广、致贫风险高等特点，政治性、长期性、相对性和风险性是理解和把握相对贫困问题时需要关注的四个特征。

第二，贫困标准的确定。陈宗胜等认为在农村绝对贫困逐步得到缓解（但最贫困人口数量似有所上升）的同时，相对贫困状况日趋恶化，建议将 0.4—0.5 的均值系数作为"相对贫困线"来解决相对贫困问题。张青通过洛伦兹曲线来确定贫困人口率，认为应该将相对贫困线定在社会平均收入水平的 1/3—40% 为宜。但中国相对贫困现象较为突出，并与绝对贫困存在交叉，这使得以基尼系数为基础的相对贫困测度失真，2020 年后的相对贫困线设定应采取两区域、两阶段方法。程蹊和陈全功通过借鉴世界银行建议和美英澳三国实践，认为 2020 年后可以按照前一年全国居民人均可支配收入中位数的 40% 划定次年贫困线，以较高标准衡量全国相对贫困状况。王小林和冯贺霞则认为没有必要与 OECD 国家相对贫困标准接轨，2020 年后中国应该采取包括反映"贫"的经济维度、反映"困"的社会发展维度和生态环境维度的多维相对贫困标准。还有学者从满足基本生活需求角度出发，采用扩展线性支出系统（ELES）法对中国新时期扶贫标准进行了测算和探讨，建议在2020年采取"绝对的相对贫困标准"以增强实践操作性。

第三，长效机制的构建。构建新时代的贫困治理机制，应转变现有的贫困治理理念与话语，制定新的贫困治理战略，完善贫困治理体制，整合贫困治理路径；要在脱贫攻坚战略和乡村振兴战略统筹衔接的背景下考虑，以提升欠发达地区、低收入群体的能力为目标，创新扶贫政策设计。缓解相对贫困需要分阶段逐步解决，这就要求建立动态识别机制、代际阻断机制、就业提升机制、收入分配机制、兜底保障机制、联动协作机制在内的六大解决相对贫困的长效机制。林闽钢认为相对贫困长效机制应该包括相对贫困人口发展的基础性机制、贫困治理的整体性机制和干预代际贫困传递的阻断性机制。范和生和武政宇则认为能力建设机制是相对贫困长效机制的核心，贯穿带动其他机制相互联动。

虽然学者们对相对贫困进行了关注，但主要集中在相对贫困的理论、标准和长效机制方面，有关绝对贫困与相对贫困理论关系、贫困战略转变的探讨还不够深入。绝对贫困与相对贫困有何不同？中国的扶贫战略如何从消除绝对贫困转向相对贫困？相对贫困治理阶段重点要关注哪些？这些问题的回答有助于了解中国扶贫的新形势，把握中国扶贫工作的未来走向，构建解决相对贫困的长效机制。基于此，本文分析绝对贫困与相对贫困的理论关系，探究中国扶贫战略从消除绝对贫困转向缓解相对贫困的原因与过程，剖析2020年后缓解相对贫困工作的重点，为新形势下反贫困新政策提供对策建议。

二、绝对贫困与相对贫困的理论关系

随着社会的发展，人类对贫困概念的认识在不断演进，经济学、发展学、社会学、政治学等从不同学科的立场和背景对贫困内涵作出诠释。不同学科对贫困概念的界定都基于特定的政治、文化、社会和历史背景，很难去确定一个关于贫困概念的统一标准。经济学家常用货币方法来定义贫困，即个人（家庭）未能拥有一定水平的收入以获得经济福利或者缺少经济福利则被认为是贫困。以货币方法衡量贫困产生了绝对贫困、相对贫困、贫困率和贫富差距等概念，其中绝对贫困和相对贫困是最基本和最常用的贫困概念。

（一）绝对贫困的内涵及测度

绝对贫困的概念最早由Booth于1887年在伦敦东区开展的研究中提出。他将每周收入少于18便士且拥有6个孩子的家庭定义为贫困家庭，同时还将收入之外的工作类型和生活条件纳入贫困的判定依据，如果个人没有工作且不存在酗酒、赌博等行为则被认定为贫困人口。除了 Booth，Rowntree 于 1889 年在约克镇的研究中将贫困定义为家庭的总收入不足以获得维持体力的最低需要。这里的最低需求包括食品、衣服、租金等其他物品。如果个人（家庭）获得的收入低于满足这些基本需求所需的收入，则处于贫困状态，这里的贫困定义显然是一个绝对的、客观的概念。可见，在绝对贫困定义中，基本需求是核心概念，准确把握最低基本生活所需是进行概念界定的关键。在早期贫困研究中，基本需求仅仅包括食物、衣着、住房和医疗，Townsend 则认为最低需求不仅仅是维持体力，还应该包括社会参与成本等。部分学者建议增加教育、文化设施、公共环境卫生等社会保障内容，将基本需求内容从生理需求扩展到人的基本需求。

国内最广泛接受的绝对贫困概念为"在一定的社会环境和生存方式下，个人（家庭）依靠其劳动所得和其他合法收入不能维持其基本生存需求的状况"。绝对贫困具有客观物质性，用客观的维持基本生存需求的物质标准来衡量贫困，这里物质必需品通常包括食品、住房、衣服等。绝对贫困在生产方面表现为个人（家庭）缺乏再生产的物质基础，甚至难以维持简单再生产。绝对贫困在消费方面表现为个人（家庭）不能满足衣食住行等基本生存所需的基本消费。Rowntree 首先使用市场菜篮子方法（又称预算标准法）来制定绝对贫困线。其后，学者们对绝对贫困线进行了广泛研究和分析，目前主要的测量方法主要有基本需求法、恩格尔系数法、马丁法、一天一美元法等。国际上常用的绝对贫困线是 1990 年制定的，世界银行选取当时一些最贫穷国家居民维持最低生活所需要的收入，通过购买力平价换算进而划定 1.01 美元 / 人 / 天的贫困标准，以此衡量全球的绝对贫困状况。该贫困线分别于 2008 年、2015 年调整为日均 1.25 美元和日均 1.9 美元。中国的农村贫困标准是国家统计局基于食物贫困线和非食物贫困线确定的，先后采用过 3 个标准，分别是"1978 年标准""2008 年标准"和"2010 年标准"。

（二）相对贫困的内涵及测度

经济学家认为，个人（家庭）的收入、消费和福利需求会受到其他人（家庭）的影响，衡量个人（家庭）的富裕程度取决于社会上其他人（家庭）的福祉，需要用相对标准来界定贫困线。按照这种思路，个人（家庭）是否贫困不仅取决于自己有多少收入，还取决于社会上其他人（家庭）的收入情况，通过观察收入低于一定相对贫困标准的人数即可获得相对贫困状况。Townsend 从资源分配角度定义相对贫困，若个人（家庭）所拥有的资源远远低于一般大众（家庭）所支配的资源量以至于无法获得某些类型的饮食，缺少正常的社会活动，无法享有社会广泛认可的生活条件和便利设施时则处于贫困状态。Sen 从权利剥夺视角来定义相对贫困，若个人（家庭）在社会上享有的权利被剥夺则被认为处于贫困状态。相对贫困衡量的是一个社会中不同群体的收入不平衡问题，与不同群体之间拥有的财富、收入有关，又与社会公平观、个人的自我认同紧密相连。相对贫困意味着相对排斥与相对剥夺，这是相对贫困理论最核心的观点。

相对贫困具有如下六个特征：（1）长期性。以社会中位收入或平均收入的某个比率作为测量标准，不同群体的收入不能达到绝对的均衡，因而相对贫困是长期存在的；（2）相对性。相对贫困是一个比较的概念，个人（家庭）是否贫困取决于处于相同社会经济环境下的其他社会成员，体现在主客观相对性、时空相对性、流动性与不稳定性等多个层面；（3）不平等性。反映了不同社会成员之间的资源分配关系；（4）动态性。测定标准不是固定不变的，随着经济发展、社会环境、居民收入水平的变化而变化；（5）主观性。其设定依赖于研究人员对不同国家或地区的主观判断；（6）多维性。测定标准不仅包括物质标准，即个人（家庭）收入不能维持其基本生存需求的状况；还包括精神标准，即个人（家庭）难以满足教育、卫生等基本能力需要的社会排斥感。相对贫困的测度主要依据相对贫困线来进行，相对贫困线的确定与某一地区的收入、消费等物质财富的总体分配有关。通常的做法是将相对贫困线设定为社会中位收入或平均收入的某个比率，低于相对贫困线的人口即处于相对贫困状态。例如：世界银行将平均收入的三分之一作为相对贫困线；欧盟国家将全体居民收入中位数的 60% 作为相对贫困线；英国将国民人均收入中位数的 60% 作为相对贫困线。虽然中国采用的贫困标准是基于收入体现的绝对贫困标准，但东部地区部分经济发达省份率先对经济发展不平衡显著的相对贫困进行了自主探索和实践。例如：江苏省依据本省的经济发展、贫困人口情况，科学确定人均年收入 6000 元为相对贫困标准。

（三）绝对贫困与相对贫困的关系

绝对贫困与相对贫困是一组相对的贫困概念，两者是相互联系的。第一，两者都是反映贫困程度的概念。绝对贫困是指不能满足基本生存需求的一种状态，相对贫困是指低于社会平均水平的一种状态，但两者都处于一种较低的生活状态。第二，两者是相互共存的。随着贫困标准的不断改变，相对贫困问题将长期存在，绝对贫困问题也会阶段性出现。在经济发展程度较低，全社会处于整体贫困阶段，遭受相对贫困的群体往往也是绝对贫困群体。但在经济发展程度较高阶段，遭受相对贫困的群体早已能够满足基本的生存需求，消除绝对贫困为缓解相对贫困奠定了基础并创造了条件。

绝对贫困与相对贫困之间也有明显的区别。第一，绝对贫困是物质上或经济上的最低生理需求，是一种生存临界状态，侧重基本生存所需。相对贫困是参照目标群体后产生的一种落后和收入下降的状态，包含了较高层次的社会心理需求，侧重相对排斥、相对剥夺。第二，绝对贫困的测度立足于维持基本生存所需的热量、营养、住房安全、义务教育、基本医疗等，测度标准具有较强的客观性。相对贫困的测度立足于参与社会发展和共享成果发展的权利，通过与目标社会群体相对比较进行判定，测度标准具有较强的主观性。第三，绝对贫困存在于特定的历史时期、特定区域和特定的群体，经过一定的扶贫工作是可以被消除的。相对贫困在任何人类社会发展阶段都存在，只要有阶级和财富的存在，就没有绝对的平均和公平，就会有不平等和不均衡的现象发生。

三、中国消除绝对贫困的战略演变

历经 70 年艰苦卓绝的奋斗，新中国逐步走向繁荣昌盛，人民的生活也实现从温饱不足到迈向全面小康的历史性跨越，绝对贫困将要得到历史性的消除。随着国家社会经济的发展，中国消除绝对贫困的扶贫战略经历了"保生存—保生存与促发展—解决温饱—巩固温饱—全面小康"五个阶段，每个阶段都有不同的贫困特征、扶贫目标、政策措施和扶贫效果。

（一）保生存阶段的扶贫政策（1949—1978）

新中国成立时，国民经济萧条，处于崩溃的边缘，人均国民收入水平较低，仅有 31 美元，相当于当时美国人均国民收入的 1.8%、苏联的 9.1%、联邦德国的 7.1%、英国的 4.5%、法国的 5.0%，国民普遍处于极端贫困状况。为尽快缓解这种局面，中国政府先后开展土地改革、合作化、人民公社化等运动，以缩小资源占有、收入占有的差异。虽然没有出台具体的扶贫计划，但众多的政策、制度、规划等都是围绕减缓大面积普遍存在的农村贫困状况而开展。例如：扩大农民对土地的占有和使用权；改善农村基础设施、基础教育、基本医疗条件；建立以农村集体经济为基础的社会保障体系；建立农业技术推广网络、农村信用合作社和供销合作社网络等。在这个阶段，集体和农村群体通过努力发展生产自救，国家仅仅在少数区域出现大规模普遍困难时提供必要的食物生活救济，即临界生存推动的道义性救济。全国普遍性的贫困问题得到了较大程度的缓解，虽然农村地区还存在一定规模的贫困，但农村内部的贫富分化程度得到一定程度的缓解，社会总体的不平等程度降低。

（二）保生存、促发展阶段的扶贫政策（1978—1985）

按照 1978 年的贫困线来估算，当时的贫困发生率约为 30.7%，贫困人口规模约为 2.5 亿，这一时期大面积的贫困主要是因为农业经营体制不再适应生产力发展的需要。国家通过实施农村土地改革、市场制度和就业制度改革，使农村经济在国民经济快速增长的背景下快速发展，不能解决温饱的贫困人口大幅度减少。但由于自然、历史等方面的原因，贫困差异现象逐渐凸显，中国政府针对经济发展落后、贫困人口集中的地区实施一系列政策措施，包括以"三西"地区农业建设为主的区域性扶贫开发计划、针对贫困地区的优惠和扶持政策、设立一系列专项资金帮助贫困地区改变面貌，各民主党派、工商联开展"智力支边"活动、政府部门积极参与农村扶贫工作、划定 18 个集中连片贫困地区等。反贫困实践开始尝试从生存救助为主向生产发展为主转变，同时也带来了巨大的减贫效应，按照当时世界银行和中国的贫困标准，绝对贫困人口分别下降 63% 和 50%，但农村居民之间的收入差距开始拉大，收入分配的基尼系数从 1978 年的 0.21 增加到 1985 年的 0.28。

（三）解决温饱阶段的扶贫政策（1986—2000）

随着农村贫困人口大幅减少，贫困人口逐渐向革命老区、少数民族地区、边远地区等特殊地区集中。贫困问题从普遍性转向区域性，整体性的制度变革和全面的经济增长很难在缓解贫困方面有更大的作为，中国政府开始将扶贫开发工作纳入了国民经济和社会发展的整体布局中，实施有组织、有计划、大规模的扶贫开发计划，包括建立了反贫困工作机制、明确了贫困瞄准的方式、确立了开发式扶贫的方针、增加了扶贫资源的投入等。总体来看，扶贫工作脱离社会救助系统，成为相对独立、有组织的社会工程；扶贫方式改变传统的救济式扶贫策略，实施以"造血式"为主的开发式扶贫方针；扶贫资金的使用由分散平均向重点集中转变，扶贫资金投放方式更加多元化；扶贫主体不再是单一的政府支援，鼓励更多的社会力量积极参与，逐步构建专项扶贫、社会扶贫、行业扶贫的大扶贫格局。这一阶段的扶贫工作取得了积极成效，到 2000 年中国农村贫困人口减少至 3209 万人，贫困发生率下降到 3.4%，基本解决了贫困人口的温饱问题。

（四）巩固温饱阶段的扶贫政策（2000—2010）

新世纪初，全国农村未解决温饱的贫困人口有 3000 多万，低收入贫困人口有 6000 多万，成为新阶段农村扶贫开发的主要对象。这些贫困人口总体上呈分散化趋势，主要集中在中西部的革命老区、少数民族地区、边疆地区和特困地区的贫困乡村，具有"大分散、小集中"的特征。为适应农村贫困状况的新变化和巩固扶贫成果，中国政府于 2001 年实施了《中国农村扶贫开发纲要（2001—2010年）》，确定了"政府主导、社会参与、自力更生、开发扶贫、全面发展"的方针，反贫困实践进入解决温饱、巩固温饱的新阶段。扶贫开发工作在此阶段的新探索主要包括：完善了贫困瞄准的方式和贫困标准；出台了强农惠农政策；坚持综合开发、全面发展；建立最低生活保障制度。这一时期的反贫困工作不再是简单的"经济开发式"，而是向综合的"社会开发式"转变，更加注重通过再分配手段来消除贫困，既关注引起贫困的各种直接的具体原因，也关注贫困问题发生背后的深层次的政策制度和社会背景。经过 10 年的扶贫开发，到 2010 年底，按照年人均可支配收入 1274 元的贫困标准，中国农村贫困人口减少至 2688 万人，农村贫困人口的比重下降到 2.8%。

（五）全面小康阶段的扶贫政策（2011—2020）

随着国家扶贫新标准的确定，全国 2010 年底的贫困人口由人均收入 1274 元标准下的 2688 万人扩大到 1.28 亿，占全国农村总人口的 13.4%。这时期的贫困人口具有分散化与碎片化的特征，大多分布在社会事业发展程度较低的中西部地区，贫困程度深，自我发展能力弱，扶贫开发成本高。为彻底消除绝对贫困，解决全面建成小康社会的最大短板，中国政府将扶贫开发工作提高到前所未有的高度，制定和实施了一系列新的扶贫战略，例如：实施精准扶贫、精准脱贫的基本方略；提出稳定实现农村贫困人口"两不愁三保障"目标；将贫困瞄准方式向区域瞄准和个体瞄准相结合转变；完善反贫困的工作机制等。总体来看，扶贫开发方式由"大水漫灌"转向"精准灌溉"，扶贫资源使用由多头分散转向统筹集中，扶贫考评体系由侧重考核地区经济发展指标转向考核脱贫成效。截止到 2019 年年底，贫困人口减少至 551 万人，贫困发生率降至 0.6%；截止到 2020 年 2 月底，全国 832个贫困县中已有 601 个宣布摘帽，区域性整体贫困基本得到解决。2020 年年底，中国将夺取脱贫攻坚战的全面胜利，绝对贫困问题也将得到历史性解决。

四、中国相对贫困的状况及治理重点

（一）中国相对贫困状况日趋明显

全面消除绝对贫困后并不意味着贫困问题的消失，相对贫困问题会因阶层分化的存在而长期存在。相对贫困形成的重要原因是贫富差距拉大，研究相对贫困问题也就是研究贫困群体收入在总收入中的分配问题。虽然中国的减贫事业取得显著成绩，但中国农村地区、城乡、区域间发展不平衡的问题日趋明显，主要表现在以下方面：

第一，农村地区不平等程度加大。中华人民共和国成立初期，国家通过所有制改造、土地制度改革等措施，彻底切断了产生贫富差距或两极分化的经济根源，创造了一个消灭工农、城乡、体力脑力劳动三大差别的相对扁平化的社会。这个时期虽然国民经济发展水平不高，但因整个社会的相对扁平化，导致整体经济的差异不明显，贫富差距、阶层分化、相对剥夺的体验不强烈，相对贫困问题相对隐蔽且不显著。改革开放以后，农村经济增长的"涓滴"效应随着市场化经济改革的推进和体制改革效应的下降而逐渐放缓，农村的不平等程度逐渐加大。从收入分配差异程度来看，农村的基尼系数由 1978 年的 0.2124 上升到 2005 年的 0.3751，提高了 0.1627。从不同分组农村居民家庭人均收入的增长情况来看，2000—2013 年低收入户、中等偏下户、中等收入户、中等偏上户、高收入户家庭人均收入的增长率分别平均为 9.57%、11%、11.28%、11.57%、11.52%，可见低收入户与其他分组户的收入差距越来越明显，导致农村居民收入差距逐渐扩大，农村地区相对贫困现象逐渐显现。

第二，城市与农村居民之间的收入差距扩大。从 1991 年中国经济进入高速增长期后，城乡居民收入差距拉大，1994—2000 年更是连续拉大。如果扣除价格上涨因素之后农村居民收入为 1 的话，那么 1978—1993 年，城乡居民收入差距是 2.57∶1 到 2.59∶1，1994—2000 年这一差距从 3.06∶1 增加到到 3.44∶1。进入新世纪以后，中国城乡居民人均可支配收入比先持续上升，2004 年达到峰值（3.45 倍），之后持续下降，到 2019 年收入比下降为 2.64 倍。但中国城乡居民人均可支配收入差距绝对值一直在持续拉大，2013 年城镇和农村居民的人均可支配收入分别为 26467 元、9429.59 元，两者的差距为 17037.41 元。到 2019 年，城镇和农村居民的人均可支配收入分别为 42358.80 元、16020.67 元，两者的差距扩大到 26338.13 元。中国城乡居民收入差距在高位徘徊，相对贫困现象日益凸显。

第三，区域之间发展不平衡现象明显。中华人民共和国成立初期，全国大部分地区处在较为同等的发展水平上，随着改革开放政策的逐步推进，东部沿海地区工业化和城镇化发展快于中部地区和西部地区，不同区域的收入差距逐渐拉大，区域之间的相对贫困问题开始出现。20 世纪 80 年代，中国开始实施有组织、有计划、大规模的扶贫开发行动，在缓解绝对贫困方面成绩显著，但因投入有限，在缓解区域间相对贫困方面并未发挥明显的作用。20 世纪末到 21 世纪初，区域之间发展不平衡的问题日益明显，国家开始实施西部大开发、推动中部地区崛起等一系列战略，对缓解绝对贫困和区域间的相对贫困都发挥了显著作用。精准扶贫以来，"五个一批"工程的实施推动了区域经济均衡发展，但从收入差距来看，区域之间发展的不平衡程度依旧明显。2013—2018 年，西部地区居民人均纯收入与东部地区 ①、中部地区的差距分别为 9739.40 元、1344.90 元，并于 2018 年分别增加到 14362.40 元、1862.50 元。区域发展差距是思考相对贫困治理的重要视角，即便是中国的反贫困战略转变为缓解相对贫困，欠发达地区仍然是扶贫开发工作的重点。

（二）相对贫困阶段治理重点

1.确定合适的相对贫困标准

解决相对贫困问题要先将相对贫困群体识别出来，这就需要确定合理、准确的相对贫困标准。第一，相对贫困标准要结合社会主要矛盾变化来确定。党的十九大报告指出，人民日益增长的美好生活需要和不平衡不充分的发展之间的矛盾已成为中国社会的主要矛盾。人民日益增长的美好生活需求不仅包括为满足人类基本生存需要的物质性需求，还包括社会安全、社会保障和社会公正等社会性需求，以及被尊重、自我价值实现等心理性需求。相对贫困标准要充分考虑贫困人口较高层次的发展需求，在"两不愁三保障"的基础上纳入反映生产和生活的多维指标，在绝对收入水平上要有较大幅度的提高。第二，相对贫困标准制定要考虑城乡和区域差距。城乡发展的不平衡、区域发展的不平衡、有效供给的不充分等已成为制约人民日益增长美好生活需要得到满足的主要因素。治理相对贫困问题就是要降低发展的不平衡不充分，制定相对贫困标准就需要将城乡和区域差距问题考虑在内，使其符合中国国情且有助于缩小收入分配差距、缓解社会不公平程度。从区域发展差距的角度来看，相对贫困治理可以通过分层级、分区域制定贫困标准的办法，推动各地形成同经济社会发展水平相一致的相对贫困治理模式。

2.针对低收入群体的差异化扶持政策

消除绝对贫困后，对于处于贫困标准以下的人口不再使用"绝对贫困"一词

---

① 东部地区包括北京、天津、河北、上海、江苏、浙江、福建、山东、广东和海南；中部地区包括山西、安徽、江西、河南、湖北和湖南；西部地区包括内蒙古、广西、重庆、四川、贵州、云南、西藏、陕西、甘肃、青海、宁夏和新疆。

来衡量，转而采用"低收入群体"等来表述。进入相对贫困治理阶段，虽然大部分群体的生活水平随着经济发展、社会保障政策得到明显改善，但还有部分群体难以跳出低收入群体，特别是老弱病残、儿童、妇女等弱势群体。针对完全或部分丧失劳动能力的特殊贫困群体，完善农村养老制度、医疗保障制度等，保障特殊群体的基本生活，同时要创新社会救助方式，推动由物质和资金救助为主向物质、资金、精神、能力等相结合的综合援助转变，提高服务救助能力。在帮助特定群体的同时提高其自我发展的意愿和能力。对于有劳动能力的低收入群体，要实施开发性的扶贫措施，以提高其家庭收入水平。一方面发展有利于低收入群体增收的益贫性产业。在欠发达地区发展优势特色农业，发挥农业的多种功能，增强新型经营主体的带动能力，让更多低收入群体在产业链条上受益。另一方面促进低收入群体充分就业。在金融、土地等方面出台优惠政策，鼓励劳动密集型产业向欠发达地区转移，吸纳无业低收入群体就业。搭建创业平台，鼓励低收入群体自主创业，并对其进行技能培训，提升低收入群体的就业能力。

3. 建立城乡一体化的扶贫体制

现行的扶贫体制主要采取了城乡分治的方式，农村扶贫工作由各级各地的扶贫开发领导小组办公室来领导实施，城市的扶贫工作没有专门设置相关的机构来实施，主要由社会保障部门来协调实施。城乡两套扶贫体系在政策对象、政策标准、政策目标、政策措施等方面都存在明显差异，与相对贫困阶段目标群体要涵盖城乡整个社会阶层之间的矛盾突出，需要建立城乡一体化的扶贫体制。第一，低保和扶贫两项制度一体化。部分有条件的地区要率先统一城乡贫困标准，实现低保标准和扶贫标准的并轨，使农村困难群体享受到与城市困难群体同等水平的救助标准。低保制度与其他社会救助方案需要实现跨地域的整合和标准化，需要与扶贫干预手段以及其他社会福利计划相协调。第二，城乡基本公共服务均等化。城乡基本公共服务供给非均等化是导致城乡居民收入和生活水平不均的重要原因，让城乡居民享有同等的基本公共服务数量和质量将成为相对贫困阶段扶贫工作的重点。不仅要有步骤、分阶段推动城乡基本公共服务内容和标准统一衔接，还要逐步统筹城乡就业、基本养老保险制度、最低生活保障制度、基本医疗卫生制度等，补齐共同富裕的短板。

4. 关注欠发达地区的区域发展

在消除绝对贫困阶段，国家向贫困地区投入大量的资金、项目、人力等资源，以促进贫困地区的经济发展，缩小区域发展差距。脱贫攻坚结束后，全国仍然会有部分地区处于相对落后的状态，其相对贫困人口会更多、问题会更为突出，与其他地区的差距依然明显，仍需要在公共政策、资金项目上对其倾斜。中国区域发展不平衡的短板在短时间内很难补齐，虽然 2020 年后不宜继续采用确定贫困县的方式实施扶持政策，但仍需继续以欠发达片区为单元倾斜性地投入各种资源，以实现区域的互联互通和整体性开发。一是加大对欠发达地区基础设施、公共服务方面的财政投入倾斜。相对贫困治理阶段的扶贫资金及项目要向欠发达地区倾斜，重点解决基础设施和公共服务问题，补齐短板，增加农民公共资源的可获得性。实现欠发达地区的基础设施和公共服务主要领域指标接近全国平均水平，为缓解相对贫困人口的贫困程度创造有利的发展环境。二是增加对欠发达地区的综合开发力度。提高对欠发达地区产业发展的支持力度，做好产业布局和产业规划，避免同质化竞争，增强产业发展的可持续性，提升欠发达地区的可持续发展能力。在经济发展同时也要保护生态环境，牢固树立绿水青山就是金山银山的理念，坚定不移走以生态优先、绿色发展为导向的高质量发展之路。

参考文献

[1]国家统计局. 扶贫开发持续强力推进脱贫攻坚取得历史性重大成就——新中国成立 70 周年经济社会发展成就系列报告之十五. http://www.stats.gov.cn/ztjc/zthd/bwcxljsm/70znxc/201908/t20190812_1690521.html.

[2]习近平：在决战决胜脱贫攻坚座谈会上的讲话. http://www.xinhuanet.com/politics/leaders/2020-03/06/c_1125674682.htm.

[3]左停，贺莉，刘文婧. 相对贫困治理理论与中国地方实践经验. 河海大学学报（哲学社会科学版），2019（6）：1-9.

[4]郭熙保. 论贫困概念的内涵. 山东社会科学，2005（12）：49-54.

[5]高强，孔祥智. 论相对贫困的内涵、特点难点及应对之策. 新疆师范大学学报（哲学社会科学版），2020（3）：120-128.

[6]陆汉文，杨永伟. 从脱贫攻坚到相对贫困治理：变化与创新. 新疆师范大学学报（哲学社会科学版），2020（5）：1-9.

[7]陈宗胜，沈扬扬，周云波. 中国农村贫困状况的绝对与相对变动——兼论相对贫困线的设定. 管理世界，2013（1）：67-75.

[8]张青. 相对贫困标准及相对贫困人口比率. 统计与决策，2012（6）：87-88.

[9]孙久文，夏添. 中国扶贫战略与 2020 年后相对贫困线划定——基于理论、政策和数据的分析. 中国农村经济，2019（10）：98-113.

[10]程蹊，陈全功. 较高标准贫困线的确定：世界银行和美英澳的实践及启示. 贵州社会科

学，2019（6）：141-148.

［11］王小林，冯贺霞. 2020 年后中国多维相对贫困标准：国际经验与政策取向. 中国农村经济，2020（3）：2-21.

［12］林万龙，陈蔡春子. 从满足基本生活需求视角看新时期我国农村扶贫标准. 西北师大学报（社会科学版），2020，57（2）：122-129.

［13］邢成举，李小云. 相对贫困与新时代贫困治理机制的构建. 改革，2019（12）：16-25.

［14］白永秀，吴杨辰浩. 论建立解决相对贫困的长效机制. 福建论坛（人文社会科学版），2020（3）：19-31.

［15］林闽钢. 相对贫困的理论与政策聚焦——兼论建立我国相对贫困的治理体系. 社会保障评论，2020，4（1）：85-92.

［16］范和生，武政宇. 相对贫困治理长效机制构建研究. 社会科学文摘，2020（4）：11-13.

［17］Ravallion M.Poverty Lines in Theory and Practice.LMS Working Paper，133.The World Bank. 1998.

［18］Laderchi C R.The Monetary Approach to Poverty：A Survey of Concept and Methods. QEH Paper Series 58. 2000.

［19］Saunders P.Towards a Credible Poverty Framework：From Income Poverty to Deprivation.SPRC Discussion Paper，131. 2004.

［20］Townsend P.Measuring Poverty. British Journal of Sociology，1954，5（2）：130-37.

［21］汪三贵. 当代中国扶贫. 中国人民大学出版社，2019：4.

［22］左停，苏武峥. 乡村振兴背景下中国相对贫困治理的战略指向与政策选择. 新疆师范大学学报（哲学社会科学版），2020（4）：1-9.

［23］Wagle U.Rethinking Poverty：Definition and Measurement. International Social Science Journal，2002，54（171）：155-165.

［24］Townsend，P.Poverty in the United Kingdom：A survey of household resources and standard living. Harmondsworth：Penguin Books. 1979：31.

［25］Sen A.Issues in the Measurement of Poverty. Scandinavian Journal of Economics，1979，81（2）：285-307.

［26］Sen A.Poor，Relatively Speaking. Oxford Economic Papers，1983，35：153-169.

［27］向德平，向凯. 多元与发展：相对贫困的内涵及治理. 华中科技大学学报（社会科学版），2020，34（2）：31-38.

［28］唐任伍，肖彦博，唐常. 后精准扶贫时代的贫困治理——制度安排和路径选择. 北京师范大学学报（社会科学版），2020（1）：133-139.

［29］张传洲. 相对贫困的内涵、测度及其治理对策. 西北民族大学学报（哲学社会科学版），2020（2）：112-119.

［30］汪三贵，胡骏. 从生存到发展：新中国七十年反贫困的实践. 农业经济问题，2020（2）：

4-14.

[31] 张磊. 中国扶贫开发政策演变（1949—2005年）. 中国财政经济出版社，2007.

[32] 曾小溪，汪三贵. 中国大规模减贫的经验：基于扶贫战略和政策的历史考察. 西北师大学报（社会科学版），2017，54（6）：11-19.

[33] 李培林，魏后凯，黄承伟等. 中国扶贫开发报告2016. 社会科学文献出版社，2016：10.

[34] 王绍光. 坚守方向、探索道路：中国社会主义实践六十年. 中国社会科学，2009（5）：4-19.

[35] 唐平. 农村居民收入差距的变动及影响因素分析. 管理世界，2006（5）：69-75.

[36] 汪三贵，曾小溪. 后2020贫困问题初探. 河海大学学报（哲学社会科学版），2018，20（2）：7-13.

[37] 叶兴庆，殷浩栋. 从消除绝对贫困到缓解相对贫困：中国减贫历程与2020年后的减贫战略. 改革，2019（12）：5-15.

（本文与刘明月合著，原载《华南师范大学学报（社会科学版）》2020年第6期）

后2020贫困问题初探

作为抵消经济减贫效应下降而必须采取的措施，通过实施精准扶贫、精准脱贫战略，到2020年，现行标准下农村贫困人口实现脱贫，贫困县全部摘帽，区域性整体贫困问题基本解决，中国将历史性地解决绝对贫困问题，实现了联合国可持续发展目标（SDGs）的第一个目标"在全世界消除一切形式的贫困"，履行了发展中大国的国际责任，为全球减贫目标的实现做出了突出贡献。党的十九大报告指出，我国社会主要矛盾已经转化为人民日益增长的美好生活需要和不平衡不充分的发展之间的矛盾。现有标准下的绝对贫困问题的解决，并不意味着今后不再有贫困问题，也不意味着反贫困的终结。后2020年，仍然需要找出现有贫困和贫困线界定方法的不足，制定新的贫困标准，确定新的扶持对象并制定相应的扶贫政策，以减少贫困的存量、预防未来贫困的增量。

一、贫困标准应根据人的基本需求变化来确定

贫困标准是贫困测量的重要基础，划分贫困需要有一定的参照系（即比较标准），一般说来，基本需求法、相对收入法是两种设定贫困标准的方法。利用基

本需求法可以将人所拥有的收入不足以维持其基本生存和发展认定为贫困人口，即绝对贫困标准；利用相对收入法可以将达不到全部人口收入分布的中值（或均值）收入的一定比例认定为贫困人口，这是一种不同人之间相对收入或生活水平的相对比较，即相对贫困标准。我国现行的农村贫困标准测算方法科学规范、测算所用的基础数据准确可靠、与"两不愁三保障"相结合、符合农村居民对于小康的基本期待、基本符合国际标准，是科学合理的，因而可以继续使用至本轮脱贫攻坚期结束。

作为一种生存质量评判尺度，后 2020 年的贫困标准，可以考虑以人的基本需求或者最低生活需要来确定贫困标准，科学合理地确定社会公认的基本需求水准并转换成与之相对应的价值量，并根据经济社会发展和生活水平的提高而采用更高的满足人的基本需求或者最低生活需要的贫困标准。这可以使得贫困度量和比较更加简单，可比性和操作性更强。可以不使用"绝对贫困"一词来衡量处于贫困标准以下的人口，转而采用"低收入""欠发达"等表述，这主要是基于以下几个方面的考虑。

（一）大多数发展中国家通常采用人的基本需求标准

虽然世界各国和地区由于经济发展水平、社会制度和政府决策千差万别，但都确定了相应的贫困线标准或者社会救济标准。发展中国家基本上都使用人的基本需求作为制定贫困线标准的依据，只有欧盟等少数国家和地区使用相对贫困标准。大多数发展中国家将满足家庭在食品、住房、衣着、教育和医疗等方面人的基本需求的生活水平标准值来确定本国的贫困线和测算贫困人口规模，只有欧盟（家庭可支配收入低于平均水平的 60%）和澳大利亚（家庭可支配收入低于平均收入中位数的一半）等少数国家和地区使用相对贫困标准和测算贫困人口规模，这与其扶持对象覆盖面广和社会保障机制相对健全有关。世界银行也根据 15 个相当贫困国家的贫困线的简单平均值来确定贫困线的国际标准，以便于国际间的比较。作为发展中国家，中国贫困线的制定标准应符合自身经济发展水平和社会可接受的基本需求，按发展中国家的原则和方法来确定，采用分类施策的方法对各种不同类型的家庭制定相应的标准，并适当反映出农村和城市以及地区生活成本的差异。

（二）使用相对贫困标准较难体现扶贫成效

低增长、不平等和贫困有重要关联，解决经济增长变缓和收入分配恶化是减贫的重要手段，检讨一个国家的社会政策的好坏主要是看是否减少了收入分配差距和社会不平等程度。由于相对贫困具有绝对意义，它与实际生活质量无关，只与收入分配有关，这为减贫提供了一个不受收入水平绝对量控制的长期减贫目标。如果使用相对贫困标准，在收入分配不平等程度不能下降的情况下，贫困人口不会减少，体现不出扶贫成效。无论经济增长速度有多快、扶贫开发力度有多大，只要存在收入差距和低收入阶层，就会存在一定的相对贫困人口；只要收入分配的不平等程度不下降，贫困状况就不会缓解，如果收入分配状况恶化，贫困人口还会增加。因此，用相对贫困标准就很难反映反贫困实践进程的动态性，也就体现不出大规模扶贫工作的成效。因此，需要找到一种能够满足个人基本需求的收入或消费水平，采用能代表人口实际生活状况的基本需求成本法来确定贫困标准，以反映各年度间、地区间脱贫成就。

（三）贫困标准应该与反贫困历史脉络、未来发展目标和国际经验相匹配

不同的贫困标准会带来不同的统计结果，贫困标准提高后，贫困人口数量会增加，同时，反映贫困人口实际收入和贫困标准之间的差距即贫困缺口也会增大。因此，需要根据各时期贫困状况和国家可支配资源能力，来调整扶贫战略和政策以适应现实需求。脱贫和发展并不会随着数字改变自动到来，贫困标准的制定应该反映中国不同发展阶段解决贫困问题的政治决心和价值判断，如果贫困标准调整太慢，名义贫困人口会减少但实际贫困人口增加，过低的贫困标准也容易使得贫困人口"被脱贫"；如果贫困标准调整太快，名义贫困人口会增加但实际贫困人口减少，过高的贫困标准使得财政负担加重。

根据现有和预计 2020 年已有的扶贫资源确定贫困标准，以人的基本需求确定的贫困标准至少应有 3 个方面的特点：一是要承前启后。做好新旧标准衔接，新的标准要随经济发展速度而适时调整，应大幅度高于我国 1978 标准、2000 标准和 2010 标准，因为人的基本需求和生活成本是随经济社会发展不断提高的，需要更高的标准来满足。二是符合未来的发展目标。新的标准需要与全面建成小康社会的门槛相匹配，与基本实现社会主义现代化、建成社会主义现代化强国的"两步走"战略同步，与实现中华民族伟大复兴的目标相适应，是所有人都需要达到的最低标准。三是符合国际经验。新的贫困线标准不仅要高于世界银行目前每人每天 1.9 美元的极端贫困线，也应该超过 3.1 美元的中度贫困线。因为中度贫困线是所有发展中国家的平均标准，而我国已经是中上收入国家，且正在跨入高收入国家行列。世界银行推荐中等收入国家采用的消费贫困线为每人每天 3.1 美元，高收入国家的消费贫困线在每人每天 10 美元以上。我国目前的贫

困线相当于每人每天 2.29 美元（2011 年的 PPP），只比世界银行的每人每天 1.9 美元（实际为 1.88 美元）的极端贫困线高 21.8%，但比 3.1 美元的中度贫困线低 35.4%。若采用中等收入国家的每人每天消费 3.1 美元的标准来衡量，预测 2015 年中国贫困人口约 1.07 亿，高于现有估计。

二、扶持对象更加关注深度贫困地区和特殊困难群体

（一）取消贫困县后，扶贫重点放在深度贫困地区

准确地确定出贫困地区，能够在全国范围内对扶贫资源进行配置提供依据。随着贫困县绝对数量开始减少，客观上打破了片区的整体性，为区域性整体贫困的合法解决创造了条件，也为解决扶贫资金利用稀释和遗漏创造了契机。新阶段将只剩下若干零散分布的深度贫困地区和深度贫困县，脱贫攻坚的主要难点是深度贫困地区，在精准扶贫工作已经到户、到人的背景下，再在全国范围内认定贫困县已无必要，这对于解决长期以来扶贫资金使用上"瞄而不准"有重大意义。不再在全国范围内认定国家扶贫开发工作重点县和连片特困地区县，国家扶贫工作的重点应该放在深度贫困地区。根据贫困发生率、人均可支配收入、基础设施和基本公共服务水平等指标，省级政府可以自行确定本区域少量深度贫困县进行重点扶持，县级政府确定少量的深度贫困村进行重点扶持，并加强监测监控。到 2017 年年底，深度贫困地区贫困发生率超过 18% 的县还有 110 个，贫困发生率超过 20% 的村还有 16000 多个，各省一共认定了 334 个深度贫困县和 3 万个深度贫困村，深度贫困县贫困发生率为 11%。即使经过这几年的脱贫攻坚，到了 2020 年，这些深度贫困地区仍然将处于相对贫困的状态，依然面临较重的发展和扶贫问题。面上的扶贫工作应该靠制度化的社会保障和公共服务来解决，且需要改善扶贫对象的选择和瞄准机制，改变扶贫项目的实施方式以使贫困人口更多地受益。

（二）更加关注老年人等特殊困难群体

一是关注独居和空巢老年人贫困问题。《"十三五"国家老龄事业发展和养老体系建设规划》指出，预计到 2020 年，全国 60 岁以上老年人口将增加到 2.55 亿人左右，占总人口比重提升到 17.8% 左右，独居和空巢老年人将增加到 1.18 亿人左右。预计到 2030 年占比将达到 25% 左右，其中 80 岁及以上高龄老年人口总量不断增加。伴随老龄化的一个显著特征是老年人口失能。但中国养老服务业体制机制不完善、居家养老政策不健全、养老服务人力资源短缺，独居和空巢老人医

疗保障、定期上门、电话关爱、精神慰藉等全方位基本服务缺失，独居和空巢老人贫困现象更为突出，是2020后重点贫困人群。

二是关注光棍、懒汉贫困问题。国家统计局数据显示，截至2017年底，中国总人口性别比为104.81（以女性为100），农村光棍危机风险仍然严重，且与懒汉问题产生叠加。这一部分群体，受教育程度低，生活条件差，"等靠要"思想较重，抱有"安于现状""得过且过""可有可无"、接受扶持"心安理得"的心态，使得其贫困状况不容乐观。

三是关注精神障碍患者贫困问题。根据国家卫生计生委统计，截至2017年底，全国在册严重精神障碍患者581万例，患病率居高不下，且因病致贫现象十分突出。这部分群体文化程度普遍较低，治疗依从性低，缺乏足够的家庭和社会支持，是极为困难的社会弱势群体。

四是关注残疾人贫困问题。根据国务院扶贫办和中国残联统计数据，截至2017年2月，建档立卡贫困残疾人有335多万，由于劳动能力受限，现有很多产业扶贫政策和就业扶持政策他们未能充分享受。贫困残疾人在教育、康复服务、重度残疾人家庭无障碍等方面发展严重滞后。

五是关注儿童贫困问题。北京师范大学收入分配研究院和中国发展研究基金会《中国的儿童贫困：现状与对策》报告指出，2013年，仍有16.7%的中国儿童处于相对贫困线以下，人数约4008万人。其中，处于绝对收入贫困状态的中国儿童还有1080万人。儿童比其他人群更易于陷入贫困状态，西部地区农村儿童的贫困最为突出，农村地区儿童的贫困状态比城镇地区更为严重。

三、扶贫战略应推动反贫困走向城乡一体

根据国家统计局数据，2016年，中国城镇人口占总人口比重（城镇化率）为57.35%，全国人户分离人口2.92亿人，其中流动人口2.45亿人。与城市化快速发展相伴随的是劳动力在城乡之间处于流动状态，使得原本各自孤立的城乡贫困现象彼此产生了紧密的联系。虽然大部分人口仍然居住在农村，但农村劳动力转移到城市趋势不可避免，存在大量从农村短期、长期流动到城市的人口。城市化不断吸纳农村人口，贫困也随之空间转移到城市，表现为部分人口收入的极端不稳定性或者没有收入来源。扶贫政策、社会保障体系和社会救助制度设计城乡分割，农村反贫困组织实施制度比城市相对完善。劳动力流动到城市以后，由于各城市、城乡间的贫困标准不统一、不对接，容易形成扶贫开发和社会保护的真

空，特别是对流动人口的贫困治理。基于农村区域瞄准和城市反贫困体系的减贫措施，难以有效地瞄准由于劳动力在城乡之间流动而产生的迁移贫困。在城乡扶贫标准不统一的情况下，城乡扶贫和救助管理的碎片化与扶贫工作要求城乡整体性推进之间的矛盾日益突出，迫切需要建立城乡一体化的扶贫体系，改变原有的城乡扶贫二元战略框架和以农村开发式扶贫为主导的路径。城乡一体化扶贫系统建立具备了若干基础性条件。

（一）城乡住户调查一体化

城乡一体化扶贫离不开数据基础的支撑。长期以来，受城乡二元结构的影响，我国城乡住户调查一直分割进行。但城乡分割的住户调查不利于不重不漏地覆盖城乡居民，难以准确把握我国居民收入分配全貌，难以适应城乡统筹发展的需要。2013年以来，通过城乡住户调查一体化改革，统计部门基本形成了全国性的居民可支配收入、消费支出和生活状况等数据，掌握了全面反映统筹城乡发展的收入分配、居民的生活质量等基础资料，为城乡收入在核算方法和标准水平上的并轨创造了条件，为统计数据与国际接轨奠定了基础。基础性的工作开展能够为国家制定城乡一体化扶贫体系政策提供全面可靠的信息。

（二）低保和扶贫两项制度一体化

低保和扶贫开发两大制度各具特点和有各自的优势，低保和扶贫开发由两个部门各自实施是在城乡扶贫体系未达到一体化之前的一种过渡性制度安排。因两项制度形成的历史路径不一，其政策目标、政策手段、政策适用范围和条件、政策实施的财权事权主体不同，面临政策执行标准模糊、政策对象精准识别困难、基础数据条件缺乏等问题。到2020年，农村低保与扶贫开发两项制度的功能定位将进一步明确、对象认定达到统一、程序衔接比较完善、信息共享基本实现，农村低保标准达到或高于国家扶贫标准，并按照动态调整机制科学调整。一些有条件的地方率先统一城乡贫困标准，实现低保标准和扶贫标准的并轨，农村困难群体将享受与城市同等的救助标准。低保和其他社会救助方案需要实现跨地域的整合和标准化，需要与扶贫干预手段以及其他社会福利计划相协调。

（三）城乡基本公共服务均等化

基本公共服务供给不足和非均等化是致贫的重要根源，城乡基本公共服务均等化是城乡扶贫体系一体化的坚强保障，让城乡人口享有基本公共服务数量和质量逐步达到均等将成为今后一段时间和后2020扶贫工作的重点之一。随着基本公共服务均等化的加快推进，政府基本公共服务职责保障体制基本建立，转移支付制度不断改革和完善，基本公共服务不到位、公共产品短缺问题将在一定程度上得到缓解。通过有步骤、分阶段推动城乡基本公共服务内容和标准统一衔接，基本公共服务的供给水平不断提高，服务可得性、可及性大幅提升，城乡就业、基本养老保险制度、最低生活保障制度、基本医疗卫生制度逐步实现统筹，共同富裕的短板得以补齐，城乡居民的"获得感"不断提升。

四、解决后 2020 贫困问题的政策取向

贫困人口数量和贫困人口结构处在不断变化之中，贫困群体的数量和结构决定了扶贫政策的重点，改进扶贫模式、提高扶贫资金效率、转变扶贫战略成为新时期我国扶贫工作的现实选择。针对不同类型的贫困人口，需要分类采取不同的帮扶政策，针对多样性的致贫原因实施多样化治理的工具，并探索治理工具的时空组合，提升向上流动的能力。

（一）区域政策解决制约深度贫困地区和贫困人口发展的外部约束，解决条件制约性贫困

资源贫乏、生存环境恶劣、公共物品和公共服务缺口大、致贫原因复杂的深度贫困地区、深度贫困县和深度贫困村，区域性整体经济社会发展较为缓慢，主要属于条件制约性贫困。国家确定的西藏、四省藏区、南疆四地州和四川凉山、云南怒江、甘肃临夏等"三区三州"深度贫困地区都是地理位置偏远和发展程度低的民族地区，致贫因素复杂，既有自然地理因素的影响，也受历史和文化因素的限制，很多致贫因素是长期累积、沉淀的结果，短期内很难通过常规性的手段解决。从现在开始，用不到 3 年的时间，解决贫困发生率超过 18% 的 110 个县，贫困发生率超过 20% 的 16000 个村的贫困问题，将贫困发生率降低到 3% 以下，是一个艰巨的任务。

因此，今后和相当长的一段时期，深度贫困地区区域发展的措施要围绕减贫这一中心，加大物质基础设施投入、市场信息供给、劳动力技能培训、合作性组织建设、技术推广及其他社会化服务供给。扶贫投入的目标重点是要选择贫困人口相对集中的区域性投入而非人口性投入，通过综合治理巩固减贫成果，新增脱贫攻坚资金、脱贫攻坚项目、脱贫攻坚举措主要集中于这些地区，重点解决基础设施、公共服务和生态建设问题，补齐短板。实现低收入家庭收入增长快于一般家庭，基础设施和基本公共服务主要领域指标接近全国平均水平，为贫困人口巩固脱贫创造有利的发展环境。

针对深度贫困地区需要有长远的考虑，脱贫目标约束下要采取短期和长期措施相结合的方式，更加关注脱贫质量和脱贫的可持续性。首先要大幅度增加基础设施的投资，通过更加便利的交通和通信来缓解地理位置偏远对发展的不利影响。其次要大力改善基本公共服务，改善贫困人口的健康状况，提高儿童和成人的教育水平和素质，保证所有适龄儿童接受义务教育，基本医疗和大病救助全覆盖。为此，中央和省级政府需要在人力和物力方面提供更大的支持。再次是进行文化建设，继承和发扬民族优秀文化，改变不利于发展和脱贫的意识和观念。最后是短期和长期帮扶相结合，短期内重点解决贫困人口"两不愁三保障"问题。为了在短期内提高贫困人口的生活水平，各种转移性收入在一些深度贫困地区会占有很高的比例，但长期则需要重点解决发展动力和能力不足的问题，逐步减少转移性收入的比例，更多地通过产业的发展和稳定的就业来解决收入问题。

（二）开发式扶贫政策提升一般贫困人口向上流动的能力，解决能力制约性贫困

一般贫困人口的一个显著特点是其收入和财产的累积具有脆弱性，一旦遇到天灾人祸，很容易再次陷入贫困，是典型的能力制约性贫困。因此，教育、健康和产业政策，辅之以金融政策应该是帮助其摆脱贫困的政策重点。通过教育和健康扶持积累和提升人力资本，利用产业和金融政策机制设计提高参与产业的组织化程度，有劳动力且有劳动意愿的贫困农户如果能够参加扶贫项目，其收入增长速度将会是非常可观的。

一是教育扶贫政策。因观念、生活贫困等贫困家庭子女教育得不到重视，很难负担非义务教育，贫困家庭子女受教育程度普遍偏低。要通过普及教育、加强培训等来提高穷人获得稳定收入的能力，阻断贫困的代际传递。通过提升贫困地区办学基础能力，普及从幼儿园到高中的 15 年基础教育，并不断加大教育经费投入力度，提升人力资本存量水平，这种通过常规教育系统提高人的素质往往需要较长的一段时间才能显现出效果。

二是健康扶贫政策。根据国务院扶贫办建档立卡数据统计，因病致贫、因病返贫贫困户占建档立卡贫困户总数的 42%，贫困户容易因病丧失劳动能力、因病报销比例较低、因病长期自费医治、因家庭隐形支出剧增而致贫返贫。医疗费用高、报销比例低，报销范围小，报销渠道窄，是因病致贫家庭中普遍存在的突出问题。因病不仅会丧失劳动力，直接增加医疗费用支出，打击了穷人的自信心，而且家人照料影响到赚取收入。需要通过瞄准因病致贫、因病返贫的家庭和病

种，从制度设计层面考虑将因病致贫防控关口前移，做好扶贫开发与医疗救助衔接，保障穷人享有基本医疗卫生服务，促进人力资本的积累与提升。

三是产业扶贫政策。要将新型农业经营主体和企业扶持贫困户责任明确纳入扶贫资金投放条件，建立长期稳定、可持续的利益联结机制，让贫困户能有效参与当地特色产业的发展，在产业带动下直接和间接受益。如河南省兰考县坤盛牧业利用农户扶贫小额贷款资金进行质押，为农户提供湖羊并提供技术指导，以每斤高于市场价1—3元的价格进行回购，一般从事养殖贫困户1年多的时间可以积累1万—2万元资产。通过发展代表农民共同利益的合作社组织，引导农民自身观念和行为的变革，由自然经济观念和行为过渡到市场经济观念和行为上来，提高贫困农户的组织化程度，鼓励农事服务组织成立专业化机构提高农业产业组织化程度，提高农民的市场谈判能力和竞争能力，提升农业生产效率和效益，提高穷人在市场经济中获取资源、创造财富的能力和效率，实现由脱贫向振兴转变。

四是金融扶贫政策。在金融基础设施建设，金融知识宣传和普及、金融意识培育、金融法律法规完善、社会信用环境建立健全的基础上，综合考虑贫困户信用状况、还款意愿和还款能力，在做好政策研究和风险防控的基础上，打造差异化的金融产品体系。同时，为穷人分类开发、量身定做特色优势特色农业产业保险、农产品价格保险、意外伤害、疾病和医疗等扶贫小额人身保险等系列扶贫保险产品。激活内生金融动力，在村级互助资金的基础上，探索在乡镇一级和县一级建立资金互助会联合会，发挥组织化程度较高的联合会在运行安全监管、资金调剂和风险防范救助等职能。

（三）精准滴灌式扶贫政策解除特殊困难贫困人口的特殊困扰，解决特殊类型贫困

特殊困难贫困人口一个很显著的特征是劳动能力低下或者不具备劳动能力，且至少受一种（或多种）特殊致贫因素的困扰，采用区域发展、开发式扶贫的效果很不理想。缓解贫困的措施应该是采取更有针对性的相互补充的援助措施，完善基本公共服务，建立一种水平不一定高但覆盖面广的滴灌式保障体系，如社会救助、生活照料服务、营养健康干预和养育服务等，而非直接的生产项目投资帮扶，以服务于特别需要帮助的、潜在贫困风险的弱势群体。

一是创新机制解决独居和空巢老年人贫困问题。对于独居和空巢老年人，需要探索制度化的家庭和社会共同养老的模式，改变现在很多地区子女不养老也无

人过问的局面。可以借鉴山东省淄博市临淄区"智慧养老综合体"经验，以"互联网+"为依托，提供养老信息平台、日间照护、居家养老、医养融合四位一体的综合性养老服务设施，满足老年人多样化服务需求。将精准扶贫与精准养老有机结合，有劳动能力的精准扶贫对象为老人提供养老、助老家政服务，实现以养老助力脱贫。探索可持续的家庭和社会共同养老的机制，如借鉴山东省临沂市的"孝善养老基金"模式，所有子女每年都需要为父母提供养老资金，地方政府提供一定比例的配套资金，然后通过政府的基金转给老年人。所有子女提供的资金都在村里公示，形成有效的社会压力。从而强化家庭成员赡养、扶养老年人的责任意识，使农村养老更加透明化和制度化。

二是用精神扶贫解决光棍、懒汉贫困问题。精神扶贫要综合考虑物质、精神和心理，将观念更新、提高素质和家庭经济利益挂起钩来，作为变更贫困户观念、增强进取心的原动力。帮助贫困户树立"自力更生、勤劳致富"的正确观念，营造"劳动光荣，懒惰可耻"的氛围，通过各种形式的精神帮扶，摒除陈规陋习，如从改变生活习惯开始，把改变习惯和行为作为帮扶的前提条件，让他们亲自参与各种扶贫项目，边干边学，边干边增强自信心。利用针对性强、组合式的帮扶措施逐步引导，培育其发展生产的基本技能，积极引导其进入市场，激发其脱贫意志和发展潜能，激励其参与扶贫项目的积极性。

三是加强精神疾病治疗和康复管理，解决精神障碍患者贫困问题。建立"病重治疗在医院、康复管理在社区"的服务模式，加大县级医疗机构精神科硬件和软件建设，鼓励社会资本举办精神卫生专业机构和社区康复机构，对贫困家庭患者实行免费救治，解决严重精神障碍患者入院问题。建立和完善社区康复体系，让患者在院外得到有效管理，并通过康复训练逐步恢复生活技能、社会技能。

四是提供精准康复服务，解决残疾人贫困问题。完善残疾人贫困预防制度，建立县、乡、村三级康复服务网络，减少贫困残疾人医疗康复费用刚性支出。为部分有劳动能力的残疾人提供职业技能培训和就业服务。帮助贫困残疾人落实低保等社会救助政策和困难残疾人生活补贴、重度残疾人护理补贴等保障制度。在农村危房改造、易地扶贫搬迁、城市保障房建设等项目中同步考虑残疾人家庭无障碍设施建设。

五是更加注重儿童早期发展，解决儿童贫困问题。将儿童营养改善作为提高国民素质的战略任务，加大对贫困地区营养和喂养指导。针对建档立卡贫困户开展孕妇、乳母营养包干预项目，开展针对建档立卡贫困户儿童的定期健康检查，改进贫困地区儿童营养改善项目。推广在国际上行之有效的有条件现金转移支付的模式来促进贫困家庭儿童的早期发展。

（四）城乡一体化扶贫体系解决扶贫的"真空地带"

后 2020，要由单纯的农村扶贫开发向统筹解决城乡贫困方向转变，打破城乡分治的二元扶贫模式，促进城乡减贫一体化融合，建立城乡一体的扶贫模式，扶贫战略重点应放在实现城乡要素平等交换，使城乡贫困人口享受扶贫政策内容一致、数量和质量上的均等化上，各地可制定出符合其经济社会发展水平的扶持对象和待遇水平的明确标准。在城乡居民医保、养老逐步并轨的基础上，推进城乡居民低保、就业、创收、义务教育、住房保障等领域的并轨。这对于解决城乡一体化扶贫体系中的"真空地带"具有重要意义。

一是以家庭为单位确定扶持对象。在扶贫功能定位上，城乡一体化的扶贫体系要以家庭为单位，低保和扶贫对象制定统一的识别方案，以利于家庭实现其各种功能，根据其贫困生成的机理和规律作为参考标准和扶持依据，精准扶贫、个案管理，促进扶贫开发理念与政策由生计维持型向发展型转变。

二是确立适度扶持标准。确定科学合理的扶持标准是城乡一体化扶贫体系建立的关键环节之一，当前城乡低保保障标准的差异及实际补助的差距在不断缩小，但贫困标准偏低、覆盖不足并没有很好得到解决。作为城乡一体化扶贫的基础，调整城乡低保标准时，要以统计部门提供的居民基本食品费用支出和其他生活必需品费用支出为基础进行测算，并综合考虑公共交通价格、生活必需品价格等因素，实行与物价联动调整的低保标准。与此同时，在医疗、教育、住房、就业等多个领域实行专项救助。

三是可靠资金保障。城乡扶贫一体化体系建立后，相应的扶贫资金投入会保持在一个较高的水平，这对中国政府扶贫融资方式、扶贫资金管理带来了挑战。随着扶贫资金规模和来源的不断扩充，其使用和管理机制应不断完善，应构建扶贫资金投入与常住人口之间的联动机制，中央政府加大转移支付力度以减轻贫困地区的财政负担，支持贫困地区开展统筹整合使用财政涉农资金，进一步提高扶贫资金的使用绩效，以实现扶贫效果的可持续性。

四是鼓励社会力量参与。城乡扶贫一体化体系建立后，对养老、医疗、教育等需求会大量的增加，而现有的政府直接推动和供给的扶贫方式不能很好地满足变化了的需求。需要通过分权减少供给方制造道德风险的机会，通过"管办分开"使官办组织回归为独立的市场主体，推动社会组织资源供给和扶贫需求实现有效对接，政府角色由服务供给方向付费方逐步转变，向社会力量购买扶贫服务，在这一过程中不断完善贫困农户的参与机制，逐步缩小城乡居民生活质量差距。

五是将现金救助和服务救助结合起来。目前实施的城乡居民最低生活保障制度属于现金型、公共转移性社会救助，这种帮助目标群体维持最低生活保障水平的制度偏重于经济上的援助，且补偿型、再分配型的现金发放承载了过多的救助功能，并不完全匹配城乡贫困家庭对社会服务的需求与服务供给。需要通过扩展救助服务，从居民最低生活保障对象中，识别不同的救助对象，采取分类分层施策，将经济援助和救助服务有效连接起来，重点是增加社会服务供给特别是医疗卫生保健服务和提供劳动就业服务供给，积极推动专业社会工作者介入城市和农村贫困家庭的社区养老、生活照料、精神慰藉、临终关怀、隔代抚育等服务领域。

总之，随着中国特色社会主义进入新时代，中国社会主要矛盾已经转化为人民日益增长的美好生活需要和不平衡不充分的发展之间的矛盾，贫困问题的解决也要同主要矛盾的解决相同步。在本轮脱贫攻坚期结束后，后2020减贫问题不太可能会得到如此高的重视，但考虑到贫困问题的复杂性，减贫、缓贫的公共政策体系仍然值得高度关注，特殊困难人群依然需要格外关心、格外关注、格外关爱。后2020在全面建成小康社会的基础上，中国将分两步走在21世纪中叶建成富强民主文明和谐美丽的社会主义现代化强国，贫困问题能否得到较好的解决，将直接影响到从全面建成小康社会到基本实现现代化，再到全面建成社会主义现代化强国这一新时代中国特色社会主义发展战略安排的成色。后2020专项扶贫、行业扶贫和社会扶贫政策应如何构架？后2020的各个阶段，贫困治理的目标、手段、政策体系应如何安排，以更好地同2035年和2050年两个重要时间节点遥相呼应？这些重要问题难以用本文篇幅涵盖，将另行探讨。

参考文献

[1] 汪三贵，郭子豪. 论中国的精准扶贫. 贵州社会科学，2015（05）：147-150.

[2] 鲜祖德，王萍萍，吴伟. 中国农村贫困标准与贫困监测. 统计研究，2016，33（09）：3-12.

[3] 岳希明，李实，王萍萍，等. 透视中国农村贫困. 经济科学出版社，2007.

[4] 曾小溪，汪三贵. 中国大规模减贫的经验：基于扶贫战略和政策的历史考察. 西北师大学报（社会科学版），2017，54（06）：11-19.

[5] 王小林，张晓颖. 迈向2030：中国减贫与全球贫困治理. 社会科学文献出版社，2017.

[6] 李培林，魏后凯，吴国宝，等. 扶贫蓝皮书：中国扶贫开发报告（2017）. 社会科学文献出版社，2018.

［7］新华网. 刘永富：打赢打好精准脱贫攻坚战深度贫困地区非常关键. http：//www.xinhuanet.com/politics/2018lh/2018-03/07/c_129824820.htm.

［8］汪三贵，Albert Park. 中国农村贫困人口的估计与瞄准问题. 贵州社会科学，2010（02）：68-72.

［9］汪三贵. 在发展中战胜贫困——对中国30年大规模减贫经验的总结与评价. 管理世界，2008（11）：78-88.

［10］国务院. 国务院关于印发"十三五"国家老龄事业发展和养老体系建设规划的通知. http：//www.gov.cn/zhengce/content/2017-03/06/content_5173930.htm.

［11］国家统计局. 中华人民共和国2017年国民经济和社会发展统计公报. http：//www.stats.gov.cn/tjsj/zxfb/201802/t20180228_1585631.html.

［12］新华网. 我国在册严重精神障碍患者人数达581万. http：//www.xinhuanet.com/local/2018-01/26/c_1122323778.htm.

［13］新华网. 我国有建档立卡贫困残疾人335万帮扶措施仍需更加精准. http：//www.xinhuanet.com/politics/2017-10/09/c_1121776187.htm.

［14］北京师范大学收入分配研究院，中国发展研究基金会. 中国的儿童贫困：现状与对策，2015.

［15］陈宗胜，于涛. 中国城镇贫困线、贫困率及存在的问题. 经济社会体制比较，2017（06）：40-53.

［16］李小云，许汉泽. 2020年后扶贫工作的若干思考. 国家行政学院学报，2018（01）：62-66.

［17］汪三贵，杨龙，张伟宾，等. 扶贫开发与区域发展——我国特困地区的贫困与扶贫策略研究. 经济科学出版社，2018.

［18］左停，金菁，李卓. 中国打赢脱贫攻坚战中反贫困治理体系的创新维度. 河海大学学报（哲学社会科学版），2017（05）：6-12.

［19］张伟宾，汪三贵. 扶贫政策、收入分配与中国农村减贫. 农业经济问题，2013，34（02）：66-75.

［20］曾小溪，曾福生. 基本公共服务减贫作用机理研究. 贵州社会科学，2012（12）：91-94.

［21］中国发展研究基金会. 中国儿童发展报告2017：反贫困与儿童早期发展. 中国发展出版社，2018.

［22］曾小溪，汪三贵. 城乡要素交换：从不平等到平等. 中州学刊，2015（12）：39-44.

［23］朱梦冰，李实. 精准扶贫重在精准识别贫困人口——农村低保政策的瞄准效果分析. 中国社会科学，2017（09）：90-112.

（本文与曾小溪合著，原载《河海大学学报（哲学社会科学版）》2018年第2期）

第十一章　中国的特殊区域减贫

汶川地震后贫困村儿童的发展：
灾害影响与异地安置的作用

　　精神和身体疾病的大量增加常常被认为是与重大压力生活事件相联系的，自然灾害往往因其突发性和破坏性，直接或者间接对人的心理产生重大影响，而地震之于受灾人群就属于这类重大应激事件。异地安置是灾后的重要措施之一，不仅涉及数量庞大的民众的生计与发展，选择异地安置还是就地重建本身也是重要的决策问题，因此政策制定者和研究人员均需探究异地安置对人们灾后的身心状况所产生的影响。目前为止的大部分研究认为，自然灾害后的异地安置会产生消极的影响，主要是因为异地安置导致长期形成的社会经济系统迅速解体，原有的居民社区被拆散，固定资产损失严重，生产性的财产和收入来源丧失，不仅降低移民群体的生活水平和经济地位，而且还在很大程度上摧毁移民家庭原有的收入和发展能力。然而，这样的分析实际上没有将异地安置与该因素之外的各方面差异区分开，例如安置前后资产状况、家庭人口与劳动力、收入来源以及社会支持等因素的变化的确影响了异地安置后身心状况的变化，但这些影响常常不仅是异地安置带来的，而是灾难本身造成的后果。控制影响灾后安置方式的灾害影响程度，再讨论异地安置对人们身心状况的净影响，是本研究要讨论的问题，即控制灾难已造成不同程度损害的情形，分析异地集中安置与其他形式（比如自己投靠亲友、本地安置）相比，会对个体的身心状况产生什么样的影响。

　　本研究选取汶川地震后异地安置复学的学生为研究对象，并以未异地安置的受灾学生为对照。这样的研究对象选取主要考虑了以下三个方面的原因：第一，汶川地震后，受灾地区教育局根据受灾程度和灾后重建需求进行强制异地安置复学，而且对口援建省市由中央指定，异地安置的省份是外部确定的，对于学生来说，这个过程基本没有自选择，同时，我们可以通过 GIS 数据作为工具变量来控制家庭在受灾程度上可能存在的内生性问题（那些受灾最严重的人们可能正是因物质条件匮乏而居住在地理环境更加恶劣的地方）；第二，学生异地安置以学校整体异地安置为主，就是将一个学校的学生同时安置在其他地区的学校或者新建的学校，并且学生的日常生活比较简单，主要在封闭的校园中度过，因此，虽然社会网络的变化等复杂因素对成年人的影响非常不确定，但对学生而言可以视为固定效应；第三，与量表式问卷调查的心理测量手段相比，学生群体具有非常客观的学业成绩可以作为地震前后身心状况的一种衡量方式，由于研究对象包括身心成熟度不同的不同年级学生，对心理测量的感受程度也可能因为理解偏差和认知的差异而不同，但是学业成绩对大部分学生来说具有相似的重要性，可以将它视为对地震前后学生身心发展的并不唯一的但是却很重要的指标。

学生时期的心理状况有可能对其毕生发展产生决定性的影响，当自然灾害无以避免时，灾后安置因其安置方式、距离的不同而作为可选择措施，其对学生心理的影响值得探究。尤其是在自然灾害常常无法预测及避免的情况下，以下一系列问题的研究便具有重要的现实意义：哪些因素影响学生的灾后适应？学校质量及受灾程度如何影响他们的学业成绩？而后，实施灾后干预措施，以异地安置复学为例，对降低由灾害导致的学生心理负面影响是否奏效呢？从社会学和经济学的角度，汶川地震及一系列震后救援措施为研究灾后学生心理状况，尤其是灾后干预对降低自然灾害所造成的负面心理影响提供了拟自然实验的情境。本文试图解释，作为重要震后措施的异地安置复学安排对学生的震后心理调整和学业情况的影响。

一、文献回顾

大量研究表明，自然灾难带来的创伤会对人的心理健康造成直接或间接、短期或长期的影响，而由于儿童时期的心理尚不成熟健全和伤害易感性，灾害产生心理影响可能是长期的。越来越多的文献强调和关注儿童和青少年因自然灾害所受的影响，包括心理受影响的指标衡量、影响因素、干预措施等。

一系列的因素会影响儿童的创伤后反应与恢复，包括刺激源的特征和创伤暴露程度，性别、年龄、心理发展水平和精神病史，家庭特征，文化因素等。创伤暴露程度主要以三个指标来衡量：地震时主观害怕程度、亲人伤亡程度、房屋损毁程度。在研究中，除了结构性问卷，研究者们比较广泛地使用创伤后压力心理障碍症（PTSD）来描述人们在遭遇或对抗重大压力后其心理状态产生失调之后遗症。以往研究比较一致地表明，创伤暴露程度越高，PTSD 的严重程度越高。David Groome 和 Anastasia Soureti 在 1999 年 9 月雅典地震发生五个月后，对来自离震中距离不同的三个地区的 178 名儿童进行创伤后应激障碍（PTSD）症状的问卷调查，结果表明离震中距离越近、地震风险越高，以及女性的儿童，其 PTSD 和焦虑症状越严重。对 1999 年台湾集集大地震中儿童和青少年的创伤后心理症状研究也显示，创伤暴露程度对长期性心理症状具有剂量效果。而在性别差异方面，Peter Steinglass 和 Ellen Gerrity 的研究也表明，无论长期还是短期而言，女性的 PTSD 症状比男性更加严重。

灾害程度、个体特征、家庭特征是影响儿童创伤后心理症状的主要方面。关于 1999 年雅典地震的另一个研究对地震 3 个月后，离震中和距离震中 10 千米的两个地区的 1937 名学生的创伤后应激障碍（PTSD）反应指数和儿童抑郁自评量表进行问卷调查，包括反应情况与地震风险、性别、年级、震后困难、家庭中有一个成员死亡、报复情绪等特征的关系。抑郁、客观和主观的地震体验以及家庭困境解释了 PTSD 反应变异程度的 41%。Vernberg 等人用一个综合概念模型检验了 1992 年安德鲁飓风（Hurricane Andrew）3 个月后 568 名小学学龄儿童的创伤后应激障碍（PTSD）。该模型所包括的四个基本因素，即创伤暴露、儿童个体特点、社会支持获得状况和儿童应对解释了儿童自我报告 PTSD 症状中的 62% 的差异。而由于发展阶段与性别对不同的心理症状群出现率以及严重程度具有不同的影响力，创伤后心理复健计划应以性别和发展阶段的不同为依据。

在控制以上各方面因素的基础上，灾后安置作为灾后干预的一项重要措施，对身体和心理方面的影响也有了比较丰富的研究，但多数研究结论得出异地安置对心理具有负面压力。在最早检验异地安置影响的一项研究中，Laor 等人系统地调查了异地安置对以色列导弹袭击中受害者的影响，研究选取了海湾战争中导弹袭击 6 个月后的三组不同的人群：家庭受到损毁并安置到异地的学前儿童和他们的母亲，未受到损毁也未异地安置的邻居家庭，离袭击地比较远、具有被袭击的风险但是没有直接受到袭击的家庭。与未异地安置的家庭相比，异地安置的儿童和母亲表现出更高的压力症状，30 个月后跟踪调查，异地安置的儿童症状仍然比对照组高，但心理压力症状减小，而他们的母亲却没有。对 1999 年土耳其地震后 526 名成年人在地震四年后自报告的创伤压力、抑郁、地震体验和社会支持状况的研究表明，灾后安置可能因为破坏了原有的社会网络而增加心理困扰，对地震后灾后异地安置的 24 名幸存女性和仍然留在地震所在城市的 25 名对照组女性的对比研究发现，与对照组相比，灾后异地安置组的 PTSD 症状更加严重，抑郁值更高，症状性更加明显。因此，一些研究建议自然灾害受灾儿童应当留在原地维持家庭凝聚力并为心理社区环境的复苏做出贡献，直到灾后重建的完成。也有研究得出无消极影响的结论，比如，异地安置对亚美尼亚地震后学生的创伤后症状没有消极影响，对台湾集集地震后仍生活在南投县鱼池乡的学生和异地安置到高雄的学生进行对比研究，也得出类似结论。得出异地安置具有积极影响的研究比较少。Goenjian 在 1989 年和 1990 年对亚美尼亚地震中主要受灾地久姆里地区（Gumri，也称列宁纳坎 Lenninakan）的精神创伤者，和那些安置到受地震影响很小的叶里温市（Yerevan，亚美尼亚首都）的创伤暴露者开展危机干预，尽管所有的受灾者都达到了 PTSD 标准，但是那些异地安置到未受地震影响的首都的受灾者与那些仍然留在地震灾区城市的受灾者相比，心理症状更轻。对汶川地震后学校异地搬迁的 540 名学生的适应情况的调查研究结果表明，暂时的异地安置在整体上具有积极的效果。

不过，许多研究因存在设计和统计缺陷，其研究结论是无法归纳的，对结论所涉及变量的定义也存在问题。尽管研究者们普遍认为灾后安置在一些案例中导致了对健康的消极影响，但至今为止研究文献似乎没有足够的改进。比如，已有研究对灾前和灾后的对比不足，无法分离出灾后安置的净影响，而抽样规模、研究设计缺陷可能都解释了为什么许多研究发现存在不一致性。同时，研究必须考虑人们面临自然灾害的脆弱性，和自然灾害造成损害的内生性，比如那些脆弱人群更有可能遭受灾害并应对能力匮乏，这些都将影响研究结论。从分析过程看，异地安置需要更加细化的定义，比如安置的距离、时间等，而不仅仅是将它作为是否安置这样一个简单的二元变量来考察。在一些条件下，灾后安置从长期来看可能有助于健康。灾后安置通常会涉及成百上千万人口，如果对安置本身所产生的生理和心理健康影响方面拥有更充分的信息，这将有助于公共部门在灾后制定更加明智的决策并促进更有效的灾后恢复工作。

二、数据说明与统计描述分析

（一）数据说明

本研究使用的数据来自国务院扶贫办"贫困村地震灾后重建监测评估项目"2009 年 2 月（地震 10 个月后）对 10 个地震受灾县的 100 个贫困村庄的 3000 户家庭的调查。该调查的抽样设计和抽样结果如下：（1）从四川、甘肃和陕西这三个受灾省中的 51 个受灾县以县的人口作为权重进行排列，使用间隔抽样方法随机抽取其中的 10 个县，抽样结果中 6 个县位于四川，3 个县位于甘肃，1 个县位于陕西；（2）在每个被抽取的县内，将贫困村以村人口为权重进行排列，使用间隔抽样方法在县内随机抽取 10 个贫困村；（3）在抽中的贫困村内，由村干部将村内所有住户按照经济状况排序，以随机起点等距抽样方式抽取 30 户，如遇受访户不在，以名单上最近的户（上一户或者下一户）作为替代。抽样调查由本文作者在国家、省和县三级的扶贫开发领导小组办公室协助下督导执行，由来自四川和甘肃的大学生作为调研员完成调查。

调查回溯性地调查了家庭在地震前后（2007 年和 2008 年）的信息，直接调查了地震所造成的各方面的影响，详细的调查内容包括家庭的人口结构、收入、资产、地震损害、儿童的基本个人信息、地震前后的教育信息、补助状况以及身心变化。由于地震灾害由震中向外围的影响程度是递减的，为了解决灾害损害的内生性问题，研究中使用了 GIS 地理信息数据。

（二）描述性统计与分析

地震后儿童的心理和学业成绩受到诸多因素的影响，受灾情况包括儿童及家庭成员的受伤或者死亡、学校损毁程度、家庭住房损毁程度都会直接影响儿童的身心状况。安置复学情况，是本地复学还是异地复学，异地安置的距离等都会影响身心恢复和学业成绩。此外，地震灾害暴露程度、地震中家庭的资产损失状况、灾前受地震灾害的脆弱性、人口学特征等都可能影响地震后的身心状况和心理适应能力以及学业表现，由于篇幅限制，此处仅对儿童的受灾情况、安置复学情况、地震后儿童的心理与学业成绩表现做描述性分析。

1. 汶川地震的灾害损害状况

表 1　儿童在地震中的受灾情况

伤亡情况	比例（%）
家庭成员受伤／死亡	13.1
儿童受伤	4.2
学校损坏情况	
没有损坏	11.2
轻度损坏	23.9
中度损坏	14.3
严重损坏	50.7
家庭住房损坏情况	
没有影响	1.0

续表

伤亡情况	比例（%）
轻微损坏	35.8
部分倒塌	15.1
严重损坏成危房	30.3
完全倒塌	17.9

样本中选取地震前的在学儿童为6—16岁的小学生、初中生和高中生。样本中有4.2%的儿童在地震中受伤，13.1%儿童的家庭中有成员受伤或者死亡。大部分地震前在学儿童所在的学校及其家庭住房都遭到不同程度的损坏，其中：所在的学校严重损坏、中度损坏、轻度损坏的儿童比例分别是50.7%、14.3%和23.9%，只有11.2%的儿童所在的学校没有损坏；63.3%儿童的家庭住房部分倒塌（15.1%）、严重损坏成危房（30.3%）甚至完全倒塌（17.9%），35.8%的儿童的家庭住房轻微损坏，只有1%的儿童的家庭住房没有受到影响。

2. 安置复学状况

根据样本中对6—16岁在学儿童地震后复学安置情况的统计，小学、初中、高中异地安置（县内安置与县外安置）的比例分别为21%、15.1%和16.7%。异地安置复学主要以教育部门安排为主，由教育部门安排新学校的比例分别为18.4%、11.9%和8.3%，低年级的学生接受教育部门统一安排复学的比例更高。

表2 地震后复学安置状况（%）

分类	小学	初中	高中
未重新安置	79.0	84.9	83.3
县内安置	6.5	2.4	8.3
县外安置	14.5	12.8	8.3
总计	100	100	100
原学校	70.6	79.7	58.3
教育部门安排的新学校	18.4	11.9	8.3
家里自己找的新学校	2.7	3.0	8.3
升学（小升初，初升高）	8.4	5.4	25
总计	100	100	100

3. 地震后儿童成长与教育表现

地震前在学儿童的地震后入学率为97%（2009年2月）；在心理方面，43.2%的儿童受到轻微影响，28.0%的儿童受到较大影响，7.0%的儿童受到严重影响，21.9%的儿童没有明显的影响；在成绩表现方面，23.6%的儿童学业成绩变差，22.2%的儿童学业成绩变好，49.1%的儿童学业成绩没有变化，5.2%的儿童成绩变化不明确。

表 3　地震后孩子心理影响和学业表现

地震后儿童受到的心理影响（%）		地震后儿童成绩的变化（%）	
没影响	21.9	没有变化	49.1
轻微影响	43.2	变差	23.6
较大影响	28.0	变好	22.2
严重影响	7.0	不清楚	5.2
总计	100	总计	100

根据学校安置情况对地震后学业成绩变化的分类统计（剔除成绩变化不确定的样本），在地震后异地安置就学的儿童学业成绩变差的比例（21.17%）低于未异地安置的儿童（24.49%），但是本乡外村和本县外乡安置就学的儿童成绩变差的比例更高，省外的最低；异地安置就学儿童成绩变好的比例（42.67%）比未异地安置的儿童（18.33%）高很多，尤其是安置在外县的儿童成绩变好的比例最高（52.55%）。但是异地安置对儿童的影响需要通过控制其他具有重要影响的因素后开展进一步计量分析。

表 4　学校安置与儿童学业成绩变化表

学校安置状况	地震后学业成绩变化（%）		
	变差	没有变化	变好
未异地安置	24.49	57.19	18.33
异地安置	21.17	36.16	42.67
其中：本乡外村	25.35	46.48	28.17
本县外乡	30.43	30.43	39.13
县外本省	21.9	25.55	52.55
省外	12.5	47.22	40.28
总体	23.86	53.21	22.93

4.地震损害、灾后安置与儿童发展

下表是入学率、学校表现和心理得分与学校损坏、家庭住房损坏、家庭成员伤亡、学校安置、家庭安置之间的交互分类表。从表中可以看到，心理问题症状与地震损害程度和灾后安置距离的关系，学校和家庭受损害程度越高的心理问题症状表现越严重（心理得分越低），学校和家庭安置与未安置的相比、安置距离远的与近的相比，心理问题症状表现越轻（心理得分越高）。但是入学率和学校表现与地震损害与灾后安置的关系并不那么直观。对于这三项结果，我们都在上述的设定模型和估计问题考虑的基础上进行了计量分析。

三、震后安置对儿童心理与学业发展影响的实证分析

根据 Sawada 和 Shimizutani 对阪神大地震后人们应对自然灾害的研究和 Noy 就自然灾害对宏观经济产生的影响的研究中对估计方程的设定，这里建立异地安置对儿童成长和发展影响的计量模型为：

$$Y_{irt}=a+b*S_{irt}+cP_{irt}+dZ_{ir,\ t-1}+d*X_{ir,\ t-1}+\delta_{rt}+\varepsilon_{irt} \tag{1}$$

在上述模型中，Y 是儿童心理状态、入学率或学业成绩等结果因变量；S 是地震灾害程度；P 是政府政策措施，包括异地安置、学费补贴等；Z 是影响遭遇地震的脆弱性的因素；X 是事前控制变量；δ 是地区和时间的固定效应；ε 是不同个体在不同时点的纯粹随机扰动。

表5　地震损害、灾后安置与儿童灾后心理影响、入学率和学业表现

	心理影响	入学率	学业表现
总体	1.80	0.97	2.09
分学校损坏程度			
没有损坏	1.98	0.95	2.04
轻度损坏	1.91	0.99	2.05
中度损坏	1.85	0.95	2.08
严重损坏	1.70	0.97	2.12
分家庭住房损坏程度			
没有影响	2.29	1	2.14
轻微损坏	1.93	0.98	2.05
部分倒塌	1.86	0.99	2.09
严重损坏成危房	1.64	0.97	2.03
完全倒塌	1.74	0.94	2.27
分家庭成员受伤情况			
无人受伤	1.83	0.97	2.09
有人受伤	1.59	0.94	2.09
分学校异地安置情况			
非异地安置	1.84	0.99	2.02
县内异地安置	1.72	0.96	2.06
县外异地安置	1.64	0.97	2.46
分家庭异地安置情况			
非异地安置	1.91	0.97	2.05
短期异地安置	1.81	0.98	2.07
长期异地安置	1.74	0.94	2.14

基于上文对结果变量的选择、模型的构建以及模型估计问题的考虑，本部分

利用 2009 年 2 月的汶川地震评估调查数据，对震后安置与学生心理和学业发展的关系进行实证检验。

（一）估计性问题及解决措施

在上面的模型中，我们对 ε_{irt} 有很强的假设，即每个 ε_{irt} 的均值为 0，方差不变（对所有的 i 和 t），并且统计上独立于所有其他自变量。如果违背零条件均值这个假设，OLS 估计量将是不一致的估计量，也就导致因果分析失效，并使得用计量经济模型得到的参数估计量从而进行边际效应分析也不合适。一般研究中有三种情形可能违背这个假设：内生性、遗漏变量偏误、变量误差（测量误差）。在本研究中，变量误差、内生性问题都得到关注与可操作的处理。

1. 变量误差

变量误差方面主要是心理影响程度的自报告偏差问题，例如灾害暴露程度越高的地区，人们可能预期自己受到的消极影响更深。主要利用以下方式减少测量偏差：（1）使用主观性较少的行为观察来作为心理影响的测量指标变量；（2）假设主观偏误会存于误差项中，使用心理影响的拟合（预测）值作为因变量。

从地震对儿童心理影响的行为观察方面，将家长对孩子在地震后具有影响的心理症状表现分为 8 类，具体表现：爱哭、发脾气、不高兴、变得沉默、做噩梦 / 睡眠不好、独自发呆、害怕、其他。同时对应受影响程度，没有影响、轻微影响、较大影响、严重影响的心理得分赋值为 3、2、1、0 分。

表 6　地震造成心理影响的具体表现

	比例（%）	心理评分均值
爱哭	5.3	1.29
发脾气	3.7	1.46
不高兴	2.8	1.49
变得沉默	4.1	1.34
做噩梦 / 睡眠不好	8.0	1.44
独自发呆	1.0	1.29
害怕	49.2	1.51
其他	2.6	1.22
没有影响	23.4	2.96

2. 内生性问题

这里考察的内生性问题，主要是人们遭遇地震灾害程度的内生性，以及灾后政府政策与家庭应对能力的内生性。

首先，自然风险、人们的脆弱性和灾害之间存在紧密关系，人们面临环境风险的脆弱性不同。不同地区的地震强度和所造成的危害程度可能与不同地区居住的人口的脆弱性息息相关。这种脆弱性是预先存在的条件，灾害条件的分布、风险区域的人群居住、与灾害发生后所造成的生命和财产的损失程度，都影响了人们面临灾害的脆弱性。而后，灾害后的应对反应也具有脆弱性。灾害性质通常是作为一个给定的事件或条件而存在，但植根于历史条件、文化社会和经济进步等方面的社会建设的脆弱性，影响着个人或社会应对灾害的能力。并且可能存在与社区或者家庭应对灾害能力的相关的不可观测或难以测量的未观测变量影响着社区或者家庭对灾害的应对，以及儿童在地震后的境遇和身心状况。

因此，从地域的角度看，不同地区的人们面临不同的危害风险，并且具有不同的应对能力。在一个特定的区域或地理领域，脆弱性是物理风险以及社会反应的结合，越是弱势和贫困的人群可能越没有选择地居住在那些潜在灾害风险比较大的地方，并且在灾害发生后，可以采取的应对措施十分有限。在面对自然灾害的脆弱性方面，那些贫困和脆弱的人口更有可能居住在地震危害大的区域内，但同时，由于他们的物资资源和资产相对匮乏，在地震中以绝对量衡量物质损失也较少。这些问题都影响研究中的影响评估。

对于以上内生性问题的解决方式主要是：（1）控制变量，及设定一系列易于反应灾前的家庭状况的事前控制变量，比如房屋类型、财富水平等；（2）工具变量，利用离震中的距离区域以及地形、房屋建造材料等变量对家庭损毁程度、学校损毁程度和家庭成员受伤情况的拟合值作为地震灾害损坏程度的变量；（3）固定效应，利用县或者村庄固定效应。

（二）地震损害程度与工具变量回归

根据前文所述，家庭居住房屋损坏、学校损坏、家庭成员伤亡都是地震损害程度的代理变量，但是这些变量本身可能具有内生性，从而致使 OLS 回归结果产生偏误。由于地震的发生，所造成的影响与离震中距离远近高度相关，也就是，越接近震中，造成损害越大。因此，我们将离震中不同距离的区域作为潜在的工具变量。

汶川地震受灾区域在自然地理区划上属于四川西部高山高原区的龙门山地区，位于龙门山地震带（中南段），常有崩塌、滑坡、泥石流等地质灾害发生，而包括汶川地震灾区在内的川西北地区是我国人口压力最大的区域之一，但人口分布很不平衡，经济相对发达、汉族人口为主的山区平原县例如都江堰、绵竹、崇州等人口密度在 300 人 /km² 以上，以少数民族人口为主的民族杂居县比如茂县、黑水、小金等人口密度极低，尤其是羌族人口居住海拔较高、交通不便，在地震中聚落损坏极其严重。下图显示了从汶川地震震中向外围的地形图、村庄分布和地震中的房屋倒塌量。

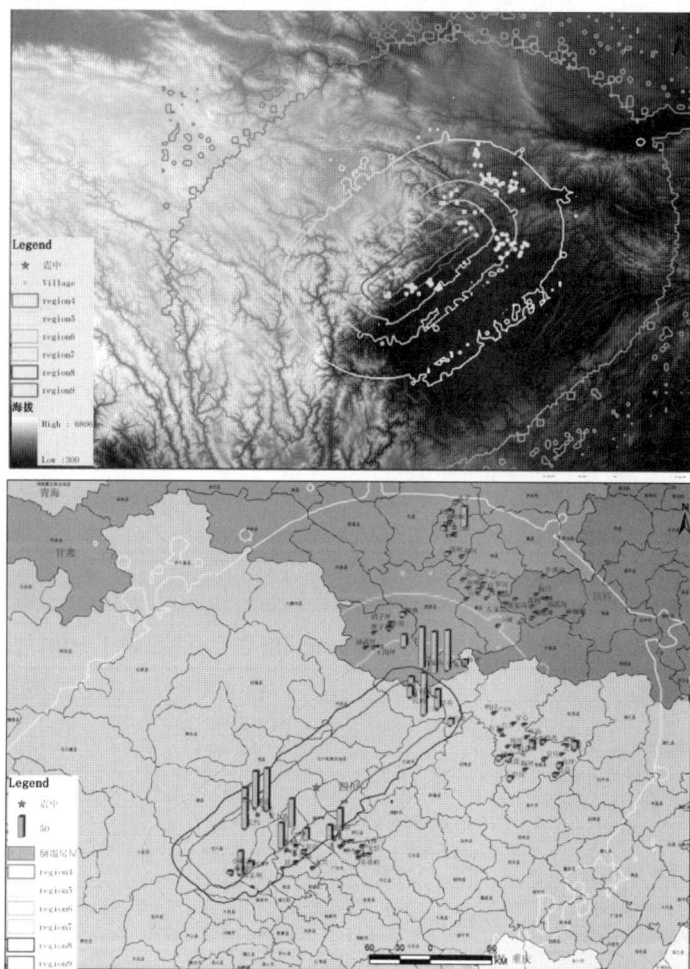

图 1　汶川地震震中、影响区域、房屋倒塌的地图表示

如图 1 所示，从地震中心点向外封闭线所围成的区域，分别是区域 9、区域 8、区域 7、区域 6、区域 5，也就是区域 9 离震中最近，区域 5 离震中最远。表 7 中列出了离震中不同距离的地震区域与地震造成的损害以及地理区位因素的关系。从表中可看出，学校的损坏程度、家庭住房损坏程度和家庭伤亡程度与地震区域高度相关，损坏程度的平均值从区域 5 向区域 9（离震中越来越近）不断提高，也就是离地震震中越近，地震损害程度越高。

表 7　距离震中不同距离的地震区域与地震损害、地理区位条件

	区域 5	区域 6	区域 7	区域 8	区域 9
学校损坏	2.69	2.93	3.22	3.39	3.71
家庭损坏	2.84	2.94	3.48	3.71	4.35
家庭成员伤亡	0.06	0.09	0.17	0.11	0.3
地形	0	0.35	0.49	0.3	0.05
斜坡	15.3	16	10.3	5.3	20.6
高程	1247	943	765	748	1512
离国道的距离	38.9	8.18	10	26.4	13.2
离铁路距离	52.5	55.9	39.1	30.7	63
离河流的距离	8.5	5.7	5.2	7.6	3.6
离省会城市距离	283.6	237.2	160.8	117.6	125.4

　　鉴于此，我们使用地震区域分类变量作为地震损害程度的工具变量，以缓解内生性问题。表 8 是两阶段最小二乘回归第一阶段的结果。与区域 5 为对照，区域 6—9 对家庭住房损害和学校损害的影响系数都为正，且越靠近震中，系数越来越大，除区域 6 之外，都在 1% 水平上显著。地震区域对家庭伤亡的回归系数中区域 6 为负，但其他都为正，系数并不呈明显增加，但离震中最近的区域 9，与对照组区域 5 相比，系数最大，且在 10% 水平显著。结果表明，工具变量是有效的。

表 8　家庭住房损坏、学校损坏、家庭成员伤亡与地震区域（一阶回归）

地震区域	家庭损坏	学校损坏	家庭成员伤亡
区域 6	0.06 （0.49）	0.00 （0.02）	−0.06 （1.43）
区域 7	0.83*** （5.69）	0.44*** （2.81）	0.05 （0.97）
区域 8	1.34*** （9.34）	0.70*** （4.62）	0.01 （0.22）
区域 9（离震中最近）	1.75*** （13.42）	0.98*** （7.11）	0.08* （1.71）

注：*、** 和 *** 分别代表 10%、5% 和 1% 水平上显著。

　　以上回归同时将以下变量作为控制变量：学生年龄、学生性别、户主教育年限、灾前的人均土地、灾前人均收入的对数、灾前人均房屋价值的对数、灾前人均资产量的对数、离国道公路距离的对数、离省会距离的对数、离河流距离的对数、离铁路距离的对数、村庄地形（平原、丘陵、山区）、房屋结构（砖砌、混泥土、其他）。

（三）OLS 回归与工具变量回归结果

表 9 是 OLS 回归以及基于上述工具变量的 2SLS 回归结果。从回归结果可以看出，考虑地震灾害程度的内生性并使用工具变量，一些变量的回归结果有较大差异。增加政策变量前后（每一项影响中（1）与（3）对比，（2）与（4）对比），三类地震损害（家庭损坏、学校损坏、家庭成员受伤）的系数变化很小；而主要差异在于 OLS 回归和工具变量回归结果之间的差异（每一项影响中（1）与（2）对比，（3）与（4）对比），同时，在三个因变量的工具变量回归中，Hausman 检验结果拒绝了地震灾害的损害程度不存在内生性的原假设，因此工具变量回归结果可能更加可靠。

我们先对地震损害情况的影响进行分析。在儿童心理方面，回归结果中，无论是否增加政策变量，学校损害程度对儿童心理状态具有负面影响，其基准 OLS 回归（1）和增加政策变量的 OLS 回归（3）的结果相近（$B=-0.05$，$P<0.001$），而无论是基准模型还是增加政策变量的模型，工具变量的回归结果中学校损害程度对儿童心理状态的影响程度更大（基准模型的工具变量回归中 $B=-0.33$，$P<0.05$，增加政策变量模型中的工具变量回归中 $B=-0.31$，$P<0.001$）。家庭住房损害与家庭成员伤亡对儿童心理的影响为负，但未通过显著性水平检验。在入学率方面，家庭损害对入学率影响不显著；无论是否增加政策变量，学校损坏在 OLS 估计中对入学率无影响，但是在 2SLS 估计中，为显著的负向影响，在没有增加政策变量时，负向影响更大（$B=-0.12$，$P<0.05$），增加异地安置等政策变量后，负向影响减小（$B=-0.04$，$P<0.1$）；家庭成员伤亡仅在没有增加政策变量的 2SLS 估计中有负向影响，增加政策变量后，影响不再显著。在学业表现方面，增加了政策变量后的 2SLS 估计（模型（4））中，仅有家庭损害对学业表现有影响，但是影响程度为正，此情况与常识认知并不相符，也需要进一步解释。

异地安置状况的政策变量加入不同回归模型，首先是，改变了模型中地震损害的影响水平，如上文对回归结果的描述；更重要的是，作为政策评估的重要方面，异地安置对儿童的心理、入学率和学业表现都产生了影响。

在心理方面，OLS 回归与 2SLS 回归的结果在影响方向上相差较大，在工具变量回归（4）中，异地安置的不同情况对儿童心理具有积极影响（系数均为正），尤其是与未安置的儿童相比，学校的县内安置对儿童的心理状态有显著正面影响（$B=0.16$，$P<0.1$）。在 OLS 回归中，学校县外安置与家庭的短期／长期安置与不安置相比，其影响都是负的，但是工具变量回归中影响为正（但是并非全

都显著）。这可能部分地解释了，回归模型得出异地安置对心理方面产生负向结果的一个原因或是内生性问题未得到妥善处理。

在入学率方面，学校异地安置对入学率具有负影响。学校的县内安置和县外安置在模型（3）的OLS估计中，系数均为负，并在1%水平显著，但在工具变量回归（4）中县内安置的负向影响不再显著，而县外安置的负向影响只能通过10%水平的显著性检验（$B=-0.04$，$P<0.1$）。是否使用工具变量回归所带来的变量影响的变化表明，在灾害影响内生性没有得到妥当处理的情况下，对学校异地安置影响的估计也很可能是失准的。家庭异地安置对入学率具有正向影响，其中工具变量回归中，家庭长期异地安置的影响程度更大（$B=0.05$，$P<0.1$）。

在学业表现方面，学校异地安置和家庭异地安置均为正向影响，OLS回归和工具变量回归中县外安置复学对儿童学业成绩的正向影响是一致的。其中，县内安置的系数较小，且并不显著，而县外安置的影响系数较大，且都在1%水平上显著，在工具变量回归中，影响系数增大（$B=0.39$，$P<0.001$）。家庭的长期异地安置（8个月以上）在工具变量回归中影响系数增大，且通过5%显著性水平检验（$B=0.47$，$P<0.05$）。在学业表现方面，经过工具变量处理内生性问题的模型表现出，学校的县外安置和家庭的长期异地安置对儿童灾后的学业表现均有重要的积极影响。

表9 震后安置对学生心理与学业发展的影响

	心理影响				入学率				学业表现			
	（1）OLS	（2）2SLS	（3）OLS	（4）2SLS	（1）OLS	（2）2SLS	（3）OLS	（4）2SLS	（1）OLS	（2）2SLS	（3）OLS	（4）2SLS
家庭损坏	−0.02（0.98）	0.11（1.11）	−0.02（1.02）	0.11（0.76）	−0.01（1.19）	0.06（1.61）	0（1.00）	0.04（1.44）	0（0.17）	0.12（0.92）	0.01（0.46）	0.41**（1.99）
学校损坏	−0.05***（2.97）	−0.33**（2.27）	−0.05***（2.94）	−0.31***（2.69）	0（0.68）	−0.12**（2.06）	0（0.85）	−0.04*（1.83）	−0.02（0.68）	−0.25（1.21）	−0.02（0.84）	−0.23（1.42）
家庭成员受伤	−0.06（1.09）	−0.3（0.64）	−0.04（0.66）	−0.34（0.72）	−0.02（1.51）	−0.32**（2.03）	0.02（1.60）	0.05（0.50）	−0.1（1.41）	0.4（0.64）	−0.12*（1.69）	−0.3（0.46）
政策变量：												
补贴的对数			0（0.40）	0（0.22）			0（0.86）	0（0.39）			0.01（0.44）	−0.03（1.10）
学校异地安置（县内）			0.04（0.56）	0.16*（1.64）			−0.04***（2.53）	−0.03（1.57）			0.02（0.21）	0.03（0.27）
学校异地安置（县外）			−0.03（0.39）	0.14（1.22）			−0.04***（2.49）	−0.04*（1.75）			0.34***（2.95）	0.39***（2.56）

续表

	心理影响				入学率				学业表现			
	（1）OLS	（2）2SLS	（3）OLS	（4）2SLS	（1）OLS	（2）2SLS	（3）OLS	（4）2SLS	（1）OLS	（2）2SLS	（3）OLS	（4）2SLS
家庭异地安置（安置时长8月内）			−0.01 (0.16)	0 (0.61)			0.01 (0.55)	0 (1.41)			0.11 (1.18)	1 (2.14)
家庭异地安置（安置时长8月以上）			−0.03 (0.63)	0.06 (0.36)			0.01 (1.34)	0.05* (1.71)			0.08 (1.18)	0.47** (2.15)
样本量	1417	1417	1373	1373	1379	1379	1334	1334	1333	1333	1313	1313

注：*、** 和 *** 分别代表10%、5% 和 1% 水平上显著。以上所有模型都控制了省固定效应，控制变量包括：学生年龄、学生性别、户主教育年限、灾前的人均土地、灾前人均收入的对数、灾前人均房屋价值的对数、灾前人均资产量的对数、离国道公路距离的对数、离省会距离的对数、离河流距离的对数、离铁路距离的对数、村庄地形（平原、丘陵、山区）、房屋结构（砖砌、混泥土、其他）。

（四）结论分析

学校损毁程度对儿童的心理具有较大的消极影响，同时也影响了灾后的入学率。由于地震发生在周一的下午，正是学校的上课时间，学校的损毁程度是儿童在地震发生时的创伤暴露程度的非常好的代理变量。由于在学儿童经历了校舍损毁，并可能目睹自己的同学在地震中受伤或者死亡，学校损毁程度越高，创伤暴露程度越高，对儿童的心理的负面影响就更大。此结果与大部分关于自然灾害的创伤暴露程度对受灾者心理影响的研究结论是一致的。学校损毁对灾后入学率的影响也符合预期。由于调查时间在地震后10个月后（2009年2月），该时期处于灾后重建的初始阶段，尽管有异地复学安置，但是学校大量损毁，可能仍然造成了一部分的儿童未能及时复学的现象，在比较研究结论时，同时也需注意到此项限制因素。

学校异地安置对儿童心理和学业都有积极影响，尤其是县内安置对灾后的儿童心理有显著的积极影响，而县外安置对儿童灾后的学业具有较强的积极影响。首先，异地安置对儿童心理的影响与大部分研究结论并不一致。有许多研究的结果是异地安置因为环境的改变、离开家人等原因而对儿童心理具有负面压力影响。即使 Guat Tin Ng 对汶川地震后学校临时搬迁安置的 540 名学生调查结果表明搬迁安置总体上是具有积极的效果的，但他认为，这样的研究结果与预期是相反的。但从本研究的结果出发，我们同样可以理解，异地安置后，学生避免了继续的创伤暴露，尤其是在汶川地震如此巨大的灾难后，无数的人员伤亡和悲伤的社区环境下，以及后来不断发生的余震都不利于儿童的身心恢复。在这个意义上，异地复学安置可能因为给予了儿童新的（更加安全的）环境，而有利于他们的心理恢复。尤其对异地安置在本县其他地方就学的儿童，他们既免于灾害发生地灾后环境，又没有离开家乡很远，仍然处于比较熟悉的环境中生活，因此县内异地复学的儿童与留在原地的儿童相比，心理状况更好。

学校的县外异地安置与原地复学相比，对儿童的学业有显著的积极影响，在以往研究中，更关注心理状况，对学业成绩较少涉及。郑娴使用了与本研究相同的调查数据分析得出，学生生活环境和学习环境的变化对学生成绩变化有显著影响，学生对生活环境变化的评价越高对其成绩变化的影响越有利。考虑到县外安置主要在对口支援省市，往往是发展比较好、教育设施和教学水平都更好的省市，由于我们没有控制学校质量方面的因素，所以，县外安置对学业成绩的积极影响有可能是学习环境和教学质量的改善带来的。

学校的异地安置会降低灾后儿童的入学率，这是在控制了学校损毁程度、家庭住房损毁和成员伤亡程度，以及政府对儿童就学的补贴状况影响后的结果。以往研究中对入学率的关注较少，但在本研究中，该结论可能由异地安置过程中就学不便所造成，比如，学校异地安置的距离太远、交通成本变高，或者父母不愿意让孩子离家太远等原因，需要更加详细的调查研究才能进一步探讨此结果。

家庭的长期异地安置则有利于灾后儿童的入学率和学业成绩。这可能意味着，儿童可以在灾害后与家人一起安置在新的环境中，既可以远离地震地，又得到家庭环境的支持，从而有利于儿童在地震后的成长发展。在以往研究中，灾后的儿童与家人在一起是有利于他们的心理恢复的，比如，地震对精神的影响在那些不和家人一起住的儿童中更加常见和严重，在被安置的儿童中，与家长生活在一起的儿童其急性创伤后应激障碍症状更少，但是我们的结论中并没有家庭长期异地安置对儿童精神恢复的显著影响。

四、结论与研究展望

（一）基本结论

从计量分析结果中，我们可以得出研究的基本结论：学校损毁程度对儿童心理的消极影响最大，同时也影响入学率，而在有效控制损毁程度的情况下，学校异地安置对儿童心理和学业都具有显著的积极影响，但学校的异地安置会降低灾后儿童的入学率，而家庭的长期异地安置则有利于灾后儿童的入学率和学业成绩。这些研究结论，可以作为灾后安置政策选择做有条件的参考。

　　与许多已有研究中所得出的比较一致的负面结论不同，本研究中，异地安置对儿童心理并不具有负面压力影响，而且县内安置具有显著的正影响，而且学校的县外异地安置有助于提高灾后儿童学业表现。同时，家庭异地安置对儿童心理具有不显著的正向影响，家庭的长期异地安置对灾后的入学率和学业表现都具有显著的积极影响。

　　因此，模型中有效控制灾害本身所产生的影响，有助于评估异地安置政策作为灾后干预措施所形成的政策影响。与此同时，震区异地复学儿童的心理健康仍然需要特别关注，尤其是有调查研究显示，汶川地震后极重灾区异地复学青少年在地震两年后仍然存在较高创伤后应激反应和心理健康问题（其中创伤后应激症状检出率为 65.6%；有 61.1% 的青少年存在心理健康问题），除了异地安置政策本身，有必要为他们提供具有针对性的社会与家庭支持，并开展有效的心理干预。

（二）稳健性考察与研究展望

　　在已有文献的研究设计中，许多对自然灾害影响的研究是限于某一两个社区的，或者使用单一的 PTSD 症状或者发生率的某种衡量指标，而本文使用的是来自 51 个受灾县自加权抽样样本，在受灾覆盖地区、样本规模方面都大大超越了已有研究。同时，问卷调查对地震前家庭情况进行了详细的观测，在使用儿童主观报告心理状况的基础上，增加了对心理症状的客观表现的观察，并将这种主观性更低的观测作为儿童心理症状的测量。此外，对儿童而言，自报告的心理测量可能因为他们不同的认知水平和因地震创伤暴露程度所产生的心理预期，而影响测量的客观性，因此使用了家庭对儿童灾后精神状态所能表现出来的行为的观测，以减少主观报告偏差。考虑到心理影响仍然可能被高估，对于在学儿童群体，学业成绩则是更容易观测和更加客观的表现，因此将学业成绩作为灾后儿童成长和恢复的另一个方面来测量。对于地震灾害带来的学校和家庭的损毁，考察了其内生性问题，并使用了工具变量和两阶段最小二乘法对模型进行估计，与普通最小二乘法的估计结果进行对照。这些技术方法的考量都有助于提高结果的稳健性。

　　值得注意的是，学校异地安置对儿童学业的积极影响，需要审慎解释。在研究中，我们考虑了地震造成损害程度的内生性，但考虑到学校异地安置主要由教育部门来分配，安置地也主要是在对口支援省市，因此便将学校的异地安置作为外生变量来处理。另外，县外异地安置迁入地是对口支援省市，而越是严重的受灾地区的对口支援省市越为发达，教育质量一般也较好。所以学校整体县外安置的学生可能获得了比在受灾地更好的教育，甚至因社会关怀而比留在灾区地就地复学儿童更好的生活环境。简言之，学校的异地安置没有控制学校教育水平的前后变化，因此，进入了安置变量当中，其详细解释还需要进一步考虑教育水平等因素的变化。

此外，本研究所使用的调查数据是地震后的第 10 个月的观测，从时间上来说，心理影响相对于学业成绩变化而言是一个更加长期的过程。需要对地震后儿童心理做更加长期的观测，并适当进行心理干预及对比研究。根据已有研究的方法和结论以及本研究中存在的问题，对自然灾害后异地安置的影响的进一步研究可以考虑异地安置后生活条件、社会支持状况的变化等可能对研究结论产生重要影响的因素。

参考文献

［1］Steinglass P，Gerrity E.Natural Disasters and Post-traumatic Stress Disorder Short-Term versus Long-Term Recovery in Two Disaster-Affected Communities.Journal of applied social psychology，1990，20（21）：1746-1765.

［2］Goenjian A K，Pynoos R S，Steinberg A M，et al.Psychiatric comorbidity in children after the 1988：Earthquake in Armenia.Journal of the American Academy of Child & Adolescent Psychiatry，1995，34（9）：1174-1184.

［3］Milne G.Cyclone tracy：II the effects on darwin children.Australian Psychologist，1977，12（1）：55-62.

［4］Kinzie J D，Sack W H，Angell R H，et al.The psychiatric effects of massive trauma on Cambodian children：I.The children.Journal of the American Academy of Child Psychiatry，1986，25（3）：370—376.

［5］石智雷，杨云彦．非自愿移民经济恢复的影响因素分析——三峡库区与丹江口库区移民比较研究．人口研究，2009（1）：72-80.

［6］Wastell C A.Exposure to trauma：The long-term effects of suppressing emotional reactions. The Journal of nervous and mental disease，2002，190（12）：839-845.

［7］Freedy J R，Saladin M E，Kilpatrick D G，et al. Understanding acute psychological distress following natural disaster. Journal of Traumatic Stress，1994，7（2）：257-273.

［8］Nolen-Hoeksema S，Morrow J. A prospective study of depression and posttraumatic stress symptoms after a natural disaster：the 1989 Loma Prieta Earthquake.Journal of personality and social psychology，1991，61（1）：115.

［9］Ingram J C，Franco G，Rio C R，et al.Post-disaster recovery dilemmas：challenges in balancing short-term and long-term needs for vulnerability reduction.Environmental Science & Policy，2006，9（7）：607-613.

［10］Pfefferbaum B.Posttraumatic stress disorder in children：A review of the past 10 years.Journal of the American Academy of Child & Adolescent Psychiatry，1997，36（11）：1503-1511.

［11］Groome D，Soureti A.Post-traumatic stress disorder and anxiety symptoms in children exposed to the 1999 Greek earthquake.British Journal of Psychology，2004，95（3）：387-397.

［12］Chen S H，Lin Y H，Tseng H M，et al.Posttraumatic stress reactions in children and adolescents one year after the 1999 Taiwan Chi-Chi earthquake.Journal of the Chinese Institute of Engineers，2002，25（5）：597-608.

［13］Roussos A，Goenjian A K，Steinberg A M，et al.Posttraumatic stress and depressive reactions among children and adolescents after the 1999 earthquake in Ano Liosia，Greece．American Journal of Psychiatry，2005，162（3）：530-537.

［14］Vernberg E M，La Greca A M，Silverman W K，et al.Prediction of posttraumatic stress symptoms in children after Hurricane Andrew.Journal of abnormal psychology，1996，105（2）：237.

［15］Arriéns W T L，Benson C.Post disaster rehabilitation：the experience of the Asian Development Bank．1999．23-26.

［16］K l C，Aydn I，Takntuna N，et al.Predictors of psychological distress in survivors of the 1999 earthquakes in Turkey：effects of relocation after the disaster．Acta Psychiatrica Scandinavica，2006，114（3）：194-202.

［17］Laor N，Wolmer L，Mayes L C，et al.Israeli preschoolers under Scud missile attacks：A developmental perspective on risk-modifying factors.Archives of General Psychiatry，1996，53（5）：416.

［18］Laor N，Wolmer L，Mayes L C，et al.Israeli preschool children under Scuds：a 30-month follow-up．Journal of the American Academy of Child & Adolescent Psychiatry，1997，36（3）：349—356.

［19］Najarian L M，Goenjian A K，Pelcovitz D，et al.The effect of relocation after a natural disaster．Journal of traumatic stress，2001，14（3）：511-526.

［20］Galante R，Foa D.An epidemiological study of psychic trauma and treatment effectiveness for children after a natural disaster.Journal of the American Academy of Child Psychiatry，1986，25（3）：357-363.

［21］Najarian L M，Goenjian A K，Pelcovttz D，et al.Relocation after a disaster：posttraumatic stress disorder in Armenia after the earthquake.Journal of the American Academy of Child & Adolescent Psychiatry，1996，35（3）：374-383.

［22］Soong W T，Lee Y C，Huang R R，et al.A comparative study of post-traumatic symptoms between students living at Yu-Chih and relocating to Kaohisung after the Chi-Chi earthquake．2000．308-317.

［23］Goenjian A.A mental health relief programme in Armenia after the 1988 earthquake.Implementation and clinical observations.The British Journal of Psychiatry，1993，163（2）：230-239.

[24] Ng G T，Sim T.Post-disaster school relocation：A case study of Chinese students' adjustment after the Wenchuan earthquake.International Social Work，2012.

[25] Uscher Pines L.Health effects of relocation following disaster：a systematic review of the literature. Disasters，2009，33（1）：1–22.

[26] Sawada Y，Shimizutani S. How Do People Cope with Natural Disasters？Evidence from the Great Hanshin-Awaji（Kobe）Earthquake in 1995. Journal of Money，Credit and Banking，2008，40 （2–3）：463–488.

[27] Noy I.The macroeconomic consequences of disasters. Journal of Development Economics，2009， 88（2）：221–231.

[28] Wisner B.At risk：natural hazards，people's vulnerability and disasters. Psychology Press，2004.

[29] Cutter S L.Vulnerability to environmental hazards.Progress in human geography，1996，20： 529–539.

[30] 郑娴. 学生学习成绩变化的影响分析——以震后汶川县异地就学的学生为例：中国人民大学硕士学位论文，2010.

[31] 朱宏博. 汶川震后两年异地复学青少年创伤后应激反应及心理状况研究：吉林大学硕士学位论文，2011.

（本文与王瑜、Albert Park 合著，原载《中国农业大学学报》2018 年第 2 期）

气象灾害对中国特殊类型地区贫困的影响研究

一、引言

联合国 2015 年后全球发展议程确立了在未来 15 年内彻底消除极端贫困 [①] 的目标，消除贫困是世界各国尤其是发展中国家面临的艰巨任务。中国政府一直致力于消除贫困，并取得了举世瞩目的成就，但任务依旧艰巨，要实现到 2020 年全面建成小康社会，农村贫困仍是"短板"，而特殊类型地区（本文指中国的老少边地区）贫困问题更是"短板中的短板"。目前在中国 592 个扶贫开发工作重点县中，老区县有 147 个，少数民族县有 267 个，边区县有 42 个，老少边地区贫

---

① 贫困：十九世纪的英国学者 S.Rowntree（1941）在他的《贫困：城镇生活的研究》中提出了绝对贫困的概念。20 世纪 60 年代斯坦福大学经济学教授 Victor Fuchs（1967）提出了相对贫困的概念。本文研究的贫困是从货币角度定义的绝对贫困，即当个人人均纯收入低于相应时期内划定的贫困线时便处于贫困状态。

困县占全国贫困县的 77%，解决老少边地区的贫困问题仍是中国扶贫工作的重中之重。气象灾害 ① 的频发对贫困地区会带来极大影响，气候变化已经阻碍了脱贫。根据 IPCC 气候变化报告，全球气候呈现逐年变暖趋势，异常天气的发生将更加频繁，全球范围内的气象灾害发生率明显增加。气象灾害的影响不可忽视，根据联合国减灾署（UN-ISDR）对 85 个国家和州的国家灾害损失数据统计结果，1990—2013 年气象灾害导致的死亡人数达 37.28 万人，造成经济损失 3487.40 亿美元，而这些灾害将进一步加剧贫困，比如干旱和飓风等灾害容易使家庭落入长期贫困陷阱，由干旱引发的一系列问题会导致社会秩序的不稳定；温度的剧烈变化会对农业产出造成影响，进而影响到贫困农户的收入，低温冰冻雨雪灾害在空间打击上具有集聚性，影响区域相对集中，在时间打击上具有连续性；洪灾具有突发性，它能在短时期内造成大量人口死亡，给区域造成巨大的经济损失；风灾季节性较强，不仅对高层建筑施工、电力、通信设施等造成较大损失，还会给农业生产带来严重影响。

在特殊类型贫困地区，气象灾害对贫困的影响更加突出，因为特殊类型贫困地区大多生态脆弱性问题突出，气象灾害易发，且经济条件较落后，基础设施薄弱，抗灾能力有限，在气象灾害发生时很容易遭受不利影响，加重贫困。从中国 30 多年的减贫实践来看，消除气象灾害引发的贫困是最复杂、最困难的，而中国老少边地区气象灾害和贫困问题突出，因此研究特殊类型地区气象对贫困的影响有着重要的现实意义。气象灾害的风险冲击和农户自身的风险抵抗力最终形成对农户贫困的影响结果。农户自身的风险抵抗力可用可持续生计 ② 资本进行衡量，依据不同的生计资本，农户抵御风险的能力也将不同，比如，有研究显示，人力资源数量不足、人力资源质量低、常住人口结构不合理并呈现女性化趋势会加重少数民族地区贫困。目前的研究结合可持续生计、气象灾害分析特殊类型地区贫困的还很少。本文运用国家统计局农村常住户调查数据，创新性地从可持续生计角度实证分析了气象灾害对特殊类型地区贫困的影响，并从农业和非农业收入等

① 气象灾害是指由气象原因直接或间接引起的，给人类造成损失的灾害现象。根据《中国气象灾害年鉴》中国常年所发生的气象灾害有：干旱、暴雨洪涝、台风、冰雹和龙卷风、沙尘暴、低温冷冻害和雪灾。其中农村地区主要的气象灾害类别是：旱灾、水灾、冷冻灾害、风灾。基于此，本文主要分析的是干旱灾害、水灾、冷冻灾害和风灾对农村贫困地区的影响。

② 根据 Chambers 和 Conway（1992）对可持续生计思想的阐述，可持续生计可以看做谋生的方式，该谋生方式建立在能力、资产（包括储备物、资源、要求权和享有权）和活动基础之上。只有当生计能够应对并在压力和打击下得到恢复，能在当前和未来保持乃至加强其能力和资产，同时又不损坏自然资源基础，这种生计才是可持续性的。

方面分析了影响的路径。

二、数据来源及变量描述

本文采用国家统计局 2006 年和 2010 年对中国 592 个国家扶贫开发工作重点县的调查数据 ①，调查内容为 2005 年、2009 年贫困村、贫困户的生产生活情况。特殊类型地区样本总量为 46704 户，其中革命老区县农户样本 23858 户，少数民族县样本 19646 户，边境县样本 3200 户。之所以采用面板数据是因为能便于控制和估计其中的个别差异（即非观测效应），并减少解释变量之间的共线性。

收入是衡量贫困的重要指标，本文在分析气象灾害对特殊类型地区贫困的影响时，将年末家庭人均纯收入、家庭人均农业纯收入、家庭人均非农业纯收入和贫困发生率作为被解释变量（收入部分计量单位均为元）。气象灾害对农户而言是一种收入风险，因此可将气象灾害作为收入的解释变量。近年来中国国家气象局把水灾、旱灾、冷冻灾害和风灾列为最主要的全国性气象灾害。与此相对应的是国家统计局的贫困监测调研也将这些灾害单独列出进行了统计，因此本文以是否发生旱灾、水灾、冷冻灾害、风灾等作为气象灾害类变量，并设为虚拟变量，发生灾害取 1，不发生则取 0。与气象灾害风险相对应的是农户应对气象灾害的抵御能力，农户的风险抵御能力主要包括家庭拥有的资本，包括物质资本、人力资本和社会资本等，这些资本可称为可持续生计资本。农户的抵抗能力即生计资本和气象灾害的冲击共同作用于农户从而影响贫困，因此本文将可持续生计资本作为被解释变量。可持续生计资本变量中人力资本包含的指标有家庭劳动力高中以上文化占比（%）、家庭劳动力占比（%）、家里是否有大病患者（"是"取 1，"否"取 0）；自然资本的相应指标为家庭耕地面积（公顷）、物质资本指标为家庭年末固定资产价值（元）；社会资本的相应指标为家里是否有乡村干部（"是"取 1，"否"取 0）。另外，因为区域经济的发展和非农就业对农户家庭经济有影响，所以将地区虚拟变量和是否纯农业户（"是"取 1，"否"取 0）变量放入控制变量中。需要说明的是本文采用中国国家贫困线，其中 2005 年的贫困线为 693 元，2009 年的贫困线为 1196 元。

表 1 是基本变量情况，从表中可以看出，各类灾害在边境地区、革命老区和民族地区均有发生。收入方面，边境地区农户的家庭人均纯收入在 2005 年和

---

① 目前，该数据并未公开出版，本文作者向国家统计局申请仅计算结果用于论文研究，经统计局同意后，设计好程序到统计部门计算得出本文结果。

2009 年均低于革命老区和民族地区农户的家庭人均纯收入；从收入构成上看，边境地区农户的家庭人均农业纯收入高于革命老区和民族地区农户的家庭人均农业纯收入，但是边境地区农户的家庭人均非农业纯收入低于革命老区和民族地区农户的家庭人均非农业纯收入，从农户可持续生计资本水平看，边境地区、革命老区和民族地区差异并不明显。

表 1   变量描述性统计

变量类型	变量名	年份	边境地区		革命老区		民族地区	
			均值	标准差	均值	标准差	均值	标准差
被解释变量	是否发生旱灾	2005	0.36	0.48	0.35	0.48	0.37	0.48
		2009	0.10	0.30	0.12	0.33	0.06	0.24
	是否发生洪灾	2005	0.04	0.21	0.05	0.22	0.05	0.22
		2009	0.01	0.08	0.01	0.11	0.01	0.08
	是否发生冰冻灾害	2005	0.03	0.18	0.03	0.17	0.03	0.17
		2009	0.06	0.24	0.01	0.07	0.01	0.11
	是否发生风灾	2005	0.01	0.12	0.01	0.12	0.01	0.12
		2009	0.01	0.06	0.01	0.08	0.01	0.07
	家庭人均纯收入（元）	2005	1996.03	1349.91	2035.51	1392.94	2013.32	1509.99
		2009	3224.17	2275.59	3533.89	2447.88	3279.92	2279.10
	家庭人均农业纯收入（元）	2005	1060.75	992.74	1056.61	1007.69	1047.20	1162.83
		2009	1988.62	1991.23	1576.41	1629.49	1759.13	1749.53
	家庭人均非农业纯收入（元）	2005	3850.67	4370.49	3962.19	4228.61	3934.55	4307.30
		2009	4972.68	5256.95	7612.15	7391.09	6354.51	6876.65
	贫困发生率（%）	2005	0.08	0.03	0.08	0.03	0.08	0.03
		2009	0.08	0.06	0.09	0.10	0.09	0.10
解释变量（社会资本变量）	家里是否有乡村干部	2005	0.05	0.22	0.05	0.21	0.05	0.21
		2009	0.02	0.13	0.04	0.19	0.04	0.18
解释变量（物质资本变量）	家庭年末固定资产（元）	2005	21003.92	19945.94	20921.40	20342.56	20880.04	20675.61
		2009	26984.94	28272.58	32669.32	34388.75	29667.93	29333.04
解释变量（人力资本变量）	家庭劳动力高中以上文化占比（%）	2005	0.09	0.20	0.09	0.20	0.09	0.20
		2009	0.09	0.21	0.13	0.23	0.09	0.20
	家庭是否有大病患者	2005	0.93	0.17	0.93	0.18	0.93	0.17
		2009	0.90	0.20	0.92	0.20	0.93	0.18
	家庭劳动力占比（%）	2005	0.70	0.22	0.70	0.22	0.70	0.22
		2009	0.71	0.24	0.75	0.23	0.71	0.23
解释变量（自然资本变量）	家庭耕地面积（hm²）	2005	1.80	0.91	1.78	0.92	1.80	0.92
		2009	2.30	1.16	1.77	0.97	1.93	0.89
控制变量	是否纯农业户	2005	0.77	0.42	0.75	0.43	0.75	0.43
		2009	0.90	0.30	0.68	0.47	0.80	0.39

注：因控制变量中地区虚拟变量较多，限于篇幅省略了。

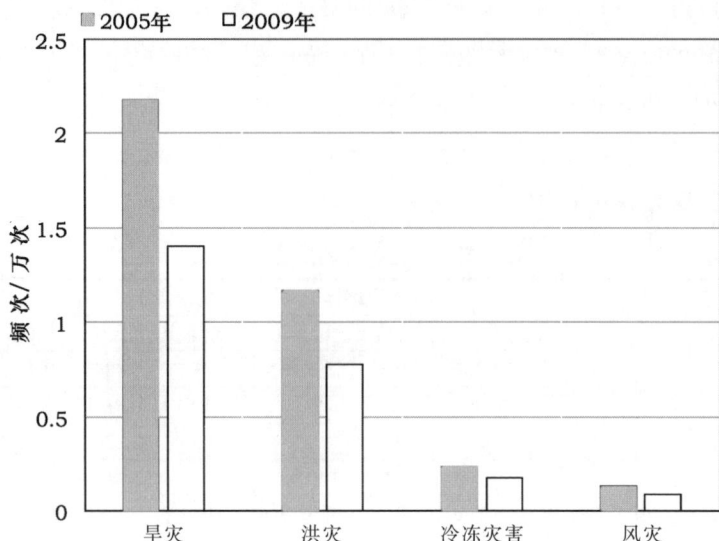

图1　2005年和2009年样本户遭受气象灾害频次

图1反映了46704个调查样本户分别在2005年和2009年遭受气象灾害的频次，从统计结果看，在调查年份样本农户遭受干旱灾害频次最多，其次是洪灾，而遭受风灾的频次最少。从年份看，整体上2005年遭受气象灾害比2009年频次高一些。需要说明的是，由于每个农户自身情况等不同，同一个区域，有可能一户受灾而另一户未受灾，因此没有从区域，而是从农户是否受灾角度调查并得出了受灾频次。

三、可持续生计资本视角下气象灾害对贫困的影响

（一）模型设定

本部分分析的是气象灾害对农户收入及贫困发生率的影响。在气象灾害的风险之下，农户自身的可持续生计变量同样影响农户的收入和贫困情况，因此需要将气象灾害变量和可持续生计变量同时放入回归方程。在建立回归方程模型前，进行了偏相关分析（见表2）。结果表明，是否发生旱灾、是否发生洪灾、是否发生冰冻灾害、是否发生风灾等主要自变量和因变量家庭人均纯收入、贫困发生率之间存在明显的线性关系。

表 2　主要变量偏相关分析

变量名	对家庭人均纯收入分析结果		对贫困发生率分析结果	
	偏相关系数	半偏相关系数	偏相关系数	半偏相关系数
是否发生旱灾	−0.027 3	−0.024 7	−0.042 8	−0.041 4
是否发生洪灾	−0.024 8	−0.020 5	−0.033 9	−0.031 7 7
是否发生冰冻灾害	−0.026 8	−0.023 8	−0.037 8	−0.037 4
是否发生风灾	−0.047 8	−0.041 0	−0.032 7	−0.031 6
家里是否有乡村干部	0.056 1	0.051 0	0.016 6	0.007 7
家庭劳动力高中以上文化占比	0.048 7	0.041 6	0.044 3	0.044 1
是否纯农业户	−0.008 2	−0.019 3	−0.202 3	−0.096 1
家庭年末固定资产	0.069 4	0.055 8	0.371 1	0.185 9
家庭劳动力占比	0.018 2	0.016 8 2	0.016 3	0.007 6
家庭耕地面积	0.015 4	0.014 0	0.432 8	0.223 4
家庭是否有大病患者	−0.039 6	−0.032 4	−0.041 3	−0.040 7

此外，由于对数函数能更好地显示自变量变化对因变量变化百分比的影响，因此在多元线性回归的基础上根据需要将自变量和因变量取对数进行了回归分析。面板数据能控制个别差异并减少解释变量之间的共线性，本文在用面板数据分析时为处理好统计中的"个体效应"，采用固定效应模型和随机效应模型进行计算。根据以上分析，可以拟定回归方程如下：

$$Icome_{it}=\varphi_0+\varphi_1Dr_{it}+\varphi_2Fl_{it}+\varphi_3Fr_{it}+\varphi_4Wi_{it}+\varphi_5Vil_{it}+\varphi_6ill_{it}+\varphi_7as_{it}+\varphi_8lan_{it}+\varphi_9se_{it}+\varphi_{10}la_{it}+\varphi_{11}pu_{it}+ar+\omega_{it} \tag{1}$$

$$aIcome_{it}=\varphi_0+\varphi_1Dr_{it}+\varphi_2Fl_{it}+\varphi_3Fr_{it}+\varphi_4Wi_{it}+\varphi_5Vil_{it}+\varphi_6ill_{it}+\varphi_7as_{it}+\varphi_8lan_{it}+\varphi_9se_{it}+\varphi_{10}la_{it}+\varphi_{11}pu_{it}+ar+\omega_{it} \tag{2}$$

$$Icomep_{it}=\varphi_0+\varphi_1Dr_{it}+\varphi_2Fl_{it}+\varphi_3Fr_{it}+\varphi_4Wi_{it}+\varphi_5Vil_{it}+\varphi_6ill_{it}+\varphi_7as_{it}+\varphi_8lan_{it}+\varphi_9se_{it}+\varphi_{10}la_{it}+\varphi_{11}pu_{it}+ar+\omega_{it} \tag{3}$$

$$aIcomep_{it}=\varphi_0+\varphi_1Dr_{it}+\varphi_2Fl_{it}+\varphi_3Fr_{it}+\varphi_4Wi_{it}+\varphi_5Vil_{it}+\varphi_6ill_{it}+\varphi_7as_{it}+\varphi_8lan_{it}+\varphi_9se_{it}+\varphi_{10}la_{it}+\varphi_{11}pu_{it}+ar+\omega_{it} \tag{4}$$

$$Icomenonp_{it}=\varphi_0+\varphi_1Dr_{it}+\varphi_2Fl_{it}+\varphi_3Fr_{it}+\varphi_4Wi_{it}+\varphi_5Vil_{it}+\varphi_6ill_{it}+\varphi_7as_{it}+\varphi_8lan_{it}+\varphi_9se_{it}+\varphi_{10}la_{it}+\varphi_{11}pu_{it}+ar+\omega_{it} \tag{5}$$

$$aIcomenonp_{it}=\varphi_0+\varphi_1Dr_{it}+\varphi_2Fl_{it}+\varphi_3Fr_{it}+\varphi_4Wi_{it}+\varphi_5Vil_{it}+\varphi_6ill_{it}+\varphi_7as_{it}+\varphi_8lan_{it}+\varphi_9se_{it}+\varphi_{10}la_{it}+\varphi_{11}pu_{it}+ar+\omega_{it} \tag{6}$$

$$HCR_{it}=\varphi_0+\varphi_1Dr_{it}+\varphi_2Fl_{it}+\varphi_3Fr_{it}+\varphi_4Wi_{it}+\varphi_5Vil_{it}+\varphi_6ill_{it}+\varphi_7as_{it}+\varphi_8lan_{it}+\varphi_9se_{it}+\varphi_{10}lab_{it}+\varphi_{11}pu_{it}+ar+\omega_{it} \tag{7}$$

在以上回归方程中等号左边是各类贫困指标，其中 *Icome*、*aIcome*、*Icomep*、*aIcomep*、*Icomenonp*、*aIcomenonp* 分别表示家庭人均纯收入、家庭人均纯收入的对数、贫困农户的家庭人均纯收入、贫困农户的家庭人均纯收入对数、非贫困户的家庭人均纯收入和非贫困户的家庭人均纯收入对数；*Dr*、*Fl*、*Fr*、*Wi* 分别表示是否发生旱灾、是否发生洪灾、是否发生冰冻灾害、是否发生风灾；*Vil*、*ill*、*as*、*lan*、*se*、*la*、*pu* 分别表示家里是否有乡村干部、家里是否有大病患者、家庭年末固定资产的对数、家庭耕地面积的对数、家庭劳动力高中以上文化占比、家庭劳动力占家庭总人口比重、该家庭是否为纯农业户；*HCR* 是贫困发生率；φ_0 为常数项；ω 为误差项；i 为农户；t 为年份；*ar* 是地区控制变量。需要说明的是，在本文大部分的分析中，使用的是以户为单位的数据变量，这是因为气象灾害对农户的影响有异质性，比如某个区域遭受洪灾，并不意味着该区域的每个农户都会遭受到洪灾，有些农户的耕地或房屋地势较高，就有可能免于水患。

（二）结果及分析

1. 气象灾害对收入的影响

表 3 是气象灾害对边境地区、革命老区和民族地区农户收入影响的结果。结果显示，气象灾害都显示出对收入的负向影响，并且在 1% 的置信水平下显著。从 Hausman 检验的结果来看，固定效应模型结果更稳健，其结果显示与没有遭受旱灾影响的家庭相比，受旱灾影响的家庭人均收入要低 711.8725 元。与没有遭受洪灾影响的家庭相比，受洪灾的家庭人均收入要低 1457.4580 元。与没有遭受风灾影响的家庭相比，受风灾的家庭人均收入低了 1296.8000 元。

从固定效应模型分析结果看，在可持续生计变量中，社会资本、人力资本、自然资本和物质资本变量对农户收入有显著影响。其中劳动力高中文化占比每上升一个百分点使边境地区、革命老区和民族地区家庭人均纯收入分别增加了 430.7757 元、866.8276 元和 568.0945 元。家庭劳动力人数占比每上升一个百分点分别使边境地区、革命老区和民族地区家庭人均纯收入分别增加了 1122.2840 元、1800.3560 元和 11659.9190 元。此外，人力资本中有重病患者明显不利于农户增收，而耕地、固定资产的增加则明显有利于农户增收。控制变量中纯农业户变量系数为负，这可能是因为纯农业户完全依赖农业生产，收入来源单一，不利于稳定增收。

表 3　气象灾害对样本区家庭人均纯收入回归的结果

变量名	边境地区		革命老区		民族地区	
	固定效应	随机效应	固定效应	随机效应	固定效应	随机效应
家里是否有乡村干部	61.2784 （199.5537）	367.1357*** （132.9339）	393.1005*** （70.8455）	599.7089*** （47.5280）	295.3295*** （79.2604）	436.7327*** （52.9532）
家庭劳动力高中以上文化占比（%）	430.7757** （180.0745）	460.3222*** （121.4853）	866.8276*** （66.4821）	727.7682*** （44.6323）	568.0945*** （78.0027）	580.4808*** （52.9839）
家庭年末固定资产的对数	274.5161*** （41.1247）	185.5973*** （27.7865）	397.7086*** （14.9308）	323.3781*** （10.2755）	435.2101*** （17.2699）	359.5008*** （11.8758）
家庭劳动力占家庭总人口比重（%）	1122.2840*** （167.6594）	1301.8780*** （111.1535）	1800.3560*** （65.0536）	1617.2820*** （44.3255）	1165.9190*** （71.1573）	1198.1140*** （48.4748）
家庭是否有大病患者	−508.7372** （207.1370）	−296.3550** （140.5385）	−553.6630*** （78.1248）	−366.0020*** （53.4270）	−400.4480*** （89.7411）	−275.9600*** （61.5940）
家庭耕地面积的对数	375.4340*** （33.8645）	297.6960*** （23.2800）	72.8624*** （15.3572）	42.2050*** （10.3981）	110.1967*** （17.4418）	76.0631*** （11.8651）
是否发生旱灾	−711.8725*** （83.1270）	−505.6290*** （58.4592）	−855.9275*** （32.1288）	−499.8330*** （22.5691）	−805.6440*** （35.4437）	−468.2530*** （25.7643）
是否发生洪灾	−1457.4580*** （222.6475）	−927.8480*** （153.9485）	−1047.0050*** （80.8237）	−701.1540*** （55.3542）	−1107.6500*** （91.9752）	−575.5510*** （63.3276）
是否发生冷冻灾害	−69.0321 （166.9729）	−260.2897** （113.8822）	−1270.5040*** （104.8227）	−846.2690*** （71.7606）	−706.6600*** （104.5448）	−349.9360*** （71.6834）
是否发生风灾	−1296.8000*** （439.3126）	−951.8610*** （293.8999）	−713.9279*** （141.4951）	−566.0080*** （95.8555）	−533.6070*** （161.7819）	−359.6360*** （109.5528）
是否纯农业户	−34.4828 （99.3531）	−150.5390** （66.6201）	−712.4796*** （32.4279）	−658.6050*** （22.0265）	−297.7570*** （38.0046）	−341.3840*** （25.8933）
地区虚拟变量	控制	控制	控制	控制	控制	控制
常数项	−1020.5490** （452.3054）	−251.3600 （303.4600）	−1362.5910*** （168.4574）	−757.8520*** （115.3688）	−1861.9300*** （194.4982）	−1268.6400*** （133.7627）
Hausman 检验	Prob>chi²=0		Prob>chi²=0		Prob>chi²=0	

注：1. *、**、*** 分别指在 10%、5% 和 1% 水平上显著。2. 地区虚拟变量相关值因地区过多而省略了。3. 括号里的数字表示标准误差。

表 4 是气象灾害对边境县农村家庭收入的对数回归的结果。结果同样表明气象灾害对人均纯收入有显著的负向影响，同时 Hausman 检验的结果显示固定效应模型的结果更稳健。此外，可持续生计变量中各生计资本的增加能显著增加收入，这表明积累生计资本能明显减少风险暴露。

表4 气象灾害对样本区家庭人均纯收入对数回归的结果

变量名	边境地区		革命老区		民族地区	
	固定效应	随机效应	固定效应	随机效应	固定效应	随机效应
家里是否有乡村干部	0.0008 (0.0668)	0.1050** (0.0443)	0.1508*** (0.0233)	0.2098*** (0.0155)	0.1128*** (0.0263)	0.1672*** (0.0174)
家庭劳动力高中以上文化占比（%）	0.1971*** (0.0604)	0.1983*** (0.0405)	0.2478*** (0.0219)	0.2166*** (0.0146)	0.1620*** (0.0260)	0.1733*** (0.0174)
家庭年末固定资产的对数	0.1113*** (0.0138)	0.0759*** (0.0093)	0.1427*** (0.0049)	0.1126*** (0.0034)	0.1516*** (0.0058)	0.1201*** (0.0039)
家庭劳动力占家庭总人口比重（%）	0.4100*** (0.0563)	0.4616*** (0.0371)	0.6268*** (0.0214)	0.5471*** (0.0145)	0.4146*** (0.0237)	0.4158*** (0.0160)
家庭是否有大病患者	−0.1567** (0.0694)	−0.0573 (0.0470)	−0.1344*** (0.0257)	−0.0717*** (0.0175)	−0.0646** (0.0299)	−0.0324 (0.0203)
家庭耕地面积的对数	0.1126*** (0.0113)	0.0829*** (0.0078)	0.0125** (0.0051)	0.0013 (0.0034)	0.0300*** (0.0058)	0.0156*** (0.0039)
是否发生旱灾	−0.3040 (−0.0279)	−0.2266*** (−0.0195)	−0.3082*** (0.0106)	−0.1854*** (0.0074)	−0.3434*** (0.0118)	−0.2152*** (0.0085)
是否发生洪灾	−0.5925*** (0.0746)	−0.3968*** (0.0513)	−0.3951*** (0.0265)	−0.2515*** (0.0181)	−0.4386*** (0.0305)	−0.2448*** (0.0208)
是否发生冷冻灾害	−0.0167 (0.0560)	−0.0589 (0.0380)	−0.5021*** (0.0345)	−0.3339*** (0.0234)	−0.3045*** (0.0348)	−0.1821*** (0.0236)
是否发生风灾	−0.6245*** (0.1467)	−0.4654*** (0.0979)	−0.2672*** (0.0464)	−0.2107*** (0.0313)	−0.2694 (0.0538)	−0.1858*** (0.0361)
是否纯农业户	−0.0104 (0.0333)	−0.0711*** (0.0222)	−0.2612*** (0.0107)	−0.2438*** (0.0072)	−0.1209*** (0.0126)	−0.1306*** (0.0085)
地区虚拟变量	控制	控制	控制	控制	控制	控制
常数项	6.2837*** (0.1516)	6.5795*** (0.1013)	6.2106*** (0.0554)	6.4758*** (0.0377)	6.0729*** (0.0648)	6.3439*** (0.0441)
Hausman 检验	Prob>chi²=0		Prob>chi²=0		Prob>chi²=0	

注：1.*、**、*** 分别指在10%、5%和1%水平上显著。2.地区虚拟变量相关值因地区过多而省略了。3.括号里的数字表示标准误差。

气象灾害虽然会影响特殊类型地区的农户家庭收入，但是这并不代表气象灾害对特殊类型地区所有农村人群有着同样的影响力度。表5是气象灾害对特殊类型地区贫困户和非贫困户农户人均纯收入影响的分析结果。通过分析发现，在边境地区、革命老区和民族地区气象灾害明显减少了贫困户和非贫困户的收入，且贫困户收入减少比例大于非贫困户收入减少比例。由此可以看出：①气象灾害能够显著地加重贫困户的贫困程度，从而使贫困户面临着严峻的脱贫障碍；②增加了非贫困农户陷入贫困的可能性；③相比贫困农户而言，非贫困农户可持续生计资本水平的增加更能较好地抵御灾害风险，这主要是因为只有当生计资本积累到一定水平时才能有效发挥出抵御风险的作用；④物质资本、自然资本、人力资本对农户收入有正向影响，特别是物质资本中的家庭固定资产对贫困户收入有明显正向影响，家庭固定资产每提高一个百分点，边境地区、革命老区和民族地区贫困户收入分别提高 3.44%，1.09%，3.23%。

表 5　气象灾害对贫困与非贫困户人均纯收入对数回归结果

变量名	边境地区		革命老区		民族地区	
	贫困户	非贫困户	贫困户	非贫困户	贫困户	非贫困户
家里是否有乡村干部	−0.2871 （0.1908）	0.0742* （0.0378）	−0.0150 （0.0838）	0.1451*** （0.0130）	−0.0753 （0.0867）	0.1115*** （0.0146）
家庭劳动力高中以上文化占比（%）	0.0152 （0.1492）	0.1714*** （0.0349）	0.0171 （0.0511）	0.2074*** （0.0124）	0.0942 （0.0630）	0.1666*** （0.0148）
家庭年末固定资产的对数	0.0344* （0.0284）	0.0780*** （0.0081）	0.0109* （0.0097）	0.1110*** （0.0029）	0.0323*** （0.0118）	0.1253*** （0.0034）
家庭劳动力占家庭总人口比重（%）	0.0265 （0.1184）	0.3837*** （0.0323）	0.1143** （0.0442）	0.4975*** （0.0125）	0.0098 （0.0521）	0.3818*** （0.0136）
家庭耕地面积的对数	0.0310 （0.0232）	0.0872*** （0.0068）	0.0266*** （0.0092）	0.0135*** （0.0030）	0.0425*** （0.0112）	0.0300*** （0.0034）
家庭是否有大病患者	−0.3612** （0.1500）	−0.0685* （0.0409）	−0.0156 （0.0503）	−0.1124*** （0.0152）	−0.0371 （0.0630）	−0.0664*** （0.0175）
是否发生旱灾	−0.3563*** （0.0584）	−0.1758*** （0.0171）	−0.2111*** （0.0227）	−0.1869*** （0.0063）	−0.3234*** （0.0267）	−0.2030*** （0.0073）
是否发生洪灾	−0.4494*** （0.1339）	−0.3309*** （0.0454）	−0.2801*** （0.0549）	−0.2497*** （0.0156）	−0.3524*** （0.0649）	−0.2273*** （0.0178）
是否发生冷冻灾害	−0.0519 （0.1190）	0.0735** （0.0330）	−0.3996*** （0.0644）	−0.3026*** （0.0204）	−0.3327*** （0.0686）	−0.1486*** （0.0204）
是否发生风灾	−0.4980** （0.2423）	−0.4085*** （0.0873）	−0.1257 （0.0901）	−0.2090*** （0.0271）	−0.2214** （0.1058）	−0.1703*** （0.0311）
是否纯农业户	−0.0282 （0.0769）	−0.0410** （0.0192）	−0.0738*** （0.0267）	−0.1902*** （0.0061）	−0.0304 （0.0302）	−0.1032*** （0.0072）
地区虚拟变量	控制	控制	控制	控制	控制	控制
常数项	7.1177*** （0.3084）	6.6765*** （0.0884）	6.4213*** （0.1080）	6.6160*** （0.0327）	6.8879*** （0.0867）	6.4051*** （0.0379）
Hausman 检验	Prob>chi^2=0		Prob>chi^2=0		Prob>chi^2=0	

注：1.*、**、*** 分别指在 10%、5% 和 1% 水平上显著。2.地区虚拟变量相关值因地区过多而省略了。3.括号里的数字表示标准误差。

2.气象灾害对贫困发生率的影响

表 6 是边境地区、革命老区和民族地区气象灾害对贫困发生率影响的分析

结果，由于 Hausman 值为 0，因此固定效应模型结果更稳健，结果显示旱灾、洪灾和冷冻灾害对边境地区、革命老区和民族地区贫困发生率均有明显影响。边境地区、革命老区和民族地区中，遭受旱灾的地区（计算中以村为单位）比没有遭受旱灾的地区贫困发生率分别增加 1.62%、0.79%、0.78%，遭受洪灾的地区比没有遭受洪灾的地区贫困发生率分别增加 0.94%、0.93%、0.99%，遭受冷冻灾害的地区比没有遭受冷冻灾害的地区贫困发生率分别增加 0.66%、1.09%、1.12%。此外，结果还显示，固定资产对特殊类型地区贫困发生率的降低有显著正向影响。

表6 气象灾害对贫困发生率回归结果

变量名	边境地区		革命老区		民族地区	
	固定效应	随机效应	固定效应	随机效应	固定效应	随机效应
是否发生旱灾	0.0162*** (0.0021)	0.0181*** (0.0015)	0.0079*** (0.0012)	0.0038*** (0.0009)	0.0078*** (0.0013)	0.0049*** (0.0010)
是否发生洪灾	0.0094* (0.0053)	0.0068* (0.0037)	0.0093*** (0.0029)	0.0074*** (0.0021)	0.0099*** (0.0033)	0.0111*** (0.0023)
是否发生冷冻灾害	0.0066* (0.0039)	0.0151*** (0.0027)	0.0109*** (0.0038)	0.0133*** (0.0027)	0.0112*** (0.0037)	0.0151*** (0.0026)
是否发生风灾	0.0129 (0.0104)	0.0104 (0.0070)	0.0100** (0.0051)	0.0047 (0.0036)	0.0041 (0.0058)	0.0011 (0.0040)
家庭劳动力高中以上文化占比（%）	−0.0115 (0.0043)	−0.0097*** (0.0029)	−0.0032 (0.0024)	−0.0019 (0.0017)	−0.0022 (0.0028)	−0.0040 (0.0019)
家庭劳动力占家庭总人口比重（%）	−0.0175 (0.0040)	−0.0045* (0.0026)	−0.0074*** (0.0023)	−0.0037** (0.0016)	−0.0089 (0.0025)	−0.0062 (0.0018)
家庭是否有大病患者	0.0149*** (0.0049)	0.0120*** (0.0033)	0.0020 (0.0028)	0.0081*** (0.0020)	0.0021 (0.0032)	0.0041* (0.0022)
家庭年末固定资产的对数	−0.0015** (0.0010)	−0.0037*** (0.0007)	−0.0024*** (0.0005)	−0.0044*** (0.0004)	−0.0013** (0.0006)	−0.0022*** (0.0004)
家庭耕地面积的对数	−0.0032*** (0.0008)	−0.0044*** (0.0006)	−0.0093*** (0.0005)	−0.0097*** (0.0004)	−0.0056*** (0.0006)	−0.0058*** (0.0004)
家里是否有乡村干部	−0.0034 (0.0047)	−0.0011 (0.0032)	−0.0143*** (0.0025)	−0.0108*** (0.0018)	−0.0025 (0.0028)	−0.0018 (0.0019)
是否纯农业户	0.0067*** (0.0024)	0.0047*** (0.0016)	0.0084*** (0.0012)	0.0112*** (0.0008)	0.0003 (0.0014)	0.0005 (0.0009)
地区虚拟变量	控制	控制	控制	控制	控制	控制
常数项	0.0456*** (0.0107)	0.0373*** (0.0072)	0.0908*** (0.0060)	0.1151*** (0.0043)	0.0830*** (0.0069)	0.0980*** (0.0049)
Hausman 检验	Prob>chi²=0		Prob>chi²=0		Prob>chi²=0	

注：1.*、**、*** 分别指在 10%、5% 和 1% 水平上显著。2. 地区虚拟变量相关值因地区过多而省略了。3. 括号里的数字表示标准误差。

四、可持续生计资本视角下气象灾害影响贫困路径分析

前面分析了气象灾害对农户贫困的影响，本部分将进一步分析气象灾害通过哪些途径影响农户贫困。在采用货币对贫困进行测量时，农户收入直接关系到其贫困程度，而农户的收入又和农户的经济活动密切相关。因此，本部分在分析气象灾害对农户贫困的影响路径时主要是以农户可能开展的经济活动为切入点，用实证的方法分析气象灾害对农户的哪些经济活动可能有直接的影响。

（一）模型设定

气象灾害对农村贫困的影响路径可以从与农户收入直接相关的经营活动进行考察。从现实观察看，这方面的经营主要包括：农业经营和非农业经营（如外出打工或经商）。气象灾害对农业的影响是比较明显的，比如干旱灾害的发生可能造成放牧区域草地严重退化，减弱牧场的再生能力，降低了牧场为家畜提供充足草料的能力，家畜会因此造成损失，此外干旱灾害还可能造成粮食减产或绝收，发生粮食安全危机。同时面对这种灾害风险农户可能采取一些多元化经营的策略，比如农户可以外出打工，经营小商品生意来解决粮食安全。本部分将从农业和非农业收入两方面实证分析气象灾害的影响路径。

在建立回归方程模型前，进行了偏相关分析（见表7）。从分析结果看，是否发生旱灾、是否发生洪灾、是否发生冰冻灾害、是否发生风灾等主要自变量和因变量之间存在明显的线性关系。

表7　主要变量偏相关分析

变量名	对农业人均纯收入分析结果		对非农业人均纯收入分析结果	
	偏相关系数	半偏相关系数	偏相关系数	半偏相关系数
是否发生旱灾	−0.0463	−0.0421	−0.0477	−0.0386
是否发生洪灾	−0.0389	−0.0328	−0.1035	−0.0842
是否发生冰冻灾害	−0.0473	−0.0448	−0.0411	−0.0332
是否发生风灾	−0.0401	−0.0389	−0.0351	−0.0302
家里是否有乡村干部	0.0124	0.0118	0.0433	0.0476
家庭劳动力高中以上文化占比（%）	0.0706	0.0670	0.0686	0.0556
是否纯农业户	0.0148	0.0141	−0.0398	−0.0351
家庭年末固定资产	0.0155	0.0147	0.2571	0.2152
家庭劳动力占比（%）	0.0439	0.0416	0.0514	0.0416
家庭耕地面积（h/m²）	0.1784	0.1717	0.0667	0.0368
家庭是否有大病患者	−0.0645	−0.0612	−0.0455	−0.0369

根据以上分析，拟定模型如模型 8、模型 9，式中 Iagriculture、Inonagri 分别表示农业人均纯收入和非农业人均纯收入，其他变量和前文解释一致。

$$Iagriculture_{it}=\varphi_0+\varphi_1Dr_{it}+\varphi_2Fl_{it}+\varphi_3Fr_{it}+\varphi_4Wi_{it}+\varphi_5Vil+\varphi_6ill_{it}+\varphi_7as_{it}+\varphi_8lan_{it}+$$
$$\varphi_9se_{it}+\varphi_{10}la_{it}+\varphi_{11}pu_{it}+ar+\omega_{it} \tag{8}$$

$$Inonagri_{it}=\varphi_0+\varphi_1Dr_{it}+\varphi_2Fl_{it}+\varphi_3Fr_{it}+\varphi_4Wi_{it}+\varphi_5Vil+\varphi_6ill_{it}+\varphi_7as_{it}+\varphi_8lan_{it}+\varphi_9se_{it}+$$
$$\varphi_{10}la_{it}+\varphi_{11}pu_{it}+ar+\omega_{it} \tag{9}$$

（二）结果分析

分析气象灾害对农业收入和非农业收入的影响，结果见表 8、表 9。表 8 是气象灾害对农业人均纯收入和非农业人均纯收入的回归的结果，表 9 是气象灾害对农业人均纯收入对数和非农业人均纯收入对数的回归的结果。从分析结果来看，在特殊类型贫困地区旱灾、洪灾、风灾和冷冻灾害对农业人均纯收入有一致的负向影响。各类主要气象灾害的发生均使农户家庭人均纯收入中农业收入有了明显的下降。这证明了气象灾害通过影响农业生产进而影响家庭收入。

目前大部分关于气象灾害对农村贫困及收入的研究侧重于分析气象灾害对农业的影响，从而忽略了气象灾害对农户非农活动的影响。本文的结果表明气象灾害对非农活动有一定的抑制性。从表 8 可以看出，气象灾害对非农业的影响都在 1% 的显著性水平上为负值，其负面影响系数仅略低于对相应农业收入部分的影响。

气象灾害对非农收入可能有直接影响。一方面，洪灾和其他自然灾害（比如泥石流等）能影响农村的贸易、运输等非农活动。另一方面，家庭遇到洪灾、旱灾等危险时农户的非农活动很可能被迫暂停或终止，从而使非农收入减少。当然，气象灾害对农户非农收入也可能有正向影响。气象灾害如果显著增加农业风险，农户可能减少或放弃农业经营，转而从事非农产业（比如进城务工）。但是从本文分析的结果看，气象灾害对非农收入的正向影响是很微弱的，总体而言表现出的是负向的影响。需要说明的是，气象灾害和生计资本变量之间有着一定的相互影响，将气象灾害和生计资本变量同时放入被解释变量会带来多重共线性，因此采用面板数据进行回归可以发现此类问题。在本文所有的回归结果中并没有出现多重共线性问题。

表8 气象灾害对农业人均纯收入和非农业人均纯收入回归结果（省去随机效应）

变量名	边境地区		革命老区		民族地区	
	农业人均纯收入	非农业人均纯收入	农业人均纯收入	非农业人均纯收入	农业人均纯收入	非农业人均纯收入
家里是否有乡村干部	−322.5440 （163.5991）	2064.5660*** （490.0124）	−26.6951 （45.7494）	1756.7990*** （200.4631）	−164.6920*** （58.8919）	1882.0870*** （217.7922）
家庭劳动力高中以上文化占比（%）	15.0908 （147.6296）	1633.0050*** （442.1806）	118.1945*** （42.9317）	2924.3280*** （188.1166）	−22.8337 （57.9574）	2243.0670*** （214.3364）
家庭年末固定资产的对数	111.6977*** （33.7151）	849.1905*** （100.9835）	133.1876*** （9.6417）	1424.3160*** （42.2478）	193.1977*** （12.8318）	1326.6770*** （47.4543）
家庭耕地面积的对数	569.0414*** （137.4514）	133.3653 （411.6947）	780.5381*** （42.0092）	842.4873*** （184.0743）	524.3239*** （52.8711）	−61.1759 （195.5266）
家庭劳动力占家庭总人口比重（%）	406.9311*** （27.7630）	−20.3157 （83.1557）	249.5982*** （9.9171）	−482.6440*** （43.4543）	236.5068*** （12.9596）	−357.3710*** （47.9268）
是否发生旱灾	−621.2390*** （68.1496）	−619.0070*** （204.1219）	−418.7730*** （20.7476）	−1638.3700*** （90.9111）	−425.7280*** （26.3353）	−1652.6400*** （97.3924）
是否发生洪灾	−1011.0200*** （182.5320）	−2018.4600*** （546.7203）	−447.4900*** （52.1929）	−2329.7800*** （228.6971）	−591.6680*** （68.3392）	−2051.0500*** （252.7301）
是否发生冷冻灾害	−29.9515 （136.8886）	398.6016 （410.0090）	−677.9220*** （67.6906）	−2279.0600*** （296.6043）	−379.3880*** （77.6786）	−1278.2200*** （287.2687）
是否发生风灾	−759.0530*** （360.1594）	−1852.2500* （1078.7510）	−268.5410*** （91.3723）	−1596.0400*** （400.3719）	−351.0320*** （120.2068）	−1118.6500** （444.5454）
家庭是否有大病患者	−243.9650 （169.8160）	−42.8085 （508.6335）	−415.0430*** （50.4501）	−603.9216*** （221.0606）	−433.1590*** （66.6792）	−908.6491*** （246.5911）
是否纯农业户	453.5085*** （81.4522）	−1916.8900*** （243.9657）	227.6996*** （20.9407）	−3774.9000*** （91.7573）	451.4540*** （28.2381）	−3240.4800*** （104.4293）
地区虚拟变量	控制	控制	控制	控制	控制	控制
常数项	−779.1940*** （370.8112）	−2218.5300** （1110.6550）	−652.7540*** （108.7835）	−5587.7700*** （476.6638）	−1122.0700*** （144.5155）	−5169.7400*** （534.4432）

注：1.*、**、*** 分别指在10%、5%和1%水平上显著。2.地区虚拟变量相关值因地区过多而省略了。3.括号里的数字表示标准误差。4.表中 Hausman 检验 Prob>chi²=0 且限于篇幅原因只放入了固定效应回归结果。

表9　气象灾害对农业人均纯收入对数和非农业人均纯收入对数回归结果（省去随机效应）

变量名	边境地区		革命老区		民族地区	
	农业人均纯收入	非农业人均纯收入	农业人均纯收入	非农业人均纯收入	农业人均纯收入	非农业人均纯收入
家里是否有乡村干部	−0.1354** (0.0953)	0.4158*** (0.1259)	−0.0009 (0.0333)	0.4381*** (0.0419)	−0.0597 (0.0380)	0.4387*** (0.0484)
家庭劳动力高中以上文化占比（%）	0.0947 (0.0849)	0.2737** (0.1156)	0.0380 (0.0313)	0.3841*** (0.0397)	−0.0637** (0.0374)	0.3360*** (0.0482)
家庭年末固定资产的对数	0.0799*** (0.0193)	0.1774*** (0.0264)	0.0880*** (0.0070)	0.2489*** (0.0089)	0.1198*** (0.0083)	0.2471*** (0.0107)
家庭耕地面积的对数	0.3499*** (0.0790)	0.0550 (0.1076)	0.5743*** (0.0306)	0.1756*** (0.0391)	0.3859*** (0.0340)	−0.0568 (0.0442)
家庭劳动力占家庭总人口比重/%	0.2330 (0.0161)	−0.0040 (0.0215)	0.2132*** (0.0073)	−0.1032*** (0.0092)	0.2037*** (0.0085)	−0.0989*** (0.0108)
是否发生旱灾	−0.4037*** (0.0392)	−0.1870*** (0.0533)	−0.3104*** (0.0152)	−0.2883*** (0.0192)	−0.3724*** (0.0170)	−0.3357*** (0.0219)
是否发生洪灾	−0.5941*** (0.1032)	−0.4747*** (0.1420)	−0.2519*** (0.0382)	−0.4763*** (0.0482)	−0.3387*** (0.0438)	−0.4199*** (0.0566)
是否发生冷冻灾害	−0.0503 (0.0786)	−0.0058 (0.1060)	−0.5444*** (0.0495)	−0.4222*** (0.0634)	−0.3167*** (0.0501)	−0.2857*** (0.0653)
是否发生风灾	−0.5327** (0.2121)	−0.7158** (0.2798)	−0.1251* (0.0663)	−0.4241*** (0.0858)	−0.2689*** (0.0761)	−0.2347** (0.1006)
家庭是否有大病患者	−0.0122 (0.0976)	−0.0644 (0.1324)	−0.2294*** (0.0367)	−0.1698*** (0.0469)	−0.2034*** (0.0428)	−0.2797*** (0.0556)
是否纯农业户	0.3679*** (0.0469)	−0.5600*** (0.0629)	0.1942*** (0.0153)	−0.8012*** (0.0193)	0.3725*** (0.0183)	−0.7017*** (0.0232)
地区虚拟变量	控制	控制	控制	控制	控制	控制
常数项	5.3040*** (0.2126)	6.5897*** (0.2897)	5.3622*** (0.0795)	6.2105*** (0.1006)	5.1069*** (0.0933)	6.1815*** (0.1202)

注：1. *、**、*** 分别指在10%、5%和1%水平上显著。2. 地区虚拟变量相关值因地区过多而省略了。3. 括号里的数字表示标准误差。4. 表中 Hausman 检验 Prob>chi²=0 且限于篇幅原因只放入了固定效应回归结果。

五、结论与政策启示

（一）结论

本文实证分析了以下几个方面的问题：气象灾害对农村贫困的影响；农户可持续生计资本积累对农户应对气象灾害的影响；气象灾害影响农村贫困的路径。得出主要结论如下：

（1）从对贫困的影响程度看，气象灾害明显减少了特殊类型贫困地区的农户收入，增加了贫困发生率，边境地区、革命老区和民族地区遭受旱灾将使贫困发生率分别增加 1.62%、0.79%、0.78%，遭受洪灾将使贫困发生率分别增加 0.94%、0.93%、0.99%，遭受冷冻灾害将使贫困发生率分别增加 0.66%、1.09%、1.12%。由于贫困农户的脆弱性大于非贫困户，气象灾害对贫困户影响更大，比如干旱灾害的发生使边境地区、革命老区和贫困地区贫困户人均纯收入减少了约 35.63%、21.11%、32.34%，而非贫困户人均纯收入减少则仅有 17.58%、18.69% 和 20.30%。

（2）农户可持续生计水平[①]越高则抵抗气象灾害风险的能力就越强，特别是人力资本积累水平正向作用更明显。可持续生计中家庭劳动力高中以上文化占比、家庭年末固定资产、家庭劳动力占比、家庭耕地面积每增加一个单位分别使边境地区农户人均纯收入增加 430.7757 元、274.5161 元、1122.2840 元、375.4340 元，分别使革命老区农户人均纯收入增加 866.8276 元、397.7086 元、1800.3560 元、72.8624 元，分别使民族地区农户人均纯收入增加 568.0945 元、435.2101 元、1165.9190 元、110.1967 元。此外，家庭劳动力健康状况也对农户增收有明显影响。整体来看，可持续生计中，人力资本水平（劳动力的数量和质量）对农户抵御气象灾害有非常明显的正向影响，而社会资本、物质资本的正向影响相对小一些。

（3）气象灾害对特殊类型贫困地区农户的农业和非农业收入有着双重抑制性，一旦气象灾害发生，农户的农业和非农业活动都会受到负面影响，干旱灾害、洪灾、冷冻灾害和风灾分别使边境地区农业人均纯收入减少了 621.2390 元、1011.0200 元、29.9515 元和 759.0530 元，使革命老区农业人均纯收入减少了 418.7330 元、447.4900 元、677.9220 元和 268.5410 元，使民族地区农业人均纯收入减少了 425.7280 元、591.6680 元、379.3880 元和 351.0320 元。干旱灾害、洪灾、冷冻灾害和风灾分别使边境地区非农业人均纯收入减少了 619.0070 元、2018.4600 元、3986010 元和 1852.2500 元，使革命老区非农业人均纯收入减少了 1638.3700 元、2329.7800 元、2279.0600 元和 1596.0400 元，使民族地区非农业人均纯收入减少了 1652.6400 元、2051.0500 元、1278.2200 元和 1118.6500 元。气象灾害可能通过直接影响农业生产影响农户增收，同时也可能通过影响外出等形式干扰非农经济活动减少非农业收入，进而影响贫困状况。

[①] 根据英国国际发展署（The UK's Department for International Development，DFID）可持续生计分析框架（SL），可持续生计水平是家庭在人力资本、自然资本、物质资本和社会资本等方面达到的程度。

（二）政策启示

根据前文分析和结论，得出相关政策启示为：

（1）要提高农户可持续生计资本水平，特别是人力资本水平，培育其灾害抵御能力。通过加大对气象灾害易发地区生产资料购买补贴等方式增加农户物质资本，通过免费技能培训和提高新农合医疗保险水平强化农村人力资本，特别对灾害抵御能力弱的贫困农户应重点针对其家庭劳动力提供教育培训和医疗保障的支持，且扶持政策要持续到贫困户脱贫后有较高可持续生计资本水平为止。

（2）建立区域性减灾防范和保险机制，将气象监测与贫困监测系统、帮扶机制相结合，建立地区性的事前灾害预防和事后贫困户灾害救助机制。增加贫困地区气象监测力度，根据可持续生计资本中物质资本、人力资本等多维度进行风险抵御能力评估，对农户"事前瞄准"，提供配套的"事前预防"，为贫困地区农户提供农业保险支持，减轻气象灾害对农业活动的不利影响，鼓励和支持贫困地区灾害易发地带农户购买财产保险，为务工农民普及气象知识、提供气象信息，降低气象灾害对非农经济活动的不利影响。

（3）调整生态补偿标准，化解贫困地区经济发展与生态保护的矛盾，以生态服务功能的真实价值重新评估生态补偿标准，发展生态旅游、生态农产品，建设生态城镇。

参考文献

［1］Rowntree B S.Poverty and progress：A second social survey of York．York：London New York Longmans Green，1941.

［2］国家统计局．2012 中国农村贫困监测报告．中国统计出版社，2012.

［3］Fuchs V R.Redefining poverty and redistributing income．Public Interest，1967，（8）：88-95.

［4］World Bank.Shock Waves：Managing the Impacts of climate change on poverty．https：//openknowledge.Worldbank.org/bitstream/handle/10986/22787/9781464806735.pdf?sequence=13&isAllowed=y．2015-09-15.

［5］Tschoegl L，Below R，Guha-Sapir D．An analytical review of selected data sets on natural disasters and impacts．Bangkok：UNDP/CRED，2005.

［6］United Nations International Strategy for Disaster Reduction.Global Assessment Report on Disaster Risk Reduction．www.preventionweb.net/garr．2016-1-11.

［7］Carter M R，Little P D，Mogues T，et al.Poverty traps and natural disasters in Ethiopia and Honduras．World development，2007，35（5）：835-856.

［8］丁文广，刘敏. 甘肃历史时期干旱、饥荒和虫害相关性研究及应对策略建议. 干旱区资源与环境，2011（03）：113-117.

［9］李双双，杨赛霓，刘宪锋. 2008年中国南方低温雨雪冰冻灾害网络建模及演化机制研究. 地理研究，2015（10）：1887-1896.

［10］李风华. 民国时期河南灾民考察. 中州学刊，2012（03）：154-157.

［11］谢萍，谢忠，周金莲. 湖北省近50年风灾灾情分布特征分析. 长江流域资源与环境，2013（S1）：122-126.

［12］匡远配. 新时期特殊类型贫困地区扶贫开发问题研究. 贵州社会科学，2011（03）：75-80.

［13］李小云，张悦，李鹤. 地震灾害对农村贫困的影响——基于生计资产体系的评价. 贵州社会科学，2011（03）：81-85.

［14］胡鞍钢. 全球气象变化与中国绿色发展. 科学中国人，2010（3）：30-34.

［15］李小云，刘慧，杨育凯. 干旱背景下农户生产要素投入行为研究——以华北平原为例. 资源科学，2015（11）：2261-2270.

［16］王瑜，汪三贵. 农村贫困人口的聚类与减贫对策分析. 中国农业大学学报（社会科学版），2015（02）：98-109.

［17］Chambers R，Conway G R.Sustainable rural livelihoods：practical concepts for the 21st century. Ids Discussion Paper，1992，（01）：296.

［18］辛岭，蒋和平. 农村劳动力非农就业的影响因素分析——基于四川省1006个农村劳动力的调查. 农业技术经济，2009（6）：19-25.

［19］Speranza C I，Kiteme B，Wiesmann U.Droughts and famines：The underlying factors and the causal links among agro-pastoral households in semi-arid Makueni district，Kenya. Global Environmental Change，2008，18（1）：220-233.

（本文与杨浩、陈光燕、庄天慧合著，原载《资源科学》2016年第4期）

第十二章　中国的特殊群体减贫

相对贫困视域下农村老年贫困治理

一、问题的提出

消除贫困，改善民生，逐步实现共同富裕既是社会主义的本质要求，也是中国共产党的重要使命和历史责任。新中国成立时，人均国民收入只有 27 美元，是亚洲人均的 2/3，农民生活普遍处于绝对贫困状态。改革开放以来，中国经济高质量飞速发展、农业农村改革纵深推进，农民可支配收入不断提高，生活水平逐步由低水平、不全面发展为高水平、均衡的小康。习近平总书记指出，"全面建成小康社会，最艰巨最繁重的任务在农村，特别是在贫困地区。没有农村的小康，特别是没有贫困地区的小康，就没有全面建成小康社会"。党的十八大以来，习近平总书记亲自挂帅出征，驰而不息抓脱贫，脱贫攻坚作为第一民生工程成为全面建成小康社会的底线任务和关键性指标，扎实有力有序有效推进精准扶贫精准脱贫方略，脱贫攻坚取得显著成效，截至 2019 年末，全国农村贫困人口 551 万人，贫困发生率降至 0.6%，预计在 2020 年实现农村贫困人口全部脱贫，中华民族千百年来存在的绝对贫困问题将得到历史性解决。在决战脱贫攻坚、决胜全面建成小康社会、实现第一个百年奋斗目标的关键节点，党的十九届四中全会指出"坚决打赢脱贫攻坚战，巩固脱贫攻坚成果，建立解决相对贫困的长效机制"，这意味着我国未来扶贫工作的重心将从解决绝对贫困转向相对贫困。当前，随着工业化、城镇化不断推进，大量农村青壮年劳力不断涌向城市，留在农村的大多是老年人，村庄"空心化"现象严重，"空巢"老人成为农村常态。2010 年第六次人口普查统计数据显示，中国农村老龄化比率比城镇高出 2.97 百分点，预计 2033 年差值最高达到 13.4 百分点，可见农村人口老龄化程度高于城镇，形势更加严峻。农村老年人多患有慢性疾病或身体残疾，加上宏观层面上的城乡发展差距、社会福利分层使得中国现有的农村养老机制、养老政策尚不健全，农村老年人的医疗、护理、康复等保障与服务体系发育严重不足，并且与青年人口相比，农村老年群体增收困难，难以通过改变自身禀赋条件和所处环境摆脱贫困。相对贫困下中国农村老年贫困治理面临多重困境与挑战，农村老年人脱贫任务更加艰巨，亟须寻求化解老年贫困的突破路径。

与绝对贫困不同，相对贫困呈现出长期性、复杂性和多维性的特征，因此在相对贫困阶段之初要注意解决两个问题：一是相对贫困人口的识别和监测；二是关注相对多维贫困问题。在相对贫困人口的识别与监测方面，已脱贫人口中易返贫群体与边缘群体是相对贫困人口识别的重点对象，这部分群体的致贫风险很大，绝对贫困阶段的脱贫人口可能因突发自然灾害或重大事故而返贫；对于弱劳力或无劳力的脱贫人口，虽然通过政府转移性收入或少量分红解决了绝对贫困，但他们因可持续生计脆弱，生活无固定收入来源而返贫；对于绝对贫困阶段没有纳入帮扶的边缘人口，这部分人群和建档立卡人口差别不大，因为政策刚性，被排除建档立卡外，在相对贫困阶段应重点关注。而农村老年人又是易返贫群体和边缘群体的重点，以笔者调研的 H 省 H 县和 Z 县为例，2016 年底，两县建档立卡剩余贫困人口中 60 岁以上的分别占 48.91% 和 70.84%，分别是全国平均水平（21.9%）的 2.23 和 3.23 倍。

因此，农村老年人是相对贫困人口瞄准的重中之重，农村老年贫困治理问题也是相对贫困阶段的重要议题。在相对贫困治理框架下，农村老年贫困问题有必要单独拿出来研究解决，这不仅可以补齐农村老年人贫困治理短板，还有助于完善相对贫困治理内涵。本文在人口老龄化加深、市场化与城镇化进一步加剧、农村人口老龄化且农村传统家庭养老功能式微的背景下，分析农村老年贫困的现状和挑战，提出相对贫困下应对农村老年人贫困问题的合理化建议。

二、中国农村老年贫困：规模、特征及致贫因素

农村老年人作为社会中的特殊群体，自身的特性决定了其是相对贫困下贫困治理的重要对象。要解决农村老年贫困问题，首先要弄清楚农村老年贫困人口规模、贫困特征及致贫的原因。

（一）农村老年贫困人口规模

老年贫困问题是我国社会主义初级阶段长期面临的严峻挑战，中国在经济发展和体制改革过程中，老年贫困问题将长期存在，要将中国农村老年人的贫困问题置身于社会发展的背景中去看待，从生命全程视角进行防范。对于中国早期的

农村老年贫困人口，于学军利用国际贫困线标准法，测得农村老年贫困人口 3222 万人，利用主观感觉法测得农村老年贫困人口 3353.8 万人，远高于利用这两种方法测算的城镇老年人口规模（1264 万人，931.5 万人）。王德文等结合第五次人口普查并利用中国城乡老年人口状况抽样调查数据测算了农村老年人口贫困发生率为 8.6%—10.8%，比城市老年贫困发生率高出 4.4—5.3 个百分点。而乔晓春等同样利用此数据，基于老年人最低生活标准的绝对贫困线，估算出农村老年贫困人口规模为 8557 万人，农村老年贫困人口比例为 18.8%。近年来，杨立雄基于全国最低生活保障数据测算发现，无论采用农村贫困线标准，还是 1 美元 / 天的标准，中国农村老年贫困人口规模均超过 1400 万人。2011 年新的国家贫困发生标准 ① 确定以来，刘洋洋等利用 CLASS 数据研究发现，中国农村老年人贫困发生率高达 43.2%，远远高于城镇老年人 5.8% 的贫困发生率。从全国贫困发生率与农村老年人贫困发生率对比来看，2013 年全国贫困发生率是 7% 左右，农村老年人的贫困发生率是 10% 左右。如果按照世界银行 3.1 美元 / 天测量，2013 年中国农村老年贫困率接近 20%。

各位学者在测算农村老年贫困人口规模的大小很大程度上取决于贫困的划分标准，基于不同的划分标准所测算出来的结果可能存在较大差异，加之各位学者大多采用单维收入贫困划分标准来测算农村老年贫困规模，如果按照多维贫困理念，将农村老年人收入、生活质量、精神慰藉、资产、福利等方面的贫困也考虑在内，农村老年贫困规模就更大、程度更深。相对贫困下，针对农村贫困老年人的精准扶贫就变得非常重要，农村老年贫困治理值得学者们进一步关注。

（二）农村老年贫困特征

中国农村老年人的贫困呈现出一定的特征，农村老年人贫困的比例随年龄的增长呈明显的单调上升趋势，高龄老人陷入贫困的概率大于低龄老人，女性老年人贫困水平受年龄增长的影响更大；受教育程度低的老年人，遭受贫困的风险明显高于受教育程度高的老年人，在同等情况下，教育程度较高的老年人通常比教育程度较低的老年人在心理状态、精神风貌、思想意识等方面更容易乐观、积极和充实；李萌等依据 CHARLS 数据农村老年人无论是从收入、消费还是从资产方面来看贫困程度远远高于城市老年人，农村老年人数量也高于城镇；从空间来看，农村老年贫困有明显的地区差别，主要集中在西部地区。从趋势上来看，各

---

① 农民人均纯收入 2300 元（2010 年不变价）。

地区老年贫困发生率都在下降，西部地区的老年贫困发生率相对更高。如2013年，东部地区只有5%，而西部地区高达14%，后者是前者的近3倍。

（三）农村老年贫困的致贫因素

农村老年人贫困的致贫因素是多样的，本文主要从社会制度、家庭以及个体方面进行了梳理。

1. 社会制度原因

分析老年人贫困成因一定要考虑农村经济社会结构转型转轨的背景，正式制度安排实施不到位，政府公共服务角色的缺位和功能的缺失使得社会保障机构弱化和救济功能退化，例如农村五保制度和低保制度等制度的实施与执行情况不理想，大部分农村贫困老人被排斥在制度保护之外。农村地区经济发展落后，农民收入增长缓慢是中国农村老年人贫困的根本性原因，计划生育政策减少了赡养老人的子女数，削弱了农村家庭养老的能力，而新农保养老金收入对减少农村老年人口经济贫困所达到的规模相对有限，其养老金替代率不能满足未来农村老年群体的基本生活需要。中国目前绝大多数农村地区老年人每个月领取的基础养老金仅有百余元，而作为农村老年人获取收入的重要组成部分，基础养老金在保障老年人的晚年生活质量、抵御老年贫困风险方面所起的作用微乎其微。另外，城乡居民医保虽然降低了农村老年人口陷入收入贫困和健康贫困的概率，但对主观福利贫困方面并无显著效果，实际医疗支出和大病支出发生率并未显著下降。

2. 家庭原因

受经济发展的影响，家庭规模缩小、城镇化、人口流动等情况的出现以及外来文化的冲击，人们对传统的文化观逐渐淡漠，家庭养老保障功能不断弱化，而家庭养老功能的弱化与农村老年人贫困有直接联系。中国家庭普遍存在的"代际倾斜"现象，使得老年人的需求和利益往往最先被忽略，致使老年人获取生活资源的能力处于劣势；家庭规模的缩小与子女数量的减少在一定程度上使老年人群获得的经济支持在下降；子女是否孝顺，能否为父母提供更多的行为支持和情感慰藉，也是影响老年人生活满意度的重要因素。此外，农村空巢家庭的居住模式给就医和养老带来了极大挑战，而与家人同住的老人能够得到更多的日常照料和经济支持，从而减少其致贫的风险。

3. 个体原因

根据贫困生命周期理论，个体生命周期内的贫困风险呈"W"型变动，其中儿童期、初为父母期和老年期风险最高。在整个生命历程中，由于晚年生理机能衰退、疾病等各种突发性、急性负面生活事件的增多，老年阶段劣势积累的结果不断显现。中国农村老年贫困人口在共享改革开放发展成果方面，是拥有资源最少、面临问题最多的"亚人口群体"。老年人陷入贫困的促动力大多根植于进入老年期之前的生活经历中，而与晚年相联结的因素很大程度上是维持力而非根源性的促动力，相对于其他群体而言，健康对于农村老年人的福利影响很大，身体健康可以通过影响居民的劳动参与度、获取经济来源的能力，降低老年人口的贫困发生率，健康状况的改善可以大大提高这一群体的福利，而饮酒、锻炼、受教育程度等个体习惯与特征显著影响健康水平。

三、相对贫困与绝对贫困下的农村老年贫困治理

本文尝试从经济学视角比较农村老年人贫困治理在相对贫困与绝对贫困下的不同及表现，目的在于转换、拓宽研究农村老年人贫困的视角，这对于相对贫困下农村老年人贫困的政策研究大有裨益（表1）。

表1　农村老年人贫困治理在相对贫困与绝对贫困下的比较

异同点		绝对贫困	相对贫困
不同点	贫困标准	农村老年人的绝对贫困标准是客观指标，是依据现行贫困标准为农民年人均纯收入2300元（2010年不变价），每年还根据物价指数、生活指数等动态调整，2019年为3218元/人	农村老年人的相对贫困标准是主观指标，包含着与其他社会成员的比较，是社会不同群体之间的不平等，注重的是发展，这要依据一定的价值判断。目前没有统一定量的标准，这也是相对贫困下农村老年人识别帮扶的一个挑战。白增博等认为相对贫困标准应该是一个包含收入、教育、医疗、住房、食物以及个人护理等多指标在内的多维贫困量度标准，地方政府可以根据当地经济发展水平作适当调整
	贫困规模	根据《中国农村贫困监测报告2019》显示，2018年全国贫困发生率1.7%，而60—80岁、81岁及以上农村人口的贫困发生率分别为2.1%与3.4%，60岁以上农村老年人贫困发生率2.2%，农村老年人贫困发生率相对较高	相对贫困下，农村老年贫困的贫困标准会转向多维度测度，包括经济收入、健康、教育、生活质量、精神慰藉等各个方面。由于没有统一的标准算法，学者们依据某些维度进行测度，徐丽萍等依据"两不愁三保障"多维贫困指标，运用CFPS数据得出2016年农村老年人贫困发生率为34.07%，远大于同期绝对贫困下农村老年人贫困发生率5.8%
	贫困原因	绝对贫困下，农村老年人的致贫原因有社会的排斥、政策的不完善、家庭原因以及个体原因	由于社会政策的逐步完善，相对贫困下，农村老年人致贫因素中家庭原因和个体原因可能会更加突出
	贫困背景	实现第一个百年奋斗目标，全面建成小康社会是全国层面的宏观背景，农村老年人贫困治理属于精准扶贫的一部分	相对贫困下，解决农村老年人贫困问题是在乡村振兴战略背景下，实施乡村振兴战略是"三农"领域长期的战略，这对于相对贫困下农村老年人贫困治理来讲是难得的机遇，更加贴合

续表

异同点	绝对贫困	相对贫困
相同点	1. 在贫困关注度上，无论是绝对贫困还是相对贫困，农村老年人贫困都是不可回避的，都是学界和政府应该关注的问题；消除或缓解农村老年人贫困是提升农村老年人幸福感、获得感、安全感的有效途径 2. 在贫困分布上，绝对贫困下，东部农村老年人贫困发生率低于中西部地区，相对贫困阶段的一定时期内，可能还会保持 3. 在个体特征上，相对贫困下，农村高龄老人陷入贫困的概率依旧大于低龄老年人 4. 在群体分布上，绝对贫困与相对贫困下，农村老年人贫困群体大多为农村留守老人	

四、相对贫困下农村老年贫困治理面临的挑战

2020 年，我国将消灭现行标准下的绝对贫困，但绝对贫困问题的解决，不等于没有贫困问题，我国的贫困治理将转入相对贫困阶段。由于相对贫困是伴随收入分配不平等而来的贫困，也就是说，只要还存在社会不平等和收入不平等，就不可能消除相对贫困。相对贫困下，农村老年人贫困治理面临更多挑战，除人口老龄化、"未富先老"、城镇化与人口流动、自身脱贫能力有限等挑战以外，农村老年人多维贫困识别与标准的制定也存在诸多困难。

（一）人口老龄化与"未富先老"的现实挑战

第六次人口普查数据显示，截至 2010 年年底，我国农村地区 60 岁以上和 65 岁人口老龄化率分别为 14.98%、10.06%，比城市地区人口老龄化率分别高出 3.3 百分点、2.26 百分点；2018 年中国农村 65 岁及以上的老年人口占比（13.84%）是城市老年人口比例（11.35%）的 1.22 倍[1]，农村老年人口总量和比例呈不断上升的态势，农村人口老龄化程度高于城镇；与此同时，2000 年中国刚进入老龄化社会时人均 GDP 不到 1000 美元，而发达国家进入老龄化社会时，人均 GDP 在 5000—10000 美元之间；2000 年，中国农村居民家庭人均纯收入仅为 2210.3 元，是城镇居民家庭人均收入（5854 元）的 37.7%，农村居民家庭人均纯收入按当时汇率折算后只有 267 美元。此外，2019 年，贫困地区[2]农村居民人均可支配收入 11567 元，仅占农村地区（16021 元）的 72.2%，按当时汇率计算仅约 1660 美元。我国农村地区"未富先老"现象突出，比城市更加严重，贫困地区尤为突出。未

---

① 根据 2019 年中国人口与就业统计年鉴数整理计算得到。
② 指集中连片特困地区和片区外的国家扶贫开发工作重点县，共 832 个。其中集中连片特困地区覆盖 680 个县，国家扶贫开发工作重点县共 592 个，集中连片特困地区包含 440 个国家扶贫开发工作重点县。

富先老的现实，造成家庭养老功能式微，而农村社会保障体制机制又不完善，这些限制条件使得独居和空巢老人是 2020 年后需重点关注的人群。

（二）城镇化发展与人口流动对农村养老模式的冲击

2019 年末，中国城镇人口占总人口比重（常住人口城镇化率）为 60.06%，全国人户分离人口 2.80 亿人，其中流动人口 2.36 亿人。中国城市化进程如火如荼，2019 年中国全年农民工总量 29077 万人，大量农村劳动力或短期或长期流动到城市，城镇化使农村人口跨地区或城乡迁移的速度和规模不断上升，成年子女与父母住房分离，子女留在父母身边的机会越来越少，农村家庭结构小型化特点明显，家庭保障功能也随之弱化。由于外来多元文化的冲击，老一辈传统的家庭父母至上的观念被年轻一代的自我至上主义所代替，老人在家庭中的权威地位降低，老年人权益得不到保障，爱老敬老观念淡化、"孝道"文化的衰落，动摇了家庭养老的传统社会文化基础，削弱了农村"土地养老"与"家庭养老"的作用。

（三）自身脱贫能力和脱贫途径缺乏，致贫返贫风险较大

中青年贫困群体劳动力充裕，受教育程度相对较高，培训技能接受等相对较快，可以通过产业项目扶贫、技术培训、增加就业等政策措施进行帮扶引导，使其在相对较短的时间内增加收入，以达到脱贫的目标。但是，农村老年人是弱势群体，受教育程度低、劳动能力弱，接受新技术的能力不强，加上因病、因残等因素，自身"造血能力"不足，一般性的产业扶贫、项目扶贫等政策措施很难惠及到农村老年人，增收作用十分有限，因病、因残、因劳动力缺乏导致的贫困相对于因缺乏技术等导致的贫困则更难以脱贫。生病、残疾和劳动力缺乏是导致农村老年人贫困的主要原因，高龄本身就伴随着劳动能力的丧失，且人一生中的绝大多数医药费用支出发生在老年时期，农村老年人致贫风险高，且脱贫后也更易返贫。即使农村老年人如期脱贫，相对贫困下，制定农村老年人不返贫、稳定长效脱贫后续长效措施也显得尤为重要。

（四）相对贫困下农村老年人多维贫困识别困难

随着年龄增长，老年人的生理能力越来越差，经济来源越来越窄，无论是经济上还是生活照料上，他们对家庭和社会的依赖越来越强，但人口流动所导致的空巢与留守问题严重，这对农村老年人的反依赖性越来越强。进入老龄阶段后，身体、经济、心理等方面条件恶化，诸多因素的交织加剧了农村老年人的贫困风险与贫困脆弱性，对老年人贫困问题的认识不仅要看清其在经济方面的收入

低下，还要认清新时期老年人贫困在经济、健康、资产、福利、精神慰藉、生活质量等方面的多维贫困的现实，特别是精神上的关怀与交流。子女大多关注老人晚年的物质经济帮扶，而忽视了对父母的精神慰藉，致使其精神世界空虚，心理上孤独感强烈，进而导致心理精神疾病，严重者厌世自杀了之。根据 Amartya Sen 的观点，贫困不应只包含以收入为衡量的物质贫困，更重要的是实现以"可行能力"为表征的"实质自由"。相对贫困下农村老年人多维贫困识别困难，由于收入仅是反映家庭货币贫困的最终结果，而无法反映老年人在福利方面遭受剥夺及致贫的主要内在原因，所以不仅要认清新时期老年人贫困在经济方面的低下，还要关注农村老年人在健康、资产、福利、精神慰藉、生活质量等方面的多维贫困的现实。除经济收入外，健康、生活质量，特别是精神慰藉如何识别，用什么标准与指标去衡量这些维度，这是相对贫困下多维贫困测度的一个挑战。由于中国区域发展差距，各地的经济社会发展水平不一样，相对贫困下农村老年人帮扶标准可能不会像绝对贫困阶段一样，在全国统一设立一个收入达标基准线，未来各地的相对贫困标准或不尽相同，这对于全国范围内的扶贫效果评估考核认定也是一个挑战。

五、构建农村老年相对贫困治理的长效机制

农村贫困老年人作为特殊群体，其贫困问题是中国工业化、城镇化、市场化和经济社会发展的阶段性问题，也是城乡发展不均衡、公共服务不均等、社会保障不完善等问题的深刻反映。"老吾老以及人之老"，相对贫困下，要把解决农村老年贫困纳入乡村振兴战略，加大农村养老基础设施建设；要创新农村老年人多维精准识别与帮扶机制，加强"扶贫"向"防贫"转变；要建立健全农村社会保障制度，推进基本公共服务均等化；要构建农村养老长效机制，提高养老保障供给水平。

（一）依托乡村振兴战略服务于农村老年相对贫困治理

由于中国长期以来的城乡二元体系结构的存在，城乡发展不平衡、农村内部发展不充分的问题越来越凸显。习近平总书记在党的十九大报告中提出实施乡村振兴战略，坚决打赢脱贫攻坚战，意在补齐"三农"这块全面建成小康社会的短板，当前与今后一个时期，要以乡村振兴战略新方针充实脱贫攻坚新目标。扶贫开发以来，我国扶贫措施主要关注贫困地区和贫困群体大众，具有普适性，少特殊性，相对贫困下救助的方向是分类精准施策。例如，基础设施建设方面，国家

多注重贫困地区的水、路、电等建设与改造，2020 年消灭绝对贫困进入相对贫困阶段，贫困地区的水、路、电等基础设施建设日趋完善。2018 年，农村①地区通路、通电等基本接近全部覆盖，99.9% 的自然村通公路、通电，而面对农村老年人的基础建设相对匮乏。相对贫困阶段，要依托乡村振兴战略服务于农村老年人相对贫困治理，把农村老年贫困问题纳入到乡村振兴战略全局考虑谋划，把补齐农村养老基础设施短板、农村老年产业发展、农村孝道文化宣传等缓解农村老年贫困治理政策纳入乡村振兴战略进行统筹。

第一，依托乡村振兴战略，加大各类农村养老基础设施建设，为农村老年人营造生态宜居生活环境。通过改（扩）建、改善、提升乡镇养老院基础设施和服务功能，实现养老院向综合性养老与服务中心转型。注重失能（半失能）老年人农村养老服务设施建设，推进"以困帮困"的农村幸福院互助型养老服务发展，对于孤寡老人集中村，鼓励建立村级"幸福食堂""健康灶"等；加强农村养老文化基础设施建设，加大"送戏下乡"推行力度；第二，依托乡村振兴战略，引导农村老年产业有序发展，研究家庭养老支持政策与产业发展政策相结合的措施，积极引导外出务工群体特别是外出务工的贫困老年人子女回乡创业就业，关爱老年人生活；创新产业扶贫利益联结机制，发挥扶贫产业对农村老年人脱贫增收的支撑带动作用，扩大农村老年人增收渠道，增加老年人的经济收入。第三，依托乡村振兴战略，把农村孝道文化宣传教育融入乡风文明建设，加强中华传统孝道文化的宣传教育，树立孝老敬老典型，积极营造尊老、敬老、爱老的浓厚氛围，大力弘扬敬老养老的传统美德；鼓励子女为老人提供孝善养老基金，创新孝道赡养方式。第四，依托乡村振兴战略，有序推进乡村治理，将农村老年人组织起来，培育老年理事会（老年人协会）等社会组织，发挥农村老年人的专长与作用，通过互帮互助的形式，增强其自我维权意识，维护老年人自身合法权益，真正实现"老有所为、老有所乐"。

（二）创新农村老年人多维精准识别与帮扶机制，加强"扶贫"向"防贫"转变

2020 年中国将消灭绝对贫困转向相对贫困，这对农村老年贫困的识别与帮扶等方面提出了更高的要求。现实生活中，"生活经济无来源、突患重病无钱医、生活孤单无人陪"的"三无"状态使得农村老年人生活的窘境越来越严重，相

---

① 指统计上城乡划分的农村范围，不含城镇地区村委会。

对贫困下不仅要关注农村老年人贫困的经济贫困，还要关注农村老年人的健康贫困、心理精神贫困以及生活质量等多维贫困。2020 年后中国应构建相对多维贫困标准，健全农村老年贫困识别机制，将收入为标准的扶贫转向以农村低收入老年人福利为重点的多维度扶贫，即包括收入、健康、心理、生活质量等在内的多维度识别。借鉴国外经验，构造适合中国实际的农村老年人测度指标。加强信息化建设，运用"互联网 +"，将农户家庭信息与不动产、低保等信息相连接，实现农村老年贫困信息与关联数据全部联网，信息共享，动态管理。按照农村老年贫困程度、贫困原因、帮扶措施等分门别类建立贫困户贫困等级标准，精准区分农村贫困老年人的不同程度的贫困状况，区别对待低龄健康有劳动能力的老年人、患病高龄老年人，完善扶贫资源分配，分级提供精准化帮扶，使贫困户贫困程度与资源分配成正比，多指标、多层次评定扶贫效果。

2018 年底，全国贫困户因病致贫 389.4 万户，占比 40.7%[①]，而因病致贫因病返贫又是农村老年人贫困的主要原因。相对贫困下，随着中国农村扶贫战略与政策由"扶贫"向"防贫"转变，对于农村老年人群体要实行未贫先防策略，加强农村地区公共卫生建设，构建农村疾病防控体系，强化对疾病的预防与治疗，通过健康知识宣讲等方式，不断加强老年人口健康环境卫生、饮食习惯、健康促进、日常保健等健康方面的知识宣传，帮助贫困老年人养成良好的生活习惯和行为方式，改变其不健康的生活习惯，不断提高其预防疾病意识，防止小病拖成大病，从源头遏制因病致贫、因病返贫。

（三）健全农村社会保障制度，提升农村老年人幸福感

相对贫困下，农村老年人扶贫工作要从可见的物质和产业层面的扶贫深入到更深的不可见的"社会机制设计"和"社会网络构建"。中国人民大学中国扶贫研究院在 H 省 H 县的调研发现，该县人口中老弱病残群体占比较大，2019 年该县拟脱贫 5766 户 10144 人，在拟脱贫户中，因老因病（残）等致贫的共 3511 户 5857 人，占 57.74%，这部分群体稳定脱贫对政策依赖性较强。所以，相对贫困下要延续扶贫开发以来实施的有关的农村老年人脱贫政策，对养老保险、医疗、社会救助等社会保障措施要继续保持稳定并不断强化。

第一，加速农村养老保险法律建设，完善农民养老保险政策体系。坚持以"个人交纳为主，集体补助为辅，国家给予政策扶持"的原则，根据经济社会发

---

① 根据国务院扶贫办数据整理得到。

展水平与物价水平，建立以新农保为主体，以商业保险、储蓄养老和养老基金制度等在内的多种形式为补充的多层次养老保障体系，并逐步提高养老金待遇。扩宽农村养老保险资金筹集渠道，提供更多可供选择的缴费等级，创新农村养老保险资金管理与运营方式，使其保值增值。第二，医疗保障方面，一是扎实推进乡村医疗卫生服务一体化管理改革，着力提升农村地区基本公共卫生服务的供给水平。加大公共财政向农村地区倾斜，建立和完善农村老年人医疗卫生保障制度，以贫困人口大病、长期慢性病保障制度为蓝本，加速建立全民重大疾病和慢性病救助体系；进一步扩大针对重大疾病、慢性疾病等高价药物纳入医保报销范围，不断提高支付标准和报销比率。探索建立可持续的大病筹资机制，引入商业医疗保险，创新长期护理保险制度与产品。二是着力提升乡卫生院、村卫生室的标准化建设水平，健全乡镇、县级医院与农村卫生室对接帮扶制度；夯实农村医疗服务人才队伍，建立村医常态化培训机制，通过脱产进修、业务讲座、临床带教等形式，提高其为老年人提供医疗保健的服务能力。第三，完善社会救助和社会福利体系，完善社会救助网络。精准瞄准农村低保、五保供养以及专项救助等制度的覆盖群体范围，对农村孤寡老人、残疾人、有赡养人但赡养人没有赡养能力的老人实行集中供养，拓宽救助内容，提高支持强度，应保尽保。建立健全农村高龄老年人、失能老年人的津贴和护理补贴制度，降低高龄年龄门槛，提高补助标准，重点向低保（低收入）老人、高龄老人、重度残疾老人以及农村留守老人等特殊困难老人提供救助支持，充分发挥农村社会救助的整体效能。

（四）构建多层次的农村养老服务体系，提高养老保障供给水平

从养老的经济保障上看，对大多数农村家庭来说，仅靠家庭供养难以使老人达到社会平均生活水准，因而需要得到国家、社会的多种形式助养。加快建成与农村实际情况相适应、与农村老年人需求相衔接的"以居家为基础、社区为依托、机构为补充、医养相结合"的农村养老服务体系。

第一，巩固家庭养老地位，加强家庭养老功能，促使家庭养老由传统的道德软约束转变成法律制度的刚性约束，使家庭养老逐步由"道德型"向"道德型＋法律型"转变；建立村庄内生型养老自组织，撬动农村内部养老资源。第二，创新社区化养老模式和互助养老模式，完善社区化与互助养老服务机制，加强资金整合，创新服务内容，不断探索新形势下农村社区化互助养老服务新模式。可以以村组或相邻片区为单位，引导组织辖区内的空巢老人、孤寡老人等，按照身体状况、生活习惯、兴趣爱好等自愿组成若干互助养老"小家庭"，并选取身体健

康、责任心强的老年人担任"小家庭"的"大家长",相互关心,相互陪伴,结伴养老,抱团养老;除此之外,建立养老日间照料中心,为自理老年人、半自理老年人提供膳食供应、个人照料、保健康复、精神文化、休闲娱乐、教育咨询等日间服务及设置相应的养老服务设施。第三,健全社会激励机制,动员社会力量,多元主体参与,不断完善农村养老服务准入资质与标准评估等相关配套制度,通过减税、降费、补贴等多种优惠政策,鼓励更多民间资源及社会团体和企业个人力量积极参与农村养老事业,捐资建立农村养老机构;引导社会工作发展,促进公益性的社会机构的发展,更大限度提升公益性社会组织的发展与壮大。第四,推进农村医养结合型养老服务体系建设,整合卫健、国土资源、民政等部门职责,在政策上不断完善,在资金、土地等方面给予更大的支持力度,形成合力。建立具有医疗、养老、康复等综合服务功能、医养相结合的养老机构,与农村基本公共服务、农村特困供养服务、农村互助养老服务相互配合,注重对农村医养结合养老服务人才的专业化培养,满足老年人多层次的养老需求,这样才能让医养结合在农村真正落地生根,惠及更多农村老年人。

参考文献

[1]胡绳. 中国共产党的七十年. 中共党史出版社,1991:312.

[2]中共中央党史和文献研究院编. 习近平扶贫论述摘编. 中央文献出版社2018:3-4.

[3]姜春力. 我国人口老龄化现状分析与"十三五"时期应对战略与措施. 全球化,2016(08):90-105+135.

[4]于学军. 老龄人口问题研究 // 中国老龄科学研究中心. 中国老年人口状况一次性抽样调查数据分析. 中国标准出版社,2003:448-449.

[5]王琳,邬沧萍. 聚焦中国农村老年人贫困化问题. 社会主义研究,2006(02):68-70.

[6]王德文,张恺悌. 中国老年人口的生活状况与贫困发生率估计. 中国人口科学,2005(01):60-68+98.

[7]乔晓春,张恺悌,孙陆军,张玲. 对中国老年贫困人口的估计. 人口研究,2005(02):8-15+96.

[8]杨立雄. 中国老年贫困人口规模研究. 人口学刊,2011(04):37-45.

[9]刘洋洋,孙鹃娟. 中国老年人贫困特征及其影响因素分析. 统计与决策,2018,34(14):95-98.

[10]李实. 中国农村老年贫困:挑战与机遇. 社会治理,2019(06):17-20.

[11]姚玉祥. 农村老年贫困治理的现实困境及其破解之道. 现代经济探讨,2019(06):122-127.

[12] 邹华. 中国老年贫困的影响因素研究. 老龄科学研究, 2016, 4 (11): 43-52.

[13] 李萌, 陆蒙华, 张力. 老年贫困特征及政策含义——基于 CHARLS 数据的分析. 人口与经济, 2019 (03): 102-114.

[14] 仇凤仙, 杨文健. 建构与消解: 农村老年贫困场域形塑机制分析——以皖北 D 村为例. 社会科学战线, 2014 (04): 173-178.

[15] 罗遐, 于立繁. 我国农村老年贫困原因分析与对策思考. 生产力研究, 2009 (01): 110-112+123.

[16] 李建民. 中国农村计划生育夫妇养老问题及其社会养老保障机制研究. 中国人口科学, 2004 (03): 42-50+82.

[17] 薛惠元. 新农保能否满足农民的基本生活需要. 中国人口·资源与环境, 2012, 22 (10): 170-176.

[18] 乐章, 刘二鹏. 家庭禀赋、社会福利与农村老年贫困研究. 农业经济问题, 2016, 37 (08): 63-73+111.

[19] 周坚, 周志凯, 何敏. 基本医疗保险减轻了农村老年人口贫困吗? ——从新农合到城乡居民医保. 社会保障研究, 2019 (03): 33-45.

[20] 程令国, 张晔. "新农合": 经济绩效还是健康绩效? . 经济研究, 2012, 47 (01): 120-133.

[21] 慈勤英, 宁雯雯. 家庭养老弱化下的贫困老年人口社会支持研究. 中国人口科学, 2018 (04): 68-80+127.

[22] 孙琪宇. 中国老年人贫困治理研究. 黑龙江社会科学, 2015 (06): 85-89.

[23] Zimmer, Zachary and Julia Kwong, 2003. Family Size and Support for Older Adults in Urban and Rural China: Current Effects and Future Implications. Demography, Vol. 40, 23-44.

[24] 同钰莹. 亲情感对老年人生活满意度的影响. 人口学刊, 2000 (04): 31-35.

[25] 朱晓, 范文婷. 中国老年人收入贫困状况及其影响因素研究——基于 2014 年中国老年社会追踪调查. 北京社会科学, 2017 (01): 90-99.

[26] Rowntree B S.Poverty: A study of town life. Bristol: Policy Press, 1901.

[27] Holman R.Poverty Explanations of Social Deprivation. Martin London: Robertson & Company Ltd, 1978.

[28] Dannefer D.Cumulative Advantage/Disadvantage and the Life Course: Cross-Fertilizing and Social Sience Theory. Journals of Gerontology Series B: Psychological Sciences and Social Sciences, 2003.

[29] 乐章. 社会救助学. 北京大学出版社, 2008: 10.

[30] 徐静, 徐永德. 生命历程理论视域下的老年贫困. 社会学研究, 2009, 24 (06): 122-144+245.

[31] 刘生龙, 李军. 健康、劳动参与及中国农村老年贫困. 中国农村经济, 2012 (01): 56-68.

[32] 王瑜, 汪三贵. 人口老龄化与农村老年贫困问题——兼论人口流动的影响. 中国农业大学学报 (社会科学版), 2014, 31 (01): 108-120.

［33］白增博. 新中国70年扶贫开发基本历程、经验启示与取向选择. 改革, 2019（12）: 76–86.

［34］国家统计局住户调查办公室. 中国农村贫困监测报告（2018）. 中国统计出版社, 2018: 17.

［35］徐丽萍, 夏庆杰, 贺胜年. 中国老年人多维度精准扶贫测算研究——基于2010年和2016年中国家庭追踪调查数据. 劳动经济研究, 2019, 7（05）: 105–132.

［36］国家统计局住户调查办公室. 中国农村贫困监测报告（2017）. 中国统计出版社, 2017: 24.

［37］孟颖. 我国农村家庭养老问题的现状、成因及对策. 理论观察, 2017（02）: 98–100.

［38］韩维正. 今天, 我们如何养老. 人民日报海外版, 2018-07-09（05）.

［39］王桂新. 高度重视农村人口过快老龄化问题. 探索与争鸣, 2015（12）: 28–30.

［40］汪三贵, 曾小溪. 后2020贫困问题初探. 河海大学学报（哲学社会科学版）, 2018, 20（02）: 7–13+89.

［41］宁吉喆: 人口总量平稳增长, 城镇化率继续提高.（2020-01-17）[2020-02-20]. http://www.gov.cn/xinwen/2020-01/17/content_5470179.htm.

［42］陈玥, 郑艳. 贫困农村老年人生活质量状况及改善对策——以昭通市彝良县两河乡为例. 云南农业大学学报（社会科学版）, 2012, 6（01）: 14–19.

［43］乐章. 风险与保障: 基于农村养老问题的一个实证分析. 农业经济问题, 2005（09）: 68–73.

［44］姜向群, 郑研辉. 中国老年人的主要生活来源及其经济保障问题分析. 人口学刊, 2013, 35（02）: 42–48.

［45］汪三贵, 王瑜. 人口老龄化与人口流动背景下的农村老年贫困. 农业部管理干部学院学报, 2012（04）: 1–6.

［46］杨华. 分化、竞争与压力的代际传递——对农村老年人自杀现象的理解. 北京工业大学学报（社会科学版）, 2017, 17（06）: 34–51.

［47］Amartya Sen. 以自由看待发展. 任赜, 于真译. 中国人民大学出版社, 2013.

［48］白增博, 孙庆刚, 王芳. 美国贫困救助政策对中国反贫困的启示——兼论2020年后中国扶贫工作. 世界农业, 2017（12）: 105–111.

［49］国家统计局住户调查办公室. 中国农村贫困监测报告（2019）. 中国统计出版社, 2019: 24.

［50］李小云, 苑军军, 于乐荣. 论2020后农村减贫战略与政策: 从"扶贫"向"防贫"的转变. 农业经济问题, 2020（02）: 15–22.

［51］汪三贵, 冯紫曦. 脱贫攻坚与乡村振兴有机衔接: 逻辑关系、内涵与重点内容. 南京农业大学学报（社会科学版）, 2019, 19（05）: 8–14+154.

［52］甘颖. 农村养老与养老自组织发展. 南京农业大学学报（社会科学版）, 2020, 20（02）: 48–58.

（本文与白增博、周园翔合著, 原载《南京农业大学学报（社会科学版）》2020年第4期）

农民工跨越市民化经济门槛分析

——基于生活工资 Anker 法的新测量工具

城镇化和农民工市民化是中国经济增长的重要动力，有助于提升实际 GDP 和城乡劳动力实际工资。2012—2017 年，我国户籍人口城镇化率从 2012 年的 35.3% 增长到 42.4%，8000 多万农业转移人口成为城镇居民，农业转移人口市民化取得了重要进展。但与农民工总量和常住人口城镇化率相比，"半城镇化"问题依然突出：2017 年，我国农民工总量达 2.87 亿人，常住人口城镇化率达到 58.5%，比户籍人口城镇化率高 16 个百分点。实践中的农民工市民化，在整体上由于城市长期自私自利处于非均衡格局而造成了人的城市化滞后于地的城市化。面对市民化的现实困境，2014 年《国家新型城镇化规划（2014—2020 年）》已明确推进以人为核心的新型城镇化。在"三个 1 亿人"中，促进约 1 亿农业转移人口落户城镇，是改变传统的"土地城镇化"为"以人为核心的城镇化"、解决"半城镇化"问题的重要举措。而在积极的宏观政策背景之下，决定 1 亿农业转移人口能否实现城镇化，核心问题在于农民工能否跨越市民化经济门槛实现在城镇的"落地生根"。因此，测算市民化经济门槛及其构成，衡量市民化能力，对推进农业转移人口市民化进程具有理论和现实意义。

现阶段，农民工在城市工作的工资水平能否满足家庭在城市的最为基本的生活和发展需要，是衡量当前农民工市民化经济能力的基础。本文以生活工资（Living Wage）中的 Anker 法为基础，试图将过去以公共成本为核心的市民化成本核算与以平均特征为主的市民化能力评价这两类分割的路径在同一个框架下进行统一，将农民工在就业地现有公共服务供给水平下维持家庭每月基本生活和发展所需的工资水平设定为市民化经济门槛，以成都市为例开展具体测算。在此基础上，本文进一步利用卫计委 2015 年流动人口动态监测数据的成都数据，估算该地区跨越市民化经济门槛、具备市民化经济能力的比例，作为市民化经济门槛测算方案的应用与比较。

一、研究背景

（一）城镇化与农民工市民化

过去40年来，我国对农民工的政策控制和调节方式已经由依赖于"身份壁垒"转变为借助于"市场性门槛"，但目前的城镇化进程存在突出的"半城镇化"问题，基于全国第六次普查数据的研究表明，全国80%以上的地级以上城市存在不同程度的半城镇化现象。从经济发展阶段出发，我国当前城镇化的核心是以农民工市民化推进城镇化，即农业转移人口进入并落户于城市，享受基本公共服务。测算市民化的成本和衡量市民化的能力在此背景下也就成为了研究热潮。

迄今为止，国内学界对农民工市民化的测算衡量研究，主体脉络割裂成两个方向，一个方向是侧重于社会成本或公共成本的成本核算研究，另一个方向是侧重于市民化个体的市民化能力或市民化程度的研究。在成本核算研究方面，研究主要包括围绕农民工市民化的总成本（或者社会成本）及其分担机制的研究，以及对个人成本、公共成本等不同主体成本的分开测算，还有单独对公共成本的测算。

在市民化能力或者程度研究方面，大体又可分为两类，一类是将市民化作为过程的研究主要从不同环节定义市民化能力的，典型的是将农民工市民化作为农村退出、城市进入、城市融合三个环节，以此对应三个环节所必需的农民工市民化能力。另一类是将市民化作为结果的研究，该类研究更为普遍，主要是以一系列衡量指标来测度市民化程度或水平，如刘传江等将市民化能力定义为农业转移人口在城市中生存和生活的能力，并认为可以用就业、工资收入水平、住房情况、社会保障情况等作为衡量指标，魏后凯等以政治参与、公共服务、经济生活、综合素质四个方面评估农民工市民化程度，程名望等构建了包括基本素质、经济状况、社会接纳与心理认知等多级指标在内的农民工市民化指标体系来衡量市民化程度。

事实上，农民工市民化是具有多重内涵的概念，它既包括了公共服务作为供给侧的成本负担，也包括了市民化主体作为个体或者群体的能力；既是过程，也是结果。因为，社会保护是影响农民工市民化的关键因素，城市社会保护对农民工市民化有着显著的正向影响，有序推进农民工市民化，在公共管理上需要凸显城市群建设的路径、农民工发展的主题与经济社会转型的背景。国务院发展研究中心课题组的研究提出，农民工市民化的过程，实质是公共服务均等化的过程，并将农民工市民化的内涵界定为：以农民工整体融入城市公共服务体系为核心，推动农民工个人融入企业，子女融入学校，家庭融入社区，也就是农民工在城市"有活干，有学上，有房住，有保障"，该定义其实同时包含了市民化在公共成本、个体能力、市民化过程和市民化结果的多重内涵。如何在现有的农民工市民化的研究基础上，找到新的工具以实现统一两种研究路径、囊括市民化多重内涵的可测算框架，结合现有的、地方具体的公共服务供给水平测算出农民工市民化的经济门槛，对于农民工市民化进程具有理论和现实意义。

（二）市民化经济门槛：作为市民化经济能力衡量的基础

如前所述，无论是作为过程还是作为结果的市民化概念，所对应的市民化能力研究路径，是与市民化成本相割裂的，因而也导致市民化能力研究中比较普遍地呈现出主体模糊、门槛缺失、空间异质性和群体内部差异被不同程度地平均化处理等诸多问题。但实际上，市民化能力也是具有时空差异性的，也应当是参照具体时空相应的门槛而言的，没有门槛也就没有所谓的能力之说。

黄锟借用门槛概念，将市民化门槛定义为农民工在市民化过程所遇到的各种障碍的总称，市民化能力界定为跨越市民化门槛的经济承担能力，即农民工的收入水平，一些研究中所提出的（私人的）市民化成本，在范围一致情况下也相当于门槛的概念，比如，徐建玲的研究指出，农民工市民化能力首先受到市民化成本的影响，农民工在城市中的生活能力仅仅是市民的一半左右，实质上都反映了能力需对应于门槛（成本）的思路。不过，经济承担能力虽是各类资本在能力上的核心表现，但经济能力依然是有别于多层面的综合性的市民化能力，因此，区分门槛和相对应的能力维度是必要的。

一个城市的市民化经济门槛高低主要取决于在该城市维持家庭基本生活与发展的支出成本。现有大量研究，主要以市民化的总成本及其分担机制研究为主，强调公共成本，而该类研究中关于市民化的个人成本存在几项缺陷：一是农民工市民化的私人成本仅仅是总成本宏观测算中的一个分项，并且未得到细致测量；二是经常以单个农民工实现市民化的年均支出成本作为口径，而非以家庭；三是市民化成本研究以成本分担机制为主流研究模式，而该模式通常将私人成本与公共财政等成本做一次性化处理，与现实中市民化分期实现的进程特点相违背；四是市民化主体不明确，测算被平摊到所有未落户的农业转移人口群体。

由此，为了避免与大量研究中已有的市民化能力、市民化成本的各类概念和定义相区分，同时延续已有研究对市民化能力在维度上的划分传统，本文将农民工维持其家庭在具体城市生活的基本支出成本所需要的工资水平定义为市民化经济门槛，与之对应的是市民化经济能力，即跨越市民化经济门槛的经济能力，主要用农民工的收入水平（以工资为主）来衡量。通过这样的界定，在概念上，实现市民化经济能力与市民化经济门槛的对应，在分析上，可以开展可操作化的测量。而最为重要的是，本文所界定的市民化经济门槛及其新的测量工具，其测算结构可以同时衡量公共服务水平与个人能力的两端，从而将过去的研究在一个整体框架下得到统一。

（三）生活工资方法：作为市民化门槛的可行性

Anker 法是测量生活工资的新方法 [1]，由美国学者 Richard Anker 在 2005 年的国际劳动组织日内瓦工作报告（No.72）中首次提出，用于国际可比的贫困线和生活工资测算，具有基础规范、地区间可比较、测算容易理解、测算基础透明、假设条件修正简单、操作成本低等优点，并已被国际公平贸易组织等 6 个标准制定组织和 ISEAl 组织认定为生活工资的测算方法，目前已经在世界几十个国家和地区完成了生活工资测算。生活工资（Living Wage）是指，工人在合理的工作时间内，能够负担得起被社会认可且符合所处社会的经济发展程度的基本体面家庭生活的工资水平，其具体概念为："在一个特定地区，一个工人在一个标准的工作周内所获得的、足以担负得起该工人及其家庭的达到体面生活标准的报酬。体面生活标准的要素包括食物、水、住房、教育、医疗保健、交通、衣着，以及应急所需等其他基本需求。"

生活工资在市民化经济门槛上的应用，之所以具备吸引之处就在于它契合了市民化的真实内涵，尤其是与前文所述及的体现农民工市民化多重内涵的定义——以农民工整体融入城市公共服务体系为核心，推动农民工个人融入企业，子女融入学校，家庭融入社区，也就是农民工在城市"有活干，有学上，有房住，有保障"——具有内在一致性。根据生活工资的概念与 Anker 法的优点，将生活工资作为市民化的经济门槛具有很强的理论与实践意义。首先，生活工资测算的对象与市民化的主体对象相吻合，也明确了将已在城市务工的工人作为市民化的对象，并且生活工资是基于家庭的概念（即工人维持家庭在城镇基本生活的工资水平），明确了家庭作为市民化的基本单位。第二，生活工资测算基于具体的地区，与市民化的空间要素相一致。第三，生活工资测算因基于当地实时的价格和公共服务水平，因而具有类似于 PPPs 的可比性质，可以实现地区间的比较。

---

[1] 2017 年 2 月出版的指导手册 "Living Wages Around the World: Manual for Measurement" 详细介绍了生活工资及 Anker 法的具体测算过程。

第四，生活工资测算暗含了可持续生计发展的理念，因此与市民化的现实进程和目标也是一致的。

在具体应用上，Anker 法主要用于不同国家和地区的生活工资水平测算与比较，尚未得到普遍的应用推广。王瑜等的研究首次在中国使用 Anker 法实现了具体城市的生活工资测算，并在城镇化的视角下评价了深圳的最低工资水平、现行工资水平和实现农民工市民化的可能路径。结合中国的新型城镇化任务目标和当前市民化门槛和能力研究方面的不足，基于 Anker 法的生活工资测算，有望成为市民化经济门槛的一种可行方法，在不同地区得到推广应用并做比较。

二、数据来源与测算方法说明

（一）数据来源与说明

本文的研究选择全国统筹城乡综合配套改革试验区之一的成都市[①] 为样本市。文中数据资料及相关用途主要有三个方面：①成都市工业园区实地调查数据，选取的是典型的制造业工业园区，以结构化的数据调查表，在不同工业园区对工人进行问卷调查和访谈，并调查工人通常消费的市场、日常租住的居所，与各类的相关知情者访谈等途径获得一手数据，该项调研数据和方法实施来源于 2015 年国际社会责任组织（SAI）与中国的专家课题组就中国城市地区的生活工资测算合作研究；②年鉴统计数据以及中国家庭追踪调查数据（CFPS），包括成都地区的城镇居民人口与消费支出数据等，主要用于生活工资测算模型的基本假设与比例结构，以及对测算结果的对比核查；③卫计委 2015 年流动人口动态监测数据，使用其中成都市的数据，用于本文市民化经济能力的分析。

本文的基本思路是，以生活工资的 Anker 方法测算成都地区典型工人家庭的生活成本以及对应的生活工资，以此作为成都市市民化经济门槛，在此基础上，应用该门槛计算当地农业转移人口具备市民化经济能力的比例。

（二）基于 Anker 法的生活工资测算说明

本文使用 Anker 法测算成都地区典型工人家庭的生活成本与生活工资水平以作为成都市的市民化经济门槛。因此，生活工资的测算是本文的核心。生活工资的估算以能够满足工人家庭基本而体面的生活消费支出为依据。根据 Anker 法，生活工资的测算需要设定家庭规模，并测算家庭的支出，然后根据家庭的劳动力

[①] 2007 年 6 月 7 日，国家发改委下发通知，批准重庆市和成都市设立全国统筹城乡综合配套改革试验区。

来计算满足家庭基本生活支出水平的生活工资水平。

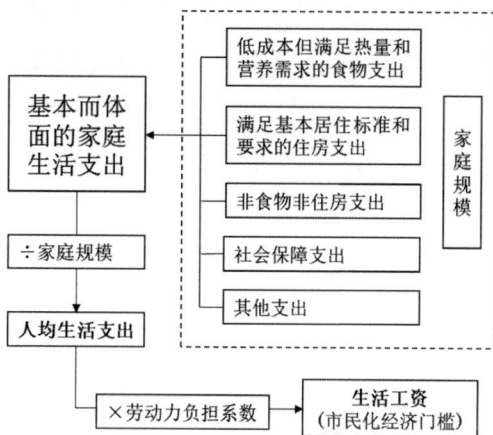

图1　生活工资（作为市民化经济门槛）测算流程图

注：测算流程根据研究需要有所调整

　　首先，设定工人的平均家庭规模为3.5人。这个设定主要基于事实经验，并与中国的总和生育率状况相一致。第二，使用Anker法中的膳食模型测算方式，结合成都实际，确定工人的膳食模型。第三，通过现场调研，计算可接受水平的家庭居住支出，以及家庭基本生活所需的水电费、日常修理维护支出和其他居住支出。将居住支出通过调查进行单独计算是至关重要的，因为根据政府统计年鉴的支出数据，居住方面的支出存在较严重的低估。在居住支出方面，本文同时测算了租房居住与买房居住两种模式的支出。第四，在膳食模型成本的基础上，根据统计数据中非食物非居住支出与食物支出的比例，来计算生活工资框架下非食物非居住的支出。并通过对教育、医疗保健、交通和通信等分项支出进行核查，确保该部分包括了足额的分项支出。第五，考虑社会保障支出，测算参照家庭的生活支出总额。第六，根据家庭劳动力的负担系数，用来计算每个家庭的劳动力维持其家庭生活所需的生活工资额，此处假定参照规模家庭两个劳动力完全就业。

　　（三）测算区域背景：成都市农业转移人口市民化状况

　　成都是国务院确定的中国西南地区的科技中心、商贸中心、金融中心和交通、通信枢纽，是四川省政治、经济、文教中心。成都吸引了大量农业转移人口，尤其以省内农业转移人口为主。2007年，成都经国务院批准为全国统筹城乡改革配套试验区，成为推进农业转移人口市民化的重要阵地。得益于成都市城乡统筹规划中构建"工业向园区集中"的产业体系战略，成都市产业城镇化速度明显快于人口城镇化速度。截至 2015 年末，成都 GDP 总值达到 10801 亿元，地区一二三产业比例关系为 3.5∶43.7∶52.8，二三产业已成为地区经济发展的主要动力。高水平的产业城镇化为推进人口城镇化提供了大量就业岗位，有利于带动地区总体城镇化发展。新世纪以来，成都常住人口城镇化率，由 2000 年的 53.72% 增长到 2015 年的 71.47%（常住人口 1465.8 万人，其中城镇常住人口 1047.61 万人），户籍人口城镇化率由 2000 年的 31.14% 增长到 2015 年的 56.56%（户籍人口 1228 万人，其中城镇人口 829 万人）[①]。根据《成都市新型城镇化规划（2015—2020 年）》，成都市计划在 2020 年全市常住人口城镇化率达到 77%，常住人口规模达到 1650 万人，并在这五年中，逐步推进基本公共服务由户籍人口向常住人口全覆盖，意味着，无论是否为成都户口，生活在成都的人们都将享有和当地人相当的基本公共服务。

尽管过去十五年成都的城镇化率明显提高，但其户籍人口城镇化率与常住人口城镇化率仍存在约 15 个百分点的差距。并且，人口城镇化速度明显慢于产业和土地城镇化速度。反映了成都市"人的城镇化"相对滞后、城镇化质量不高的问题。

（四）成都农业转移人口特征及其在生活工资中的情境处理

成都高新区农业转移人口有两个显著特征。一是多为年轻的单身工人。以高新区具有代表性一家制造业企业为例，据公平劳工协会 2012 年发布的一份调查报告[②]，该企业车间员工的平均年龄为 23.4 岁。另一研究发现，这一区域的员工年龄主要集中在 17~25 岁之间，这一年龄群体所占比例高达 90.5%，其中 71.6% 为单身。年轻和单身这两个特征决定了这些工人会注重不同程度的储蓄，以筹备婚姻、建房／买房等事项。

二是多数工人来自四川省内以及成都周边的农村地区。务工地到老家距离一天左右车程的比较普遍。通常独自外出打工生活，其他家庭成员则留在农村生活。对于外出打工的年轻夫妻来说，他们的家庭成员分布状况通常是这样的：夫妻二人在城市的工厂中工作，他们的父母留在农村从事农业生产工作，他们的孩子也留在农村，由这对夫妻的父母照看。因此，夫妻二人收入中很大一部分需要寄回老家供家中老人和孩子使用，与此同时他们还会经常性地往返务工地和老家。如此一来，至少有两个影响生活工资测算的项目需要处理：首先，他们经常

---

① 根据《成都统计年鉴（2016）》《2015 年成都市国民经济和社会发展统计公报》整理计算。

② 公平劳工协会，富士康调查报告，2012 年 3 月 29 日发布。网址：http://www.fairlabor.org/report/foxconn-investigation-report.

从老家带回一些自家耕种的农产品，比如大米、食用油、蔬菜、水果等，但按照生活工资的要求，在计算体面工资的食物成本时选择以务工地区食物的价格为准；其次，留守家庭成员（尤其是孩子）的日常消费发生在农村老家，形成家庭在城市和农村的两头消费，但生活工资是基于家庭为收入消费单位基础的概念，对此情境的处理方式是，假定工人的家庭（按3.5人的家庭规模）都在务工地生活，而不是部分地依据留守人员在家乡的生活成本和生活标准来计算。这一点尤其重要，因为根据生活工资的严格定义，我们所测算的生活工资应该是基于工人家庭在工作地维持基本体面生活的生活成本和生活水准，而也正因为很多工人无法承担子女在务工地的生活的居住和教育等成本，才导致了普遍的留守现象，而生活工资则是需要至少满足一家庭为单位在务工地的生活的工资水平（至于在这种水平下工人如何选择居住方式，则是另外一个问题）。

三、成都市市民化经济门槛测算：基于 Anker 法的生活工资

严格遵照 Anker 法的生活工资测算过程，经由下文步骤测算，若典型农业转移人口要维持一个3.5口之家在成都市的基本的生活水平，按照租房模式的生活方式，其家庭月支出应不低于5579元，相应的劳动力到手的生活工资水平为2710元／月，记为成都市典型农业转移人口低水准市民化经济门槛；按照在成都购房定居的生活方式，其家庭每月基本生活支出不低于7013元，相应的劳动力到手的生活工资水平为3407元／月，记为成都市典型农业转移人口家庭高水准市民化经济门槛。

表1　基于 Anker 法的生活工资—市民化经济门槛测算

项目计算（参照家庭规模3.5人，其中2个成人，1.5个孩子）	人民币（元／月）	
	低水准*	高水准*
（1）家庭每月食物支出	1131	
（2）家庭每月非食物非居住支出	2079	
（3）家庭每月居住支出	1452	2752
其中：a₁）租房支出	1100	—
a₂）购房支出	—	2400
b）水电燃气设施费及住所维修管理费	352	
（4）每月社会保障缴费支出	350	
（5）家庭在成都城镇维持基本生活每月所需总成本 　　[（5）=（1）+（2）+（3）+（4）]	5021	6312
（6）每月额外预留支出10%[（6）=（5）/0.9-（4）]	558	701

续表

项目计算（参照家庭规模 3.5 人，其中 2 个成人，1.5 个孩子）	人民币（元／月）	
	低水准 *	高水准 *
（7）典型农业转移人口家庭在成都每月基本生活支出总额 　　　[（7）=（5）+（6）]	5579	7013
（8）成都市典型农业转移人口市民化每月人均支出 　　　[（8）=（7）/3.5] 其中 3.5 为参照家庭规模	1594	2004
（9）成都市典型农业转移人口的生活工资，即本文定义的市民 　　　化经济门槛 [（9）=（8）*1.7] 其中 1.7 为负担系数	2710	3407

注：* 表示低水准和高水准分别对应租房模式和购房模式下的测算，在两种测算中，食物支出与非食物非居住支出、社会保障缴费支出等项目并不改变，但会改变按比例的预留支出的额度、基本生活支出总额，以及由此得出的每月人均支出和生活工资（市民化经济门槛）的水平。

（一）生活工资的家庭规模

生活工资是一个基于家庭的概念，因而，成都市产业工人生活工资测算基础是对工人的平均家庭规模做设定。这里，家庭规模设定为 3.5 个人（2 个成年父母和 1.5 个孩子）。该设定与生活工资在中国区域执行的基本设定相同，也与成都农村家庭户均 3.42 人[①]的统计数据相近。

（二）食品支出

以 3.5 人（2 个成人、1.5 个孩子）为家庭规模设定，膳食模型热量为人均2297Cal，基于制造业产业工人及家庭成员以中等强度体力活动等假定[②]，在满足营养要求原则，与饮食偏好、当地食物的可得性和成本保持一致，相对低成本的营养膳食等基本原则条件下，确定食物模型[③]，并通过从工人们的主要购物场所搜集的食物价格，综合测算出成都制造业产业工人生活工资中的食物支出部分是人均每天 10.77 元，家庭每月 1131 元。

在该食物模型中，蛋白质提供的热量占总热量的 13%，由脂肪提供的热量占21.2%，由碳水化合物提供的热量占 65.8%，并包含 410g 可食用的蔬菜水果，符合世界卫生组织和粮农组织的健康营养膳食建议。

（三）居住支出

《2015 年农民工监测调查报告》显示，农民工在城市的居住支出占生活消费支出的比重为 46.9%。因此，合理估算典型农业转移人口家庭在成都市的生活工

---

① 数据来源：成都统计年鉴（2015）。
② 这里的一系列假定，包括中等强度的活动量、平均身高、BMI 指数等。
③ 因篇幅所限，食物结构模型的具体内容未列出，读者可联系作者索要。

资水平下的居住支出对于准确测算成都市市民化经济门槛具有重要意义。按照生活工资测算方法，测算出典型农业转移人口在成都的家庭低水准居住成本为1452元／月，家庭高水准居住成本为2752元／月。

居住支出的估算由以下几个成本组成：①基本体面的居住支出；②生活设施费（水、电、燃气等），其他居住支出以及日常维护管理费用。居住支出的估算是通过造访工人的租住居所、向受访工人访谈搜集房屋的条件和支出、与当地的出租者以及个体中介交流等多种方式获取信息后测算的。进一步的，在测算住房支出时，本文按住房的获得方式，分别测算租房支出及购房支出。

1. 租房支出测算

根据联合国人居署和成都市政府为廉租房保障对象设置的居住标准，设置典型农业转移人口家庭住房最低标准，具体包括：①住房应处于安全及合理的地理位置；②房间应配备稳定抗震的水泥墙壁，耐用不漏水的水泥房顶和地板；③房间层高应不低于2.8米，并有足够数量的窗户以保证充足的光源和良好的通风；④户内应配备必要的生活设施如通电、入户自来水、户内抽水马桶；⑤住房应包括厨房和浴室；⑥住房建筑面积应不低于56平方米（人均16平方米[①]）。根据实地调查了解到，当前成都市市面上出租和出售的房屋完全满足硬件配套要求，而唯一的关注点是建筑面积能否满足生活工资测算框架内对房屋的要求标准。

表 2　成都市租房支出调查结果（2015 年 8 月）

区位	区平均价格（元／月）	权数
武侯	1484	0.1801
成华	1264	0.1335
金牛	1218	0.1196
温江	630	0.1066
成都周边	725	0.0683
新都	1100	0.0663
双流	966	0.0616
郫县	800	0.0595
龙泉	660	0.0564
锦江	1324	0.0507
青羊	1235	0.0461
高新区	1473	0.0311
都江堰	780	0.0202
成都市租房价格（元／月）	1100	1（合计）

资料来源：作者根据2015年成都市某地产出租房数据库整理得出。

---

① 该标准参照《成都市人民政府关于进一步加强城镇住房保障工作的意见》（成府发〔2010〕14号）。

成都的租房市场发展较为成熟，调查获知，绝大多数农业转移人口通过房产中介寻求租房资源和信息。课题组2015年8月在成都调研期间，通过对当地市场份额占有率最大的一家房产中介的工作人员进行询价，估算成都市典型农业转移人口家庭月租房支出。首先，按照建筑面积为55—57平方米为筛选条件，导出其系统中所有符合条件的出租房信息；第二，根据出租房的装修级别，对租金价格进行溢价调整①，计算各区出租房的平均价格；第三，根据2015年卫计委流动人口动态监测数据中成都流动人口现居住地的区县分布频率，对各区平均租房价格进行加权平均（见表2），最终计算得出满足成都市典型农业转移人口家庭最低居住标准的月租房支出为1100元。

2. 购房支出测算

将住房作为家的基础是典型的社会观念，在这样的社会观念下，城镇购房是农业转移家庭融入当地社会和市民化的关键环节。因此，本文也测算了典型农业转移人口家庭在成都市购置面积为56平方米的商品住宅房按月折算的购房支出。2015年成都住宅商品房平均成交价格为6550元②，假设该家庭购买的是首套城镇住房，按最低首付款比例30%③，按揭20年，申请商业性个人住房贷款。同时为了计算方便，假设首付款的30%是该家庭按照商业银行个人房贷利率（4.9%）向其亲朋好友筹借的，并承诺按照等额本息的方式偿还。由此可以计算得出，该家庭按月折算的购房支出为2400元。

尽管政府一直将农业转移人口视为降低城镇住房库存的重要动力，但长期以来，城市的高房价相对于农业转移人口微薄的收入，始终是其市民化过程中难以跨越的障碍。根据国家统计局发布的《农民工监测调查报告》，2015年在务工地自购住房的农民工比例仅为1.3%。因此，本文将后文测算出的购房模式的农业转移人口家庭市民化经济门槛定义为高水准市民化经济门槛。

---

① 为了保证市民化经济门槛是典型农业转移人口家庭在蓉的体面生活的最低资金量要求，我们认为该租金支出不应承担豪华装修级别的租金费用，因此对于出租房中装修级别为"简装"的房子租金按原价计其租金价格，装修级别为"精装"的房子租金按原价×60%计其租金价格。60%的比例是与房产中介沟通后确定的比例。

② 成都市2015年住宅商品房实际销售面积为2474.61万平方米，实际销售额为16208172万元，由此得出2015年成都市住宅商品房平均成交价格为6550元/平方米。数据来源：成都市统计局，成都统计年鉴2016。

③ 参见：《成都市人民政府办公厅转发市房管局等部门关于促进我市房地产市场平稳健康发展若干措施的通知》（成办发〔2016〕37号），2016-10-01。

3. 水电燃气设施及住所维修管理费支出测算

2014 年全国城镇居民用于水电燃料及其他和住房维修及管理两项的消费占总消费的比重为 6.8%，四川省城镇居民人均年总消费为 17759.9 元，由此可以估算成都市典型农业转移人口年人均用于这两项的支出之和为 1208 元，换算为典型农业转移人口家庭的月支出为 352 元。

至此，按照生活工资测算方法，典型农业转移人口家庭在成都的低水准月居住成本为 1452 元，高水准月居住成本为 2752 元。

（四）非食物非住房支出

典型农业转移人口家庭在城镇的体面生活成本不仅应该包括其满足基本生理需求的生存型消费，如食物成本和居住成本，还包括其寻求更好、更高发展而产生的最为基本的发展型消费，包括教育、医疗保健、交通通信等重要的非食物非居住支出。本文分以下几个环节测算该项支出：

1. 非食物非住房支出与食物支出比

根据统计资料确定其他支出与食物支出之间的比例关系，被广泛运用于各国贫困线的设定。Anker 法在马丁法的基础上稍作改进，将非食物支出中的居住支出使用实地调查获得的居住支出代替，只根据统计资料确定非食物非居住支出（NFNH）与食物支出（F）之间的比例关系（r=NFNH/ F）。按照生活工资的基本定义，对统计数据[1]中成都城镇居民人均食物消费支出中的烟草、酒和饮料支出剔除，得到 2014 年成都城镇居民非食物非居住支出与食物支出的比例为 1.76。结合前文测算的生活工资结构下的家庭食物支出水平（1131 元），初步得出该家庭非食物非居住支出为 1991 元。

2. 进一步调整

该部分根据农业转移人口实际支出水平审核测算出的非食物非居住支出中的一些重要分项，以确保测算的支出能够基本覆盖各项目的支出需求。本文利用中国家庭追踪调查（CFPS）中四川省家庭调查数据，逐一对非食物非居住支出中的教育、医疗保健、交通和通信支出进行校对和调整。

教育支出项的核查。根据前文测算方法，参照 2014 年成都市城镇居民家庭人均教育支出与食物支出的比例[2]（11.58%），本文测算出的典型农业转移人口家

---

[1] 数据来源：成都统计年鉴（2015）。

[2] 数据来源：成都统计年鉴（2015）。

庭月均教育支出为131元①。同时，根据 CFPS 数据，691 个四川省家庭调查数据显示，这些家庭月人均教育支出为 35 元，换算成 3.5 人典型农业转移人口家庭的月支出为 123 元。本文测算的教育支出数据略高于调查数据，相差不大，故不对此项进行调整。

医疗保健支出项的核查。按照上述校对方法，发现前文测算的典型农业转移人口家庭月医疗保健支出为 199 元②，而根据 CFPS 调查获得的四川省家庭人均医疗保健月支出为 82 元，换算为家庭月支出为 287 元，明显高于前文测算的数值。故认为前文测算的典型农业转移人口家庭月医疗保健支出不足以负担家庭真实支出，决定对非食物非居住支出中的医疗保健支出上调 88 元至 287 元。

交通和通信支出的核查。所测算的典型农业转移人口家庭月交通和通信支出为 584 元③，而根据 CFPS 调查获得四川省家庭人均交通和通信支出为 121 元，换算为家庭月支出为 424 元。前文测算的交通和通信支出明显高于 CFPS 中四川省家庭月均支出，但 CFPS 调查中的交通支出只询问了受访家庭在本地的交通费，考虑到成都市农业转移人口多为省内跨市流动人口，老家在四川省内其他市县，因此约 160 元的差额可以理解为农业转移人口逢年过节返乡的交通费用，故此，对本项支出不做调整。

3.调整后的家庭非食物非居住支出

如表 3 所示，在确认了本文测算的非食物非居住支出可以覆盖成都市典型农业转移人口家庭发展型消费支出（教育、医疗保健、交通和通信）后，根据前文测算，调整后的典型农业转移人口家庭在成都市的月非食物非居住支出为 2079 元。

表 3　非食物非居住支出调整情况

支出类别	初步测算结果	CFPS 调查结果	调整情况
非食物非住房支出（元）	1991	—	2019
其中：教育	131	123	—
医疗保健	199	287	上调 88
交通和通信	584	424	—

---

① 131＝1131（食物支出）×11.58%。

② 根据《成都统计年鉴（2015）》，成都市城镇居民医疗保健支出与食物支出的比例为 17.63%，则前文测算的典型农业转移人口家庭的医疗保健支出为 199 元（1131×17.63%）。

③ 根据《成都统计年鉴（2015）》，成都市城镇居民交通和通信支出与食物支出的比例为 51.68%，则前文测算的典型农业转移人口家庭的交通及通信支出为 584 元（1131×51.68%）。

（五）社会保障缴费支出测算

社会保障体系是城镇家庭防范风险的重要机制，其中养老保险和医疗保险是社会保障体系的核心要素。本文假设成都市典型农业转移人口家庭中成年家庭成员参保城乡居民养老保险，所有家庭成员参保城乡居民基本医疗保险和大病互助医疗补充保险。成都市城乡居民养老保险采用固定缴费模式，缴费档次分为五档，由于农业转移人口家庭收入水平相对较低，假设该家庭为两名成年家庭成员参投第二低档的城乡居民养老保险，保费为年人均980.4元。成都市城乡医疗保险缴费标准为年人均230元，大病互助医疗补充保险缴费标准为年人均410元。综上可以计算得出，成都市典型农业转移人口家庭月均社会保障支出为350元。

（六）风险防范性支出测算

为了保证基本的生活水准，在测算生活工资时为意外事项留出一部分备用支出是常见的处理方式。SAI组织和Anker在他们的研究中使用10%的比例。根据成都地区的实际，本文选择增加5%作为备用支出，来预防不可预见的紧急情况以及必要的自由支配项目；另外，增加5%的额度用于向父母提供经济支持以及向亲戚朋友支出礼金（按每个月21.75个工作日计算，5%的金额约相当于工人一个工作日的收入）。以此，预留总共10%的备用支出额度，也就是在食物、住房及其他支出总额的基础上追加10%额度。

（七）生活工资测算方法下的市民化经济门槛

将以上支出加总后为家庭的基本支出水平，根据家庭规模得到人均生活支出水平。由于本文是以农业转移人口维持家庭在务工地所需的工资水平来作为市民化经济门槛，因而需进一步考虑参照家庭中平均每个劳动力的负担系数，以此测算生活工资框架下劳动者维持家庭在城镇生活的工资水平，即生活工资。

按照前文设定，成都市典型农业转移人口家庭包括两名成年适龄劳动力及1.5名未成年随迁家属，则平均每位劳动力负担的人数为1.75人（含本人）。成都市农业转移人口绝大部分来自省内其他地区，其目标是要在成都市实现其家庭市民化，而根据统计资料，2014年四川省农村居民家庭平均劳动力负担指数为1.46人[①]，成都市城镇居民家庭平均劳动力负担指数为1.94人[②]。综合上述数据，本文假定成都市典型农业转移人口的平均劳动力负担指数为1.7人（含本人），按此负担系数，劳动力的收入水平是在人均月支出的基础上乘上1.7人。具体地，成都

[①] 数据来源：四川省统计年鉴（2015）。
[②] 数据来源：成都统计年鉴（2015）。

市典型农业转移人口低水准市民化经济门槛为月收入（到手）达到 2710 元，高水准市民化经济门槛为月收入（到手）达到 3407 元。

四、成都市农业转移人口市民化门槛分析

（一）生活工资方法的市民化经济门槛与其他指标比较

2015 年我国西部地区农民工月人均生活消费 1025 元[1]，比本文测算的低水准市民化经济门槛（2710 元）低 62%。正是由于城镇经常是农业转移人口的务工而非完整家庭生活的所在地，以及家庭分离和两头消费等原因，当前该群体往往需要在城镇省吃俭用并将积蓄用于家庭其他成员的支出，因而未达到基本体面的生活水准。这种不达标主要体现在两个方面：一是大部分农业转移人口仍采用离散型的家庭分布模式，即劳动力在城市务工生活赚取收入，非劳动力家属留守农村的生活模式。二是在城镇生活的农业转移人口的生活质量也远达不到体面标准，例如有调查显示在城镇务工的农业转移人口中约 60% 居住在单位集体宿舍，工棚，工地或生产经营场所[2]。上述两种情况都使得农业转移人口当前在城镇的真实人均消费要远低于本文测算的市民化经济门槛。但农业转移人口市民化是家庭的市民化，市民化的目标是农业转移人口及其家庭成员在城镇的安居乐业。因此市民化经济门槛不应以当前农业转移人口在城镇的真实人均消费作为参照。

本文测算的成都市典型农业转移人口家庭低水准市民化人均支出（1594 元）比 2014 年成都市城镇居民家庭人均月消费 1809 元[3]低 12%。但城镇居民家庭人均消费不适宜作为判断农业转移人口在城镇是否能获得稳定的生存和发展的依据，因为这会高估转移人口在城镇生活的门槛，城镇居民人均消费数据无法直接替代成都市典型农业转移人口市民化经济门槛。

本文以农业转移人口家庭在城市的最为基本体面而有尊严的生活为基点，测算得出的市民化经济门槛是农业转移人口家庭在成都市稳定生存发展的月最低资金需求量，也是其家庭完成市民化的最为基本的经济前提。

（二）跨越市民化经济门槛：成都市农业转移人口的市民化经济能力衡量

如前所定义，农民工维持城镇家庭生活的基本支出成本所需要的生活工资水平作为市民化经济门槛，与之对应的市民化经济能力即是跨越市民化经济门槛的

---

① 数据来源：国家统计局，2015 年农民工监测调查报告。
② 数据来源：国家统计局，2015 年农民工监测调查报告。
③ 数据来源：成都统计年鉴（2015）。

能力，用农民工的实际收入水平（以工资为主）来衡量。若农民工的实际工资达
到了门槛值，则认为是具备了跨越市民化经济门槛的市民化经济能力。

使用卫计委 2015 年全国流动人口动态监测数据来评估成都市农业转移人
口市民化经济能力。本次调查在成都地区共发放了 2800 份问卷，收回有效问卷
2800 份，其中，剔除户籍登记信息为非农业，家庭中有人单位包吃住①，处于适龄
劳动力年龄范围②外的受访户样本后，剩余 1851 个受访人样本。

评估的具体做法是用农业转移人口的工资性收入与市民化经济门槛进行比
较。比较结果显示，成都市农业转移人口中具备低水准市民化经济能力的比重为
69%，具备高水准市民化经济能力的人群比重为 48%。但应注意，由于数据统计
口径的差异，此处的比例存在高估。由于我们的市民化经济门槛使用的是生活工
资 Anker 方法，根据生活工资的概念，该工资是标准工作时间内的报酬水平，也
就是不包括加班的超时工资收入，而现实中当前国内制造业工人通过超时工作获
得加班工资是普遍现象，在监测数据中的收入水平则是包括了工人超时的工资
的。虽然作者明确这项差异的存在，但是作者无法妥善处理这一差异，因为行业
差异等原因，统一假定加班时间并不可取。因此，在使用监测数据得出的结果会
高估具备市民化经济能力的农业转移人口的比例，其高估的程度与加班程度有
关，尤其请读者留意。

（三）市民化经济能力与市民化意愿

农业转移人口市民化意愿和市民化能力是微观层面最常被提及的两个决定转
移人口市民化进程的因素。能力和意愿的交叉可以呈现农业转移人口市民化发展
路径预期。按照农业转移人口是否具有市民化能力和市民化意愿，成都市农业转
移人口可以被分为四个群体，即同时具备市民化能力及意愿，有市民化能力但无
意愿，有市民化意愿但无能力，既无市民化意愿也无能力。

如表 4 所列，初步推断，成都市农业转移人口中约 70% 的受访人具有市民化
意愿，略高于具有市民化能力的人群比重 2 个百分点。既有市民化意愿又有能力
的人群比重为 50%，有市民化意愿但无能力的人群比重为 20%。此处依然需要注
意，监测数据的收入包括了超时工作的收入，因此，具备市民化能力的比例是被
高估的。

---

① 对于该类受访人群，其单位提供食宿应折入其收入，但由于缺少单位提供的食宿情况的详细信息，
　无法调整其收入数据，故予以剔除。
② 劳动力年龄范围为 16—60 岁。

表 4　农业转移人口市民化能力与市民化意愿交叉分析结果

	有市民化能力 [b]	无市民化能力	合计
有市民化意愿 [a]（%）	50	20	70
无市民化意愿（%）	18	12	30
合计（%）	68	32	100

注：a. 该数据来自 2015 年卫计委流动人口动态监测数据中的提问项 Q211"您是否打算在本地长期居住（5 年以上）"，若回答"打算"则认为受访人有市民化意愿，若回答"不打算"或"没想好"则认为受访人无市民化意愿。b. 基于如今绝大多数农业转移人口在城镇以租房形式定居，此处使用跨越低水准市民化门槛的具备市民化能力的比例。

五、结论与讨论

（一）主要结论

生活工资是工人在标准工作时间内所获得的能够担负其家庭维持基本体面生活标准的报酬水平，其定义与性质契合了市民化经济门槛关于承担农业转移人口家庭城市基本生活成本的最低资金量的内涵。本文基于生活工资 Anker 法，将典型的农业转移人口维持其家庭（3.5 人家庭规模，其中 2 个成年劳动力与 1.5 个孩子）在务工地基本体面生活标准的工资水平设定为典型成都市农业转移人口市民化经济门槛。并且，考虑农业转移人口租房居住的基本常态和"有房才有家"的普遍社会观念，兼顾两种模式的差异，将租房模式的生活工资设定为低水准市民化经济门槛，而将买房居住模式下的生活工资设定为高水准市民化经济门槛。

根据设定条件与生活工资的测算，成都市农业转移人口低水准市民化经济门槛（租房模式）为 2710 元 / 月，高水准市民化经济门槛（买房模式）为 3407 元 / 月。使用卫计委 2015 年全国流动人口动态监测数据中的成都数据估算，成都市农业转移人口中具备低水准市民化经济能力的个体占 69%，具备高水准市民化经济能力的个体占 48%。但须注意，生活工资概念是在标准工作时间前提下的，也就是不包括加班的条件下的工资水平，而当前国内制造业工人通过超时工作获得加班工资是普遍现象，而监测数据中的收入水平是包括了工人超时的工资的。因此，使用监测数据得出的结果会高估具备市民化经济能力的农业转移人口的比例，其高估的程度与加班程度有关。

将"是否打算在本地长期居住（5 年以上）"作为在成都的市民化意愿表达，成都市农业转移人口中约 70% 的受访者具有市民化意愿，其中，既有市民化意愿又有低水准市民化能力的受访者占 50%，有市民化意愿但无低水准市民化能力的受访者占 20%。

（二）延展讨论

本文将生活工资的 Anker 法所测算的工资水平作为市民化经济门槛，试图将过去在以公共成本为核心的市民化成本核算与以平均特征为主的市民化能力评价这两类分割的路径在同一个框架下得以统一。生活工资能够为市民化测算提供一个可行的工具，有望在未来的市民化研究中得到进一步拓展，有几项重要的原因。

第一，生活工资的定义和性质契合农业转移人口城镇化的现实情境需要和市民化的内涵。理解与测算农业转移人口在城市生活的生存和发展需要，应该以家庭为单位，而这已经具备了一定的现实基础，现阶段农民工就业的稳定性得到显著提升，流动的"家庭化"趋势明显。生活工资正是这样一个框架，将家庭的基本可持续的生计投射到家庭劳动力的收入水平（市民化经济门槛）。以此为依据，通过抽样调查数据中能力和门槛的比较便可以基本明确城镇化的主体对象。同时，以生活工资作为市民化门槛，更能反映市民化的可持续生计需要，而非一次性的成本测定。

第二，生活工资方法能够提供一个统一的透明的测算框架。该框架可以克服当前学界在测算指标难统一、测算模型主体视角差别等方面的问题。由于生活工资的测算反映具体区域的成本测算构成及水平差异，而公共服务的供给变化实际上也能够通过生活成本测算的变化反映在生活工资结构上，因而可以实现公共服务供给与个人能力在一套测算中的有机融合。进一步地，政策制定者可据此结合转移人口市民化的意愿和能力，初步推算转移人口市民化所需要的真实的财政负担；同时也可以通过公共服务供给对生活工资水平中各项成本的影响，模拟提高农业转移人口市民化能力的途径及其财政投入成本。

第三，该框架的测算成本低廉。由于物价水平，尤其是住房（租房）的成本在不同地区差别很大，而随时间变化，波动幅度也很大。因此，测算结果必须与具体的地区、时期相结合，注重地域差异与时效性。根据年度数据不断更新测算结果显得尤为必要。在中国目前互联网信息十分发达的条件下，在各市县层面的网络数据搜集与测算可以非常便利地得以实现，并能够根据需要实时更新。

第四，因生活工资框架透明性和操作便利，其他因素可以根据实际需要而在测算框架下调整考量。首先，在生活工资框架下，各类设定条件可以根据实际变化而调整，比如参照家庭规模，劳动力负担系数等。其次，对于一些经常需要被考虑的财产性因素也可以在此基础上做后期考量，而不是一开始就纳入测算当中。比如，对土地退出补偿，在一些研究中是被直接纳入测算，但该方式对于不同地区测算的比较以及时效化调整困难较大，尤其是土地退出补偿不确定性较高，且农业转移人口保留承包地和宅基地的意愿较高[①]，平均化的退出补偿并不可取，除非退出补偿在一个地区统一并普遍，否则，这一项更适合留给家庭做自我权衡。

参考文献

［1］杨曦. 城市规模与城镇化、农民工市民化的经济效应——基于城市生产率与宜居度差异的定量分析. 经济学（季刊），2017（04）：1601–1620.

［2］刘小年. 农民工市民化的共时性研究：理论模式、实践经验与政策思考. 中国农村观察，2017（03）：27–41.

［3］王小章，冯婷. 从身份壁垒到市场性门槛：农民工政策40年. 浙江社会科学，2018（01）：4–9.

［4］李爱民. 中国半城镇化研究. 人口研究，2013（04）：80–91.

［5］辜胜阻. 统筹解决农民工问题需要改进低价工业化和半城镇化模式. 中国人口科学，2007（5）：2–4.

［6］王春光. 农村流动人口的"半城市化"问题研究. 社会学研究，2006（05）：107–122.

［7］蔡昉. 以农民工市民化推进城镇化. 经济研究，2013（03）：6–8.

［8］李俭国，张鹏. 新常态下新生代农民工市民化社会成本测算. 财经科学，2015（5）：131–140.

［9］张继良，马洪福. 江苏外来农民工市民化成本测算及分摊. 中国农村观察，2015（02）：44–56.

［10］魏澄荣，陈宇海. 福建省农民工市民化成本及其分担机制. 中共福建省委党校学报，2013（11）：113–118.

［11］傅帅雄，吴磊，戴美卉. 新型城镇化下农民工市民化的成本核算研究——以北京市为例. 江淮论坛，2017（04）：11–17.

［12］李小敏，涂建军，付正义，等. 我国农民工市民化成本的地域差异. 经济地理，2016（04）：133–140.

［13］杜宇. 城镇化进程与农民工市民化成本核算. 中国劳动关系学院学报，2013（06）：46–50.

［14］国务院发展研究中心课题组. 农民工市民化进程的总体态势与战略取向. 改革，2011（05）：5–29.

[①] 根据国务院发展研究中心2010年重大课题"促进城乡统筹发展，加快农民工市民化进程研究"课题组对农民工市民化的现实基础和意愿分析指出：83.6%愿意进城定居的农民工希望保留承包地，66.7%愿意进城定居的农民工希望保留农村的宅基地和房产，在城镇化过程中，不能把"双放弃"（放弃承包地和宅基地）作为农民进城落户的先决条件，更不能强制性要求他们退地。

［15］陆成林. 新型城镇化过程中农民工市民化成本测算. 财经问题研究，2014（07）：86-90.

［16］李练军，邓连望. 新生代农民工市民化能力：一个基于"三环节"的理论探讨. 农业经济，2016（01）：48-50.

［17］刘传江. 迁徙条件、生存状态与农民工市民化的现实进路. 改革，2013（04）：83-90.

［18］魏后凯，苏红键. 中国农业转移人口市民化进程研究. 中国人口科学，2013（05）：21-29.

［19］程名望，乔茜，潘烜. 农民工市民化指标体系及市民化程度测度——以上海市农民工为例. 农业现代化研究，2017（03）：413-420.

［20］石智雷，朱明宝. 农民工社会保护与市民化研究. 农业经济问题，2017（11）：77-89.

［21］刘小年. 农民工市民化非均衡现象分析——社会交换的视角. 农业经济问题，2018（01）：75-86.

［22］黄锟. 城乡二元制度对农民工市民化影响的理论分析. 统计与决策，2011（22）：82-85.

［23］徐建玲. 农民工市民化进程度量：理论探讨与实证分析. 农业经济问题，2008（9）：65-70.

［24］Anker R.Poverty lines around the world：A new methodology and internationally comparable estimates. International Labour Review，2006，145（4）：279-307.

［25］SAI S A I.Living Wage Reports. http：//www.sa-intl.org/index.cfm？ fuseaction=Page.ViewPage&pageId=1848，2017-07-03.

［26］Anker R，Anker M.Living Wages Around the World：Manual for Measurement. Edward Elgar Publishing，2017.

［27］Wang S，Wang Y，Gu F，et al.Living Wage，Urban，Shenzhen，China：Context Provided in the Manufacturing Industry：Global Living Wage Series.New York，USA：Social Accountability International（SAI），2017.

［28］王瑜，汪三贵. 农民工离城镇化还有多少工资距离？——对深圳制造业工业园区的生活工资测算. 中国人民大学学报，2017（04）：107-118.

［29］王腾龙. 工业园区新生代农民工社会管理模式创新研究. 西南财经大学，2013.

［30］Anker R.Estimating a living wage：A methodological review. ILO，2011.

（本文与王瑜、崔馨月、陈传波合著，原载《经济地理》2018 年第 9 期）

农民工离城镇化还有多大工资差距？

——深圳制造业工业园区工人的生活工资测算

城镇化是我国改革开放以来经济社会发展的重要表现，同时也由于户籍制度等因素伴生形成了该进程中的农民工问题。改革开放近 40 年来，我国常住人口城镇化率由 1978 年的 17.92% 提升到 2016 年的 53.7%，但户籍人口城镇化率仅为 41.2%，户籍人口城镇化率比常住人口城镇化率低 12.5%，与此同时，人户分离[①]的人口约为 2.92 亿人，相应的，全国农民工总量 2.82 亿人，也就是说，2.92 亿人户分离的人口中主要是工作生活在城镇（市）而户口在农村的处于"半城镇化"的农民工。

正是基于"半城镇化"问题，中共中央、国务院于 2014 年制定了《国家新型城镇化规划（2014—2020 年）》，明确了推进以人为核心的新型城镇化目标，即促进约 1 亿农业转移人口落户城镇。当然，最终决定 1 亿农业转移人口能否实现城镇化的因素，是农民工城镇化的意愿与能力。农民工在城市工作的工资水平能否满足家庭在城市的基本的生活和发展需要，是决定当前农民工城镇化意愿与能力的主要因素。本文以生活工资（Living Wage）中的 Anker 法为基础，测算农民工在城市的生活工资（生活工资应当满足基本生活和发展需要，与勉强维持生存的生存工资有所不同），并与实际工资水平相比较，从而评估农民工离能以家庭为单位在务工地生活（城镇化最基本的要求）在工资上还有多大差距，以方便决策部门合理地制定城镇化目标和实施有效的配套措施。

一、文献回顾

（一）城镇化背景下的市民化成本与能力

我国的城镇化存在"半城镇化"的问题，而农业转移人口的城镇化是实现健康城镇化的核心。相关研究指出，当前中国的城镇化与劳动力转移是不同质的，这种特征也表现为农业转移人口的"半城镇化"，而从经济发展阶段出发，我国城镇化的核心是农业转移人口进入并落户于城市。矛盾在于，大城市的半城镇化更为严重，但大城市对农民工定居意愿来说却更具吸引力：基于全国第六次普查数据的研究表明，全国 80% 以上的地级以上城市存在不同程度的半城镇化现象，随着城镇常住人口的增加，半城镇化程度由轻向重转变，而调查数据则显示农民工的城市定居意愿具有大城市偏好。

城镇化在宏观层面表现为城镇化率，在微观层面表现为市民化。而经济能力则是市民化的最基本要素。从经济负担的角度，现有文献主要从市民化成本和市民化能力两个路径来分析农业转移人口市民化的可能。市民化成本，一般被分为

---

① 根据国家统计局的指标解释，人户分离的人口是指居住地与户口登记地所在的乡镇街道不一致且离开户口登记地半年及以上的人口。

公共成本和私人成本，也有学者认为市民化应该是为农民工提供基本公共服务所需要付出的公共成本，但总体而言，市民化成本通常是一个宏观总量的测算，并以一次性人均成本体现，并进一步分析成本在不同主体间的分担。虽然市民化能力体现包含经济在内的多个方面，但主要侧重于经济能力，指农业转移人口跨越市民化门槛的经济承担能力，比如刘同山等人以家庭的非农收入和是否在城镇购房两个指标来表征家庭的市民化能力。但类似研究基本不侧重于研究市民化能力本身，而是将其简化作为一个自变量来研究它对土地退出或宅基地流转等问题的影响，严格来说不算是研究市民化能力的。将市民化能力作为因变量和研究核心，主要是李练军用土地退出补偿能力、城市就业能力、城市融入能力等3个一级指标、9个二级指标、20个三级指标的指标体系来反映市民化能力，分析人力资本、社会资本和制度因素等方面对市民化能力的影响。

无论是市民化成本还是市民化能力，实际上都是在市民化主体不明确条件下的分析，市民化成本相当于测算的不考虑个体能力的无差异成本，市民化能力分析的是各类因素对能力形成的影响。这些分析有利于我们从宏观角度认识市民化问题，但即便是有一整套具体明确的指标体系和影响机制，它对个体家庭而言依然是抽象的标准，无法从个体角度观测在具体时间和地点实现市民化的可能或者说基本经济条件。与以上两个路径不同，本文关注那些当前已经在城市务工的农民工，若要在务工地满足其家庭的必要的食品支出、居住支出，以及教育、医疗等实现人的基本发展（或者说再生产）的支出，需要什么样的工资水平，也即本文所要测算的生活工资。

（二）生活工资：作为满足在城市基本生活和再生产的工资水平

生活工资是指，工人在合理的工作时间内，能够负担得起被社会认可且符合所处社会的经济发展程度的基本体面家庭生活的工资水平。包括国际公平贸易组织、雨林联盟、国际社会责任组织（Social Accountability International，SAI）等6个标准制定组织与ISEAL等组织成员在内的全球生活工资联盟对生活工资的概念达成了共识，即生活工资是指"在一个特定地区，一个工人在一个标准的工作周内所获得的、足以担负得起该工人及其家庭的达到体面生活标准的报酬。体面生活标准的要素包括食物、水、住房、教育、医疗保健、交通、衣着，以及应急所需等其他基本需求"。

生活工资所涵盖的理念由来已久，但成为实际的政策主要是20世纪90年代以后的事情。从1994年巴尔的摩（位于美国马里兰州）率先以法律方式实施生活工资规定开始，生活工资逐渐成为美国的全国性运动，同时也在加拿大、英国、澳大利亚、新西兰等发达国家成为工资标准。生活工资作为一项社会诉求，后来也成为贸易公平、消费和社会责任的一项标准。

与生活工资相关的一个概念是法定最低工资。在特殊情况下，生活工资标准可以被定为法定最低工资标准，但通常情况下，最低工资的确定方法主要以贫困收入为基础进行调整，往往是偏低的，是一种维持基本生存的工资标准。生活工资通常比最低工资高很多，因为生活工资还考虑了最基本的发展和再生产需求。

因此，在当前的城镇化目标下，生活工资能够体现一个已经在城市有全职工作的工人家庭在城市维持基本体面生活的所需工资水平。在我们的应用实践中，通过对生活工资的测算，并与实际工资相比较，可以观察推进城镇化和农民工市民化是否具有相关的个体微观经济基础。

（三）生活工资的 Anker 法及国际应用状况

在生活工资测算方法上，包括国际公平贸易组织在内的 6 个标准制定组织与 ISEAl 组织已经使用 Anker 法作为生活工资的测算方法。该方法是由 Anker 等人从世界劳工组织（ILO）发布的生活工资的测算研究中所创立发展而来的方法。到目前为止，该测算方法已在多个国家和地区的生活工资测算中得到应用，其中包括为跨国公司测算 9 个国家的城市工人生活工资，为其他国际组织测算了南非（西开普省酿酒葡萄种植区）、多米尼加共和国（香蕉种植区）、马拉维（北方茶叶种植区）的农村地区的生活工资。该方法也是本文测算生活工资所使用的方法。

二、数据与具体测算方法说明

（一）数据来源与调研说明

本研究的调研数据和方法实施来源于 2015 年国际社会责任组织（SAI）与中国的专家课题组就中国部分地区的生活工资测算合作研究。该项研究是在中国首次开展生活工资测算，首批实施了对深圳、成都、郑州、上海、南京、杭州六个城市的测算。调研设计与测算方法经由 Anker 法的创立者和推进者 Richard Anker 和 Martha Anker 合作指导。

对深圳生活工资的测算基于 2015 年 8 月对深圳制造业工业园区（宝安区、龙港区和龙华新区）的实地调查数据。根据深圳 2014 年国民经济和社会发展统计公报，深圳 2014 年的年末常住人口为 1077.89 万人，其中，农民工将近 700 万人（占常住人口 60% 以上）。这些农民工主要从事制造业、批发零售业、住宿餐饮服务业等。尤其是，农民工中60%以上受雇于制造业部门。但与此同时，深圳是非省会城市中半城镇化程度最高的城市。截至调查时点（2015年8月），深圳市下辖6个行政区和4个功能新区①，有多达一千余个工业园区，其中制造业工业园区主要集中在宝安区、龙岗区和龙华新区。本次生活工资测算是针对产业集聚区域的制造业工业园区的工人，而这些区域最能反映深圳地区典型的制造业工人的生活成本。

该项研究的调查方式为典型调查，并非抽样调查。选取的是典型的制造业工业园区，以结构化的数据调查表，在不同工业园区对工人进行问卷调查和访谈，并调查工人通常消费的市场、日常租住的居所，与各类的相关知情者访谈等途径获得一手数据，同时，也通过搜集二手数据来获得工人的消费支出结构、当地饮食文化习惯、当地住房标准等。

（二）基于Anker法的生活工资测算说明

对生活工资的估算以能够满足工人家庭基本而体面的生活的消费支出为依据。根据Anker法，生活工资的测算需要设定家庭规模，并测算家庭的支出，然后根据家庭的全职工人当量来计算满足家庭基本生活支出水平的实发生活工资水平以及税前工资水平（结构如图1所示）。

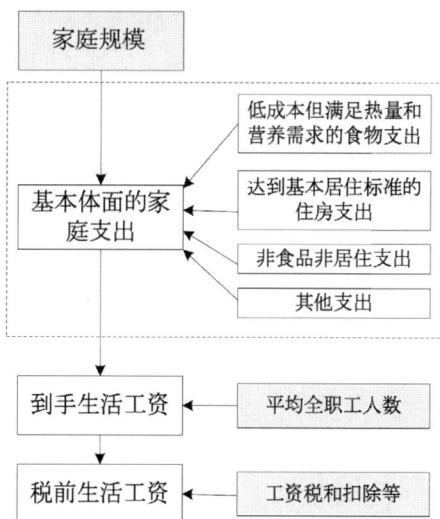

图1 生活工资测算流程图

---

① 四个功能新区主要是为经济开发而设立的管理区，而并非像行政区那样由法定机关批准成立并设立人大、政协等整套地方政府机关。

首先，我们设定了工人的平均家庭规模为 3.5 人。这个设定与深圳的住户调查数据对家庭规模的统计以及中国的总和生育率状况是一致的。其次，我们沿用由 Anker 创立发展起来的方法，确定工人的膳食模型。第三，通过现场调研，计算可接受水平的家庭居住条件的租金，以及家庭基本生活所需的水电费、日常修理维护支出和其他居住支出。将居住支出通过调查进行单独计算是至关重要的，因为根据政府统计年鉴的支出数据，居住方面的支出存在较严重的低估，深圳的人均家庭消费支出中仅有 14.1% 为居住支出，其中 6.1% 为水电等各项费用，租金仅占 8%。第四，在膳食模型成本的基础上，根据统计数据中非食品非居住（Non-food-non-housing，NFNH）支出与食物支出的比例计算非食品非居住的支出。并通过对教育、医疗保健、交通和通信等分项支出进行核查，确保该部分包括了足额的分项支出。第五，估测家庭的全职工人当量，以用来计算每个家庭的工人维持其家庭生活所需的净生活工资额，其估算所需的数据主要来自于政府网站和公开发表的数据。第六，在考虑工资税和扣除项的情况下，测算工人的总生活工资额。

（三）对农民工家庭两头消费的情境处理

与中国其他工业发达地区情形一样，深圳的农民工群体中的大部分来自相对不发达省市的农村地区，并已成为深圳制造业部门的主力。而其中 50% 以上的农民工并不与其他家庭成员共同生活，尤其是对于已成家的农民工来说，由于经济条件限制和社会文化因素，工人不得不与其他家庭成员分离生活。整体而言，农民工外出务工而孩子在老家上学由祖父母抚养是很普遍的现象，这就导致了农民工家庭在农村（留守家庭成员）和城市（外出成员）的两头消费。因此在现实中，外出农民工通常会将相当一部分工资收入寄回家中供养留守的家庭成员。这就意味着，大多数农民工非常关心并也涉及家乡（通常是农村）的生活成本和生活水平。

由于生活工资是基于家庭为收入消费单位基础的概念，在此情形下，测算深圳制造业产业工人的生活工资就必须面对和处理普遍的两头消费的情形。我们采取的是假定工人的家庭（按 3.5 人的家庭规模）都在务工地生活，而不是部分地依据留守人员在家乡的生活成本和生活标准来计算。因为根据生活工资的严格定义，我们所测算的生活工资应该是基于工人家庭在工作地维持基本体面生活的生活成本和生活水准。也正因为很多工人无法承担子女在务工地的生活的居住和教育等成本，才导致了普遍的留守现象，而生活工资就是要避免工人由于收入不足以在务工地维持家庭生活而不得不两头消费的情况。

三、测算结果

严格遵照 Anker 法的生活工资测算过程，经由八个步骤，研究所测算的 2015 年 8 月深圳制造业工业园区普通工人的实发生活工资为 2508 元 / 月（合 115 元 / 工作日）。考虑工资扣除部分后，应付税前（扣除前）总生活工资为 2818 元 / 月（合 130 元 / 工作日）[①]。即一个家庭规模为 3.5 人（1.5 个孩子、2 个成人）的家庭在 1.78 个全职工人当量条件下的税前（扣除前）总生活工资为 2818 元 / 月（如表 1 所示）。该生活工资水平反映的是深圳部分产业聚集区域的工人维持家庭在工作地基本生活所需的工资水平。该生活工资水平没有扣减实物福利价值，也就是在工厂没有提供其他实物福利的情况下生活工资的水平。

表 1　深圳制造业工业园区的生活工资计算表（基于 2015 年 8 月调查）

支出与计算	人民币（元）
1. 每月食品支出（3.5 人家庭）	1299
每人每天食品支出	12.20
2. 每月居住支出	1020
可接受标准房屋的租金	780
水电气费和维修费	240
3. 每月非食品非居住支出	1739
4A. 持续生计与紧急支出预留（5%）	203
4B. 人情往来支出（5%）	203
5. 基本体面生活的家庭（3.5 人）月支出（5=1+2+3+4）	4464
6. 生活工资，每月到手工资（6=5/1.78 家庭工人当量）	2508
每工作日的生活工资（1.78 家庭工人当量）	115
7. 工资中的强制扣除（总工资中的 11% 社保扣除）	310
8. 生活工资的每月总工资（8=7+6）	2818

（一）生活工资的家庭规模

生活工资是一个基于家庭的概念，因而，对深圳市工人（农民工）的平均家庭规模做合理估计是生活工资测算的基础。我们将家庭规模确定为 3.5 个人（2 个成年父母和 1.5 个孩子）。由于官方统计数据所限，在深圳市就业的工人其留在老家的子女或其他家庭成员通常不被计入，在深圳居住不到 6 个月的工人的数据也难以被统计，因此，与其他流入地城市一样，准确测定在深圳工作的工人的实

[①] 这里所使用的月工作日数量为 21.75 天，与 2015 年深圳最低工资保障制度所规定的全日制就业劳动者月工作日数量一致。

际平均家庭规模难度很大。

《深圳市统计年鉴》数据显示，2013 年深圳市户籍人口的家庭平均规模为 3.66，而基于深圳 600 户家庭（包括已登记和未登记户籍的）的调查所测定的 2012 年家庭平均规模为 3.21 人。同时，仅由一个成年人组成的单人家庭也包含在这些数据中，因此在两人以上的深圳家庭中，平均家庭规模应该大于 3.21 人。目前中国的总和生育率为 1.47[①]。在城市工作的工人大多数来自生育率较高的欠发达地区，因此工人的生育率与城市居民相比更高。此外，我们在和工人访谈时了解到，已婚工人的家里有 1 个或 2 个孩子都是比较常见的。综上，假定家庭规模为 3.5 人是较为合理的设定。

（二）食品支出

以 3.5 人（2 个成人、1.5 个孩子）为家庭规模设定，依据膳食模型和当地的食品价格测算，测算出深圳制造业产业工人生活工资中的食物支出部分是每人每天 12.2 元。

膳食模型热量为 2297 卡路里，基于制造业产业工人及家庭成员参与的是中等强度体力活动的假定而得出。在满足营养要求原则，与饮食偏好、当地食物的可得性和成本保持一致，相对低成本的营养膳食等基本原则条件下，确定食物结构，并通过从工人们的主要购物场所搜集的食物价格，综合测算出膳食模型的成本。[②]

（三）居住支出

测算中的居住支出为每月 1020 元，包括房屋租金 780 元，电和气 140 元，水费 70 元，小的维护修理费 10 元，基本的管理费 20 元。这大约占所测算的总的生活支出的 25.1%，这个比例对大城市工业园区附近的租房情况来说是合理的。该比例比《深圳统计年鉴》数据中的中等偏下收入组（20%—40%）家庭支出中居住支出所占比例 14.1% 要高。但需要注意的是，自有住房的租金成本折算并未包括在官方统计数据的居住支出当中，同时，没有本地户籍的流动人口（我们报告所关注的大部分工人正是如此）没有被纳入统计数据当中，尽管这些人口的确租住房屋。这导致了官方统计数据中住房成本及其占总支出的比例被

---

① 该数据由中国人民大学翟振武教授提出。读者需要注意，根据 2010 年第六次人口普查得出的 1.18 的总和生育率被学者们批评低于实际总和生育率。参见 "2015 将迎人口出生小高峰"《人民日报海外版》（2015 年 02 月 10 日第 04 版）http://paper.people.com.cn/rmrbhwb/html/2015-02/10/content_1532783.htm.

② 限于篇幅未详细列出，读者可以向作者索取相关具体表格。

低估。

居住支出的估算由以下几个成本组成：（1）基本体面的住所的房租；（2）生活设施费（水、电、燃气等），其他居住支出以及日常维护管理费用。居住支出的估算是通过造访工人的租住居所、向受访工人访谈搜集房屋的条件和支出、与当地的出租者以及个体中介交流等多种方式获取信息后测算的。

1. 基本住房标准

基本住房标准是为深圳制造业工业园区附近的家庭成员数为3—4个的工人家庭所设定的。这个标准设定的基础是联合国人居署（UN-HABITAT，2007）的规定。对于深圳的工人来说，所租住的房屋很容易达到除了居住面积以外的其他各项标准，而工人在深圳（中国的其他大城市也是如此）租不起达到足够居住面积要求的住房才是普遍问题。

生活工资标准中包含的住房标准在居住面积上的要求是：3—4人规模的家庭要有50平方米的建筑面积或40平方米的居住面积。该要求高于目前深圳制造业工业园区的工人家庭的实际生活标准，但即便如此，这个标准依然应当是基本标准。该标准与深圳的低收入家庭的廉租房的面积的总面积限制标准相近。根据深圳的廉租房标准（2008年），低收入家庭申请廉租房的面积应该为人均15平方米，但全家不超过45平方米。[①] 而根据2014年新出台的保障性住房／公租房的标准，2—3人的家庭的租房建筑面积应为50平方米，3人以及以上的家庭应为65平方米。因此，对于3—4人规模的工人家庭而言，50平方米建筑面积（或40平方米居住面积）的标准并不高。

2. 适居标准的房屋租金

房屋租金主要通过搜集符合适居房屋标准的租赁价格信息来估算。为了测算深圳制造业工人的居住成本，我们分别与工人们、一线管理人员访谈，搜集了工人或一线管理者的详细租住信息，同时与房东交谈，并实地察看了正在出租的住房。在所调查的住房中，居住条件接近所设定的住房标准的最低房租为700元，但考虑到工业园区附近的租房市场情况，对于大多数工人来说，基本很难以700元的价格租到达到适居条件（主要是面积要求）的住房。因此，通过租金与面积

[①] 需要注意的是，按照先前的计划生育政策规定，在城市地区，每个家庭依政策一般只能生育一个孩子，而在农村地区可以有条件地生育二胎。深圳的大部分制造业工人是来自于农村地区的，可能生育两个孩子。而在已经综合各因素，假定了制造业工人的家庭规模为3.5人时，50平方米的设定标准实际上没有比廉租房住房标准高。

关系的散点关系图（见图2），用租金对面积做非线性回归拟合的方式，40平方米的居住面积的估测租金为780元。据实地调查和数据模拟（$y=-13.4\ln(x)+69.05$）表示的单位租金与居住面积之间的关系，40平方米居住面积的租金大约为780元。同时，与调查所观测的结合，780元仅仅是工人家庭勉强能租到的可接受条件住房的租金。

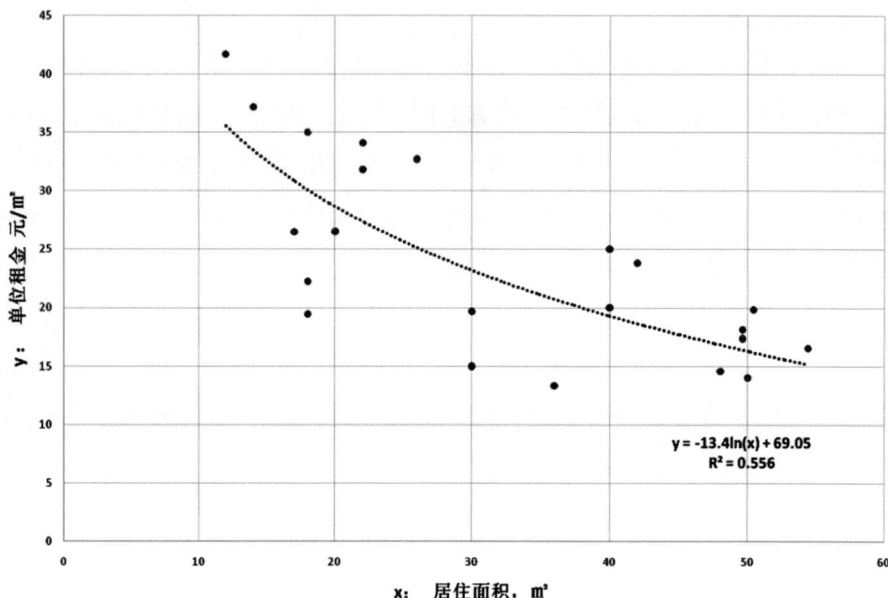

图2　调查搜集的房租与面积的拟合图

3. 水、电、燃气及其他费用

水、电、燃气及其他费用是从工人以及房东处获得的详细支出信息来估算的。水、电、燃气及其他费用的估算为每月240元。其中，电费和燃气费的家庭平均每月支出为140元。水费的估算值为每月70元。其他小的维修和维护支出为每月10元。此外，管理费（比如卫生管理费）为每月20元。

根据实地调查中规模为3—4人的工人家庭的水电等费用的支出来核实估算的费用，这个估算值是合适的。这项支出大约占了生活工资估算当中生活成本支出的5.9%，该比例也是合理的。在2013年《深圳统计年鉴》中，中等偏下收入组（20%—40%）支出中水电燃气等其他费用所占比例为6.1%，而我们所估算的比例仅比统计数据中的比例略低一点。这个比较表明我们对水电气等其他支出的估算是属于合理范围的。

（四）非食品非居住支出

非食品非居住支出是基于恩格尔定律的比值及 2013 年《深圳统计年鉴》[1]中当前消费模式的统计数据来测算的。因此，首先要获得非食品非居住支出与食物支出之间的比值。

2013 年《深圳统计年鉴》中根据家庭人均收入水平将家庭人均消费支出的数据分为 7 个组[2]，我们使用其中的中等偏下收入组的消费支出结构来计算这个比值。中等偏下收入组代表了深圳收入分布中位于第二个五分位（20%—40%）水平的收入组。这个收入组是对生活工资测算的一个可参考群组，因为生活工资的收入水平应该是使得深圳制造业工人家庭的生活能够承受中等偏下收入的那种消费模式。在统计年鉴数据中，20%—40% 收入组的家庭其支出的 42.5% 用于食物，14.1% 用于住房，而 43.4% 用于非食品非居住支出。

根据统计数据的收入参照组的支出结构，观测的非食品非居住支出与食物支出比为 1.339。当然，在计算该比例之前，我们对统计数据做了相关处理：（1）排除了烟草的支出；（2）假定统计数据中在外就餐的支出中 50% 是食物本身的支出[3]。

我们所估算的参照规模家庭的非食品非居住支出为每月 1739 元，其中涵盖了酒、衣着、家庭设备用品及服务、医疗保健、交通和通信、教育、文化娱乐服务、在外就餐的服务费；其他商品和服务支出。在使用 1.339 这个比例计算出非食品非居住支出之后，对其中的医疗保健、教育支出等单项分别做了进一步核查，这两项几乎在所有国家都属于基本权利。同时，核查了交通和通信费用，因为这些费用对工人来说也是普遍而必要的基本支出。在这些深入核查的基础上，我们审定非食物非居住支出额度是合理的[4]。

（五）持续生计与其他事由的额外支出

为了保证基本的生活水准，在测算生活工资时为意外事项留出一部分备用支

---

[1] 虽然我们可以查到 2014 年深圳统计年鉴，但是其中的消费数据没有分组，因此我们使用了 2013 年的深圳统计年鉴数据。

[2] 这 7 个收入分组是最低收入户、低收入户、中等偏下收入户、中等收入户、中等偏上收入户、高收入户、最高收入户，分别占收入分布的 10%、10%、20%、20%、20%、10%、10%。

[3] 我们假定家庭支出数据中在外就餐支出的 50% 是食物本身的支出，而另 50% 是利润和食物准备、烹饪、服务、清洁等服务费。这个假设是基于 Richard Anker 和 Martha Anker 对中国、印度、美国、多米尼加等地区的就餐内容的分析。

[4] 食品、居住，以及非食品非居住支出的额度和比例与测算表因篇幅限制不做展开，读者有需要可以联系作者。

出是常见的处理方式。SAI 组织和 Anker 在他们的研究中使用 10% 的比例。本次测算中选择增加 5% 作为备用支出，来预防不可预见的紧急情况以及必要的自由支配项目；另外，增加 5% 的额度用于向父母提供经济支持以及向亲戚朋友支出礼金（按每个月 21.75 个工作日计算，5% 的金额约相当于工人一个工作日的收入）。依此，预留总共 10% 的备用支出额度，也就是在食物、住房及其他支出总额的基础上追加 10% 额度（相当于每个家庭每月 406 元的备用支出）。

（六）全职工人当量

家庭生活支出转换生活工资，需要合理估计支撑家庭生计所需要的全职工人当量。当前在计算生活工资时，常见的假定是家庭中有 1 个或 2 个全职工人。这里使用了 1.78 作为全职工人数量来估算深圳工人的生活工资。

全职工人当量同时需要劳动力参与率和失业率的数据。首先，我们的调查对象本身为制造业产业全职工人。在该条件下，我们只需要估算工人的配偶或者伴侣全职工作的概率。根据相关研究，2010 年深圳市 16—59 岁年龄段的劳动力参与率（LFPR）为 84.79%，但该数据会比实际低一些，因为在中国 15—24 岁年龄段人口有相当部分在上学而不是劳动参与者。2015 年 ILOLABORSTA 数据中的中国全国数据显示 25—59 年龄段与 15—59 年龄段的劳动力参与率的比值为 1.0623，在 15—59 岁劳动力参与率数据基础上用全国数据的比例近似调整的方式来测算 25—59 年龄段工人的劳动力参与率。调整后的 25—59 岁之间工人的劳动力参与率为 89.9%[1]。2014 年中国城镇登记失业率为 4.1%，但一般来说，登记系统会大大低估实际的失业率。而另一项在失业率统计上相对更加可靠的中国家庭调查显示，2002—2009 年中国平均失业率为 10.9%[2]。在此，采用 10.9% 的失业率。统计数据缺乏兼职率的数据，但从经验来看这个比例非常低，因而此处假设兼职率为 5%。基于以上信息，测算出工作参与概率为 78.1%[89.9×（1−10.9%）×（1−0.5×0.05）][3]。这意味着每个工人的配偶或伴侣参与工作的概率平均为 78.1%，因此每个工人家庭平均有 1.78 个全职工人。

---

[1] 根据一篇论文，深圳 2010 年的 16—59 年龄段人口的平均劳动参与率是 84.79%，但是我们没有使用深圳的劳动参与率数据，因为大部分 15—24 岁的人口在学而未进入劳动力市场，因此它低估了实际进入劳动力市场人口的劳动参与率。

[2] 更多信息请参看 Shuaizhang Feng, Yingyao Hu, Robert Moffitt, "Long Run Trends in Unemployment and Labor Force Participation in China". Journal of Comparative Economics, 2017, 45（2）: 304—324.

[3] 成年人全职工作的平均比例 = 成年劳动力平均劳动参与率 ×（1−失业率）×（1−0.5×兼职率）。

（七）工资中的强制性扣除

工人需要获得足够的可支配收入来维持日常生活，所以工资中的强制性扣除需被考虑。自愿缴纳的费用在此不做考虑，因为自愿部分可以算作是自由支配的部分。在深圳，无论工人是否是深圳本地的户籍人口，只要是正规的合同工人，五项社会保险是被强制要求缴纳的，包括养老、医疗、失业、工伤和生育保险。但社会保险的基数以及个人 / 单位缴纳的比率因户籍而有所不同。[①] 为了估算工人的生活工资，我们需要确定社会保险基数与个人缴纳（不考虑单位支付的情况）的比率。根据社会保险相关文件，在我们的预计生活工资会略高于深圳市最低工资的情况下，使用工人实际工资作为缴纳社会保险的基数是合理的。[②] 无论是否有深圳户籍，工人的个人缴纳比例为11%（养老保险8%，医疗保险2%，失业保险1%）。另外，住房公积金仅限有深圳户口的工人缴纳，因此，未把这部分算入社会保障扣除中。综上，我们将需要扣除的社保费用比率定为工资的11%。

（八）实物福利

在符合实物福利的标准的前提下，将实物福利作为部分工资具有合理性，同时，工厂为工人发放的实物福利会降低工人为维持体面生活所需的收入水平，因此，生活工资的测算通常需要扣减合规的实物福利价值，但本研究中并没有扣减。不扣减的理由主要是实物福利差别大、大部分基层工人几乎没什么实物福利，并且数据搜集困难。

四、生活工资与其他工资的比较：工资阶梯

通过与其他工资测算结果相比较，可以了解本报告所测算的生活工资的相对水平，同时也可以观测调查时点的时行工资水平与生活工资的差距。图3展示了生活工资与各类不同工资（或折算为工资的标准）的阶梯比较结果，包括最低工资标准、行业工资指导价中的四类代表性工种的低位数、行业工资指导价中的制造业平均工资、低保标准、世界银行的一天3.1美元的贫困线和一天6.2美元的贫困线、亚洲最低工资标准等。

[①] 如前所述，综合的社会福利与户口是密切相关的，并且不同省市的具体环境差别很大。在此，我们简言概括，有深圳户口的工人比没有深圳户口的工人有更高的社保参保基数。

[②] 在深圳，对正式的工人而言，当满足以下条件时，实际工资是社保缴费基数：（1）以员工的每月工资总额为基数，但不得高于市上年度在岗职工月平均工资的300%；（2）非深圳户口工人的缴费基数；（3）深圳户口员工的缴费基数不得低于市上年度在岗职工平均工资的60%。深圳市2014年的在岗职工平均工资为6054元，而该平均工资的60%就是3632元。因此，深圳户籍的工人社保缴费基数比我们生活工资估计的参保基数高。

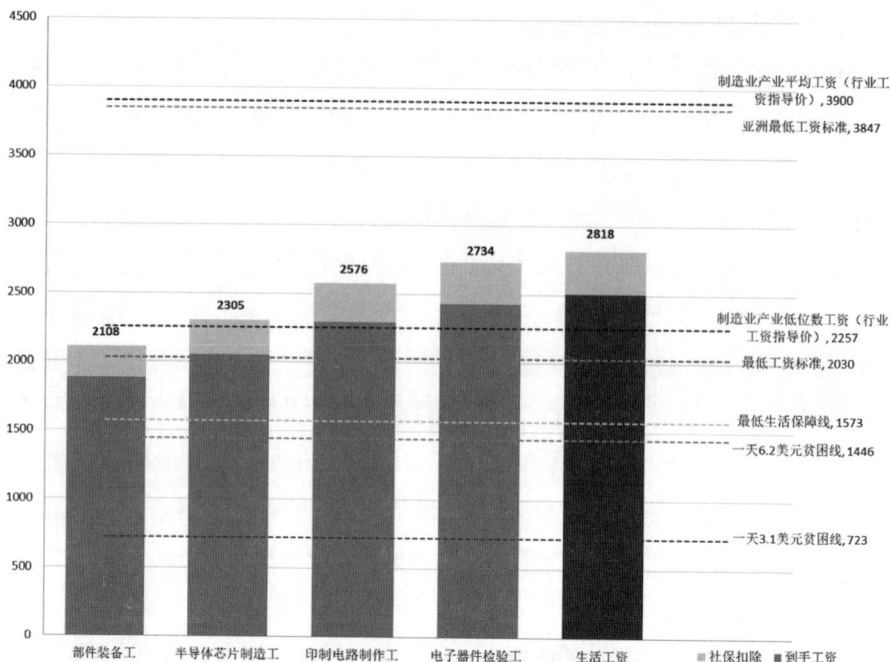

图3 2015年8月深圳工资比较阶梯

注：图中柱状图中，部件装备工、半导体芯片制造工、印刷电路制作工与电子器件检验工的工资水平为2015年深圳市行业工资指导价相应岗位的低位数水平（即工资最低10%工人的平均工资），该工资统计口径为应发工资，假定社保扣除为11%。

（一）生活工资与最低工资、其他标准的比较

2015年3月，深圳将全职工人的最低工资上调至每月2030元，兼职工人的最低工资上调至每小时18.5元，这在中国所有省区中是最高的。最低工资法也明确规定，最低工资标准不包括加班工资和特殊工作环境、特殊条件下的津贴，也不包括劳动者保险、福利待遇和各种非货币的收入。本研究所测算的生活工资是深圳市最低工资标准的1.39倍。

此外，该生活工资是深圳市2015年的低保标准 [①]（折合为工资是1573元）的1.79倍，是世界银行每天3.1美元和6.2美元（折合为工资约分别每月723元和1446元 [②]）贫困线的3.90倍和1.95倍，但仅是亚洲基本工资标准（Asian Floor

---

[①] 深圳市的最低生活保障线为每人每月800元，乘以3.5个家庭成员并除以1.78个全职工人，得到按生活工资计算方式下的工资。

[②] 在此我们使用根据2011年经调整的贫困线和经城乡调整的2011年中国的购买力平价（PPP）指数（Ferreira, F. H. G., et al. 2015）。2011年中国的城市PPP指数是3.9。同时，2011年PPP指数下的3.1美元一天的贫困线是2005年PPP指数下的2美元一天的贫困线的可比当量，是中等收入国家的贫困线的常用标准。

Wage）^① 的 73%。

（二）生活工资与工人当前实际工资水平的比较

行业工资指导价是通过各地区对不同行业、职位、工种的劳动者工资进行抽样统计而得到的，能够代表市场的真实工资水平，因其公布数据也包括了各行业工种中不同收入水平的平均值，由此也可以按需选取作为对比使用。不过，行业工资指导价的统计口径均为"应发工资"，该口径并未减去工资扣除项（与生活工资的总水平口径一致），但也并未剥离加班费（生活工资不包含加班费）。

根据深圳市人力资源和社会保障局公布的深圳市人力资源市场工资指导价位数据^②，2015 年深圳市制造业平均工资指导价为 3900 元，其中中位值为 3975 元，低位值为 2257 元（最低 10% 的算术平均值）。在本研究中，将工资的低位数与生活工资进行对比是较合理的，因为最低 10% 的工资水平的平均能够反映多数制造业一线工人的收入水平。

在图 3 中，我们选取了工资指导价中具有一线制造业工人代表性的四个工种的工资低位数作为比较对象。2015 年的行业工资指导价显示，计算机、通信和其他电子设备制造业的工资平均数为 4835 元，工资低位数为 2552 元，工资中位数为 4238 元。我们所调查和访谈的工人大多数都来自这些行业。需要注意的是，行业工资指导价中的工资并未剥离加班费。

我们所测算的生活工资相当于所有制造业行业工资指导价平均工资（3900元）的 72.3%，是工资低位数（2257 元）的 1.5 倍；相当于计算机、通信以及其他电子设备制造行业平均工资（4835 元）的 58.3%、工资低位数（2552 元）的1.1 倍。需注意，工资指导价中的这些工资水平实际上都包括了加班工资。

（三）依赖于超时工作和加班费的实际工人工资

工人工资收入因工作量、奖金以及加班费等而有较大差别。调研发现，在最低工资的基础上，工人的收入会受到以下因素的影响：（1）季节和年度的波动；（2）工厂和下属部门的绩效；（3）工种差异（流水线工人、技术工人等具体差别）。

超时工作获得加班费是目前工人家庭收入的重要组成部分。加班费根据工人

---

① 亚洲基本工资标准由清洁成衣运动（Clean Clothes Campaign）针对制衣工业制定的，也供认证机构和跨国企业参照，其 2015 年官网发布的最新数值是 3847 元。
② 行业工资指导价是政府向社会发布的一种劳动力工资价格信号，不是劳动保障行政部门规定的工资标准。行业工资指导价反映了当前不同职业和职位的普遍薪资，很大程度上取决于所在企业的经济效益。农民工的工资进入这些统计当中。

在不同时间加班情况而有所差异。按 2015 年月平均 21.75 个工作日来计算，全职工人工作日最低工资为 93.33 元。工作日、休息日和法定节假日的加班费应分别按由最低工资所得的每小时／每工作日工资的至少 150%、200% 和 300% 的比例来支付。工人在工作日加班并获得 1.5 倍加班工资，这在制造业工厂的生产旺季时很常见。深圳规定每月的加班时间上限是 36 小时，但制造业工人在旺季加班时间达到上限也是较普遍的情况。

根据生活工资的定义，生活工资应是工人在正常工作时间内工作而不加班工作即可获得的工资水平，但是在当前情况下，制造业行业工人的收入是在工人加班十分普遍（当然也获得了相应加班工资）条件下的水平。因此，在对比现行普遍工资和我们所测算的生活工资时，应当注意实际工资水平普遍包括了超时工作的加班费。研究所测算的生活工资并未高过目前大部分工人取得的实际工资，因为制造业产业的工人普遍通过加班增加了实际收入。从这个意义上看，正常工作时长、非加班条件下的生活工资接近于目前工人通过普遍超时加班获得的实际收入。

五、结论与建议

（一）基本结论与讨论

本研究测算的生活工资为 2508 元（相当于每天 115 元），这是工人拿到手的净收入水平。如果考虑社保扣除因素，扣除前的总生活工资为 2818 元（相当于每天 130 元）。也就是，一个规模为 3.5 人（其中孩子为 1.5 人）全职工人当量为 1.78 人的家庭，需要在扣除前工资为 2818 元的情况下，才可能在务工地过基本可持续的生活。

该工资水准是深圳市最低工资标准的 1.39 倍，也就是现行最低工资标准离维持基层工人的最为基本的城市家庭生活和发展的水平在最低工资标准上至少还有近 30%（1—1/1.39）的差距。需要强调的是，虽然所测算的生活工资水平与调研中一线普通工人的实际收入相当，但是目前普通工人的实际收入主要是以最低工资为基础，通过最大限度的加班而获得的。也就是说，他们将休息和再生产的时间都投入到加班当中才能获得维持家庭可持续生活的水平。问题也恰恰在于，当时间都被投入到加班之中时，他们就没有时间照料和陪伴孩子，也无法享有基本的文娱和社交活动。即便在深圳的农民工未来未必选择在深圳定居生活，在当地务工时，其基本工资标准达到生活工资也是必要的，因为只有当他们在这里务工的时候，他们的工资能够支持他们以家庭的生活方式、而不是因为收入不足从而以留守其他成员以及最大化的超时加班的方式去过生活，他们才有可能形成家庭再生产条件，从而有选择未来定居地点的空间。同时，我们的生活工资是在租房生活的条件下进行的，对于一个"有房才有家"的文化而言，这是非常保守的测算，但与家庭分离相比，租房共同生活依然可以被视为一种可接受的生活模式。

（二）研究建议

从解决"半城镇化"问题、促进城镇化和农民工市民化的角度出发，要实现农业转移人口在城镇过上可持续和维持再生产的基本生活的目标，从生活工资的角度有两点政策启示：

第一，从工资水平的角度，改善工人的工资水平，提高最低工资待遇等途径，是直接的方式，但在深圳最低工资连续多年快速上升的条件下，考虑企业活力和就业率等综合因素，最低工资水平继续提升的空间比较有限。

第二，从生活工资的测算细项来看，政府提升对外来工人的公共服务供给及质量，尤其是在住房、教育、医疗等重要的方面提供相关的支持服务是另一种可能途径，这些并不会扭曲劳动力市场，但可以降低工人家庭的生活支出，从而也能降低生活工资的必要水平，因而可以在不需大幅提高工资水平的条件下，提高工人家庭在务工地可持续生计能力。从政府施策的角度，公共服务的供给或许比单一地提高最低工资标准的途径更可行，对经济的负面影响更小。

参考文献

[1]国家统计局. 中华人民共和国 2016 年国民经济和社会发展统计公报. http://www.stats.gov.cn/tjsj/ zxfb/201702/t20170228_1467424.html.

[2]"城镇化进程中农村劳动力转移问题研究"课题组，张红宇. 城镇化进程中农村劳动力转移：战略抉择和政策思路. 中国农村经济，2011（6）.

[3]辜胜阻. 统筹解决农民工问题需要改进低价工业化和半城镇化模式. 中国人口科学，2007（5）.

[4]蔡昉. 以农民工市民化推进城镇化. 经济研究，2013（3）.

[5]李爱民. 中国半城镇化研究. 人口研究，2013（4）.

[6]孙中伟. 农民工大城市定居偏好与新型城镇化的推进路径研究. 人口研究，2015（5）.

[7]徐红芬. 城镇化建设中农民工市民化成本测算及金融支持研究. 金融理论与实践，2013（11）.

[8]陆成林. 新型城镇化过程中农民工市民化成本测算. 财经问题研究，2014（7）.

［9］国务院发展研究中心课题组. 农民工市民化的成本测算——对重庆、武汉、郑州和嘉兴四市的调查分析. 国务院发展研究中心，2011 年. // 李俭国，张鹏. 新常态下新生代农民工市民化社会成本测算. 财经科学，2015（5）.

［10］姚毅，明亮. 我国农民工市民化成本测算及分摊机制设计. 财经科学，2015（7）.

［11］刘同山，张云华，孔祥智. 市民化能力、权益认知与农户的土地退出意愿. 中国土地科学，2013（11）.

［12］李练军. 新生代农民工融入中小城镇的市民化能力研究——基于人力资本、社会资本与制度因素的考察. 农业经济问题，2015（9）.

［13］Anker，R and Anker，M. Living Wages Around the World：Manual for Measurement，Edward Elgar Publishing，2017.

［14］Reynolds，D. Living wage campaigns as social movements：Experiences from nine cities. Labor Studies Journal，26（2）：31-64，2001.

［15］Figart，D M. Living Wage Movements：Global Perspectives. Routledge，2004.

［16］张衔，徐延辰. 最低工资标准的理论依据与定量分析. 社会科学辑刊，2014（2）.

［17］Anker，R. Poverty lines around the world：A new methodology and internationally comparable estimates. International Labour Review. 2006，145（4）：279-307.

［18］深圳市统计局. 深圳市 2014 年国民经济和社会发展统计公报. http：//www.sz.gov.cn/tj j/tj/xxgk/tjsj/tjgb/201504/t20150424_2862885.htm.

［19］深圳农民工近 700 万每年寄回工资 1000 亿. 深圳卫视，2014-01-16，http：//www.s1979.com/shenzhen/ 201401/16112208116.shtml.

［20］Anker，R Estimating a Living Wage：A Methodological Review. ILO，2011.

［21］深圳市人力资源和社会保障局. 深圳市 2015 年人力资源市场工资指导价. http：//www.sz.gov.cn/rsj/tjsj/zxtjxx/201509/t20150928_3240607.htm.

（本文与王瑜合著，原载《中国人民大学学报》2017 年第 4 期）

母凭子贵：子女性别对贫困地区农村妇女家庭决策权的影响

一、引言

改革开放以来，社会转型提高了中国妇女在政治、经济和社会事务中的参与程度（杨善华、沈崇麟，2000），但农村妇女在家庭决策中仍处于弱势地位，尤其是在贫困地区。由于农村乡土文化盛行，父权制仍极大制约着中国妇女地位的提升（Fox and Murry，2000）。在贫困地区农村，传统文化中对男孩的偏好使生育男孩的妇女可能在家庭中享有更大的决策权。这是因为，一方面，男孩可以"传宗接代"（吴晓瑜、李力行，2011），进而形成一种"得子而止"的生育模式（张杭，2013），产生了"母凭子贵"的现象；另一方面，贫困地区农村受限于自然资源禀赋，传统农业与外出务工是农户主要的收入来源（汪三贵等，2016），而无论是务农还是外出务工，男性劳动者一般更具优势，生育男孩意味着家庭男性劳动力的增加和家庭预期收益的提高。因此，贫困地区农村已婚妇女的家庭决策权可能会更突出地受到子女性别的影响。

妇女在家庭中权利的提升对于贫困人口脱贫具有积极影响。阿玛蒂亚·森（2013）认为，贫困的真正成因是权利与机会的缺失。贫困者权利的缺失对其陷入贫困具有直接影响和决定作用，所以，改善贫困家庭的权利是精准脱贫的关键（虞崇胜等，2016），需发挥贫困人口的主体性作用以实现内源式发展（汪三贵等，2017）。在以家庭为生计单位的背景下，家庭内部的权力结构内在地影响了家庭的基本决策及其表现，因而女性赋权对于减贫也有着重要的意义。女性赋权一方面可以促进女性贫困的减少，另一方面可以通过提高女性的受教育水平和家庭地位对子女的教育、营养等产生积极影响，从而减少子代陷入贫困的概率（汪三贵等，2016）。于现实而言，推进妇女权利的改善是提升贫困家庭自我发展能力、推进贫困地区精准扶贫工作的重要途径。

虽然已有研究也关注了农村妇女家庭决策权的制约因素，但仍存在不足。一方面，研究贫困地区农村家庭内部权力分配的文献较少，更缺乏在精准扶贫的视角下关注贫困地区子女性别如何影响妇女家庭决策权的研究，这种视角的缺乏导致学者和政策制定者忽视了妇女家庭权力的改善在扶贫中的重要现实意义；另一方面，已有研究较少在实证层面研究"母凭子贵"的影响机制，这种研究不足制约了对中国贫困地区农村妇女参与家庭决策机制的认知。

鉴于此，本文将研究对象聚焦于贫困地区农村已生育妇女，通过5省10县的实地调查数据，从资源理论和文化规范理论的角度剖析子女性别对农村妇女家庭决策权的影响机制。本文研究有助于丰富家庭决策权影响因素的相关研究，提高人们对此的认知，进而为促进贫困地区农村妇女家庭地位提升、推进扶贫工作提供实证依据和决策支持。本文接下来的内容安排如下：第二部分从资源理论和文化规范理论两个角度对家庭决策权及其影响因素进行文献评述；第三部分构建子女性别对农村妇女家庭决策权影响机制的理论框架；第四部分介绍本文的数据来源、变量选取和模型设定；第五部分是模型回归结果，并对估计结果进行稳健性检验；第六部分是结论与政策启示。

二、文献评述

家庭决策权主要是指家庭成员在家庭主要事务和管理方面的话语权（万江红、魏丹，2009；吴晓瑜、李力行，2011）。家庭主要事务包括夫妻双方职业选择、家庭耐用消费品购买、房屋购买、度假选择、家庭日常开支、孩子教育及婚姻、投资模式等（王彩芳，2007；狄金华、钟涨宝，2012；陶涛，2012a）。关于家庭决策权的研究，目前形成了多种比较成熟的理论，最主要的是资源理论和文化规范理论。这两种理论互相关联，但侧重点各有不同。

资源理论是目前解释家庭决策权最常用的理论。该理论认为，夫妻双方基于资源禀赋来划分权力，哪一方拥有更多的资源要素，哪一方在决策中就将居于更有利的地位。这里的"资源"不是指夫妻双方实际拥有的资源，而是一个范式概念，包括可自身利用或通过施加影响以达成目的的所有东西（Mcdonald，1977）。已有研究发现，职业、年龄、受教育水平、经济贡献、在家时间等，都会影响家庭成员的决策权。例如，Green et al.（1997）研究发现，在职业上处于领导岗位的一方，有可能享有更优质的资源，可为家庭做出更大的贡献，因此享有更高的家庭决策权。温蓉（2007）发现，家庭中的年长者享有更令人尊崇的地位和更高的话语权；家庭成员的经济贡献能力越强，在家庭中的决策地位也越高。史清华、程名望（2009）研究认为，教育是一种隐形的资源，夫妻双方中有较高受教育水平的一方在进行家庭决策时更让人信服。同时，也有研究发现，夫妻双方中的一方长时间离开家庭，会削弱其在家庭中的影响力，如农村家庭中男性长时间外出务工，就会增加女性的家庭决策话语权（陈志光、杨菊华，2012；刘鑫财、李艳，2013）。在女性享有的资源禀赋中，经济资源、受教育程度对其在家庭中地位的影响最为显著（曹凌燕、杨小通，2014）。

文化规范理论在家庭决策影响因素的研究中引入了社会文化规范因素，弥补了资源理论忽视文化影响的不足。文化规范理论认为，在相同的资源面前，不同的社会权力架构和意识形态，会有完全不同的结论和表现形式。同一资源禀赋在不同的文化背景下体现出不同的家庭决策结构，如妇女的家庭决策权在父系社会中受到抑制，而在母系社会中得到增强（Komter，1989；金一虹，2010）。Mahmood（2002）在对巴基斯坦的研究中也发现文化因素显著影响妇女家庭决策权。

一些研究者将资源理论和文化规范理论联系起来讨论家庭决策模式的影响因素，重点考虑夫妻双方年龄、宗教文化、社会习俗等因素对妇女家庭决策权的影响。如 Rodman（1967）探讨了在文化规范的约束下资源与权力的相互关系，认为家庭权力的分配与有效的资源之间存在相关关系，并分析了夫妻的相对资源以及夫妻权力博弈的影响机制。Mcdonald（1977）从角色模式、对有价值资源的控制、人口特征、文化因素、夫妻情感等方面对家庭决策行为进行了解释。陶涛（2012b）将影响妇女家庭决策地位的因素分成自身情况、子女性别、文化问题、娘家支持、外界冲击等方面。

在家庭决策模式的诸多影响因素中，也有研究对子女性别给予了关注，但关注仍十分有限，而且结论不尽相同。已有研究表明，子女性别会对家庭的诸多方面产生影响，如赡养行为、家庭收入、教育投资等（罗凯，2011；尹银，2012；周钦、袁燕，2014）。在一些对子女性别偏好的研究中，部分内容涉及了子女性别对妇女家庭决策权的影响（例如刘中一，2005；Ebenstein，2007；孙晓冬、赖凯声，2016）。总体而言，将子女性别作为影响因素，利用调查数据验证其对妇女家庭决策权影响的文献十分有限。其中，Gupta et al.（2003）通过对中国、印度、韩国的研究发现，在性别偏好的影响下，是否生育男孩对妇女的家庭决策权和在婆家的地位有重大影响。Li and Wu（2011）采用中国健康与营养调查数据（CHNS）研究了子女性别对母亲议价能力和营养健康状况的影响，发现当第一胎为男性时，妇女的家庭决策权和营养健康状况均优于第一胎为女性的妇女。不过，Li and Wu 选择的决策权指标较为单一，只有日常消费用品的购买决策。尹银（2012）使用 2008 年中国老年人健康影响因素跟踪调查数据（CLHLS）得出了不同的结论，即生育儿子或儿女双全并没有提高老年母亲的家庭地位，甚至有儿子的老年母亲的经济决策权还更低。

以上从资源理论、文化规范理论和两者相结合的角度对家庭决策权影响因素的相关文献进行了梳理，为本文理论框架的构建提供了基础。同时还可以发现，探讨子女性别对农村妇女家庭决策权影响的实证研究较少，对贫困地区农村妇女家庭决策权的研究则更鲜见。鉴于此，本文拟利用贫困地区农村的实地调查数据，借鉴已有研究中将"第一胎是否男孩"作为核心解释变量的做法（例如 Li and Wu，2011），并弥补已有研究中测度妇女家庭决策权指标单一的不足，通过 5 项指标来描述妇女的家庭决策权，构建子女性别对农村妇女家庭决策权影响的计量模型，从资源和文化规范两条作用途径对"母凭子贵"进行验证。

三、理论框架

结合相对资源和文化规范对家庭决策权影响的两条途径,本文构建了如下理论框架:贫困地区农村传统生育文化引发"母凭子贵",子女性别引起夫妻的相对资源发生变化,从而影响妇女在家庭事务中的决策权。

(一)传统生育文化引发"母凭子贵"

受儒家文化的影响,中国长时间内存在着"男尊女卑"的思想,传统生育文化中具有"养儿防老""多子多福"的观念(尹银,2012)。贫困地区的人们受这种文化的影响较深,认为男孩可以继承家族姓氏与家业,具有就业优势,对家庭的经济贡献大,而女孩成家后就要离开家庭,对家庭的经济贡献小,因而在生育行为上表现出明显的生子偏好(朱明宝、杨云彦,2016)。特别是在贫困地区农村,由于对以男性更占优势的传统农业和外出务工的依赖程度更高,并且常常伴随着劳动力的相对过剩和家政服务的低市场化程度,以女性参与为主的家务劳动往往被家庭看作不计成本的劳动,农民的生子偏好更加明显。而且,这种生子偏好随着计划生育政策对生育数量的限制变得更加强烈(Qian,2008;吴晓瑜、李力行,2011)。由此可见,生子偏好在本质上是一种落后的文化传递(李冬莉,2000)。一般而言,越是经济发展落后的地区,由于位置偏远且交通不便,与外界接触有限,受新兴文化影响较弱,其思想禁锢就越严重(Mahmood,2002)。在这种文化的驱使下,育有男孩的妇女可能会得到更多家庭成员的认同,从而在家庭决策中处于有利地位。因此,子女性别可能会对农村妇女家庭决策权产生影响,在贫困地区农村尤为如此。

(二)子女性别通过改变夫妻的相对资源影响妇女家庭决策权

夫妻双方的家庭决策权取决于丈夫和妻子的相对资源,哪一方拥有更多的资源,哪一方在家庭事务中就有更大的决策权。家庭权力在不断的研究细化下,被分为三个层次:一是夫妻各自拥有的资源;二是夫妻双方在讨论家庭事务中的互动过程,即权力的实施过程;三是最终的结果及决策权归谁所有(Cromwell and Wieting,1975)。通常丈夫获得资源的途径较多,从而享有更多资源;而妻子的资源一般来自于娘家及家庭内部,享有的资源有限。有限的资源削弱了妻子提升自身地位的能力,从而只能屈从于丈夫。在性别越不平等的地区,夫妻间的不对等越有可能通过资源禀赋的差距而加剧(佟新,2015)。

妇女花在孕育子女上的时间会影响她们的资源积累。在传统文化、社会习俗、生育性别偏好及家庭经济预期的多重影响下，贫困地区农民倾向于多生多育，且重男轻女，最终实现生育儿子的目标（姚岚，2008）。这种"得子而止"的生育模式使得妇女如果在第一胎甚至第二胎都未生育男孩时，将极有可能继续生育，因而增加自己的孕育时间（Chaudhuri，2012）。同时，子女数量的增多也会增加她们的养育时间和劳动付出。这些时间的增加都会影响她们人力资本的累积，而女性人力资本的累积能促进她们职业的多样化选择，增加其经济资源拥有量，使得自身在夫妻相对资源的博弈中处于有利地位，也能间接提高自身的社会认同度（张诗文，2011）。妇女因为孕育时间的延长可能失去更多的职业选择，减少社会工作量，主动或被迫地担任起"女主内"的职责，从而减少她们所拥有的物质及社会资源，进而削弱她们的家庭决策权（周律等，2012）。此外，"得子而止"的生育模式在农村医疗条件和经济条件有限的情况下，会极大地损害已生育妇女的健康，使她们的身体机能不易得到有效的恢复。妇女身体机能下降，获取资源的难度增加，导致妇女在家庭决策博弈中出现心有余而力不足的现象（曹凌燕、杨小通，2014）。

综上所述，子女性别主要通过如下机制对农村妇女家庭决策权产生影响：一方面，在中国贫困地区农村，传统的"重男轻女""养儿防老"观念较为根深蒂固，育有男孩的妇女可能会得到更多家庭成员的认同，从而在家庭决策中处于有利地位。另一方面，子女性别通过改变夫妻的相对资源影响妇女家庭决策权。在"得子而止"的生育模式下，未生育男孩的妇女不得不延长孕育时间，同时在照顾子女方面将投入更多的精力。这不仅会影响妇女的身体健康，而且会降低她们的人力资本积累和经济收入，减少她们在社会环境中的职业选择机会，从而使妇女的相对资源在家庭中处于劣势地位，影响她们在家庭决策中的话语权。

四、数据来源、变量选取和模型设定

（一）数据来源

本文所用数据来源于中国人民大学和国务院扶贫办于 2014 年 7 月对 5 省 10 县（甘肃省陇西县和静宁县、河南省原阳县和新县、山东省泗水县和沂源县、四川省南江县和西充县、湖南省桑植县和花垣县）的 50 个贫困村开展的实地调查。调查组在每个样本县随机抽取 5 个贫困村，在每个村运用收入分层等距抽样方法选取 30 个农户进行调查，总计选取了 1500 个样本农户。经整理，去除问卷回答中缺失值较多的样本，最终获得 1323 个样本农户的数据。考虑到本文关注的是

夫妻双方在家庭几项重大事务中决策权的对比，因此，删除了关键变量数据缺失、离婚家庭、未生育子女的家庭、与子女分户的家庭、夫妻双方或一方患有严重身体或精神疾病的样本[①]，最终得到 504 个有效样本。

（二）变量选取

1. 被解释变量：妇女家庭决策权。衡量妇女家庭决策权的指标，在各文献中略有不同。有的文献选用非劳动收入和婚前掌握的财产等来表示女性的家庭决策权（例如 Behrman，1993），有的选择日常消费用品购买决策权（例如 Li and Wu，2011），总体来看，这些指标选择都较为单一。鉴于在家庭决策中，虽然有些事务是由夫妻协商决定的，但总有一方起主导作用，而且越详细的决策指标越能全面地反映家庭决策特征，本文选用了 5 个指标来反映妇女的家庭决策权，包括 4 个分项指标和 1 个综合指标。4 个分项指标分别是："是否由妻子主导决定购买日常消费品""是否由妻子主导决定购买耐用消费品和建房""是否由妻子主导决定家庭借贷事项"和"是否由妻子主导决定子女教育"。对于这些分项指标，如果妻子在决策中起主导作用，则赋值为 1，否则赋值为 0[②]。综合指标是"妻子对家庭主要事务的综合决策权"（下文中简称"妻子的家庭综合决策权"），其指标值通过赋予上述 4 个分项指标各 1/4 的权重，然后加权汇总得到。

2. 关键解释变量：子女性别。参考已有文献（例如 Li and Wu，2011），本文选取"第一胎是否男孩"以及"最终是否育有男孩"两个变量来反映子女性别。需要说明的是，"最终是否育有男孩"是指样本农户的孩子中是否有男孩。选取"最终是否育有男孩"变量来反映子女性别，主要是为了度量文化规范机制的作用。中国实施计划生育政策在一定程度上强化了重男轻女的性别偏好，导致了夫妻对生育子女性别的自选择现象（吴晓瑜、李力行，2011）。但有研究表明，在农村地区对第一胎的性别选择现象不太严重（Ebenstein，2007），这是因为如果第一胎是女孩，政策允许生育第二胎，因此，性别失衡主要发生在第二胎及以后（Chen et al.，2010）。在实地调查中也发现，贫困地区生育两胎的限制政策并没有

[①] 样本中与子女分户的家庭都是老人单独居住生活，由于被解释变量包含子女教育决策，此问题不适合这部分老人；患有严重身体或精神疾病的个体在客观上丧失了决策能力，因而也删除这些样本。

[②] 家庭决策中存在夫妻协商共同决定家庭事务的情况，因而有学者在研究中提出共同决策的维度（吴晓瑜、李力行，2011）。但是，这种共同决策较难界定，如对于夫妻的意见在决策中各占多少比例才能被认定为共同决策并没有明确标准，模糊的评判标准易产生争议，且不容易在调查中获取真实信息。基于农村的现实，调查中观察到农村家庭决策中，夫妻之间总有一方在某些具体事务中起主导作用，农户也很清楚在不同的家庭事务中谁是主导者，相关信息也容易获得。因而在问卷中，调查家庭事务主要由谁决定，而没有设置共同决策的维度。

得到彻底的实施，不少家庭有两个以上子女。因此，"第一胎是否男孩"被认为是外生变量，可直接作为解释变量进入模型。但"最终是否育有男孩"作为解释变量可能存在内生性问题，因此，在稳健性检验中，本文将采用"男孩数量"替换"最终是否育有男孩"，并通过增加和替换控制变量，来检验模型估计结果的稳健性。

3. 控制变量。如前文所述，妇女的家庭决策权受到很多因素影响，除了子女性别，还有经济收入、职业选择、人力资本等。为了更清楚地理解子女性别对妇女决策权的影响，需要控制住其他变量。因此，本文分别选择了妻子和丈夫的年龄、教育背景、经济收入、职业性质、健康状况、外出务工时间以及家庭总收入作为控制变量。

变量的含义及其描述性统计详见表1。

表 1　变量的含义及其描述性统计

变量名称	变量含义和赋值	均值	标准差	最小值	最大值
被解释变量					
是否由妻子主导决定购买日常消费品（Y_1）	是 =1，否 =0	0.47	0.50	0	1
是否由妻子主导决定购买耐用消费品和建房（Y_2）	是 =1，否 =0	0.21	0.41	0	1
是否由妻子主导决定家庭借贷事项（Y_3）	是 =1，否 =0	0.13	0.33	0	1
是否由妻子主导决定子女教育（Y_4）	是 =1，否 =0	0.44	0.50	0	1
妻子的家庭综合决策权（Y_5）	$Y_5 = (Y_1 + Y_2 + Y_3 + Y_4) / 4$	0.31	0.28	0	1
关键解释变量					
第一胎是否男孩	是 =1，否 =0	0.58	0.49	0	1
最终是否育有男孩	是 =1，否 =0	0.90	0.31	0	1
控制变量					
家庭总收入	家庭的全年收入（元）	14394.92	18180.43	1600	92000
妻子年龄	2014 年时的年龄（岁）	40.92	6.38	19	54
妻子教育背景	受教育年限（年）	2.94	3.29	0	12
妻子经济收入	妻子的全年收入（元）	4214.09	9056.82	0	50000
妻子职业——务农为主	是 =1，否 =0	0.72	0.45	0	1
妻子职业——非农为主	是 =1，否 =0	0.28	0.45	0	1
妻子健康状况	健康 =1，不健康 =0	0.59	0.49	0	1
妻子外出务工时间	外出务工或经商年数（年）	0.66	2.45	0	27

续表

变量名称	变量含义和赋值	均值	标准差	最小值	最大值
丈夫年龄	2014 年时的年龄（岁）	42.85	5.62	22	64
丈夫教育背景	受教育年限（年）	5.27	3.27	0	12
丈夫经济收入	丈夫的全年收入（元）	11494.65	13297.37	0	72000
丈夫职业——务农为主	是 =1，否 =0	0.33	0.47	0	1
丈夫职业——非农为主	是 =1，否 =0	0.67	0.47	0	1
丈夫健康状况	健康 =1，不健康 =0	0.70	0.46	0	1
丈夫外出务工时间	外出务工或经商年数（年）	3.92	6.90	0	44
地区变量——山东	是 =1，否 =0	0.22	0.41	0	1
地区变量——河南	是 =1，否 =0	0.20	0.40	0	1
地区变量——湖南	是 =1，否 =0	0.20	0.40	0	1
地区变量——甘肃	是 =1，否 =0	0.19	0.40	0	1
地区变量——四川	是 =1，否 =0	0.19	0.39	0	1

注：①观测值个数为 504。②在职业变量中，以全年 6 个月以上的劳动时间为标准，将夫妻的职业分为务农为主和非农工作为主。③家庭总收入、夫妻的经济收入均是 2013 年全年的收入。

（三）模型设定

由于妇女家庭决策权的 4 个分项指标都是二元变量，所以，本文采用二元 Logit 回归模型分析其影响因素。在家庭决策中，由妇女主导决策的概率为 p。当 $p=0$ 时，丈夫掌握主导决策权；当 $p=1$ 时，妻子掌握主导决策权。由于妻子的家庭综合决策权变量的取值是 4 个分项指标取值的平均值，具有等距增加的特征，因而本文采用有序 Logit 模型进行回归。由前文可设定以下两个模型：

$$Y=\ln\left[p/(1-p)\right]=\beta_0+a \times Firstboy+\gamma X+D+\varepsilon \tag{1}$$

$$Y=\ln\left[p/(1-p)\right]=\beta_0+a \times Boy+\gamma X+D+\varepsilon \tag{2}$$

（1）式和（2）式中，Y 代表妇女家庭决策权变量，具体包括 5 个变量："是否由妻子主导决定购买日常消费品"（Y_1）、"是否由妻子主导决定购买耐用消费品和建房"（Y_2）、"是否由妻子主导决定家里借贷事项"（Y_3）、"是否由妻子主导决定子女教育"（Y_4）和"妻子的家庭综合决策权"（Y_5）[①]。（1）式中的 $Firstboy$ 代表"第一胎是否男孩"，（2）式中的 Boy 代表"最终是否育有男孩"。X 代表在回归分析中控制的一些可能影响妇女家庭决策权的变量，如夫妻双方年龄、夫妻双方文

---

① 为了节省篇幅，在回归结果表格中，被解释变量分别简化为"购买日常消费品""购买耐用消费品和建房""家庭借贷事项""子女教育"和"家庭综合决策权"。

化程度、夫妻双方经济收入（包括务农收入、工资、奖金、补贴等）、夫妻双方身体健康情况、夫妻双方职业性质、夫妻双方外出务工时间和家庭总收入。D 代表地区虚拟变量，ε 为随机扰动项。

五、模型估计结果及稳健性检验

（一）模型估计结果

本文采用 Stata13.0 软件对上述模型进行了多次回归，通过逐步加入控制变量来观察回归结果是否稳健。整体来看，模型运行良好，变量的影响方向和显著性水平在各回归结果之间没有显著变化。由于篇幅原因，本文只展示了部分的回归结果。为了便于对回归结果进行解释，下文中的回归结果表格中列出的皆为解释变量的平均边际效应。

1. 子女性别对妇女家庭决策权影响的回归结果。回归结果表明，第一胎是男孩会影响妇女的家庭决策权。从表 2 可以看出，在各列回归结果中，"第一胎是否男孩"变量均在 1% 的统计水平上显著，且系数符号为正，表明第一胎是男孩会提高妇女的家庭决策权。如果第一胎是男孩，综合来看，妻子对家庭主要事务享有主导决策权的概率会增加 11.6%。但从不同的家庭事务来看，第一胎是男孩对妇女家庭决策权的影响程度有所不同。具体来说，如果第一胎是男孩，妻子主导决定购买日常消费品的概率增加 14.7%；主导决定购买耐用消费品和建房的概率增加 7.1%；主导决定家庭借贷的概率增加 8.5%；主导决定子女教育的概率增加 15.1%。由此可见，第一胎生子的农村妇女享有更大的家庭决策权，但在具体事务上仍有所差别。第一胎是男孩可以显著提高贫困地区农村妇女在购买日常消费品和子女教育上的决策权，而在家庭经济大事方面，如购买耐用消费品和建房、借贷事项上，妇女的主导决策权受第一胎子女性别的影响相对有限。可能的原因是，贫困地区农村家庭的收入主要来自于男性，而收入来源者主导决定支出金额较大的家庭经济事务较为普遍。

回归结果也表明，"最终是否育有男孩"会影响妇女的家庭决策权。从表 3 中的结果来看，"最终是否育有男孩"变量在各列回归结果中均在 1% 的统计水平上显著，且系数符号为正，表明最终育有男孩会提高妇女的家庭决策权。从家庭综合决策权来看，最终育有男孩使妻子享有家庭事务主导决策权的概率增加 10.5%，该结果与第一胎是男孩的影响接近。从不同的家庭事务来看，最终育有男孩对妇女家庭决策权的影响与第一胎是男孩的影响也相近。具体来说，如果最终育有男孩，妻子有主导决策权的概率在购买日常消费品方面会增加 15.0%，在购买耐用消费品和建房方面会增加 7.7%，在家庭借贷方面会增加 7.5%，在子女教育方面会增加 14.7%。

2. 其他变量对妇女家庭决策权影响的回归结果。从控制变量的回归结果中也可以看到一些有意思的结果。根据回归结果，（1）式和（2）式中控制变量的显著性和影响方向基本一致，受篇幅所限，下面以（1）式的回归结果（见表 2）为例讨论控制变量的一些主要影响。家庭总收入对妻子的家庭综合决策权的影响显著且方向为正，意味着家庭总收入越高，妻子的家庭决策权越大，夫妻在家庭决策地位上越趋于平等。从 4 个分项指标来看，家庭总收入的边际效应均为正，并且在统计上显著，尤其是在子女教育的决策方面影响更显著。这可能是因为妇女一般会积极参与下一代的教育，妇女比男性更愿意将有限的资源投入教育、健康等人力资本积累，所以当家庭总收入越高，子女教育的投入通常与其同步增加，从而加大了妇女在子女教育方面的决策权（参见 Li and Wu，2011）。在夫妻收入变量中，丈夫收入越高，越会降低妻子的家庭决策权，而妻子收入的作用方向正好相反，从而验证了夫妻双方的资源能影响两者权力的观点（参见 Rodman，1967）。在夫妻受教育程度变量中，丈夫受教育年限对妻子的家庭综合决策权影响不显著，对妻子在购买日常消费品和子女教育上的家庭决策权有显著的正向影响，但对妻子在购买耐用消费品和建房、家庭借贷上的家庭决策权有显著的负向影响。其原因可能是：一方面，男性受教育水平越高，可以掌握的资源越多，如经济资源、社会地位等，提升自身相对于妻子的资源条件，使自身处于家庭决策的优势地位，更容易主导决策重要的经济事务，因而对妻子主导决定购买耐用消费品和建房、家庭借贷产生负向影响；另一方面，男性受教育程度越高，越容易接受女性参与家庭决策，家庭决策趋于平等化，因而对妻子主导决定购买日常消费品和子女教育产生负向影响。两方面的影响可能相互抵消，最终使得丈夫受教育年限对妻子的家庭综合决策权影响不显著。妻子受教育年限的边际效应均为正，并且在统计上显著，表明妻子受教育程度越高，在家庭决策中的地位也越高。在夫妻职业性质变量中，丈夫的职业以非农为主会提高妻子的家庭综合决策权，而妻子的职业以非农为主会削弱其家庭综合决策权，这与夫妻双方中一方长时间离开家庭会削弱其在家庭中的影响力的结论相一致（参见陈志光、杨菊华，2012）。在夫妻健康状况变量中，丈夫健康状况变量不显著，妻子健康状况对其家庭决策权有显著的正向影响，说明妇女的健康状况影响其家庭决策地位。丈夫外出务工对妻子的家庭综合决策权有显著的正向影响，而妻子外出务工的影响为负。这一结果与夫妻职业变量的影响类似，证实了丈夫外出务工时间越长，妻子的家庭地位越高的已有研究结论（参见刘鑫财、李艳，2013）。地区变量中，中部省份（湖南省、河南省）虚变量的影响都不显著，只有甘肃省和四川省虚变量在妻子的家庭综合决策权影响因素回归中边际效应为负，且在10%的统计水平上显著，表明相比于东部、中部贫困地区，西部贫困地区农村妇女享有的家庭决策权更小。

表2　"第一胎是否男孩"对妇女家庭决策权影响的回归结果

	购买日常消费品	购买耐用消费品和建房	家庭借贷	子女教育	家庭综合决策权
第一胎是否男孩	0.147*** (0.018)	0.071*** (0.019)	0.085*** (0.024)	0.151*** (0.034)	0.116*** (0.026)
家庭总收入（取对数）	0.047* (0.027)	0.056** (0.028)	0.036** (0.015)	0.099*** (0.036)	0.098*** (0.036)
妻子年龄	0.031 (0.053)	0.023 (0.162)	0.035 (0.058)	0.029 (0.083)	0.028 (0.209)
妻子受教育年限	0.054** (0.022)	0.061** (0.026)	0.050* (0.026)	0.084*** (0.011)	0.074*** (0.018)
妻子经济收入（取对数）	0.042*** (0.008)	0.038*** (0.011)	0.037*** (0.007)	0.041*** (0.013)	0.040*** (0.010)
妻子职业（非农为主）	−0.031* (0.017)	−0.030** (0.015)	−0.047* (0.027)	−0.043* (0.023)	−0.032** (0.014)
妻子健康状况	0.078* (0.044)	0.086** (0.037)	0.050* (0.027)	0.029*** (0.009)	0.110*** (0.041)
妻子外出务工时间	−0.085*** (0.015)	−0.114*** (0.023)	−0.122*** (0.041)	−0.093*** (0.019)	−0.104*** (0.033)
丈夫年龄	−0.021 (0.016)	−0.027 (0.028)	−0.024* (0.014)	−0.024 (0.017)	−0.027 (0.028)
丈夫受教育年限	0.036* (0.020)	−0.037* (0.020)	−0.044* (0.023)	0.042* (0.022)	−0.040 (0.037)
丈夫经济收入（取对数）	−0.097* (0.052)	−0.130** (0.059)	−0.179*** (0.063)	−0.108** (0.050)	−0.154** (0.063)
丈夫职业（非农为主）	0.087* (0.050)	0.025 (0.044)	0.041 (0.041)	0.093** (0.046)	0.086* (0.045)

续表

	购买日常消费品	购买耐用消费品和建房	家庭借贷	子女教育	家庭综合决策权
丈夫健康状况	-0.014	-0.031	-0.033	-0.012	-0.014
	(0.042)	(0.068)	(0.051)	(0.057)	(0.025)
丈夫外出务工时间	0.113***	0.079	0.074	0.149*	0.092*
	(0.041)	(0.069)	(0.106)	(0.083)	(0.047)
地区变量——河南	0.043	-0.048	-0.066	0.033	-0.045
	(0.109)	(0.108)	(0.139)	(0.109)	(0.145)
地区变量——湖南	0.024	-0.021	-0.023	0.054	-0.025
	(0.034)	(0.034)	(0.034)	(0.047)	(0.034)
地区变量——甘肃	0.052	-0.060	-0.054	0.073	-0.068*
	(0.038)	(0.039)	(0.039)	(0.059)	(0.040)
地区变量——四川	0.020	-0.049	-0.043	0.063	-0.089*
	(0.040)	(0.041)	(0.041)	(0.051)	(0.050)
观测值	504	504	504	504	504
伪 R^2	0.317	0.331	0.308	0.356	0.342

注：①表中括号外数字为平均边际效应，括号内数字为标准误，下同。②***、** 和 * 分别表示在 1%、5% 和 10% 的水平上显著。③职业变量中，以务农为主的职业组为参照组；地区变量中，以山东组为参照组。

表 3 "最终是否育有男孩"对妇女家庭决策权影响的回归结果

	购买日常消费品	购买耐用消费品和建房	家庭借贷	子女教育	家庭综合决策权
最终是否育有男孩	0.150***	0.077***	0.075***	0.147***	0.105***
	(0.038)	(0.024)	(0.021)	(0.031)	(0.032)
控制变量 [a]	已控制	已控制	已控制	已控制	已控制
观测值	504	504	504	504	504
伪 R^2	0.323	0.337	0.323	0.330	0.348

注：***、** 和 * 分别表示在 1%、5% 和 10% 的水平上显著。a 控制变量同表 2，其回归结果与表 2 趋同，为了节约篇幅，没有列出其平均边际效应和标准误。

（二）稳健性检验

本文采用增加和替换变量两种方法进行稳健性检验。第一种方法是增加变量。一些研究发现，女儿赡养自己父母的能力和意愿都有所增强，女儿参与农村家庭养老的比例逐渐上升（张翠娥、杨政怡，2015；朱明宝、杨云彦，2016），这可能会弱化贫困地区农村的男孩偏好，进而影响男孩对母亲家庭决策权的影响。为此，本文增加"女孩数量"这个变量，以控制家庭中女孩数量对妇女家庭决策权的影响。第二种方法是替换变量。考虑到夫妻的相对资源会影响两者的权力和地位，本文采用丈夫与妻子间"经济收入之差""受教育年限之差""年龄之差"代替双方各自的相应变量。再者，考虑到"最终是否育有男孩"这一解释变量的影响机制较为复杂，本文用"男孩数量"代替"最终是否育有男孩"这一解释变量进行回归，意在考察生育男孩对妇女家庭决策权的影响是否稳健，也是对文化习俗规范机制的进一步验证。从所有的检验结果来看，本文的回归结果是基本稳健的。

1. 增加变量。当在（1）式模型中增加"女孩数量"变量后，"第一胎是否男孩"对妇女家庭决策权的各项指标仍都具有显著的正向影响（见表4），并且与表2中的回归结果相近。同样，在（2）式模型中增加"女孩数量"变量后，"最终是否育有男孩"对妇女家庭决策权的各项指标也都具有显著的正向影响（见表5），并且与表3中的回归结果相近。因此可以认为，"第一胎是否男孩"和"最终是否育有男孩"对妇女家庭决策权的影响是稳健的。"女孩数量"对妇女的家庭综合决策权有显著的负向影响（见表4和表5），表明女孩数量增加降低了妇女在家庭主要事务上的决策权，但影响相对有限。分项来看也可以得出基本一致的结论，即女孩数量越多，妇女在购买日常消费品和子女教育上享有的决策权越少。

2. 替换变量。表6显示的是以丈夫与妻子间"经济收入之差""受教育年限之差""年龄之差"替换（1）式中双方各自相应变量之后的回归结果。"第一胎是否男孩"对妇女家庭决策权的各项指标的影响与表2中的回归结果相似，表明第一胎是男孩对妇女家庭决策权的影响依然稳健。丈夫与妻子之间资源差异变量对妇女家庭决策权有不同程度的显著影响，验证了在夫妻的相对资源上，妻子与丈夫的资源差值越大，妻子越难主导家庭决策。表7显示的是用"男孩数量"代替（2）式中"最终是否育有男孩"变量的回归结果。从结果来看，"男孩数量"变量对妇女家庭决策权的各项指标均有显著的正向影响，与表3中的回归结果相比未发生较大改变，因此可以认为，使用"最终是否育有男孩"这一解释变量是可行的，回归结果基本稳健。

表 4　"第一胎是否男孩"对妇女家庭决策权影响的稳健性检验——增加变量

	购买 日常消费品	购买耐用 消费品和建房	家庭借贷	子女教育	家庭综合 决策权
第一胎是否男孩	0.136*** （0.025）	0.067*** （0.017）	0.078*** （0.014）	0.149*** （0.018）	0.107*** （0.023）
女孩数量	−0.065** （0.028）	−0.053 （0.057）	−0.059 （0.046）	−0.072* （0.039）	−0.059* （0.033）
其他控制变量 a	已控制	已控制	已控制	已控制	已控制
观测值	504	504	504	504	504
伪 R^2	0.343	0.347	0.329	0.336	0.354

注：***、** 和 * 分别表示在 1%、5% 和 10% 的水平上显著。a 其他控制变量同表 2 的控制变量，为节约篇幅，没有列出估计结果。

表 5　"最终是否育有男孩"对妇女家庭决策权影响的稳健性检验——增加变量

	购买 日常消费品	购买耐用 消费品和建房	家庭借贷	子女教育	家庭综合 决策权
最终是否育有男孩	0.131*** （0.033）	0.071*** （0.016）	0.063*** （0.016）	0.127*** （0.026）	0.088*** （0.024）
女孩数量	−0.052* （0.028）	−0.063 （0.054）	−0.066 （0.060）	−0.057* （0.032）	−0.061* （0.034）
其他控制变量 a	已控制	已控制	已控制	已控制	已控制
观测值	504	504	504	504	504
伪 R^2	0.365	0.353	0.335	0.341	0.357

注：***、** 和 * 分别表示在 1%、5% 和 10% 的水平上显著。a 其他控制变量同表 2 的控制变量，为节约篇幅，没有列出估计结果。

表 6　"第一胎是否男孩"对妇女家庭决策权影响的稳健性检验——替换变量

	购买 日常消费品	购买耐用 消费品和建房	家庭借贷	子女教育	家庭综合 决策权
第一胎是否男孩	0.130*** （0.021）	0.082*** （0.019）	0.078*** （0.017）	0.129*** （0.023）	0.098*** （0.022）
经济收入之差 （丈夫—妻子）	−0.053* （0.030）	−0.057 （0.048）	−0.044* （0.024）	−0.065 （0.060）	−0.051** （0.024）
受教育年限之差 （丈夫—妻子）	−0.079*** （0.015）	−0.053 （0.056）	−0.091** （0.041）	−0.076** （0.037）	−0.073** （0.030）
年龄之差 （丈夫—妻子）	−0.030* （0.016）	−0.031* （0.018）	−0.025* （0.013）	−0.034* （0.018）	−0.036* （0.019）

	购买 日常消费品	购买耐用 消费品和建房	家庭借贷	子女教育	家庭综合 决策权
其他控制变量 a	已控制	已控制	已控制	已控制	已控制
观测值	504	504	504	504	504
伪 R^2	0.354	0.321	0.312	0.322	0.338

注：***、** 和 * 分别表示在 1%、5% 和 10% 的水平上显著。a 其他控制变量包括家庭总收入、夫妻的职业、健康状况、外出务工时间，地区变量，为节约篇幅，没有列出其他控制变量的回归结果。

表 7　"最终是否育有男孩"对妇女家庭决策权影响的稳健性检验——替换变量

	购买 日常消费品	购买耐用 消费品和建房	家庭借贷	子女教育	家庭综合 决策权
男孩数量	0.091*** （0.008）	0.066*** （0.017）	0.071*** （0.013）	0.097*** （0.020）	0.092*** （0.011）
控制变量 a	已控制	已控制	已控制	已控制	已控制
观测值	504	504	504	504	504
伪 R^2	0.356	0.324	0.319	0.328	0.345

注：***、** 和 * 分别表示在 1%、5% 和 10% 的水平上显著。a 控制变量同表 2，为节约篇幅，没有列出回归结果。

六、结论与政策启示

本文使用 5 省 10 县贫困地区农村调查数据，从资源理论和文化规范理论的角度验证了子女性别对贫困地区农村妇女家庭决策权的影响。研究发现，子女性别会影响农村妇女的家庭决策权，生育男孩对农村妇女家庭决策权有正向影响，第一胎为男孩以及最终育有男孩均会提升妇女的家庭决策权。研究进一步发现，子女性别对妇女在不同家庭事务中决策权的影响程度不同。第一胎为男孩以及最终育有男孩均显著提高了妇女在购买日常消费品和子女教育上的决策权，但在家庭重大经济事务如购买耐用消费品和建房、借贷方面，对妇女家庭决策权的提升相对有限。

本文所得结论的政策启示在于，由于妇女更重视子女教育、营养等有利于家庭成员人力资本提升的事务，因此，提高妇女的家庭决策权可以成为扶贫工作的一项重要内容，这有助于推进贫困地区人力资本的改善。从可操作性层面来看，提高贫困地区农村妇女的家庭决策权可以从两个方面入手：一是改变传统文化观念。通过加强宣传教育，建立男女平等的观念，引导婚俗变革，逐渐转变贫困地区农村居民"重男轻女"的思想。通过健全农村养老制度，提高农村养老保险金额，以大病救助、医疗救助和补充商业保险等形式构建完善的医疗健康保障体系，使农民老有所养，病有所医，弱化农村"养儿防老"的观念，从而有效缓解农村地区的生子偏好，减少"得子而止"生育文化对贫困地区农村妇女身体机能、职业选择的影响。只有解除传统生育文化对女性的束缚，妇女才能在不受子女性别影响的情况下，充分参与经济和社会活动，从而有利于提高家庭的自我发展能力。二是改善妇女的相对资源状况。一方面，要加大对贫困地区农村妇女劳动技能培训和成人教育的力度，扩充其知识与技能，通过培训和引导妇女就业，发挥女性的就业优势，增加女性平等就业的机会，从而提升女性的相对资源拥有量；另一方面，增加农村地区教育资源的投放，提高适龄女孩的受教育水平。农村教育的改善是妇女地位提高的根本，妇女受教育程度越高，受传统男权文化的影响越弱，家庭决策越平等。部分贫困地区已开展的"巾帼扶贫励志班"就是较好的方式，由财政补贴资助贫困家庭女孩上学，防止她们过早辍学，减少与男性之间的教育差距。在贫困地区推广这种政策，提高女性的人力资本水平，有助于实现女性赋权，进而改善贫困状况。

需要指出的是，本文使用的数据来自于贫困地区农村，因而所得研究结论并不一定适用于其他地区农村。尤其是，农村家庭在社会转型的冲击下正发生结构和文化的变迁，而贫困地区农村可能是社会转型最为滞后的地方，非贫困地区特别是发达地区农村的经济社会文化状况可能与之存在显著的差异，子女性别对非贫困地区农村妇女家庭决策权的影响是否显著有待于用其他数据予以验证。

参考文献

[1] 阿玛蒂亚·森. 以自由看待发展. 任赜, 于真译. 中国人民大学出版社, 2013.

[2] 曹凌燕, 杨小通. 新型城镇化背景下城乡妇女家庭地位的比较——基于兰州市妇女社会地位的调查. 西北人口, 2014 (1).

[3] 陈志光, 杨菊华. 农村在婚男性流动对留守妇女家庭决策权的影响. 东岳论丛, 2012 (4).

[4] 狄金华, 钟涨宝. 土地流转中农村女性权益状况的实证分析——以河北省米村和湖北省石村为例. 中国农村观察, 2012 (5).

[5] 金一虹. 流动的父权：流动农民家庭的变迁. 中国社会科学, 2010 (4).

[6] 李冬莉. 儒家文化和性别偏好：一个分析框架. 妇女研究论丛, 2000 (4).

[7] 刘鑫财, 李艳. 流动因素对农村已婚妇女家庭地位的影响——基于"第三期中国妇女社会

地位调查"陕西省数据的分析. 妇女研究论丛, 2013 (5).

[8] 刘中一. 社会记忆中的性别偏好. 妇女研究论丛, 2005 (5).

[9] 罗凯. 子女性别偏好对农户收入的影响分析. 中国农村经济, 2011 (1).

[10] 史清华, 程名望. 我国农村外出劳动力结构与收入水平关系研究. 当代经济研究, 2009 (4).

[11] 孙晓冬, 赖凯声. 有儿子的母亲更传统吗? ——儿子和女儿对父母性别意识形态的影响. 社会学研究, 2016 (2).

[12] 陶涛. 中国农村妇女家庭重大决策参与权的影响因素研究. 妇女研究论丛, 2012a (5).

[13] 陶涛. 农村妇女对子女的效用预期与其男孩偏好的关系. 人口与经济, 2012b (2).

[14] 佟新. 话语竞争与性别平等理念的传播. 妇女研究论丛, 2015 (3).

[15] 万江红, 魏丹. 社会性别视角下闽西农村女性家庭地位分析. 中华女子学院学报, 2009 (1).

[16] 王彩芳. 农村妇女的婚姻家庭地位与权利意识. 中国农村观察, 2007 (4).

[17] 汪三贵, 殷浩栋, 王瑜. 中国扶贫开发的实践、挑战与政策展望. 华南师范大学学报(社会科学版), 2017 (4).

[18] 汪三贵, 张伟宾, 杨浩, 崔嵩. 城乡一体化中反贫困问题研究. 中国农业出版社, 2016.

[19] 温蓉. 农村城市化进程中女性家庭地位实证研究. 西北民族大学硕士学位论文, 2007.

[20] 吴晓瑜, 李力行. 母以子贵: 性别偏好与妇女的家庭地位——来自中国营养健康调查的证据. 经济学(季刊), 2011 (3).

[21] 杨善华, 沈崇麟. 城乡家庭: 市场经济与非农化背景下的变迁. 浙江人民出版社, 2000.

[22] 姚岚. 出生人口性别比失衡对中国社会的影响. 复旦大学硕士学位论文, 2008.

[23] 尹银. 养儿防老和母以子贵: 是儿子还是儿女双全? 人口研究, 2012 (6).

[24] 虞崇胜, 唐斌, 余扬. 能力、权利、制度: 精准脱贫战略的三维实现机制. 理论探讨, 2016 (2).

[25] 张翠娥, 杨政怡. 分歧与妥协——农村女儿的分离式养老. 人口与经济, 2015 (5).

[26] 张杭. 性别比失衡、女性家庭及劳动力市场的议价能力——来自中国的证据. 复旦大学硕士学位论文, 2013.

[27] 张诗文. 男权社会背景下女性地位提高的原因探究——自致因素带来的改变. 北京工业大学硕士学位论文, 2011.

[28] 周律, 陈功, 王振华. 子女性别和孩次对中国农村代际货币转移的影响. 人口学刊, 2012 (1).

[29] 周钦, 袁燕. 家庭基础教育投入决策"男孩偏好"的理论与实证研究. 人口学刊, 2014 (3).

[30] 朱明宝, 杨云彦. 农村家庭养老模式变迁与低生育水平强化——来自湖北省宜昌市的经验证据. 中国人口科学, 2016 (3).

［31］Behrman J R, 1993. Intrahousehold Distribution and the Family. in Rosenzweig, M.R., and O.Stark（eds.）: Handbook of Population and Family Economics, Amsterdam: Elsevier, pp. 125-187.

［32］Chaudhuri S, 2012. The Desire for Sons and Excess Fertility: A Household-level Analysis of Parity Progression in India. International Perspectives on Sexual & Reproductive Health, 38（4）: 178-186.

［33］Chen Y, G Z Jin, and Y Yue, 2010. Peer Migration in China. NBER Working Paper 15671, http://www.nber.org/papers/w15671.

［34］Cromwell R E, and S G Wieting, 1975. Multidimensionality of Conjugal Decision Making Indices: Comparative Analyses of Five Samples. Journal of Comparative Family Studies, 6（2）: 139-152.

［35］Ebenstein, A Y, 2007. Fertility Choices and Sex Selection in Asia: Analysis and Policy. SSRN Electronic Journal, https://www.researchgate.net/publication/228143847_Fertility_Choices_and_Sex_Selection_in_Asia_Analysis_and_Policy.

［36］Fox, G L, and M B Murry, 2000. Gender and Families: Feminist Perspectives and Family Research. Journal of Marriage and Family, 62（4）: 1160-1172.

［37］Green A, I Hardill, D Owen, and A Dudleston, 1997.Who Decides What? Decision Making in Dual-career Households. Work Employment & Society, 11（2）: 313-326.

［38］Gupta M D, Z.Jiang, B Li, Z Xie, W Chung, and H Bae, 2003. Why is Son Preference So Persistent in East and South Asia? A Cross-country Study of China, India and the Republic of Korea. The Journal of Development Studies, 40（2）: 153-187.

［39］Komter A, 1989. Hidden Power in Marriage. Gender & Society, 3（2）: 187-216.

［40］Li L, and X Wu, 2011. Gender of Children, Bargaining Power, and Intrahousehold Resource Allocation in China. Journal of Human Resources, 46（2）: 295-316.

［41］Mahmood N, 2002. Women's Role in Domestic Decision-making in Pakistan: Implications for Reproductive Behaviour. Pakistan Development Review, 41（2）: 121-148.

［42］Mcdonald G W, 1977. Family Power: Reflection and Direction. Pacific Sociological Review, 20（4）: 607-621.

［43］Qian N, 2008. Missing Women and the Price of Tea in China: The Effect of Sex-specific Earnings on Sex Imbalance. The Quarterly Journal of Economics, 123（3）: 1251-1285.

［44］Rodman H, 1967. Marital Power in France, Greece, Yugoslavia, and the United States: A Cross-national Discussion. Journal of Marriage & Family, 29（2）: 320.

（本文与殷浩栋、毋亚男、王瑜、王姮合著，原载《中国农村经济》2018 年第 1 期）

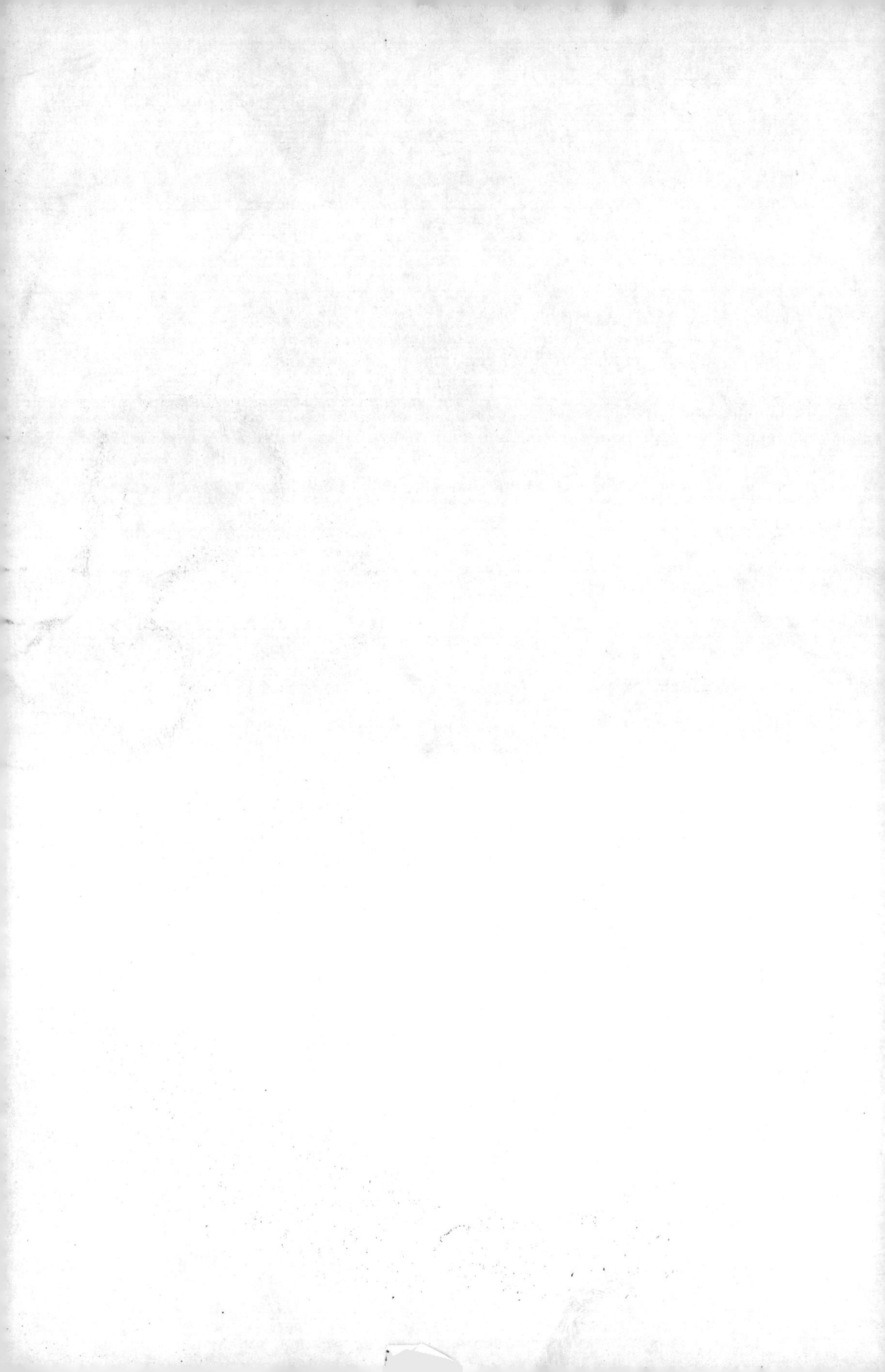